VOCES DE HISPANOAMERICA

VOCES

✥ DE ✥

HISPANOAMERICA

ANTOLOGIA LITERARIA

RAQUEL CHANG-RODRIGUEZ
THE CITY COLLEGE — CITY UNIVERSITY OF NEW YORK

MALVA E. FILER
BROOKLYN COLLEGE — CITY UNIVERSITY OF NEW YORK

HH Heinle & Heinle Publishers, Inc.
Boston, Massachusetts 02116 U.S.A.

Publisher: Stanley J. Galek
Editorial Director: Janet L. Dracksdorf
Production Editor: Paula Di Camillo
Production Manager: Erek Smith
Production Coordinator: Patricia Jalbert
Cover Design: Paola Di Stefano
Marbled paper by Iris Nevins, © 1987
Text Design: Catherine L. Dorin

Manufactured in the United States of America

ISBN 0-8384-1603-9

10 9 8 7 6

INDICE DE MATERIAS

PREFACE

Introductory note

Voces de Hispanoamérica: antología literaria is the result of many years of teaching Spanish-American literature both at the graduate and the undergraduate level, and of working with different types of anthologies. Our teaching experiences convinced us of the need for a new kind of anthology—one that would meet the demands of today's instructors, and those of a more sophisticated audience. This book is our solution to the problems we faced in finding the right combination and presentation of literary materials. It is our hope that it will meet your needs as well.

Features of the text

Voces de Hispanoamérica is an up-to-date anthology which includes authors from the Colonial period to the present. It incorporates some of the most influential writers in Spanish America today and gives women authors the representation they merit. In addition, *Voces* takes into account the fact that students must be provided with the necessary background information and context in studying, analyzing or evaluating literary works, and presents them with detailed essays for each of the five historical periods included. Finally, the single volume format was conceived as an easily adaptable format in one-or two-semester courses. These features are not present in texts currently published in the United States.

Prospective users

Voces de Hispanoamérica is primarily intended for students enrolled in a one- or two-semester introductory course of Spanish-American literature. It can also be adopted as a reader in fourth-semester or more advanced Spanish courses. Furthermore, the introductory essays and literary selections, plus the accompanying glossary and index, make this text an invaluable reference source for both students and instructors.

Text organization

The unique organization of *Voces de Hispanoamérica* offers its readers the following features:

1. General introductions to the different literary periods;
2. Preliminary essays which present individual authors in their proper contexts;
3. Reference bibliographies;
4. Annotated selections;
5. Topical questions oriented to developing critical reading skills;
6. A glossary of literary and cultural terms.

The reading selections include short stories, poems, essays, letters, chronicles, a one-act play, and a segment from a novel. A complete novel, or other unexcerpted literary works may be used along with the anthology in a two-semester course that allows more time for a specialized approach to the study of a literary genre or period.

The selections have been distributed into five sections which correspond to successive stages of historical and cultural development in Spanish America, each of which is marked, in turn, by the emergence of new literary directions:

1. Del descubrimiento a la independencia (1492–1824);
2. Búsqueda de la emancipación cultural (1825–1882);
3. La realidad americana y la renovación literaria (1882–1910);
4. Continuidad y ruptura: hacia una nueva expresión (1910–1960);
5. Consolidación y expansión (1960–).

The general introductions to each of the five sections explain how historical and political events, coupled with native as well as foreign literary movements, produced a distinct literary type. The discussions emphasize how writers influenced by Native-American, European, Oriental and African traditions began to speak with a universal and yet very personal voice that conveyed a Latin American reality and probed the very nature of the human condition. These general introductions are intended to prepare students for the systematic study of literature in a cogent and accessible manner.

Criteria for selection of literary works

This book presents a selection of works that have been recognized by specialists, critics, and the general reading public as the most outstanding in Spanish America from the Colonial period to the present. As in all endeavors of this type, one of the greatest challenges we faced together with the editors was the task of limiting the number of writers represented so as to produce a pedagogically sound text, while illustrating the richness and the diversity of Spanish-American literature. Aided by invaluable feedback from reviewers, we included fifty-one authors in *Voces de Hispanoamérica*. The writers are placed within the different literary or historical periods and in chronological order. When part of a selection is omitted, this is indicated by an ellipsis within brackets [. . .], and when clarifications or explanations are added, they are included within brackets as well. The spelling and the punctuation of texts dating from the 16th and 17th centuries have been modernized in order to facilitate reading and comprehension.

Acknowledgements

We are grateful to friends and colleagues who, during the different stages of the preparation of this book, patiently answered our queries or helped us to obtain permissions or photos: Jaime Alazraki, Gabriella de Beer, Antonio R. de la Campa, Lori M. Carlson, Antonio Cornejo Polar, René de Costa, Frank Dauster, Roberto Fernández Retamar, Diana Festa-McCormick, René P. Garay, José O. Jiménez, Pedro Lastra, Mirko Lauer, Suzanne Jill Levine, Marifeli Pérez-Stable, Rafael Rodriguez, Alfredo A. Roggiano, Antonio Sacoto, Rosario Santos, and Ivan A. Schulman.

Our thanks to Paul Dixon of Purdue University and Leo Ortiz-Minique of Clark University who read the complete manuscript with special dedication and made valuable suggestions that were incorporated into the anthology. Special thanks are due to Susana D. Castillo, San Diego State University; Manuel Durán, Yale University; Stasys Gostautas; Leon F. Lyday, The Pennsylvania State University; Walter Mignolo, The University of Michigan; and Grínor Rojo, The Ohio State University, for their reviews of the manuscript in its early stages. We also wish to thank Sarah Heller and Spanish/English Services for their assistance in the word processing of the manuscript. Jayne N. de Ortiz and Patrice Titterington helped us in the correction of galleys and page proofs; María Correa of the Simon H. Rifkind Center for the Humanities at The City College of the City University of New York graciously provided assistance with photoduplication. We are most grateful to Janet Dracksdorf, Editorial Director, Paula Di Camillo, Production Editor, and Pat Jalbert, Production Coordinator, of Heinle & Heinle Publishers, Inc., for the unfailing enthusiasm with which they have supported our project.

Raquel Chang-Rodríguez
Malva E. Filer

1. DEL DESCUBRIMIENTO A LA INDEPENDENCIA

(1492–1824)

1.1 De la tradición oral a la escritura

En el continente americano hubo múltiples culturas indígenas. Algunas, como la maya-quiché, la azteca y la incaica, alcanzaron un alto grado de civilización y, aunque no conocieron la escritura, conservaron la memoria del pasado a través de la tradición oral. Los maya-quiché sobresalieron por sus libros con pinturas jeroglíficas, los aztecas por sus códices con dibujos y los incas por sus *quipus* o nudos. En las tres civilizaciones la tradición oral desempeñó un importante papel como vehículo para mantener vivos los mitos, las leyendas y los acontecimientos más sobresalientes y también como vía de comunicación con las divinidades. Esta valorización de la palabra dio lugar a diferentes modalidades expresivas comparables con la poesía lírica, épica y dramática del Occidente.

Aunque la conquista y la colonización de América fueron sentidas por los pueblos precolombinos como un terrible cataclismo, pues los europeos se empeñaron en destruir las creencias, las tradiciones y las normas de los indígenas para imponer sus leyes y su civilización, hubo misioneros y colonizadores interesados en defender a la población nativa y conocer mejor su cultura. Gracias a sus esfuerzos se conservan hoy día cantos y tradiciones de los antiguos pueblos amerindios.

En el territorio azteca es notable la labor de Bernardino de Sahagún (¿1500?–1590), misionero franciscano fundador del Colegio de Santa Cruz de Tlatelolco en donde enseñó a los indígenas tanto el latín como el castellano. Estos discípulos recogieron cantares e historias en lengua nahuatl, entre los que sobresale la *Colección de cantares mexicanos*. Varias de las composiciones así recopiladas fueron atribuidas a poetas específicos; el más afamado de entre ellos fue Nezahualcóyotl, rey de la ciudad de Texcoco.

En la zona maya-quiché los antiguos libros pintados o códices fueron destruidos por el celo catequizador de los misioneros. Pero también allí indios alfabetizados comenzaron a escribir sobre el pasado. Gracias a estos esfuerzos han llegado hasta nosotros el *Popul Vuh* o Libro del Consejo, el *Memorial de Sololá* y los *Libros de Chilam Balam*. Del área andina se conserva *Dioses y hombres de Huarochirí* (1608), obra escrita en quechua sobre la cosmogonía de la zona. Muchos de los testimonios indígenas aparecieron en historias y crónicas* de la conquista escritas por españoles; más tarde, indios y mestizos crearon sus propias obras donde recogieron porciones de este legado transmitido por la tradición oral.

Pero el aporte de las civilizaciones indígenas a la literatura hispanoamericana no puede medirse únicamente en términos del testimonio recopilado por europeos curiosos o nativos alfabetizados. La persistencia de la herencia india es notable a través del desarrollo de las letras continentales. Ella está vigente en la obra de destacados escritores contemporáneos como Miguel Angel Asturias, Pablo Neruda, José María Arguedas, Rosario Castéllanos y Carlos Fuentes, para mencionar sólo algunos nombres importantes. Este legado marca y distingue la cultura y la literatura hispanoamericanas.

1.2 Tempranas influencias europeas

Quienes primero describieron el Nuevo Mundo a los europeos fueron marinos, capitanes y soldados que contaban sus hazañas y escribían a la metrópoli para recibir recompensas y privilegios o para justificar sus acciones. Sus escritos reflejaban la mentalidad medieval* y renacentista*. Eran medievales porque en ellos se describía con admiración el papel catequizador de España: llevar el cristianismo al territorio recién descubierto en una nueva cruzada. Esta labor era vista como otra tarea asignada a España, nación católica cuyo poder se había consolidado en la Península con la reconquista de Granada (1492), último baluarte de los moros. Dichos escritos eran también renacentistas por manifestar el individualismo del europeo y su confianza para actuar en las tierras americanas.

Pero en España el humanismo* renacentista impulsado por los escritores italianos llegados a la Península durante el reinado de los Reyes Católicos, Fernando e Isabel (1474–1504), y cuyas ideas alcanzaron predominio en la época de Carlos V (1516–56), fue frenado por el Concilio de Trento (1545–63). Esta asamblea contrarreformista creó el índice de libros prohibidos (*Index Librorum Prohibitorum*), reactivó la Inquisición (1478) y exigió adhesión incuestionable al dogma de la Iglesia. Con todo, en España florecieron las ideas humanistas del Renacimiento que dieron lugar a diferentes tendencias literarias como el neoplatonismo* y el petrarquismo*.

Los escritores españoles siguieron los modelos clásicos estudiando directamente las literaturas griega y latina, o bien conociéndolas indirectamente a través de los autores italianos. En contraste con la época medieval, prestaron atención a la forma con el propósito de lograr una obra artísticamente hermosa. La naturaleza fue una fuente de inspiración importante en esta búsqueda de la perfección. Se aprovecharon también las narraciones mitológicas y las acciones de los héroes de la antigüedad para hacer diversas comparaciones y descripciones. Los relatos de los amores de elegantes pastores y pastoras que vivían en bosques y valles habitados por ninfas y sátiros, con su bucolismo, algo exagerado, dieron lugar a la llamada novela pastoril*. A estas tendencias España añadió el individualismo, el realismo, el interés por lo popular y la matización religiosa del mundo grecolatino.

1.3 *La invención de América*

Cristóbal Colón fue el primer europeo que describió el Nuevo Mundo. Sus cartas y su diario de navegación muestran influencias medievales y renacentistas. Pero más que nada el Almirante se revela como un inversionista interesado en que se reconozca la importancia de su hazaña y se le recompense debidamente. Por eso insiste en la belleza del paisaje, la docilidad de los indígenas, lo agradable del clima y las posibilidades de fácil enriquecimiento. Ante los abusos de muchos conquistadores alzaron su voz europeos interesados en defender a la población nativa. Sus escritos iniciaron una de las constantes de la literatura hispanoamericana: la protesta contra las injusticias. Entre los más sobresalientes defensores de los indígenas se cuenta el dominico, fray Bartolomé de las Casas (1484–1566), quien tanto en su *Brevísima relación de la destrucción de las Indias* (1552) como en su *Historia de las Indias* (c. 1559), dejó inspiradas páginas que lo muestran como un verdadero humanista.

Hernán Cortés (1485–1547) ofrece el punto de vista del conquistador y la primera descripción de una avanzada civilización precolombina, la azteca, en las *Cartas de relación* (1519, 1520, 1522, 1524 y 1526) que escribió a Carlos V. En su *Historia verdadera de la conquista de la Nueva España* (1568), Bernal Díaz del Castillo (c. 1495–1584), deja constancia, en cambio, de cómo pensaba y actuaba un soldado en tan riesgosa empresa. Esta obra confirma la entrada a la literatura del hombre común que se siente autorizado para escribir por haber participado en una hazaña, por haber ganado privilegios y honores con el esfuerzo propio.

La persistente lucha de los antiguos americanos por defender su territorio y cultura impresionó a muchos europeos, y se hizo evidente en el primer poema épico* escrito en el Nuevo Mundo, *La Araucana* (1569, 1578, 1589), del poeta-soldado Alonso de Ercilla y Zúñiga (1533–94). En esta obra, a la vez continuadora y renovadora del modelo fijado por la Italia renacentista, encontramos héroes españoles e indígenas dignos de respeto y admiración. Inspirados por *La Araucana,* Juan de Castellanos (1522–1607), en Colombia, Silvestre de Balboa Troya (1563–1647?) en Cuba y Pedro de Oña (1570–1643?) en Chile, escribieron poemas épicos de desigual valor literario. Así, poetas y prosistas, soldados y sacerdotes, conquistadores y colonizadores, van creando y fijando la imagen de América en la cultura y las letras occidentales.

1.4 Los primeros escritores indoamericanos

Autores indígenas y mestizos pronto comenzaron a escribir sus propias obras, donde frecuentemente mezclaban el español y las lenguas amerindias, las concepciones culturales europeas y las americanas. Ellos nos dieron los primeros textos bilingües y pluriculturales.

En esta primera generación de escritores indoamericanos sobresale el peruano Felipe Guamán Poma de Ayala cuya obra, *Primer nueva corónica y buen gobierno* (1615), reconstruye con palabras y dibujos el pasado andino a la vez que defiende con argumentos del padre Las Casas, los derechos de los antiguos americanos. Sin embargo, fue el Inca Garcilaso de la Vega (1539–1616), mestizo peruano autor de *Comentarios Reales* (1ra parte, 1609; 2da parte, 1617), quien mejor integró concepciones americanas y europeas de la historia y la cultura en una obra magistral. Por esta admirable labor de síntesis y por su interpretación de la conquista del imperio incaico y la colonización española, se lo reconoce como el primer gran escritor hispanoamericano.

Lamentablemente, los esfuerzos iniciales de estos escritores se vieron interrumpidos debido a las limitaciones impuestas por el régimen colonial y a las presiones de la cultura hegemónica sobre la población de color. Después de la rebelión indígena de Tupac Amaru (1780) en el Perú, la Corona consideró los *Comentarios Reales* obra peligrosa y prohibió su lectura.

1.5 La representación de la realidad americana

Estos primeros escritores, algunos con poca preparación formal y escasa cultura literaria, enfrentaron varios problemas al elaborar su obra. Los más notables podrían resumirse en las siguientes preguntas: ¿cómo describir este mundo nuevo y diferente?; ¿cómo relatar la propia participación en la conquista y colonización? En busca de respuestas acudieron a la tradición historiográfica medieval y a los preceptos literarios del Renacimiento. La primera permitía la mezcla de realidad y fantasía, la inclusión de detalles raros, la divagación moralizante, pues los hechos narrados por cartas, crónicas[*], historias y relaciones[*] debían servir de ejemplo a los lectores. Por eso en los textos hispanoamericanos no debe sorprendernos ver la intervención divina en favor de los españoles, ni la descripción de hazañas inusitadas de los conquistadores. Los segundos propiciaron, entre otras cosas, la inclusión del paisaje embellecido, de la nota individualista y la atención a la forma. En poesía, muchos preferían los metros italianos, centrados en el endecasílabo (once sílabas) y castellanizados por los poetas Juan Boscán (1493–1542) y Garcilaso de la Vega (¿1501?–1536), a los tradicionales metros españoles, como por ejemplo, el octosílabo (ocho sílabas). Encontramos así otras constantes de la literatura hispanoamericana: 1) la coexistencia de diversos estilos cuya mezcla a veces produce textos muy diferentes a los modelos originales; y 2) el aprovechamiento de tradiciones literarias diferentes que no se logran asimilar del todo.

Estas nuevas obras, como es de esperarse, estaban marcadas por la experiencia americana de sus autores. Muchas veces el vocabulario castellano era inadecuado para describir el recién descubierto continente. Por eso, desde los primeros años de la época colonial, se comenzaron a emplear palabras de las lenguas amerindias—por ejemplo, cacique, canoa—que por su frecuente uso en el lenguaje oral y escrito fueron enriqueciendo el español en general; en otros casos, algunos animales y plantas americanos recibieron nombres europeos. Los marinos, conocedores de las antiguas leyendas clásicas, contribuyeron mucho a crear una imagen fantástica del Nuevo Mundo.

1.6 El apogeo de la literatura colonial

Para entender el auge de las letras coloniales en el siglo XVII, conviene recordar la importancia del barroco[*] literario, movimiento de renovación donde los escritores lograron crear un lenguaje poético de gran riqueza metafórica.

Como se sabe, en España el período barroco (1580–1700) abarcó más de un siglo y coincidió históricamente con la época en que el país dejó de ser primera potencia. En esa época, la Armada Invencible fue derrotada por Inglaterra (1588). Predominó entonces un espíritu de desengaño y pesimismo alimentado por la ineficacia administrativa, los diversos conflictos bélicos y la grave situación económica. La literatura de este período se caracteriza por los contrastes violentos, una marcada preocupación por el idioma y una visión agónica de la vida propiciada en parte por la Contrarreforma.

Dentro del barroco pueden distinguirse dos tendencias principales: la culterana[*] y la conceptista[*]. Como los culteranos sostenían que solamente un pequeño grupo de personas podía apreciar la literatura, se dirigían a los conocedores de las letras clásicas, a los estudiosos de griego y de latín, capaces de entender las oscuras alusiones mitológicas, las metáforas difíciles y las oraciones caracterizadas por raros cambios sintácticos. Estos escritores enriquecieron la lengua literaria al introducir cultismos[*], que utilizaban con mucha frecuencia en el lenguaje poético.

Si los culteranos hacían hincapié en el léxico y la sintaxis, los conceptistas se concentraban en expresar ideas ingeniosas, "agudezas"[*] que, como en los escritos de Francisco de Quevedo (1580–1645), muchas veces llegaban a desfigurar personajes, ideas y cosas. En suma, en el barroco predominó el culto a la palabra, la nota exótica y el énfasis en la forma, todo ello con el fin de recrear lo conocido de modo nuevo y sorprendente. Muchos escritores hispanoamericanos admiraron e imitaron a los maestros barrocos españoles.

Entre los más destacados cultivadores de esta tendencia en España se encuentran: en poesía, Luis de Góngora y Argote (1561–1627), en teatro Pedro Calderón de la Barca (1600–81), en prosa, Baltasar Gracián (1601–58) y Francisco de Quevedo en varios géneros.

El barroco llegó a América a través de escritores peninsulares que expresaban sus ideas estéticas en tertulias y en academias literarias, o bien a través de los libros enviados por comerciantes sevillanos. En América el barroco fue marcado por las culturas indígenas y africanas, la coexistencia de diversas tendencias literarias, el aislamiento de la metrópoli y el general proceso de transculturación; tal mezcla dio por resultado un producto cultural diferente y difícil de caracterizar: el llamado "Barroco de Indias".

La figura más importante del período colonial es la monja mexicana sor Juana Inés de la Cruz (1651–95), escritora barroca, defensora de la mujer y cultivadora de varios géneros literarios (poesía, ensayo, teatro). Imitó y superó a sus maestros peninsulares para dejarnos uno de los más brillantes poemas escritos en lengua española, *Primero sueño* (1692). Si sor Juana representa la tendencia culta del barroco sin menosprecio del pueblo, el peruano Juan del Valle Caviedes (c.1645–c.97) aprovecha su veta satírica y popular para criticar a médicos y funcionarios en divertidos poemas y piezas dramáticas. Siguiendo a los conceptistas, Caviedes se vale de vulgarismos, juegos lingüísticos y parodias literarias que nos recuerdan al autor de *El buscón* (1626).

En cuanto al arte dramático, sacerdotes y misioneros aprovecharon el interés que las civilizaciones precolombinas tenían por la representación y el espectáculo y crearon un teatro de tipo misionero utilizado para la catequización de los indígenas. Más tarde, en el apogeo del Siglo de Oro[*], llegaron a América las comedias y los dramas tan populares en España. Se representaban ante un gran público especialmente en la Ciudad de México y en Lima. Entre los dramaturgos hispanoamericanos sobresale Juan Ruiz de Alarcón (1581–1639), quien nació en México pero vivió sobre todo en España. Su teatro se distingue por la intención crítica y moralizante. En *La verdad sospechosa,* por ejemplo, Alarcón critica el vicio de la mentira.

Por mucho tiempo se repitió que durante el período colonial no se habían escrito cuentos ni novelas porque éstos habían sido reemplazados por crónicas, cartas, relaciones e historias de la conquista y la colonización. También se explicó que si bien existían algunos relatos, eran sólo narraciones embriónicas, protonovelas cuyo estudio no merecía mucha atención. Sin embargo, investigaciones recientes han comprobado que sí se escribieron cuentos y novelas en la época colonial. Pero como el grupo de lectores era pequeño, el papel costoso y los permisos para publicar difíciles de conseguir, muchas de estas narraciones circularon en forma manuscrita; otras se imprimieron más tarde y han sido descubiertas y vueltas a publicar recientemente.

Entre las novelas impresas en la colonia se destaca *Infortunios de Alonso Ramírez* (1690) del sabio mexicano Carlos de Sigüenza y Góngora

(1645–1700), amigo de sor Juana Inés de la Cruz. En este relato el protagonista puertorriqueño cuenta sus aventuras en México y en las Filipinas utilizando el modelo picaresco* divulgado en España por *Lazarillo de Tormes* (1554). El protagonista—recordemos a Bernal Díaz del Castillo—anticipa al hombre moderno que gana recompensas y mercedes por su propio esfuerzo. Sin duda, el patrón picaresco peninsular fue aprovechado y remozado en el Nuevo Mundo.

1.7 Encuentro y pugna de diversos estilos

Ya se ha señalado una importante constante de la literatura hispanoamericana: la coexistencia de diversas tendencias que se influyen mutuamente. En la época colonial, el siglo XVIII ejemplifica mejor que ningún otro esta característica. Se distinguen tres estilos principales: el barroco, más importante en la primera mitad del siglo; el rococó*, cuyo auge se sitúa pasados los primeros cincuenta años de la centuria; y el neoclasicismo*, predominante hacia fines de este período. El barroco se desgastó temporalmente en manos de imitadores carentes del genio de sor Juana. El rococó fue un estilo ligero, alegre, frívolo, cultivado por poetas menores. En verdad, el estilo más influyente fue el neoclásico.

En España la aceptación de la nueva moda literaria se aceleró con el reinado de los reyes Borbones, casa real francesa que comenzó a regir los destinos de ese país y su imperio en 1700. Los soberanos de esta dinastía trataron de reformar la administración colonial para mantener su hegemonía en América valiéndose del "despotismo ilustrado"*. O sea, el sector gubernamental decidía "racionalmente" qué cambios eran necesarios y los imponía.

En literatura el neoclasicismo se caracterizó por: 1) su deseo de imitar a los clásicos, y 2) el predominio de la razón y el orden. Los neoclásicos veían el mundo como un gran reloj donde cada persona, usando su inteligencia, podía "leer", o sea, descifrar los diferentes fenómenos. Este conocimiento sería aprovechado para el progreso y beneficio de todos. Tal fe en la razón se vio reforzada por el ideario de las revoluciones americana (1776) y francesa (1789) que, junto con las ideas de la Ilustración*, constituyeron el fundamento de las luchas por la independencia en Hispanoamérica.

Bajo la influencia de estas corrientes de pensamiento se escribieron obras sencillas, fáciles de entender y con propósito didáctico. En este período se fortalece la sátira; y, por el afán de enseñar, en poesía se cultiva la fábula*. Sobresalen en España escritores neoclásicos como Cadalso (1741–82), cuyas *Cartas marruecas* (1789) lo revelan como un agudo crítico social, mientras su elegía* en prosa, *Noches lúgubres* (1798), lo muestra como precursor del romanticismo; Moratín (1760–1828), autor de *El sí de las niñas* (1806), moderna comedia de tesis donde ataca los matrimonios arreglados por los padres sin el consentimiento de los hijos; y los poetas Iriarte (1750–91) y Samaniego (1745–1801), respectivamente autores de *Fábulas literarias* (1782) y *Fábulas morales* (1781–84). Pero quien mejor resume el espíritu de la época es Luzán (1702–54), cuya *Poética* recoge los principios animadores del neoclasicismo—decoro, verosimilitud e imitación de la naturaleza—a la vez que subraya su propósito: la obra literaria debe ser didáctica, entretenida y bella.

Las expediciones científicas que llegaron a Hispanoamérica en el siglo XVIII para estudiar la geografía, la flora y la fauna, estimularon el interés por la naturaleza y por el conocimiento del continente. Entre ellas es notable la del científico alemán Alejandro von Humboldt (1769–1859) que, entre 1799 y 1804, visitó diversas partes de México, Sur América y la isla de Cuba. El poeta Andrés Bello (1781–1865), joven de dieciocho años cuando von Humboldt llegó a Caracas en 1799, acompañó al sabio alemán en varias excursiones alrededor de esa ciudad; esta experiencia añadiría un matiz científico a sus posteriores descripciones de la naturaleza americana. El interés de von Humboldt y de otros estudiosos sirvió para impulsar la poesía descriptiva—la tendencia más importante dentro del neoclasicismo—que expresa un sentimiento de apego a lo americano y anticipa la expresión nacionalista, típica del período romántico posterior.

Durante el siglo XVIII la vena satírica ya observada anteriormente en la poesía de Caviedes, tiene importantes cultivadores. Entre ellos sobresale el español Esteban de Terralla y Landa, quien residió por mucho tiempo en México y Lima. Escribió *Lima por dentro y fuera* (1792), largo romance[*] muy influido por Quevedo donde se burla de esa capital y sus habitantes. En Hispanoamérica, en consonancia con el afán didáctico de la época, también se escribieron fábulas. Ejemplifica esta dirección la obra del ecuatoriano Rafael García Goyena (1766–1823) cuyas composiciones publicadas póstumamente muestran la influencia de Iriarte y Samaniego.

Un curioso libro de viajes, *El lazarillo de ciegos caminantes* (1775), donde el inspector de correos Alonso Carrió de la Vandera (c. 1715–83), describe su viaje a lomo de mula desde Buenos Aires hasta Lima, recoge las inquietudes reformistas de la época. La obra es también importante para el desarrollo de la narrativa, pues *El lazarillo* ofrece interesantes descripciones costumbristas[*] y utiliza el modelo picaresco para incorporar diversos materiales. Entre éstos se destaca un curioso personaje, Calixto Bustamante Carlos Inca, alias "Concolorcorvo", quien se presenta como el "verdadero" autor. *El Periquillo Sarniento* (1816) del mexicano José Joaquín Fernández de Lizardi (1776–1827), considerada por mucho tiempo la "primera" novela hispanoamericana, también vuelve al siglo XVII español para adoptar patrones picarescos; del período neoclásico conserva las ideas de reforma social y el interés didáctico.

El escritor más importante de esta época es el venezolano Andrés Bello, cuya obra sirve de puente entre el neoclasicismo y el romanticismo. En la silva* "La agricultura de la zona tórrida", el gran humanista alaba la belleza y utilidad de la naturaleza americana, censura la vida urbana y elogia las virtudes del campo. El cariño a su tierra y el respeto a la libertad evidentes en este poema anticipan un cambio de estilo—el romántico—y reafirman la independencia de Hispanoamérica sellada para el continente en las batallas de Junín y Ayacucho (1824) y esperada en el Caribe hasta bien avanzado el siglo XIX.

CRISTOBAL COLON

(1451, Génova, Italia—1506, Valladolid, España)

_____

_____

_____

_____

_____

_____

El 3 de agosto de 1492, con tres naves y un total de 90 tripulantes, Colón partió del puerto de Palos (Huelva) en busca de una nueva ruta marítima para llegar a Catay (China) y Cipango (Japón). No sospechaba el Almirante que al término de su viaje hallaría un nuevo continente. Confundido, cree que ha llegado a la India y por eso llama a los apacibles habitantes de las islas del Caribe, "indios". Más confundido todavía, cree que Cuba es Catay, y que Cibao (región de La Española o Santo Domingo) es Cipango.

Fue Colón el primer europeo que describió el Nuevo Mundo. Sus escritos se caracterizan por el empleo de un español vacilante, la abundancia de términos náuticos y una fuerte dosis de fantasía. De origen genovés y marino desde muy temprana edad, Colón hablaba varios idiomas, pero no llegó a expresarse con corrección en ninguno de ellos. Aprendió tardíamente el castellano cuando, después del fracaso de sus gestiones en Portugal, inició contactos con la corte española con el propósito de conseguir apoyo para su empresa ultramarina.

Como los escritos de Colón eran difíciles de entender aun en su propia época, los copistas, en su afán de aclarar y castellanizar este lenguaje, contribuyeron a añadir errores e imprecisiones. Vale notar que muchos de los originales se han perdido y hoy día sólo quedan las copias. Por ejemplo, el famoso *Diario* del primer viaje se conserva gracias a que fray Bartolomé de las Casas (1484—1566), amigo de la familia Colón, se ocupó de hacer un resumen del hoy desaparecido documento.

Una de las características más notables de los escritos colombinos es la veta imaginativa, acompañada frecuentemente del detalle comercial. Lector de Marco Polo, de las populares novelas de caballería[*], de la épica renacentista, de la *Historia natural* de Plinio, Colón sitúa en América a las sirenas, las amazonas y los hombres con cola de estas lecturas. Interesado en que los Reyes Católicos vean su hazaña como una buena inversión, Colón no vacila en exagerar la riqueza y belleza de las tierras americanas así como la bondad y carácter pacífico de sus habitantes. Por eso el Almirante y sus hombres buscaron desesperadamente el oro que habrían de llevar a España para confirmar lo relatado en cartas y documentos. Y por eso describe a los indígenas, desconocedores del hierro y de las armas de fuego, como seres a los cuales se podría conquistar y cristianizar fácilmente, todo para la gloria de la Iglesia, de España, de los Reyes Católicos y de Cristóbal Colón.

Entre los documentos colombinos quizá el más conocido sea la carta del 15 de febrero de 1493 que escribió a Luis de Santangel, escribano de los Reyes Católicos, para dar cuenta de sus descubrimientos. En ella Colón establece las bases de la expansión española en el Nuevo Mundo: América es tierra de abundancia y sus pobladores pueden ser vencidos fácilmente. De la popularidad de esta carta dan cuenta sus varias traducciones y múltiples ediciones: al latín (9 ediciones), al italiano en forma versificada (3 ediciones) y al alemán. La mayoría de los críticos concuerda en que la "carta del descubrimiento" fija la imagen que los europeos tendrán sobre América—riqueza sin límite, eterna primavera, continente de maravilla y promesa donde sin duda se halla el paraíso terrenal. Por eso no debe extrañarnos que un marinero de Américo Vespucio visite la isla donde el inglés Tomás Moro (1478–1535) ubica a los habitantes de su *Utopía* (1516), o que el humanista italiano Campanella (1568–1639) sitúe la ciudad ideal en Sudamérica y su gobierno tenga rasgos de los antiguos imperios inca y azteca, ni que los habitantes de la Nueva Atlántida de Francis Bacon (1561–1626) hablen español. La tierra descrita por Colón ha entrado con su descubridor a la literatura occidental.

Bibliografía mínima

Arrom, José Juan. "La otra hazaña de Colón". *Boletín de la Academia Norteamericana de la Lengua Española* 4–5 (1979–1980): 35–50.

Balaguer, Joaquín. *Colón, precursor literario.* Buenos Aires: Bartolomé U. Chiesino, 1958.

Menéndez Pidal, Ramón. *La lengua de Cristóbal Colón.* Buenos Aires: Austral, 1942.

Jitrik, Noé. *Los dos ejes de la cruz. La escritura de apropiación en el Diario, el Memorial, las Cartas y el Testamento del enviado real Cristóbal Colón.* Puebla: Universidad Autónoma de Puebla, 1983.

Leonard, Irving A. *Books of the Brave.* 1949. New York: Gordian, 1964.

Morison, Samuel E. *Admiral of the Ocean Sea: A Life of Christopher Columbus.* Boston: Little, 1942. 2 Vols.

Varela, Consuelo. Prólogo. *Cristóbal Colón. Textos y documentos completos. Relaciones de viajes, cartas y memoriales.* Ed. Consuelo Varela. Madrid: Alianza Editorial, S. A., 1982. vii–lxii.

Carta a Luis de Santangel

[...] Yo entendía harto de otros ind[i]os, que ya tenía tomados, cómo continuamente esta tierra era isla, y así seguí la costa d'ella al Oriente ciento y siete leguas, hasta donde hacía fin; del cual cabo vi otra isla al Oriente, distinta[1] de ésta diez o ocho leguas, a la cual puse nombre la Española; y fui allí,
5 y seguí la parte del se[p]tentrión... y [las islas] son fertílisimas en demasiado grado, y ésta [Española] en extremo; en ella hay muchos puertos en la costa de la mar, sin comparación de otros que yo sepa en cristianos, y hartos ríos y buenos y grandes que es maravilla; las tierras d'ella son altas, y en ella [hay] muy muchas sierras y montañas altísimas sin comparación de la isla de Tene-
10 rife,[2] todas hermosísimas, de mil hechuras y todas andábiles y llenas de árboles de mil maneras y altas, y parecen que llegan al cielo; y tengo por dicho que jamás pierden la hoja, según lo pu[e]de comprender, que los vi tan verdes y tan hermosos como son por mayo en España; y d'ellos estaban floridos, d'ellos con fruto, y d'ellos en otro término,[3] según en su calidad. Y cantaba el
15 ruiseñor y otros pajaritos de mil maneras en el mes de noviembre por allí donde yo andaba. Hay palmas de seis o de ocho maneras,[4] que es admiración verlas por la diformidad hermosa d'ellas... En ella hay pinares a maravilla y hay campiñas grandísimas, y hay miel y de muchas maneras de aves y frutas muy diversas. En las tierras hay muchas minas de metales y hay gente *insti-
20 mabile numero.*[5]

La Española es maravilla: las sierras y las montañas y las vegas y las campiñas y las tierras tan hermosas y gruesas para plantar y sembrar, para criar ganados de todas suertes, para edificios de villas y lugares. Los puertos de la mar, aquí no habría creencia sin vista, y de los ríos muchos y grandes y
25 buenas aguas, los más de los cuales traen oro. En los árboles y frutos y yerbas hay grandes diferencias de aquellas de la Juana [Cuba]: en ésta hay muchas especierías y grandes minas de oro y de otros metales. La gente d'esta isla y de todas las otras que he hallado y habido ni haya habido noticia, andan todos desnudos, hombres y mujeres, así como sus madres los paren, aunque algunas
30 mujeres se cobijan en un solo lugar con una hoja de yerba o una cosa de algodón que para ello hacen. Ellos no tienen hierro ni acero ni armas, ni son para ello; no porque no sea gente bien dispuesta y de hermosa estatura, salvo que son muy temerosos a maravilla [...].

[...] Esta [La Española] es para desear, y vista, es para nunca dejar. En la
35 cual, puesto que de todas tenga tomada posesión por Sus Altezas y todas sean más abastadas[6] de lo que yo sé y puedo decir, y todas las tengo por de Sus Al-

---

1. Distante.
2. Tenerife: la mayor y más poblada de las islas Canarias. Sus valles son muy fértiles.
3. En otro estado.

4. Variedades.
5. Expresión latina: en gran número, en abundancia.
6. Con muchas provisiones.

tezas, que d'ellas pueden disponer como y tan cumplidamente como de los
reinos de Castilla, en esta Española, en el lugar más convenible y mejor comarca para las minas de oro y de todo trato así de la tierra firme de acá como
40 de aquella de allá del Gran Can, adonde habrá gran trato e ganancia, he tomado posesión de una villa grande a la cual puse nombre la Villa de Navidad,[7]
y en ella he hecho fuerza y fortaleza, que ya a estas horas estará del todo acabada, y he dejado en ella gente que abasta para semejante hecho, con armas
y artillerías y vituallas[8] por más de un año, y fusta[9] y maestro de la mar en
45 todas artes para hacer otras, y grande amistad con el Rey de aquella tierra, en
tanto grado que se preciaba de llamarme y tener[me] por hermano. Y aunque
le mudase la voluntad a ofender esta gente, él ni los suyos no saben qué sean
armas, y andan desnudos como ya he dicho. Son los más temerosos que hay
en el mundo, así que solamente la gente que allá queda es para destruir toda
50 aquella tierra, y es isla sin peligro de sus personas sabiéndose regir [. . .].

En conclusión, a hablar d'esto solamente que se ha hecho este viaje,
que fue así de corrida que pueden ver Sus Altezas que yo les daré oro cuanto
hubieran menester con muy poquita ayuda que Sus Altezas me darán ahora,
[e]specíería y algodón cuanto Sus Altezas mandaran cargar [. . .] y esclavos
55 cuantos mandaran cargar, y serán de los idólatras [. . .].

[. . .] Así que, pues nuestro Redentor dio esta victoria a nuestros ilustrí-
simos Rey y Reina [. . .] adonde toda la cristiandad debe tomar alegría y hacer
grandes fiestas y dar gracias solemnes a la Santa Trinidad con muchas oraciones solemnes, por el tanto ensalzamiento[10] que habrán en tornándose tan-
60 tos pueblos a nuestra santa fe, y después por los bienes temporales que no
solamente a la España, mas a todos los cristianos tendrán aquí refrigerio y
ganancia.

(15 de febrero de 1493)

Preguntas

1. ¿Cómo describe Colón la naturaleza americana? ¿Qué influencias del
   estilo usado para describir el paisaje en el Renacimiento encuentra
   Ud. aquí?
2. ¿Por qué exagera Colón las bondades de las Indias?
3. Colón indica que ha tomado posesión de estas islas. ¿En qué consiste
   esta "toma de posesión"? ¿Qué documentos usó para legalizar sus actos?
4. ¿Cómo se evidencia el interés económico de Colón en su primera carta?
5. ¿Cómo caracteriza el Almirante a los indígenas y por qué?

---

7. Navidad: construida con los restos de la
Santa María, una de las naves de Colón.
Cuando el Almirante regresó en su segundo
viaje (1493), el fuerte estaba destruido y sus
defensores nunca fueron encontrados.

8. Comida, víveres, provisiones.
9. Embarcación pequeña de vela latina, con
uno o dos palos.
10. Alabanzas.

BARTOLOME DE LAS CASAS

(1484, Sevilla, España–1566, Madrid, España)

_____

_____

_____

_____

_____

_____

El descubrimiento y la conquista del Nuevo Mundo plantearon graves cuestiones filosóficas para la Iglesia y los soberanos españoles. Uno de los aspectos más debatidos fue el de la racionalidad de los indígenas y el derecho de los conquistadores a esclavizarlos. La polémica fue iniciada a fines de 1511 en Santo Domingo, capital de La Española, por los religiosos de la orden dominica quienes protestaron contra los abusos del sistema de encomiendas* y las guerras de represión que exterminaban a la población nativa. El paladín de esta causa, fray Antonio de Montesinos, proclamó ante la consternación de los colonizadores, que los indios eran seres humanos y debían ser tratados como tales.

A esta lucha en favor de los derechos de los indígenas se unió después en Cuba y La Española, fray Bartolomé de las Casas. Cuando se dio cuenta que prédicas y sermones no avanzaban la causa que defendía tan ardientemente, el joven sacerdote decidió regresar a España y, desde allí, exigir la abolición de las encomiendas y otras medidas favorables a los indígenas.

En 1523 Las Casas ingresó a la orden de los dominicos. En La Española se dedicó a estudiar tratados jurídicos, teológicos y filosóficos que le proporcionarían el fundamento de su argumentación en favor de la población nativa. En los claustros dominicos también inició la redacción de dos de sus obras más importantes: *Historia de las Indias* (c. 1559), uno de los más fidedignos recuentos de las primeras tres décadas de la colonización, y *Apologética historia*, tratado escrito para probar la plena capacidad racional de los indios. Ambas circularon en forma manuscrita, pero no fueron impresas sino hasta varios siglos después. En estas obras Las Casas argumentó por el empleo de métodos pacíficos para atraer y cristianizar a los nativos. El dominico tuvo oportunidad de poner en práctica algunas de sus ideas en la reducción pacífica de Enriquillo, jefe indio de La Española y en el poblado guatemalteco llamado Vera Paz. La rebelión del joven cacique, recogida en la *Historia de las Indias*, fue utilizada más tarde por el escritor dominicano Manuel de Jesús Galván (1834–1910) como una de las principales fuentes de su conocida novela histórica *Enriquillo* (ed. completa en 1882).

En lucha constante con las autoridades, en 1540 el "Apóstol de las Indias" regresa a España. Encuentra allí un clima político más favorable, pues, en 1537, el Papa Pablo III había reconocido en una bula la racionalidad de los indígenas; además, fray Francisco de Vitoria había cuestionado desde su cátedra en la Universidad de Salamanca, la legitimidad del reclamo español a la conquista de América. El continuo batallar de Las Casas y otros partidarios de la causa indígena logró la proclamación de las Leyes Nuevas (1542) que suprimían las encomiendas, la esclavitud y otras formas de trabajo forzado. El infatigable dominico regresó al Nuevo Mundo (1544) con el título de Obispo de Chiapas y un gran deseo de hacer cumplir los reglamentos favorables a los indígenas. Sin embargo, estas leyes, como otras muchas dadas por la Corona para proteger a los indios, fueron "letra muerta": los conquistadores y colonizadores protestaron vigorosamente contra ellas y finalmente no se cumplieron. En 1547, Las Casas regresó a la metrópoli para continuar su lucha.

Fue éste un período de intensa actividad intelectual durante el cual Las Casas polemizó con el prestigioso humanista Juan Ginés de Sepúlveda (¿1490?–1573) defensor de la conquista cuya legitimidad fundamentaba en la supuesta barbarie indígena. Armado de argumentos legales y filosóficos, pero más que nada con pleno convencimiento de la justicia de su causa, el "Protector de los Indios" debatió con Sepúlveda. En esta ocasión sus esfuerzos se vieron recompensados con algunas leyes favorables a los indios, como por ejemplo la prohibición de las conquistas armadas. En esta época publicó una de sus obras más polémicas, *Brevísima relación de la destrucción de las Indias* (1552). Su rápida traducción al latín, al francés, al inglés, al alemán, al italiano y al holandés, divulgó los abusos de los españoles en América y contribuyó a crear la llamada "leyenda negra", alimentada, claro está, por Francia e Inglaterra, potencias archienemigas de España. Al mismo tiempo, este libro propagó una imagen muy diferente del amerindio: los antiguos americanos son por naturaleza virtuosos e ingenuos; son ellos los clásicos "buenos salvajes" cuyo contacto con la civilización occidental puede corromperlos.

La obra lascasiana conserva su vigencia por tratar problemas aún no resueltos en Hispanoamérica: el coloniaje, la incorporación del indio al proyecto nacional, la creación de una sociedad verdaderamente pluricultural. Los encendidos escritos del dominico en defensa de los indígenas abren en la literatura hispanoamericana un espacio de combate y compromiso desde el cual el escritor critica y reclama. La obra de Las Casas es digna antecesora de una importante tendencia en las letras continentales, la literatura indigenista[*], practicada después por escritores tan conocidos como el ecuatoriano Jorge Icaza (1906–78), los peruanos Clorinda Matto de Turner (1854–1909), Ciro Alegría (1909–67) y José María Arguedas (1911–69) y la mexicana Rosario Castellanos (1925–74).

Bibliografía mínima

Bataillon, Marcel. *Estudios sobre Bartolomé de las Casas.* Barcelona: Peninsular, 1976.
———y André Saint-Lu. *El padre Las Casas, defensor de los indios.* Barcelona: Ariel, 1976.
Hanke, Lewis. *La lucha por la justicia en la conquista de América.* Buenos Aires: Sudamericana, 1949.

————. *Aristotle and the American Indians. A Study in Race Prejudice in the Modern World.* Bloomington: Indiana UP, 1950.

Saint-Lu, André. "Fray Bartolomé de las Casas". *Epoca colonial.* Coord. Luis Iñigo Madrigal. Madrid: Cátedra, 1982. Vol. 1 de *Historia de la literatura hispanoamericana.* 2 Vols. 1982–87. 117–25.

Historia de las Indias

[La rebelión de Enriquillo.]

Por este tiempo [fines de 1518] cosas acaecieron notables en esta isla Española, y una fue que, como los indios de ella se iban acabando y no cesasen por eso de los trabajar y angustiar los españoles que los tenían, uno de ellos llamado Valenzuela [. . .], mozo harto liviano que sucedió en la inicua y
5 tiránica posesión de ellos a su padre, tenía un repartimiento cuyo cacique y señor se llamaba Enriquillo.

[Enriquillo] había sido criado, siendo niño, en el monasterio de San Francisco, que hubo en una villa de españoles llamada la Vera Paz, y la provincia, según la lengua de los indios, Xaraguá [. . .], donde tuvo su reino el rey Be-
10 hechio[. . .]que fue uno de los cinco reyes de esta isla y el principal, de que mucho en el primer libro y segundo hemos hablado.

[A Enriquillo] los frailes habían enseñado a leer y escribir y en costumbres asaz bien doctrinado, y él de su inclinación no perdía nada, y supo bien hablar nuestra lengua, por lo cual siempre mostró por sus obras haber con los
15 religiosos aprovechado. [. . .] Este cacique y señor de aquella provincia del Baoruco, salido de la doctrina de los religiosos y hecho hombre, casóse con una señora india, mujer de buen linaje y noble, llamada doña Lucía, como cristianos, en haz[1] de la Santa Madre Iglesia. Era Enrique alto y gentil hombre de cuerpo bien proporcionado y dispuesto; la cara no tenía ni hermosa ni fea,
20 pero teníala de hombre grave y severo. Servía con sus indios al dicho mancebo Valenzuela como si se lo debiera, como dicen, de fuero, sufriendo su injusta servidumbre y agravios que cada día recibía con paciencia. Entre los pocos y pobres bienes que tenía poseía una yegua; ésta la tomó contra su voluntad el mozo tirano a quien servía; después de esto, no contento con aquél
25 robo y fuerza, procuró de violar el matrimonio del cacique y forzarle la mujer, y como el cacique lo sintiese, porque se quejó a él mismo diciéndole que por qué le hacía aquel agravio y afrenta, dicen que le dio de palos para que se cumpliese el proverbio: agraviado y aporreado. Fuese a quejar de sus agravios al teniente de gobernador que en aquella villa residía, llamado Pedro de
30 Vadillo; halló en él el abrigo que siempre hallaron en las justicias de estas In-

1. A vista de.

dias y ministros del rey los indios; éste fue que lo amenazó que le haría y acontecería si más venía a él con quejas de Valenzuela, y aun dijeron que lo echó en la cárcel o en el cepo. El triste, no hallando remedio en aquel ministro de justicia, después que le soltaron, acordó de venir a esta ciudad de
35 Santo Domingo a quejarse a la Audiencia de las injurias y denuestos recibidos, con harta pobreza, cansancio y hambre, por no tener dinero ni de qué haberlo. El Audiencia le dio su carta de favor, pero remitiéndolo al dicho teniente Vadillo sin otro remedio; y éste fue también el consuelo que las Audiencias y aun también el Consejo del rey, que reside en Castilla, daban a los
40 agraviados y míseros: remitirlos, conviene a saber, a los agraviantes y sus propios enemigos. Tornado a la villa, que estaba a 30 leguas, presentó sus papeles, y la justicia que halló en Vadillo fue, según se dijo, tratándolo de palabra y con amenazas, peor que de primero; pues sabido por su amo Valenzuela, no fueron menores los malos tratamientos y asombramientos: que lo había de
45 azotar y matar y hacer y acontecer, y aun, según yo no dudo, por la costumbre muy envejecida y el menosprecio en que los indios fueron siempre tenidos, señores y súbditos, y la libertad y duro señorío que los españoles sobre ellos tuvieron para los afligir, sin temor de Dios y de la justicia, que le daría de palos o bofetadas antes que darle de cenar, para consuelo y descanso de
50 su camino. Sufrió las nuevas injurias y baldones el cacique Enriquillo (llamábanlo así los que lo conocieron niño, cuando estaba con los padres de San Francisco, y de allí nació nombrarlo comúnmente por este nombre diminutivo), sufriólas, digo, y disimuló; y habida licencia de su amo, que con más justa razón pudiera ser señor suyo el indio, porque acabado el tiempo que
55 eran ciertos meses del año que se remudaban las cuadrillas para venir a servir, y el cacique era el que iba y venía y los traía y el que si faltaba un indio que no viniese, lo había él de llorar y padecer, con cárcel e injurias y aun palos y bofetadas y otras angustias y denuestos vuelto a su tiempo, confiado en su justicia y en su tierra, que era áspera, donde no podían subir caballos,
60 y en sus fuerzas y de sus pocos indios que tenía, determinó de no ir a servir más a su enemigo, ni enviarle indio suyo, y por consiguiente, en su tierra se defender; y esto llamaron los españoles, y llaman hoy, "alzarse y ser rebelde Enrique, y rebeldes y alzados los indios", que con verdad hablando, no es otra cosa que huir de sus crueles enemigos, que los matan y consumen, como
65 huye la vaca o buey de la carnicería; el cual, como no fuese ni llevase indios para el servicio de Valenzuela en el tiempo establecido, estimando el Valenzuela que por los agravios recibidos estaría enojado y alborotado, y como ellos decían, alzado, fue con once hombres a traerlo por fuerza y sobre ello maltratarlo. Llegado allá, hallólo a él y a su gente no descuidado, sino con ar-
70 mas, que fueron lanzas, por hierros clavos y huesos de pescados, y arcos y flechas y piedras y lo demás de que pudieron armarse; saliéronle al encuentro, y el cacique Enriquillo delante, y dijo a Valenzuela que se tornase, porque no había de ir con él, ni de sus indios nadie, y como el mozo Valenzuela lo tuviese como esclavo y en mayor menosprecio que si fuera estiércol de la plaza,

75 como todos los españoles han tenido siempre y tienen a estas gentes por más
que menospreciadas, comenzó a decirle de perro y con todas las injuriosas
palabras que se le ofrecieron denostarle, y arremete a él y a los indios que estaban con él, los cuales dan en ellos y con tanta prisa, que le mataron uno o
dos de sus españoles y descalabraron a todos los más y los otros volvieron las
80 espaldas. No quiso Enrique que los siguiesen, sino que los dejasen ir, y dijo
a Valenzuela:—Agradeced, Valenzuela, que no os mato; andad, id y no volváis
más acá; guardáos.

    Tornóse Valenzuela con los suyos a San Juan de la Maguana, más que de
paso, y su soberbia lastimada, puesto que no curada. Suénase luego por toda
85 la isla que Enriquillo es alzado; provéese por el Audiencia que vaya gente a
subyugarlo; juntáronse 70 ó 80 españoles y vanlo a buscar, los cuales, después de muy cansados y hambrientos de muchos días, halláronlo en cierto
monte; salió a ellos, mató ciertos e hirió a otros, y todos desbaratados y humi-
llados acordaron con harta tristeza y afrenta suya de tornarse. Cunde toda la
90 isla la fama y victorias de Enriquillo; húyense muchos indios del servicio y
opresión de los españoles y vanse al refugio y bandera de Enriquillo, como a
castillo roquero inexpugnable, a salvarse, de la manera que acudieron a David, que andaba huyendo de la tiranía de Saúl, todos los que estaban en angustias y los opresos de deudas y en amargura de sus ánimos, como parece en el
95 primer libro de los Reyes, cap. 22 [. . .]; bien así, por esta semejanza se allegaron a Enriquillo de toda la isla cerca de 300 hombres, sometiéndose a su
capitanía, no teniendo él, a lo que sentí yo, ni aun ciento. Enseñábalos él
cómo habían de pelear contra los españoles, si ellos viniesen, para defenderse; nunca permitió que algunos de los que a él se venían saliese a hacer
100 saltos[2] ni matar español alguno, sino solamente pretendió defender a sí y a los
suyos de los españoles, que muchas veces vinieron a subyugarlo y ofenderlo.
Cuán justa guerra contra los españoles él y ellos tuviesen y se le sometiesen
y lo eligiesen por señor y rey los indios que a él venían y los demás de toda
la isla lo pudieran justamente hacer, claro lo muestra la historia de los Maca-
105 beos en la Escritura divina y las de España que narran los hechos del infante
D. Pelayo, que no sólo tuvieron justa guerra de natural defensión, pero
pudieron proceder a hacer venganza y castigo de las injurias y daños y muertes y disminución de sus gentes y usurpación de sus tierras recibidas, de la
misma manera y con el mismo derecho. Cuanto a lo que toca al derecho natu-
110 ral y de las gentes (dejado aparte lo que concierne a nuestra santa fe, que es
otro título añadido a la defensión natural en los cristianos), tuvieron justo y
justísimo título Enrique y los indios pocos que en esta isla habían quedado de
las crueles manos y horribles tiranías de los españoles, para los perseguir,
destruir y punir[3] y asolar como a capitales hostes[4] y enemigos, destruidores
115 de todas sus tan grandes repúblicas, como en esta isla había, lo cual hacían y

2. Agredir, asaltar.
3. Castigar.

4. Enemigos.

podían hacer con autoridad de derecho natural y de las gentes, y la guerra propiamente se suele decir no guerra, sino defensión natural. [...]

[...] En muchas veces que se hicieron en la isla armadas para ir contra él, que por él fueron desbaratadas, cobraron muchas armas y siempre los in-
120 dios que se alzaban a él trabajaban de hurtar a sus amos armas todas las que podían; y por dondequiera que andaban fue extraña la vigilancia y diligencia y solicitud que tuvo en guardarse a sí y a los que con él estaban; como si toda su vida fuera capitán en Italia. Tenía sus guardas y espías en los puertos y lugares por donde sabía que podían los españoles venir a buscarle. Sabido por los
125 espías y guardas que tenía en el campo que había españoles en la tierra, tomaba todas las mujeres y niños y viejos y enfermos, si los había, y todos los que no eran para pelear, con 50 hombres de guerra que siempre tenía consigo, y llevábalos 10 ó 12 leguas de allí, en lugares que tenía secretos en aquellas sierras, donde había hechas labranzas y tenía de comer, dejando un
130 capitán, sobrino suyo, tamaño como un codo, pero muy esforzado, con toda la gente de guerra para esperar a los españoles; los cuales llegados, peleaban contra ellos los indios como leones; venía luego de refresco Enrique con sus 50 hombres y daba en ellos la parte que le parecía, por manera que los lastimaba, hería y mataba, y ninguna, de muchas veces que fueron muchos espa-
135 ñoles contra él, hubo que no los desbaratase, llevando siempre la victoria. Acaeció una vez desbaratar muchos de ellos y meterse 71 ó 72 en unas cuevas de piedra o peñas, escondiéndose de los indios que iban en el alcance, y entendiendo que estaban allí, quieren los indios allegar leña para poner fuego y quemarlos. Mandó Enrique: "No quiero que se quemen, sino tomadles las
140 armas y dejadlos; váyanse", y así lo hicieron, donde se proveyó bien de espadas y lanzas y ballestas, puesto que de éstas no sabían usar. De estos 70 españoles se metió fraile uno en el monasterio de Santo Domingo, de la ciudad de Santo Domingo, por voto que había hecho, viéndose en aquella angustia, no creyendo de se escapar, y de él hube lo que de este caso yo aquí escribo. [...]
145 Extendióse cada día más la fama de las victorias y diligencia, esfuerzo y ardides de guerra de Enrique y de su gente por toda esta isla, porque, como se dijo, vez ninguna vinieron contra él los españoles que no volviesen descalabrados; por manera que toda la isla estaba admirada y turbada, y cuando se hacía armada contra él no todos iban de buena gana, y no fueran, si por el Au-
150 diencia con penas no fueran forzados. En esto pasaron trece y catorce años, en lo cual se gastaron de la Caja del rey más de 80 ó 100.000 castellanos.[...]

(Libro III, Capítulos CXXV–CXXVI)

Cobraron ánimo algunos de los indios pocos que en la isla había, viendo que Enrique prevalecía y levantóse un indio que llamaban el Ciguayo y debía ser del linaje de los ciguayos, generación señalada que vivía y poblaba las sierras que hacían la Vega Real, aguas vertientes a la mar del Norte, la costa más
5 arriba de esta isla, de quien mucho tratamos arriba, en el primer libro.

Ciguayo era hombre valiente, aunque en cueros como los otros. Alcanzó una lanza con su hierro de Castilla; y creo que una espada (no supe a qué español servía). Dejó al que lo oprimía; llegó a sí obra de 10 ó 12 indios, y con ellos comienza a hacer saltos⁵ en españoles, en las minas y en las estancias o ha-
10 ciendas del campo, donde andaban dos y cuatro y así pocos juntos, y mataba a todos los que hallaba, de tal manera que puso pavor y espanto y extraño miedo en toda la isla. Ninguno pensaba estar seguro ni aun en los pueblos de tierra dentro, sino con temor del Ciguayo todos vivían. Finalmente, juntá-ronse cierta cuadrilla de españoles y siguiéronlo muchos días; y hallado, dan
15 en él; él da en ellos como un rabioso perro, de la manera que si estuviera ar-mado de hierro desde los pies a la cabeza; y peleando todos reciamente retrá-jose el Ciguayo en una quebrada, y allí peleando, un español lo atravesó, con una media lanza y atravesado peleaba como un Héctor,⁶ finalmente, desangrándose y perdiendo las fuerzas, llegaron todos los españoles y allí lo
20 fenecieron,⁷ huyeron todos sus compañeros en tanto que con él lo habían, que tuvieron poco que hacer con él.

Muerto el Ciguayo, levantóse otro indiazo, valiente de cuerpo y de fuer-zas, llamado Tamayo, y comienza, con otra cuadrilla que juntó, a proseguir las obras del Ciguayo, salteando a los que estaban fuera de los pueblos. Este hizo
25 mucho daño y causó grande miedo y escándalo en esta isla; mató muchos y algunas mujeres españolas y cuantos hallaba solos en las estancias, que no de-jaba persona a vida, y toda su codicia era tomar o robar armas, lanzas y espa-das y también la ropa que podía. [...] Entendiendo Enrique las obras que el Ciguayo hizo y Tamayo hacía, estimando prudentemente lo que en la verdad
30 era, conviene a saber, que los españoles creerían que por su mandado todo era hecho, pesábale mucho de ello; y esto yo lo sé muy de cierto, según que abajo en el siguiente libro, si place a Dios, más largo lo diré. Y acaeció tener Enrique consigo, entre los otros, un indio llamado Romero, sobrino del dicho Tamayo, el cual acordó enviarlo a buscar al Tamayo que andaba hacia los
35 pueblos del Puerto Real y Lares de Guahaba, cerca de cien leguas de allí, y que le rogase que se viniese para él porque estuviese más seguro, porque un día que otro no le acaeciese lo que al Ciguayo acaeció, que los españoles hasta tomarlo lo siguiesen; y que él lo trataría bien y haría capitán de parte de su gente y todos juntos estando serían más fuertes para se defender. El cual,
40 finalmente, persuadido por el sobrino que era harto cuerdo, se vino con mu-chas lanzas y espadas y ropa que había robado, para Enrique. Recibiólo Enri-que con muy grande alegría, y asi estorbó Enrique grandes daños que Tamayo hiciera por esta isla, de donde se manifiesta bien la bondad de Enrique y no menos la discreción y prudencia que tuvo y de que usó, para impedir un hom-

---

5. Ver nota #2.
6. Hector: en la *Ilíada* de Homero, el más va-   liente jefe troyano, hermano de Paris.
7. Mataron.

45 bre a los españoles tan nocivo que no les hiciese mal, trayéndolo a su
compañía por aquella vía. Casi cada año se hacía armada y junta de españoles
para ir contra Enrique, donde se gastaron del rey y de los vecinos muchos millares de castellanos; entre otras se hizo una de 150 españoles, y quizá más,
cuyo capitán fue un vecino de la villa que llamaban el Bonao, llamado Her-
50 nando de San Miguel, de los muy antiguos de esta isla y del tiempo del primer Almirante. Este había venido a ésta muy muchacho, y como se había
criado en grandes trabajos, en las crudas guerras e injustas que en ella contra
estas gentes se hicieron así andaba por las sierras y sobre las peñas descalzo
como calzado; fuera de esto, era hombre de bien e hidalgo, natural de Le-
55 desma o Salamanca. Este anduvo muchos días tras Enrique, pero nunca lo
pudo hallar descuidado, y segun estimo, si no me he olvidado, tampoco se
allegaron a reñir en batalla. Un día halláronse los unos de los otros tan cercanos que, ninguno pudiendo dañar al otro, se hablaron y oyeron las palabras
los unos de los otros; esto se pudo así hacer porque los unos estaban en un
60 pico de una sierra y los otros en el pico de otra, muy altas y muy juntas, salvo
que las dividía una quebrada o arroyo muy profundo que parecía tener de
hondo sobre 500 estados.[8] Sintiéndose tan cercanos los unos de los otros, pi-
diéronse treguas y seguro para hablarse. Concedidas de ambas partes, para
que ninguno tirase al otro con que le dañase, dijo el capitán de los españoles
65 que pareciese allí Enrique para le hablar. Pareció Enrique, y díjole el capitán
que la vida que tenía y la que hacía tener a lo españoles de la isla era trabajosa
y no buena; que sería mejor estar y vivir en paz y sosiego. Respondió Enrique
que así le parecía a él y que era cosa que él mucho deseaba muchos días había
y que no quedaba por él, sino por ellos. Replicó el capitán que él traía manda-
70 miento y poder de la Real Audiencia, que mandaba en la ciudad de Santo Domingo por el rey, para tratar y asentar las paces con él y con su gente, que los
dejaría vivir en su libertad en una parte de la isla, donde quisiese y escogiese,
sin tener los españoles que hacer con ellos, con tanto que ni él ni ellos daña-
sen a ninguno ni hiciesen cosas que no debiesen y que les diese el oro todo
75 que habían tomado a los españoles que viniendo de tierra firme mataron.
Mostróle, aunque así apartado, la provisión que de la Audiencia llevaba. Dijo
Enrique que le placía hacer las paces y tener amistad con todos los españoles
y de no hacer mal a nadie y de darles todo el oro que tenía, con que lo que
se le promete se le guarde. Tratando del cómo y cuándo se verían, concerta-
80 ron allí que tal día el capitán fuese con solos ocho hombres y Enrique con
otros ocho, no más, a la costa de la mar, señalando cierta parte; y así, con este
concierto, se apartaron. Enrique provee luego de cumplir su palabra y envía
gente que haga en el dicho lugar una gran ramada de árboles y ramas y en ella
un aparador, donde pusieron todas las piezas de oro, que parecía casa real. El

---

8. Medida basada en la estatura regular del   para calcular profundidad y alturas.
hombre. Equivalía a siete pies y era utilizada

85 capitán dispone también de hacer lo mismo, y para celebrar las paces con
mayor alegría y regocijo, aunque indiscretamente, mandó al navío que por
allí cerca andaba, viniese a ponerse frontero y junto a tierra del dicho lugar
concertado y él viniese por la costa de la mar con un tamborino[9]y gente con
él, muy alegres y regocijados. Enrique, que ya estaba con sus ocho hombres

90 y mucha comida en la ramada esperando, viendo que el navío se acercaba y
que venía el capitán con más gente, y que con tamborino, tañendo y haciendo
estruendo venían los españoles, pareciéndole que había excedido de lo asentado y temiendo no le hubiesen urdido alguna celada, acordó de negarse, y así
escondióse en el monte con su gente, que debía tener para su guarda, y man-

95 dó a los ocho indios que, cuando llegasen los españoles, les dijesen que no
pudo venir a verse con ellos porque se había sentido un poco malo y que les
diesen la comida que les tenía aparejada y todo el oro y les sirviesen muy bien
y en todo los agradasen. Llegados el capitán y los suyos, preguntó por Enrique. Respondiéronle los ocho lo que Enrique les había mandado. Quedó

100 harto pesante de su indiscreción el capitán (o si no la conoció, quizá), por no
haber hallado a Enrique, porque tenía por cierto, y no se engañaba, que allí
la pendencia y escándalo, y miedo de la isla se acababa, puesto que, aunque
no se acabó del todo, al menos suspendióse hasta que después, como pla-
ciendo a Dios en el libro siguiente se dirá, por cierta ocasión del todo fue aca-

105 bada. Así que los ocho les dieron de comer y les sirvieron con mucha solicitud, como los indios suelen, y entregándoles todo el oro sin faltar un
cornado. El capitán les dio las gracias y díjoles que dijesen a Enrique cómo le
había pesado de no haberle visto y abrazado, y que le pesaba de su mal puesto
que bien conoció que de industria se había quedado, y que fuesen amigos y

110 que no hiciese daño y que tampoco lo recibiría desde adelante. Los españoles
se embarcaron y se vinieron a la ciudad, y los indios se fueron donde estaba
su amo. Desde aquel día no hubo más cuidado en la isla de seguir a Enrique,
ni de ninguna de las partes se recreció algún daño hasta que del todo se asen-
taron las paces, que duró este intervalo cuatro o cinco años.

(Libro III, Capítulo CXXVII)

Preguntas

1. ¿Cómo justifica Las Casas la rebelión de los indios?
2. ¿Qué contraste hace el autor entre Enriquillo y sus amos españoles?
3. Según Las Casas, ¿qué deben hacer las autoridades para lograr la paz
   en La Española?
4. ¿Qué entendemos por "buen salvaje" y cómo la obra lascasiana contribuyó a fijar esta imagen?
5. ¿Por qué los escritos de Las Casas tienen vigencia en nuestra época?

9. Tambor pequeño.

BERNAL DÍAZ DEL CASTILLO

(c. 1495, Medina del Campo, España—1584, Santiago de los Caballeros, Guatemala)

_____

_____

_____

_____

_____

_____

Bernal Díaz del Castillo le debe la fama a la única obra que escribió, *Historia verdadera de la conquista de la Nueva España,* terminada en 1568 y publicada en Madrid en 1632. El viejo soldado, ahora establecido en Guatemala, se sentó a escribir sus recuerdos de la conquista del imperio azteca en la cual participó al mando de Hernán Cortés (1485–1547). El mismo nos dice que, contrariado por la versión de estos acontecimientos ofrecida por otros cronistas y especialmente por Francisco López de Gómara (¿1512–1572?), quien le dio crédito casi exclusivo a Cortés por esta empresa, decidió hacer una narración verdadera ya que lo relatado por otros contenía sólo "burlas y trampas". Efectivamente, su *Historia verdadera* ha sido juzgada como una de las fuentes más fidedignas para estudiar la conquista de México.

Hombre de armas y no de letras, Bernal Díaz cuenta de modo sencillo y directo, sin adornos retóricos. Al hacerlo deja un vívido retrato suyo, de sus compañeros de armas, de Cortés, de los enemigos. En el afán de ser veraz, narra sólo las cosas que él mismo u otros soldados vieron. Fuera de su *Historia verdadera* quedan así acontecimientos que contribuirían a ofrecer una visión más completa de lo ocurrido. Bernal Díaz se exalta—"y digo otra vez que yo, yo y yo, dígolo tres veces, que soy el más antiguo [conquistador], y lo he servido como muy buen soldado a su Majestad"—y elogia también a los anónimos combatientes que han quedado fuera de los relatos de otros cronistas. De este modo el autor hace notar que la conquista del rico imperio azteca fue una empresa colectiva. Además, contradiciendo otra vez a López de Gómara, nota que el triunfo español se logró a costa de muchas pérdidas de vida y arduas batallas con enemigos astutos. Reconoce la valentía y tenacidad de los aztecas, quienes se enfrentaban a las armas de acero y de fuego de los españoles con arrojo y desprecio de la vida.

En el libro de Bernal Díaz el narrador es un soldado raso, un hombre común. Como ya habían comenzado a hacer los pícaros y otros sin historia, Bernal Díaz toma la pluma para contar sus hazañas y las de sus compañeros de armas. Sus esfuerzos anticipan los del hombre moderno que busca un puesto en la sociedad no por su genealogía, sino por el propio esfuerzo. Como bien ha observado

Manuel Alvar: "Bernal había hecho la historia de aquellos hombres ignorados, pero en cuyos hombros se apoyó la grandeza del héroe. Bernal con ello dio vida a la autobiografía moderna".

En contraste con las *Cartas de relación* dirigidas a Carlos V por Hernán Cortés, el autor de la *Historia verdadera* escribe para quienes han participado en las hazañas americanas. No vacila en utilizar vocablos del nahuatl para ir nombrando y explicando la nueva y maravillosa realidad que se abría ante él. Muchos de estos términos indígenas se usan en nuestros días tal y como los consignó el autor. Vale recordar aquí el asombrado comentario de Bernal Díaz y sus compañeros ante la belleza de México-Tenochtitlán, capital del imperio azteca: "Y decíamos que parecía a las cosas de encantamiento que cuentan en el libro de Amadís [*Amadís de Gaula*, 1506]".

Los escritos y la actitud de Bernal Díaz del Castillo también reflejan el proceso de transculturación* que se opera en el europeo. El viejo soldado se ha distanciado geográfica y culturalmente de España: ahora pertenece a ese Nuevo Mundo que conquistó para el Viejo. Sabe que en América el futuro y la acción cuentan tanto como en Europa el pasado y la alcurnia. Para dejar constancia de esas acciones llevadas a cabo por anónimos soldados, y para expresar su verdad como testigo y participante en estos hechos, este conquistador que se llama a si mismo "idiota sin letras" toma la pluma y nos deja uno de los relatos más fascinantes del período colonial.

Bibliografía mínima

Alvar, Manuel. "Bernal Díaz del Castillo". *Época colonial.* Coord. Luis Iñigo Madrigal. Madrid: Cátedra, 1982. Vol.1 de *Historia de la literatura hispanoamericana.* 2 Vols. 1982–87. 127–34.

Gilman, Stephen. "Bernal Díaz del Castillo and *Amadís de Gaula*". *Studia Philologica* (Homenaje a Dámaso Alonso). Vol.2. Madrid: Gredos, 1961. 99–113. 2 Vols.

González Echevarría, Roberto. "Humanismo y retórica y las crónicas de la Conquista". *Isla a su vuelo fugitiva. Ensayos críticos sobre literatura hispanoamericana.* Madrid: José Porrúa Turanzas, 1983. 9–25.

Leonard, Irving A. *Portraits and Essays: Historical and Literary Sketches of Early Spanish America.* Ed. William C. Bryant. Newark, Delaware: Juan de la Cuesta, 1986. 39–46.

Todorov, Tzvetan. *The Conquest of America. The Question of the Other.* Trad. Richard Howard. New York: Harper, 1984.

Historia verdadera de la conquista de la Nueva España

Cómo Cortés supo de dos españoles que estaban en poder de indios en la punta de Cotoche[1] y de lo que sobre ello se hizo

Como Cortés en todo ponía gran diligencia, me mandó llamar a mí y a un vizcaíno que se decía Martín Ramos, y nos preguntó qué sentíamos de aquellas palabras que nos hubieron dicho los indios de Campeche cuando vinimos con Francisco Hernández de Córdoba, que decían: *Castilan, casti-*
5 *lan,* según lo he dicho en el capítulo [III] que de ello trata; y nosotros se lo tornamos a contar según y de la manera que lo habímos visto y oído. Y dijo que ha pensado muchas veces en ello, y que por ventura estarían algunos españoles en aquella tierra, y dijo: "Paréceme que será bien preguntar a estos caciques de Cozumel si saben alguna nueva de ello". Con Melchorejo, el de
10 la punta de Cotoche, que entendía ya poca cosa de la lengua de Castilla y sabía muy bien la de Cozumel, se lo preguntó a todos los principales. Todos a una dijeron que habían conocido ciertos españoles, y daban señas de ellos; que en la tierra adentro, andadura de dos soles,[2] estaban y los tenían por esclavos unos caciques, y que allí en Cozumel había indios mercaderes que les habla-
15 ron pocos días había. De lo cual todos nos alegramos con aquellas nuevas. Díjoles Cortés que luego los fuesen a llamar con cartas, que en su lengua llaman *amales;* y dio a los caciques y a los indios que fueron con las cartas, camisas, y los halagó y les dijo que cuando volviesen les daría más cuentas. El cacique dijo a Cortés que enviase rescate para los amos con quien estaban,
20 que los tenían por esclavos, por que los dejasen venir. Así se hizo, que se les dio a los mensajeros de todo género de cuentas[...] Escrita la carta, decía en ella: "Señores y hermanos: Aquí, en Cozumel, he sabido que estáis en poder de un cacique detenidos, y os pido por merced que luego os vengáis aquí, a Cozumel, que para ello envío un navío con soldados, si los hubiéseis menes-
25 ter, y rescate para dar a esos indios con quienes estáis; y lleva el navío de plazo ocho días para os aguardar; veníos con toda brevedad; de mí seréis bien mirado y aprovechados. Yo quedo en esta isla con quinientos soldados y once navíos; en ellos voy, mediante Dios, la vía de un pueblo que se dice Tabasco o Potonchan".
30 Luego, se embarcaron en los navíos con las cartas y los dos indios mercaderes de Cozumel que las llevaban, y en tres horas atravesaron el golfete y echaron en tierra los mensajeros con las cartas y rescates; y en dos días las dieron a un español que se decía Jerónimo de Aguilar, que entonces supimos que así se llamaba, y de aquí en adelante así le nombraré. Después que las
35 hubo leido, y recibido el rescate de las cuentas que le enviamos, él se holgó

---

1. Cabo en la parte noreste de la península de Yucatán.   2. Dos días.

con ello, y lo llevó a su amo el cacique para que le diese licencia, la cual luego
se la dio [para] que se fuese a donde quisiese. Caminó Aguilar a donde estaba
su compañero, que se decía Conzalo Guerrero, en otro pueblo, cinco leguas
de allí, y como le leyó las cartas, Gonzalo Guerrero le respondió:

40 —Hermano Aguilar: Yo soy casado y tengo tres hijos, y tiénenme por
cacique y capitán cuando hay guerras; idos con Dios, que yo tengo labrada la
cara y horadadas las orejas. ¡Qué dirán de mi desde que me vean esos españoles ir de esta manera! Y ya veis estos mis hijitos cuán bonicos son. Por vida
vuestra que me deis de esas cuentas verdes que traéis para ellos, y diré que
45 mis hermanos me las envían de mi tierra.

Asimismo la india mujer del Gonzalo habló a Aguilar en su lengua, muy
enojada, y le dijo:

—Mira con qué viene este esclavo a llamar a mi marido; idos vos y no
curéis de más pláticas.

50 Aguilar tornó a hablar a Gonzalo que mirase que era cristiano, que por
una india no se perdiese el ánima, y si por mujer e hijos lo hacía, que la llevase consigo si no los quería dejar. Por más que le dijo y amonestó,³ no quiso
venir. Parece ser [que] aquel Gonzalo Guerrero era hombre de mar, natural
de Palos. Desde que Jerónimo de Aguilar vio que no quería venir, se vino
55 luego con los dos indios mensajeros adonde había estado el navío aguardán-
dole. [Cuando] llegó no le halló, que ya era ido, porque ya se habían pasado
los ocho días y aun uno más, que llevó de plazo el Ordaz para que aguardase;
porque desde que Aguilar no venía, se volvió a Cozumel sin llevar recado a
lo que había venido. Y [como] Aguilar vio que no estaba allí el navío, quedó
60 muy triste y se volvió a su amo, al pueblo donde antes solía vivir. Y dejaré
esto y diré que cuando Cortés vio volver a Ordaz sin recado ni nueva de los
españoles ni de los indios mensajeros, estaba tan enojado y dijo con palabras
soberbias a Ordaz que había creido que otro mejor recado trajera que no
venirse así, sin los españoles ni nuevas de ellos, porque ciertamente estaban
65 en aquella tierra. [...]

(Capítulo XXVII)

*Cómo el español que estaba en poder de indios [que] se llamaba Jerónimo de
Aguilar, supo cómo habíamos arribado a Cozumel, y se vino a nosotros, y lo
que más pasó*

Cuando tuvo noticia cierta el español que estaba en poder de indios,
que habíamos vuelto a Cozumel con los navíos, se alegró en gran manera y
dio gracias a Dios, y mucha prisa en venirse él y los dos indios que le llevaron
las cartas y rescate, a embarcarse en una canoa. Como la pagó bien, en cuen-
5 tas verdes del rescate que le envíamos, luego la halló alquilada con seis indios
remeros con ella; y dan tal prisa en remar, que en espacio de poco tiempo pasaron el golfete que hay de una tierra a la otra, que serían cuatro leguas, sin

---

3. Reprendió; advirtió que hacía mal.

tener contraste de la mar. Llegados a la costa de Cozumel, ya que estaban de-
sembarcando, dijeron a Cortés unos soldados que iban a cazar—porque
10 había en aquella isla puercos de la tierra—que había venido una canoa
grande, allí, junto del pueblo, y que venía de la punta de Cotoche. Mandó Cortés a Andrés de Tapia y a otros dos soldados que fuesen a ver qué cosa nueva
era venir allí junto a nosotros indios sin temor ninguno, con canoas grandes.
Y luego fueron. Desde que los indios que venían en la canoa que traían a Agui-
15 lar vieron los españoles, tuvieron temor y queríanse tornar a embarcar y
hacer a lo largo con la canoa. Aguilar les dijo en su lengua que no tuviesen
miedo, que eran sus hermanos. Andrés de Tapia, como los vio que eran
indios—porque Aguilar ni más ni menos era que indio—, luego mandó a
decir a Cortés con un español que siete indios de Cozumel son los que allí
20 llegaron en la canoa. Después que hubieron saltado en tierra, en español, mal
mascado y peor pronunciado, dijo: "Dios y Santa María y Sevilla." Y luego le
fue a abrazar a Tapia; y otro soldado, de los que habían ido con Tapia a ver
qué cosa era, fue a mucha prisa a demandar albricias a Cortés, cómo era español el que venía en la canoa, de que todos nos alegramos. Luego se vino
25 Tapia con el español adonde estaba Cortés. Antes que llegasen ciertos soldados preguntaban a Tapia: "¿Qué es del español?", aunque iba junto con él,
porque le tenían por indio propio, porque de suyo era moreno y tresquilado
a manera de indio esclavo, y traía un remo al hombro, una cotara⁴ vieja calzada y la otra atada en la cintura, y una manta vieja muy ruin, y un braguero
30 peor, con que cubría sus vergüenzas, y traía atada en la manta un bulto que
eran Horas⁵ muy viejas. Pues desde que Cortés los vio de aquella manera también picó, como los demás soldados, que preguntó a Tapia que qué era del español. El español, como le entendió, se puso en cuclillas, como hacen los
indios, y dijo: "Yo soy". Luego le mandó dar de vestir, camisa y jubón y za-
35 raguellas,⁶ y caperuza⁷y alpargatas, que otros vestidos no había, y le preguntó
de su vida, y cómo se llamaba, y cuándo vino aquella tierra. El dijo, aunque
no bien pronunciado, que se decía Jerónimo de Aguilar, y que era natural de
Ecija, y que tenía órdenes de Evangelio⁸, que hacía ocho años que se había
perdido él y otros quince hombres y dos mujeres que iban desde el Darién a
40 la isla de Santo Domingo, cuando hubo unas diferencias y pleitos de un En-
ciso y Valdivia. Dijo que llevaban diez mil pesos de oro y los procesos de los
unos contra los otros, y que el navío en que iban dio en los Alacranes,⁹ que
no pudo navegar; y que en el batel del mismo navío se metieron él y sus compañeros y dos mujeres, creyendo tomar la isla de Cuba o Jamaica, y que las
45 corrientes eran muy grandes, que les echó en aquella tierra; y que los cala-

---

4. O cutara, zapato sin tacón de rudimenta-
ria confección, chancleta.
5. Libro devocional.
6. Calzones largos, anchos y de mala he-
chura.

7. Bonete terminado en punta.
8. La segunda de las cuatro órdenes menores
(portero, lector, exorcista y acólito).
9. Islotes cercanos a la costa de Yucatán.

chiones[10] de aquella comarca los repartieron entre sí, y que habían sacrificado a los ídolos muchos de sus compañeros, y de ellos se habían muerto de dolencia, y las mujeres, que poco tiempo pasado había que de trabajo también se murieron, porque las hacían moler. Y que a él tenían para sacrificar,
50 y una noche se huyó y se fue a aquel cacique con quien estaba. Ya no se me acuerda el nombre, que allí le nombró. Y que no habían quedado de todos sino él y un Gonzalo Guerrero. Y dijo que le fue a llamar y no quiso venir, y dio muchas gracias a Dios por todo.

Le dijo Cortés que de él sería bien mirado y gratificado, y le preguntó
55 por la tierra y pueblos. Aguilar dijo que, como lo tenían por esclavo, no sabía sino servir de traer leña y agua y en cavar los maizales, que no había salido sino hasta cuatro leguas, que le llevaron con una carga, y que no la pudo llevar y cayó malo de ello; y que ha entendido que hay muchos pueblos. Luego le preguntó por Gonzalo Guerrero, y dijo que estaba casado y tenía tres hijos,
60 y que tenía labrada la cara y horadadas las orejas y el bezo[11] de abajo, y que era hombre de la mar, de Palos, y que los indios le tienen por esforzado; y que hacía poco más de un año cuando vinieron a la punta de Cotoche un capitán con tres navíos (parece ser que fueron cuando vinimos los de Francisco Hernández de Córdoba), que él fue inventor que nos diesen la guerra que nos
65 dieron, y que vino él allí juntamente con un cacique de un gran pueblo. [. . .] Después que Cortés lo oyó, dijo: "En verdad que le querría haber a las manos, porque jamás será bueno". Y dejarlo he. Diré cómo los caciques de Cozumel, desde que vieron a Aguilar que hablaba su lengua, le daban muy bien de comer, y Aguilar les aconsejaba que siempre tuviesen acato y reverencia a la
70 santa imagen de Nuestra Señora y a la cruz, y que conocerían que por ello les venía mucho bien. Los caciques, por consejo de Aguilar, demandaron una carta de favor a Cortés para que si viniesen a aquel puerto otros españoles, que fuesen bien tratados y no les hiciesen agravios; la cual carta luego se la dio. Y después de despedidos, con muchos halagos y ofrecimientos, nos hici-
75 mos a la vela para el río de Grijalva. De esta manera que he dicho se hubo Aguilar, y no de otra, como lo escribe el cronista Gómara; y no me maravillo, pues lo que dice es por nuevas. Y volvamos a nuestra relación.

(Capítulo XXIX)

Cómo doña Marina era cacica, e hija de grandes señores, y señora de pueblos y
vasallos, y de la manera que fue traída a Tabasco

Antes que más meta la mano en lo del gran Moctezuma y su gran México y mexicanos, quiero decir lo de doña Marina, cómo desde su niñez fue gran señora y cacica de pueblos y vasallos. Es de esta manera: Que su padre y madre eran señores y caciques de un pueblo que se dice Painala,[12] y tenía

---

10. Tribu de esa región.   12. Pueblo hoy desaparecido.
11. Labio grueso.

5   otros pueblos sujetos a él, obra de ocho leguas de la villa de Guazacualco.[13]
Murió el padre, quedando muy niña, y la madre se casó con otro cacique mancebo, y hubieron un hijo, y, según pareció, queríanlo bien al hijo que habían
habido. Acordaron entre el padre y la madre de darle el cacicazgo después de
sus días. Porque en ello no hubiese estorbo, dieron de noche a la niña Marina
10 a unos indios de Xicalango, porque no fuese vista, y echaron fama de que
había muerto. En aquella sazón murió una hija de una india esclava suya y publicaron que era la heredera; por manera que los de Xicalango la dieron a los
de Tabasco,[14] y los de Tabasco a Cortés. Conocí a su madre y a su hermano de
madre, hijo de la vieja, que era ya hombre y mandaba juntamente con la
15 madre a su pueblo, porque el marido postrero de la vieja ya era fallecido. Después de vueltos cristianos se llamó la vieja Marta y el hijo Lázaro. Esto lo sé
muy bien, porque en el año de mil quinientos veinte y tres, después de conquistado México y otras provincias—y de que se había alzado Cristóbal de
Olid en la Hibueras[15]—fue Cortés allí y pasó por Guazacualco. Fuimos con él
20 aquel viaje toda la mayor parte de los vecinos de aquella villa, como diré en
su tiempo y lugar; y como doña Marina, en todas las guerras de la Nueva España y Tlaxcala y México, fue tan excelente mujer y buena lengua,[16]como
adelante diré, a esta causa la traía siempre Cortés consigo. En aquella sazón
y viaje se casó con ella un hidalgo que se decía Juan Jaramillo, en un pueblo
25 que se decía Orizaba, delante de ciertos testigos, que uno de ellos se decía
Aranda, vecino que fue de Tabasco. Aquel contaba el casamiento y no como
lo dice el cronista Gómara. La doña Marina tenía mucho ser[17] y mandaba absolutamente entre los indios en toda la Nueva España.

      Estando Cortés en la villa de Guazacualco, envió a llamar a todos los ca-
30 ciques de aquella provincia para hacerles un parlamento acerca de la santa
doctrina, y sobre su buen tratamiento. Entonces vino la madre de doña Marina y su hermano de madre, Lázaro con otros caciques. Días había que me
había dicho la doña Marina que era de aquella provincia y señora de vasallos,
y bien lo sabía el capitán Cortés y Aguilar, la lengua.[18] Por manera que vino
35 la madre y su hijo, el hermano, y se conocieron, que claramente era su hija,
porque se le parecía mucho. Tuvieron miedo de ella, que creyeron que los
enviaba (a) hallar para matarlos, y lloraban. Como así los vio llorar, la doña
Marina les consoló y dijo que no hubiesen miedo: que cuando la traspusieron
con los de Xicalango que no supieron lo que hacían, y se los perdonaba,—les
40 dio muchas joyas de oro y ropa—; y que se volviesen a su pueblo; y que Dios
la había hecho mucha merced en quitarla de adorar ídolos ahora y ser cristiana, y tener un hijo de su amo y señor Cortés, y ser casada con un caballero
como era su marido Juan Jaramillo; que aunque la hicieran cacica de todas

---

13. Cotzacoalco, cercana a Veracruz, a la orilla del río del mismo nombre.
14. Actual estado de la República Mexicana,
cercano a Chiapas y al istmo de Tehuantepec.
15. Zona de México cercana a Guatemala. Allí

se sublevó Cristóbal de Olid (¿1488?–1524)
contra Cortés.
16. Intérprete.
17. Influencia.
18. Ver nota #16.

cuantas provincias había en la Nueva España, no lo sería; que en más tenía ser-
45 vir a su marido y a Cortés que cuanto en el mundo hay. Y todo esto que digo
lo sé yo muy certificadamente. Esto me parece que quiere remedar lo que le
acaeció con sus hermanos en Egipto a Josef, que vinieron en su poder cuando
lo del trigo. Esto es lo que pasó y no la relación que dieron a Gómara (también dice otras cosas que dejo por alto). Volviendo a nuestra materia, doña
50 Marina sabía la lengua de Guazacualco, que es la propia de México, y sabía la
de Tabasco, como Jerónimo Aguilar sabía la de Yucatán y Tabasco, que es
toda una. Entendíanse bien, y Aguilar lo declaraba en castellano a Cortés. Fue
gran principio para nuestra conquista, y así se nos hacían todas las cosas,
loado sea Dios muy prósperamente. He querido declarar esto porque sin ir
55 doña Marina no podíamos entender la lengua de la Nueva España y México. [...]

(Capítulo XXXVII)

*Cómo nos dieron guerra en México, y los combates que nos daban, y otras
cosas que pasamos*

[...] Cortés vio que en Tezcoco no nos habían hecho ningún recibi-
miento ni aun dado de comer, sino mal y por mal cabo, y que no hallamos
principales con quien hablar, y lo vio todo remontado y de mal arte,[19] y
venido a México lo mismo ; y vio que no hacían *tiánguez,*[20] sino todo levan-
5 tado; y oyó a Pedro de Alvarado de la manera y desconcierto con que les fue
a dar guerra. Parece ser había dicho Cortés en el camino a los capitanes de
Narváez, alabándose de sí mismo, el gran acato y mando que tenía, y que por
los caminos le saldrían a recibir y hacer fiestas, y que darían oro, y que en México mandaba tan absolutamente así al gran Moctezuma como a todos sus ca-
10 pitanes, y que le darían muchos presentes de oro como solían. Viendo que
todo estaba muy al contrario de sus pensamientos, que aun de comer no nos
daban, estaba muy airado y soberbio con la mucha gente de españoles que
traía, y muy triste y mohino.[21] En este instante envió el gran Moctezuma dos
de sus principales a rogar a nuestro Cortés que le fuese a ver, que le quería
15 hablar: y la respuesta que les dio dijo: "Vaya para perro, que aun *tiánguez* no
quiere hacer, ni de comer no nos manda dar". Entonces como aquello le oyeron a Cortés nuestros capitanes, que fueron Juan Velázquez de León y Cristóbal de Olid y Alonso de Avila y Francisco de Lugo, dijeron: "Señor, temple su
ira, y mire cuánto bien y honra nos ha hecho este rey de estas tierras que es
20 tan bueno que si por él no fuese ya fuéramos muertos y nos habrían comido,
y mire que hasta las hijas le ha dado".

Como esto oyó Cortés, se indignó más de las palabras que le dijeron,
como parecían reprensión, y dijo: "¿Qué complimiento he yo de tener con un
perro que se hacía con Narváez secretamente, y ahora veis que aun de comer
25 no nos dan?" Y dijeron nuestros capitanes: "Esto nos parece que debe hacer,

19. Con cautela.   21. Disgustado.
20. Mercado.

y es buen consejo". Como Cortés tenía allí en México tantos españoles, así de los nuestros como de los de Narváez, no se le daba nada por cosa ninguna, y hablaba tan airado y descomedido. Por manera que tornó a hablar a los principales que dijesen a su señor Moctezuma que luego mande hacer *tiánguez* y
30 mercados; si no, que hará y acontecerá. Los principales bien entendieron las palabras injuriosas que Cortés dijo de su señor y aun también la represión que nuestros capitanes dieron a Cortés sobre ello: porque bien los conocían que habían sido los que solían tener en guarda a su señor, y sabían que eran grandes servidores de su Moctezuma. Según y de la manera que lo entendie-
35 ron se lo dijeron a Moctezuma, y de enojo, o porque ya estaba concertado que nos diesen guerra, no tardó un cuarto de hora que vino un soldado a gran prisa, muy mal herido. Venía de un pueblo que está junto a México que se dice Tacuba, y traía unas indias que eran de Cortés, y la una hija de Moctezuma, que parece ser las dejó a guardar allí al señor de Tacuba, que eran sus
40 parientes del mismo señor, cuando fuimos a lo de Narváez. Dijo aquel soldado que estaba toda la ciudad y camino por donde venía lleno de gente de guerra, con todo género de armas, y que le quitaron las indias que traía y le dieron dos heridas, y que si no les soltara, que le tenían ya asido para meterle en una canoa y llevarle a sacrificar, y habían deshecho un puente.
45   Desde que aquello oyó Cortés y algunos de nosotros, ciertamente nos pesó mucho, porque bien entendido teníamos, los que solíamos batallar con indios, la mucha multitud que de ellos se suele juntar, y que por bien que peleásemos, y aunque más soldados trajésemos ahora, que habíamos de pasar gran riesgo de nuestras vidas, y hambres y trabajos, especialmente estando en
50 tan fuerte ciudad. Pasemos adelante y digamos que luego Cortés mandó a un capitán que se decía Diego de Ordaz que fuese con cuatrocientos soldados—entre ellos los más ballesteros y escopeteros, y algunos de caballo—y que mirase qué era aquello que decía el soldado que había venido herido y trajo las nuevas; y que si viese que sin guerra y ruido se pudiese apaciguar, lo paci-
55 ficase. Como fue Diego de Ordaz de la manera que le fue mandado con sus cuatrocientos soldados, aún no hubo bien llegado a media calle, por donde iba, cuando le salen tantos escuadrones mexicanos de guerra, y otros muchos que estaban en las azoteas, y le dieron tan grandes combates, que le mataron a las primeras arremetidas diez y ocho soldados, y a todos los más hirieron,
60 y al mismo Diego de Ordaz le dieron heridas. [...]
    Estaban tantos guerreros sobre nosotros, que Diego de Ordaz, que se venía retrayendo, no podía llegar a los aposentos por la mucha guerra que le daban, unos por detrás y otros por delante y otros desde las azoteas. Pues quizá no aprovechaba mucho nuestros tiros, ni escopetas, ni ballestas, ni lanzas,
65 ni estocadas que les dábamos, ni nuestro buen pelear, que aunque les matábamos y heríamos muchos de ellos, por las puntas de las espadas y lanzas se nos metían; con todo esto cerraban sus escuadrones, y no perdían punto de su buen pelear, ni les podíamos apartar de nosotros. [...]

Duraron estos combates todo el día; y aun la noche estaban sobre noso-
70 tros tantos escuadrones de ellos, y tiraban varas y piedras y flechas a bulto y
piedra perdida, que de lo del día y lo de entonces estaban todos aquellos patios y suelos hechos parvas[22] de ellos. Pues nosotros aquella noche en curar
heridos, y en poner remedio en los portillos que habían hecho, y en apercibir-
nos para otro día, en esto pasó. Pues desde que amaneció acordó nuestro
75 capitán que con todos los nuestros y los de Narváez saliésemos a pelear con
ellos, y que llevásemos tiros y escopetas y ballestas, y procurásemos de ven-
cerlos; al menos que sintiesen más nuestras fuerzas y esfuerzo mejor que el
del día pasado. Y digo que si nosotros teníamos hecho aquel concierto, que
los mexicanos tenían concertado lo mismo. Peleábamos muy bien; mas ellos
80 estaban tan fuertes y tenían tantos escuadrones—que se remudaban de rato
en rato—que aunque estuvieran allí diez mil Héctores troyanos y tantos Rol-
danes no les pudieran entrar; porque saberlo ahora yo aquí decir cómo pasó
y vimos el tesón[23] en el pelear, digo que no lo sé escribir; porque ni aprovechaban tiros, ni escopetas, ni ballestas, ni apechugar con ellos, ni matarles
85 treinta ni cuarenta de cada vez que arremetíamos, que tan enteros y con más
vigor peleaban que al principio. Si algunas veces les íbamos ganando alguna
poca de tierra, o parte de calle, hacían que se retraían: [mas] era para que les
siguiésemos por apartarnos de nuestra fuerza y aposento, para dar más a su
salvo en nosotros, creyendo que no volveríamos con las vidas a los aposen-
90 tos, porque al retraer nos hacían mucho mal. Pues para pasar a quemarles las
casas, ya he dicho en el capítulo que de ello habla que de casa a casa tenían
una puente de madera levadiza; alzábanla y no podíamos pasar sino por agua
muy honda. Pues desde las azoteas, los cantos y piedras y varas no lo podíamos sufrir. Por manera que nos maltrataban y herían muchos de los nuestros.
95 No sé yo para qué lo escribo así tan tibiamente, porque unos tres o cuatro soldados que se habían hallado en Italia, que allí estaban con nosotros, ju-
raron muchas veces a Dios que guerras tan bravosas jamás habían visto en
algunas que se habían hallado entre cristianos y contra la artillería del rey de
Francia, ni del gran turco; ni gente como aquellos indios, con tanto ánimo ce-
100 rrar los escuadrones vieron. [. . .] Diré cómo con harto trabajo nos retrajimos
a nuestros aposentos, y todavía muchos escuadrones de guerreros sobre nosotros, con grandes gritos y silbos y trompetillas y atambores, llamándonos
de bellacos y para poco, que no osábamos atenderles todo el día en batalla,
sino volvernos retrayendo. [. . .]
105 Volvamos a nuestra plática; que fue acordado de demandarles paces
para salir de México. Desde que amaneció vienen muchos más escuadrones
de guerreros. Vienen muy de hecho y nos cercan por todas partes los aposentos, y si mucha piedra y flecha tiraban de antes, muchas más espesas y con mayores alaridos y silbos vinieron este día; y otros escuadrones por otras partes

22. Gran cantidad. 23. Firmeza, constancia.

110 procuraban de entrarnos, que no aprovechaban tiros ni escopetas, aunque les
hacían harto mal. Viendo todo esto acordó Cortés que el gran Moctezuma
les hablase desde una azotea, y les dijese que cesasen las guerras, y que nos
queríamos ir de su ciudad. Cuando al gran Moctezuma se lo fueron a decir
de parte de Cortés, dicen que dijo con gran dolor: "¿Qué quiere ya de mí Ma-
115 linche[24] que yo no deseo vivir ni oírle, pues en tal estado por su causa mi ventura me ha traído?" Y no quiso venir. Aun dicen que dijo que ya no le quería ver
ni oír a él ni a sus falsas palabras ni promesas y mentiras. Fue el padre de la
Merced y Cristóbal de Olid, y le hablaron con mucho acato y palabras muy amorosas. Y dijo: "Yo tengo creído que no aprovecharé cosa ninguna para que
120 cese la guerra, porque ya tienen alzado otro señor y han propuesto de no os
dejar salir de aquí con la vida; y así creo que todos vosotros habréis de morir".
  Volvamos a los grandes combates que nos daban. Que Moctezuma se
puso a pretil de una azotea con muchos de nuestros soldados que le guarda-
125 ban, y les comenzó a hablar con palabras muy amorosas que dejasen la guerra
y que nos iríamos de México. Muchos principales y capitanes mexicanos
bien le conocieron, y luego mandaron que callasen sus gentes y no tirasen
varas ni piedras ni flechas. Cuatro de ellos se llegaron en parte que Moctezuma les podía hablar, y ellos a él, y llorando le dijeron: "¡Oh señor y nuestro
130 gran señor, y cómo nos pesa de todo vuestro mal y daño y de vuestros hijos
y parientes! Os hacemos saber que ya hemos levantado a un vuestro pariente
por señor". Y allí le nombró cómo se llamaba, que se decía Coadlavaca, señor
de Iztapalapa, que no fue Guatemuz[25] el que luego fue señor. Y más dijeron:
que la guerra la habían de acabar, y que tenían prometido a sus ídolos de no
135 dejarla hasta que todos nosotros muriésemos, y que rogaban cada día a su Ui-
chilobos y a Tezcatepuca que le guardase libre y sano de nuestro poder; y
como saliese como deseaban, que no le dejarían de tener muy mejor que de
antes por señor, y que les perdonase. No hubieron bien acabado el razona-
miento, cuando en aquella sazón tiran tanta piedra y vara, que los nuestros
140 que le arrodeaban, desde que vieron que entre tanto que hablaba con ellos
no daban guerra, se descuidaron un momento de rodelarle de presto; y le dieron tres pedradas, una en la cabeza, otra en un brazo y otra en una pierna; y
puesto que le rogaban se curase y comiese y le decían sobre ello buenas palabras, no quiso, antes cuando no nos catamos vinieron a decir que era muerto.
145 Cortés lloró por él, y todos nuestros capitanes y soldados, y hombres hubo
entre nosotros, de los que le conocíamos y tratábamos, de que fue tan llorado
como si fuera nuestro padre, y no nos hemos de maravillar de ello viendo que
tan bueno era. Decían que hacía diez y siete años que reinaba, y que fue el
mejor rey que en México había habido, y que por su persona había vencido
150 tres desafíos que tuvo sobre las tierras que sojuzgó. Y pasemos adelante.
(Capítulo CXXVI)

---

24. También se le llamaba así a Cortés. Pro-
venía del nombre de su intérprete doña Marina o Malintzin.

25. Se refiere al emperador Cuauhtémoc o
Guatimozín (¿1495?–1525), escrito Guatemuz o Guatimuz por el autor.

Preguntas

1. ¿Por qué Bernal Díaz del Castillo emplea el adjetivo *verdadera* en el título de su obra?
2. ¿Qué circunstancias favorecieron la conquista del imperio azteca según el autor?
3. ¿Quién es Gonzalo Guerrero y qué transformación ha sufrido?
4. ¿Qué visión del indígena se nos da en esta obra y cómo contrasta con la de los escritos de Colón y Las Casas?
5. ¿Cómo caracteriza el autor a Hernán Cortés y por qué destaca la actuación de otros soldados y la suya propia?

ALONSO DE ERCILLA Y ZUÑIGA

(1533–1594, Madrid, España)

     Como Bernal Díaz del Castillo, Ercilla debe su fama a la única obra que escribió, *La Araucana,* poema épico cuyas tres partes se publicaron respectivamente en 1569, 1578 y 1589. Paje de Felipe II, Ercilla estaba en Londres como parte de la comitiva del futuro soberano español cuando éste contrajo matrimonio (1554) con la reina de Inglaterra (1553–58), María Tudor. A Londres llegaron noticias sobre la marcha de la guerra de Chile y la muerte del conquistador Pedro de Valdivia (¿1500?–1554) a manos de indios araucanos. Ercilla, de apenas 21 años, solicitó y le fue concedido el permiso para unirse a una expedición que combatiría contra los araucanos.

     Don Alonso, ya en Chile para 1557, pronto entró en combate con los araucanos y comenzó a escribir su obra. Como él mismo nos dice en el "Prólogo" de *La Araucana*: "[el poema] se hizo en la misma guerra y en los mismos pasos y sitios, escribiendo muchas veces en cuero por falta de papel, y en pedazos de cartas, algunos tan pequeños que apenas cabían seis versos. . .". En efecto, la realidad histórica provee el primero y más sostenido de los niveles que encontramos en *La Araucana,* lo cual da por resultado la presentación de batallas, emboscadas y encuentros personales desde la primera rebelión de los araucanos contra Pedro de Valdivia hasta el suplicio y muerte de Caupolicán.

     Consciente de la necesidad de darle variedad a su obra y siguiendo patrones de la épica clásica y renacentista, el poeta recurre a lo fantástico para romper la monotonía de la narración de temas puramente bélicos. Introduce, por ejemplo, los idilios de Tegualda y Crepino, y de Glaura y Cariolano, y referencias a la mítica reina Dido. Como su propósito es alabar la grandeza de la España imperial y de su rey, Felipe II, incluye descripciones del triunfo español sobre los franceses en la batalla de San Quintín (1557), de la batalla naval de Lepanto (1571) donde las fuerzas aliadas de España, Venecia y Malta vencieron a la armada turca y un alegato sobre los derechos de Felipe II al trono de Portugal. De carácter autobiográfico son los cantos en que describe la visión en sueños de su esposa y el acto de desacato que casi le costó la vida. Pero lo que da peso y proyección universal al poema, apartando las continuas referencias a temas como la variabilidad de la Fortuna, es la base moral que explícitamente lo sostiene: sus censuras a la codicia y crueldad de los españoles y la exaltación de la lección ética ofrecida por el aguerrido pueblo araucano.

En líneas generales el poema sigue el modelo de la épica renacentista fijado en Italia por *Orlando furioso* (1516, ed. def, 1532) de Ariosto. A este modelo España añade otras características; entre las más importantes están el realismo y la simpatía por los adversarios. La octava real* (ABABABCC) de versos endecasílabos (11 sílabas) y la división en cantos—*La Araucana* está dividida en tres partes y tiene 37 cantos—integran la fórmula épica utilizada y renovada por Ercilla. Cada parte va precedida de un *exordium,* o sea, estrofas de carácter moralizante que presentan la materia a tratarse en las diferentes partes y cantos. Por las primeras octavas del Canto I, sabemos que Ercilla cantará las proezas españolas en las guerras chilenas, pero asimismo se ocupará del arrojo de los araucanos. Esto ha hecho comentar a algunos críticos que el poema es un canto al pueblo araucano escrito bajo la influencia de las ideas de fray Bartolomé de las Casas. También por esto se ha dicho que *La Araucana* es una obra acéfala, un "monstruo de dos cabezas" o una obra con un protagonista múltiple donde los caciques araucanos opacan a los capitanes españoles. ¿Parecería más justo hablar de un protagonista dual, de españoles y araucanos?

Al contrario de otros poemas épicos dedicados a los dioses y a las musas, Ercilla dedica la obra a Felipe II, rey de España. En cuanto a la presentación del paisaje se le ha reprochado al autor la exclusión de la flora y fauna americanas. En este sentido es importante reconocer que don Alonso siguió la retórica paisajista tan en boga durante el Renacimiento. Recreó la naturaleza chilena siguiendo la fórmula del *locus amoenus** o lugar ideal donde nunca faltan el árbol frondoso, el prado florido y el cristalino arroyo. Hombre de su tiempo, ni intentó ni quiso presentar la naturaleza chilena tal y como era. Ercilla también se valió de fórmulas tradicionales para describir el comportamiento de enamorados tales como Caupolicán y Fresia, Tegualda y Crepino. De hecho, las acciones de estos personajes corresponden a la retórica del "amor cortés"* donde los sentimientos, en especial los del pretendiente, se ponen a prueba en el cumplimiento de hazañas y noble servicio a la dama.

En *La Araucana* Ercilla da dimensión histórica a hechos verídicos ocurridos en aquella época, pero el autor ve su obra como unidad artística y de ahí los episodios aparentemente alejados del tema central. Don Alonso los incluye como contrapunto a los pasajes bélicos, como adornos retóricos—pensemos en las heroínas indígenas, figuras idealizadas que se expresan y actúan de acuerdo a modelos literarios—siguiendo de nuevo lo permitido por los cánones de la épica. Y por eso al valorar el primer poema épico sobre América, sería más exacto hablar de verosimilitud que de veracidad histórica. Reconociendo este trabajo de elaboración artística llevado a cabo por el autor, Pablo Neruda (1904–73) justamente llamó a Ercilla "inventor de Chile".

Sin duda *La Aracuana* establece el tipo de poema épico que se escribirá sobre la conquista. Fue una obra llamada a promover un abundante número de imitaciones; en su mayoría, éstas se mantuvieron a gran distancia estética del original.

Bibliografía mínima

Alegría, Fernando. *La poesía chilena, orígenes y desarrollo del siglo XVI al XIX.* México: Fondo de Cultura Económica, 1954.

Cueva, Agustín. "El espejismo heroico de la Conquista (Ensayo de interpretación de *La Araucana*)". *Casa de las Américas* 110 (1978): 29–40.

Durand, José. "Caupolicán, clave historial y épica de *La Araucana*". *Revue de Littérature Comparée* 2–3–4 (1978): 367–89.

Iñigo Madrigal, Luis. "Alonso de Ercilla y Zúñiga". *Epoca colonial.* Coord. Luis Iñigo Madrigal. Madrid: Cátedra, 1982. Vol. 1 de *Historia de la literatura hispanoamericana.* 2 Vols. 1982–87. 189–203.

Morínigo, Marcos A. Introducción. *La Araucana.* De Alonso de Ercilla y Zúñiga. Eds. Marcos A. Morínigo e Isaías Lerner. Vol. 1. Madrid: Castalia, 1983. 7–97. 2 Vols.

Perelmuter-Pérez, Rosa. "El paisaje idealizado en *La Araucana*". *Hispanic Review* 54 (1986): 129–46.

Pierce, Frank. *La poesía épica del Siglo de Oro.* Trad. J. C. Cayol de Bethencourt. 2a ed. rev. Madrid: Gredos, 1968.

La Araucana

CANTO PRIMERO[1]

El cual declara el asiento y descripción de la provincia de Chile y estado de Arauco. Con las costumbres y modos de guerra que los naturales tienen. Y asimismo trata en suma la entrada y conquista que los españoles hicieron hasta que Arauco se comenzó a rebelar.

No las damas, amor, no gentilezas
de caballeros canto enamorados,
ni las muestras, regalos y ternezas
de amorosos afectos y cuidados;
5   mas el valor, los hechos, las proezas
de aquellos españoles esforzados,
que a la cerviz de Arauco no domada
pusieron duro yugo por la espada.

   Cosas diré también harto notables
10 de gente que a ningún rey obedecen,
temerarias empresas memorables
que celebrarse con razón merecen,

---

1. Composición escrita en octavas reales: ocho versos endecasílabos de rima consonante (ABABABCC).

raras industrias, términos loables
que más los españoles engrandecen
15 pues no es el vencedor más estimado
de aquello en que el vencido es reputado.

Suplícoos, gran Felipe[2] que mirada
esta labor, de vos sea recebida,
que, de todo favor necesitada,
20 queda con darse a vos favorecida.
Es relación sin corromper sacada
de la verdad, cortada a su medida,
no despreciéis el don, aunque tan pobre,
para que autoridad mi verso cobre. [. . .]

25   Chile, fértil provincia y señalada
en la región antártica famosa.
de remotas naciones respetada
por fuerte, principal y poderosa;
la gente que produce es tan granada.
30 tan soberbia, gallarda y belicosa,
que no ha sido por rey jamás regida
ni a estranjero dominio sometida. [. . .]

Digo que norte sur corre la tierra,
y báñala del oeste la marina,
35 a la banda de leste va una sierra
que el mismo rumbo mil leguas camina;
en medio es donde el punto de la guerra
por uso y ejercicio más se afina.
Venus y Amón[3] aquí no alcanzan parte,
40 sólo domina el iracundo Marte.[4]

Pues en este distrito demarcado,
por donde su grandeza es manifiesta,
está a treinta y seis grados el Estado
que tanta sangre ajena y propia cuesta;
45 éste es el fiero pueblo no domado
que tuvo a Chile en tal estrecho puesta,
y aquel que por valor y pura guerra
hace en torno temblar toda la tierra.

---

2. Felipe II (1527–98): rey de España desde
1556 hasta su muerte.
3. Amón: hijo de Lot concebido en una relación incestuosa. Personifica al amor impuro.
4. Marte: dios de la guerra.

Es Arauco, que basta, el cual sujeto
50 lo más deste gran término tenía
con tanta fama, crédito y conceto,
que del un polo al otro se estendía,
y puso al español en tal aprieto
cual presto se verá en la carta mía;
55 veinte leguas contienen sus mojones,
poséenla diez y seis fuertes varones. [. . .]

Son de gestos robustos, desbarbados,
bien formados los cuerpos y crecidos,
espaldas grandes, pechos levantados,
60 recios miembros, de niervos[5] bien fornidos;
ágiles, desenvueltos, alentados,
animosos, valientes, atrevidos,
duros en el trabajo y sufridores
de fríos mortales, hambres y calores.
65
No ha habido rey jamás que sujetase
esta soberbia gente libertada,
ni estranjera nación que se jatase[6]
de haber dado en sus términos pisada,
ni comarcana tierra que se osase
70 mover en contra y levantar espada;
siempre fue esenta, indómita, temida,
de leyes libre y de cerviz erguida.

El potente rey Inga,[7] aventajado
en todas las antárticas regiones,
75 fue un señor en estremo aficionado
a ver y conquistar nuevas naciones,
y por la gran noticia del Estado
a Chile despachó sus orejones;[8]
mas la parlera fama desta gente
80 la sangre les templó y ánimo ardiente. [. . .]

---

5. Nervios.
6. Se vanagloriase, se jactase.
7. Alude a los reyes Incas del Perú que trataron de conquistar el territorio araucano.

8. Nobles incas que informaban al soberano. Usaban unos discos o aros en las orejas y por eso los españoles los llamaban orejones.

CANTO II

Pónese la discordia que entre los caciques del Arauco hubo sobre la elección
del capitán general, y el medio que se tomó por el consejo del cacique Coloco-
lo [. . .]

[. . .] Ufano andaba el bárbaro y contento
de haberse más que todos señalado
cuando Caupolicán aquel asiento
sin gente, a la ligera, había llegado;
5 tenía un ojo sin luz de nacimiento
como un fino granate colorado
pero lo que en la vista le faltaba
en la fuerza y esfuerzo le sobraba.

Era este noble mozo de alto hecho
10 varón de autoridad, grave y severo,
amigo de guardar todo derecho,
áspero y riguroso, justiciero;
de cuerpo grande y relevado pecho,
hábil, diestro, fortísimo y ligero,
15 sabio, astuto, sagaz, determinado
y en casos de repente reportado.

Fue con alegre muestra recebido
—aunque no sé si todos se alegraron—:
el caso en esta suma referido
20 por su término y puntos le contaron.
Viendo que Apolo[9] ya se había escondido
en el profundo mar, determinaron
que la prueba de aquél se dilatase
hasta que la esperada luz llegase. [. . .]
25
Con un desdén y muestra confiada
asiendo del troncón duro y ñudoso
como si fuera vara delicada
se le pone en el hombro poderoso.
La gente enmudeció maravillada
30 de ver el fuerte cuerpo tan nervoso;
la color a Lincoya se le muda,
poniendo en su vitoria mucha duda.

9. Apolo: el sol.

El bárbaro sagaz de espacio andaba,
y a todo prisa entraba el claro día;
35 el sol las largas sombras acortaba
mas él nunca descrece en su porfía;
al ocaso la luz se retiraba
ni por esto flaqueza en él había;
las estrellas se muestran claramente
40 y no muestra cansancio aquel valiente.

Salió la clara luna a ver la fiesta
del tenebroso albergue húmido y frío,
desocupando el campo y la floresta
de un negro velo lóbrego y sombrío,
45 Caupolicán no afloja de su apuesta,
antes con mayor fuerza y mayor brío
se mueve y representa de manera
como si peso alguno no trujera.

Por entre dos altísimos ejidos
50 la esposa de Titón[10] ya parecía,
los dorados cabellos esparcidos
que de la fresca helada sacudía,
con que a los mustios prados florecidos
con el húmido humor reverdecía
55 y quedaba engastado así en las flores
cual perlas entre piedras de colores.

El carro de Faetón[11] sale corriendo
del mar por el camino acostumbrado,
sus sombras van los montes recogiendo
60 de la vista del sol y el esforzado
varón, el grave peso sosteniendo,
acá y allá se mueve no cansado
aunque otra vez la negra sombra espesa
tornaba a parecer corriendo apriesa.

65 La luna su salida provechosa
por un espacio largo dilataba;
al fin, turbia, encendida y perezosa,
de rostro y luz escasa se mostraba;

---

10. La aurora.
11. Hijo de Helios (el Sol) y de la Aurora. Se le permitió guiar el carro del Sol y, por su inexperiencia, estuvo a punto de abrasar el universo.

paróse al medio curso más hermosa
70 a ver la estraña prueba en qué paraba
y viéndola en el punto y ser primero,
se derribó en el ártico hemisfero

y el bárbaro, en el hombro la gran viga,
sin muestra de mudanza y pesadumbre,
75 venciendo con esfuerzo la fatiga
y creciendo la fuerza por costumbre.
Apolo en seguimiento de su amiga
tendido había los rayos de su lumbre
y el hijo de Leocán,[12] en el semblante
80 más firme que al principio y más constante.

Era salido el sol cuando el inorme
peso de las espaldas despedía
y un salto dio en lanzándole disforme,
mostrando que aún más ánimo tenía;
85 el circunstante pueblo en voz conforme
pronunció la sentencia y le decía;
"Sobre tan firmes hombros descargamos
el peso y grave carga que tomamos".

El nuevo juego y pleito difinido,
90 con las más cerimonias que supieron
por sumo capitán fue recebido
y a su gobernación se sometieron;
creció en reputación, fue tan temido
y en opinión tan grande le tuvieron
95 que ausentes muchas leguas dél temblaban
y casi como a rey le respetaban.

Es cosa en que mil gentes han parado
y están en duda muchos hoy en día,
pareciéndoles que esto que he contado
100 es alguna fición y poesía
pues en razón no cabe que un senado
de tan gran diciplina y pulicía
pusiese una elección de tanto peso
en la robusta fuerza y no en el seso.

105 Sabed que fue artificio, fue prudencia
del sabio Colocolo que miraba
la dañosa discordia y diferencia
y el gran peligro en que su patria andaba,

12. Caupolicán.

conociendo el valor y suficiencia
110 deste Caupolicán que ausente estaba,
varón en cuerpo y fuerzas estremado,
de rara industria y ánimo dotado.

Así propuso astuta y sabiamente,
para que la elección se dilatase,
115 la prueba al parecer impertinente
en que Caupolicán se señalase
y en esta dilación tan conveniente
dándole aviso, a la elección llegase,
trayendo así el negocio por rodeo
120 a conseguir su fin y buen deseo. [. . .]

PARTE II
CANTO XX

Retíranse los araucanos con pérdida de mucha gente; escápase Tucapel muy he-
rido, rompiendo por los enemigos; cuenta Tegualda a don Alonso de Ercilla el
estraño y lastimoso proceso de su historia.

[. . .] No mucho después desto, yo que estaba
con ojo alerto y con atento oído,
sentí de rato en rato que sonaba
hacia los cuerpos muertos un ruido,
5 que siempre al acabar se remataba
con un triste sospiro sostenido
y tornaba a sentirse, pareciendo
que iba de cuerpo en cuerpo discurriendo.

La noche era tan lóbrega y escura
10 que divisar lo cierto no podía
y así por ver el fin desta aventura
(aunque más por cumplir lo que debía)
me vine, agazapado[13] en la verdura,
hacía la parte que el rumor se oía,
15 donde vi entre los muertos ir oculto
andando a cuatro pies un negro bulto.

Yo de aquella visión mal satisfecho,
con un temor que agora aun no le niego,
la espada en mano y la rodela al pecho,
20 llamando a Dios sobre él aguijé luego:

13. Escondido.

mas el bulto se puso en pie derecho
y con medrosa voz y humilde ruego
dijo: "Señor, señor, merced te pido,
que soy mujer y nunca te he ofendido.

25   "Si mi dolor y desventura estraña
a lástima y piedad no te inclinaren
y tu sangrienta espada y fiera saña
de los términos lícitos pasaren,
¿qué gloria adquirirás de tal hazaña
30 cuando los justos cielos publicaren
que se empleó en una mujer tu espada,
viuda, mísera, triste y desdichada?

    "Ruégote pues, señor, si por ventura
o desventura, como fue la mía,
35 con amor verdadero y fe pura
amaste tiernamente en algún día,
me dejes dar a un cuerpo sepultura
que yace entre esta muerta compañía;
mira que aquel que niega lo que es justo
40 lo malo aprueba ya y se hace injusto.

    "No quieras impedir obra tan pía
que aun en bárbara guerra se concede,
que es especie y señal de tiranía
usar de todo aquello que se puede.
45 Deja buscar su cuerpo a esta alma mía,
después furioso con rigor procede,
que ya el dolor me ha puesto en tal estremo
que más la vida que la muerte temo;

    "que no sé mal que ya dañarme pueda
50 ni hay bien mayor que no le haber tenido;
acábese y fenezca lo que queda
pues que mi dulce amigo ha fenecido;
que aunque el cielo cruel no me conceda
morir mi cuerpo con el suyo unido,
55 no estorbará por más que me persiga,
que mi afligido espíritu le siga".

    En esto con instancia me rogaba
que su dolor de un golpe rematase;
mas yo, que en duda y confusión estaba
60 aún, teniendo temor que me engañase,

del verdadero indicio no fiaba
hasta que un poco más me asegurase,
sospechando que fuese alguna espía
que a saber cómo estábamos venía.

65   Bien que estuve dudoso pero luego
(aunque la noche el rostro le encubría)
en su poco temor y gran sosiego
vi que verdad en todo me decía
y que el pérfido amor, ingrato y ciego,
70 en busca del marido la traía,
el cual en la primera arremetida,
queriendo señalarse, dio la vida.

Movido, pues, a compasión de vella
firme en su casto y amoroso intento,
75 de allí salido, me volví con ella
a mi lugar y señalado asiento
donde yo le rogué que su querella
con ánimo seguro y sufrimiento
desde el principio al cabo me contase
80 y desfogando[14] la ansia descansase.

Ella dijo: "¡Ay de mí! que es imposible
tener jamás descanso hasta la muerte,
que es sin remedio mi pasión terrible
y más que todo sufrimiento fuerte;
85 mas, aunque me será cosa insufrible,
diré el discurso de mi amarga suerte;
quizá que mi dolor, según es grave,
podrá ser que esforzándole me acabe.

"Yo soy Tegualda, hija desdichada
90 del cacique Brancol desventurado,
de muchos por hermosa en vano amada,
libre un tiempo de amor y de cuidado;
pero muy presto la fortuna, airada
de ver mi libertad y alegre estado,
95 turbó de tal manera mi alegría
que al fin muero del mal que no temía.

"De muchos fui pedida en casamiento
y a todos igualmente despreciaba,
de lo cual mi buen padre descontento,
100 que yo acetase alguno me rogaba;

14. Darle rienda suelta.

pero con franco y libre pensamiento
de su importuno ruego me escusaba,
que era pensar mudarme desvarío
y martillar sin fruto en hierro frío.

105   "No por mis libres y ásperas respuestas
los firmes pretensores[15] aflojaron,
antes con nuevas pruebas y requestas
en su vana demanda más instaron
y con danzas, con juegos y otras fiestas
110 mudar mi firme intento procuraron,
no les bastando maña ni artificio
a sacar mi propósito de quicio.

"Muy presto, pues, llegó el postrero día
desta mi libertad y señorío:
115 ¡oh si lo fuera de la vida mía!
Pero no pudo ser, que era bien mío,
En un lugar que junto al pueblo había
donde el claro Gualebo, manso río,
después que sus viciosos[16] campos riega,
120 el nombre y agua al ancho Itata entrega,

allí, para castigo de mi engaño,
que fuese a ver sus fiestas me rogaron
y como había de ser para mi daño,
fácilmente comigo lo acabaron.[17]
125 Luego, por orden y artificio estraño,
la larga senda y pasos enramaron,
pareciéndoles malo el buen camino
y que el sol de tocarme no era dino.

"Llegué por varios arcos donde estaba
130 un bien compuesto y levantado asiento,
hecho por tal manera que ayudaba
la maestra natura al ornamento;
el agua clara en torno murmuraba,
los árboles movidos por el viento
135 hacían un movimiento y un ruido
que alegraban la vista y el oído.

---

15. Pretendientes.   17. Consiguieron, obtuvieron.
16. Lozanos, frondosos.

"Apenas, pues, en él me había asentado,[18]
cuando un alto y solene bando echaron
y del ancho palenque y estacado
140 la embarazosa gente despejaron.
Cada cual a su puesto retirado,
la acostumbrada lucha comenzaron,
con un silencio tal que los presentes
juzgaran ser pinturas más que gentes.

145   "Aunque había muchos jóvenes lucidos
todos al parecer competidores,
de diferentes suertes y vestidos
y de un fin engañoso pretensores,
no estaba en cuáles eran los vencidos
150 ni cuáles habían sido vencedores,
buscando acá y allá entretenimiento
con un ocioso y libre pensamiento.

"Yo, que en cosa de aquellas no paraba,
el fin de sus contiendas deseando,
155 ora los altos árboles miraba
de natura las obras contemplando;
ora la agua que el prado atravesaba,
las varias pedrezuelas numerando,
libre a mi parecer y muy segura
160 de cuidado, de amor y desventura

"cuando un gran alboroto y vocería
(cosa muy cierta en semejante juego)
se levantó entre aquella compañía
que me sacó de seso y mi sosiego.
165 Yo, queriendo entender lo que sería,
al más cerca de mí pregunté luego
la causa de la grita ocasionada,
que me fuera mejor no saber nada.

"El cual dijo:—Señora, ¿no has mirado
170 cómo el robusto joven Mareguano
con todos cuantos mozos ha luchado
los ha puesto de espaldas en el llano?
Y cuando ya esperaba confiado
que la bella guirnalda de tu mano
175 la ciñera la ufana y leda frente
en premio y por señal del más valiente,

18. Sentado.

"aquel gallardo mozo bien dispuesto
del vestido de verde y encarnado,
con gran facilidad le ha en tierra puesto
180 llevándole el honor que había ganado;
y el fácil y liviano pueblo desto
como de novedad maravillado,
ha levantado aquel confuso estruendo,
la fuerza del mancebo encareciendo.

185   "Y también Mareguano que procura
de volver a luchar, el cual alega
que fue siniestro caso y desventura,
que en fuerza y maña el otro no le llega:
pero la condición y la postura
190 del espreso cartel se lo deniega
aunque el joven con ánimo valiente
da voces que es contento y lo consiente;

"pero los jueces, por razón, no admiten
del uno ni el otro el pedimiento
195 ni en modo alguno quieren ni permiten
inovación en esto y movimiento,
mas que de su propósito se quiten
si entrambos de común consentimiento,
pareciendo primero en tu presencia
200 no alcanzaren de ti franca licencia.

"En esto a mi lugar enderezando
de aquella gente un gran tropel venía,
que como junto a mi llegó, cesando
el discorde alboroto y vocería,
205 el mozo vencedor la voz alzando,
con una humilde y baja cortesía
dijo:—Señora, una merced te pido,
sin haberla mis obras merecido:

"que si soy estranjero y no merezco
210 hagas por mí lo que es tan de tu oficio,
como tu siervo natural me ofrezco
de vivir y morir en tu servicio:
que aunque el agravio aquí yo le padezco,
por dar desta mi oferta algún indicio
215 quiero, si dello fueres tu servida,
luchar con Mareguano otra caída.

"y otra y otra y aun más, si él quiere, quiero,
hasta dejarle en todo satisfecho:
y consiento que al punto y ser primero
220 se reduza la prueba y el derecho,
que siendo en tu presencia cierto espero
salir con mayor gloria deste hecho:
danos licencia, rompe el estatuto
con tu poder sin límite absoluto.

225   "Esto dicho, con baja reverencia
la respuesta, mirándome, esperaba
mas yo, que sin recato y advertencia,
escuchándole atenta le miraba,
no sólo concederle la licencia
230 pero ya que venciese deseaba
y así le respondí:—Si yo algo puedo,
libre y graciosamente lo concedo. [...]

"Volvían a forcejar con un ruido
que era de ver y oírlos cosa estraña
235 pero el mozo estranjero, ya corrido
de su poca pujanza y mala maña,
alzó de tierra al otro y de un gemido
de espaldas le trabuca[19] en la campaña
con tal golpe que al triste Mareguano
240 no le quedó sentido y hueso sano.

"Luego de mucha gente acompañado
a mi asiento los jueces le trujeron,
el cual ante mis pies arrodillado,
que yo le diese el precio me dijeron.
245 No sé si fue su estrella o fue mi hado
ni las causas que en esto concurrieron,
que comencé a temblar y un fuego ardiendo
fue por todos mis huesos discurriendo.

"Halléme tan confusa y alterada
250 de aquella nueva causa y acidente,
que estuve un rato atónita y turbada
en medio del peligro y tanta gente;
pero volviendo en mí más reportada,
al vencedor en todo dignamente,
255 que estaba allí inclinado ya en mi falda,
le puse en la cabeza la guirnalda.

19. Vuelca.

"Pero bajé los ojos al momento
de la honesta vergüenza reprimidos
y el mozo con un largo ofrecimiento
260 inclinó a sus razones mis oídos.
Al fin se fue, llevándome el contento
y dejando turbados mis sentidos
pues que llegué de amor y pena junto
de solo el primer paso al postrer punto.

265 "Sentí una novedad que me apremiaba
la libre fuerza y el rebelde brío,
a la cual sometida se entregaba
la razón, libertad y el albedrío.
Yo, que cuando acordé,[20] ya me hallaba
270 ardiendo en vivo fuego el pecho frío,
alcé los ojos tímidos cebados,[21]
que la vergüenza allí tenía abajados.

"Roto con fuerza súbita y furiosa
de la vergüenza y continencia el freno,
275 le seguí con la vista deseosa,
cebando más la llaga y el veneno;
que sólo allí mirarle y no otra cosa
para mi mal hallaba que era bueno,
así que adonde quiera que pasaba
280 tras sí los ojos y alma me llevaba.

"Vile que a la sazón se apercebía
para correr el palio[22] acostumbrado,
que una milla de trecho y más tenía
el término del curso[23] señalado
285 y al suelto[24] vencedor se prometía
un anillo de esmaltes rodeado
y una gruesa esmeralda bien labrada,
dado por esta mano desdichada.

"Mas de cuarenta mozos en el puesto
290 a pretender el precio parecieron[25]
donde, en la raya el pie cada cual puesto,
promptos y apercebidos atendieron:[26]

---

20. Me recobré.
21. Agarrados.
22. Premio recibido por quien llega primero
en la carrera.
23. Carrera.
24. Veloz.
25. Aparecieron.
26. Esperaron.

que no sintieron la señal tan presto
cuando todos en hila[27] igual partieron
295 con tal velocidad que casi a penas
señalaban la planta en las arenas.

"Pero Crepino, el joven estranjero,
que así de nombre propio se llamaba,
venía con tanta furia el delantero
300 que al presuroso viento atrás dejaba:
el rojo palio al fin tocó el primero
que la larga carrera remataba,
dejando con su término agraciado
el circunstante pueblo aficionado.[28]

305 "Y con solene triunfo, rodeando
la llena y ancha plaza, le llevaron
pero después a mi lugar tornando,
que le diese el anillo me rogaron.
Yo, un medroso temblor disimulando
310 (que atentamente todos me miraron),
del empacho y temor pasado el punto
le di mi libertad y anillo junto.

"El me dijo:—Señora, te suplico
le recibas de mí, que aunque parece
315 pobre y pequeño el don, te certifico
que es grande la afición con que se ofrece:
que con este favor quedaré rico
y así el ánimo y fuerzas me engrandece,
que no habrá empresa grande ni habrá cosa
320 que ya me pueda ser dificultosa.

"Yo, por usar de toda cortesía
(que es lo que a las mujeres perficiona),
le dije que el anillo recebía
y más la voluntad de tal persona;
325 en esto toda aquella compañía
hecha en torno de mi espesa corona,
del ya agradable asiento me bajaron
y a casa de mi padre me llevaron.

"No con pequeña fuerza y resistencia,
330 por dar satisfación de mí a la gente,
encubrí tres semanas mi dolencia
siempre creciendo el daño y fuego ardiente;

27. Hilera.   28. Cautivado.

y mostrando venir a la obediencia
de mi padre y señor, mañosamente
335 le di a entender por señas y rodeo
querer cumplir su ruego y mi deseo

"diciendo que pues él me persuadía
que tomase parientes y marido,
al parecer según que convenía,
340 yo por le obedecer le había elegido;
el cual era Crepino, que tenía
valor, suerte y linaje conocido,
junto con ser discreto, honesto, afable,
de condición y término loable.

345 "Mi padre, que con sesgo y ledo[29] gesto
hasta el fin escuchó el parecer mío,
besándome en la frente, dijo:—En esto
y en todo me remito a tu albedrío
pues de tu discreción e intento honesto
350 que elegirás lo que conviene fío,
y bien muestra Crepino de su crianza
ser de buenos respetos y esperanza.

"Ya que con voluntad y mandamiento
a mi honor y deseo satisfizo
355 y la vana contienda y fundamento
de los presentes jóvenes deshizo,
el infelice y triste casamiento
en forma y acto público se hizo.
Hoy hace justo un mes, ¡oh suerte dura,
360 qué cerca está del bien la desventura!

"Ayer me vi contenta de mi suerte
sin temor de contraste ni recelo;
hoy la sangrienta y rigurosa muerte
todo lo ha derribado por el suelo.
365 ¿Qué consuelo ha de haber a mal tan fuerte?;
¿qué recompensa puede darme el cielo
adonde ya ningún remedio vale
ni hay bien que con tan grande mal se iguale?

"Este es, pues, el proceso: ésta es la historia
370 y el fin tan cierto de la dulce vida.
He aquí mi libertad y breve gloria
en eterna amargura convertida.

29. Alegre, plácido.

Y pues que por tu causa la memoria
mi llaga ha renovado encrudecida,[30]
375 en recompensa del dolor te pido
me dejes enterrar a mi marido;

"que no es bien que las aves carniceras
despedacen el cuerpo miserable
ni los perros y brutas bestias fieras
380 satisfagan su estómago insaciable;
mas cuando empedernido ya no quieras
hacer cosa tan justa y razonable,
haznos con esa espada y mano dura
iguales, en la muerte y sepultura".

385   Aquí acabó su historia y comenzaba
un llanto tal que el monte enternecía
con una ansia y dolor que me obligaba
a tenerle en el duelo compañía;
que ya el asegurarle no bastaba
390 de cuanto prometer yo le podía,
sólo pedía la muerte y sacrificio
por último remedio y beneficio.

Preguntas

1. ¿Qué han dicho los críticos sobre el protagonista o los protagonistas
de *La Araucana*?
2. ¿Cómo y por qué transforma Ercilla a los araucanos?
3. ¿Cómo logra Ercilla la verosimilitud en su obra?
4. ¿Qué se entiende por "amor cortés" y cómo lo ejemplifica el relato
de Tegualda?
5. ¿Cómo aparece la naturaleza americana en *La Araucana* y qué modelos ha seguido Ercilla para representarla?

---

30. Empeorada.

EL INCA GARCILASO DE LA VEGA

(1539, Cuzco, Perú–1616, Córdoba, España)

_____

_____

_____

_____

_____

_____

El Inca Garcilaso de la Vega es el primer gran escritor hispanoamericano. Hijo de una princesa incaica y de un capitán español, hablaba el quechua y el castellano, y vivió en el Cuzco, su ciudad natal. Después de la muerte de su padre, viajó a España (1560) para completar su educación. Hacia 1565 pasó a Montilla, pequeña ciudad andaluza donde tenía parientes. En esta época Garcilaso leyó y se preparó e ideó el plan de importantes obras futuras. Participó en la guerra de las Alpujarras (1570) contra los moriscos de Granada y por su actuación recibió el grado de capitán. A partir de 1591 se establece en Córdoba donde, gracias a una herencia y varios negocios, goza de una situación acomodada.

En 1590 aparece en Madrid la traducción al español que Garcilaso hizo de los *Dialoghi,* famosa obra neoplatónica escrita en italiano. Consciente de su doble herencia, el Inca la tituló *La traducción del indio de los tres diálogos de amor de León Hebreo.* Después publicó la *Relación de la descendencia de Garci Pérez de Vargas* (1596) y *La Florida del Inca* (1605). En esta última obra cuenta los trabajos de la expedición de Hernando de Soto (¿1500?–1542), antiguo compañero de armas de Francisco Pizarro (¿1475?–1541) en el Perú. La primera parte de la obra maestra de Garcilaso, *Comentarios Reales,* apareció en Lisboa (1609); la segunda parte, también conocida como *Historia general del Perú,* fue publicada póstumamente en Córdoba (1617). *Comentarios Reales* ofrece una extensa visión de los orígenes y el desarrollo de la civilización incaica. La *Historia general del Perú* se ocupa de las guerras civiles entre los conquistadores y la imposición del coloniaje incluyendo el período del virrey Francisco de Toledo (1569–81), tan trágico para los andinos. La obra, prontamente traducida a otros idiomas europeos, alcanzó gran fama literaria por el novedoso enfoque que ofrecía. En efecto, el autor insiste en su ascendencia indígena, su conocimiento del quechua o lengua general del imperio incaico, su acceso a fuentes primarias y el hecho de haber sido testigo presencial de muchos de los sucesos narrados. De esta forma Garcilaso, mestizo peruano e hijo natural, se reviste de autoridad para corregir los errores y malas interpretaciones de otros cronistas.

La obra maestra del Inca ha sido apreciada por su valor histórico y su calidad literaria. Por mucho tiempo fue considerada como uno de los documentos más importantes para el estudio de la civilización incaica y las primeras décadas de la colonización en el Perú. Sin embargo, investigaciones más recientes han cambiado nuestra concepción del mundo aborigen precolombino. Esto no desmerece el valor de los *Comentarios Reales,* obra que se debe justipreciar no sólo por los datos comprobables que aporta, sino también por la forma en que el autor elabora su relato. Como los historiadores modernos, Garcilaso reconoce el valor de la anécdota, del mito, de las fábulas. Precisamente estos aspectos le confieren a *Comentarios Reales* un carácter singular. Mediante ellos nos acercamos a lo que el escritor español Miguel de Unamuno (1864—1936) llamó tan acertadamente la "intrahistoria"; su conocimiento nos ayuda a entender mejor tanto el hecho particular como la historia general de un pueblo.

Al escribir su obra, Garcilaso tuvo muy en cuenta el modelo clásico de la concepción heroica de la historia. El autor les da carácter de héroes a los soberanos incas y a los conquistadores europeos para lograr en sus escritos la armonía aprendida en los libros neoplatónicos. Curiosamente, la cruel realidad de la conquista y colonización se hace evidente en el texto y rompe el plan armónico ideado por el Inca. Debe señalarse que el autor hace que los reyes incas desempeñen una labor de igual importancia a la de los conquistadores: la obra civilizadora de los primeros preparó el camino para la introducción del cristianismo por los segundos. Garcilaso valoriza así el aporte de ambos grupos. Pero aun más importante es reconocer cómo esta apología de los incas le sirve para contradecir ideas divulgadas por el régimen colonial acerca de la supuesta tiranía y barbarie de los soberanos del Tahuantinsuyo. Vistos de este modo, los textos garcilasianos se ofrecen como una crítica al colonialismo español cuyas bondades proclamaban los cronistas oficiales.

Por su mesura, equilibrio y nitidez, la obra de Garcilaso encaja dentro del Renacimiento. Es preciso destacar que si bien los principales libros del Inca aparecieron a principios del siglo XVII, fueron pensados y escritos cuando el autor residía en Montilla. Si a esto añadimos la influencia del pensamiento neoplatónico, sus contactos con destacados humanistas cordobeses, sus lecturas y la edad a la que comenzó a escribir (después de cumplir los cincuenta años), sin duda vemos que la formación intelectual del peruano es mayormente renacentista.

El autor recurre frecuentemente al detalle curioso, al dato autobiográfico y la nota moralizante, para ofrecer otra dimensión de los hechos narrados. Sus escritos están teñidos de ternura y nostalgia por ese mundo que dejó atrás y al cual no retornará nunca. La característica más sobresaliente de la obra del Inca es el afán de perfección evidente en textos pulidos donde el equilibrio de la forma y el uso del vocablo exacto producen un lenguaje evocador y claro. A través de la escritura, el Inca, siempre entre dos culturas, supo darle sentido al pasado incaico y al presente colonial, enaltecer sus dos estirpes, honrar a la princesa Chimpu Ocllo y al capitán Garcilaso de la Vega.

Bibliografía mínima

Arrom, José Juan. "Hombre y mundo en dos cuentos del Inca Garcilaso". *Certidumbre de América*. Madrid: Gredos, 1971. 27–35.

Durand, José. *El Inca Garcilaso, clásico de América*. México: Sepsetentas, 1976.

Escobar, Alberto. "Lenguaje e historia en los *Comentarios Reales*". *Patio de Letras*. Caracas: Monte Avila, 1971. 7–44.

Lavalle, Bernard. "El Inca Garcilaso de la Vega". *Epoca colonial*. Coord. Luis Iñigo Madrigal. Madrid: Cátedra, 1982. Vol. 1 de *Historia de la literatura hispanoamericana*. 2 Vols. 1982–87. 135–43.

Miró Quesada, Aurelio. *El Inca Garcilaso y otros estudios garcilasistas*. Madrid: Instituto de Cultura Hispánica, 1971.

Porras Barrenechea, Raúl. *El Inca Garcilaso de la Vega, (1539–1616)*. Lima: Lumen, 1946.

Pupo-Walker, Enrique. *Historia, creación y profecía en los textos del Inca Garcilaso de la Vega*. Madrid: José Porrúa Turanzas, 1982.

Comentarios Reales de los Incas

PROEMIO AL LECTOR

Aunque ha habido españoles curiosos que han escrito las repúblicas del Nuevo Mundo, como la de México y la del Perú, y las de otros reinos de aquella gentilidad, no ha sido con la relación entera que de ellos se pudiera dar, que lo he notado particularmente en las cosas que del Perú he visto escritas,
5 de las cuales, como natural de la ciudad del Cuzco, que fue otra Roma en aquel imperio, tengo más larga y clara noticia que la que hasta ahora los escritores han dado. Verdad es que tocan muchas cosas de las muy grandes que aquella república tuvo; pero escríbenlas tan cortamente, que aun las muy notorias para mí (de la manera que las dicen) las entiendo mal. Por lo cual, for-
10 zado del amor natural a la patria, me ofrecí al trabajo de escribir estos Comentarios, donde clara y distintamente se verán las cosas que en aquella república había antes de los españoles, así en los ritos de su vana religión, como en el gobierno que en paz y en guerra sus reyes tuvieron, y todo lo demás que de aquellos indios se puede decir, desde lo más ínfimo del ejercicio
15 de los vasallos, hasta lo más alto de la corona real. Escribimos solamente del imperio de los Incas, sin entrar en otras monarquías, porque no tengo la noticia de ellas que de ésta. En el discurso de la historia protestamos la verdad de ella, y que no diremos cosa grande, que no sea autorizándola con los mismos historiadores españoles que la tocaron en parte o en todo; que mi intención
20 no es contradecirles, sino servirles de comento y glosa, y de intérprete en muchos vocablos indios, que como estranjeros en aquella lengua interpretaron fuera de la propiedad de ella, según que largamente se verá en el discurso

de la Historia, la cual ofrezco a la piedad del que la leyere, no con pretensión
de otro interés más que de servir a la república cristiana, para que se den gra-
25 cias a Nuestro Señor Jesucristo y a la Virgen María su Madre, por cuyos méritos e intercesión se dignó la Eterna Majestad sacar del abismo de la idolatría
tantas y tan grandes naciones, y reducirlas al gremio de su iglesia católica
romana, Madre y Señora nuestra. Espero que se recibirá con la misma intención que yo la ofrezco, porque es la correspondencia que mi voluntad me-
30 rece, aunque la obra no la merezca. Otros dos libros se quedan escribiendo
de los sucesos que entre los españoles en aquella mi tierra pasaron, hasta el
año de 1560 que yo salí de ella: deseamos verlos ya acabados, para hacer de
ellos la misma ofrenda que de éstos. Nuestro Señor, etc.

El origen de los Incas reyes del Perú.

[. . .] Después de haber dado muchas trazas,[1] y tomado muchos caminos
para entrar a dar cuenta del origen y principio de los Incas, reyes naturales
que fueron del Perú, me pareció que la mejor traza y el camino más fácil y
llano, era contar lo que en mis niñeces oí muchas veces a mi madre y a sus
5 hermanos y tíos, y a otros sus mayores, acerca de este origen y principio; porque todo lo que por otras vías se dice de él, viene a reducirse en lo mismo
que nosotros diremos, y será mejor que se sepa por las propias palabras que
los Incas lo cuentan, que no por las de otros estraños. Es así que residiendo
mi madre en el Cuzco, su patria, venían a visitarla casi cada semana los pocos
10 parientes y parientas que de las crueldades y tiranías de Atahualpa[2] (como en
su vida contaremos) escaparon; en las cuales visitas, siempre sus más ordinarias pláticas, eran tratar del origen de sus reyes, de la majestad de ellos, de la
grandeza de su imperio, de sus conquistas y hazañas, del gobierno que en paz
y en guerra tenían, de las leyes que tan en provecho y en favor de sus vasallos
15 ordenaban. En suma, no dejaban cosa de las prósperas que entre ellos hubiese
acaecido que no la trajesen a cuenta.

De las grandezas y prosperidades pasadas venían a las cosas presentes:
lloraban sus reyes muertos, enajenado su imperio, y acabada su república,
etc. Estas y otras semejantes pláticas tenían los Incas y Pallas[3] en sus visitas,
20 y con la memoria del bien perdido, siempre acababan su conversación en lágrimas y llanto, diciendo: trocósenos el reinar en vasallaje, etc. En estas pláticas yo como muchacho entraba y salía muchas veces donde ellos estaban, y
me holgaba de las oír, como huelgan los tales de oír fábulas. Pasando pues
días, meses y años, siendo ya yo de diez y seis o diez y siete años, acaeció que
25 estando mis parientes un día en esta su conversación hablando de sus reyes
y antiguallas,[4] al más anciano de ellos, que era el que daba cuenta de ellas, le

1. Medios.
2. Atahualpa: soberano Inca apresado y ejecutado (1533) por orden de Francisco Pizarro, conquistador del Perú.
3. Princesas reales.
4. Antigüedades.

dije: Inca, tío, pues no hay escritura entre vosotros, que es la que guarda la memoria de las cosas pasadas, ¿qué noticias tenéis del origen y principios de nuestros reyes? porque allá los españoles, y las otras naciones sus comar-
30 canas, como tienen historias divinas y humanas saben por ellas cuándo empe- zaron a reinar sus reyes y los ajenos, y el trocarse unos imperios en otros, hasta saber cuantos mil años ha que Dios crió el cielo y la tierra; que todo esto y mucho más saben por sus libros. Empero vosotros que carecéis de ellos, ¿qué memorias tenéis de vuestras antiguallas? ¿quién fue el primero de
35 vuestros Incas? ¿cómo se llamó? ¿qué origen tuvo su linaje? ¿de qué manera empezó a reinar? ¿con qué gente y armas conquistó este grande imperio? ¿qué origen tuvieron nuestras hazañas?

El Inca, como que holgándose de haber oído las preguntas, por gusto que recibía de dar cuenta de ellas, se volvió a mí (que ya otras muchas veces
40 lo había oído, mas ninguna con la atención que entonces) y me dijo: sobrino, yo te las diré de muy buena gana, a ti te conviene oírlas y guardarlas en el co- razón (es frase de ellos por decir en la memoria). Sabrás que en los siglos an- tiguos toda esta región de tierra que ves, eran unos grandes montes de breña- les, y las gentes en aquellos tiempos vivían como fieras y animales brutos, sin
45 religión ni policía,[5] sin pueblo ni casa, sin cultivar ni sembrar la tierra, sin vestir ni cubrir sus carnes, porque no sabían labrar algodón ni lana para hacer de vestir. Vivían de dos en dos, y de tres en tres, como acertaban a juntarse en las cuevas y resquicios de peñas y cavernas de la tierra: comían como bes- tias yerbas de campo y raíces de árboles, y la fruta inculta que ellos daban de
50 suyo, y carne humana. Cubrían sus carnes con hojas y cortezas de árboles, y pieles de animales; otros andaban en cueros. En suma vivían como venados y salvaginas,[6] aun en las mujeres se habían como los brutos, porque no supie- ron tenerlas propias y conocidas.[7]

Adviértase, porque no enfade el repetir tantas veces estas palabras
55 "Nuestro Padre el Sol", que era lenguaje de los Incas, y manera de veneración y acatamiento decirlas siempre que nombraban al sol, porque se preciaban de descender de él, y al que no era Inca, no le era lícito tomarlas en la boca, que fuera blasfemia, y lo apedrearan. Dijo el Inca: nuestro padre el sol, viendo los hombres tales, como te he dicho, se apiadó y hubo lástima de ellos, y envió
60 del cielo a la tierra un hijo y una hija de los suyos para que los doctrinasen en el conocimiento de nuestro padre el sol, para que lo adorasen y tuviesen por su dios, y para que les diesen preceptos y leyes en que viviesen como hombres en razón y urbanidad; para que habitasen en casas y pueblos pobla- dos, supiesen labrar las tierras, cultivar las plantas y mieses, criar los ganados
65 y gozar de ellos y de los frutos de la tierra como hombres racionales, y no como bestias. Con esta orden y mandato puso nuestro padre el sol estos dos

5. Leyes que rigen el orden público.   7. Se refiere a una edad prehistórica.
6. Animales montaraces.

hijos en la laguna Titicaca, que está ochenta leguas de aquí, y les dijo que fuesen por do quisiesen, y doquiera que parasen a comer o a dormir, procurasen hincar en el suelo una varilla de oro, de media vara de largo y dos dedos de
70 grueso, que les dio para señal y muestra que donde aquella barra se les hundiese, con un solo golpe que con ella diesen en tierra, allí quería el sol nuestro padre que parasen e hiciesen su asiento y corte. A lo último les dijo: cuando hayáis reducido esas gentes a nuestro servicio, los mantendréis en razón y justicia, con piedad, clemencia y mansedumbre haciendo en todo oficio
75 de padre piadoso para con sus hijos tiernos y amados, a imitación y semejanza mía, que a todo el mundo hago bien, que les doy mi luz y claridad para que vean y hagan sus haciendas, y las caliento cuando han frío, y crío sus pastos y sementeras; hago fructificar sus árboles y multiplico sus ganados; lluevo y sereno a sus tiempos, y tengo cuidado de dar una vuelta cada día al mundo
80 por ver las necesidades que en la tierra se ofrecen, para las proveer y socorrer, como sustentador y bienhechor de las gentes; quiero que vosotros imitéis este ejemplo como hijos míos, enviados a la tierra sólo para la doctrina y beneficio de esos hombres, que viven como bestias. Y desde luego os constituyo y nombro por reyes y señores de todas las gentes que así doctrináredes
85 con vuestras buenas razones, obras y gobierno. Habiendo declarado su voluntad nuestro padre el sol a sus dos hijos, los despidió de sí. Ellos salieron de Titicaca, y caminaron al Septentrión, y por todo el camino, doquiera que paraban, tentaban hincar la barra de oro y nunca se les hundió. Así entraron en una venta o dormitorio pequeño, que está siete o ocho leguas al Mediodía
90 de esta ciudad, que hoy llaman Pacarec Tampu, que quiere decir venta, o dormida, que amanece. Púsole este nombre el Inca, porque salió de aquella dormida al tiempo que amanecía. Es uno de los pueblos que este príncipe mandó poblar después, y sus moradores se jactan hoy grandemente del nombre, porque lo impuso nuestro Inca: de allí llegaron él y su mujer, nuestra reina, a este
95 valle del Cuzco, que entonces todo él estaba hecho montaña brava.

(Libro I, Capítulo XV)

Protestación del autor sobre la historia.

Ya que hemos puesto la primera piedra de nuestro edificio (aunque fabulosa) en el origen de los Incas, reyes del Perú, será razón pasemos adelante en la conquista y reducción de los indios, extendiendo algo más la relación sumaria que me dio aquel Inca, con la relación de otros muchos Incas e in-
5 dios, naturales de los pueblos que este primer Inca Manco Cápac mandó poblar, y redujo a su imperio, con los cuales me crié y comuniqué hasta los veinte años. En este tiempo tuve noticia de todo lo que vamos escribiendo, porque en mis niñeces me contaban sus historias, como se cuentan las fábulas a los niños. Después, en edad más crecida, me dieron larga noticia de sus
10 leyes y gobierno; cotejando[8] el nuevo gobierno de los españoles con el de los

---

8. Comparando.

Incas; dividiendo en particular los delitos y las penas, y el rigor de ellas: decíanme cómo procedían sus reyes en paz y en guerra, de qué manera trataban a sus vasallos, y cómo eran servidos de ellos. Además de esto, me contaban, como a propio hijo, toda su idolatría, sus ritos, ceremonias y sacrificios; sus
15 fiestas principales y no principales, y cómo las celebraban; decíanme sus abusos y supersticiones, sus agüeros malos y buenos, así los que miraban en sus sacrificios como fuera de ellos. En suma, digo que me dieron noticia de todo lo que tuvieron en su república, que si entonces lo escribiera, fuera más copiosa esta historia. Además de habérmelo dicho los indios, alcancé y ví por
20 mis ojos mucha parte de aquella idolatría, sus fiestas y supersticiones, que aún en mis tiempos, hasta los doce o trece años de mi edad, no se habían acabado del todo. Yo nací ocho años después que los españoles ganaron mi tierra, y como lo he dicho, me crié en ella hasta los veinte años, y así ví muchas cosas de las que hacían los indios en aquella su gentilidad, las cuales contaré,
25 diciendo que las ví. Sin la relación que mis parientes me dieron de las cosas dichas, y sin lo que yo ví, he habido otras muchas relaciones de las conquistas y hechos de aquellos reyes; porque luego que propuse escribir esta historia, escribí a los condiscípulos de escuela y gramática, encargándoles que cada uno me ayudase con la relación que pudiese haber de las particulares con-
30 quistas que los Incas hicieron de las provincias de sus madres; porque cada provincia tiene sus cuentas y nudos[9] con sus historias, anales y la tradición de ellas; y por esto retiene mejor lo que en ella pasó que lo que pasó en la ajena. Los condiscípulos, tomando de veras lo que les pedí, cada cual de ellos dio cuenta de mi intención a su madre y parientes; los cuales, sabiendo que
35 un indio, hijo de su tierra, quería escribir los sucesos de ella, sacaron de sus archivos las relaciones que tenían de sus historias, y me las enviaron; y así tuve la noticia de los hechos y conquistas de cada Inca, que es la misma que los historiadores españoles tuvieron, sino que ésta será más larga, como lo advertiremos en muchas partes de ella. Y porque todos los hechos de este pri-
40 mer Inca son principios y fundamento de la historia que hemos de escribir, nos valdrá mucho decirlos aquí, a lo menos los más importantes, porque no los repitamos adelante en las vidas y hechos de cada uno de los Incas sus descendientes; porque todos ellos generalmente, así los reyes como los no reyes, se preciaron de imitar en todo y por todo la condición, obras y costumbres
45 de este primer príncipe Manco Cápac; y dichas sus cosas, habremos dicho las de todos ellos. Iremos con atención de decir las hazañas más historiales, dejando otras muchas por impertinentes y prolijas, y aunque algunas cosas de las dichas, y otras que se dirán, parezcan fabulosas, me pareció no dejar de escribirlas, por no quitar los fundamentos sobre que los indios se fundan para
50 las cosas mayores y mejores que de su imperio cuentan; porque en fin de

9. Referencia a los *quipus,* el sistema de   contar y conservar registros.
hilos y nudos utilizado por los Incas para

estos principios fabulosos procedieron las grandezas que en realidad de verdad posee hoy España; por lo cual se me permitirá decir lo que conviniere para la mejor noticia que se pueda dar de los principios, medios y fines de aquella monarquía; que yo protesto decir llanamente la relación que mamé
55 en la leche, y la que después acá he habido, pedida a los propios míos, y prometo que la afición de ellos no sea parte para dejar de decir la verdad del hecho, sin quitar de lo malo ni añadir a lo bueno que tuvieron; que bien sé que la gentilidad es un mar de errores, y no escribiré novedades que no se hayan oído, sino las mismas cosas que los historiadores españoles han escrito de
60 aquella tierra, y de los reyes de ella, y alegaré las mismas palabras de ellos donde conviniere, para que se vea que no finjo ficciones en favor de mis parientes, sino que digo lo mismo que los españoles dijeron; sólo serviré de comento para declarar y ampliar muchas cosas que ellos asomaron a decir, y las dejaron imperfectas, por haberles faltado relación entera. Otras muchas se
65 añadirán que faltan de sus historias, y pasaron en hecho de verdad, y algunas se quitarán, que sobran, por falsa relación que tuvieron, por no saberla pedir el español con distinción de tiempos y edades, y division de provincias y naciones, o por no entender al indio que se la daba, o por no entender el uno al otro, por la dificultad del lenguaje; que el español que piensa que sabe más
70 de él, ignora de diez partes las nueve, por las muchas cosas que un mismo vocablo significa, y por las diferentes pronunciaciones que una misma dicción tiene para muy diferentes significaciones, como se verá adelante en algunos vocablos que será forzoso traerlos a cuenta.

Además de esto, en todo lo que de esta república, antes destruida que
75 conocida, dijere, será contando llanamente lo que en su antigüedad tuvo de su idolatría, ritos, sacrificios y ceremonias, y en su gobierno, leyes y costumbres, en paz y en guerra, sin comparar cosa alguna de éstas a otras semejantes que en las historias divinas y humanas se hallan, ni al gobierno de nuestros tiempos, porque toda comparación es odiosa. El que las leyere podrá cotejar-
80 las a su gusto, que muchas hallará semejantes a las antiguas, así de la Santa Escritura, como de las profanas y fábulas de la gentilidad antigua: muchas leyes y costumbres verá que [se] parecen a las de nuestro siglo; otras muchas oirá en todo contrarias: de mi parte he hecho lo que he podido, no habiendo podido lo que he deseado. Al discreto lector suplico reciba mi ánimo, que es de
85 darle gusto y contento, aunque [ni] las fuerzas, ni la habilidad de un indio, nacido entre los indios, criado entre armas y caballos pueden llegar allá.

(Libro I, Capítulo XIX)

Preguntas

1. ¿En el "Proemio al lector" por qué compara Garcilaso a Roma y el Cuzco?

2. ¿Cuáles son las fuentes empleadas por el Inca para fundamentar su relato?

3. Según Garcilaso, ¿por qué se han equivocado otros autores al escribir sobre los Incas y la conquista del Perú?

4. ¿Por qué cree Ud. que Garcilaso insiste, tanto en ésta como en otras obras suyas, en declarar su origen indio? ¿Qué le da autoridad para escribir?

5. ¿A qué se refiere el autor cuando comenta: "esta república, antes destruida que conocida"? ¿Qué tipo de recurso retórico emplea el autor cuando se dirige al lector al final de la selección ofrecida?

JUAN DEL VALLE CAVIEDES

(c. 1645, Porcuna, España–c. 1697, Lima, Perú)

_____

_____

_____

_____

_____

_____

Por el testamento (1683) de Juan del Valle Caviedes se sabe con certeza que el poeta nació en Porcuna, pasó a Lima cuando era pequeño y allí contrajo matrimonio en 1671. Otros documentos han confirmado que, para la década de 1660, Caviedes trabajaba en un establecimiento minero del Perú. En un romance dedicado a la mexicana sor Juana Inés de la Cruz, menciona haberse criado "entre peñas de minas"; y, en la misma composición, el poeta hace alarde de su formación autodidacta.

Los escritos de Caviedes están constituidos por más de 265 poemas y tres piezas dramáticas. Su obra más conocida es *Diente del Parnaso,* título que aparece en tres de los manuscritos que recogen las composiciones del poeta. Como criticó en sus versos a famosos personajes coloniales utilizando un lenguaje vulgar, los poemas del peruano circularon mayormente en forma manuscrita. Las diferentes versiones han dificultado el establecimiento de textos fidedignos ya que en vida suya sólo se imprimieron tres de sus poemas. Hasta hoy no se ha hallado un manuscrito con la firma del autor.

Las composiciones más conocidas de Caviedes son las satíricas. Mediante ellas se propone divertir a sus lectores pero también criticar a la sociedad peruana. Aunque son famosos sus denuestos contra los médicos, aquí también el poeta condena a los clérigos, las mujeres de mal vivir, los abogados y los sastres. Siguiendo la estética barroca y más específicamente la corriente conceptista representada por Quevedo, hace hincapié en lo feo, lo grotesco, lo escatológico y lo inmoral para ridiculizar a sus enemigos.

En cuanto a sus ataques a la profesión médica en general y a varios médicos en particular, es bueno recordar que se enmarcan en una tradición que arranca con poetas latinos como Marcial y Juvenal. Pero Caviedes parece haber escogido el tema por motivos personales, más que literarios. Su arma principal contra los médicos es el humor. Se vale del sarcasmo, la ironía, la antítesis[*], la hipérbole[*], de comparaciones y retruécanos[*] para atacar a los representantes de la odiada profesión en puntos muy vulnerables.

Caviedes imita la manera de hablar de los indios y se vale de un lenguaje con giros populares. A través de él desmitifica a la sociedad colonial y expone sus virtudes y sus vicios. Tal lenguaje relaciona nuevamente la obra de Caviedes con una tradición centrada en el juego lingüístico y la parodia literaria vinculada al conceptismo barroco. Pero sería injusto hacer hincapié solamente en la vena satírica de su obra, pues también escribió Caviedes poesía amorosa, religiosa y de temática variada. Muchos poemas amorosos están dirigidos a Lisi, Filis y Catalina, nombres que ocultan el verdadero. Estas composiciones son refinadas y exquisitas; en ellas abundan las escenas bucólicas así como los sentidos lamentos del amante desdichado. La poesía religiosa suya es de corte tradicional y se ocupa de temas bastante conocidos como la Ascensión, la Crucifixión, la Inmaculada Concepción o el culto a Cristo, a la Virgen y a los santos.

El peruano escribió tres piezas dramáticas—dos bailes y un entremés[*]— descubiertas y publicadas en nuestro siglo. Las tres tienen mucho en común en cuanto a tema, estructura y movimiento escénico. El personaje principal es el Amor (aparece como Cupido, un alcalde o un médico) a quien los otros personajes le piden consejos. No se sabe si estas obras fueron puestas en escena en vida del poeta.

Dentro de la variada producción literaria de Caviedes sobresalen los poemas satíricos. Ellos retoman la veta popular ya anunciada por anónimos romances de la conquista. Aunque esta tendencia a lo popular, y al señalamiento de lo feo y lo grotesco fue nutrida por la estética barroca, en Caviedes, el uso del humor, la burla, el chiste y lo escatológico, se revisten de un carácter propio debido al genio criollo del autor.

Bibliografía mínima

Bellini, Giuseppe. "Actualidad de Juan del Valle y Caviedes". *Caravelle* 7 (1966): 153–64.

Johnson, G. Julie. "Three Dramatic Works by Juan del Valle y Caviedes". *Hispanic Journal* 3 (1982): 59–71.

Kolb, Glen L. *Juan del Valle y Caviedes. A Study of the Life, Times and Poetry of a Spanish Colonial Satirist.* New London, Conn.: Connecticut College, 1959.

Reedy, Daniel R. *The Poetic Art of Juan del Valle Caviedes.* Chapel Hill, N. C.: U of North Carolina P, 1964.

———. "Signs and Symbols of Doctors in the *Diente del Parnaso*". *Hispania* 47 (1964): 705–10.

———. "Prólogo". *Obras completas.* De Juan del Valle y Caviedes. Ed. Daniel R. Reedy. Caracas: Biblioteca Ayacucho, 1984. ix–xlv.

DIENTE DEL PARNASO

Coloquio que tuvo con la muerte un médico estando enfermo de riesgo[1]

El mundo todo es testigo,
muerte de mi corazón,
que no has tenido razón
de estrellarte así conmigo.
5 Repara que soy tu amigo
y que de tus tiros tuertos
en mí tienes los aciertos;
excúsame la partida,
que por cada mes de vida
10 te daré treinta y un muertos.

Muerte, si los labradores
dejan siempre qué sembrar
¿cómo quieres agotar
la semilla de doctores?
15 Frutas te damos mayores,
pues, con purgas y con untos,
damos a tu hoz asuntos
para que llenes los trojes,
y por cada doctor coges
20 diez fanegas de difuntos.

No seas desconocida
ni conmigo uses rigores,
pues la muerte sin doctores
no es muerte, que es media vida.
25 Pobre, ociosa y destruida
quedarás en esta suerte,
sin quien tu aljaba[2] concierte,
siendo en tan grande mancilla
una pobre muertecilla,
30 o muerte de mala muerte.

Muerte sin médico es llano,
que será, por lo que infiero,
mosquete sin mosquetero,
espada o lanza sin mano.
35 Temor te tendrán en vano,
porque aunque la muerte sea,
tal que todo cuanto vea,
se lo lleve por delante,
que a nadie mata es constante
40 si el doctor no la menea.

Muerte injusta, a mí también
me tiras por la tetilla,
mas ya sé no es maravilla
pagar mal el servir bien.
45 Por Galeno[3] juro, a quien
venero, que si el rigor
no conviertes en amor,
mudándome de repente,
y muero de este accidente,
50 que no he de ser más doctor.

Mira que en estos afanes,
si así a los médicos tratas,
que han de andar después a gatas
los curas y sacristanes.
55 Porque soles ni desmanes,[4]
la suegra y suegro peor,
fruta y nieve sin licor,
bala, estocada, ni canto,
no matan al año tanto
60 como el médico mejor. [. . .]

---

1. Composición escrita en décimas o espinelas.
2. Caja para llevar flechas u otras armas.

3. Galeno (131–201): célebre médico de la antigüedad griega.
4. Asoleos y excesos.

Privilegios del pobre[5]

El pobre es tonto, si calla,
y si habla es majadero;
si sabe, es sólo hablador,
y si afable, es embustero.

5   Si es cortés, entremetido,
cuando no sufre, soberbio;
cobarde, cuando es humilde,
y loco cuando es resuelto.

Si es valiente, es temerario,
10 presumido, si discreto;

adulador, si obedece;
y si se excusa, grosero.

Si pretende, es atrevido,
si merece, es sin aprecio;
15 su nobleza es nada vista,
y su gala sin aseo.

Si trabaja, es codicioso,
y, por el contrario extremo,
un perdido, si descansa.
20 ¡Miren que buen privilegio!

Para labrarse fortuna en los palacios[6]

Para hallar en palacio estimaciones
se ha de tener un poco de embustero,
poco y medio de infame lisonjero.[7]
y dos pocos cabales de bufones,

5   tres pocos y un poquito de soplones
y cuatros de alcahuete recaudero,[8]
cinco pocos y un mucho de parlero,
las obras censurando y las acciones.

Será un amén continuo a cuanto hablare
10 al señor, o al virrey a quien sirviere;
y cuando más el tal disparatare,

aplaudir con más fuerza se requiere;
y si con esta ganga continuare,
en palacio tendrá cuanto quisiere.

---

5. Romance con rima asonante en e- o en los
versos pares.
6. Soneto de estilo clásico.

7. Adulador.
8. La persona que cobra.

A una dama en un baño[9]

El cristal de una fuente, Anarda bella,
en sus ondas, bañándose, aumentaba,
al paso mismo que también lavaba
sus corrientes, por ser más blanca ella.

5   Roca de plata o condensada pella[10]
de nieve, entre las aguas se ostentaba,
con tal candor que al hielo deslustraba
y el cielo se paró sólo por vella.

Venus, que de la espuma fue congelo,
10 viendo beldad en ella más hermosa,
su hermosura envidiando, desde el cielo,

bajó a la fuente, a competirla airosa.
Adonis[11] llegó en esto y con anhelo
despreció por Anarda allí a la Diosa.[12]

Preguntas

1. ¿Cómo maneja Caviedes la ironía en su "Coloquio . . ."?
2. ¿Qué ejemplos de antítesis encontramos en "Privilegios"?
3. ¿Qué critica Caviedes en "Para labrarse . . ."?
4. En "A una dama en un baño", analice la descripción de Anarda e indique qué motivos comparte con otros poemas líricos del Renacimiento.
5. Identifique y exponga dos conceptos desarrollados por Caviedes en los poemas estudiados.

9. Soneto clásico.
10. Masa apretada de forma redonda.
11. Adonis: divinidad de origen fenicio; su nombre es sinónimo de belleza. Fue tan hermoso que la diosa Venus se enamoró de él.
12. Se refiere a Venus, diosa de la belleza y el amor nacida entre la espuma del mar.

SOR JUANA INES DE LA CRUZ

(1651, San Miguel de Neplanta, México–1695, Ciudad de México)

Una de las figuras más sobresalientes de la literatura hispanoamericana es la de sor Juana Inés de la Cruz, hija natural de un militar español y de una criolla mexicana. Por la *Respuesta a sor Filotea de la Cruz* (1691), documento autobiográfico donde sor Juana defiende su derecho y el de las mujeres a estudiar, sabemos que la precoz niña aprendió a leer a muy temprana edad. Cuando tenía alrededor de ocho años fue enviada a la capital, a cargo de unos parientes en cuya casa comenzó a "deprender gramática", o sea, a estudiar latín. La fama de Juana de Asbaje pronto llegó a la corte virreinal y allí la llevaron los virreyes de Nueva España (México), los Marqueses de Mancera (1666–73). La virreina aparecerá después en los poemas de la monja con el seudónimo de Laura.

A pesar de su éxito en la Corte, sor Juana decidió hacerse monja. Ingresó primero al aristocrático convento de las Carmelitas para abandonarlo tres meses más tarde. Finalmente, el 24 de febrero de 1669, profesó en el convento de San Jerónimo. Desde su celda y con el nombre de sor Juana Inés de la Cruz, inició un diálogo intelectual con sobresalientes figuras de la época entre las cuales se destaca su amigo y compatriota, el erudito escritor y científico Carlos de Sigüenza y Góngora.

Su simpatía e inteligencia le ganaron a sor Juana el afecto de los virreyes Marqueses de la Laguna (1680–86), y especialmente de la virreina quien aparecerá en muchos poemas de la monja con el nombre de Fili, Lisi o Lísida. Gracias al esfuerzo de la nueva virreina, apareció en Madrid la primera edición de una parte de los escritos de la mexicana, *Inundación castálida* (1689).

La obra de sor Juana alcanzó gran difusión en vida de la autora y llegó a conocerse tanto en España como en otras partes de Hispanoamérica. Recordemos, por ejemplo, el poema que le dedicó el peruano Juan del Valle Caviedes. Con todo, sor Juana tuvo que defender incesantemente su vocación intelectual en una sociedad donde ésta se veía como patrimonio exclusivo de los varones. Había escrito la llamada *Carta Atenagórica,* documento de gran repercusión donde critica un sermón del jesuita portugués Antonio de Vieyra (1608–97) pronunciado en Lisboa décadas antes. La *Carta Atenagórica,* así llamada por considerarse digna de Atenas o Minerva, diosa de la sabiduría, fue escrita a instancias del arzobispo de Puebla, Manuel Fernández de Santa Cruz. Probablemente después de su aparición aumentaron las críticas y la envidia contra sor Juana. Más tarde, en una carta firmada con el seudónimo de "Sor Filotea de la Cruz", su amigo y protector, el arzobispo de Puebla, la instó a ocuparse de la salvación de su alma y a abandonar los menesteres profanos. Ambas epístolas se publicaron en 1690.

Poco después sor Juana se deshizo de su biblioteca y de sus instrumentos musicales. ¿Lo hizo por voluntad propia o porque cedió a presiones eclesiásticas? ¿Representa este cambio el triunfo de la Iglesia sobre su vocación intelectual? Hasta hoy los estudiosos de la vida y obra de sor Juana buscan respuestas satisfactorias a estas preguntas. La Décima Musa, como la llamaron sus contemporáneos, murió víctima de la peste que asoló a México en 1695. Sin lugar a dudas, las constantes de su vida fueron el amor al saber y una inclaudicable convicción del derecho de las mujeres a hacer estudios.

Sor Juana cultivó diversos géneros literarios. Sus maestros predilectos fueron los escritores españoles Lope de Vega, Quevedo, Góngora, Calderón de la Barca, Gracián, Trillo y Figueroa, Salazar y Torres. Pero la abundante obra de la monja no es simple copia de modelos peninsulares. Los escritos de la mexicana, siempre dentro de las corrientes culteranas y conceptistas del barroco, son innovadores porque ellos muestran gran profundidad intelectual así como el frescor de una pasión contradictoriamente desbordante y contenida. En su obra el estilo se encauza mediante recursos conceptistas y por eso abundan los paralelismos[*], las antítesis, los juegos de palabras y el énfasis en lo ingenioso.

Dentro de la poesía de sor Juana hallamos gran variedad de metros y temas. Tuvo suma facilidad para la versificación como bien lo demuestran sus romances, endechas[*], liras[*], redondillas[*] y sonetos. En sus poemas elabora importantes motivos barrocos: el desengaño, la brevedad de la vida, los encontrados sentimientos provocados por el amor, lo efímero de lo material, el engaño de los sentidos. Se vale de los recursos expresivos del barroco (hipérbaton[*], cultismos, perífrasis*) para dejarnos una poesía marcada por lo intelectual. Como sus maestros peninsulares, sor Juana incluye héroes y dioses de la literatura greco-latina en sus versos. Prefiere las figuras históricas o mitológicas distinguidas por su saber; frecuentemente la monja aparece en diálogo con el Entendimiento o la Sabiduría.

Entre los escritos de sor Juana sobresalen los villancicos* cantados en diversas iglesias para celebrar fiestas religiosas. Ellos tienen un toque popular ya sea afromexicano, mestizo, indio o criollo que les da la nota exótica, tan gustada por los escritores barrocos. De sus autos sacramentales* es notable *El divino Narciso* (1690) por los pasajes de inspiración bíblica. En el teatro secular sobresale su comedia de enredos, *Los empeños de una casa* (c. 1683). Con todo, el aporte más importante de sor Juana es el *Primero Sueño* (1692), silva de 975 versos. *El sueño,* tal y como lo llamó la monja en la *Respuesta,* es una de las más notables creaciones poéticas del siglo XVII. Allí el alma se propone llegar al conocimiento total del universo; pero fracasa pues se da cuenta de las limitaciones del intelecto y de la imposibilidad de comprender el universo en su totalidad. La autora acepta esta derrota a la vez que destaca la importancia de seguir adelante, de atreverse a aceptar el reto aun a riesgo de caer. No debe sorprender entonces que Faetón, el hijo del Sol o Apolo quien al conducir el carro de su padre se acercó tanto a la tierra que el dios se vio obligado a destruirlo antes que ésta se incendiara, sea uno de sus personajes favoritos. Sor Juana se vale de este héroe mitológico para subrayar la importancia de comenzar la tarea, aun consciente de su fracaso eventual. Ciertamente la biografía y los escritos de la monja mexicana encarnan el desafío ejemplificado por el hijo de Apolo.

Bibliografía mínima

Flynn, Gerard C. *Sor Juana Inés de la Cruz*. New York: Twayne, 1971.

Chang-Rodríguez, Raquel. "Relectura de *Los empeños de una casa*". *Revista Iberoamericana* 44 (1978): 409–19.

Johnson, Julie G. *Women in Colonial Spanish American Literature. Literary Images*. Westport, Conn.: Greenwood, 1983.

Leonard, Irving A. "A Baroque Poetess". *Baroque Times in Old Mexico*. Ann Arbor: U. of Michigan P, 1958. 172–92.

Paz, Octavio. *Sor Juana Inés de la Cruz o las trampas de la fe*. México: Fondo de Cultura Económica, 1982.

Sabat de Rivers, Georgina. "Sor Juana Inés de la Cruz". *Epoca colonial*. Coord. Luis Iñigo Madrigal. Madrid: Cátedra, 1982. Vol. 1 de *Historia de la literatura hispanoamericana*. 2 Vols. 1982–87. 275–93.

Respuesta de la poetisa a la muy ilustre Sor Filotea de la Cruz

[Sor Juana le explica a su amigo, el arzobispo de Puebla, que le ha escrito una carta con el seudónimo Sor Filotea de la Cruz, la pasión por aprender, por escribir, que siente desde la niñez.]

[. . .] El escribir nunca ha sido dictamen propio, sino fuerza ajena; que les pudiera decir con verdad: *Vos me coegistis.*[1] Lo que sí es verdad que no negaré (lo uno porque es notorio a todos, y lo otro, porque, aunque sea contra mí, me ha hecho Dios la merced de darme grandísimo amor a la verdad)
5 que desde que me rayó la primera luz de la razón, fue tan vehemente y poderosa la inclinación a las letras, que ni ajenas reprehensiones—que he tenido muchas—, ni propias reflejas—que he hecho no pocas—, han bastado a que deje de seguir este natural impulso que Dios puso en mí: Su Majestad sabe por qué y para qué; y sabe que le he pedido que apague la luz de mi entendi-
10 miento dejando sólo lo que baste para guardar su Ley, pues lo demás sobra, según algunos, en una mujer; y aun hay quien diga que daña. Sabe también Su Majestad que no consiguiendo esto, he intentado sepultar con mi nombre mi entendimiento, y sacrificársele sólo a quien me lo dio; y que no otro motivo me entró en Religión, no obstante que al desembarazo y quietud que pedía
15 mi estudiosa intención eran repugnantes los ejercicios y compañía de una comunidad; y después, en ella, sabe el Señor, y lo sabe en el mundo quien sólo lo debió saber, lo que intenté en orden a esconder mi nombre, y que no me lo permitió, diciendo que era tentación; y sí sería. Si yo pudiera pagaros algo de lo que os debo, Señora mía, creo que sólo os pagara en contaros esto, pues
20 no ha salido de mi boca jamás, excepto para quien debió salir. Pero quiero que con haberos franqueado de par en par las puertas de mi corazón, haciéndoos patentes sus más sellados secretos, conozcáis que no desdice de mi confianza lo que debo a vuestra venerable persona y excesivos favores.

Prosiguiendo en la narración de mi inclinación, de que os quiero dar
25 entera noticia, digo que no había cumplido los tres años de mi edad cuando enviando mi madre a una hermana mía, mayor que yo, a que se enseñase a leer en una de las que llaman *Amigas,*[2] me llevó a mí tras ella el cariño y la travesura; y viendo que le daban lección, me encendí yo de manera en el deseo de saber leer, que engañando, a mi parecer, a la maestra, le dije *que mi*
30 *madre ordenaba me diese lección.* Ella no lo creyó, porque no era creíble; pero, por complacer al donaire, me la dio. Proseguí yo en ir y ella prosiguió en enseñarme, ya no de burlas, porque la desengañó la experiencia; y supe leer en tan breve tiempo, que ya sabía cuando lo supo mi madre, a quien la maestra lo ocultó por darle el gusto por entero y recibir el galardón por

---

1. "Vosotros me obligasteis" (II, Corintios, xii, 11).

2. Amiga: escuela donde las niñas aprendían lectura, escritura, aritmética y labores.

35 junto; y yo lo callé, creyendo que me azotarían por haberlo hecho sin orden.
Aún vive la que me enseñó (Dios la guarde) y puede testificarlo.

Acuérdome que en estos tiempos, siendo mi golosina la que es ordinaria en aquella edad, me abstenía de comer *queso,* porque oí decir que hacía
rudos, ³ y podía conmigo más el deseo de saber que el de comer, siendo éste
40 tan poderoso en los niños. Teniendo yo después como seis o siete años, y sabiendo ya leer y escribir, con todas las otras habilidades de labores y costura
que deprenden⁴ las mujeres, oí decir que había Universidad y Escuelas en que
se estudiaban las ciencias, en México; y apenas lo oí cuando empecé a matar
a mi madre con instantes e importunos ruegos sobre que, mudándome el
45 traje, me enviase a México, en casa de unos deudos que tenía, para estudiar
y cursar la Universidad; ella no lo quiso hacer, e hizo muy bien, pero yo despi-
qué⁵ el deseo en leer muchos libros varios que tenía mi abuelo, sin que bastasen castigos ni reprensiones a estorbarlo; de manera que cuando vine a México, se admiraban, no tanto del ingenio, cuanto de la memoria y noticias que
50 tenía en edad que parecía que apenas había tenido tiempo para aprender a
hablar.

Empecé a deprender gramática⁶, en que creo no llegaron a veinte las
lecciones que tomé; y era tan intenso mi cuidado, que siendo así que en las
mujeres—y más en tan florida juventud, era tan apreciable el adorno natural
55 del cabello, yo me cortaba de él cuatro o seis dedos, midiendo hasta dónde
llegaba antes, e imponiéndome ley de que si cuando volviese a crecer hasta
allí no sabía tal o tal cosa, que me había propuesto deprender ⁷ en tanto que
crecía me lo había de volver a cortar en pena de la rudeza.⁸ Sucedía así que
él crecía y yo no sabía lo propuesto, porque el pelo crecía aprisa, y yo
60 aprendía despacio, y con efecto lo cortaba en pena de la rudeza⁹ que no me
parecía razón que estuviese vestida de cabellos cabeza que estaba tan desnuda de noticias, que era más apetecible adorno. Entréme religiosa, porque
aunque conocía que tenía el estado cosas (de las accesorias hablo, no de las
formales), muchas repugnantes a mi genio, con todo, para la total negación
65 que tenía al matrimonio, era lo menos desproporcionado y lo más decente
que podía elegir, en materia de la seguridad que deseaba de mi salvación; a
cuyo primer respeto (como al fin más importante) cedieron y sujetaron la
cerviz todas las impertinencillas de mi genio, que eran de querer vivir sola;
de no querer tener ocupación obligatoria que embarazase la libertad de mi
70 estudio, ni rumor de comunidad que impidiese el sosegado silencio de mis libros. Esto me hizo vacilar algo en la determinación, hasta que alumbrándome
personas doctas de que era tentación, la vencí con el favor divino, y tomé el
estado que tan indignamente tengo. Pensé yo que huía de mí misma; pero ¡mi-

---

3. Entorpecía, embrutecía.
4. Aprenden.
5. Satisfice.
6. Aprender latín.

7. Aprender.
8. Ver nota #3.
9. Ver nota #3.

75 serable de mí! trájeme a mí conmigo y traje mi mayor enemigo en esta inclinación, que no sé determinar si por prenda o castigo me dio el Cielo, pues de apagarse o embarazarse con tanto ejercicio que la religión tiene, reventaba como pólvora, y se verificaba en mí el *privatio est causa appetitus.*[10]

80 Volví (mal dije, pues nunca cesé): proseguí, digo, a la estudiosa tarea (que para mí era descanso en todos los ratos que sobraban a mi obligación) de leer y más leer, de estudiar y más estudiar, sin más maestro que los mismos libros. Ya se ve cuán duro es estudiar en aquellos caracteres sin alma, careciendo de la voz viva y explicación del maestro; pues todo este trabajo sufría yo muy gustosa, por amor de las letras. ¡Oh, si hubiese sido por amor de Dios,
85 que era lo acertado, cuánto hubiera merecido! Bien que yo procuraba elevarlo cuanto podía y dirigirlo a su servicio, porque el fin a que aspiraba era a estudiar Teología[11] pareciéndome menguada inhabilidad, siendo católica, no saber todo lo que en esta vida se puede alcanzar, por medios naturales, de los divinos misterios; y que siendo monja y no seglar, debía, por el estado
90 eclesiástico, profesar letras; y más siendo hija de un San Jerónimo,[12] y de una Santa Paula,[13] que era degenerar de tan doctos padres ser idiota la hija. Esto me proponía yo de mí misma y me parecía razón; si no es que era (y eso es lo más cierto) lisonjear y aplaudir a mi propia inclinación, proponiéndole como obligatorio su propio gusto.

(1691)

Redondillas[14]

I

Hombres necios que acusáis
a la mujer sin razón,
sin ver que sois la ocasión
de lo mismo que culpáis;

5 si con ansia sin igual
solicitáis su desdén,
¿por qué queréis que obren bien,
si las incitáis al mal?

10. "La privación es causa de apetito".
11. Teología: se consideraba que esta ciencia era la reina de las diversas ramas del saber.
12. San Jerónimo: padre y doctor de la Iglesia (¿347?–420). Tradujo la Biblia al latín en la versión llamada *Vulgata.* El convento donde profesó sor Juana era de la Orden de San Jerónimo y por eso ella se considera hija espiritual del Santo.

13. Santa Paula: discípula de San Jerónimo. Sor Juana profesó en el Monasterio de Santa Paula de la Orden de San Jerónimo.
14. Redondilla: estrofa de cuatro versos de ocho sílabas (octosílabos) de rima consonante (abba). Sor Juana no le dio título a ninguno de sus poemas, excepto *El sueño,* y por eso hoy día se les conoce por el primer verso.

Combatís su resistencia
10 y luego, con gravedad,
decís que fue liviandad
lo que hizo la diligencia.

Parecer quiere el denuedo
de vuestro parecer loco,
15 al niño que pone el coco
y luego le tiene miedo.

Queréis, con presunción necia,
hallar a la que buscáis,
para pretendida, Thais,[15]
20 y en la posesión, Lucrecia,[16]

¿Qué humor puede ser más raro
que el que, falto de consejo,
él mismo empaña el espejo,
y siente que no esté claro?

25 Con el favor y el desdén
tenéis condición igual,
quejándoos, si os tratan mal,
burlándoos, si os quieren bien.

Opinión, ninguna gana;
30 pues la que más se recata,
si no os admite, es ingrata,
y si os admite, es liviana.

Siempre tan necios andáis
que, con desigual nivel,
35 a una culpáis por crüel
y a otra por fácil culpáis.

¿Pues cómo ha de estar templada
la que vuestro amor pretende,
si la que es ingrata, ofende,
40 y la que es fácil, enfada?

Mas, entre el enfado y pena
que vuestro gusto refiere,
bien haya la que no os quiere
y quejaos en hora buena.

45 Dan vuestras amantes penas
a sus libertades alas,
y después de hacerlas malas
las queréis hallar muy buenas.

¿Cuál mayor culpa ha tenido
50 en una pasión errada:
la que cae de rogada,
o el que ruega de caído?

¿O cuál es más de culpar,
aunque cualquiera mal haga:
55 la que peca por la paga,
o el que paga por pecar?

Pues, ¿para qué os espantáis
de la culpa que tenéis?
Queredlas cual las hacéis
60 o hacedlas cual las buscáis.

Dejad de solicitar,
y después, con más razón,
acusaréis la afición
de la que os fuere a rogar.

65 Bien con muchas armas fundo
que lidia vuestra arrogancia,
pues en promesa e instancia
juntáis diablo, carne y mundo.[17]

II

Este amoroso tormento
que en mi corazón se ve,
sé que lo siento y no sé
la causa por que lo siento.

---

15. Thais: o Tais, cortesana griega del siglo IV a. de J.C., amante de Alejandro Magno y su acompañante en el viaje que éste hizo al Asia.
16. Lucrecia: esposa de Tarquino Colatino que, violada por el hijo del rey de Roma, se suicidó avergonzada. El ofendido esposo se convirtió·en líder de la rebelión que dio fin a la monarquía romana.
17. Diablo, carne y mundo: los tres enemigos del alma según la doctrina católica.

5   Siento una grave agonía
       por lograr un devaneo
       que empieza como deseo
       y para en melancolía.

       Y cuando con más terneza
10   mi infeliz estado lloro
       sé que estoy triste e ignoro
       la causa de mi tristeza.

       Siento un anhelo tirano
       por la ocasión a que aspiro
15   y cuando cerca la miro
       yo misma aparto la mano.

       Porque, si acaso se ofrece,
       después de tanto desvelo,
       la desazona el recelo
20   o el susto la desvanece.

       Y si alguna vez sin susto
       consigo tal posesión,
       cualquiera leve ocasión
       me malogra todo el gusto.

25   Siento mal del mismo bien
       con receloso temor,
       y me obliga el mismo amor
       tal vez a mostrar desdén.

       Cualquier leve ocasión labra
30   en mi pecho, de manera,
       que el que imposibles venciera
       se irrita de una palabra.

       Con poca causa ofendida
       suelo, en mitad de mi amor,
35   negar un leve favor
       a quien le diera la vida.

       Ya sufrida, ya irritada,
       con contrarias penas lucho:
       que por él sufriré mucho,
40   y con él sufriré nada.

       No sé en qué lógica cabe
       el que tal cuestión se pruebe:
       que por él lo grave es leve,
       y con él lo leve es grave.

45   Sin bastantes fundamentos
       forman mis tristes cuidados,
       de conceptos engañados,
       un monte de sentimientos.

       Y en aquel fiero conjunto
50   hallo, cuando se derriba,
       que aquella máquina altiva
       sólo estribaba en un punto.

       Tal vez el dolor me engaña
       y presumo, sin razón,
55   que no habrá satisfacción
       que pueda templar mi saña;

       y cuando a averiguar llego
       el agravio porque riño
       es como espanto de niño
60   que para en burlas y juego.

       Y aunque el desengaño toco,
       con la misma pena lucho,
       de ver que padezco mucho
       padeciendo por tan poco.
65
       A vengarse se abalanza
       tal vez el alma ofendida;
       y después, arrenpentida,
       toma de mí otra venganza.

       Y si al desdén satisfago,
70   es con tan ambiguo error,
       que yo pienso que es rigor
       y se remata en halago.

       Hasta el labio desatento
       suele, equívoco, tal vez,
75   por usar de la altivez
       encontrar el rendimiento.

       Cuando por soñada culpa
       con más enojo me incito,
       yo le acrimino el delito
80   y le busco la disculpa.

       No huyo el mal, ni busco el bien:
       porque en mi confuso error,
       ni me asegura el amor
       ni me despecha el desdén.

85 En mi ciego devaneo,
    bien hallada con mi engaño,
    solicito el desengaño
    y no encontrarlo deseo.

    Si alguno mis quejas oye
90 más a decirlas me obliga,
    porque me las contradiga,
    que no porque las apoye.

    Porque si con la pasión
    algo contra mi amor digo,
95 es mi mayor enemigo
    quien me concede razón.

    Y si acaso en mi provecho
    hallo la razón propicia,
    me embaraza la injusticia
100 y ando cediendo el derecho.

    Nunca hallo gusto cumplido,
    porque entre alivio y dolor,
    hallo culpa en el amor
    y disculpa en el olvido.

105 Esto de mi pena dura
    es algo de dolor fiero;
    y mucho más no refiero
    porque pasa de locura.

    Si acaso me contradigo
110 en este confuso error,
    aquél que tuviere amor
    entenderá lo que digo.

Sonetos[18]

I

    Este que ves, engaño colorido,[19]
    que del arte ostentando los primores,
    con falsos silogismos de colores
    es cauteloso engaño del sentido;

5   éste, en quien la lisonja ha pretendido
    excusar de los años los horrores,
    y venciendo del tiempo los rigores
    triunfar de la vejez y del olvido,

    es un vano artificio del cuidado,
10 es una flor al viento delicada,
    es un resguardo inútil para el hado:

---

18. Sonetos: el tradicional se compone de catorce versos de rima aconsonantada distribuidos en dos cuartetos y dos tercetos casi
siempre con versos de once sílabas (endecasílabos). Hay otras variaciones. La primera
composición de sor Juana fechada con cer-

teza (1666) fue un soneto. Los críticos coinciden en que la escritora dio lo mejor de su
obra en este tipo de poemas.
19. Aquí sor Juana presenta dos temas favoritos del barroco: el engaño de los sentidos y
lo perecedero de las cosas materiales.

es una necia diligencia errada,
es un afán caduco y, bien mirado,
es cadáver, es polvo, es sombra, es nada.

II

Rosa divina que en gentil cultura
eres, con tu fragante sutileza,
magisterio purpúreo en la belleza,
enseñanza nevada a la hermosura.

5   Amago[20] de la humana arquitectura,
ejemplo de la vana gentileza,
en cuyo ser unió naturaleza
la cuna alegre y triste sepultura.

¡Cuán altiva en tu pompa, presumida,
10 soberbia, el riesgo de morir desdeñas,
y luego desmayada y encogida

de tu caduco ser das mustias señas,
con que con docta muerte y necia vida,
viviendo engañas y muriendo enseñas!

III

Detente, sombra de mi bien esquivo,
imagen del hechizo que más quiero,
bella ilusión por quien alegre muero,
dulce ficción por quien penosa vivo.

5   Si al imán de tus gracias, atractivo,
sirve mi pecho de obediente acero,
¿para qué me enamoras lisonjero
si has de burlarme luego fugitivo?

Mas blasonar no puedes, satisfecho,
10 de que triunfa de mí tu tiranía:
que aunque dejas burlado el lazo estrecho

que tu forma fantástica ceñía,
poco importa burlar brazos y pecho
si te labra prisión mi fantasía.

20. Amenaza.

IV

Al que ingrato me deja, busco amante;
al que amante me sigue, dejo ingrata;
constante adoro a quien mi amor maltrata;
maltrato a quien mi amor busca constante.

5   Al que trato de amor, hallo diamante,
y soy diamante al que de amor me trata;
triunfante quiero ver al que me mata,
y mato al que me quiere ver triunfante.

Si a éste pago, padece mi deseo;
10 si ruego a aquél, mi pundonor enojo:
de entrambos modos infeliz me veo.

Pero yo, por mejor partido, escojo
de quien no quiero, ser violento empleo,
que, de quien no me quiere, vil despojo.

Preguntas

1. ¿Cómo muestra la autora en la *Respuesta* que su vocación intelectual no es incompatible con su devoción religiosa?
2. ¿Cómo explica sor Juana su ingreso al convento?
3. ¿Qué conceptos antitéticos encontramos en "Hombres necios"? ¿Qué actitud contradictoria de los hombres critica la poeta?
4. ¿Cómo es caracterizado el amor en "Este amoroso tormento"? ¿Por qué es frecuente este tipo de caracterización en el período barroco?
5. En "Este que ves, engaño colorido", identifique los paralelismos y explique por qué el retrato es "nada".
6. ¿Por qué en "Rosa divina" esta flor sintetiza la "cuna alegre" y "triste sepultura"?
7. ¿A quién se dirige la voz poética en "Detente . . ."? ¿Qué comentarios encontramos aquí sobre el amor, el cuerpo y la imaginación?
8. ¿Qué antítesis encontramos en "Al que ingrato"? ¿Cómo resuelve el yo lírico su dilema?

ALONSO CARRIO DE LA VANDERA

(c. 1715, Gijón, España–1783, Lima, Perú)

_____

_____

_____

_____

_____

_____

En la literatura colonial abundan las obras híbridas cuya complejidad desafía clasificaciones genéricas. *El lazarillo de ciegos caminantes, desde Buenos Aires hasta Lima* (1775) escrita por el Comisionado de Correos y Postas entre Montevideo, Buenos Aires y Lima, Alonso Carrió de la Vandera, ejemplifica esta tendencia. Tanto el nombre del verdadero autor como la fecha y lugar de publicación del libro han llamado la atención de los estudiosos. En efecto, la portada de la obra indica que ésta fue publicada en Gijón, en la imprenta "La Rovada", en el año de 1773, y da como autor a don Calixto Bustamante Carlos Inca, alias Concolorcorvo, escribano del comisionado postal. Ya se ha comprobado que *El lazarillo* apareció sin licencia en Lima, a fines de 1775 o comienzos de 1776 y fue escrito por Alonso Carrió de la Vandera.

El autor de esta obra nació en Gijón, España, alrededor de 1715. Nada se sabe de su niñez y adolescencia. En 1736, probablemente por razones económicas, parte para México y durante diez años se dedica allí al comercio. Para 1746 se encuentra en Lima desde donde viaja en misiones comerciales a Santiago de Chile y Buenos Aires. A su regreso a la capital virreinal goza de cierto prestigio, lo cual facilita su matrimonio con una limeña de familia distinguida. Espíritu inquieto, Carrió abandona sus empresas comerciales y se ofrece como voluntario (1767) para acompañar a Europa a los jesuitas expulsados de las colonias españolas por mandato de Carlos III, soberano de la reformadora dinastía borbónica entonces reinante en España. En Madrid (1771) consigue el puesto de Segundo Comisionado Postal para el arreglo de Correos y Ajuste de Postas entre Montevideo, Buenos Aires y Lima, cargo que ejerce hasta 1777 cuando por pleitos con su superior, el Administrador de Correos José Antonio Pando, se le exige la renuncia inmediata.

El lazarillo está basado en el largo viaje—19 meses—que, a su regreso de España y cumpliendo las funciones de comisionado o inspector postal, hizo Carrió de Buenos Aires a Lima (1771–73). Fue también en este recorrido que Carrió empleó a Calixto Bustamante en calidad de amanuense; éste lo acompañó por diez meses, desde Córdoba del Tucumán (Argentina) hasta Potosí (Bolivia). Además de *El lazarillo,* el autor escribió un *Plan de gobierno del Perú* (1782) con el propósito de mejorar la administración colonial en esa zona; también se le atribuye un *Diario náutico* del cual se conoce solamente un fragmento. Carrió murió en Lima en 1783.

El libro del Comisionado ha interesado a estudiosos de las ciencias sociales y de la literatura. En *El lazarillo* el autor recorre un largo y singular itinerario. Cuando lo hace nos informa sobre los riesgos, ganancias, inversiones, rutas, salarios, modos de transporte y caminos que hay entre Buenos Aires y Lima dejándonos un extenso caudal de información. Nota también los distintos tipos étnicos, la actitud de la gente, los trajes y las costumbres de las mujeres. Entre estos comentarios sobresale su descripción de los gauderios, antecesores de los gauchos rioplatenses. En sus observaciones, Carrió sobrevalora lo español y hace evidente su desprecio por otros grupos étnicos y por las mujeres. Pero, más que nada, proporciona un detallado análisis de los arrieros. Recordemos que éstos y sus animales usaban las rutas descritas por Carrió proveyendo de bestias de carga, de silla y de tiro a una extensa zona geográfica.

En cuanto al interés literario de *El lazarillo* son varios los puntos a señalar: (1) su carácter novelesco, (2) los vínculos con la picaresca, (3) la diversidad de materiales que la obra integra, y (4) la "doble" autoría. Estudiosos de la novela han visto *El lazarillo* como un curioso eslabón en el desarrollo de la prosa continental: un anticipo de *El Periquillo Sarniento* (1816), del mexicano José Joaquín Fernández de Lizardi, tradicionalmente considerada la "primera" novela hispanoamericana. Estos vínculos se fundamentan por la marcada influencia de la picaresca pues hasta el título de la obra nos recuerda el de la novela anónima que inaugura el género en España, *El lazarillo de Tormes* (1554). Pero, más allá del título, encontramos en el libro de Carrió: 1) un "yo" que se dirige al lector, 2) la burla a la genealogía de Calixto Bustamante—"yo soy indio neto, salvo las trampas de mi madre, de que no salgo por fiador"—, 3) una actitud cínica y autodenigratoria y 4) diferentes episodios unidos por el itinerario de viaje y la vida de Carrió y Concolorcorvo tal y como aparece en el texto. Como en las obras picarescas, se incluyen sucesos divertidos y ocasionalmente subidos de tono además de un importante núcleo autobiográfico.

El lazarillo incorpora también diversos materiales narrativos. Es importante notar que algunos pasajes de la obra explican cómo se integra el variado material narrativo y a quién se le atribuye. Por ejemplo, por la portada sabemos que Concolorcorvo fue el amanuense que tomó de unas memorias escritas por Carrió de la Vandera porciones del relato conformado en *El lazarillo.* Bustamante es el yo hablante, nuestro guía en el itinerario de lectura; cuando el visitador toma la palabra, el texto lo indica. A su vez, el "Prólogo" también alude a otros posibles colaboradores: unos vecinos, un fraile. Esta diversidad de voces parece restarle importancia a la primera persona narrativa, Concolorcorvo. La lectura de *El lazarillo,* en efecto, descubre el predominio de una voz—la blanca y española— sobre otra, la indígena y americana. De este modo el texto refleja una paralela situación cultural y política. Pero hay más. La variedad de voces señalada en el "Prólogo" destaca el carácter subjetivo de la realidad que Carrió desea fijar. La coincidencia de juicio entre el comisionado y su amanuense, representantes ambos de dos universos culturales y étnicos tan apartados, crea suficiente sospecha como para dudar de la versión de los hechos ofrecida por el visitador. En efecto, Calixto Bustamante Carlos Inca con sus chistes y mofas, con sus hiperbólicos comentarios pro-españoles, con sus ridículas preguntas—las únicas armas de que dispone—usurpa la autoridad del visitador Carrió para convertirse en el verdadero guía, en el "autor" de *El lazarillo.* En esta operación creadora radica más que nada el valor literario de la obra.

Bibliografía mínima

Bataillon, Marcel. "Introducción a Concolorcorvo y su itinerario de Buenos Aires a Lima". *Cuadernos Americanos* 111 (1960): 197–216.
Borello, Rodolfo A. "Alonso Carrió de la Vandera". *Epoca colonial.* Coord. Luis Iñigo Madrigal. Madrid: Cátedra, 1982. Vol. 1 de *Historia de la literatura hispanoamericana.* 2 Vols. 1982–87. 151–57.
Carilla, Emilio. *El libro de los 'misterios'.* El lazarillo de ciegos caminantes. Madrid: Gredos, 1976.
Johnson, Julie G. "Feminine Satire in Concolorcorvo's *El lazarillo de ciegos caminantes".* South Atlantic Bulletin* 45 (1960): 11–20.
Pupo-Walker, Enrique. *La vocación literaria del pensamiento histórico en América. Desarrollo de la prosa de ficción siglos XVI, XVII, XVIII y XIX.* Madrid: Gredos, 1982. 156–90.

El lazarillo de ciegos caminantes

DEL PROLOGO

Yo soy indio neto, salvo las trampas de mi madre, de que no salgo por fiador. Dos primas mías coyas[1] conservan la virginidad, a su pesar, en un convento del Cuzco, en donde las mantiene el rey nuestro señor. Yo me hallo en ánimo de pretender la plaza de perrero de la catedral del Cuzco, para gozar
5   inmunidad eclesiástica y para lo que me servirá de mucho mérito el haber escrito este itinerario, que, aunque en Dios y en conciencia lo formé con ayuda de vecinos, que a ratos ociosos me soplaban a la oreja, y cierto fraile de San Juan de Dios, que me encajó la introducción y latines, tengo a lo menos mucha parte en haber perifraseado lo que me decía el visitador[2] en pocas pa-
10 labras. Imitando el estilo de éste, mezclé algunas jocosidades para entretenimiento de los caminantes para quienes particularmente escribí. Me hago cargo de que lo sustancial de mi itinerario se podía reducir a cien hojas en octavo. En menos de la cuarta parte le extractó el visitador, como se puede ver

1. Princesa de sangre real entre los incas.
2. Se refiere a Alonso Carrió de la Vandera, el inspector de correos y postas con quien viaja Concolorcorvo, el supuesto autor de la obra.

de mi letra en el borrador, que para en su poder, pero este género de rela-
15 ciones sucintas no instruyen al público, que no ha visto aquellos dilatados
países, en que es preciso darse por entendido de lo que en sí contienen, sin
faltar a la verdad. El cosmógrafo mayor del reino, doctor don Cosme Bueno,[3]
al fin de sus Pronósticos anuales, tiene dada una idea general del reino, proce-
diendo por obispados. Obra verdaderamente muy útil y necesaria para formar
20 una completa historia de este vasto virreinato.

Si el tiempo y erudición que gastó el gran Peralta en su *Lima fundada*
y *España vindicada,*[4] lo hubiera aplicado a escribir la historia civil y natural
de este reino, no dudo que hubiera adquirido más fama, dando lustre y esplendor a toda la monarquía; pero la mayor parte de los hombres se inclinan
25 a saber con antelación los sucesos de los países más distantes, descuidándose
enteramente de lo que pasa en los suyos. No por esto quiero decir que Peralta
no supiese la historia de este reino, y sólo culpo su elección por lo que oí a
hombres sabios. Llegando cierta tarde a la casa rural de un caballero del Tucumán con el visitador y demás compañía reparamos que se explicaba en un
30 modo raro y que hacía preguntas extrañas. Sobre la mesa tenía cuatro libros
muy usados y casi desencuadernados: el uno era el *Viaje que hizo Fernán
Méndez Pinto a la China;* el otro era el *Teatro de los Dioses;* el tercero era la
Historieta de Carlomagno con sus Doce Pares de Francia, y el cuarto, las
Guerras civiles de Granada.[5] El visitador, que fue el que hojeó estos libros
35 y que los había leído en su *jumentud* con gran delectación, le alabó la librería y le preguntó si había leído otros libros, a lo que el buen caballero le
respondió que aquéllos los sabía de memoria y porque no se le olvidasen los
sucesos, los repasaba todos los días, porque no se debía leer más que en
pocos libros y buenos. Observando el visitador la extravagancia del buen
40 hombre, le preguntó si sabía el nombre del actual rey de España y de las Indias, a que respondió que se llamaba Carlos III,[6] porque así lo había oído nombrar en el título del gobernador, y que tenía noticia de que era un buen caballero de capa y espada. ¿Y su padre de ese caballero?, replicó el visitador,
¿cómo se llamó? A que respondió sin perplejidad, que por razón natural lo

3. Cosme Bueno (1711–88): médico y mate-
mático español radicado en el Perú desde
1730. Publicó por muchos años los *Almana-
ques Peruanos* o *Conocimiento de los Tiempos,* que contenían información geográfica,
climatológica y médica.
    4. Pedro de Peralta Barnuevo (1664–1743):
sabio peruano, tres veces rector de la Universidad de San Marcos. Autor de más de cincuenta libros en prosa y verso. El autor menciona sus dos obras más notables, *Historia de
España vindicada* (1730) y *Lima fundada o
la conquista del Perú* (1732).
    5. Fueron libros de mucha difusión. *La Pe-*

regrinacão (1614) de Fernão Mendes Pinto se
tradujo del portugués al español; la segunda
fue escrita por Baltasar de Victoria; la tercera
es el libro de caballerías *Historia de Carlo
Magno y de los doce Pares de Francia;* y la
cuarta es la *Historia de los bandos de Zegrí-
es y Abencerrajes* o *Guerras Civiles de España* (1595; 1619) del cronista español
Ginés Pérez de Hita.
    6. Carlos III: hijo de Felipe V, sucedió a su
hermano Fernando VI en el trono. Su reinado
(1716–88) se distinguió por las reformas
económicas y políticas que instituyó.

45 podían saber todos. El visitador, teniendo presente lo que respondió otro erudito de la Francia, le apuró para que dijese su nombre, y sin titubear dijo que había sido el S. Carlos II. De su país no dio más noticia que de siete a ocho leguas en torno, y todas tan imperfectas y trastornadas, que parecían delirios o sueños de hombres despiertos.

50 Iba a proseguir con mi prólogo a tiempo que al visitador se le antojó leerle, quien me dijo que estaba muy correspondiente a la obra, pero que si le alargaba más, se diría de él:

Que el arquitecto es falto de juicio,
cuando el portal es mayor que el edificio.

55 O que es semejante a:

Casa rural de la montaña,
magnífica portada y adentro una cabaña.

No creo, señor don Alonso, que mi prólogo merezca esta censura, porque la casa es bien dilatada y grande, a lo que me respondió:

60 *Non quia magna bona, sed quia bona magna.*[7]

Hice mal juicio del latín, porque sólo me quiso decir el visitador que contenía una sentencia de Tácito, con la que doy fin, poniendo el dedo en la boca, la pluma en el tintero y el tintero en un rincón de mi cuarto, hasta que se ofrezca otro viaje, si antes no doy a mis lectores el último. Vale.

Gauderios[8]

Estos son unos mozos nacidos en Montevideo y en los vecinos pagos.[9] Mala camisa y peor vestido, procuran encubrir con uno o dos ponchos, de que hacen cama con los sudaderos[10] del caballo, sirviéndoles de almohada la silla. Se hacen de una guitarrita, que aprenden a tocar muy mal y a cantar de-
5 sentonadamente varias coplas, que estropean, y muchas que sacan de su cabeza, que regularmente ruedan sobre amores. Se pasean a su arbitrio por toda la campaña y con notable complacencia de aquellos semibárbaros colonos, comen a su costa y pasan las semanas enteras tendidos sobre un cuero, cantando y tocando. Si pierden el caballo o se le roban, les dan otro o le toman
10 de la campaña, enlazándolo con un cabestro muy largo que llaman *rosario.* También cargan otro, con dos bolas en los extremos, del tamaño de las regulares con que se juega a los trucos,[11] que muchas veces son de piedra que forran de cuero, para que el caballo se enrede en ellas, como asimismo en otras que llaman ramales, porque se componen de tres bolas, con que muchas

---

7. "No porque grandes, buenas, sino porque buenas, grandes".
8. Gauchos o vaqueros.
9. Hacienda, finca.

10. Manta colocada bajo la silla del caballo.
11. Juego muy semejante al del billar.

15 veces lastiman los caballos, que no quedan de servicio, estimando este prejuicio en nada, así ellos como los dueños.

Muchas veces se juntan de éstos cuatro o cinco y a veces más, con pretexto de ir al campo a divertirse, no llevando más prevención para su mantenimiento que el lazo, bolas y un cuchillo. Se convienen un día para comer
20 la picana[12] de una vaca o novillo: le lazan, derriban y bien trincado de pies y
manos le sacan, cuasi vivo, toda la rabadilla con su cuero, y haciéndole unas
picaduras por el lado de la carne, la asan mal, y medio cruda se la comen, sin
más aderezo que un poco de sal, si la llevan por contingencia. Otras veces
matan sólo una vaca o novillo por comer el matambre, que es la carne que
25 tiene la res entre las costillas y el pellejo. Otras veces matan solamente por
comer una lengua, que asan en el rescoldo. Otras se les antojan carcúes, que
son los huesos que tienen tuétano; los descarnan bien, y los ponen punta
arriba en el fuego, hasta que den un hervorcillo, y se liquide bien el tuétano
que revuelven con un palito, y se alimentan de aquella admirable sustancia;
30 pero lo más prodigioso es verlos matar una vaca, sacarle el mondongo[13] y
todo el sebo, que juntan en el vientre, y con sola una brasa de fuego o un
trozo de estiércol seco de las vacas, prenden fuego a aquel sebo, y luego que
empieza a arder y comunicarse a la carne gorda y huesos, forma una extraor-
dinaria iluminación, y así vuelven a unir el vientre de la vaca, dejando que
35 respire el fuego por la boca y orificio, dejándola toda una noche o una considerable parte del día, para que se ase bien, y a la mañana o tarde la rodean los
gauderios y con sus cuchillos va sacando cada uno el trozo que le conviene,
sin pan ni otro aderezo alguno, y luego que satisfacen su apetito abandonan
el resto, a excepción de uno u otro, que lleva un trozo a su campestre cortejo.
40 Venga ahora a espantarnos el gacetero de Londres con los trozos de
vaca que se ponen en aquella capital en las mesas de estado. Si allí el mayor
es de a 200 libras, de que comen doscientos milords, aquí se pone de a 500
sólo para siete u ocho gauderios, que una u otra vez convidan al dueño de la
vaca o novillo, y se da por bien servido. Basta de gauderios, porque ya veo
45 que los señores caminantes desean salir a sus destinos por Buenos Aires [...]

(Primera Parte, Capítulo I)

El templo de Cocharcas. El árbol milagroso.

Pasando el puente se entra en la provincia de Andahuaylas, que toda se
compone de eminencias, barrancos y quebradas calientes, a donde están los
cañaverales y trapiches,[14] que aprovechan algunas lomadas. Parece que los
dueños de estas haciendas son personas de poca economía, o que las hacien-
5 das, en la realidad, no se costean, porque a los cañaverales llaman *engañave-
rales* y a los trapiches *trampiches*. Todo este país, como el de Abancay, a ex-

---

12. Carne del anca de las vacas.   14. Ingenios de azúcar.
13. La tripa de los animales.

cepción de algunos altos, es muy caliente y frondoso, y pasando por él me dijo el visitador, señalándome un elevado cerro, que a su falda estaba el memorable templo dedicado a la Santísima Virgen en su soberana imagen nom-
10 brada de Cocharcas, cuyo origen tenía de que pasando por allí un devoto peregrino con esta efigie, como tienen de costumbre muchos paisanos míos, se le hizo tan intolerable su peso que le agobió, y dando cuenta a los eclesiásticos y hacendados de la provincia, se declaró por milagroso el excesivo peso, como que daba a entender el sagrado bulto que quería hacer allí su
15 mansión. Desde luego que en aquella devota gente hizo una gran impresión el suceso, porque se labró en la planicie del primer descenso una magnífica iglesia, que fuera impropia en un desierto, para una simple devoción. Al mismo tiempo se formó una gran plaza rodeada de tiendas y en el medio se puso una fuente de agua, que sólo mana en tiempo de la feria, que se hace
20 desde el día del *Dulce Nombre de María*[15] hasta finalizar su octava,[16] cuatro días antes y cuatro después, adonde concurren todos los *huamanguinos, indios, cuzqueños* y de las provincias circunvecinas, y muchas veces distantes. Toda esta buena gente concurre a celebrar el octavario a competencia, y además del costo de la iglesia, que es grande, hay por las noches de la víspera y
25 el día grandes iluminaciones de fuegos naturales y artificiales.

En la octava concurrían dos regulares de la Compañía,[17] costeados para predicar en la iglesia y en la plaza el Evangelio y exhortar la penitencia, como es costumbre en las misiones. Los comerciantes, por lo general, ponen sus tiendas en los poyos inmediatos, y algunos *pegujaleros,*[18] mestizos, se plantan
30 en medio de la plaza, y todos hacen un corto negocio, porque la feria más se reduce a fiesta que a negociación, y así sólo de Huamanga concurren algunos tenderos españoles y mestizos, fiados en lo que compran los hacendados españoles, tanto seculares como eclesiásticos de la circunferencia, porque las cortas negociaciones de los indios se quedan entre sus paisanas. Se ha divul-
35 gado que durante la octava se ve claramente el prodigio de que el árbol de la Virgen se viste de hojas, cuando los demás de las laderas están desnudos. Este prodigioso árbol está pegado a la pila de agua, que en todo el año riega las chacaritas[19] que tienen los indios en las lomas circunvecinas; pero cuatro días antes de la feria la dirigen a la pila, para que los concurrentes se aprove-
40 chen de sus aguas. El árbol es el que con antelación chupa su jugo y, por consiguiente, retoñan sus hojas, y se halla vestido de ellas en el término de veinte días, como le sucedería a cualquier otro que lograra de igual beneficio. Solamente la gente plebeya no ve el riego de dicho árbol, ni reflexiona que

---

15. El 12 de septiembre o el segundo domingo de septiembre.
16. Ocho días en los cuales la Iglesia Católica celebra la festividad de algún santo.
17. Sacerdotes de la Compañía de Jesús (jesui-

tas); fueron expulsados de España y sus dominios en 1767.
18. Campesino que cultiva un *pegujal* o campo pequeño.
19. O chacrita. Reducido espacio de cultivo.

entra ya la primavera en estos países. La gente racional, en lugar de este apa-
45 rente milagro sustituye otro para tratar, a los *huamanguinos cholos, de cua-
treros,*[20] diciendo que la Virgen sólo hace un milagro con ellos, y es que
yendo a pie a su santuario, vuelven a su casa montados.

(Segunda Parte, Capítulo XXI)

Preguntas

1. ¿Quién es Concolorcorvo?
2. ¿Por qué es importante la descripción de los gauderios?
3. ¿Qué relación tiene esta obra con la literatura picaresca?
4. ¿En qué parte de la selección leída observamos el espíritu ilustrado?
5. ¿Por qué Carrió de la Vandera oculta su identidad?

20. Ladrones de caballos o de bestias de cuatro patas.

JOSE JOAQUIN FERNANDEZ DE LIZARDI

(1776–1827, Ciudad de México)

Las ideas reformadoras de la Ilustración francesa fueron acogidas y defendidas tenazmente por Fernández de Lizardi. Proveniente de una familia sin muchos recursos pero con cierto prestigio profesional, hizo estudios universitarios pero no los terminó. En 1805 se casó y la pequeña dote de la esposa sirvió para aliviar preocupaciones económicas familiares.

Los primeros escritos del autor, sátiras de personajes conocidos y críticas al gobierno, circularon en forma de folletos que vendía por unos centavos para subsistir y difundir sus ideas. Aprovechando un breve período de libertad de prensa a raíz de la instalación de las Cortes de Cádiz en 1812, Lizardi fundó un periódico, *El Pensador Mexicano* (1812–14), nombre que después adoptó como seudónimo. Esta y otras empresas periodísticas suyas fueron víctimas de los vaivenes políticos y la cada día más estricta censura de la prensa.

Apasionado por las reformas sociales y sin otro medio para hacer llegar sus ideas al público, el autor decidió escribir una novela, *El Periquillo Sarniento*, cuyos primeros tres tomos fueron publicados por entregas en 1816; el cuarto no pasó la censura por expresarse contra la esclavitud y apareció más tarde. Entusiasmado con el género y convencido de la misión didáctica de la obra literaria sostenida por los neoclásicos, "El Pensador Mexicano" escribió otras tres novelas: *Noches tristes y día alegre* (1818–19), fantasía romántica donde imita la melancólica elegía *Noches lúgubres* (1798) del militar y escritor español José Cadalso (1741–82), *La Quijotita y su prima* (1818), orientada a mejorar la educación femenina, y *Don Catrín de la Fachenda* (1832), biografía de un orgulloso joven que rehúsa trabajar y finalmente se suicida.

Cuando se restauró la libertad de prensa en México (1820), Lizardi abandonó la novela y volvió a utilizar formas más directas de propaganda. Apoyó vigorosamente la causa independentista y se unió al Partido Federal de cuño liberal; pero sus ideas reformadoras, seguramente muy avanzadas para la época, tampoco encontraron acogida allí. Infatigable en su lucha, dos meses antes de fallecer, publicó un amplio folleto donde resumía los males que aquejaban a México y asimismo daba indicaciones de cómo quería que lo enterraran.

Es fácil entender por qué Lizardi escogió la novela picaresca como vehículo para expresar sus ideas. Conocía bien la literatura española y sabía cómo este género había servido para hacer crítica social. Además, muchas de las cartas y relaciones a la metrópoli de soldados y colonizadores—pensemos en Bernal Díaz—se escribieron utilizando la primera persona. Estos documentos contribuyeron a darle prestigio a la narración autobiográfica. Con todo, el autor no es fiel al modelo picaresco presentado por Quevedo y Mateo Alemán (1547–¿1614?); está más cerca del francés Lesage (1668–1747) y su *Gil Blas de Santillana* (1715–35), del padre Isla (1703–81) autor de la novela satírica *Fray Gerundio de Campazas* (1758) y de la *Vida* (1743–85), autobiografía del trotamundos Diego Torres de Villarroel (1693–1770), pues estos autores critican fuertemente las lacras sociales pero ofrecen una visión menos pesimista que los escritores del Siglo de Oro. De ahí que Periquillo, al contrario de otros protagonistas picarescos, se redima. Y no podía ser de otra forma, pues las ideas ilustradas del autor se centran en la posibilidad de mejorar la condición de las mayorías a través del perfeccionamiento de las instituciones sociales.

De acuerdo con el modelo picaresco encontramos en *El Periquillo* la forma autobiográfica donde el protagonista cuenta su vida al servicio de varios amos retratados con realismo. Sus andanzas lo llevan a diferentes ciudades de México, a las Filipinas, a una isla fantástica. Lizardi no pierde tiempo para sacar de cada aventura de Periquillo una lección que ofrece en largas digresiones moralizantes al estilo del *Guzmán de Alfarache* (1599) de Mateo Alemán. Haciendo alarde de erudición, cita con frecuencia diversas fuentes para apoyar su punto de vista.

En esta obra "El Pensador Mexicano" ataca los muchos males que agobian a México, pero su blanco preferido es el sistema de educación. Siguiendo a Feijoo en su *Teatro crítico universal* (1726–39), se manifiesta contra la lógica y la metafísica y aboga por métodos de enseñanza modernos basados en la experimentación. Dentro de una larga tradición literaria— recordemos a Caviedes—están sus ataques a médicos y farmacéuticos ignorantes y charlatanes. Critica también el código legal de México y el atraso económico de España y sus colonias. Seguidor del ideario ilustrado, ve en la agricultura y no en la minería, una fuente de trabajo y riqueza. Ataca también la avaricia de la Iglesia y la deshonestidad e hipocresía de los clérigos. Al mismo tiempo, la obra incluye detalladas descripciones de costumbres y tipos mexicanos de diversas clases sociales. Al presentar sus ideas, Lizardi no olvida uno de los puntos importantes del credo neoclásico, "enseñar deleitando". Si a esto añadimos las variadas situaciones en las cuales coloca al protagonista y la agilidad y gracia del relato, es fácil comprender el continuado éxito de *El Periquillo Sarniento,* obra que adopta y modifica el patrón picaresco español.

Bibliografía mínima

Franco, Jean. "La heterogeneidad peligrosa: escritura y control social en vísperas de la Independencia mexicana". *Hispamérica* 34–35 (1983): 3–34.

Iñigo Madrigal, Luis. "José Joaquín Fernández de Lizardi". *Del neoclasicismo al modernismo*. Coord. Luis Iñigo Madrigal. Madrid: Cátedra, 1987. Vol. 2 de *Historia de la literatura hispanoamericana*. 2 Vols. 1982–87. 145–53.

Lozano, Carlos. *"El Periquillo Sarniento y la Histoire de Gil Blas de Santillane"*. *Revista Iberoamericana* 20 (1955): 263–74.

Solís, Emma. *Lo picaresco en las novelas de Fernández de Lizardi*. México: Lim, 1952.

Spell, Jefferson Rea. "The Historical and Social Background of *El Periquillo Sarniento*". *The Hispanic American Historical Review* 36, (1956): 447–70.

————. "The Intellectual Background of Lizardi as Reflected in *El Periquillo Sarniento*". *PMLA* 71 (1956): 414–32.

El Periquillo[1] Sarniento

En el que refiere Periquillo cómo se acomodó con el Doctor Purgante; lo que aprendió a su lado; el robo que le hizo; su fuga, y las aventuras que le pasaron en Tula, donde se fingió médico

"Ninguno diga quién es, que sus obras lo dirán". Este proloquio es tan antiguo como cierto; todo el mundo está convencido de su infalibilidad; y así ¿qué tengo yo que ponderar mis malos procederes cuando con referirlos se ponderan? Lo que apeteciera, hijos míos, sería que no leyerais mi vida como
5 quien lee una novela, sino que pararais la consideración más allá de la cáscara de los hechos, advirtiendo los tristes resultados de la holgazanería, inutilidad, inconstancia y demás vicios que me afectaron; haciendo análisis de los extraviados sucesos de mi vida, indagando sus causas, temiendo sus consecuencias y desechando los errores vulgares que veis adoptados por mí y por otros; em-
10 papándoos en las sólidas máximas de la sana y cristiana moral que os presentan a la vista mis reflexiones, y en una palabra, desearía que penetrarais en todas sus partes la substancia de la obra; que os divirtierais con lo ridículo; que conocierais el error y el abuso para no imitar el uno ni abrazar el otro, y que donde hallarais algún hecho virtuoso os enamorarais de su dulce fuerza
15 y procurarais imitarlo. Esto es deciros, hijos míos, que deseara que de la lectura de mi vida sacarais tres frutos, dos principales y uno accesorio: amor a la virtud, aborrecimiento al vicio y diversión. Ese es mi deseo, y por esto, más que por otra cosa, me tomo la molestia de escribiros mis más escondidos crímenes y defectos; si no lo consiguiere, moriré al menos con el consuelo de
20 que mis intenciones son laudables. (Basta de digresiones, que está el papel caro.)

Quedamos en que fui a ver al doctor Purgante,[2] y en efecto, lo hallé una tarde después de siesta en su estudio, sentado en una silla poltrona, con un

---

1. Periquillo: diminutivo de Pedro; también quiere decir loro.

2. Doctor Purgante: Monsieur Purgon, médico ridículo en la obra *Le malade imaginaire* del francés Moliére.

libro delante y la caja de polvos a un lado. Era este sujeto alto, flaco de cara
25 y piernas, y abultado de panza, trigueño y muy cejudo, ojos verdes, nariz de
caballete,[3] boca grande y despoblada de dientes, calvo, por cuya razón usaba
en la calle peluquín con bucles. Su vestido, cuando lo fui a ver, era una bata
hasta los pies, de aquellas que llaman *de quimones,* llena de flores y ramaje,
y un gran birrete muy tieso de almidón y relumbroso de la plancha.
30   Luego que entré me conoció y me dijo:
        —¡Oh, Periquillo, hijo! ¿por qué extraños horizontes has venido a visi-
tar este tugurio?[4]
        No me hizo fuerza[5] su estilo, porque ya sabía yo que era muy pedante,
y así le iba a relatar mi aventura con intención de mentir en lo que me pare-
35 ciera; pero el doctor me interrumpió, diciéndome:
        —Ya, ya sé la turbulenta catástrofe que te pasó con tu amo, el farmacéu-
tico. En efecto, Perico, tú ibas a despachar en un instante el pacato[6] paciente
del lecho al féretro improvisadamente, con el trueque del arsénico por la
magnesia. Es cierto que tu mano trémula y atolondrada tuvo mucha parte de
40 la culpa, mas no la tiene menos tu preceptor, el *fármaco,*[7] y todo fue por
seguir su capricho. Yo le documenté que todas estas drogas nocivas y
venenáticas[8] las encubriera bajo una llave bien segura que sólo tuviera el oficial más diestro, y con esta asidua diligencia se evitarían estos equívocos mortales; pero a pesar de mis insinuaciones, no me respondía más sino que eso
45 era particularizarse e ir contra la escuela de los *fármacos,* sin advertir que es
propio del sabio mudar de parecer, *sapientis est mutare consilium*[9], y que la
costumbre es otra naturaleza, *consuetudo est altera natura.* Allá se lo haya.
Pero dime, ¿qué te has hecho tanto tiempo? Porque si no han fallado las noticias que en alas de la fama han penetrado mis *aurículas*[10], ya días hace que te
50 lanzaste a la calle de la oficina de Esculapio.
        —Es verdad, señor,—le dije,—pero no había venido de vergüenza, y
me ha pesado porque en estos días he vendido para comer mi capote, chupa
y pañuelo.
        —¡Qué estulticia![11]—exclamó el doctor;—la *verecundia*[12] es muy
55 buena, *optime bona,* cuando la origina crimen de *cogitatis;* mas no cuando
se comete *involuntaria,* pues si en aquel *hic te nunc,* esto es, en aquel acto,
supiera el individuo que hacía mal, *absque dubio.*[13] se abstendría de come-
terlo. En fin, hijo carísimo, ¿tú quieres quedarte en mi servicio y ser mi *con-
sodal in perpetuum,* para siempre?

3. Nariz de pico.
4. Casa muy pobre.
5. No me afectó.
6. Tranquilo.
7. Farmacéutico.
8. Venenosas.
9. En la literatura satírica, los médicos inter-
polan en su conversación muchas frases en
latín para reafirmar su sapiencia. El latín del
Dr. Purgante y de Periquillo es muy malo.
10. Orejas.
11. Necedad, estupidez.
12. Vergüenza.
13. Sin duda.

60   —Sí, señor—le respondí.

—Pues bien. En este *domo,* casa, tendrás desde luego, o en primer lugar, *in primis,* el *panem nostrum quotidianum,* el pan de cada día; a más de esto, *aliunde,* lo potable necesario; *tertio,* la cama, *sic vel sic,* según se proporcione; *quarto,* los tegumentos exteriores heterogéneos de tu materia

65   física,[14] *quinto,* asegurada la parte de la higiene que apetecer puedes, pues aquí se tiene mucho cuidado con la dieta y con la observancia de las seis cosas naturales y de las seis no naturales prescritas por los hombres más luminosos de la facultad médica; *sexto,* beberás la ciencia de Apolo[15] *ex ore meo ex visu tuo* y *ex biblioteca nostra,* de mi boca, de tu vista y de esta li-

70   brería; por último, *postremo,* contarás cada mes para tus *surrupios* o para *quodcumque velis,* esto es, para tus cigarros o lo que se te antoje, quinientos cuarenta y cuatro maravedís limpios de polvo y paja, siendo tu obligación solamente hacer los mandamientos de la señora mi hermana; observar *modo naturalistarum,* al modo de los naturalistas, cuando estén las aves *gallina-*

75   *ceas* para *oviparar* y recoger los albos huevos, o por mejor decir, los pollos por ser, o *in fieri;* servir las viandas a la mesa, y finalmente, y lo que más te encargo, cuidar de la refacción[16] ordinaria y *puridad[17]* de mi mula, a quien deberás atender y servir con más prolijidad[18] que a mi persona.

He aquí ¡oh caro Perico! todas tus obligaciones y comodidades en

80   *sinopsium* o compendio. Yo, cuando te invité con mi pobre *tugurio* y consorcio, tenía el deliberado ánimo de poner un laboratorio de química y botánica; pero los continuos desembolsos que he sufrido me han reducido a la pobreza, *ad inopiam,* y me han frustrado mis primordiales designios; sin embargo, te cumplo la palabra de admisión, y tus servicios los retribuiré justa-

85   mente, porque *dignus est operarius mercede sua,* el que trabaja es digno de la paga.

Yo, aunque muchos terminotes no entendí, conocí que me quería para criado entre de escalera abajo y de arriba,[19] advertí que mi trabajo no era demasiado; que la conveniencia no podía ser mejor y, que yo estaba en el caso

90   de admitir cosa menos,[20] pero no podía comprender a cuánto llegaba mi salario; por lo que le pregunté, que por fin cuánto ganaba cada mes. A lo que el doctorete, como enfadándose me respondió:—¿Ya no te dije *claris verbis,* con claridad, que disfrutarías quinientos cuarenta y cuatro maravedís?[21]

—Pero, señor—insté yo,—¿cuánto montan en dinero efectivo quinien-

95   tos cuarenta y cuatro maravedís? Porque a mí me parece que no merece mi trabajo tanto dinero.

—Sí merece, *stultissime famule,* mozo atontadísimo, pues no importan esos centenares más que dos pesos.

---

14. Ropa.
15. Apolo: dios de la poesía y de la medicina.
16. Alimento.
17. Limpieza.
18. Atención.

19. El criado que hace de todo.
20. Estaba tan necesitado que no podía rechazar la oferta.
21. Moneda de escaso valor.

—Pues bien, señor doctor—le dije,—no es menester incomodarse; ya
100 sé que tengo dos pesos de salario, y me doy por muy contento, sólo por estar
en compañía de un caballero tan *sapiente* como usted, de quien sacaré más
provecho con sus lecciones que no con los polvos y mantecas de don Nicolás.[22]

—Y como que sí, dijo el señor Purgante; pues yo te abriré, como te apli-
105 ques, los palacios de Minerva,[23] y será esto premio superabundante a tus servicios, pues sólo con mi doctrina conservarás tu salud luengos años, y acaso,
acaso te contraerás algunos intereses y estimaciones.

Quedamos corrientes desde ese instante, y comencé a cuidar de lison-
jearlo, igualmente que a su señora hermana, que era una vieja beata, Rosa, tan
110 ridícula como mi amo, y aunque yo quisiera lisonjear a Manuelita, que era una
muchachilla de catorce años, sobrina de los dos y bonita como una plata, no
podía, porque la vieja condenada la cuidaba más que si fuera de oro, y muy
bien hecho.

Siete u ocho meses permanecí con mi viejo, cumpliendo con mis obliga-
115 ciones perfectamente; esto es, sirviendo la mesa, mirando cuándo poní-
an las gallinas, cuidando la mula y haciendo los mandados. La vieja y el hermano me tenían por un santo, porque en las horas que no tenía qué hacer me
estaba en el estudio, según las sólitas concedidas, mirando las estampas anató-
micas del Porras,[24] del Willis y otras, y entreteniéndome de cuando en
120 cuando con leer aforismos de Hipócrates, algo de Boerhave y de Van Swieten;
el Etmulero, el Tissot, el Buchan, el Tratado de tabardillos, por Amar, el Compendio anatómico de Juan de Dios López, la Cirugía de La Faye, el Lázaro Rive-
rio y otros libros antiguos y modernos, según me venía la gana de sacarlos de
los estantes.

125 Esto, las observaciones que yo hacía de los remedios que mi amo rece-
taba a los enfermos pobres que iban a verlo a su casa, que siempre eran a
poco más o menos, pues llevaba como regla el trillado refrán de "como te
pagan vas", y las lecciones verbales que me daba, me hicieron creer que yo
sabía medicina, y un día que me riñó ásperamente, y aun me quiso dar de
130 palos porque se me olvidó darle de cenar a la mula, prometí vengarme de él
y mudar de fortuna de una vez.

Con esta resolución, esa misma noche le di a doña mula ración doble de
maíz y cebada, y cuando estaba toda la casa en lo más pesado de su sueño,
la ensillé con todos sus arneses, sin olvidarme de la gualdrapa; hice un lío en
135 el que escondí catorce libros, unos truncos, otros en latín y otros en castellano; porque yo pensaba que a los médicos y a los abogados los suelen acre-
ditar los muchos libros, aunque no sirvan o no los entiendan; guardé en el

22. Farmacéutico para quien Periquillo había
trabajado antes (II, xi).
23. Diosa latina de la sabiduría.
24. Nombres de médicos y autores de tratados de medicina de los siglos XVII y XVIII;
Hipócrates es el más famoso de los médicos
de la Antigüedad.

dicho maletón la capa de golilla y la golilla misma de mi amo, juntamente con una peluca vieja de pita,[25] un formulario de recetas, y lo más importante, sus
140 títulos de bachiller en medicina y la carta de examen, cuyos documentos los hice míos a favor de una navajita y un poquito de limón, con lo que raspé y borré lo bastante para mudar los nombres y las fechas.

No se me olvidó habilitarme de monedas, pues aunque en todo el tiempo que estuve en la casa no me habían pagado nada de salario, yo sabía
145 en dónde tenía la señora hermana una alcancía en la que rehundía lo que cercenaba del gasto, y acordándome de aquello de que quien roba al ladrón, etc., le robé la alcancía diestramente; la abrí y vi con la mayor complacencia que tenía muy cerca de cuarenta duros, aunque para hacerlos caber por la estrecha rendija de la alcancía los puso blandos.[26]

150 Con este viático[27] tan competente, emprendí mi salida de la casa a las cuatro y media de la mañana, cerrando el zaguán y dejándoles la llave por debajo de la puerta.

A las cinco o seis del día me entré en un mesón, diciendo que en el que estaba había tenido una mohína[28] la noche anterior y quería mudar de posada.
155 Como pagaba bien, se me atendía puntualmente. Hice traer café, y que se pusiera la mula en caballeriza, para que almorzara harto.

En todo el día no salí del cuarto, pensando a qué pueblo dirigiría mi marcha y con quién, pues ni yo sabía los caminos ni pueblos, ni era decente aparecerse sin equipaje ni mozo.
160 En estas dudas, dio la una del día, hora en que me subieron de comer, y en esta diligencia estaba cuando se acercó a la puerta un muchacho a pedir por Dios un bocadito.

Al punto que lo vi y lo oí, conocí que era Andrés, el aprendiz de casa de don Agustín,[29] muchacho, no sé si lo he dicho, como de catorce años, pero de
165 estatura de diez y ocho. Luego luego[30] lo hice entrar, y a pocas vueltas de conversación me conoció, y le conté como era médico y trataba de irme a algún pueblecillo a buscar fortuna, porque en México había más médicos que enfermos; pero que me detenía carecer de un mozo fiel que me acompañara y que supiera de algún pueblo donde no hubiera médico.
170 El pobre muchacho se me ofreció y aun me rogó que lo llevara en mi compañía, que él había ido a Tepejí del Río[31] en donde no había médico y no era pueblo corto, y que si nos iba mal allí, nos iríamos a Tula[32] que era pueblo más grande.

---

25. Fibra blanca que se obtiene del maguey.
26. Como empujó con fuerza los duros para que cupieran en la alcancía, los "ablandó" (juego de palabras).
27. Dinero para viajes, hospedaje y alimento.
28. Problema.
29. Don Agustín: barbero en cuya casa Peri-

quillo había vivido (II, xi).
30. Inmediatamente.
31. Tepejí del Río: pueblo pequeño cercano a Tula en el estado de Hidalgo.
32. Tula: ciudad a unos ochenta kilómetros de México, famosa por sus ruinas toltecas.

Me agradó mucho el desembarazo de Andrés, y habiéndole mandado
175 subir que comer, comió el pobre con bastante apetencia, y me contó[33] cómo
se estuvo escondido en un zaguán, y me vio salir corriendo de la barbería, y
a la vieja tras de mí con el cuchillo; que yo pasé por el mismo zaguán donde
estaba, y a poco de que la vieja se metió a su casa, corrió a alcanzarme, pero
que no le fue posible; y no lo dudo; ¡tal corría yo cuando me espoleaba el
180 miedo!

Díjome también Andrés, que él se fue a su casa y contó todo el pasaje;
que su padrastro lo regañó y lo golpeó mucho, y después lo llevó con una
corma a casa de don Agustín; que la maldita vieja, cuando vio que yo no parecía, se vengó con él levantándole tantos testimonios que se irritó el maes-
185 tro demasiado, y dispuso darle un novenario de azotes,[34] como lo verificó,
poniéndolo en los nueve días hecho una lástima, así por los muchos y crueles
azotes que le dio, como por los ayunos que le hicieron sufrir al traspaso; que
así que se vengó a su satisfacción la inicua vieja, lo puso en libertad quitán-
dole la corma, echándole su buen sermón, y concluyendo con aquello de *cui-*
190 *dado con otra;* pero que él, luego que tuvo ocasión, se huyó de la casa con
ánimo de salirse de México, y para esto se andaba en los mesones pidiendo
un bocadito y esperando coyuntura de marcharse con el primero que encon-
trase.

Acabó Andrés de contarme todo esto mientras comió, y yo le disfracé
195 mis aventuras haciéndole creer que me había acabado de examinar en medicina; que ya le había insinuado que quería salir de esta ciudad, y así que me
lo llevaría de buena gana, dándole de comer y haciéndole pasar por barbero
en caso de que no lo hubiera en el pueblo de nuestra ubicación.

—Pero, señor—decía Andrés,—todo está muy bien; pero si yo apenas
200 sé afeitar un perro, ¿cómo me arriesgaré a meterme a lo que no entiendo?

—Cállate—le dije,—no seas cobarde: sábete que *audaces fortuna ju-*
vat, timidosque repelli...

—¿Qué dice usted, señor, que no lo entiendo?

—Que a los atrevidos—le respondí,—favorece la fortuna, y a los co-
205 bardes los desecha; y así no hay que desmayar; tú serás tan barbero en un mes
que estés en mi compañía, como yo fui médico en el poco tiempo que estuve
con mi maestro, a quien no sé bien cuánto le debo a esta hora.

Admirado me escuchaba Andrés, y más lo estaba al oírme disparar mis
latinajos con frecuencia, pues no sabía que lo mejor que yo aprendí del doc-
210 tor Purgante fue su pedantismo y su modo de curar *methodus medendi.* [...]

[Periquillo y Andrés abandonan la ciudad de México y se establecen en
Tula, el primero como médico y el segundo como maestro barbero.]

---

33. Periquillo había servido en la casa del barbero pero por haber hablado mal de su
esposa, ésta lo echó de la casa muy eno-

jada (II, xi).
34. Azotarlo por nueve días.

Como no se me habían olvidado aquellos principios de urbanidad que me enseñaron mis padres, a los dos días, luego que descansé, me informé de quiénes eran los sujetos principales del pueblo, tales como el cura y sus vicarios, el subdelegado y su director, el alcabalero, el administrador de correos, tal cual tendero y otros señores decentes; y a todos ellos envié recado con el bueno de mi patrón y Andrés, ofreciéndoles mi persona e inutilidad.

Con la mayor satisfacción recibieron todos la noticia, correspondiendo corteses a mi cumplimiento, y haciéndome mis visitas de estilo,[35] las que yo también les hice de noche, vestido de ceremonia, quiero decir, con mi capa de golilla, la golilla misma, y mi peluca encasquetada, porque no tenía traje mejor ni peor; siendo lo más ridículo que mis medias eran blancas, todo el vestido de color y los zapatos abotinados, con lo que parecía más bien alguacil que médico; y para realzar mejor el cuadro de mi ridiculez, hice andar conmigo a Andrés con el traje que le compré, que os acordaréis que era chupa y medias negras, calzones verdes, chaleco encarnado, sombrero blanco y su capotillo azul rabón y remendado.

Ya los señores principales me habían visitado, según dije, y habían formado de mí el concepto que quisieron; pero no me había visto el común del pueblo vestido de punta en blanco[36] ni acompañado de mi escudero; mas el domingo que me presenté en la iglesia vestido a mi modo entre médico y corchete,[37] y Andrés entre tordo y perico, fue increíble la distracción del pueblo, y creo que nadie oyó misa por mirarnos; unos burlándose de nuestras extravagantes figuras, y otros admirándose de semejantes trajes. Lo cierto es que, cuando volví a mi posada, fui acompañado de una multitud de muchachos, mujeres, indios, indias y pobres rancheros que no cesaban de preguntar a Andrés quiénes éramos. Y él muy mesurado les decía:

—Este señor es mi amo, se llama el señor doctor don Pedro Sarniento, y médico como él no lo ha parido el reino de Nueva España; y yo soy su mozo; me llamo Andrés Cascajo y soy maestro barbero, y muy capaz de afeitar a un capón, de sacarle sangre a un muerto y desquijar a un león si trata de sacarse alguna muela.

Estas conversaciones eran a mis espaldas; porque yo, a fuer de amo, no iba lado a lado con Andrés, sino por delante y muy gravedoso y presumido, escuchando mis elogios; pero por poco me echo a reír a dos carrillos cuando oí los despropósitos de Andrés y advertí la seriedad con que los decía, y la sencillez de los muchachos y gente pobre que nos seguía colgados de la lengua de mi lacayo.

Llegamos a la casa entre la admiración de nuestra comitiva, a la que despidió el tío Bernabé con buen modo, diciéndoles que ya sabían dónde vivía el señor doctor para cuando se les ofreciera. Con esto nos dejaron en paz.

---

35. Visitas de cumplido.
36. Muy bien vestido.

37. Agente de la justicia.

De los mediecillos que me sobraron compré, por medio del patrón, unas cuantas varas de *pontivi*,[38] y me hice una camisa y otra a Andrés, dándole a la vieja casi el resto para que nos dieran de comer algunos días, sin embargo del primer ajuste.

255   Como en los pueblos son muy noveleros, lo mismo que en las ciudades, al momento corrió por toda aquella comarca la noticia de que había médico y barbero en la cabecera, y de todas partes iban a consultarme sobre sus enfermedades.

Por fortuna, los primeros que me consultaron fueron aquellos que 260 sanan aunque no se curen, pues les bastan los auxilios de la sabia naturaleza y otros padecían porque no querían o no sabían sujetarse a la dieta que les interesaba. Sea como fuere, ellos sanaron con lo que les ordené, y en cada uno labré un clarín a mi fama.

A los quince o veinte días, ya yo no me entendía de enfermos,[39] especial-265 mente indios, los que nunca venían con las manos vacías, sino cargando gallinas, frutas, huevos, verduras, quesos y cuanto los pobres encontraban. De suerte que el tío Bernabé y sus viejas estaban contentísimos con su huésped. Yo y Andrés no estábamos tristes, pero más quisiéramos monedas; sin embargo de que Andrés estaba mejor que yo, pues los domingos desollaba indios 270 a medio real, que era una gloria, llegando a tal grado su atrevimiento, que una vez se arriesgó a sangrar a uno y por accidente quedó bien. Ello es que con lo poco que había visto y el ejercicio que tuvo, se le agilitó la mano, en términos que un día me dijo: Ora[40] sí, señor, ya no tengo miedo, y soy capaz de afeitar al *Sursum corda.*[41]

275   Volaba mi fama de día en día, pero lo que me encumbró a los cuernos de la luna fue una curación que hice (también de accidente como Andrés) con el alcabalero, para quien una noche me llamaron a toda prisa.

Fui corriendo, y encomendándome a Dios para que me sacara con bien de aquel trance, del que no sin razón pensaba que pendía mi felicidad.

280   Llevé conmigo a Andrés con todos sus instrumentos, encargándole en voz baja, porque no lo oyera el mozo, que no tuviera miedo como yo no lo tenía; que para el caso de matar a un enfermo, lo mismo tenía que fuera indio que español, y que nadie llevaba su pelea más segura que nosotros; pues si el alcabalero sanaba, nos pagarían bien y se aseguraría nuestra fama; y si se 285 moría, como de nuestra habilidad se podía esperar, con decir que ya estaba de Dios[42] y que se le había llegado su hora, estábamos del otro lado, sin que hubiera quien nos acusara de homicidio.

---

38. Variedad de tela originalmente confeccionada en Pontivy, Francia.
39. Tenía muchos pacientes.
40. Ahora.
41. "Sursum corda" o "elevemos nuestros co-

razones", palabras que pronuncia el sacerdote al comenzar la misa. Expresión usada aquí como disparate por Andrés, quien cree que es el nombre de un personaje importante.
42. Que era la voluntad de Dios.

Es estas pláticas llegamos a la casa, que la hallamos hecha una Babilonia,[43] porque unos entraban, otros salían, otros lloraban y todos estaban
290   aturdidos.

A este tiempo llegó el señor cura y el padre vicario con los santos óleos.

—Malo—dije a Andrés;—ésta es enfermedad ejecutiva, aquí no hay remedio; o quedamos bien o quedamos mal. Vamos a ver cómo nos sale este al-
bur.

295   Entramos todos juntos a la recámara y vimos al enfermo tirado boca
arriba en la cama, privado de sentidos, cerrados los ojos, la boca abierta, el
semblante denegrido y con todos los síntomas de un apoplético.

Luego que me vieron junto a la cama, la señora su esposa y sus niñas, se
rodearon de mí y me preguntaron, hechas un mar de lágrimas:

300   —¡Ay, señor! ¿Qué dice usted, se muere mi padre? Yo, afectando mucha
serenidad de espíritu y con una confianza de un profeta, les respondí:

—Callen ustedes, niñas, ¡qué se ha de morir! Estas son efervescencias
del humor sanguíneo que oprimiendo los ventrículos del corazón embargan
el cerebro, porque cargan con el *pondus*[44] de la sangre sobre la espina medu-
305   lar y la traquearteria pero todo esto se quitará en un instante, pues si *evacua-
tio fit, recedet pletora,* con la evacuación nos libraremos de la plétora.

Las señoras me escuchaban atónitas, y el cura no se cansaba de mirarme
de hito en hito, sin duda mofándose de mis desatinos, los que interrumpió diciendo:

310   —Señoras, los remedios espirituales nunca dañan ni se oponen a los
temporales. Bueno será absolver a mi amigo por la bula y olearlo, y obre Dios.

—Señor cura—dije yo con toda la pedantería que acostumbraba, que
era tal que no parecía sino que la había aprendido con escritura;—señor
cura, usted dice bien, y yo no soy capaz de introducir mi hoz en mies ajena;
315   pero, *venia tanti,*[45] digo que esos remedios espirituales, no sólo son buenos,
sino necesarios, *necesitate medii* y *necesitate praecepti in articulo mortis:
sed sic est,*[46] que no estamos en ese caso; *ergo,* etc.

El cura, que era harto prudente e instruido, no quiso hacer alto[47] en mis
charlatanerías, y así me contestó:

320   —Señor doctor, el caso en que estamos no da lugar a argumentos, porque el tiempo urge; yo sé mi obligación y esto importa.

Decir esto y comenzar a absolver al enfermo, y el vicario a aplicarle el
santo sacramento de la unción, todo fue uno. Los dolientes, como si aquellos
socorros espirituales fueran el fallo cierto de la muerte del deudo, comenza-
325   ron a aturdir la casa a gritos. Luego que los señores eclesiásticos concluyeron

---

43. Casa en desorden.
44. Peso.
45. Con su permiso.

46. Se necesitan esos remedios cuando el paciente está de muerte pero ése no es el caso.
47. Prestar atención.

sus funciones, se retiraron a otra pieza, cediéndome el campo y el enfermo.

    Inmediatamente me acerqué a la cama, le tomé el pulso, miré a las vigas
del techo por largo rato; después le tomé el otro pulso haciendo mil monerí-
330 as, como eran arquear las cejas, arrugar la nariz, mirar el suelo, morderme los
labios, mover la cabeza a uno y otro lado y hacer cuantas mudanzas pantomí-
micas me parecieron oportunas para aturdir a aquellas pobres gentes que,
puestos los ojos en mí, guardaban un profundo silencio, teniéndome sin duda
por un segundo Hipócrates; a lo menos ésa fue mi intención, como también
335 ponderar el gravísimo riesgo del enfermo y lo difícil de la curación, arrepentido de haberles dicho que no era cosa de cuidado.

    Acabada la tocada del pulso, le miré el semblante atentamente, le hice
abrir la boca con una cuchara para verle la lengua, le alcé los párpados, le toqué el vientre y los pies, e hice dos mil preguntas a los asistentes sin acabar
340 de ordenar ninguna cosa, hasta que la señora, que ya no podía sufrir mi ca-
chaza, me dijo:

    —Por fin, señor, ¿qué dice usted de mi marido, es de vida o de muerte?

    —Señora—le dije,—no sé de lo que será; sólo que Dios puede decir
que es de vida y resurrección como lo fue *Lazarum quem resuscitavit a*
345 *monumento foetidum,*[48] y si lo dice, vivirá aunque esté muerto. *Ego sum re-*
surrectio et vita, qui credit in me, etiam si mortuus fuerit, viviet.[49]

    —¡Ay, Jesús! gritó una de las niñas, ya se murió mi padrecito.

    Como ella estaba junto al enfermo, su grito fue tan extraño y doloroso,
y cayó privada de la silla, pensamos todos que en realidad había espirado, y
350 nos rodeamos de la cama.

    El señor cura y el vicario, al oír la bulla, entraron corriendo, y no sabían
a quién atender, si al apoplético o a la histérica, pues ambos estaban privados. La señora ya medio colérica, me dijo:

    —Déjese usted de latines, y vea si cura o no cura a mi marido. ¿Para qué
355 me dijo, cuando entró, que no era cosa de cuidado y me aseguró que no se
moría?

    —Yo lo hice, señora, por no afligir a usted—le dije,—pero no había
examinado al enfermo *methodice vel juxta artis nostrae praecepta,* esto, con
método o según las reglas del arte; pero encomiéndese usted a Dios y vamos
360 a ver. Primeramente que se ponga una olla grande de agua a calentar.

    —Esto sobra—dijo la cocinera.

    —Pues bien, maestro Andrés—continué yo,—usted, como buen flebo-
tomiano,[50] déle luego luego un par de sangrías de la vena cava.

---

48. Lázaro a quién El [Jesús] resucitó de la
tumba fética.
49. Yo soy la resurrección y la vida; todo el

que creyere en mí, aunque estuviere muerto,
vivirá (Juan XI:25).
50. El que se ocupa de hacer sangrías.

365 Andrés, aunque con miedo y sabiendo tanto como yo de venas cavas, le ligó los brazos y le dio dos piquetes que parecían puñaladas, con cuyo auxilio, al cabo de haberse llenado dos borcelanas[51] de sangre, cuya profusión escandalizaba a los espectadores, abrió los ojos el enfermo, y comenzó a conocer a los circunstantes y a hablarles.

Inmediatamente hice que Andrés aflojara las vendas y cerrara las cisu-
370 ras, lo que no costó poco trabajo, tales fueron de prolongadas.

Después hice que se le untase vino blanco en el cerebro y pulsos, que se le confortara el estómago por dentro con atole de huevos y por fuera con una tortilla de los mismos, condimentada con aceite rosado, vino, culantro y cuantas porquerías se me antojaron; encargando mucho que no lo resupina-
375 ran.[52]

—¿Qué es eso de resupinar, señor doctor?—preguntó la señora. Y el cura, sonriéndose, le dijo:

—Que no lo tengan boca arriba.

—Pues tatita, por Dios—siguió la matrona,—hablemos en lengua que
380 nos entendamos como la gente.

A ese tiempo, ya la niña había vuelto de su desmayo y estaba en la conversación, y luego que oyó a su madre, dijo:

—Sí, señor, mi madre dice muy bien; sepa usted que por eso me privé endenantes,[53] porque como empezó a rezar aquello que los padres les cantan
385 a los muertos cuando los entierran, pensé que ya se había muerto mi padrecito y que usted le cantaba la vigilia.

Rióse el cura de gana por la sencillez de la niña y los demás lo acompañaron, pues ya todos estaban contentos al ver al señor alcabalero fuera de riesgo, tomando su atole y platicando muy sereno como uno de tantos.

390 Le prescribí su régimen para los días sucesivos, ofreciéndome a continuar su curación hasta que estuviera enteramente bueno.

Me dieron todos las gracias, y al despedirme, la señora me puso en la mano una onza de oro, que yo la juzgué peso en aquel acto, y me daba al diablo de ver mi acierto tan mal pagado; y así se lo iba diciendo a Andrés, el que
395 me dijo:

—No, señor; no puede ser plata, sobre que a mí me dieron cuatro pesos.

En efecto, dices bien—le contesté. Y acelerando el paso llegamos a la casa donde vi que era una onza de oro amarilla como un azafrán refino.

Preguntas

1. ¿Por qué Lizardi utilizó el modelo picaresco? ¿En qué aspectos se distancia su obra de este género?

---

51. Recipientes pequeños.   53. Antes.
52. No ponerlo de espaldas.

2. El neoclasicismo indica que la literatura debe "enseñar deleitando". ¿Cumple Lizardi con este postulado en *El Periquillo*?

3. ¿En qué medida introduce Lizardi elementos innovadores y subversivos con respecto a la tradición literia y a la sociedad de su época?

4. ¿Qué recursos literarios utiliza el autor para presentar a Periquillo?

5. ¿Cuál es la crítica más severa que Lizardi le hace a la sociedad mexicana en este capítulo?

ANDRES BELLO

(1781, Caracas, Venezuela–1865, Santiago, Chile)

———————————

———————————

———————————

———————————

———————————

———————————

Andrés Bello es considerado el padre intelectual de las nuevas repúblicas americanas. Maestro de Simón Bolívar (1783–1830), fue enviado a Londres (1810) por las fuerzas revolucionarias para recaudar fondos a favor de la causa libertaria y establecer contacto con influyentes políticos europeos. La etapa londinense de Bello (1810–29) fue decisiva en su formación literaria. Allí conoció a los liberales españoles exiliados José Joaquín de Mora (1783–1864) y Blanco White [José María Blanco y Crespo] (1775–1841), y a destacados literatos ingleses. Allí fundó las revistas *Biblioteca Americana* (1823) y *Repertorio Americano* (1826–27) con el propósito de dar a conocer la cultura hispánica y, a su vez, difundir las nuevas ideas europeas en América. Allí comenzó a reunir los datos que culminarían en sus estudios sobre el *Poema del Mío Cid.*

A pedido del gobierno chileno, viajó a ese país (1829) donde impulsó la vida intelectual, reformó el sistema educacional y fundó la universidad de la cual fue elegido rector en 1843. En Chile, Bello y sus discípulos sostuvieron una polémica (1842) con jóvenes argentinos exiliados por el dictador Juan Manuel Rosas (1793–1877). Capitaneados por Juan Bautista Alberdi (1810–84) y por Domingo F. Sarmiento (1811–88), futuro presidente de su país, postulaban ellos la independencia política y cultural de España. Equivocadamente veían a Bello, defensor de la unidad lingüística entre España e Hispanoamérica y autor de *Gramática de la lengua castellana* (1847), como una figura académica, apegada a las reglas y al orden. En verdad el educador venezolano y los exaltados argentinos, no estaban muy alejados en sus propuestas sobre el futuro cultural hispanoamericano. Así pareció admitirlo después el romántico argentino Esteban Echeverría (1805–51) cuando reconoció la necesidad de cuidar y enriquecer el castellano sin alterar su esencia. Recogida en periódicos santiaguinos, la polémica es representativa de una lucha generacional. Al mismo tiempo, anuncia el futuro auge del romanticismo de filiación francesa.

Filólogo, jurisconsulto, poeta, crítico literario, gramático, maestro, periodista y ensayista, por la profundidad y la amplitud de su saber Bello es un humanista en el exacto sentido de la palabra. Su temperamento equilibrado lo hace más neoclásico que romántico; sin embargo, nunca fue intransigente. Familiarizado con los postulados del romanticismo desde su residencia en Londres, el venezolano abrazó el culto a la libertad, tan central al credo romántico.

De entre sus creaciones poéticas, es imprescindible conocer la "Alocución a la poesía" (1823) y "La agricultura de la zona tórrida" (1826), publicadas respectivamente en *Biblioteca Americana* y *Repertorio Americano* e iniciadoras de la tradición descriptiva en la lírica continental. La primera, considerada como declaración de la independencia intelectual de Hispanoamérica, se abre con una invitación a la Poesía para que abandone la vieja Europa y se establezca en América; en la segunda, inicialmente parte del proyectado poema "América", predomina la intención moral cuando el poeta subraya cómo la agricultura puede ser ayuda y defensa de las nuevas repúblicas. La nota descriptiva y utilitaria se hace presente cuando Bello menciona diferentes tipos de productos agrícolas destacando sus características y su valor comercial. Siguiendo el tema horaciano de "menosprecio de corte y alabanza de aldea", condena los vicios de la corrompida ciudad mientras exalta las virtudes sencillas del campo. Bello abandona en esta composición toda referencia mitológica. El poeta ofrece una visión objetiva de la naturaleza enriqueciendo la poesía con imágenes americanas. Por eso se ha observado que esta silva bien podría considerarse antecesora del *Canto General* (1950) del chileno Pablo Neruda (ver pp. 415–25).

Las dos silvas tuvieron gran impacto en la literatura hispanoamericana pues el argentino Juan María Gutiérrez (1809–78), compilador de *América poética,* la primera antología continental que comenzó a publicarse en Chile en 1846, abrió la colección con la "Alocución" y recogió toda "La agricultura". Esta última composición dio lugar a una corriente de poetas que cantaron la flora y fauna de su región usando y abusando de las voces locales. Imitadores en muchos casos poco talentosos, olvidaron el sentido moral del poema de Bello así como su énfasis en lo universal.

Andrés Bello representa la época de transición entre el neoclasicismo y el romanticismo. Rechazó los excesos románticos tanto como la imitación servil de los clásicos.

Bibliografía mínima

Caldera, Rafael. *Andrés Bello*. Trad. John Street. Londres: George Allen-Uwin, 1977.
Chang-Rodríguez, Eugenio. "Andrés Bello: ¿neoclásico romántico o precursor del modernismo?" *Memoria del XX Congreso del Instituto Internacional de Literatura Iberoamericana*. Ed. Mátyás Horányi. Budapest: Universidad Eötvös Lorand, 1982. 109–20.
Ghiano, Juan Carlos. *Análisis de las silvas americanas de Bello*. Buenos Aires: Centro Editor de América Latina, 1967.
González Boixo, José Carlos. "Andrés Bello". *Del neoclasicismo al modernismo*. Coord. Luis Iñigo Madrigal. Madrid: Cátedra, 1987. Vol. 2 de *Historia de la literatura hispanoamerica*. 2 Vols. 1982–87. 297–308.
Grases, Pedro. Prólogo. *Obra literaria*. De Andrés Bello. Ed. Pedro Grases. Caracas: Biblioteca Ayacucho, 1981.
Rodríguez Monegal, Emir. *El otro Andrés Bello*. Caracas: Monte Avila, 1969.

La agricultura de la zona tórrida[1]

¡Salve,[2] fecunda zona,
que al sol enamorado circunscribes
el vago curso, y cuanto ser se anima
en cada vario clima,
5   acariciada de su luz, concibes!

Tú tejes al verano su guirnalda
de granadas espigas; tú la uva
das a la hirviente cuba;[3]
no de purpúrea fruta, roja o gualda,
10   a tus florestas bellas
falta matiz alguno; y bebe en ellas
aromas mil el viento;
y greyes van sin cuento
paciendo tu verdura, desde el llano
15   que tiene por lindero el horizonte,
hasta el erguido monte,
de inaccesible nieve siempre cano.

Tú das la caña hermosa
de do la miel se acendra,[4]
20   por quien desdeña el mundo los panales;
tú en urnas de coral cuajas la almendra
que en la espumante jícara[5] rebosa[6];
bulle carmín viviente en tus nopales,
que afrenta fuera al múrice de Tiro,[7]
25   y de tu añil la tinta generosa
émula[8] es de la lumbre del zafiro.
El vino es tuyo, que la herida agave[9]
para los hijos vierte
del Anáhuac[10] feliz; y la hoja es tuya,
30   que, cuando de süave

1. El poema es una silva donde hay versos heptasílabos (7 sílabas) y endecasílabos (11 sílabas) combinados arbitrariamente.
2. Saludo usado en poesía. Algunos críticos han notado que este verso se asemeja al "Salve magna parens frugrum..." de las *Geórgicas* de Virgilio.
3. Recipiente hecho de madera usado para fermentar bebidas.
4. Se purifica.
5. Recipiente pequeño hecho de calabaza o güira.
6. Se refiere al cacao.
7. La cochinilla, molusco de donde se sacaba la púrpura.
8. Enemiga, rival.
9. Maguey o pita, planta de donde se saca el pulque, bebida con cierto contenido de alcohol muy gustada en México.
10. Nombre dado por los aztecas al valle de México.

humo en espiras vagarosas huya,
solazará el fastidio al ocio inerte.
Tú vistes de jazmines
el arbusto sabeo[11]
35 y el perfume le das que en los festines
la fiebre insana templará a Lieo.[12]
Para tus hijos la procera[13] palma
su vario feudo cría,
y el ananás[14] sazona su ambrosía;
40 su blanco pan la yuca,
sus rubias pomas la patata educa,
y el algodón despliega al aura leve
las rosas de oro y el vellón de nieve.
Tendida para ti la fresca parcha[15]
45 en enramadas de verdor lozano,
cuelga de sus sarmientos trepadores
nectáreos globos y franjadas flores;
y para ti el maíz, jefe altanero
de la espigada tribu, hinche su grano;
50 y para ti el banano
desmaya al peso de su dulce carga;
el banano, primero
de cuantos concedió bellos presentes
Providencia a las gentes
55 del Ecuador feliz, con mano larga.
No ya de humanas artes obligado
el premio rinde ópimo;[16]
no es a la podadera, no al arado,
deudor de su racimo:
60 escasa industria bástale, cual puede
hurtar a sus fatigas mano esclava:
crece veloz, y cuando exhausto acaba,
adulta prole en torno le sucede.

    Mas, ¡oh, si cual no cede
65 el tuyo, fértil zona, a suelo alguno,
y como de natura esmero ha sido,
de tu indolente habitador lo fuera!

---

11. Café; se le llamaba así porque el mejor café solía venir del Reino de Saba.
12. Lieo: otro nombre para Baco, dios del vino.
13. Alta.
14. Piña.
15. Planta también conocida como "pasionaria".
16. Abundante.

¡Oh, si al falaz[17] ruido
la dicha al fin supiese verdadera
70 anteponer, que del umbral le llama
del labrador sencillo,
lejos del necio y vano
fausto, el mentido brillo,
el ocio pestilente ciudadano!
75 ¿Por qué ilusión funesta
aquellos que fortuna hizo señores
de tan dichosa tierra y pingüe[18] y varia,
al cuidado abandonan
y a la fe mercenaria
80 las patrias heredades,
y en el ciego tumulto se aprisionan
de míseras ciudades,
do la ambición proterva
sopla la llama de civiles bandos,
85 o al patriotismo la desidia enerva;
do el lujo las costumbres atosiga,
y combaten los vicios
la incauta edad en poderosa liga?
No allí con varoniles ejercicios
90 se endurece el mancebo a la fatiga;
mas la salud estraga en el abrazo
de pérfida hermosura
que pone en almoneda[19] los favores;
mas pasatiempo estima
95 prender aleve en casto seno el fuego
de ilícitos amores;
o embebecido le hallará la aurora
en mesa infame de ruinoso juego.
En tanto a la lisonja seductora
100 del asiduo amador fácil oído
da la consorte: crece
en la materna escuela
de la disipación y el galanteo
la tierna virgen, y al delito espuela
105 es antes el ejemplo que el deseo.
¿Y será que se formen de ese modo
los ánimos heroicos, denodados
que fundan y sustentan los Estados?

17. Engañoso.
18. Abundante.

19. Subasta pública.

¿De la algazara del festín beodo,
110 o de los coros de liviana danza,
la dura juventud saldrá, modesta,
orgullo de la patria y esperanza?
¿Sabrá con firme pulso
de la severa ley regir el freno;
115 brillar en torno aceros homicidas
en la dudosa lid verá sereno;
o animoso hará frente al genio altivo
del engreído mando en la tribuna,
aquel que ya en la cuna
120 durmió al arrullo del cantar lascivo,
que riza el pelo, y se unge y se atavía
con femenil esmero,
y en indolente ociosidad el día,
o en criminal lujuria pasa entero?
125 No así trató la triunfadora Roma
las artes de la paz y de la guerra;
antes fió las riendas del Estado
a la mano robusta
que tostó el sol y encalleció el arado;
130 y bajo el techo humoso campesino
los hijos educó, que el conjurado
mundo allanaron al valor latino.
     ¡Oh, los que afortunados poseedores
habéis nacido de la tierra hermosa
135 en que reseña hacer de sus favores
como para ganaros y atraeros
quiso Naturaleza bondadosa!
Romped el duro encanto
que os tiene entre murallas prisioneros.
140 El vulgo de las artes laborioso,
el mercader que necesario al lujo
al lujo necesita,
los que anhelando van tras el señuelo
del alto cargo y del honor ruidoso,
145 la grey de aduladores parasita,[20]
gustosos pueblen ese infecto caos;
el campo es vuestra herencia: en él gozaos.
¿Amáis la libertad? El campo habita:
no allá donde el magnate

20. Hoy día se usa parásita.

150   entre armados satélites se mueve,
      y de la moda, universal señora,
      va la razón al triunfal carro atada,
      y a la fortuna la insensata plebe,
      y el noble al aura popular adora.
155   ¿O la virtud amáis? ¡Ah, que el retiro,
      la solitaria calma
      en que, juez de sí misma, pasa el alma
      a las acciones muestra,
      es de la vida la mejor maestra!
160   ¿Buscáis durables goces,
      felicidad, cuanta es al hombre dada
      y a su terreno asiento, en que vecina
      está la risa al llanto, y siempre, ¡ah!, siempre
      donde halaga la flor punza la espina?
165   Id a gozar la suerte campesina;
      la regalada paz, que ni rencores
      al labrador, ni envidias acibaran;
      la cama que mullida le preparan
      el contento, el trabajo, el aire puro;
170   y el sabor de los fáciles manjares
      que dispendiosa gula no le aceda;
      y el asilo seguro
      de sus patrios hogares
      que a la salud y regocijo hospeda.
175   El aura repirad de la montaña,
      que vuelve al cuerpo laso
      el perdido vigor, que a la enojosa
      vejez retarda el paso,
      y el rostro a la beldad tiñe de rosa.
180   ¿Es allí menos blanda por ventura
      de amor la llama, que templó el recato?
      ¿O menos aficiona la hermosura
      que de extranjero ornato
      y afeites impostores no se cura?
185   ¿O el corazón escucha indiferente
      el lenguaje inocente
      que los afectos sin disfraz expresa,
      y la intención ajusta la promesa?
      No del espejo al importuno ensayo
190   la risa se compone, el paso, el gesto;
      ni falta allí carmín al rostro honesto
      que la modestia y la salud colora;

ni la mirada que lanzó al soslayo
tímido amor, la senda al alma ignora.
195 ¿Esperaréis que forme
más venturosos lazos himeneo,
do el interés barata,
tirano del deseo
ajena mano y fe por nombre o plata,
200 que do conforme gusto, edad conforme,
y elección libre y mutuo ardor los ata?
    Allí también deberes
hay que llenar: cerrad, cerrad las hondas
heridas de la guerra,[21] el fértil suelo,
205 áspero ahora y bravo,
al desacostumbrado yugo torne
del arte humana, y le tribute esclavo.
Del obstruido estanque y del molino
recuerden ya las aguas el camino;
210 el intrincado bosque el hacha rompa,
consuma el fuego; abrid en luengas calles
la oscuridad de su infructuosa pompa.
Abrigo den los valles
a la sedienta caña;
215 la manzana y la pera
en la fresca montaña
el cielo olviden de su madre España;
adorne la ladera
el cafetal; ampare
220 a la tierna teobroma[22] en la ribera
la sombra maternal de su bucare,[23]
aquí el vergel, allá la huerta ría...
¿Es ciego error de ilusa fantasía?
Ya dócil a tu voz, Agricultura,
225 nodriza de las gentes, la caterva
servil armada va de corvas hoces;
mírola ya que invade la espesura
de la floresta opaca; oigo las voces;
siento el rumor confuso, el hierro suena,
230 los golpes el lejano
eco redobla; gime el ceibo anciano,

---

21. Referencias a las guerras por la Independencia.
22. Cacao; alude al nombre latino (Theo-broma cacao) de esta planta.
23. Arbol que en Venezuela se usa para proteger del sol a los plantíos de café y cacao.

que a numerosa tropa
largo tiempo fatiga:
batido de cien hachas se estremece,
235 estalla al fin, y rinde el ancha copa.
Huyó la fiera; deja el caro nido,
deja la prole implume
el ave, y otro bosque no sabido
de los humanos va a buscar doliente...
240 ¿Qué miro? Alto torrente
de sonorosa llama
corre, y sobre las áridas ruinas
de la postrada selva se derrama.
El raudo incendio a gran distancia brama,
245 y el humo en negro remolino sube,
aglomerando nube sobre nube.
Ya, de lo que antes era
verdor hermoso y fresca lozanía,
sólo difuntos troncos,
250 sólo cenizas quedan: monumento
de la dicha mortal, burla del viento.
Mas al vulgo bravío
de las tupidas plantas montaraces,
sucede ya el fructífero plantío
255 en muestra ufana de ordenadas haces.
Ya ramo a ramo alcanza,
y a los rollizos hurta el día;
ya la primera flor desvuelve el seno,
bello a la vista, alegre a la esperanza:
260 a la esperanza, que riendo enjuga
del fatigado agricultor la frente,
y allá a lo lejos el ópimo fruto
y la cosecha apañadora pinta,
que lleva de los campos el tributo,
265 colmado el cesto y con la falda en cinta;
y bajo el peso de los largos bienes
con que al colono acude,
hacer crujir los vastos almacenes.
¡Buen Dios! No en vano sude,
270 mas a merced y a compasión te mueva
la gente agricultora
del Ecuador, que del desmayo triste
con renovado aliento vuelve ahora,
y tras tanta zozobra, ansia, tumulto,

275 tantos años de fiera
    devastación y militar insulto,
    aun más que tu clemencia antigua implora.
    Su rústica piedad, pero sincera,
    halle a tus ojos gracia: no el risueño
280 porvenir que las penas le aligera,
    cual de dorado sueño
    visión falaz, desvanecido llore;
    intempestiva lluvia no maltrate
    el delicado embrión; el diente impío
285 de insecto roedor no lo devore;
    sañudo vendaval no lo arrebate,
    ni agote al árbol el materno jugo
    la calorosa sed de largo estío.
    Y pues al fin te plugo,
290 Arbitro de la suerte soberano,
    que, suelto el cuello de extranjero yugo,
    irguiese al cielo el hombre americano,
    bendecida de Ti se arraigue y medre
    su libertad; en el más hondo encierra
295 de los abismos la malvada guerra,
    y el miedo de la espada asoladora
    al suspicaz cultivador no arredre
    del arte bienhechora
    que las familias nutre y los Estados;
300 la azorada inquietud deje las almas,
    deje la triste herrumbre los arados.
    Asaz de nuestros padres malhadados
    espiamos la bárbara conquista.
    ¿Cuántas doquier la vista
305 no asombran erizadas soledades
    do cultos campos fueron, do ciudades?
    De muertes, proscripciones,
    suplicios, orfandades,
    ¿quién contará la pavorosa suma?
310 Saciadas duermen ya de sangre ibera
    la sombras de Atahualpa[24] y Moctezuma.[25]
    ¡Ah!, desde el alto asiento
    en que escabel[26] te son alados coros

---

24. Atahualpa: soberano inca apresado y ejecutado (1533) por orden de Francisco Pizarro, conquistador del Perú.

25. Moctezuma (1466–1520): emperador azteca que se sometió a los españoles.
26. Banquito para poner los pies.

que velan en pasmado acatamiento
315 la faz ante la lumbre de tu frente
—si merece por dicha una mirada
tuya, la sin ventura humana gente—,
el ángel nos envía
el ángel de la Paz, que al crudo ibero
320 haga olvidar la antigua tiranía
y acatar reverente el que a los hombres
sagrado diste, imprescriptible fuero;
que alargar le haga al injuriado hermano
(¡ensangrentóla asaz!) la diestra inerme;
325 y si la innata mansedumbre duerme,
la despierte en el pecho americano.
El corazón lozano
que una feliz oscuridad desdeña,
que en el azar sangriento del combate
330 alborozado late,
y codicioso de poder o fama,
nobles peligros ama;
baldón estime sólo y vituperio
el prez que de la Patria no reciba,
335 la libertad más dulce que el imperio
y más hermosa que el laurel la oliva.
Ciudadano el soldado,
deponga de la guerra la librea:
el ramo de victoria
340 colgado al ara de la Patria sea,
y sola adorne al mérito la gloria.
De su triunfo entonces, Patria mía,
verá la Paz el suspirado día;
la Paz, a cuya vista el mundo llena
345 alma serenidad y regocijo:
vuelve alentado el hombre a la faena,
alza el ancla la nave, a las amigas
auras encomendándose animosa,
enjámbrase el taller, hierve el cortijo
350 y no basta la hoz a las espigas.

¡Oh jóvenes Naciones, que ceñida
alzáis sobre el atónito occidente
de tempranos laureles la cabeza!
Honrad el campo, honrad la simple vida
355 del labrador, y su frugal llaneza.

Así tendrán en vos perpetuamente
la libertad morada,
y freno la ambición, y la ley templo.
Las gentes a la senda
360 de la inmortalidad, ardua y fragosa,
se animarán, citando vuestro ejemplo.
Lo emulará celosa
vuestra posteridad; y nuevos nombres
añadiendo la fama
365 a los que ahora aclama,
"Hijos son éstos, hijos
—pregonará a los hombres—
de los que vencedores superaron
de los Andes la cima:
370 de los que en Boyacá, los que en la arena
de Maipo, y en Junín,[27] y en la campaña
gloriosa de Apurima,[28]
postrar supieron al león de España."

Autonomía cultural de América

Nuestra juventud ha tomado con ansia el estudio de la historia; acabamos de ver pruebas brillantes de sus adelantamientos en ella; y quisiéramos que se penetrase bien de la verdadera misión de la historia para estudiarla con fruto.

5 Quisiéramos sobre todo precaverla de una servilidad excesiva a la ciencia de la civilizada Europa.

Es una especie de fatalidad la que subyuga las naciones que empiezan a las que las han precedido. Grecia avasalló a Roma; Grecia y Roma, a los pueblos modernos de Europa, cuando en ésta se restauraron las letras; y nosotros 10 somos ahora arrastrados más allá de lo justo por la influencia de la Europa, a quien—al mismo tiempo que nos aprovechamos de sus luces—debiéramos imitar en la independencia del pensamiento [...]

Es preciso además no dar demasiado valor a nomenclaturas filosóficas: generalizaciones que dicen poco o nada por sí mismas al que no ha contem-

27. Batallas decisivas en la guerra por la independencia latinoamericana: Maipú (1818), Boyacá (1819) y Junín (1824).
28. Apurimac: río cercano a Ayacucho, campo donde se libró la batalla del mismo nombre (1824) que selló la independencia del continente.

15 plado la naturaleza viviente en las pinturas de la historia y, si ser puede, en los
historiadores primitivos y originales. No hablamos aquí de nuestra historia
solamente sino de todas. ¡Jóvenes chilenos! Aprended a juzgar por vosotros
mismos; aspirad a la independencia del pensamiento. Bebed en las fuentes; a
lo menos en los raudales más cercanos a ellas. El lenguaje mismo de los histo-
20 riadores originales, sus ideas, hasta sus preocupaciones y sus leyendas fabulosas, son una parte de la historia, y no la menos instructiva y verídica. ¿Queréis, por ejemplo, saber qué cosa fue el descubrimiento y conquista de América? Leed el diario de Colón, las cartas de Pedro de Valdivia,[29] las de Hernán
Cortés. Bernal Díaz[30] os dirá mucho más que Solís[31] y Robertson.[32] Interrogad
25 a cada civilización en sus obras; pedid a cada historiador sus garantías. Esa es
la primera filosofía que debemos aprender de la Europa.

Nuestra civilización será también juzgada por sus obras; y si se la ve copiar servilmente a la europea aun en lo que ésta no tiene de aplicable, ¿cuál
será el juicio que formará de nosotros un Michelet,[33] un Guizot?[34] Dirán: la
30 América no ha sacudido aún sus cadenas; se arrastra sobre nuestras huellas
con los ojos vendados; no respira en sus obras un pensamiento propio, nada
original, nada característico; remeda las formas de nuestra filosofía y no se
apropia su espíritu. Su civilización es una planta exótica que no ha chupado
todavía sus jugos a la tierra que la sostiene.

El Araucano, 1848

Preguntas

1. ¿Cómo relaciona Bello en "La agricultura" el tema de la naturaleza
con sus preocupaciones acerca del futuro de los pueblos hispanoamericanos?
2. ¿Por qué exalta el poeta las virtudes de la vida en el campo?
3. ¿En la descripción de la selva americana, es Bello clásico o romántico?
4. ¿Cuál es la importancia del poema en la literatura hispanoamericana?
5. Según Bello, ¿cómo pueden lograr las naciones su autonomía cultural?

29. Pedro de Valdivia (1510–69): conquistador de Chile.
30. Bernal Díaz del Castillo: ver pp. 24–35.
31. Antonio Solís (1610–86): historiador y
poeta español que escribió *Historia de la
conquista de Méjico.*
32. William Robertson (1721–93): historiador

escocés, autor de, entre otras obras, *Historia
de América.*
33. Jules Michelet (1798–1874): historiador
francés muy famoso por su *Historia de Francia.*
34. François Guizot (1787–1874): estadista y
escritor francés.

2. BUSQUEDA DE LA EMANCIPACION CULTURAL

(1825–1882)

2.1 Política y literatura

Las ideas del filósofo Descartes y, más tarde, de los enciclopedistas* Diderot, D'Alambert, Montesquieu, Rosseau y Voltaire contribuyeron a desarrollar el pensamiento revolucionario del Siglo de las Luces* en Francia. La división de los poderes, la doctrina de la soberanía popular y el rechazo a la monarquía absoluta, llegaron a España y, a través de viajeros y contrabandistas, se difundieron en Hispanoamérica. El neoclásico español Benito Jerónimo Feijoo (1675–1764) contribuyó también a la difusión de las nuevas ideas ya criticando, ya aprobando algunos de estos postulados en sus escritos. Los aportes ingleses expresados en la filosofía de Hobbes, Locke y Hume y las contribuciones científicas de Newton, le otorgaron una sólida base al pensamiento ilustrado. Cuando en 1776 las trece colonias inglesas en Norteamérica se declararon independientes y las ideas de Jefferson y Franklin se difundieron en el continente, los liberales hispanoamericanos discutieron y analizaron con pasión las consecuencias de acontecimientos tan cercanos. El triunfo de la Revolución Francesa (1789) y la Declaración de los Derechos del Hombre atizaron el deseo de independencia política entre los sectores progresistas de Hispanoamérica.

Ya a lo largo del siglo XVIII rebeliones como la de José de Antequera en Paraguay, Tupac Amaru en Perú y los comuneros de Zipaquirá, cerca de Bogotá, habían mostrado insatisfacción y resentimiento contra el gobierno español. La invasión napoleónica de la Península Ibérica (1807), y las reuniones en cabildo* abierto en las diferentes capitales hispanoamericanas para rechazar esta invasión y apoyar a Fernando VII, quien al ascender al trono (1813) gobernó como monarca absolutista, contribuyeron a precipitar el estallido independentista.

Sin embargo, la independencia no trajo a las jóvenes repúblicas ni la paz ni la justicia anhelada por los patriotas. A la época bélica siguió un agitado período de turbulencia política y social. Muchas veces los antiguos generales del ejército libertador se convirtieron en caudillos y hasta hubo uno, el mexicano Agustín de Iturbide (1783–1824), que llegó a hacerse coronar emperador apoyado por sus partidarios. La dictadura se convirtió en forma de gobierno prevaleciente y así lo prueban los regímenes de José Gaspar Rodríguez Francia (1814–40) en Paraguay, Juan Manuel de Rosas (1835–52) en Argentina y Gabriel García Moreno (1861–75) en Ecuador. Hubo conflictos bélicos internos ejemplificados por las luchas civiles argentinas entre los defensores de la autonomía de las provincias y los propugnadores de la hegemonía de la ciudad de Buenos Aires, guerras entre las nuevas repúblicas, como las dos de Chile contra Perú y Bolivia (1836 y 1879–83), y luchas armadas entre las nuevas repúblicas latinoamericanas y las potencias europeas deseosas de ocupar el vacío dejado por España. Francia ideó un plan para contrarrestar el imperialismo norteamericano e impuso a Maximiliano de Hapsburgo (1832–67) como emperador de México. En el Caribe continuó la lucha por la independencia política. En Cuba, por ejemplo, en el siglo XIX los levantamientos patrióticos fueron duramente reprimidos por las autoridades coloniales.

En esta etapa de formación y búsqueda de la personalidad nacional llegó a Hispanoamérica el romanticismo* europeo surgido mayormente en Alemania, Francia e Inglaterra a fines del siglo XVIII. El nuevo movimiento literario, con su énfasis en la originalidad, en el individualismo y en el liberalismo político y literario, ganó fácilmente adeptos. Entre los seguidores se encontraban jóvenes intelectuales, deseosos de encontrar una nueva senda cultural para las nacientes repúblicas. Algunos querían romper totalmente con España para proclamar la independencia literaria, se conformaron empero con imitar a los románticos franceses. Esta exaltación, sin embargo, fue pasajera. Poco a poco los escritores fueron adaptando las nuevas ideas y apropiándose de ellas para crear obras, que si bien estaban marcadas por el romanticismo, mostraban la diversidad cultural del continente y el genio de sus creadores.

2.2 El romanticismo en Europa

En términos generales los románticos auspiciaban 1) la vuelta a la naturaleza donde, según el precursor Rousseau (1712–78), el hombre podía desarrollar su bondad natural—de ahí el culto al "buen salvaje", la atención al campo y la admiración por los héroes; 2) la suprema individualidad de cada artista; y 3) el predominio de los sentimientos y las emociones sobre el intelecto y la razón.

2.2.1 Alemania.
En Alemania el camino para la recepción de estas ideas lo preparó hacia 1770 el movimiento prerromántico del "Sturm und Drang"* ("tempestad e impulso"), fuerte reacción contra el racionalismo y el clasicismo, mezclada con un gran interés en el estudio del pasado medieval. Los hermanos Friedrich (1772–1829) y August Wilhelm (1767–1845) von Schlegel fueron los teóricos y difusores más importantes del romanticismo en ese país. El primero acuñó el término romanticismo cuando lo usó en oposición a clasicismo; el segundo subrayó la importancia del dramaturgo Calderón

de la Barca para el teatro español en particular y el europeo en general. Sus ideas se dieron a conocer en España por la traducción que hizo el hispanista alemán Johann Nikolaus Böhl von Faber (1770–1863) (padre de la novelista Fernán Caballero [Cecilia Böhl von Faber, 1796–1877]), de las *Reflexiones de Schlegel sobre el teatro* (1814).

Entre los románticos alemanes más influyentes están el poeta y dramaturgo Schiller (1759–1805), Goethe (1749–1832), autor del drama filosófico *Fausto,* y especialmente J. G. Herder (1744–1803), quien con sus tesis sobre la espontaneidad de la poesía y la singularidad del espíritu de cada pueblo (*Volkgeist*)* se convirtió en el teórico más reconocido del movimiento.

2.2.2 *Inglaterra*. La publicación en 1798 de *Lyrical Ballads* de los poetas "lakistas" Wordsworth (1770–1850) y Coleridge (1772–1834), señala el comienzo del romanticismo inglés. En el prólogo a la segunda edición de esta obra, los autores hacen hincapié en la poesía como resultado de emociones poderosas, la importancia de la lengua común y el predominio de los sentimientos del artista sobre las reglas arbitrarias. Siguiendo estos postulados, Byron (1788–1824), Shelley (1792–1822) y Keats (1795–1821) entre otros poetas, expresaron en versos armoniosos y de acento melancólico su reacción personal ante diferentes acontecimientos. Como los alemanes, los románticos ingleses veían el pasado medieval como una época misteriosa, heroica y llena de aventuras, tal y como Walter Scott (1771–1832) lo representó en *Ivanhoe* y otras novelas históricas.

2.2.3 *Francia*. El credo de los románticos franceses fue expresado por Victor Hugo en el prefacio de su drama *Cromwell* (1828) y lo reconfirmó en el estreno de *Hernani* (1830). En su famosa frase "El romanticismo es el liberalismo en la literatura", el francés proclamó el derecho del artista a escoger y desarrollar sus temas. La modalidad romántica francesa con su énfasis en la libertad creadora y política, fue la que más influyó entre los jóvenes intelectuales hispanoamericanos, especialmente en la cuenca del Plata (Argentina y Uruguay). Estos autores imitaron aspectos del romanticismo tales como el trágico fin, poder descriptivo y tono melancólico de relatos como *Atala* (1801) y *René* (1802) de Chateaubriand (1768–1848), y la interpretación del sentimiento de la naturaleza de *Paul et Virgine* (1788) de Bernardin de Saint Pierre (1739–1814). Sobresalen también por su aceptación en Hispanoamérica el poeta Lamartine (1790–1869), autor de *Meditaciones,* Vigny (1797–1863), cuyo tema principal fue la soledad del genio creador, y el sombrío Musset (1810–57).

2.2.4 *Italia*. Manzoni (1785–1873), autor de la novela histórica *Los novios,* y el poeta y novelista Foscolo (1778–1827) se encuentran entre los pocos románticos italianos conocidos en Hispanoamérica durante aquella época.

2.2.5 *España.* El movimiento comenzó como una reacción contra el neoclasicismo. Las ideas del romanticismo inglés se propagaron cuando regresaron a España los exiliados liberales, refugiados en Inglaterra durante el reinado absolutista de Fernando VII (1808–33). Su retorno trajo consigo el apogeo de la nueva escuela literaria y del liberalismo político que forjó la Primera República española (1873). Como se observó antes, Fernán Caballero propagó en España las ideas del grupo alemán. A esta difusión contribuyó también *El Europeo* (1823–24), periódico de Barcelona donde aparecieron traducciones de Byron, Schiller y Scott.

Los románticos españoles más destacados son los poetas Espronceda (1808–42), autor de la famosa "Canción del pirata", Bécquer (1836–70), cuyas rimas aportan el acento íntimo y emotivo, y Campoamor (1817–1901), conocido por sus "doloras" y "humoradas"; los dramaturgos Angel de Saavedra, Duque de Rivas (1791–1865), cuyo *Don Alvaro o la fuerza del sino* es una de las obras más representativas del romanticismo español, y José Zorrilla (1817–92), autor de *Don Juan Tenorio,* drama inspirado en una antigua leyenda. En cuanto a la prosa, sobresalen Larra (1809–37), quien se dio a conocer con artículos de costumbres firmados con los seudónimos de "El pobrecito hablador" y "Fígaro", y Espronceda, también famoso por su novela histórica *Sancho Saldaña o El castellano de Cuéllar.*

Una modalidad que se desarrolló con éxito dentro del romanticismo español y después en el hispanoamericano fue la costumbrista. En España, Larra, Mesonero Romanos (1803–82) y Estébanez Calderón (1799–1867) lograron maestría singular en la descripción de tipos y costumbres regionales. Entre los escritores hispanoamericanos influidos por el costumbrismo a lo largo del siglo XIX se encuentran el chileno José Joaquín Vallejo (1811–58) que usó el seudónimo de "Jotabache", el mexicano Guillermo Prieto (1818–97), creador de tipos urbanos y rurales, el peruano Ricardo Palma (1833–1919), cuyas "tradiciones"[*] sobrepasan el marco costumbrista, y el argentino José S. Alvarez (1858–1903), más conocido como "Fray Mocho". Muchas veces sus narraciones sirvieron como pretexto para señalar males sociales. Algunos críticos sostienen que estos relatos breves, al volverse más complejos y anecdóticos, se convirtieron en eslabones importantes en el desarrollo del cuento. Otros, en cambio, destacan las diferencias entre el cuadro de costumbres y el cuento. El primero presenta una realidad muy específica, con gran afán didáctico y detallista; el segundo hace hincapié en la búsqueda de efectos y en lo anecdótico.

En cuanto al papel protagónico de los indígenas y la recreación directa de la naturaleza, es imprescindible reconocer la influencia de *The Spy* (1821), *The Pioneers* (1823) y *The Last of the Mohicans* (1826) de James Fenimore Cooper (1789–1851). Las novelas de "el Walter Scott de América" subrayan temas como la destrucción del indio, las consecuencias de la imposición de normas occidentales en la población nativa y el heroísmo de los indígenas que, conjuntamente con los aportes del autor francés Chateaubriand, marcarían las novelas indianistas hispanoamericanas.

En suma, los preceptos románticos se manifestaron en la obra literaria en el culto al individualismo y la libertad creadora, el predominio de las emociones, la utilización de la naturaleza para reflejar los sentimientos del artista, el deseo de libertad política, el interés en lo popular, la vuelta al pasado y el gusto por lo típico y pintoresco.

2.3 Los viajeros

En 1810 Andrés Bello (ver pp. 102–14) fue enviado a Londres como comisionado de la junta de gobierno patriota de Venezuela para conseguir fondos y aliados europeos en la lucha por la independencia. Durante su estadía en esa ciudad aparecieron importantes obras de Scott, Byron, Shelley, Keats y Wordsworth, que Bello pudo leer y apreciar pues dominaba muy bien el inglés Las traducciones de varios románticos ingleses y los relatos del español Blanco White publicados en *Biblioteca Americana* y *Repertorio Americano,* testimonian su apreciación de la nueva estética.

Más tarde, cuando Bello se instala en Chile, comenta con lucidez y autoridad los aspectos principales del romanticismo. Con tino, advirtió que las reglas no eran el objetivo del arte; reconoció también la importancia de la libertad en política y en literatura así como de la pasión en la obra creadora. Su docencia y escritos contribuyeron a difundir las nuevas ideas matizadas por él con un gusto por el equilibrio, producto de su formación clásica.

Otro viajero clave fue Esteban Echeverría. En 1825 se embarca para la capital francesa y allí permanece por cuatro años absorbiendo las últimas corrientes estéticas, políticas y filosóficas. A su regreso a Buenos Aires (1830) comienza a escribir una poesía de tono diferente, destacando los tipos, las costumbres y el paisaje locales para lograr una expresión ajustada a la realidad nacional. Por medio de tertulias y charlas, primero en el "Salón Literario", y después en la "Asociación de Mayo", Echeverría divulgó y afianzó el romanticismo de filiación francesa en su patria.

Con el exilio de los liberales argentinos que huían de la dictadura rosista, las nuevas ideas pasaron a Chile y Uruguay y se dieron a conocer en periódicos tales como *El Iniciador* (1838) en Uruguay, y *El Semanario,* creado en Chile por José V. Lastarria (1817–88). En este último país, las polémicas entre Bello, visto como un neoclásico tradicional, y Sarmiento, fogoso emigrado argentino, contribuyeron también a difundir el romanticismo. De ahí pasó a Perú, Bolivia, Ecuador y Colombia. Viajeros españoles como José Joaquín de Mora (1784–1863), Fernando Velarde (1849–92) y Zorrilla estimularon con sus escritos y charlas a los creadores hispanoamericanos.

En México, Venezuela y el Caribe el romanticismo apareció alrededor de 1830. Importante factor en este desarrollo fueron las tempranas traducciones e imitaciones que hizo el cubano José María Heredia de románticos franceses tales como Chateaubriand, ingleses como Byron y Scott, e italianos como Foscolo.

Los signos más distintivos del romanticismo hispanoamericano son el énfasis en la libertad política y literaria, la exaltación del yo, y la búsqueda de una literatura nacional. El último aspecto es de particular interés porque llevó a los escritores a preguntarse cómo Hispanoamérica se diferenciaba culturalmente de Europa. Estas discusiones condujeron al examen detenido del pasado y del presente, de la geografía y de la gente, y, como consecuencia, se idealizó el pasado ya pre-hispánico, ya colonial y se luchó con las armas y la pluma por un presente mejor; asimismo, el paisaje y los tipos nacionales—el gaucho, el indio—se incorporaron definitivamente a la literatura para mostrar lo típico del continente.

Para configurar los nuevos ambientes y personajes, algunos escritores intentaron crear una lengua diferente. Además del tradicional vocabulario romántico que incluía términos tales como: horrible, fatídico, meditabundo, delirio, ruinas, proscritos, ingresaron a la lengua literaria palabras provenientes del francés y de las lenguas indígenas, así como regionalismos. Aunque estos intentos de independencia lingüística no tuvieron mucho éxito, subrayaron la necesidad de remozar el instrumento expresivo, preocupación recogida después por los modernistas. Uno de los escritores que más contribuyó en esta dirección fue el ecuatoriano Juan Montalvo (1832–89). Su prosa lujosa y cuidada anticipa la renovación modernista.

El debate planteado por la búsqueda de la personalidad nacional y continental iniciado durante el siglo XIX por los románticos hispanoamericanos no ha terminado aún; generaciones posteriores han hecho idénticas preguntas y el tema suscita todavía intensas polémicas.

2.4 Matices del romanticismo hispanoamericano

Los críticos han señalado dos etapas bien marcadas en el desarrollo del romanticismo en Hispanoamérica. La primera abarca un período de más o menos treinta años entre 1830 y 1860 y se caracteriza por la postura exaltada, el compromiso político y el ansia de libertad. La segunda se extiende de 1860 a 1880 y muestra una actitud más íntima y contenida donde el autor expresa delicadamente sus sentimientos.

La obra poética del cubano José María Heredia (1803–39), anticipa algunas de las características de la primera etapa romántica, centrada después en Buenos Aires y conocida como "romanticismo social"[*]. Su líder indiscutible fue Esteban Echeverría quien pronto se rodeó de jóvenes liberales, opuestos a la dictadura de Rosas. Además de Echeverría, entre los más destacados cultores de esta modalidad se encuentra Domingo Faustino Sarmiento (1811–88) quien en *Civilización y barbarie o vida de Juan Facundo Quiroga*

(1845), obra que desafía la clasificación genérica, ofrece una brillante interpretación de la historia argentina aprovechando muchos de los postulados románticos.

Como se ha notado, los argentinos utilizaron la literatura para condenar y combatir al tirano Rosas. El propio Echeverría escribió "El matadero", cuento publicado en 1871 donde simultáneamente aparecen elementos románticos, realistas y naturalistas que dan como resultado una narración excepcional. Entre las novelas más conocidas de esta época está *Amalia* (1852) de José Mármol (1818–71), narración sentimental y de denuncia política donde los amantes están románticamente condenados a la separación y el sufrimiento en un Buenos Aires aterrorizado por la tiranía.

El examen de la realidad continental da lugar a dos importantes modalidades en la prosa narrativa: la novela indianista y la novela abolicionista o antiesclavista. El indianismo* idealiza la figura del indio y lo presenta como adorno literario. En la época romántica esta visión se nutrió de las ideas de Rousseau acerca del tema del "buen salvaje", corrompido por la civilización, y de libros tales como *Atala*, la famosa narración de Chateaubriand. Entre las novelas indianistas se destacan *Guatimozín* (1846) de la cubana Gertrudis Gómez de Avellaneda (1814–73) por ser la primera escrita con esta temática, y *Cumandá* (1871) relato de trama legendaria del ecuatoriano Juan León Mera (1832–94). Si bien esta última podría considerarse también como novela sentimental, su planteamiento del conflicto entre amos y siervos representa un importante eslabón en la narrativa social de defensa del indio. Esta temática alcanza luego mayor desarrollo en la novela indigenista *Aves sin nido* (1889), de la peruana Clorinda Matto de Turner.

Si la novela indianista florece sobre todo en países donde hay una numerosa población indígena, la abolicionista aparece en las Antillas, zona de alta concentración de esclavos traídos para la explotación de la caña de azúcar durante los siglos coloniales. Gertrudis Gómez de Avellaneda presenta en *Sab* (1841), publicada diez años antes que *Uncle Tom's Cabin,* las trágicas consecuencias de la esclavitud para amos y señores; su novela no es obra de tesis ni de propaganda sino exponente de una situación bien conocida por la autora. Es importante notar que en Cuba ya se habían escrito otras novelas antiesclavistas como *Petronila y Rosalía* de Félix Tanco, *Francisco* de Anselmo Suárez y Romero y *Cecilia Valdés* de Cirilo Villaverde; las tres fueron escritas antes que *Sab,* pero no se publicaron sino hasta mucho después.

En consonancia con el interés romántico por el pasado, se escriben novelas históricas evocando la época de la conquista y la colonia con tramas cargadas de intrigas, heroicidades y episodios de honor y amor. Entre las mejores se encuentra *Enriquillo* donde el autor, el dominicano Manuel de Jesús Galván; utiliza, entre otras, una de las obras históricas del padre Las Casas (ver pp. 15–23) como importante fuente documental. Sin embargo, quien recreó el pasado hispanoamericano con mayor éxito fue Ricardo Palma. Este autor peruano aprovechó el material histórico y lo mezcló con una buena dosis de ficción para dejarnos relatos marcados por el humor, la burla y el chiste, donde predomina el empleo del lenguaje popular. El crecido número de imitadores de este tipo de narración que Palma llamó "tradiciones", testimonia su aceptación en todo el continente.

La novela sentimental tiene su más conocido representante en el colombiano Jorge Isaacs (1837–95), autor de *María* (1867), trágica historia de amor donde es notable la huella de *Atala, Paul et Virginie* y *Werther,* obras típicas de la narrativa romántica europea. El puertorriqueño Eugenio María de Hostos (1839–1903) escribió una novela, *La peregrinación de Bayoán* (1863), que ha ameritado juicios disímiles. La obra tiene como tema la libertad de Puerto Rico y la unidad antillana expresadas por medio de personajes alegóricos. Hostos comparte con Montalvo el interés en la renovación del lenguaje. Visionario y luchador, el puertorriqueño sobresale por los escritos en que defiende el derecho de su patria a la liberatad, donde a la vez muestra una clara conciencia de la totalidad cultural hispanoamericana.

En cuanto al teatro, a pesar de que los autores románticos alardeaban de independencia literaria y cultural, las influencias más marcadas fueron la española y la francesa. En verdad, el público prefería las comedias y dramas de autores extranjeros. Por su parte, los escritores hispanoamericanos se consideraban primero novelistas y poetas; después eran autores ocasionales de obras teatrales y por eso en esta época no encontramos mayores aportaciones en este género. Además de la cubana Gertrudis Gómez de Avellaneda cuyos dramas se presentaron en España con singular éxito, en el Caribe sobresale el puertorriqueño Alejandro Tapia Rivera (1827–82) con *La cuarterona* (1878), obra donde critica los prejuicios raciales. En México, José Peón Contreras (1843–1907), consiguió la admiración del público con tragedias como *La hija del rey* (1876), pieza en la que un hombre y su hijo aman a la misma mujer. El costumbrismo se hace patente en Perú en las obras de Felipe Pardo y Aliaga (1806–68) y Manuel Ascensio Segura (1805–71), en cierta forma continuadoras de la tradición satírica iniciada en la época colonial. En Argentina, la dictadura rosista aprovechó el teatro para hacer propaganda a su favor. Aunque algunos talentosos exiliados como Alberdi, Mitre y Mármol, escribieron piezas teatrales, éstas fueron de escaso valor.

La poesía de la época encontró su expresión más brillante dentro del género gauchesco. En busca de tipos originales, el escritor romántico descubrió al gaucho, habitante de la Pampa argentina que hablaba un dialecto cercano al español del siglo XVI y tenía su propio código de honor. Ya antes se habían copiado los cantos o payadas[*] transmitidos oralmente por los gauchos, pero imprimiéndoles una nota de patriotismo para realzar sus contribuciones en las luchas por la independencia. En este proceso sobresalen los *Cielitos* y *Diálogos patrióticos* de Bartolomé Hidalgo (1788–1822) que elevan los temas gauchescos a categoría literaria. Después aparecieron importantes obras— *Santos Vega* de Hilario Ascasubi (1807–75), el *Fausto* de Estanislao del Campo (1834–80)—que intentaban recoger la vida del gaucho y reproducir su manera de hablar. *Martín Fierro* de José Hernández (1834–86) es la obra cumbre de la literatura gauchesca. Valiéndose de diversos procedimientos artísticos, este autor argentino recurre a las fuentes populares para recrear la vida del gaucho y describir con maestría sus ideales, su medio físico y sus costumbres.

Si bien el romanticismo hispanoamericano no logró la anunciada emancipación literaria, sí forzó a los escritores a examinar más detenidamente su entorno y a preguntarse cómo las influencias europeas y las aportaciones americanas podrían integrarse para crear una literatura que configurara los anhelos estéticos nacionales y continentales.

JOSE MARIA HEREDIA

(1803, Santiago de Cuba–1839, Ciudad de México)

Este poeta cuya familia emigró a Cuba a raíz de la invasión (1801) de Santo Domingo por parte de los haitianos, se distinguió por versos nostálgicos, evocadores de su patria lejana por cuya libertad luchó. Heredia tenía una amplia formación humanística. A temprana edad y guiado por su padre, leal magistrado al servicio de España, leyó a Homero y tradujo a conocidos poetas latinos y al fabulista francés Jean Pierre Claris de Florian (1755–94). Ya adolescente, completó esta preparación literaria leyendo la obra de escritores neoclásicos españoles, sobre todo al poeta lírico Juan Meléndez Valdés (1754–1817). A estas lecturas siguieron traducciones e imitaciones de románticos franceses (Chateaubriand, Lamartine, probablemente Víctor Hugo), ingleses (Byron) e italianos (Foscolo). Dejó una extensa producción literaria donde sobresalen la poesía amorosa, la descriptiva y la patriótica.

La influencia del neoclasicismo en la obra de Heredia se refleja en una visión del mundo donde las ansias de justicia y libertad aparecen matizadas por el culto a la razón y un afán didáctico. Por ejemplo, en el famoso poema "En el Teocalli de Cholula" (1820) el cubano reflexiona sobre la fugacidad del tiempo y lo efímero de la vida para después atacar la tiranía; de este modo inserta la nota moralizante propia de obras neoclásicas. De los románticos aprendió la importancia de la imaginación y los sentimientos en la creación literaria, como se observa en la mayoría de sus poemas descriptivos de la naturaleza.

Heredia residió en la Florida, Caracas, Nueva York y México, además de en su tierra natal; estas andanzas contribuyeron a intensificar el sentimiento de ruptura y nostalgia tan evidente en su obra. Al principio, los cambios de lugar de residencia se debieron a las responsabilidades paternas como funcionario judicial de la Corona española en América; después, Heredia fue condenado a perpetuo destierro por participar en la conspiración "Soles y Rayos de Bolívar" en favor de la emancipación de Cuba. La constante añoranza de Cuba lo hizo idealizar el paisaje de su tierra el cual describió con acento lírico para dar expresión a angustiosas emociones.

Cuando Heredia contempla el paisaje, ya sea en México o en Canadá, queda libre para reflexionar, para expresar su sentir más íntimo. En la famosa oda "Niágara" (1824), su poema más conocido, esta actitud tan característica de los poetas románticos se manifiesta muy claramente. El cubano describe la catarata de modo realista, pero inesperadamente evoca a la patria lejana y sufriente, las hermosas palmas de la Isla y su propia condición de desterrado. Lo exterior o puramente objetivo pasa a un plano secundario: la atención se centra en el paisaje interior o espiritual, y en cómo éste y la naturaleza se funden para mostrar los sentimientos de Heredia. Al dar rienda suelta a sus pasiones el poeta se aleja de los moldes ordenados y didácticos propuestos por los neoclásicos y reafirma la libertad creadora y la importancia del yo, postulados claves del romanticismo. La poesía de Heredia confirma el temprano impacto de esta escuela literaria cuyos patrones, ya sea en su modalidad alemana, francesa o española, adoptarán los escritores hispanoamericanos.

Bibliografía mínima

Augier, Angel. "José María Heredia". *Del neoclasicismo al modernismo.* Coord. Luis Iñigo Madrigal. Madrid: Cátedra, 1987. Vol. 2 de *Historia de la literatura hispanoamericana.* 2 Vols. 1982–87.

Carlos, Alberto J. "José María Heredia y su viaje al Niágara". En *La literatura iberoamericana del siglo XIX. Memoria del XV Congreso Internacional de Literatura Iberoamericana.* Eds. Renato Rosaldo y Robert Anderson. Tucson: U de Arizona, 1974. 73–80.

Carilla, Emilio. *La literatura de la Independencia hispanoamericana.* Buenos Aires: EUDEBA, 1964.

González, Manuel Pedro. *José María Heredia. Primogénito del romanticismo hispano.* México: El Colegio de México, 1955.

Souza, Raymond D. "José María Heredia. The Poet and the Ideal of Liberty". *Revista de Estudios Hispánicos* 5 (1971): 31–38.

En el Teocalli[1] de Cholula[2]

¡Cuánto es bella la tierra que habitaban
los aztecas valientes! En su seno
en una estrecha zona concentrados,
con asombro se ven todo los climas
5 que hay desde el polo al ecuador. Sus llanos
cubren a par de las doradas mieses
las cañas deliciosas. El naranjo

[1]. Pirámide truncada situada en Cholula, cerca de la ciudad de Puebla. En la época precolombina fue un templo tolteca dedicado al dios Quetzalcóatl.

[2]. Silva en la que se combinan versos heptasílabos (7 sílabas) y endecasílabos (11 sílabas) arbitrariamente. Muchos versos quedan libres.

y la piña y el plátano sonante,
hijos del suelo equinoccial, se mezclan
10 a la frondosa vid, al pino agreste,
y de Minerva al árbol majestuoso.³
Nieve eternal corona las cabezas
de Iztacchihual purísimo, Orizaba
y Popocatepec,⁴ sin que el invierno
15 toque jamás con destructora mano
los campos fertilísimos, do ledo⁵
los mira el indio en púrpura ligera
y oro teñirse, reflejando el brillo
del sol en occidente, que sereno
20 en hielo eterno y perennal verdura
a torrentes vertió su luz dorada,
y vio a naturaleza conmovida
con su dulce hervir en vida.

25 Era la tarde: su ligera brisa
las alas en silencio ya plegaba
y entre la hierba y árboles dormía,
mientras el ancho sol su disco hundía
detrás de Iztaccihual. La nieve eterna
30 cual disuelta en mar de oro, semejaba
temblar en torno de él; un arco inmenso
que del empíreo en el cenit finaba
como espléndido pórtico del cielo
de luz vestido y centellante gloria,
35 de sus últimos rayos recibía
los colores riquísimos. Su brillo
desfalleciendo fue; la blanca luna
y de Venus la estrella solitaria
en el cielo desierto se veían.
40 ¡Crepúsculo feliz! Hora más bella
que la alma noche o el brillante día.
¡Cuánto es dulce tu paz al alma mía!

Hallábame sentado en la famosa
choluteca pirámide. Tendido
45 el llano inmenso que ante mí yacía,
los ojos a espaciarse convidaba.
¡Qué silencio! ¡Qué paz! ¡Oh! ¿quién diría

---

3. Se refiere al olivo, árbol consagrado a Minerva, diosa de la sabiduría.
4. Tres volcanes de México; el Orizaba mide 18,205 pies y es el más alto del país.
5. Contento.

que en estos bellos campos reina alzada
la bárbara opresión,[6] y que esta tierra
brota mieses tan ricas, abonada
50 con sangre de hombres, en que fue inundada
por la superstición y por la guerra?...

    Bajó la noche en tanto. De la esfera
el leve azul, oscuro y más oscuro
se fue tornando: la movible sombra
55 de las nubes serenas, que volaban
por el espacio en alas de la brisa,
era visible en el tendido llano.
Iztaccihual purísimo volvía
del argentado rayo de la luna
60 el plácido fulgor, y en el oriente
bien como puntos de oro centellaban
mil estrellas y mil...¡Oh! ¡yo os saludo,
fuentes de luz, que de la noche umbría
ilumnáis el velo,
65 y sois del firmamento poesía!

    Al paso que la luna declinaba,
y al ocaso fulgente descendía
con lentitud, la sombra se extendía
del Popocatepec, y semejaba
70 fantasma colosal. El arco oscuro
a mí llegó, cubrióme, y su grandeza
fue mayor y mayor, hasta que al cabo
en sombra universal veló la tierra.

    Volví los ojos al volcán sublime,
75 que velado en vapores transparentes,
sus inmensos contornos dibujaba
de occidente en el cielo.
¡Gigante del Anáhuac![7] ¿cómo el vuelo
de las edades rápidas no imprime
80 alguna huella en tu nevada frente?
Corre el tiempo veloz, arrebatando
años y siglos como el norte fiero

---

6. Cuando se escribió este poema (1820),
Iturbide, apoyado por elementos conservado-
res y clericales, luchaba contra los liberales
mexicanos.

7. Anáhuac: el nombre se aplicó en un principio al valle de México y después a toda la
meseta central. Actualmente es sinónimo de
México.

precipita ante sí la muchedumbre
de las olas del mar. Pueblos y reyes,
85 viste hervir a tus pies, que combatían
cual hora[8] combatimos y llamaban
eternas sus ciudades, y creían
fatigar a la tierra con su gloria.
Fueron: de ellos no resta ni memoria.
90 ¿Y tú eterno serás? Tal vez un día
de tus profundas bases desquiciado
caerás; abrumará tu gran ruïna
al yermo Anáhuac; alzaránse en ella
nuevas generaciones, y orgullosas
95 que fuiste negarán...
                    Todo perece
por ley universal. Aun este mundo
tan bello y tan brillante que habitamos,
es el cadáver pálido y deforme
100 de otro mundo que fue...

En tal contemplación embebecido
sorprendióme el sopor. Un largo sueño
de glorias engolfadas y perdidas
en la profunda noche de los tiempos,
105 descendió sobre mí. La agreste pompa
de los reyes aztecas desplegóse
a mis ojos atónitos. Veía
entre la muchedumbre silenciosa
de emplumados caudillos levantarse
110 el déspota salvaje en rico trono,
de oro, perlas y plumas recamado;
y al son de caracoles belicosos[9]
ir lentamente caminando al templo
la vasta procesión, do la aguardaban
115 sacerdotes horribles, salpicados
con sangre humana rostros y vestidos.
Con profundo estupor el pueblo esclavo
las bajas frentes en el polvo hundía,
y ni mirar a su señor osaba,
120 de cuyos ojos férvidos brotaba
la saña[10] del poder.

---

8. Como ahora.
9. Instrumentos musicales hechos de conchas grandes; se utilizaban en las ceremonias
religiosas y guerreras.
10. Furor.

Tales ya fueron
tus monarcas, Anáhuac, y su orgullo:
su vil superstición y tiranía
125 en el abismo del no ser se hundieron.
Si, que la muerte, universal señora,
hiriendo a par al déspota y esclavo,
escribe la igualdad sobre la tumba.
Con su manto benéfico el olvido
130 tu insensatez oculta y tus furores
a la raza presente y la futura.
Esta inmensa estructura
vio a la superstición más inhumana
en ella entronizarse. Oyó los gritos
135 de agonizantes víctimas, en tanto
que el sacerdote, sin piedad ni espanto,
les arrancaba el corazón sangriento;
miró el vapor espeso de la sangre
subir caliente al ofendido cielo
140 y tender en el sol fúnebre velo
y escuchó los horrendos alaridos
con que los sacerdotes sofocaban
el grito del dolor.
                         Muda y desierta
145 ahora te ves, Pirámide. ¡Más vale
que semanas de siglos yazcas yerma,
y la superstición a quien serviste
en el abismo del infierno duerma!
A nuestros nietos últimos, empero
150 sé lección saludable; y hoy al hombre
que al cielo, cual Titán,[11] truena orgulloso,
sé ejemplo ignominioso
de la demencia y del furor humano.

(1820)

11. Seres míticos que, de acuerdo a las leyen-   Olimpo y fueron derrotados.
das griegas, lucharon contra los dioses del

En una tempestad[12]

Huracán, huracán, venir te siento,
y en tu soplo abrasado
respiro entusiasmado
del señor de los aires el aliento.

5 En las alas del viento suspendido
vedle rodar por el espacio inmenso,
silencioso, tremendo, irresistible,
en su curso veloz. La tierra en calma,
siniestra, misteriosa,
10 contempla con pavor su faz terrible.
¿Al toro no miráis? El suelo escarban
de insoportable ardor sus pies heridos:
la frente poderosa levantando,
y en la hinchada nariz fuego aspirando,
15 llama la tempestad con sus bramidos.

¡Qué nubes! ¡Qué furor! El sol temblando
vela en triste vapor su faz gloriosa,
y su disco nublado sólo vierte
luz fúnebre y sombría,
20 que no es noche ni día. . .
¡Pavoroso color, velo de muerte!
Los pajarillos tiemblan y se esconden
al acercarse el huracán bramando,
y en los lejanos montes retumbando
25 le oyen los bosques, y a su voz responden.

Llega ya. . .¿No lo veis? ¡Cuál desenvuelve
su manto aterrador y majestuoso!. . .
¡Gigante de los aires, te saludo!. . .
En fiera confusión el viento agita
30 las orlas de su parda vestidura. . .
¡Ved!. . .¡En el horizonte
los brazos rapidísimos enarca,
y con ellos abarca
cuanto alcanzo a mirar de monte a monte!

12. Silva escrita dos años antes que la oda al
Niágara.

35   ¡Oscuridad universal!...¡Su soplo
levanta en torbellinos
el polvo de los campos agitado!...
En las nubes retumba despeñado
el carro del Señor, y de sus ruedas
40 brota el rayo veloz, se precipita,
hiere y aterra el suelo,
y su lívida luz inunda el cielo.

     ¿Qué rumor? ¿Es la lluvia?...Desatada
cae a torrentes, oscurece al mundo,
45 y todo es confusión, horror profundo.
Cielo, nubes, colinas, caro bosque,
¿dó estáis?...Os busco en vano:
desaparecisteis...La tormenta umbría
en los aires revuelve un océano
50 que todo lo sepulta...
Al fin, mundo fatal, nos separamos:
el huracán y yo solos estamos.

     ¡Sublime tempestad! ¡Cómo en tu seno,
de tu solemne inspiración henchido,
55 al mundo vil y miserable olvido
y alzo la frente, de delicia lleno!
¿Dó está el alma cobarde
que teme tu rugir?...Yo en ti me elevo
al trono del Señor; oigo en las nubes
60 el eco de su voz; siento a la tierra
escucharle y temblar. Ferviente lloro
desciende por mis pálidas mejillas,
y su alta majestad trémulo adoro.

(1822)

Niágara[13]

Dadme mi lira, dádmela que siento
en mi alma estremecida y agitada,
arder la inspiración. ¡Oh, cuánto tiempo
en tinieblas pasó, sin que mi frente
5 brillase con su luz!...Niágara undoso,
sólo tu faz sublime ya podría
tornarme el don divino, que ensañada,
me robó del dolor la mano impía.[14]

Torrente prodigioso, calma, acalla,
10 tu trueno aterrador: disipa un tanto
las tinieblas que en torno te circundan,
y déjame mirar tu faz serena,
y de entusiasmo ardiente mi alma llena.
Yo digno soy de contemplarte: siempre
15 lo común y mezquino desdeñando,
ansié por lo terrifico y sublime.
Al despeñarse el huracán furioso,
al retumbar sobre mi frente el rayo,
palpitando gocé: vi al oceano,
20 azotado por austro proceloso,
combatir mi bajel, y ante mis plantas
sus abismos abrir, y amé el peligro,
y sus iras amé: mas su fiereza
en mi alma no dejara
25 la profunda impresión que tu grandeza.

Corres sereno, y majestuoso, y luego
en ásperos peñascos quebrantado,
te abalanzas violento, arrebatado,
como el destino irresistible y ciego.
30 ¿Qué voz humana describir podría
de la sirte rugiente
la aterradora faz? El alma mía
en vago pensamiento se confunde,
al contemplar la férvida corriente,

---

13. Oda escrita en forma de silva.
14. Antes de escribir este poema, Heredia fue obligado a salir de Cuba por haber partici-pado en una conspiración contra el gobierno colonial.

35 que en vano quiere la turbada vista
en su vuelo seguir al borde oscuro
del precipicio altísimo: mil olas,
cual pensamiento rápidas pasando,
chocan, y se enfurecen;
40 otras mil, y otras mil ya las alcanzan,
y entre espuma y fragor desaparecen.

    Mas llegan...saltan...El abismo horrendo
devora los torrentes despeñados;
crúzanse en él mil iris, y asordados
45 vuelven los bosques el fragor tremendo.
Al golpe violentísimo en las peñas
rómpese el agua, salta, y una nube
de revueltos vapores
cubre el abismo en remolinos, sube,
50 gira en torno, y al cielo
cual pirámide inmensa se levanta,
y por sobre los bosques que le cercan
al solitario cazador espanta.

    Mas, ¿qué en ti busca mi anhelante vista
55 con inquieto afanar? ¿Por qué no miro
alrededor de tu caverna inmensa
las palmas ¡ay! las palmas deliciosas,
que en las llanuras de mi ardiente patria
nacen del sol a la sonrisa, y crecen
60 y al soplo de las brisas del océano
bajo un cielo purísimo se mecen?

    Este recuerdo a mi pesar me viene...
Nada ¡oh Niágara! falta a tu destino,
ni otra corona que el agreste pino
65 a tu terrible majestad conviene.
La palma, y mirto, y delicada rosa,
muelle placer inspiren y ocio blando
en frívolo jardín; a ti la suerte
guardó más digno objeto y más sublime.
70 El alma libre, generosa, fuerte,
viene, te ve, se asombra,
menosprecia los frívolos deleites,
y aun se siente elevar cuando te nombra.

¡Dios, Dios de la verdad! En otros climas
75 vi monstruos execrables,[15]
blasfemando tu nombre sacrosanto,
sembrar terror y fanatismo impío,
los campos inundar en sangre y llanto,
de hermanos atizar la infanda guerra,
80 y desolar frenéticos la tierra.
Vilos, y el pecho se inflamó a su vista
en grave indignación. Por otra parte
vi mentidos filósofos que osaban
escrutar tus misterios, ultrajarte,
85 y de impiedad al lamentable abismo
a los míseros hombres arrastraban.
Por eso siempre te buscó mi mente
en la sublime soledad: ahora
entera se abre a ti; tu mano siente
90 en esta inmensidad que me circunda,
y tu profunda voz baja a mi seno
de este raudal en el eterno trueno.

¡Asombroso torrente!
¡Cómo tu vista el ánimo enajena
95 y de terror y admiración me llena!
¿Dó tu origen está? ¿Quién fertiliza
por tantos siglos tu inexhausta fuente?
¿Qué poderosa mano
hace que al recibirte,
100 no rebose en la tierra el océano?

Abrió el Señor su mano omnipotente,
cubrió tu faz de nubes agitadas,
dio su voz a tus aguas despeñadas,
y ornó con su arco tu terrible frente.
105 Miro tus aguas que incansables corren,
como el largo torrente de los siglos
rueda en la eternidad ... ¡Así del hombre
pasan volando los floridos días,
y despierta al dolor! ... ¡Ay! agostada[16]
110 siento mi juventud, mi faz marchita,
y la profunda pena que me agita
ruga mi frente de dolor nublada.

15. Crítica al gobierno español en Cuba y a   16. Seca.
los liberales cuya fe en Dios se ha debilitado
con la lectura de los filósofos ilustrados franceses.

Nunca tanto sentí como este día
mi mísero aislamiento, mi abandono,
115   mi lamentable desamor ... ¿Podría
un alma apasionada y borrascosa
sin amor ser feliz? ... ¡Oh! ¡si una hermosa
digna de mí me amase,
y de este abismo al borde turbulento
120   mi vago pensamiento
y mi andar solitario acompañase!
¡Cuál gozara al mirar su faz cubrirse
de leve palidez, y ser más bella
en su dulce terror, y sonreírse
125   al sostenerla mis amantes brazos! ...
¡Delirios de virtud! ... ¡Ay! desterrado,
sin patria, sin amores,
sólo miro ante mí, llanto y dolores.

¡Niágara poderoso!
130   oye mi última voz: en pocos años
ya devorado habrá la tumba fría
a tu débil cantor. ¡Duren mis versos
cual tu gloria inmortal! ¡Pueda piadoso
al contemplar tu faz algún viajero,
135   dar un suspiro a la memoria mía!
Y yo, al hundirse el sol en occidente,
vuele gozoso do el Creador me llama,
y al escuchar los ecos de mi fama,
alce en las nubes la radiosa frente!

(1824) (Según la edición de 1825)

A mi esposa[17]

Cuando en mis venas férvidas ardía
la fiera juventud, en mis canciones
el tormentoso afán de mis pasiones
con dolorosas lágrimas vertía.

Hoy a ti las dedico, esposa mía,
cuando el amor, más libre de ilusiones,
inflama nuestros puros corazones,
5 y sereno y de paz me luce el día.

Así perdido en turbulentos mares
10 mísero navegante al cielo implora,
cuando le aqueja la tormenta grave;

y del naufragio libre, en los altares
consagra fiel a la deidad que adora
las húmedas reliquias de su nave.

(1832)

Preguntas

1. "En el Teocalli de Cholula", ¿cómo se relacionan los sentimientos del poeta con la naturaleza que describe?
2. ¿Cómo se percibe el paso del tiempo "En el Teocalli..."?
3. ¿Por qué aparece la figura del toro y cómo la utiliza Heredia "En una tempestad"?
4. ¿Qué aspectos románticos se observan en "Niágara"? Documente su respuesta con citas del poema.
5. ¿Cómo se presenta el yo en "A mi esposa" y qué representa la amada?

17. Soneto de catorce versos endecasílabos con rima consonante (ABBA, ABBA, CDE, CDE).

ESTEBAN ECHEVERRIA

(1805, Buenos Aires, Argentina–1851, Montevideo, Uruguay)

Echeverría es el iniciador del romanticismo en el Río de la Plata. Nació en Buenos Aires, y allí pasó una adolescencia rebelde y un tanto licenciosa hasta 1822, año en que, deseoso de reorientar su vida, se inscribe en el Departamento de estudios preparatorios de la Universidad. Luego de una breve estancia en las aulas comienza a trabajar, a fines del 23, como despachante de aduana. Pronto desea viajar a Europa—el proyecto de ampliar los horizontes intelectuales generalizado después entre los jóvenes argentinos—y parte en 1825. En marzo del año siguiente se instala en París, donde permanece, salvo una visita de mes y medio a Inglaterra en 1829, hasta 1830.

Los cuatro años de residencia en la capital francesa fueron decisivos en la formación de Echeverría. Allí se pone en contacto con las manifestaciones más significativas del movimiento romántico francés. Lee a Víctor Hugo, Lamartine, Vigny, Musset y Chateaubriand. Conoce también la obra de los alemanes Goethe y Schiller, del italiano Manzoni, de los ingleses Walter Scott y Byron. Estas lecturas lo impulsan a escribir poesía, vocación de la que no había dado pruebas antes de su viaje. Se da cuenta que necesita mayor preparación en el idioma y en las formas de versificación española, por lo cual lee cuidadosamente a Fray Luis de León, Santa Teresa, Cervantes, Quevedo, Lope, Tirso. Para Echeverría, tan importantes como la literatura son las ideas filosóficas y políticas que recoge en la capital francesa. Vico (1668–1744) y Herder proporcionan la base teórica a su americanismo literario; el socialismo utópico* de Saint-Simon (1760–1825) y Leroux (1797–1871) inspira su teoría social.

Cuando regresa a Argentina, Echeverría se encuentra con un Buenos Aires aterrorizado por los partidarios del caudillo Rosas (1793–1877), hostil a los proyectos intelectuales para los cuales se había preparado, y se refugia en la poesía. Publica *Elvira o La novia del Plata* (1832) y *Los consuelos* (1834), obras iniciadoras del romanticismo en la poesía argentina. Más adelante, con *Rimas* (1837), libro donde se halla el poema "La cautiva", va a marcar el rumbo de la literatura nacional. Echeverría adapta las ideas estéticas europeas a un ideal americanista.

Afirma que la poesía debe ser reflejo del paisaje, las costumbres, las ideas y la historia del pueblo del cual ella surge; la literatura ha de ser expresión del modo de ser de un pueblo y de su particular naturaleza.

Estas publicaciones, tanto como su magisterio en el "Salón literario" de Marcos Sastre, le dan al escritor prestigio y discípulos. Entre éstos se cuentan Sarmiento, Juan María Gutiérrez (1809–78), Alberdi (1810–84) y Mitre (1821–1906), las mentes más brillantes de la intelectualidad argentina. Con ellos funda en 1838 la "Joven Generación Argentina", asociación que sustituye al "Salón literario", antes disuelto por Rosas, quien gobernaba despóticamente a Buenos Aires desde 1835. El programa político y cultural de esta organización se basaba en la continuación y desarrollo de las doctrinas progresistas de la Revolución de Mayo de 1810. Perseguidos por el tirano, los miembros del grupo se ven obligados a emigrar. Echeverría se refugia en la estancia "Los talas" (Luján, Provincia de Buenos Aires) donde, según recientes investigaciones, se cree que escribió alrededor de 1839 su relato testimonial "El matadero". Apremiado por las circunstancias políticas, se exilia en Uruguay a fines del 40. En Montevideo publica el *Dogma socialista de la Asociación de Mayo* (1846), ensayo donde recoge el credo romántico-liberal del grupo ya desaparecido. Muere en la capital uruguaya sin haber previsto el cercano fin de la tiranía de Rosas.

Echeverría quiso ser reconocido como poeta romántico y como ideólogo de un movimiento generacional. La crítica literaria lo juzga, sin embargo, mejor prosista que poeta, y valora como su obra más meritoria y perdurable "El matadero". Este relato, a medio camino entre el cuadro de costumbres y el cuento, fue publicado por primera vez en 1871, a los veinte años de su muerte, en la *Revista del Río de la Plata.* "El matadero" es obra de testimonio y denuncia. El autor vuelca en ella toda su indignación y manifiesta su condena del despotismo, mientras retrata con despiadada crudeza a la masa degradada que le sirve de base. Su descripción de la matanza de animales, en medio de una multitud enceguecida por el hambre e insensibilizada por el hábito de la violencia, es de un vigor realista inusitado en esa época. El predominio de los elementos grotescos en la caracterización del aspecto y la conducta del gentío que se disputa las partes de los animales carneados es ya anticipador del naturalismo. Al mismo tiempo, la matización del lenguaje, con sus distintos grados de aplebeyamiento recogidos de la expresión oral, ofrece un claro antecedente para los posteriores narradores del realismo hispanoamericano. Con todo, Echeverría permanece dentro de las pautas románticas en la idealización del joven héroe unitario[*], símbolo de las virtudes con las que identifica a los enemigos de Rosas. A través de este personaje el autor transmite su liberalismo exaltado y su propia percepción de la realidad: la de la clase culta víctima de Rosas.

A pesar de la intención política y la visión parcial de la realidad, el verismo esencial de la descripción del ambiente y de los tipos humanos hace que "El matadero" comunique una realidad de variadas dimensiones rebasando el proyecto inicial del autor. Así se revela, por ejemplo, la situación económica y social de los diferentes grupos: negros, mulatos, criollos, gringos. Y, a pesar de la escasa simpatía demostrada por el autor hacia las clases bajas, el lector no deja de percibir a esas masas sometidas y envilecidas por el hambre y la ignorancia como las primeras y más desamparadas víctimas del tirano. Este texto de Echeverría, casi aislado del resto de su obra y tardíamente conocido y apreciado, ha sido, con el correr del tiempo, modelo y estímulo para la narrativa del presente siglo.

Bibliografía mínima

Anderson Imbert, Enrique. "Echeverría y el liberalismo romántico". *Estudios sobre letras hispánicas.* México: Editorial Libros de México, 1974. 155–62.

Foster, David William. "Procesos significantes en *El matadero*". *Para una lectura semiótica del ensayo latinoamericano.* Madrid: José Porrúa Turanzas, S.A., 1983. 5–18.

Ghiano, Juan Carlos. *"El matadero" de Echeverría y el Costumbrismo.* Buenos Aires: Centro Editor de América Latina, 1968.

Jitrik, Noé. *Esteban Echeverría.* Buenos Aires: Centro Editor de América Latina, 1967.

Pupo-Walker, Enrique. "Originalidad y composición de un texto romántico: 'El matadero,' de Esteban Echeverría". *El cuento hispanoamericano ante la crítica.* Ed. Enrique Pupo-Walker. Madrid: Castalia, 1973. 37–49.

El matadero

A pesar de que la mía es historia, no la empezaré por el arca de Noé y la genealogía de sus ascendientes como acostumbraban hacerlo los antiguos historiadores españoles de América, que deben ser nuestros prototipos. Tengo muchas razones para no seguir ese ejemplo, las que callo por no ser di-
5 fuso. Diré solamente que los sucesos de mi narración pasaban por los años de Cristo de 183... Estábamos, a más, en cuaresma, época en que escasea la carne en Buenos Aires, porque la Iglesia, adoptando el precepto de Epicteto,[1] *sustine, abstine* (sufre, abstente), ordena vigilia y abstinencia a los estómagos de los fieles a causa de que la carne es pecaminosa, y, como dice el
10 proverbio, busca a la carne. Y como la Iglesia tiene *ab initio* y por delegación directa de Dios, el imperio inmaterial sobre las conciencias y los estómagos, que en manera alguna pertencen al individuo, nada más justo y racional que vede lo malo.

Los abastecedores, por otra parte, buenos federales, y por lo mismo
15 buenos católicos, sabiendo que el pueblo de Buenos Aires atesora una docilidad singular para someterse a toda especie de mandamiento, sólo traen en días cuaresmales al matadero los novillos[2] necesarios para el sustento de los

---

1. Epicteto (Siglo I): Filósofo estoico nacido en Frigia.

2. Becerros de dos o tres años.

niños y los enfermos dispensados de la abstinencia por la bula[3] y no con el
ánimo de que se harten algunaos herejotes, que no faltan, dispuestos siempre
20 a violar los mandamientos carnificinos de la Iglesia, y a contaminar la sociedad con el mal ejemplo.

Sucedió, pues, en aquel tiempo, una lluvia muy copiosa. Los caminos se
anegaron; los pantanos se pusieron a nado y las calles de entrada y salida a la
ciudad rebosaban en acuoso barro. Una tremenda avenida se precipitó de re-
25 pente por el Riachuelo[4] de Barracas, y extendió majestuosamente sus turbias
aguas hasta el pie de las barrancas del Alto.[5] El Plata, creciendo embravecido,
empujó esas aguas que venían buscando su cauce y las hizo correr hinchadas
por sobre campos, terraplenes, arboledas, caseríos, y extenderse como un
lago inmenso por todas las bajas tierras. La ciudad circunvalada del norte al
30 oeste por una cintura de agua y barro, y al sud por un piélago blanquecino
en cuya superficie flotaban a la ventura algunos barquichuelos y negreaban
las chimeneas y las copas de los árboles, echaba desde sus torres y barrancas
atónitas miradas al horizonte como implorando la protección del Altísimo.
Parecía el amago de un nuevo diluvio. Los beatos y beatas gimoteaban ha-
35 ciendo novenarios y continuas plegarias. Los predicadores atronaban el templo y hacían crujir el púlpito a puñetazos. "Es el día del juicio—decían—,el
fin del mundo está por venir. La cólera divina rebosando se derrama en inundación. ¡Ay de vosotros, pecadores! ¡Ay de vosostros, unitarios[6] impíos que os
mofáis de la Iglesia, de los santos, y no escucháis con veneración la palabra
40 de los ungidos del Señor! ¡Ay de vosotros si no imploráis misericordia al pie
de los altares! Llegará la hora tremenda del vano crujir de dientes y de las fre-
néticas imprecaciones. Vuestra impiedad, vuestras herejías, vuestras blasfe-
mias, vuestros crímenes horrendos, han traído sobre nuestra tierra las plagas
del Señor. La justicia del Dios de la Federación os declarará malditos".
45 Las pobres mujeres salían sin aliento, anonadadas del templo, echando,
como era natural, la culpa de aquella calamidad a los unitarios.

Continuaba, sin embargo, lloviendo a cántaros, y la inundación crecía,
acreditando el pronóstico de los predicadores. Las campanas comenzaron a
tocar rogativas por orden del muy católico Restaurador[7] quien parece no las
50 tenía todas consigo. Los libertinos, los incrédulos, es decir, los unitarios, empezaron a amedrentarse al ver tanta cara compungida, oír tanta batahola de
imprecaciones. Se hablaba ya, como de cosa resuelta, de una procesión en
que debía ir toda la población descalza y a cráneo descubierto, acompañando
al Altísimo, llevado bajo palio por el obispo, hasta la barranca de Balcarce[8]

---

3. Indulgencia concedida por la Iglesia.
4. Pequeño afluente del río de la Plata que
pasa por Buenos Aires.
5. Barrio de Buenos Aires, originalmente llamado el Alto de San Pedro.
6. Partidarios de la constitución centralista

de 1819. Se oponían al federalismo y eran
enemigos del tirano Rosas.
7. Rosas se presentaba como el Restaurador
de las leyes, y así lo llamaban sus partidarios.
8. Barrio de Buenos Aires.

⁵⁵ donde millares de voces, conjurando al demonio unitario de la inundación, debían implorar la misericordia divina.

Feliz, o mejor, desgraciadamente, pues la cosa habría sido de verse, no tuvo efecto la ceremonia, porque bajando el Plata, la inundación se fue poco a poco escurriendo en su inmenso lecho, sin necesidad de conjuro ni plega-
⁶⁰ rias.

Lo que hace principalmente a mi historia es que por causa de la inunda-ción estuvo quince días el matadero de la Convalecencia⁹ sin ver una sola ca-beza vacuna, y que en uno o dos, todos los bueyes de quinteros¹⁰ y *aguate-ros¹¹* se consumieron en el abasto de la ciudad. Los pobres niños y enfermos
⁶⁵ se alimentaban con huevos y gallinas, y los gringos y herejotes bramaban por el *beefsteak* y el asado. La abstinencia de carne era general en el pueblo, que nunca se hizo más digno de la bendición de la Iglesia, y así fue que llovieron sobre él millones y millones de indulgencias plenarias. Las gallinas se pusieron a 6 pesos y los huevos a 4 reales, y el pescado carísimo. No hubo en
⁷⁰ aquellos días cuaresmales promiscuaciones ni excesos de gula; pero, en cam-bio, se fueron derecho al cielo innumerables ánimas, y acontecieron cosas que parecen soñadas.

No quedó en el matadero ni un solo ratón vivo de muchos millares que allí tenían albergue. Todos murieron o de hambre o ahogados en sus cuevas
⁷⁵ por la incesante lluvia. Multitud de negras rebusconas de *achuras,¹²* como los caranchos¹³ de presa, se desbandaron por la ciudad como otras tantas arpías¹⁴ prontas a devorar cuanto hallaran comible. Las gaviotas y los perros, insepa-rables rivales suyos en el matadero, emigraron en busca de alimento animal. Porción de viejos achacosos¹⁵ cayeron en consunción por falta de nutritivo
⁸⁰ caldo; pero lo más notable que sucedió fue el fallecimiento casi repentino de unos cuantos gringos herejes, que cometieron el desacato de darse un hartazgo de chorizos de Extremadura, jamón y bacalao, y se fueron al otro mundo a pagar el pecado cometido por tan abominable promiscuación.

Algunos médicos opinaron que si la carencia de carne continuaba,
⁸⁵ medio pueblo caería en síncope por estar los estómagos acostumbrados a su corroborante jugo; y era de notar el contraste entre estos tristes pronósticos de la ciencia y los anatemas lanzados desde el púlpito por los reverendos pa-dres contra toda clase de nutrición animal y de promiscuación en aquellos días destinados por la Iglesia al ayuno y la penitencia. Se originó de aquí una
⁹⁰ especie de guerra intestina¹⁶ entre los estómagos y las conciencias, atizada por el inexorable apetito, y las no menos inexorables vociferaciones de los ministros de la Iglesia, quienes, como es su deber, no transigen con vicio

---

9. Uno de los sitios donde se mataba el ganado para proveer de carne a la ciudad.
10. El que tiene arrendada una quinta o finca.
11. Aguador, el que vende agua de casa en casa
12. Las entrañas de la res sacrificada. Las tri-pas del animal.

13. Uno de los nombres del caracará, especie de gallinazo o ave de rapiña.
14. Aves fabulosas que tenían rostro de mujer y cuerpo de ave de rapiña.
15. Enfermizos.
16. Lucha interna.

alguno que tienda a relajar las costumbres católicas; a lo que se agregaba el estado de flatulencia intestinal de los habitantes, producido por el pescado
95 y los porotos[17] y otros alimentos algo indigestos.

Esta guerra se manifestaba por sollozos y gritos descompasados en la peroración de los sermones y por rumores y estruendos subitáneos[18] en las casas y calles de la ciudad o dondequiera concurrían gentes. Alarmóse un tanto el gobierno, tan paternal como previsor del Restaurador, creyendo
100 aquellos tumultos de origen revolucionario y atribuyéndolos a los mismos salvajes unitarios, cuyas impiedades, según los predicadores federales, habían traído sobre el país la inundación de la cólera divina; tomó activas providencias, desparramó a sus esbirros por la población, y por último, bien informado, promulgó un decreto tranquilizador de las conciencias y de los estó-
105 magos, encabezado por un considerando muy sabio y piadoso para que a todo trance, y arremetiendo por agua y todo, se trajese ganado a los corrales.

En efecto, el décimosexto día de la carestía, víspera del día de Dolores, entró a vado por el paso de Burgos al matadero del Alto una tropa de cincuenta novillos gordos; cosa poca por cierto para una población acostum-
110 brada a consumir diariamente de 250 a 300, y cuya tercera parte al menos gozaría del fuero eclesiástico de alimentarse con carne. ¡Cosa extraña que haya estómagos sujetos a leyes inviolables y que la Iglesia tenga la llave de los estómagos!

Pero no es extraño, supuesto que el diablo con la carne suele meterse
115 en el cuerpo y que la Iglesia tiene el poder de conjurarlo: el caso es reducir al hombre a una máquina cuyo móvil principal no sea su voluntad sino la de la Iglesia y el gobierno. Quizá llegue el día en que sea prohibido respirar aire libre, pasearse y hasta conversar con un amigo, sin permiso de autoridad competente. Así era, poco más o menos, en los felices tiempos de nuestros
120 beatos abuelos, que por desgracia vino a turbar la revolución de Mayo.[19]

Sea como fuera, a la noticia de la providencia gubernativa, los corrales del Alto se llenaron, a pesar del barro, de carniceros, de *achuradores*[20] y de curiosos, quienes recibieron con grandes vociferaciones y palmoteos los cincuenta novillos destinados al matadero.
125 —Chica, pero gorda—exclamaban.—¡Viva la Federación! ¡Viva el Restaurador!

Porque han de saber los lectores que en aquel tiempo la Federación estaba en todas partes, hasta entre las inmundicias del matadero, y no había fiesta sin Restaurador como no hay sermón sin San Agustín.[21] Cuentan que al
130 oír tan desaforados gritos las últimas ratas que agonizaban de hambre en sus cuevas, se reanimaron y echaron a correr desatentadas, conociendo que

17. Frijoles.
18. Súbitos, imprevistos.
19. La revolución del 25 de mayo de 1810 fue el primer paso hacia la independencia argentina de España.

20. Los que se llevaban, sin tener que pagar, las achuras del matadero.
21. San Agustín (354–430): célebre filósofo cristiano, uno de los Padres de la Iglesia.

volvían a aquellos lugares la acostumbrada alegría y la algazara precursora de abundancia.

El primer novillo que se mató fue todo entero de regalo al Restaurador, hombre muy amigo del asado. Una comisión de carniceros marchó a ofrecérselo en nombre de los federales del matadero, manifestándole *in voce* su agradecimiento por la acertada providencia del gobierno, su adhesión ilimitada al Restaurador y su odio entrañable a los salvajes unitarios, enemigos de Dios y de los hombres. El Restaurador contestó a la arenga, *rinforzando* sobre el mismo tema, y concluyó la ceremonia con los correspondientes vivas y vociferaciones de los espectadores y actores. Es de creer que el Restaurador tuviese permiso especial de su Ilustrísima[22] para no abstenerse de carne, porque siendo tan buen observador de las leyes, tan buen católico y tan acérrimo protector de la religión, no hubiera dado mal ejemplo aceptando semejante regalo en día santo.

Siguió la matanza, y en un cuarto de hora cuarenta y nueve novillos se hallaban tendidos en la plaza del matadero, desollados unos, los otros por desollar. El espectáculo que ofrecía entonces era animado y pintoresco, aunque reunía todo lo horriblemente feo, inmundo y deforme de una pequeña clase proletaria peculiar del Río de la Plata. Pero para que el lector pueda percibirlo a un golpe de ojo, preciso es hacer un croquis de la localidad.

El matadero de la Convalecencia o del Alto, sito en las quintas al sur de la ciudad, es una gran playa en forma rectangular, colocada al extremo de dos calles, una de las cuales allí termina y la otra se prolonga hasta el este. Esta playa, con declive al sur, está cortada por un zanjón labrado por la corriente de las aguas pluviales, en cuyos bordes laterales se muestran innumerables cuevas de ratones y cuyo cauce recoge en tiempo de lluvia toda la sangraza seca o reciente del matadero. En la junción del ángulo recto, hacia el oeste, está lo que llaman la casilla, edificio bajo, de tres piezas de media agua con corredor al frente que da a la calle y palenque para atar caballos, a cuya espalda se notan varios corrales de palo a pique de ñandubay[23] con sus fornidas puertas para encerrar el ganado.

Estos corrales son en tiempo de invierno un verdadero lodazal, en el cual los animales apeñuscados se hunden hasta el encuentro, y quedan como pegados y casi sin movimiento. En la casilla se hace la recaudación del impuesto de corrales, se cobran las multas por violación de reglamentos y se sienta el juez del matadero, personaje importante, caudillo de los carniceros y que ejerce la suma del poder en aquella pequeña república, por delegación del Restaurador. Fácil es calcular qué clase de hombre se requiere para el desempeño de semejante cargo. La casilla, por otra parte, es un edificio tan ruin y pequeño que nadie lo notaría en los corrales a no estar asociado su nombre al del terrible juez y no resaltar sobre su blanca cintura los siguientes letre-

---

22. Referencia al Obispo.
23. Arbol, especie de mimosa, de madera   durísima y pesada, resistente al agua.

ros rojos: "Viva la Federación", "Viva el Restaurador y la heroica doña Encarnación Ezcurra", "Mueran los salvajes unitarios". Letreros muy significativos,
175 símbolo de la fe política y religiosa de la gente del matadero. Pero algunos
lectores no sabrán que la tal heroína es la difunta esposa del Restaurador, patrona muy querida de los carniceros, quienes, ya muerta, la veneraban por
sus virtudes cristianas y su federal heroísmo en la revolución contra Balcarce.[24] Es el caso que en un aniversario de aquella memorable hazaña de la
180 mazorca,[25] los carniceros festejaron con un espléndido banquete en la casilla
de la heroína, banquete a que concurrió con su hija y otras señoras federales,
y que allí, en presencia de un gran concurso, ofreció a los señores carniceros
en un solemne brindis su federal patrocinio, por cuyo motivo ellos la procla-
maron entusiasmados patrona del matadero, estampando su nombre en las
185 paredes de la casilla, donde estará hasta que lo borre la mano del tiempo.
    La perspectiva del matadero a la distancia era grotesca, llena de anima-
ción. Cuarenta y nueve reses estaban tendidas sobre sus cueros, y cerca de
doscientas personas hollaban aquel suelo de lodo regado con la sangre de sus
arterias. En torno de cada res resaltaba un grupo de figuras humanas de tez
190 y raza distinta. La figura más prominente de cada grupo era el carnicero con
el cuchillo en mano, brazo y pecho desnudos, cabello largo y revuelto, camisa y chiripá[26] y rostro embadurnado de sangre. A sus espaldas se rebullían,
caracoleando y siguiendo los movimientos, una comparsa de muchachos, de
negras y mulatas achuradoras, cuya fealdad trasuntaba las arpías de la fábula,
195 y entremezclados con ellas algunos enormes mastines, olfateaban, gruñían o
se daban de tarascones[27] por la presa. Cuarenta y tantas carretas, toldadas
con negruzco y pelado cuero, se escalonaban irregularmente a lo largo de la
playa, y algunos jinetes con el poncho calado y el lazo prendido al tiento cruzaban por entre ellas al tranco o reclinados sobre el pescuezo de los caballos
200 echaban ojo indolente sobre uno de aquellos animados grupos, al paso que,
más arriba, en el aire, un enjambre de gaviotas blanquiazules, que habían
vuelto de la emigración al olor de la carne, revoloteaban, cubriendo con su
disonante graznido todos los ruidos y voces del matadero y proyectando una
sombra clara sobre aquel campo de horrible carnicería. Esto se notaba al
205 principio de la matanza.
    Pero a medida que adelantaba, la perspectiva variaba; los grupos se des-
hacían, venían a formarse tomando diversas actitudes y se desparramaban co-

---

24. Juan Ramón Balcarce (1773–1835): general argentino, enemigo de Rosas quien lo ex-
pulsó del gobierno (1833) en una revolución
en la que participó su esposa.
25. Mazorca—espiga de maíz. Grupo de te-
rroristas leales a Rosas, quienes cometieron
toda clase de atrocidades y crímenes en
apoyo de su dictadura. Pronunciado como

"más horca", el nombre del grupo es buen
indicio de su conducta violenta.
26. Prenda de vestir del hombre de campo.
Consiste en un paño que se pasa por entre
las piernas hacia adelante y se sujeta en el
cinturón.
27. Mordiscones.

rriendo como si en medio de ellos cayese alguna bala perdida, o asomase la quijada de algún encolerizado mastín. Esto era que el carnicero en un grupo
210 descuartizaba a golpe de hacha, colgaba en otros los cuartos en los ganchos de su carreta, despellejaba en éste, sacaba el sebo[28] en aquél; de entre la chusma que ojeaba y aguardaba la presa de achura, salía de cuando en cuando una mugrienta mano a dar un tarazón con el cuchillo al sebo o a los cuartos de la res, lo que originaba gritos y explosión de cólera del carnicero y el
215 contínuo hervidero de los grupos, dichos y gritería descompasada de los muchachos.

—Ahí se mete el sebo en las tetas, la tipa—gritaba uno.

—Aquél lo escondió en el alzapón[29]—replicaba la negra.

—Che, negra bruja, salí de aquí antes de que te pegue un tajo—
220 exclamaba el carnicero.

—¿Qué le hago, ño Juan? ¡No sea malo! Yo no quiero sino la panza y las tripas.

—Son para esa bruja: a la m...

—¡A la bruja! ¡A la bruja!—repitieron los muchachos—¡Se lleva la ri-
225 ñonada y el tongorí![30]—Y cayeron sobre su cabeza sendos cuajos de sangre y tremendas pelotas de barro.

Hacia otra parte, entretanto, dos africanas llevaban arrastrando las entrañas de un animal; allá una mulata se alejaba con un ovillo de tripas y resbalando de repente sobre un charco de sangre, caía a plomo, cubriendo con su
230 cuerpo la codiciada presa. Acullá se veían acurrucadas en hileras 400 negras destejiendo sobre las faldas el ovillo y arrancando, uno a uno, los sebitos que el avaro cuchillo del carnicero había dejado en la tripa como rezagados, al paso que otras vaciaban panzas y vejigas y las henchían de aire de sus pulmones para depositar en ellas, luego de secas, la achura.
235 Varios muchachos, gambeteando a pie y a caballo, se daban de vejigazos o se tiraban bolas de carne, desparramando con ellas y su algazara la nube de gaviotas que, columpiándose en el aire, celebraban chillando la matanza. Oíanse a menudo, a pesar del veto del Restaurador y de la santidad del día, palabras inmundas y obscenas, vociferaciones preñadas de todo el cinismo bes-
240 tial que caracteriza a la chusma de nuestros mataderos, con las cuales no quiero regalar a los lectores.

De repente caía un bofe[31] sangriento sobre la cabeza de alguno, que de allí pasaba a la de otro, hasta que algún deforme mastín lo hacía buena presa, y una cuadrilla de otros, por si estrujo o no estrujo,[32] armaba una tremenda
245 de gruñidos y mordiscones. Alguna tía vieja salió furiosa en persecución de un muchacho que le había embadurnado el rostro con sangre, y acudiendo a sus gritos y puteadas los compañeros del rapaz, la rodeaban y azuzaban como los perros al toro, y llovían sobre ella zoquetes[33] de carne, bolas de estiércol,

28. Grasa.
29. Bragueta, abertura delantera del pantalón.
30. Parte de los intestinos de un animal.
31. Pulmón.
32. Por si obtengo algo o no.
33. Intestino y panza de la res.

con groseras carcajadas y gritos frecuentes, hasta que el juez mandaba resta-
250 blecer el orden y despejar el campo.

Por un lado dos muchachos se adiestraban en el manejo del cuchillo, ti-
rándose horrendos tajos y reveses; por otro, cuatro, ya adolescentes, ventila-
ban a cuchilladas el derecho a una tripa gorda y un mondongo[34] que habían
robado a un carnicero; y no de ellos distante, porción de perros, flacos ya de
255 la forzosa abstinencia, empleaban el mismo medio para saber quién se llevaría un hígado envuelto en barro. Simulacro en pequeño era éste del modo
bárbaro con que se ventilan en nuestro país las cuestiones y los derechos
individuales y sociales. En fin, la escena que se representaba en el matadero
era para vista, no para escrita.

260 Un animal había quedado en los corrales, de corta y ancha cerviz, de
mirar fiero, sobre cuyos órganos genitales no estaban conformes los pareceres, porque tenía apariencias de toro y de novillo. Llególe la hora. Dos enlazadores a caballo penetraron en el corral en cuyo contorno hervía la chusma
a pie, a caballo y horqueteada[35] sobre sus nudosos palos. Formaban en la
265 puerta el más grotesco y sobresaliente grupo, varios pialadores[36] y enlazadores de a pie con el brazo desnudo y armado del certero lazo, la cabeza cubierta con un pañuelo punzo[37] y chaleco y chiripá colorado, teniendo a sus
espaldas varios jinetes y espectadores de ojo escrutador y anhelante.

El animal, prendido ya al lazo por las astas,[38] bramaba echando espuma
270 furibundo, y no había demonio que lo hiciera salir del pegajoso barro, donde
estaba como clavado y era imposible pialarlo. Gritábanle, lo azuzaban en
vano con las mantas y pañuelos los muchachos que estaban prendidos sobre
las horquetas del corral, y era de oír la disonante batahola de silbidos, palma-
das y voces, tiples y roncas que se desprendían de aquella singular or-
275 questa.

Los dicharachos, las exclamaciones chistosas y obscenas rodaban de
boca en boca, y cada cual hacía alarde espontáneamente de su ingenio y de
su agudeza, excitado por el espectáculo o picado por el aguijón de alguna
lengua locuaz.

280 —Hi de p. . .en el toro.

—Al diablo los torunos del Azul.

—Malhaya el tropero que nos da gato por liebre.

—Si es novillo.

—¿No está viendo que es toro viejo?

285 —Como toro le ha de quedar. ¡Muéstreme los c. . .si le parece, c. . .o!

—Ahí los tiene entre las piernas ¿No los ve, amigo, más grandes que la
cabeza de su castaño, o se ha quedado ciego en el camino?

---

34. Pedazo.
35. A horcajadas.
36. Enlazadores. Echan el lazo a las patas del

animal para inmovilizarlo.
37. Rojo.
38. Cuernos.

—Su madre sería la ciega, pues que tal hijo ha parido. ¿No ve que todo ese bulto es barro?

290   —Es emperrado y arisco como un unitario.

Y al oír esta mágica palabra, todos a una voz exclamaron:—¡Mueran los salvajes unitarios!

—Para el tuerto los h...

—Sí, para el tuerto, que es hombre de c... para pelear con los unita-
295   rios. El matambre[39] a Matasiete, degollador de unitarios. ¡Viva Matasiete!

—A Matasiete el matambre.

—Allá va—gritó una voz ronca, interrumpiendo aquellos desahogos de la cobardía feroz—. ¡Allá va el toro!

—¡Alerta! ¡Guarda los de la puerta! ¡Allá va furioso como un de-
300   monio!

Y en efecto, el animal acosado por los gritos y sobre todo por dos pi-
canas[40] agudas que le espoleaban la cola, sintiendo flojo el lazo, arremetió bu-
fando a la puerta, lanzando a entrambos lados una rojiza y fosfórica mirada.
Diole el tirón el enlazador sentando su caballo, desprendió el lazo del asta,
305   crujió por el aire un áspero zumbido y al mismo tiempo se vio rodar desde
lo alto de una horqueta del corral, como si un golpe de hacha lo hubiese dividido a cercén, una cabeza de niño cuyo tronco permaneció inmóvil sobre su
caballo de palo, lanzando por cada arteria un largo chorro de sangre.

—¡Se cortó el lazo!—gritaron unos—. ¡Allá va el toro!

310   Pero otros, deslumbrados y atónitos, guardaron silencio, porque todo
fue como un relámpago.

Desparramóse un tanto el grupo de la puerta. Una parte se agolpó sobre
la cabeza y el cadáver palpitante del muchacho degollado por el lazo, mani-
festando horror en su atónito semblante, y la otra parte, compuesta de jine-
315   tes que no vieron la catástrofe, se escurrió en distintas direcciones en pos
del toro, vociferando y gritando: ¡Allá va el toro! ¡Atajen! ¡Guarda! ¡Enlaza,
Sietepelos! ¡Que te agarra, Botija! ¡Va furioso; no se le pongan delante! ¡Ataja,
ataja, Morado! ¡Dale espuela al mancarrón![41] ¡Ya se metió en la calle sola!
¡Que lo ataje el diablo!

320   El tropel y vocifería era infernal. Unas cuantas negras achuradoras, sentadas en hilera al borde del zanjón, oyendo el tumulto se acogieron y agaza-
paron entre las panzas y tripas que desenredaban y devanaban con la paciencia de Penélope,[42] lo que sin duda las salvó, porque el animal lanzó al mirarlas
un bufido aterrador, dio un brinco sesgado y siguió adelante perseguido por
325   los jinetes. Cuentan que una de ellas se fue de cámaras; otra rezó diez salves
en dos minutos, y dos prometieron a San Benito no volver jamás a aquellos

---

39. Carne de la res que está entre las costillas y la piel.
40. Aguijadas. Varas largas con punta de hierro.
41. Matalón, caballo malo.
42. Personaje de la *Odisea* de Homero. Esposa de Ulises y madre de Telémaco.

malditos corrales y abandonar el oficio de achuradoras. No se sabe si cumplieron la promesa.

330 El toro, entretanto, tomó la ciudad por una larga y angosta calle que parte de la punta más aguda del rectángulo anteriormente descripto, calle encerrada por una zanja y un cerco de tunas,[43] que llaman *sola* por no tener más de dos casas laterales, y en cuyo aposado centro había un profundo pantano que tomaba de zanja a zanja. Cierto inglés, de vuelta de su saladero, vadeaba este pantano a la sazón, paso a paso, en un caballo algo arisco, y, sin

335 duda, iba tan absorto en sus cálculos que no oyó el tropel de jinetes ni la gritería sino cuando el toro arremetía el pantano. Azoróse de repente su caballo dando un brinco al sesgo y echó a correr, dejando al pobre hombre hundido media vara en el fango. Este accidente, sin embargo, no detuvo ni frenó la carrera de los perseguidores del toro, antes al contrario, soltando carcajadas

340 sarcásticas: "Se amoló[44] el gringo; levántate gringo"—exclamaron, cruzando el pantano, y amasando con barro bajo las patas de sus caballos su miserable cuerpo. Salió el gringo, como pudo, después a la orilla, más con la apariencia de un demonio tostado por las llamas del infierno que un hombre blanco pelirrubio. Más adelante, al grito de ¡al toro!, cuatro negras achuradoras que se

345 retiraban con su presa, se zambulleron en la zanja llena de agua, único refugio que les quedaba.

El animal, entretano, después de haber corrido unas 20 cuadras en distintas direcciones azorando con su presencia a todo viviente, se metió por la tranquera de una quinta, donde halló su perdición. Aunque cansado, manifes-

350 taba brío y colérico ceño; pero rodeábalo una zanja profunda y un tupido cerco de pitas, y no había escape. Juntáronse luego sus perseguidores que se hallaban desbandados, y resolvieron llevarlo en un señuelo de bueyes para que expiase su atentado en el lugar mismo donde lo había cometido.

Una hora después de su fuga el toro estaba otra vez en el matadero,

355 donde la poca chusma que había quedado no hablaba sino de sus fechorías. La aventura del gringo en el pantano, excitaba principalmente la risa y el sarcasmo. Del niño degollado por el lazo no quedaba sino un charco de sangre; su cadáver estaba en el cementerio.

Enlazaron muy luego por las astas al animal, que brincaba haciendo

360 hincapié y lanzando roncos bramidos. Echáronle uno, dos, tres piales; pero infructuosos: al cuarto quedó prendido de una pata: su brío y su furia redoblaron; su lengua, estirándose convulsiva, arrojaba espuma, su nariz humo, sus ojos miradas encendidas.

—¡Desjarreten[45] ese animal!—exclamó una voz imperiosa. Matasiete

365 se tiró al punto del caballo, cortóle el garrón[46] de una cuchillada y gambe-

---

43. Planta cactácea, con hojas carnosas y llenas de espinas.
44. Se fastidió.
45. Corten el jarrete (la corva de la pata del animal).
46. Corvejón. Parte del hueso o caña en la que se encuentra la articulación de la pierna de una res.

teando en torno de él con su enorme daga en mano, se la hundió al cabo hasta el puño en la garganta, mostrándola en seguida humeante y roja a los espectadores. Brotó un torrente de la herida, exhaló algunos bramidos roncos, y cayó el soberbio animal entre los gritos de la chusma que proclamaba en premio el matambre. Matasiete extendió, como orgulloso, por segunda vez el brazo y el cuchillo ensangrentado, y se agachó a desollarlo con otros compañeros.

370

Faltaba que resolver la duda sobre los órganos genitales del muerto, clasificado provisoriamente de toro por su indomable fiereza; pero estaban todos tan fatigados de la larga tarea, que lo echaron por lo pronto en olvido. Mas de repente una voz ruda exclamó:

375

—Aquí están los huevos—sacando de la barriga del animal y mostrando a los espectadores dos enormes testículos, signo inequívoco de su dignidad de toro. La risa y la charla fue grande; todos los incidentes desgraciados pudieron fácilmente explicarse. Un toro en el matadero era cosa muy rara, y aun vedada. Aquél, según reglas de buena policía, debía arrojarse a los perros; pero había tanta escasez de carne y tantos hambrientos en la población que el señor Juez tuvo que hacer ojo lerdo.[47]

380

En dos por tres estuvo desollado, descuartizado y colgado en la carreta el maldito toro. Matasiete colocó el matambre bajo el pellón de su recado[48] y se preparaba a partir. La matanza estaba concluida a las doce, y la poca chusma que había presenciado hasta el fin, se retiraba en grupos de a pie y de a caballo, o tirando a la cincha algunas carretas cargadas de carne.

385

Mas de repente la ronca voz de un carnicero gritó:

390

¡Allí viene un unitario!—y al oír tan significativa palabra toda aquella chusma se detuvo como herida de una impresión subitánea.

—¿No le ven la patilla en forma de U? No trae divisa en el fraque ni luto en el sombrero.

—Perro unitario.

395

—Es un cajetilla.[49]

—Monta en silla como los gringos.

—La Mazorca con él.

—¡La tijera!

—Es preciso sobarlo.

400

—Trae pistoleras por pintar.[50]

—Todos estos cajetillas unitarios son pintores como el diablo.

—¿A que no te le animás, Matasiete?

—¿A que no?

—A que sí.

---

47. Hacerse el distraído.
48. Tela o paño de la silla de montar.
49. Se dice despectivamente del porteño excesivamente elegante y presumido.
50. Forma coloquial de "alardear" o "presumir".

405   Matasiete era hombre de pocas palabras y de mucha acción. Tratándose de violencia, de agilidad, de destreza en el hacha, el cuchillo o el caballo, no hablaba y obraba. Lo habían picado: prendió la espuela a su caballo y se lanzó a brida suelta al encuentro del unitario.

    Era éste un joven como de 25 años, de gallarda y bien apuesta persona,
410 que mientras salían en borbotones de aquellas desaforadas bocas las anteriores exclamaciones, trotaba hacia Barracas, muy ajeno de temer peligro alguno. Notando, empero, las significativas miradas de aquel grupo de dogos[51] de matadero, echa maquinalmente la diestra sobre las pistoleras de su silla inglesa, cuando una pechada al sesgo del caballo de Matasiete lo
415 arroja de los lomos del suyo tendiéndolo a la distancia boca arriba y sin movimiento alguno.

    —¡Viva Matasiete!—exclamó toda aquella chusma, cayendo en tropel sobre la víctima como los caranchos rapaces sobre la osamenta de un buey devorado por el tigre.

420   Atolondrado todavía el joven, fue, lanzando una mirada de fuego sobre aquellos hombres feroces, hacia su caballo que permanecía inmóvil no muy distante, a buscar en sus pistolas el desagravio y la venganza. Matasiete, dando un salto, le salió al encuentro y con fornido brazo asiéndolo de la corbata lo tendió en el suelo tirando al mismo tiempo la daga de la cintura y lle-
425 vándola a su garganta.

    Una tremenda carcajada y un nuevo viva estentóreo volvió a vitorearlo.

    ¡Qué nobleza de alma! ¡Qué bravura en los federales!, ¡siempre en pandillas cayendo como buitres sobre la víctima inerte!

430   —Degüéllalo, Matasiete; quiso sacar las pistolas. Degüéllalo como al toro.

    —Pícaro unitario. Es preciso tusarlo.[52]

    —Tiene buen pescuezo para el violín.

    —Mejor es la resbalosa.[53]

435   —Probaremos—dijo Matasiete, y empezó sonriendo a pasar el filo de su daga por la garganta del caído, mientras con la rodilla izquierda le comprimía el pecho y con la siniestra mano le sujetaba por los cabellos.

    —No, no lo degüellen—exclamó de lejos la voz imponente del Juez del Matadero que se acercaba a caballo.

440   —A la casilla con él, a la casilla. Preparen mazorca y las tijeras. ¡Mueran los salvajes unitarios! ¡Viva el Restaurador de las leyes!

    —¡Viva Matasiete!

---

51. Perros de presa, robustos y valientes.
52. Cortarle el pelo como a los animales.

53. Baile y tonada popular entre los federales. Tocar la resbalosa: degollar.

"¡Mueran!" "¡Vivan!"—repitieron en coro los espectadores, y atándolo codo con codo, entre moquetes y tirones, entre vociferaciones e injurias,
445 arrastraron al infeliz joven al banco del tormento, como los sayones[54] al Cristo.

La sala de la casilla tenía en su centro una grande y fornida mesa de la cual no salían los vasos de bebida y los naipes sino para dar lugar a las ejecuciones y torturas de los sayones federales del matadero. Notábase además en
450 un rincón otra mesa chica con recado de escribir y un cuaderno de apuntes y porción de sillas entre las que resaltaba un sillón de brazos destinado para el juez. Un hombre, soldado en apariencia, sentado en una de ellas, cantaba al son de la guitarra la resbalosa, tonada de inmensa popularidad entre los federales, cuando la chusma llegando en tropel al corredor de la casilla lanzó
455 a empellones al joven unitario hacia el centro de la sala.

—A ti te toca la resbalosa—gritó uno.

—Encomienda tu alma al diablo.

—Está furioso como toro montaraz.

—Ya te amansará el palo.
460 —Es preciso sobarlo.

—Por ahora verga y tijera.

—Si no, la vela.

—Mejor será la mazorca.

—Silencio y sentarse—exclamó el juez dejándose caer sobre un sillón.
465 Todos obedecieron, mientras el joven, de pie, encarando al juez, exclamó con voz preñada de indignación:

—¡Infames sayones! ¿Qué intentan hacer de mí?

—¡Calma!—dijo sonriendo el juez—. No hay que encolerizarse. Ya lo verás.
470 El joven, en efecto, estaba fuera de sí de cólera. Todo su cuerpo parecía estar en convulsión. Su pálido y amoratado rostro, su voz, su labio trémulo, mostraban el movimiento convulsivo de su corazón, la agitación de sus nervios. Sus ojos de fuego parecían salirse de la órbita, su negro y lacio cabello se levantaba erizado. Su cuello desnudo y la pechera de su camisa dejaban entrever
475 el latido violento de sus arterias y la respiración anhelante de sus pulmones.

—¿Tiemblas?—le dijo el juez.

—De rabia porque no puedo sofocarte entre mis brazos.

—¿Tendrías fuerza y valor para eso?
480 —Tengo de sobra voluntad y coraje para ti, infame.

—A ver las tijeras de tusar mi caballo: túsenlo a la federala.

Dos hombres le asieron, uno de la ligadura del brazo, otro de la cabeza y en un minuto cortáronle la patilla que poblaba toda su barba por bajo, con risa estrepitosa de sus espectadores.

54. Verdugos.

485   —A ver—dijo el juez—, un vaso de agua para que se refresque.

—Uno de hiel te daría yo a beber, infame.

Un negro petiso[55] púsosele al punto delante con un vaso de agua en la mano. Diole el joven un puntapié en el brazo y el vaso fue a estrellarse en el techo, salpicando el asombrado rostro de los espectadores.

490   —Este es incorregible.

—Ya lo domaremos.

—Silencio—dijo el juez—. Ya estás afeitado a la federala, sólo te falta el bigote. Cuidado con olvidarlo. Ahora vamos a cuenta. ¿Por qué no traes divisa?

495   —Porque no quiero.

—¿No sabes que lo manda el Restaurador?

—La librea es para vosotros, esclavos, no para los hombres libres.

—A los libres se les hace llevar a la fuerza.

—Sí, la fuerza y la violencia bestial. Esas son vuestras armas, infames.
500 ¡El lobo, el tigre, la pantera, también son fuertes como vosotros! Deberíais andar como ellos, en cuatro patas.

—¿No temes que el tigre te despedace?

—Lo prefiero a que maniatado me arranquen, como el cuervo, una a una las entrañas.

505   —¿Por qué no llevas luto en el sombrero por la heroína?

—Porque lo llevo en el corazón por la patria que vosotros habéis asesinado, infames.

—¿No sabes que así lo dispuso el Restaurador?

—Lo dispusisteis vosotros, esclavos, para lisonjear el orgullo de vues-
510 tro señor, y tributarle vasallaje infame.

—¡Insolente! Te has embravecido mucho. Te haré cortar la lengua si chistas. Abajo los calzones a ese mentecato cajetilla y a nalga pelada denle verga, bien atado sobre la mesa.

Apenas articuló esto el juez, cuatro sayones salpicados de sangre, sus-
515 pendieron al joven y lo tendieron largo a largo sobre la mesa comprimiéndole todos sus miembros.

—Primero degollarme que desnudarme, infame canalla.

Atáronle un pañuelo a la boca y empezaron a tironear sus vestidos. Encogíase el joven, pateaba, hacía rechinar los dientes. Tomaban ora sus miem-
520 bros la flexibilidad del junco, ora la dureza del fierro y su espina dorsal era el eje de un movimiento parecido al de la serpiente. Gotas de sudor fluían por su rostro, grandes como perlas; echaban fuego sus pupilas, su boca espuma, y las venas sobre su blanco cutis como si estuvieran repletas de sangre.

55. Bajo, pequeño de estatura.

525   —Átenlo primero—exclamó el juez.

—Está rugiendo de rabia—articuló un sayón.

En un momento liaron sus piernas en ángulo a los cuatro pies de la mesa, volcando su cuerpo boca abajo. Era preciso hacer igual operación con las manos, para lo cual soltaron las ataduras que las comprimían en la es-
530   palda. Sintiéndolas libres el joven, por un movimiento brusco en el cual pareció agotarse toda su fuerza y vitalidad, se incorporó primero sobre sus brazos, después sobre sus rodillas y se desplomó al momento murmurando:

—Primero degollarme que desnudarme, infame canalla.

Sus fuerzas se habían agotado.

535   Inmediatamente quedó atado en cruz y empezaron la obra de desnudarlo. Entonces un torrente de sangre brotó borbolloneando de la boca y las narices del joven, y extendiéndose empezó a caer a chorros por entrambos lados de la mesa. Los sayones quedaron inmóviles y los espectadores estupefactos.

540   —Reventó de rabia el salvaje unitario—dijo uno.

—Tenía un río de sangre en las venas—articuló otro.

—Pobre diablo, queríamos únicamente divertirnos con él y tomó la cosa demasiado a lo serio—exclamó el juez frunciendo el ceño de tigre. Es preciso dar parte; desátenlo y vamos.

545   Verificaron la orden; echaron llave a la puerta y en un momento se escurrió la chusma en pos del caballo del juez cabizbajo y taciturno.

Los federales habían dado fin a una de sus innumerables proezas.

En aquel tiempo los carniceros degolladores del matadero, eran los apóstoles, que propagaban a verga y puñal la federación rosina, y no es difícil
550   imaginarse qué federación saldría de sus cabezas y cuchillas. Llamaban ellos salvaje unitario, conforme a la jerga inventada por el Restaurador, patrón de la cofradía, a todo el que no era degollador, carnicero, ni salvaje, ni ladrón; a todo hombre decente y de corazón bien puesto, a todo patriota ilustrado amigo de las luces y de la libertad; y por el suceso anterior puede verse a las
555   claras que el foco de la federación estaba en el matadero.

(Edición de Buenos Aires, 1926)

Preguntas

1. ¿Cuál es el contexto histórico de esta obra?

2. ¿Contra quiénes dirige el narrador sus comentarios irónicos?

3. ¿De qué modo sirve la descripción del matadero a los propósitos ideológicos del autor?

4. ¿Cuál es la actitud del narrador hacia los personajes que describe?

5. ¿Cuáles son los aspectos románticos y los realistas del texto?

DOMINGO FAUSTINO SARMIENTO

(1811, San Juan, Argentina–1888, Asunción, Paraguay)

    Entre los intelectuales que combatieron contra la tiranía de Rosas se destaca la vigorosa figura de Sarmiento. Educador, político y escritor, fue Sarmiento hombre de acción y de ideas, para quien la palabra escrita era instrumento de análisis, vehículo de persuasión y arma de lucha. Desde niño, Sarmiento tuvo una gran curiosidad intelectual y fue ávido lector, pero por ser pobre no pudo continuar estudios regulares más allá de la escuela primaria y de las enseñanzas de un tío suyo sacerdote. A los quince años era ya maestro en una escuelita rural. Se formó en un ambiente religioso y favorecedor de la causa federal*, defensora de la autonomía de las provincias frente al poder central de Buenos Aires. Sarmiento descubrió, sin embargo, el fanatismo y la violencia de los partidarios de la Federación y pronto se convirtió en enemigo de los caudillos federales. Atrapado por el torbellino de la guerra civil, varias veces cruzó la cercana frontera para refugiarse en Chile, donde vivió desde 1831 hasta 1836 y desde 1840 hasta 1851. Su segundo y más largo exilio sobrevino luego de ser detenido y maltratado a causa de su actuación política. La prolongada estancia en Chile fue decisiva en la vida del autor. Durante esos años colaboró en el periódico *El Mercurio,* escribió libros y artículos, tradujo textos escolares, fundó revistas, polemizó a favor del romanticismo con el grupo neo-clasicista de Andrés Bello, viajó a Europa y los Estados Unidos para estudiar nuevos métodos pedagógicos y contribuyó a la renovación de la educación en Chile. Allí publicó por entregas en el diario *El Progreso* su obra maestra, *Civilización y barbarie o vida de Juan Facundo Quiroga* (1845). Del mismo período son también sus memorias de viajes y el libro autobiográfico *Recuerdos de provincia* (1850).

Luego de la derrota de Rosas (1852) y después de resolver algunas desavenencias con los nuevos gobernantes, Sarmiento vuelve a Argentina e inicia una intensa carrera política. En los próximos años ocupará importantes puestos públicos hasta llegar a ser presidente de la República Argentina (1868–74). Vale notar que durante su permanencia en los Estados Unidos como ministro diplomático (1864–68), Sarmiento se familiarizó con las instituciones y costumbres del país y conoció, además, a destacadas figuras políticas e intelectuales. Hizo amistad con Mary Mann, viuda del educador Horace Mann (1796–1859), quien tradujo al inglés su libro *Facundo.* Cuando dejó la presidencia, Sarmiento continuó sus actividades políticas y literarias. A este período corresponde *Conflicto y armonía de las razas en América* (1883), ensayo sociológico donde presenta, apoyado en las ideas científicas de Darwin (1809–82) y de Spencer (1820–1903), una explicación racista de los problemas latinoamericanos.

Facundo participa de varios géneros—historia, biografía, novela, estudio sociológico—sin pertenecer estrictamente a ninguno de ellos. Sarmiento ofrece en este libro una interpretación de la historia argentina que explica los orígenes del caudillismo* y propone un programa de gobierno para superar los problemas del país, después del derrocamiento de Rosas. Para tal empresa, sin precedente en Hispanoamérica, Sarmiento contaba con un repertorio de ideas donde confluían la teoría racionalista del progreso tomada de la Ilustración* francesa y el historicismo* de Vico y Herder, con su concepto de la cultura como producto de las condiciones de vida propias de cada nación. Sabemos por los textos y nombres citados en *Facundo,* que su autor conocía las ideas de Michelet (1798–1874), Humboldt y de Tocqueville (1805–59), quienes, del mismo modo que Herder, habían señalado la influencia del medio geográfico sobre la personalidad social y cultural de los pueblos. Entre otros representantes del romanticismo social, había leído a Villemain (1790–1870) y a Cousin (1792–1867), de cuyos textos extrae los epígrafes para dos capítulos de su libro.

Por una parte, Sarmiento ve en el caudillo Facundo Quiroga "una manifestación de la vida argentina tal como la han hecho la colonización y las peculiaridades del terreno". Al mismo tiempo, afirma su fe en el triunfo del progreso sobre "las tradiciones envejecidas". Sarmiento ve en las inmensas extensiones despobladas el gran mal que aqueja al país. Las ciudades son islotes de civilización rodeados por la barbarie, esto es, por las condiciones primitivas de vida en las llanuras desiertas. El gaucho es producto de este medio, donde la fuerza física impera a expensas del intelecto, la disciplina, el hábito de trabajo y el respeto a la ley. Como romántico, Sarmiento se siente atraído por los tipos originales de la Pampa argentina. Sus descripciones del rastreador, el baqueano, el gaucho malo y el payador o gaucho cantor muestran admiración por el arrojo y la valentía, por la destreza y el ingenio natural del habitante de la Pampa. Como civilizador, sin embargo, cree que el gaucho y su forma de vida deben desaparecer para dar paso a la civilización y al progreso. Además, si el caudillo Facundo es, según él, producto natural del suelo, en cambio ve en el dictador Rosas al frío explotador de las condiciones creadas por la barbarie. Para curar estos males proponía poblar, cultivar la tierra, educar, introducir la ciencia y la técnica, trasplantar los modelos de organización creados por la cultura europea.

Con *Facundo,* Sarmiento inició el ensayo de interpretación de la realidad americana. Su identificación del progreso con lo anglosajón, su rechazo del español, del indio y del negro son limitaciones que la posteridad ha reconocido y censurado. Aunque discutibles y polémicos, su planteamiento del conflicto entre la civilización y la barbarie, y su ideario político-cultural han gravitado en el pensamiento y la imaginación de ensayistas y novelistas de todo el continente. La visión del país y el programa de acción propuestos en *Facundo* guiaron a Sarmiento como gobernante, aunque su ambicioso proyecto liberal progresista fue frustrado por poderosos intereses que él, con escasa comprensión de los factores económicos y la dinámica de los grupos sociales, sólo identificó demasiado tarde. Su gran obra de educador y de gobernante impulsó, sin embargo, el desarrollo material, cultural e institucional que sentó las bases de la Argentina moderna.

Bibliografía mínima

Anderson Imbert, Enrique. *Genio y figura de Sarmiento.* Buenos Aires: Editorial Universitaria, 1967.

Barrenechea, Ana María. "Estudios sobre el *Facundo*". *Textos Hispanoamericanos. De Sarmiento a Sarduy.* Caracas: Monte Avila, 1978. 11–86.

Bunkley, Allison W. *The Life of Sarmiento.* Princeton, N.J.: Princeton UP, 1952.

Carilla, Emilio. *El Embajador Sarmiento y los Estados Unidos.* Santa Fe: U de Santa Fe, 1961.

Jitrik, Noé. "Prólogo". *Facundo.* De Domingo F. Sarmiento. Caracas: Biblioteca Ayacucho, 1977. ix–lii.

Martínez Estrada. Ezequiel. *Sarmiento.* Buenos Aires: Argos, 1946.

———. "Sarmiento". *Antología.* México: Fondo de Cultura Económica, 1964. 127–35.

Rojas, Ricardo. *El profeta de la pampa: vida de Sarmiento.* 6a. ed. Buenos Aires: Kraft, 1962.

Facundo

PRIMERA PARTE

CAPITULO I

Aspecto físico de la República Argentina, y caracteres, hábitos e ideas que engendra

[...] El mal que aqueja a la República Argentina es la extensión; el desierto la rodea por todas partes, se le insinúa en las entrañas; la soledad, el despoblado sin una habitación humana, son por lo general los límites incuestionables entre unas y otras provincias. Allí, la inmensidad por todas partes;
5 inmensa la llanura, inmensos los bosques, inmensos los ríos, el horizonte siempre incierto, siempre confundiéndose con la tierra entre celajes y vapores tenues, que no dejan en la lejana perspectiva señalar el punto en que el mundo acaba y principia el cielo. Al sur y al norte acéchanla los salvajes, que aguardan las noches de luna para caer, cual enjambre de hienas, sobre los
10 ganados que pacen en los campos y en las indefensas poblaciones. En la solitaria caravana de carretas que atraviesa pesadamente las pampas, y que se detiene a reposar por momentos, la tripulación reunida en torno del escaso fuego, vuelve maquinalmente la vista hacia el sur al más ligero susurro del viento que agita las hierbas secas, para hundir sus miradas en las tinieblas
15 profundas de la noche en busca de los bultos siniestros de la horda salvaje que puede soprenderla desapercibida de un momento a otro.

Si el oído no escucha rumor alguno, si la vista no alcanza a calar el velo oscuro que cubre la callada soledad, vuelve sus miradas, para tranquilizarse del todo, a las orejas de algún caballo que está inmediato al fogón, para obser-
20 var si están inmóviles y negligentemente inclinadas hacia atrás.

Entonces continúa la conversación interrumpida, o lleva a la boca el tasajo[1] de carne medio sollamado de que se alimenta. Si no es la proximidad del salvaje lo que inquieta al hombre del campo, es el temor de un tigre que lo acecha, de una víbora que puede pisar. Esta inseguridad de la vida, que es ha-
25 bitual y permanente en las campañas, imprime, a mi parecer, en el carácter argentino cierta resignación estoica para la muerte violenta, que hace de ella uno de los percances inseparables de la vida, una manera de morir como cualquiera otra; y puede quizá explicar en parte la indiferencia con que dan y reciben la muerte, sin dejar en los que sobreviven impresiones profundas
30 y duraderas.

La parte habitada de este país, privilegiado en dones y que encierra todos los climas, puede dividirse en tres fisonomías distintas, que imprimen

---

1. Carne seca.

a la población condiciones diversas, según la manera como tiene que entenderse con la naturaleza que la rodea. Al norte, confundiéndose con el Chaco,[2]
35 un espeso bosque cubre con su impenetrable ramaje extensiones que llamáramos inauditas si en formas colosales hubiese nada inaudito en toda la extensión de la América. Al centro, y en una zona paralela, se disputan largo tiempo el terreno la pampa y la selva; domina en partes el bosque, se degrada en matorrales enfermizos y espinosos, preséntase de nuevo la selva a merced
40 de algún río que la favorece, hasta que al fin, al sur, triunfa la pampa y ostenta su lisa y velluda frente infinita, sin límite conocido, sin accidente notable; es la imagen del mar en la tierra; la tierra como en el mapa; la tierra aguardando todavía que se le mande producir las plantas y toda clase de simiente.
45   Pudiera señalarse como un rasgo notable de la fisonomía de este país la aglomeración de ríos navegables que al este se dan cita de todos los rumbos del horizonte, para reunirse en el Plata, y presentar dignamente su estupendo tributo al Océano, que lo recibe en sus flancos no sin muestras visible de turbación y respeto. Pero estos inmensos canales excavados por la solícita
50 mano de la naturaleza, no introducen cambio ninguno en las costumbres nacionales. El hijo de los aventureros españoles que colonizaron el país, detesta la navegación, y se considera como aprisionado en los estrechos límites del bote o la lancha. Cuando un gran río le ataja el paso, se desnuda tranquilamente, apresta su caballo y lo endilga nadando a algún islote que se divisa a
55 lo lejos; arriba a él, descansan caballo y caballero, y de islote en islote, se completa al fin la travesía.
    De este modo, el favor más grande que la Providencia depara a un pueblo, el gaucho argentino lo desdeña, viendo en él más bien un obstáculo opuesto a sus movimientos, que el medio más poderoso de facilitarlos. [. . .]

[*Sarmiento cree que el predomino de las tierras llanas es un elemento unifica-*
60 *dor para la Argentina y que la geografía del país dicta la necesidad de un go-*
bierno centralizado. Al mismo tiempo, ve en las extensas llanuras despobladas
el origen de circunstancias y hábitos contrarios a la libertad y el progreso.]

    [. . .] Muchos filósofos han creído que las llanuras preparaban las vías al despotismo, del mismo modo que las montañas prestaban asidero a las resis-
65 tencias de la libertad. Esta llanura sin límites que desde Salta[3] a Buenos Aires, y de allí a Mendoza,[4] por una distancia de más de setecientas leguas permite rodar enormes y pesadas carretas, sin encontrar obstáculo alguno por caminos en que la mano del hombre apenas ha necesitado cortar algunos árbo-

---

2. Territorio que limita con Bolivia y Paraguay.
3. Provincia del noroeste argentino. Limita con Chile y Bolivia.
4. Provincia situada en latitud ligeramente superior a la de Buenos Aires, cuyo límite al oeste es la cordillera de los Andes que la separa de Chile. La Pampa (actualmente provincia), se encuentra entre la provincia de Buenos Aires y la de Mendoza.

70 les y matorrales; esta llanura constituye uno de los rasgos más notables de la fisonomía interior de la República.

Para preparar vías de comunicación basta sólo el esfuerzo del individuo y los resultados de la naturaleza bruta; si el arte quisiera prestarle su auxilio, si las fuerzas de la sociedad intentaran suplir la debilidad del individuo, las 75 dimensiones colosales de la obra arredrarían a los más emprendedores, y la incapacidad del esfuerzo lo haría inoportuno.

Así, en materia de caminos, la naturaleza salvaje dará la ley por mucho tiempo, y la acción de la civilización permanecerá débil e ineficaz.

Esta extensión de las llanuras imprime, por otra parte, a la vida del inte- 80 rior cierta tintura asiática que no deja de ser bien pronunciada. Muchas veces, al salir la luna tranquila y resplandeciente por entre las hierbas de la tierra, la he saludado maquinalmente con estas palabras de Volney[5] en su descripción de las Ruinas: "La pleine lune a l'Orient s'élevait sur un fond bleuâtre aux plaines rives de l'Euphrate".[6] Y en efecto, hay algo en las soleda- 85 des argentinas que trae a la memoria las soledades asiáticas; alguna analogía encuentra el espíritu entre la pampa y las llanuras que median entre el Tigris y el Eúfrates; algún parentesco en la tropa de carretas solitarias que cruza nuestras soledades para llegar, al fin de una marcha de meses, a Buenos Aires, y la caravana de camellos que se dirige hacia Bagdad o Esmirna. Nuestras ca- 90 rretas viajeras son una especie de escuadra de pequeños bajeles, cuya gente tiene costumbres, idiomas y vestidos peculiares que la distinguen de los otros habitantes, como el marino se distingue de los hombres de tierra.

Es el capataz un caudillo, como en Asia el jefe de la caravana; necesítase para este destino una voluntad de hierro, un carácter arrojado hasta la teme- 95 ridad, para contener la audacia y turbulencia de los filibusteros de tierra que ha de gobernar y dominar él solo en el desamparo del desierto. A la menor señal de insubordinación, el capataz enarbola su chicote de hierro, y descarga sobre el insolente golpes que causan contusiones y heridas; si la resistencia se prolonga, antes de apelar a las pistolas, cuyo auxilio por lo general 100 desdeña, salta del caballo con el formidable cuchillo en mano y reivindica bien pronto su autoridad por la superior destreza con que sabe manejarlo.

El que muere en estas ejecuciones del capataz no deja derecho a ningún reclamo, considerándose legítima la autoridad que lo ha asesinado.

Así es como en la vida argentina empieza a establecerse por estas peculia- 105 ridades el predominio de la fuerza brutal, la preponderancia del más fuerte, la autoridad sin límites y sin responsabilidad de los que mandan, la justicia administrada sin formas y sin debate. La tropa de carretas lleva además armamento, un fusil o dos por carreta, y a veces un cañoncito giratorio en la que va a la delantera. Si los bárbaros la asaltan, forma un círculo atando unas ca-

---

5. Constantin Volney (1757–1820): escritor francés, autor de *Ruines ou Méditations sur les révolutions des empires.*

6. "La luna llena en el Oriente se elevaba sobre un fondo azulado en las riberas llanas del Eúfrates".

110 rretas con otras, y casi siempre resiste victoriosamente a la codicia de los salvajes ávidos de sangre y de pillaje.

La arria de mulas cae con frecuencia indefensa en manos de estos beduinos americanos, y rara vez los troperos escapan de ser degollados. En estos largos viajes, el proletario argentino adquiere el hábito de vivir lejos de la so-
115 ciedad y de luchar individualmente con la naturaleza, endurecido en las privaciones, y sin contar con otros recursos que su capacidad y maña personal para precaverse de todos los riesgos que le cercan de continuo. [...]

Por aquella extensión sin límites, tal como la hemos descrito, están esparcidas aquí y allá catorce ciudades capitales de provincia, que, si hubiéra-
120 mos de seguir el orden aparente clasificaríamos por su colocación geográfica: Buenos Aires, Santa Fe, Entre Ríos y Corrientes a las márgenes del Paraná; Mendoza, San Juan, La Rioja, Catamarca, Tucumán, Salta y Jujuy, casi en línea paralela con los Andes chilenos; Santiago, San Luis y Córdoba, al centro.

125 Pero esta manera de enumerar los pueblos argentinos no conduce a ninguno de los resultados sociales que voy solicitando. La clasificación que hace a mi objeto, es la que resultó de los medios de vivir del pueblo de las campañas, que es lo que influye en su carácter y espíritu. Ya he dicho que la vecindad de los ríos no imprime modificación alguna, puesto que no son na-
130 vegados sino en una escala insignificante y sin influencia. Ahora, todos los pueblos argentinos, salvo San Juan y Mendoza, viven de los productos del pastoreo; Tucumán explota, además, la agricultura, y Buenos Aires, a más de un pastoreo de millones de cabezas de ganado, se entrega a las múltiples y variadas ocupaciones de la vida civilizada.

135 Las ciudades argentinas tienen la fisonomía regular de casi todas las ciudades americanas: sus calles cortadas en ángulos rectos, su población diseminada en una ancha superficie, si se exceptúa a Córdoba, que, edificada en corto y limitado recinto, tiene todas las apariencias de una ciudad europea, a que dan mayor realce la multitud de torres y cúpulas de sus numerosos y
140 magníficos templos. La ciudad es el centro de la civilización argentina, española, europea; allí están los talleres de las artes, las tiendas del comercio, las escuelas y colegios, los juzgados, todo lo que caracteriza, en fin, a los pueblos cultos.

La elegancia en los modales, las comodidades del lujo, los vestidos eu-
145 ropeos, el frac y la levita, tienen allí su teatro y su lugar conveniente. No sin objeto hago esta enumeración trivial. La ciudad capital de las provincias pastoras existe algunas veces ella sola sin ciudades menores y no falta alguna en que el terreno inculto llegue hasta ligarse con las calles. El desierto las circunda a más o menos distancia, las cerca, las oprime; la naturaleza salvaje las
150 reduce a unos estrechos oasis de civilización enclavados en un llano inculto de centenares de millas cuadradas, apenas interrumpido por una que otra villa de consideración. Buenos Aires y Córdoba son las que mayor número de

villas han podido echar sobre la campaña, como otros tantos focos de civilización y de intereses municipales; ya esto es un hecho notable.

155 El hombre de la ciudad viste el traje europeo, vive de la vida civilizada tal como la conocemos en todas partes; allí están las leyes, las ideas de progreso, los medios de instrucción, alguna organización municipal, el gobierno regular, etc. Saliendo del recinto de la ciudad, todo cambia de aspecto; el hombre de campo lleva otro traje, que llamaré americano, por ser común a

160 todos los pueblos; sus hábitos de vida son diversos, sus necesidades peculiares y limitadas; parecen dos sociedades distintas, dos pueblos extraños uno de otro. Aún hay más; el hombre de la campaña, lejos de aspirar a semejarse al de la ciudad, rechaza con desdén su lujo y sus modales corteses; y el vestido del ciudadano, el frac, la capa o la silla, ningún signo europeo puede pre-

165 sentarse impunemente en la campaña. Todo lo que hay de civilizado en la ciudad está bloqueado por allí, proscrito afuera; y el que osara mostrarse con levita, por ejemplo, y montado en silla inglesa, atraería sobre sí las burlas y las agresiones brutales de los campesinos. [. . .]

El progreso moral, la cultura de la inteligencia descuidada en la tribu á-

170 rabe o tártara, es aquí no sólo descuidada, sino imposible. ¿Dónde colocar la escuela para que asistan a recibir lecciones los niños diseminados a diez leguas de distancia en todas direcciones? Así, pues, la civilización es del todo irrealizable, la barbarie es normal,[7] y gracias si las costumbres domésticas conservan un corto depósito de moral. La religión sufre las consecuencias de

175 la disolución de la sociedad; el curato es nominal, el púlpito no tiene auditorio, el sacerdote huye de la capilla solitaria, o se desmoraliza en la inacción y en la soledad; los vicios, el simoniaquismo, la barbarie normal, penetran en su celda, y convierten su superioridad moral en elementos de fortuna y de ambición, porque al fin concluye por hacerse caudillo de partido. [. . .]

180 A falta de todos los medios de civilización y de progreso, que no pueden desenvolverse sino a condición de que los hombres estén reunidos en sociedades numerosas, ved la educación del hombre en el campo. Las mujeres guardan la casa, preparan la comida, esquilan las ovejas, ordeñan las vacas, fabrican los quesos y tejen las groseras telas de que se visten; todas las

185 ocupaciones domésticas, todas las industrias caseras, las ejerce la mujer; sobre ella pesa casi todo el trabajo: y gracias si algunos hombres se dedican a cultivar un poco de maíz para el alimento de la familia, pues el pan es inusitado como manutención ordinaria. Los niños ejercitan sus fuerzas y se adiestran por placer en el manejo del lazo y de las boleadoras,[8] con que molestan

190 y persiguen sin descanso a las terneras y cabras; cuando son jinetes, y esto sucede luego de aprender a caminar, sirven a caballo en algunos quehaceres;

---

7. Nota del autor: "El año 1826, durante una residencia de un año en la sierra de San Luis, enseñé a leer a seis jóvenes de familias pudientes, el menor de los cuales tenía veintidós años".

8. Dos o tres bolas de piedra, forradas de cuero, que se unen por correas a una anilla. Los gauchos aprendieron de los indígenas a usar boleadoras para cazar animales.

más tarde, y cuando ya son fuertes, recorren los campos cayendo y levantando, rodando a designio en las vizcacheras, salvando precipicios y adiestrándose en el manejo del caballo; cuando la pubertad asoma, se consagran a domar potros salvajes y la muerte es el castigo menor que les aguarda, si un momento les faltan las fuerzas o el coraje. Con la juventud primera viene la completa independencia y la desocupación.

Aquí principia la vida pública, diré, del gaucho, pues que su educación está ya terminada. Es preciso ver a estos españoles, por el idioma únicamente y por las confusas nociones religiosas que conservan, para saber apreciar los caracteres indómitos y altivos que nacen de esta lucha del hombre aislado con la naturaleza salvaje, del racional con el bruto; es preciso ver estas caras cerradas de barba, estos semblantes graves y serios, como los de los árabes asiáticos, para juzgar del compasivo desdén que les inspira la vista del hombre sedentario de las ciudades, que puede haber leído muchos libros, pero que no sabe aterrar un toro bravío y darle muerte, que no sabrá proveerse de caballo a campo abierto, a pie y sin auxilio de nadie, que nunca ha parado un tigre, recibídolo con el puñal en una mano y el poncho envuelto en la otra, para meterlo en la boca, mientras le traspasa el corazón y lo deja tendido a sus pies. Este hábito de triunfar de las resistencias, de mostrarse siempre superior a la naturaleza, de desafiarla y vencerla, desenvuelve prodigiosamente el sentimiento de la importancia individual y de la superioridad. Los argentinos, de cualquier clase que sean, civilizados o ignorantes, tienen una alta conciencia de su valer como nación; todos los demás pueblos americanos les echan en cara esta vanidad, y se muestran ofendidos de su presunción y arrogancia. Creo que el cargo no es del todo infundado, y no me pesa de ello. ¡Ay del pueblo que no tiene fe en sí mismo! ¡Para ése no se han hecho las grandes cosas! ¿Cuánto no habrá podido contribuir a la independencia de una parte de la América la arrogancia de estos gauchos argentinos que nada han visto bajo el sol mejor que ellos, ni el hombre sabio ni el poderoso? El europeo es para ellos el último de todos, porque no resiste a un par de corcovos del caballo.[9] Si el origen de esta vanidad nacional en las clases inferiores es mezquino, no son por eso menos nobles las consecuencias como no es menos pura el agua de un río porque nazca de vertientes cenagosas e infectas. Es implacable el odio que les inspiran los hombres cultos, e invencible su disgusto por sus vestidos, usos y maneras. De esta pasta están amasados los soldados argentinos: y es fácil imaginarse lo que hábitos de este género pueden dar en valor y sufrimiento para la guerra; añádase que desde la infancia están habituados a matar las reses y que este acto de crueldad necesaria los familiariza con el derramamiento de sangre y endurece su corazón contra los gemidos de las víctimas.

9. Nota del autor: "El general Mansilla decía en la Sala durante el bloqueo francés: ¿'Y qué nos han de hacer esos europeos que no saben galoparse una noche?' Y la inmensa barra plebeya ahogó la voz del orador con el estrépito de los aplausos."

La vida del campo, pues, ha desenvuelto en el gaucho las facultades físicas, sin ninguna de las de la inteligencia. Su carácter moral se resiente de su hábito de triunfar de los obstáculos y del poder de la naturaleza: es fuerte, altivo, enérgico. Sin ninguna instrucción, sin necesitarla tampoco, sin medios de subsistencia como sin necesidades, es feliz en medio de su pobreza y de sus privaciones, que no son tales para el que nunca conoció mayores goces, ni extendió más altos sus deseos, de manera que, si en esta disolución de la sociedad radica hondamente la barbarie por la imposibilidad y la inutilidad de la educación moral e intelectual, no deja, por otra parte, de tener sus atractivos. El gaucho no trabaja; el alimento y el vestido lo encuentra preparado en su casa; uno y otro se lo proporcionan sus ganados, si es propietario; la casa del patrón o del pariente, si nada posee. Las atenciones que el ganado exige, se reducen a correrías y partidas de placer. La hierra, que es como la vendimia de los agricultores, es una fiesta cuya llegada se recibe con transportes de júbilo; allí es el punto de reunión de todos los hombres de veinte leguas a la redonda; allí la ostentación de la increíble destreza en el lazo.

El gaucho llega a la hierra al paso lento y mesurado de su mejor "parejero", que detiene a distancia apartada; y para gozar mejor del espectáculo, cruza la pierna sobre el pescuezo del caballo. Si el entusiasmo lo anima, desciende lentamente del caballo, desarrolla su lazo y lo arroja sobre un toro que pasa con la velocidad del rayo a cuarenta pasos de distancia; lo ha cogido de una uña, que era lo que se proponía, y vuelve tranquilo a enrollar su "cuerda".

CAPITULO II

Originalidad y caracteres argentinos.—El rastreador.—El baqueano.—El gaucho malo.—El cantor.

Si de las condiciones de la vida pastoril, tal como la han constituido la colonización y la incuria, nacen graves dificultades para una organización política cualquiera, y muchas más para el triunfo de la civilización europea, de sus instituciones y de la riqueza y libertad, que son sus consecuencias, no puede, por otra parte, negarse que esta situación tiene su costado poético, frases dignas de la pluma del romancista. Si un destello de literatura nacional puede brillar momentáneamente en las nuevas sociedades americanas, es el que resultará de la descripción de las grandiosas escenas naturales, y sobre todo, de la lucha entre la civilización europea y la barbarie indígena, entre la inteligencia y la materia; lucha imponente en América, y que da lugar a escenas tan peculiares, tan características y tan fuera del círculo de ideas en que se ha educado el espíritu europeo, porque los resortes dramáticos se vuelven desconocidos fuera del país donde se toman, los usos sorprendentes, y originales los caracteres.

El único romancista norteamericano que haya logrado hacerse un nombre europeo, es Fenimore Cooper, y eso, porque transportó la escena de sus descripciones fuera del círculo ocupado por los plantadores al límite entre la vida bárbara y la civilizada, al teatro de la guerra en que las razas indígenas y la raza sajona están combatiendo por la posesión del terreno.

No de otro modo nuestro joven poeta Echeverría ha logrado llamar la atención del mundo literario español con su poema titulado "La Cautiva". Este bardo argentino dejó a un lado a Dido y Arjea,[10] que sus predecesores los Varela[11] trataron con maestría clásica y estro poético, pero sin suceso y sin consecuencia, porque nada agregaban al caudal de nociones europeas, y volvió sus miradas al desierto, y allá en la inmensidad sin límites, en las soledades en que vaga el salvaje, en la lejana zona de fuego que el viajero ve acercarse cuando los campos se incendian, halló las inspiraciones que proporciona a la imaginación el espectáculo de una naturaleza solemne, grandiosa, inconmensurable, callada, y entonces el eco de sus versos pudo hacerse oír con aprobación aun por la península española.

Hay que notar de paso un hecho que es muy explicativo de los fenómenos sociales de los pueblos. Los accidentes de la naturaleza producen costumbres y usos peculiares a estos accidentes, haciendo que donde estos accidentes se repiten, vuelvan a encontrarse los mismos medios de parar a ellos, inventados por pueblos distintos. Esto me explica por qué la flecha y el arco se encuentran en todos los pueblos salvajes, cualesquiera que sean su raza, su origen y su colocación geográfica. Cuando leía en "El último de los Mohicanos", de Cooper, que Ojo de Halcón y Uncas habían perdido el rastro de los Mingos en un arroyo, dije: "Van a tapar el arroyo". Cuando en "La pradera", el Trampero mantiene la incertidumbre y la agonía mientras el fuego los amenaza, un argentino habría aconsejado lo mismo que el Trampero sugiere, al fin, que es limpiar un lugar para guarecerse, e incendiar a su vez, para poderse retirar del fuego que invade sobre las cenizas del que se ha encendido. Tal es la práctica de los que atraviesan la pampa para salvarse de los incendios del pasto. Cuando los fugitivos de "La pradera" encuentran un río, y Cooper describe la misteriosa operación del Pawnie con el cuero de búfalo que recoge, "va a hacer la *pelota*" me dije a mí mismo: Lástima es que no haya una mujer que la conduzca, que entre nosotros son las mujeres las que cruzan los ríos con la *pelota* tomada con los dientes por un lazo". El procedimiento para asar una cabeza de búfalo en el desierto es el mismo que nosotros usamos para "batear" una cabeza de vaca o un lomo de ternera. En fin, mil otros accidentes que omito, prueban la verdad de que modificaciones análogas del suelo traen análogas costumbres, recursos y expedientes. No es otra la razón de hallar en Fenimore Cooper descripciones de usos y costumbres que pare-

---

10. Personajes de la mitología griega. Se refiere a la historia del amor de Dido, fundadora de Cartago, por Eneas, el troyano hijo de Afrodita. Argía fue la esposa de Polinices, hijo de Edipo y de Yocasta.

11. P. Félix Varela (1788–1853) y Juan Cruz Varela (1794–1839). El segundo de ellos fue autor de dos tragedias seudoclásicas: *Dido* (1823) y *Argía* (1824).

55 cen plagiadas de la pampa; así, hallamos en los hábitos pastoriles de la América, reproducidos hasta los trajes, el semblante grave y hospitalidad árabes.

Existe, pues, un fondo de poesía que nace de los accidentes naturales del país y de las costumbres excepcionales que engendra. La poesía, para despertarse, porque la poesía es, como el sentimiento religioso, una facultad del 60 espíritu humano, necesita el espectáculo de lo bello, del poder terrible, de la inmensidad de la extensión, de lo vago, de lo incomprensible; porque sólo donde acaba lo palpable y vulgar, empiezan las mentiras de la imaginación, el mundo ideal. Ahora, yo pregunto: ¿qué impresiones ha de dejar en el habitante de la República Argentina el simple acto de clavar los ojos en el hori- 65 zonte, y ver..., no ver nada? Porque cuanto más hunde los ojos en aquel horizonte incierto, vaporoso, indefinido, más se aleja, más lo fascina, lo confunde y lo sume en la contemplación y la duda. ¿Dónde termina aquel mundo que quiere en vano penetrar? ¡No lo sabe! ¿Qué hay más allá de lo que ve? La soledad, el peligro, el salvaje, la muerte. He aquí ya la poesía. El hombre que 70 se mueve en estas escenas se siente asaltado de temores e incertidumbres fantásticas, de sueños que lo preocupan despierto. [...]

[Sarmiento hace una distinción entre la poesía culta de la ciudad y la poesía "popular, candorosa y desaliñada del gaucho". En las páginas siguientes escribe sobre la música y los cantares del pueblo campesino.]

75 El pueblo campesino tiene sus cantares propios.

El "triste", que predomina en los pueblos del norte, es un canto frigio,[12] plañidero, natural al hombre en el estado primitivo de barbarie, según Rousseau.

La "vidalita", canto popular con coros, acompañado de la guitarra y un 80 tamboril, a cuyos redobles se reúne la muchedumbre y va engrosando el cortejo y el estrépito de las voces; este canto me parece heredado de los indígenas, poque lo he oído en una fiesta de indios en Copiapó,[13] en celebración de la Candelaria,[14] y como canto religioso, debe ser antiguo, y los indios chilenos no lo han de haber adoptado de los españoles argentinos. La "vidalita" 85 es el metro popular en que se cantan los asuntos del día, las canciones guerreras; el gaucho compone el verso que canta, y lo populariza por las asociaciones que su canto exige.

Así, pues, en medio de la rudeza de las costumbres nacionales, estas dos artes que embellecen la vida civilizada y dan desahogo a tantas pasiones 90 generosas, están honradas y favorecidas por las masas mismas que ensayan su áspera musa en composiciones líricas y poéticas. El joven Echeverría residió algunos meses en la campaña en 1840, y la fama de sus versos sobre la pampa le había precedido ya; los gauchos lo rodeaban con respeto y afición, y cuando un recién venido mostraba señales de desdén hacia el "cajetilla",

---

12. De Frigia, país de la antigua Asia Menor, hoy parte de Turquía.
13. Ciudad de la provincia de Atacama, Chile.

14. Fiesta religiosa que se celebra el 2 de febrero. Ese día se bendicen las velas que se usarán durante el año.

95 alguno le insinuaba al oído: "es poeta", y toda prevención hostil cesaba al oír este título privilegiado.

Sabido es, por otra parte, que la guitarra es el instrumento popular de los españoles, y que es común en América. En Buenos Aires, sobre todo, está todavía muy vivo el tipo popular español, el "majo".[15] Descúbresele en el
100 compadrito de la ciudad y en el gaucho de la campaña. El "jaleo" español vive en el "cielito"; los dedos sirven de castañuelas. Todos los movimientos del compadrito[16] revelan al majo; el movimiento de los hombros, los ademanes, la colocación del sombrero, hasta la manera de escupir por entre los colmillos, todo es un andaluz genuino.

105 Del centro de estas costumbres y gustos generales se levantan especialidades notables, que un día embellecerán y darán un tinte original al drama y al romance nacional. Yo quiero sólo notar aquí algunos que servirán para completar la idea de las costumbres, para trazar en seguida el carácter, causas y efectos de la guerra civil.

110 El más conspicuo de todos, el más extraordinario, es el *rastreador*. Todos los gauchos del interior son rastreadores. En llanuras tan dilatadas en donde las sendas y caminos se cruzan en todas direcciones, y los campos en que pacen o transitan las bestias son abiertos, es preciso saber seguir las huellas de un animal, y distinguirlas de entre mil; conocer si va despacio o ligero,
115 suelto o tirado, cargado o de vacío. Esta es una ciencia casera y popular. Una vez caía yo de un camino de encrucijada al de Buenos Aires, y el peón que me conducía echó, como de costumbre, la vista al suelo. "Aquí va—dijo luego— una mulita mora, muy buena..., ésta es la tropa de don N. Zapata..., es de muy buena silla..., va ensillada..., ha pasado ayer"... Este hombre venía de
120 la sierra de San Luis, la tropa volvía de Buenos Aires, y hacía an año que él había visto por última vez la mulita mora cuyo rastro estaba confundido con el de toda una tropa en un sendero de dos pies de ancho. Pues esto, que parece increíble, es con todo, la ciencia vulgar; éste era un peón de arria, y no un rastreador de profesión.

125 El rastreador es un personaje grave, circunspecto, cuyas aseveraciones hacen fe en los tribunales inferiores. La conciencia del saber que posee le da cierta dignidad reservada y misteriosa. Todos lo tratan con consideración: el pobre, porque puede hacerle mal, calumniándolo o denunciándolo; el propietario, porque su testimonio puede fallarle. Un robo se ha ejecutado du-
130 rante la noche; no bien se nota, corren a buscar una pisada del ladrón, y encontrada, se cubre con algo para que el viento no la disipe. Se llama en seguida al rastreador, que ve el rastro, y lo sigue sin mirar sino de tarde en tarde el suelo, como si sus ojos vieran de relieve esta pisada que para otro es imperceptible. Sigue el curso de las calles, atraviesa los huertos, entra en una
135 casa, y señalando un hombre que encuentra, dice fríamente, "¡Este es!" El de-

---

15. Tipo guapo y elegante de Madrid, Cádiz y otras ciudades españolas.

16. Hombre jactancioso, provocador y pendenciero.

lito está probado, y raro es el delincuente que resiste a esta acusación. Para él, más que para el juez, la deposición del rastreador es la evidencia misma; negarla sería ridículo, absurdo. [...]

140 Después del rastreador, viene el *baqueano,* personaje eminente y que tiene en sus manos la suerte de los particulares de las provincias. El baqueano es un gaucho grave y reservado, que conoce a palmo veinte mil leguas cuadradas de llanuras, bosques y montañas. Es el topógrafo más completo: es el único mapa que lleva un general para dirigir los movimientos de su campaña. El baqueano va siempre a su lado. Modesto y reservado como una tapia; está

145 en todos los secretos de la campaña; la suerte del ejército, el éxito de una batalla, la conquista de una provincia, todo depende de él.

El baqueano es casi siempre fiel a su deber; pero no siempre el general tiene en él plena confianza. Imaginaos la posición de un jefe condenado a llevar un traidor a su lado, y a pedirle los conocimientos indispensables para

150 triunfar. Un baqueano encuentra una sendita que hace cruz con el camino que lleva: él sabe a qué aguada remota conduce; si encuentra mil, y esto sucede en un espacio de cien leguas, él las conoce todas, sabe de dónde vienen y adónde van. El sabe el vado oculto que tiene un río, más arriba o más abajo del paso ordinario, y esto en cien ríos o arroyos; él conoce en los ciénagos

155 extensos un sendero por donde pueden ser atravesados sin inconveniente, y esto en cien ciénagos distintos.

En lo más oscuro de la noche, en medio de los bosques o en las llanuras sin límites, perdidos sus compañeros, extraviados, da una vuelta en círculo de ellos, observa los árboles; si no los hay, se desmonta, se inclina a tierra,

160 examina algunos matorrales y se orienta de la altura en que se halla; monta en seguida, y les dice para asegurarlos: "Estamos en dereseras[17] de tal lugar, a tantas leguas de las habitaciones; el camino ha de ir al sur", y se dirige hacia el rumbo que señala, tranquilo, sin prisa de encontrarlo, y sin responder a las objeciones que el temor o la fascinación sugiere a los otros.

165 Si aun esto no basta, o si se encuentra en la pampa y la oscuridad es impenetrable, entonces arranca pastos de varios puntos, huele la raíz y la tierra, las masca, y después de repetir este procedimiento varias veces, se cerciora de la proximidad de algún lago, o arroyo salado; o de agua dulce, y sale en su busca para orientarse fijamente. El general Rosas, dicen, conoce por el gusto

170 el pasto de cada estancia del sur de Buenos Aires. [...]

[...] *El Gaucho Malo,* este es un tipo de ciertas localidades, un "outlaw", un "squatter", un misántropo particular. Es el "Ojo del Halcón", el "Trampero" de Cooper, con toda su ciencia del desierto, con toda su aversión a las poblaciones de los blancos; pero sin su moral natural y sin sus cone-

175 xiones con los salvajes. Llámanle el Gaucho Malo, sin que este epíteto le desfavorezca del todo. La justicia lo persigue desde muchos años; su nombre es

17. En dirección a.

temido, pronunciado en voz baja, pero sin odio y casi con respeto. Es un personaje misterioso; mora en la pampa; son su albergue los cardales; vive de perdices y "mulitas"; si alguna vez quiere regalarse con una lengua, enlaza
180 una vaca, la voltea solo, la mata, saca su bocado predilecto, y abandona lo demás a las aves montecinas. De repente se presenta el Gaucho Malo en un pago de donde la partida acaba de salir; conversa pacíficamente con los buenos gauchos, que lo rodean y lo admiran; se provee "de los vicios", y si divisa la partida, monta tranquilamente en su caballo, y lo apunta hacia el de-
185 sierto, sin prisa, sin aparato, desdeñando volver la cabeza. La partida rara vez lo sigue; mataría inútilmente sus caballos, porque el que monta el Gaucho Malo es un parejero "pangaré"[18] tan célebre como su amo. Si el acaso lo echa alguna vez de improviso entre las garras de la justicia, acomete a lo más espeso de la partida, y a merced de cuatro tajadas que con su cuchillo ha
190 abierto en la cara o en el cuerpo de los soldados, se hace paso por entre ellos, y tendiéndose sobre el lomo del caballo para substraerse a la acción de las balas que lo persiguen, endilga hacia el desierto, hasta que, poniendo espacio conveniente entre él y sus perseguidores, refrena su trotón y marcha tranquilamente. Los poetas de los alrededores agregan esta nueva hazaña a la bio-
195 grafía del héroe del desierto, y su nombradía vuela por toda la vasta campaña. [. . .]

El cantor. Aquí tenéis la idealización de aquella vida de revueltas, de civilización, de barbarie y de peligros. El gaucho cantor es el mismo bardo, el vate,[19] el trovador de la Edad Media, que se mueve en la misma escena, entre
200 las luchas de las ciudades y del feudalismo de los campos, entre la vida que se va y la vida que se acerca. El cantor anda de pago en pago, "de tapera[20] en galpón"[21], cantando sus héroes de la pampa perseguidos por la justicia, los llantos de la viuda a quien los indios robaron sus hijos en un malón[22] reciente, la derrota y la muerte del valiente Rauch,[23] la catástrofe de Facundo Quiroga
205 y la suerte que cupo a Santos Pérez.[24] El cantor está haciendo candorosamente el mismo trabajo de crónica, costumbres, historia, biografía, que el bardo de la Edad Media, y sus versos serían recogidos más tarde como los documentos y datos en que habría de apoyarse el historiador futuro, si a su lado no estuviese otra sociedad culta con superior inteligencia de los aconteci-
210 mientos, que la que el infeliz despliega en sus rapsodias ingenuas. En la República Argentina se ven a un tiempo dos civilizaciones distintas en un mismo suelo: una naciente, que sin conocimiento de lo que tiene sobre su cabeza, está remedando los esfuerzos ingenuos y populares de la Edad Media; otra,

---

18. Caballo adiestrado en la carrera, de color amarillento.
19. Poeta.
20. Ruinas de una casa o rancho.
21. Cobertizo.
22. Incursión, ataque de los indios.
23. Rauch: un coronel del ejército de Lavalle

(enemigo de Rosas) que murió peleando en 1829.
24. Santos Pérez: capitán de la banda que asesinó a Facundo Quiroga en Barranca Yaco el 16 de febrero de 1835. Rosas lo hizo ejecutar.

que sin cuidarse de lo que tiene a sus pies, intenta realizar los últimos resul-
215 tados de la civilización europea. El siglo XIX y el siglo XII viven juntos: el
uno dentro de las ciudades, y el otro en las campañas.

El cantor no tiene residencia fija; su morada está donde la noche lo sor-
prende; su fortuna en sus versos y en su voz. Dondequiera que el "cielito" enreda sus parejas sin tasa, dondequiera que se apure una copa de vino, el can-
220 tor tiene su lugar preferente, su parte escogida en el festín. El gaucho
argentino no bebe, si la música y los versos no lo excitan, y cada pulpería
tiene su guitarra para poner en manos del cantor, a quien el grupo de caballos estacionados en la puerta anuncia a lo lejos dónde se necesita el concurso de su gaya ciencia.[25]

225 El cantor mezcla entre sus cantos heroicos la relación de sus propias
hazañas. Desgraciadamente, el cantor, con ser el bardo argentino, no está
libre de tener que habérselas con la justicia. También tiene que dar la cuenta
de sendas puñaladas que ha distribuido, una o dos "desgracias" (muertes)
que tuvo y algún caballo o alguna muchacha que robó. En 1840, entre un
230 grupo de gauchos y a orillas del majestuoso Paraná, estaba sentado en el
suelo y con las piernas cruzadas un cantor que tenía azorado y divertido a su
auditorio con la larga y animada historia de sus trabajos y aventuras. Había ya
contado lo del rapto de la querida, con los trabajos que sufrió; lo de la "desgracia" y la disputa que la motivó; estaba refiriendo su encuentro con la par-
235 tida y las puñaladas que en su defensa dio, cuando el tropel y los gritos de los
soldados le avisaron que esta vez estaba cercado. La partida, en efecto, se
había cerrado en forma de herradura; la abertura quedaba hacia el Paraná,
que corría veinte varas más abajo; tal era la altura de la barranca. El cantor
oyó la grita sin turbarse, viósele de improviso sobre el caballo, y echando
240 una mirada escudriñadora sobre el círculo de soldados con las tercerolas[26]
preparadas, vuelve el caballo hacia la barranca, le pone el poncho en los ojos
y clávale las espuelas. Algunos instantes después se veía salir de las profundi-
dades del Paraná, el caballo sin freno, a fin de que nadase con más libertad,
y el cantor, tomado de la cola, volviendo la cara quietamente, cual si fuera en
245 un bote de ocho remos, hacia la escena que dejaba en la barranca. Algunos
balazos de la partida no estorbaron que llegase sano y salvo al primer islote
que sus ojos divisaron.

Por lo demás, la poesía original del cantor es pesada, monótona, irregular, cuando se abandona a la inspiración del momento. Más narrativa que sen-
250 timental, llena de imágenes tomadas de la vida campestre, del caballo y las
escenas del desierto, que la hacen metafórica y pomposa. Cuando refiere sus
proezas o las de algún afamado malévolo, parécese al improvisador napoli-
tano, desarreglado, prosaico de ordinario, elevándose a la altura poética por
momentos, para caer de nuevo al recitado insípido y casi sin versificación.

---

25. Maestría en el arte de rimar y combinar   26. Arma de fuego, más corta que la carabina.
las estrofas.

255 Fuera de esto, el cantor posee su repertorio de poesías populares, quintillas, décimas y octavas, diversos géneros de versos octosílabos. Entre éstos hay muchas composiciones de mérito, y que descubren inspiración y sentimiento.

Aún podría añadir a estos tipos originales muchos otros igualmente cu-
260 riosos, igualmente locales, si tuviesen, como los anteriores, la peculiaridad de revelar las costumbres nacionales, sin lo cual es imposible comprender nuestros personajes políticos, ni el carácter primordial y americano de la sangrienta lucha que despedaza a la República Argentina. Andando esta historia, el lector va a descubrir por sí solo dónde se encuentra el rastreador, el
265 baqueano, el gaucho malo, el cantor. Verá en los caudillos cuyos nombres han traspasado las fronteras argentinas, y aun aquellos que llenan el mundo con el horror de su nombre, el reflejo vivo de la situación interior del país, sus costumbres, su organización.

Preguntas

1. ¿Qué relación establece Sarmiento entre la geografía física de Argentina y el fenómeno del caudillismo?
2. ¿Cuáles son los obstáculos que el medio opone al progreso y la cultura?
3. ¿Con qué otras regiones del mundo compara las llanuras argentinas?
4. ¿Cómo describe el autor a los habitantes de la pampa? ¿Qué aptitudes y modos de conducta destaca en ellos?
5. ¿De qué modo establece Sarmiento un vínculo entre la naturaleza y la expresión poética y artística?

GERTRUDIS GOMEZ DE AVELLANEDA

(1814, Camagüey, Cuba–1873, Madrid, España)

—————————

—————————

—————————

—————————

—————————

—————————

   Novelista, poeta y dramaturga, Gertrudis Gómez de Avellaneda es una de las figuras más destacadas del romanticismo hispanoamericano. Escritora de extraordinarias dotes y fascinante personalidad, vivió y sufrió sus amores con impetuosidad de romántica. Se rebeló contra los prejuicios y las convenciones sociales de su época, demostró entereza frente a la muerte prematura de sus seres queridos, y fue valiente y generosa en la defensa de la justicia y de la libertad. De distinguida familia, la joven Gertrudis fue educada por tutores con los cuales aprendió el francés, a medida que desarrollaba una pasión por la lectura. A los doce años ya había escrito odas, una novela y una tragedia y dirigido obras de teatro que representaba con sus amigas. Adolescente aún, tuvo la suerte de contar entre sus maestros al poeta José María Heredia, quien ejerció una influencia duradera sobre la precoz discípula.

   La carrera literaria de "La Avellaneda" se desarrolló en España, donde vivió desde 1836, con excepción de unos años que pasó en Cuba (1859–64). Admiró ella a las figuras más importantes del neoclasicismo español (Meléndez Valdés, Manuel José Quintana y Gallegos), no obstante su evidente afinidad con los grandes autores románticos (Chateaubriand, Sand, Scott, Byron, Lamartine, Espronceda y Zorrilla). En Madrid se representaron sus dramas y comedias con gran éxito de público y excelente acogida crítica. Entre ellos se destacan *Munio Alfonso* (1844), drama histórico, *Saúl* (1849) y *Baltasar* (1858), ambos de tema bíblico, y una comedia de intriga, *La hija de las flores* (1852). Entre sus obras de ficción son de particular interés *Sab* (1841), su primera novela, y *Guatimozín, último emperador de México* (1846), extenso relato con base histórica. En *Sab* la Avellaneda describe con singular maestría el paisaje y las costumbres de su país, a la vez que expone las trágicas consecuencias de la esclavitud. La obra apareció diez años antes que *Uncle Tom's Cabin* (1851–52) de Harriet Beecher Stowe (1811–96), con lo cual la autora cubana llega a ser la primera en publicar una novela antiesclavista; si bien en Cuba ya se habían escrito otras novelas sobre el tema, éstas no se imprimieron sino hasta fines del siglo XIX. Con *Guatimozín* la Avellaneda logra otra primicia: su idealización romántica del héroe indígena da lugar a la primera novela "indianista" de mérito literario. La autora también escribió narraciones breves o leyendas entre las cuales se distingue "El aura blanca", basada en hechos ocurridos en Puerto Príncipe o Camagüey. Otra leyenda suya, "El Cacique de Tumerqué", es también interesante pues recoge una historia de celos y venganza de *El Carnero* (1638), divertida crónica colombiana escrita por Juan Rodríguez Freile.

Recogida en dos volúmenes, la obra poética de la autora muestra gran virtuosismo y dominio de las distintas posibilidades métricas y rítmicas del verso español. Entre los temas representativos de su poesía están: 1) Cuba, a la que dedicó su juvenil y famoso poema "Al partir"; 2) el amor, en los poemas titulados "A él"; 3) la naturaleza, vista como lo hacían los neoclásicos en paisajes pastoriles e idílicos, en "La primavera"; 4) temas típicos del romanticismo, en poemas como "Al mar", y "Al destino"; 5) temas filosóficos y religiosos, entre los últimos "A la Virgen, Plegaria", "La cruz", "Dios y el hombre". Ejemplo del virtuosismo técnico de la autora es "Noche de insomnio y alba" que, a semejanza de "El estudiante de Salamanca" del español José de Espronceda (1808–42), comienza con un verso de dos sílabas y se expande sucesivamente en los versos siguientes hasta llegar a un verso de dieciséis sílabas.

La crítica sólo ha apreciado, y muy limitadamente, la poesía de Gertrudis Gómez de Avellaneda. Recientemente empieza, sin embargo, a revalorarse su producción dramática y novelística, y se propone una más justa estimación del calibre intelectual y el talento creador de esta distinguida figura de las letras hispánicas.

Bibliografía mínima

Bravo Villasante, Carmen. *Una vida romántica. La Avellaneda*. Barcelona: Enrique Granados, 1967.

Castro y Calvo, D. José María. *Estudio preliminar a las obras de Doña Gertrudis Gómez de Avellaneda*. Vol. 272. Madrid: Biblioteca de Autores Españoles, 1974. 9–233.

Cotarelo y Mori, Emilio. *La Avellaneda y sus obras; ensayo biográfico y crítico*. Madrid: Tipografía de Archivos, 1930.

Fox-Lockert, Lucía. "Gertrudis Gómez de Avellaneda". *Women Novelists in Spain and Spanish America*. Metuchen, N.J.: Scarecrow, 1979. 127–36.

Harter, Hugh A. *Gertrudis Gómez de Avellaneda*. Boston: Twayne, 1981.

Percas Ponsete, Helena. "Sobre la Avellaneda y su novela *Sab*". *Revista Iberoamericana* 28 (1962): 347–57.

Al partir[1]

¡Perla del mar! ¡Estrella de Occidente!
¡Hermosa Cuba! Tu brillante cielo
la noche cubre con su opaco velo,
como cubre el dolor mi triste frente.

5   ¡Voy a partir! ... La chusma[2] diligente,
para arrancarme del nativo suelo,
las velas iza, y pronta a su desvelo
la brisa acude de tu zona ardiente.

¡Adiós, patria feliz, edén querido!
10 ¡Doquier[3] que el hado en su furor me impela,
tu dulce nombre halagará mi oído!

¡Adiós! ... ¡Ya cruje la turgente[4] vela ...
en ancla se alza ... el buque, estremecido,
las olas corta y silencioso vuela!

Romance

Contestando a otro de una señorita

(Fragmento)

No soy maga ni sirena,
ni querub ni pitonisa,
como en tus versos galanos
me llamas hoy, bella niña.

5   Gertrudis tengo por nombre,
cual recibido en la pila;
me dice Tula mi madre,
y mis amigos la imitan.

Prescinde, pues, te lo ruego,
10 de las Safos y Corinas,
y simplemente me nombra
Gertrudis, Tula o amiga [...]

No, no aliento ambición noble,
como engañada imaginas,
15 de que en páginas de gloria
mi humilde nombre se escriba.

Canto como canta el ave,
como las ramas se agitan,
como las fuentes murmuran,
20 como las auras suspiran.

Canto porque al cielo plugo[5]
darme el estro[6] que me anima;
como dio brillo a los astros,
como dio al orbe armonías.

1. Soneto escrito por la autora a la edad de
veintidós años, cuando salía para España en
1836.
2. La tripulación.

3. Dondequiera.
4. Hinchada, abultada.
5. Dio placer.
6. Inspiración.

25 Canto porque hay en mi pecho
secretas cuerdas que vibran
a cada afecto del alma,
a cada azar de la vida.

Canto porque hay luz y sombras,
30 porque hay pesar y alegría,
porque hay temor y esperanza,
porque hay amor y hay perfidia.

Canto porque existo y siento,
porque lo grande me admira,
35 porque lo bello me encanta,
porque lo malo me irrita.

Canto porque ve mi mente
concordancias infinitas,
y placeres misteriosos,
40 y verdades escondidas.

Canto porque hay en los seres
sus condiciones precisas:
corre el agua, vuela el ave,
silba el viento, y el sol brilla.

45 Canto sin saber yo propia
lo que el canto significa,
y si al mundo, que lo escucha,
asombro o lástima inspira.

El ruiseñor no ambiciona
50 que lo aplaudan cuando trina . . .
Latidos son de su seno
sus nocturnas melodías.

Modera, pues, tu alabanza,
y de mi frente retira
55 la inmarchitable corona
que tu amor me pronostica.

Premiando nobles esfuerzos,
sienes más heroicas ciña;
que yo al cantar sólo cumplo
60 la condición de mi vida.

A él[7]

No existe lazo ya: todo está roto.
Plúgole al cielo así: ¡Bendito sea!
Amargo cáliz con placer agoto;
Mi alma reposa al fin, nada desea.

5 Te amé, no te amo ya: piénsolo al menos.
¡Nunca, si fuere error, la verdad mire!
Que tantos años de amarguras llenos
Trague el olvido; el corazón respire.

Lo has destrozado sin piedad: Mi orgullo,
10 Una vez y otra vez, pisaste insano. . .
Mas nunca el labio exhalará un murmullo
Para acusar tu proceder tirano.

7. Poema dirigido a Ignacio de Cepeda y Alcalde, el gran amor de la poeta, a quien también dedicó otro poema con el mismo título.
Se compone de versos endecasílabos.

De graves faltas vengador terrible,
Dócil llenaste tu misión: ¿lo ignoras?
15 No era tuyo el poder que irresistible
Postró ante ti mis fuerzas vencedoras.

Quísolo Dios y fue: ¡Gloria a su nombre!
Todo se terminó; recobro aliento.
¡Angel de las venganzas!, ya eres hombre. . .
20 Ni amor ni miedo al contemplarte siento.

Cayó tu cetro,[8] se embotó tu espada. . .
Mas, ¡ay!, ¡Cuán triste libertad respiro!
Hice un mundo de ti, que hoy se anonada,
Y en honda y vasta soledad me miro.

25   ¡Vive dichoso tú! Si en algún día
Ves este *adiós* que te dirijo eterno,
Sabe que aún tienes en el alma mía
Generoso perdón, cariño tierno.

A la muerte[9] del célebre poeta cubano don José María de Heredia[10]

Le poéte est semblable aux oiseaux de passage,
Qui ne batissent point leur nid sur le rivage.[11]

Lamartine

Voz pavorosa en funeral lamento
Desde los marcos de mi patria vuela
A las playas de Iberia; tristemente
En son confuso la dilata el viento;
5 El dulce canto en mi garganta hiela,
Y sombras de dolor viste a mi mente.

8. Vara, generalmente de oro que llevaban los reyes como insignia de poder supremo.
9. Poema compuesto por estrofas de trece versos subdivididos en dos partes, una de seis versos y otra de siete. Los versos son endecasílabos, excepto el primero de la segunda parte de cada estrofa que es heptasílabo.

10. El poeta cubano nunca usó este "de" en su nombre, a diferencia de su primo hermano, el poeta cubano-francés autor de *Los trofeos.*
11. "El poeta es como las aves de paso, que nunca construyen sus nidos a orillas del mar".

¡Ay!, que esa voz doliente
Con que su pena América denota
Y en estas playas lanza el Océano,
10 "Murió, pronuncia, el férvido patriota. . ."
"Murió, repite, el trovador cubano;"
Y un eco triste en lontananza gime:
"¡Murió el cantor del Niágara sublime!"

   ¿Y es verdad? ¿Y es verdad? . . . ¿La muerte impía
15 Apagar pudo con su soplo helado
El generoso corazón del vate
Do tanto fuego de entusiasmo ardía?
¿No ya en amor se enciende, ni agitado
De la santa virtud al nombre late?. . .
20 Bien cual cede al embate
Del aquilón¹² sañoso el roble erguido,
Así en la fuerza de su edad lozana
Fue por el fallo del destino herido. . .
Astro eclipsado en su primer mañana,
25 Sepúltanle las sombras de la muerte,
Y en luto Cuba su placer convierte.

   ¡Patria! ¡numen feliz! ¡nombre divino!
¡Idolo puro de las nobles almas!
¡Objeto dulce de su eterno anhelo!
30 Ya enmudeció tu cisne peregrino. . .
¿Quién cantará tus brisas y tus palmas,
Tu sol de fuego, tu brillante cielo?. . .
   Ostenta, sí, tu duelo,
Que en ti rodó su venturosa cuna,
35 Por ti clamaba en el destierro impío,
Y hoy condena la pérfida fortuna
A suelo extraño su cadáver frío,
Do tus arroyos, ¡ay!, con su murmullo
No darán a su sueño blando arrullo.

40   ¡Silencio! De sus hados la fiereza
No recordemos en la tumba helada
Que lo defiende de la injusta suerte.
Ya reclinó su lánguida cabeza
   —De genio y desventuras abrumada—
45 En el inmóvil seno de la muerte.

---

12. Viento violento del Norte.

¿Qué importa al polvo inerte,
Que torna a su elemento primitivo,
Ser en este lugar o en otro hollado?[13]
¿Yace con él el pensamiento altivo?...
50   Que el vulgo de los hombres, asombrado
Tiemble al azar la eternidad su vuelo;
Mas la patria del genio está en el cielo.

Allí jamás las tempestades braman,
Ni roba al sol su luz la noche oscura,
55   Ni se conoce de la tierra el lloro...
Allí el amor y la virtud proclaman
Espíritus vestidos de luz pura,
Que cantan el Hosanna en arpas de oro,
Allí el randal sonoro
60   Sin cesar corre de aguas misteriosas,
Para apagar la sed que enciende el alma
—Sed que en sus fuentes pobres, cenagosas,
Nunca este mundo satisface o calma.
Allí jamás la gloria se mancilla,
65   Y eterno el sol de la justicia brilla.

¿Y qué, al dejar la vida, deja el hombre?
El amor inconstante; la esperanza.
Engañosa visión que lo extravía;
Tal vez los vanos ecos de un renombre,
70   Que con desvelos y dolor alcanza;
El mentido poder; la amistad fría.
Y el venidero día
—Cual el que espira, breve y pasajero—
Al abismo corriendo del olvido...
75   Y el placer, cual relámpago ligero.
De tempestades y pavor seguido...
Y mil proyectos que medita a solas,
Fundados, ¡ay!, sobre agitadas olas.

De verte ufano, en el umbral del mundo
80   El ángel de la hermosa Poesía
Te alzó en sus brazos y encendió tu mente,
Y ora[14] lanzas, Heredia, el barro inmundo
Que tu sublime espíritu oprimía,
Y en alas vuelas de tu genio ardiente,

13. (Fig.) Abatido, humillado.   14. Ahora.

85 No más, no más lamente
 Destino tal nuestra ternura ciega.
 Ni la importuna queja al cielo suba. . .
 ¡Murió!. . . A la tierra su despojo entrega
 Su espíritu al Señor, su gloria a Cuba.
90 ¡Que el genio, como el sol, llega a su ocaso
 Dejando un rastro fúlgido[15] su paso!

Preguntas

1. ¿Cuáles son los temas más frecuentes en la obra poética de Gertrudis Gómez de Avellaneda?
2. ¿Cómo explica ella su vocación poética?
3. ¿Qué sentimientos expresan sus versos en "A él"?
4. ¿Qué imágenes utiliza para configurar al amado en "A él"?
5. ¿Qué valores espirituales comunica la autora en la composición dedicada a José María Heredia?

15. Brillante.

JUAN MONTALVO

(1832, Ambato, Ecuador—1889, París, Francia)

————————

————————

————————

————————

————————

————————

Luchador infatigable contra la tiranía, la ignorancia, el fanatismo, y la corrupción, Juan Montalvo es uno de los más ilustres prosistas en lengua castellana. Lector de los clásicos, estudioso de la obra de los grandes escritores españoles, podía hablar y leer las lenguas modernas más importantes. Su habilidad periodística y su fama de joven culto contribuyeron a que, a los veinticinco años, fuera nombrado a un puesto diplomático en Francia (1857–60). En París conoció a Alfonse de Lamartine (1790–1869), famoso poeta romántico. Cuando Gabriel García Moreno llegó a la presidencia del Ecuador (1861–65; 1869–75) e impuso lo que se conoce como "estado teocrático" debido al fanatismo religioso del tirano, encontró en el escritor recién llegado de Francia a su más acérrimo enemigo. En efecto, Montalvo fundó la revista quiteña *El Cosmopolita* (1866–69) para combatir a García Moreno. Clausurada esta publicación, fue perseguido y desterrado (1869–75). En Ipiales, pueblecito fronterizo de Colombia, recibió la noticia del asesinato del dictador por unos estudiantes, y exclamó "¡Mi pluma lo mató!".

Pero la lucha de Montalvo contra la tiranía continuó: a García Moreno le sucedió otro déspota, el general Ignacio de Veintemilla (1876–83). Y para atacarlo el ensayista fundó otra revista, *El Regenerador* (1876–78). Sus artículos acusatorios le ganaron un segundo destierro (1877–89) que pasó en Ipiales, Colombia y, a partir de 1880, en París a excepción de un corto viaje a España. En esta capital escribió artículos en francés para la prensa local; allí también fundó *El Espectador* (1886–88), revista muy personal, inspirada por el *Spectator,* del ensayista inglés Joseph Addison (1672–1719). Montalvo, elegante en su estilo literario y concepción de la vida, esperó la muerte vestido de frac. Había dado instrucciones de que no se olvidaran de ponerle flores pues un cadáver sin ellas siempre lo había entristecido. Vivió como un héroe romántico, en el destierro y combatiendo la opresión.

Entre los muchos y variados escritos del autor ecuatoriano, sobresalen sus ensayos. *Siete tratados* (1882), la obra maestra de Montalvo, nos hace recordar a los famosos *Ensayos* del moralista francés Montaigne (1533–92) por la variedad de asuntos enfocados—la belleza, la nobleza, el intelecto—y por las abundantes metáforas e imágenes. Para defenderse de los ataques del arzobispo de Quito quien lo criticó severamente después de la aparición de esta última obra, Montalvo publicó *Mercurial eclesiástica o Libro de las verdades* (1884), donde defiende sus creencias religiosas y critica la intolerancia y la superstición.

En *Capítulos que se le olvidaron a Cervantes* (1895), escrito a comienzos de la década del 70 pero publicado más tarde, el ensayista intenta imitar al gran escritor español. Continúa las aventuras de don Quijote, quien ahora utiliza el credo romántico-liberal para exigir justicia. Estas aventuras del caballero de la Mancha le sirven al escritor ecuatoriano para presentar sus puntos de vista sobre tópicos como la pobreza, el valor y la integridad. Otra obra suya, *Geometría moral* (1902), pasa revista a famosos amantes como Cleopatra, Julio César, Fausto, Romeo, Julieta, don Juan Tenorio, a la vez que describe los diferentes tipos de pasión amorosa. El libro más combativo de Montalvo es *Las catilinarias* (1888), colección de doce ensayos escritos contra el dictador Veintemilla y cuyo título alude al patricio Catilina (¿109?–62 a. de C.), líder de una conspiración contra el senado romano denunciada por Cicerón en una famosa arenga. Con igual o mayor fuerza que éste, Montalvo expone y condena los abusos del tirano general para dejar páginas donde su verbo directo, listo para el insulto, destroza la figura de Veintemilla.

Basándose en tres conceptos muy claros—la justicia, la honradez y la tolerancia—, Montalvo atacó quijotescamente las ambiciones de los militares y del clero, la ignorancia del pueblo, la injusticia contra los pobres y desvalidos, males comunes de los países latinoamericanos durante el siglo XIX. Expresó estas ideas en una prosa donde abundan el juego metafórico, la erudición, las digresiones, los vocablos arcaicos y las imágenes cromáticas[*]. Montalvo creó un estilo caracterizado por la riqueza lingüística, las frases lapidarias, y la inclusión de parábolas y acontecimientos sacados de la historia y la mitología. Por su lujo verbal y cuidada expresión los escritos del autor ecuatoriano anticiparon la renovación literaria posterior: fueron fuente inagotable a la que acudieron los grandes maestros del modernismo—José Martí, Rubén Darío, José Enrique Rodó.

Bibliografía mínima

Anderson Imbert, Enrique. *El arte de la prosa de Juan Montalvo*. México: El Colegio de México, 1948.

Carrión, Benjamín. "Presentación". *El pensamiento vivo de Montalvo*. Buenos Aires: Losada, 1961. 11–36.

Flores Jaramillo, Renán. "Juan Montalvo". *Del neoclasicismo al modernismo*. Coord. Luis Iñigo Madrigal. Madrid: Cátedra, 1987. Vol. 2 de *Historia de la literatura hispanoamericana*. 2 Vols. 1982–87. 355–458.

Mead, Robert. *Perspectivas interamericanas: literatura y libertad*. New York. Las Américas, 1967.

Roig, Arturo Andrés. *El pensamiento social de Montalvo*. Quito: Tercer Mundo, 1984.

Sacoto, Antonio. *Juan Montalvo: el escritor y el estilista*. Quito: Casa de la Cultura Ecuatoriana, 1973.

Zaldumbide, Gonzalo. *Cuatro clásicos americanos: Rodó, Montalvo, fray Gaspar de Villarroel, P. J. B. Aguirre*. Madrid: Cultura Hispánica, 1951.

Washington y Bolívar

El renombre de Washington no finca[1] tanto en sus proezas militares, cuanto en el éxito mismo de la obra que llevó adelante y consumó con tanta felicidad como buen juicio. El de Bolívar trae consigo el ruido de las armas, y a los resplandores que despide esa figura radiosa, vemos caer y huir y des-
5 vanecerse los espectros de la tiranía; suenan los clarines, relinchan los caballos, todo es guerrero estruendo en torno al héroe hispanoamericano. Washington se presenta a la memoria y la imaginación como gran ciudadano antes que como gran guerrero, como filósofo antes que como general. Washington estuviera muy bien en el senado romano al lado del viejo Papirio Cursor,[2] y
10 en siendo monarca antiguo, fuera Augusto, ese varón sereno y reposado que gusta de sentarse en medio de Horacio y Virgilio, en tanto que las naciones todas giran reverentes alrededor de su trono. Entre Washington y Bolívar hay de común la identidad de fines, siendo así que el anhelo de cada uno se cifra[3] en la libertad de un pueblo y el establecimiento de la democracia. En las
15 dificultades sin medida que el uno tuvo que vencer, y la holgura con que el otro vio coronarse su obra, ahí está la diferencia de esos dos varones perilustres, ahí la superioridad del uno sobre el otro. Bolívar, en varias épocas de la guerra, no contó con el menor recurso, ni sabía dónde ir a buscarlo; su amor inapelable hacia la patria, ese punto de honra subido que obraba en su pecho,
20 esa imaginación fecunda, esa voluntad soberana, esa actividad prodigiosa que constituían su carácter, le inspiraban la sabiduría de hacer factible lo imposible; le comunicaban el poder de tornar de la nada al centro del mundo real. Caudillo inspirado por la providencia, hiere la roca con su varilla de virtudes, y un torrente de agua cristalina brota murmurando afuera; pisa con in-
25 tención, y la tierra se puebla de numerosos combatientes, esos que la patrona de los pueblos oprimidos envía sin que sepamos de dónde. Los americanos del norte eran de suyo ricos, civilizados y pudientes aun antes de su emancipación de la madre Inglaterra; en faltando su caudillo, cien Washingtons se hubieran presentado al instante a llenar ese vacío, y no con desventaja. A
30 Washington le rodeaban hombres tan notables como él mismo, por no decir más beneméritos: Jefferson, Madison, varones de alto y profundo consejo, Franklin, genio del cielo y de la tierra, que al tiempo que arranca el cetro a los tiranos, arranca el rayo a las nubes,[4] *Eripuit celo fulmen sceptrumque tyrannis*[5]. Y éstos y todos los demás, cuán grandes eran y cuán numerosos se
35 contaban, eran unos en la causa, rivales en la obediencia, poniendo cada cual

---

1. No está basado.
2. Papirio Cursor: general romano del siglo IV a. de C.
3. Se resume.
4. Benjamín Franklin (1786–1841): político, publicista e inventor norteamericano. A él le debemos la invención del pararrayos.
5. "Arrancó a los tiranos el cetro y a los cielos el rayo".

su contingente en el raudal inmenso que corrió sobre los ejércitos y las flotas enemigas, y destruyó el poder británico. Bolívar tuvo que domar a sus tenientes, que combatir y vencer a sus propios compatriotas, que luchar con mil elementos conjurados contra él y la independencia, al paso que batallaba
40 con las huestes españolas y las vencía o era vencido. La obra de Bolívar es más ardua, y por el mismo caso más meritoria.

Washington se presenta más respetable y majestuoso a la contemplación del mundo; Bolívar más alto y resplandeciente. Washington fundó una República que ha venido a ser después de poco una de las mayores naciones
45 de la tierra; Bolívar fundó asimismo una gran nación, pero, menos feliz que su hermano primogénito, la vio desmoronarse, y aunque no destruida su obra, por lo menos desfigurada y apocada. Los sucesores de Washington, grandes ciudadanos, filósofos y políticos, jamás pensaron en despedazar el manto sagrado de su madre, para echarse cada uno por adorno un jirón de
50 púrpura sobre sus cicatrices; los compañeros de Bolívar todos acometieron a degollar a la real Colombia[6] y tomar para sí la mayor presa posible, locos de ambición y tiranía. En tiempo de los dioses, Saturno devoraba a sus hijos; nosotros hemos visto y estamos viendo a ciertos hijos devorar a su madre. Si Páez,[7] a cuya memoria debemos el más profundo respeto, no tuviera su parte en
55 este crimen, ya estaba yo aparejado para hacer una terrible comparación, tocante a esos asociados del parricidio que nos destruyeron nuestra grande patria; y como había además que mentar a un gusanillo y rememorar el triste fin del héroe de Ayacucho,[8] del héroe de la guerra y las virtudes, vuelvo a mi asunto ahogando en el pecho esta dolorosa indignación mía. Washington,
60 menos ambicioso, pero menos magnánimo; más modesto, pero menos elevado que Bolívar; Washington, concluida su obra, acepta los casi humildes presentes de sus compatriotas; Bolívar rehúsa los millones ofrecidos por la nación peruana. Washington rehúsa el tercer período presidencial de los Estados Unidos, y cual un patriarca se retira a vivir tranquilo en el regazo de la
65 vida privada, gozando sin mezcla de odio las consideraciones de sus semejantes, venerado por el pueblo, amado por sus amigos; enemigos, no los tuvo, ¡hombre raro y feliz! Bolívar acepta el mando tentador que por tercera vez, y ésta de fuente impura, viene a molestar su espíritu, y muere repelido, perseguido, escarnecido por una buena parte de sus contemporáneos. El tiempo
70 ha borrado esta leve mancha, y no vemos sino el resplandor que circunda al mayor de los sudamericanos. Washington y Bolívar, augustos personajes, gloria del Nuevo Mundo, honor del género humano, junto con los varones más insignes de todos los pueblos y de todos los tiempos.

6. Referencia a la República de la Gran Colombia, después dividida en cuatro países, Colombia, Venezuela, Ecuador y, posteriormente, en Panamá.
7. José Antonio Páez (1790–1873): general de las guerras de independencia y presidente de Venezuela tres veces (1830–35; 1839–43; 1861–63). Su actuación contribuyó a la desunión entre los patriotas.
8. Antonio José de Sucre (1793–1830): general de las guerras de Independencia y héroe de la batalla de Ayacucho (1824); murió asesinado en 1830.

Preguntas

1. ¿Qué recursos utiliza Montalvo para caracterizar a Washington y a Bolívar? Dé ejemplos.
2. ¿Qué aspectos de los escritos del autor ecuatoriano se manifiestan en esta selección?
3. ¿Por qué cree Montalvo que la labor de Bolívar fue más ardua que la de Washington? ¿Está Ud. de acuerdo? Explique su respuesta.
4. ¿Por qué la obra de Montalvo es un eslabón importante en la renovación de la prosa hispanoamericana?

RICARDO PALMA

(1833, Lima, Perú–1919)

Escribió poesía, piezas dramáticas, artículos periodísticos y estudios históricos, pero es conocido y admirado por haber creado una particular forma narrativa: la "tradición". Inspirado en parte por las ideas románticas, las novelas históricas de Walter Scott, y sus intereses lingüísticos, Ricardo Palma se dedicó a estudiar el pasado de su patria para recrearlo de un modo muy especial. A partir de 1872 comienzan a aparecer las diferentes series de *Tradiciones peruanas* (1872–1883) seguidas de otras con títulos diversos, *Ropa vieja* (1889), *Ropa apolillada* (1891), *Tradiciones y artículos históricos* (1899), *Mis últimas tradiciones peruanas y cachivachería* (1906), *Apéndice a mis últimas tradiciones peruanas* (1911) y *Tradiciones en salsa verde* (1973) que por su tono subido y lenguaje soez permaneció mucho tiempo inédita.

Para elaborar esta peculiar forma narrativa, Palma mezcló material histórico con elementos ficticios utilizando frecuentemente un lenguaje arcaico con muchos giros populares. Nos dejó así relatos cercanos al cuento y al cuadro de costumbres. La "tradición" se acerca al cuento porque incluye una leve trama rematada generalmente con un desenlace inesperado; también se aproxima al cuadro de costumbres porque retrata con muchos detalles tipos y costumbres sociales de diversos períodos históricos. Pero la modalidad narrativa creada por Palma e imitada por muchos escritores hispanoamericanos, se aleja de ambos pues el autor peruano con frecuencia interrumpe el hilo del relato para comentar sobre la etimología de una palabra, el origen de un refrán, un acontecimiento gracioso o un suceso incidental.

En la creación de las "tradiciones" Palma supo aprovechar las crónicas e historias que leyó durante los muchos años que fue director de la Biblioteca Nacional de Perú. Entre las fuentes más prominentes que utiliza figura *Comentarios Reales* del Inca Garcilaso de la Vega. Asimismo, la obra de Palma está estrechamente ligada a la de los grandes escritores del Siglo de Oro español, especialmente Cervantes y Quevedo. En este sentido conviene recordar que la vena satírico-humorística tan activamente cultivada en España durante los siglos XVI y XVII tuvo muchos seguidores en América. Entre estos cultivadores se destacan

Juan del Valle y Caviedes, cuya poesía Palma contribuyó a dar a conocer (ver pp. 64–8), y Esteban de Terralla y Landa con su largo poema satírico *Lima por dentro y fuera.* Sin duda los escritos de ambos, así como los de Quevedo, ayudaron a conformar el estilo mordaz y directo del "tradicionista".

Aunque Palma repudió los extremos del romanticismo tal y como cuenta en *La bohemia de mi tiempo* (1887), su obra conserva importantes características de esta escuela: 1) entusiasmo y admiración por el pasado, 2) gusto por el individualismo y 3) deseo de progreso social y político. Sin embargo, para comprender el ingenio de las "tradiciones" es necesario resaltar el interés del autor en el estudio del léxico y especialmente en las formas de expresión populares. En efecto, publicó *Neologismos y americanismos* (1896) y *Papeletas lexicográficas* (1903) donde estudió y definió vocablos que debían incluirse en el diccionario preparado por la Real Academia de la Lengua Española. Sus gestiones no tuvieron el éxito deseado.

La obra de Palma se caracteriza por el aprovechamiento del lenguaje popular con sus chistes y refranes, sus burlas y mofas, sus "lisuras" (según Palma, "palabra o acción irrespetuosa") que violentan el lenguaje estrictamente literario. El "tradicionista" se vale de este viejo recurso de las letras castellanas para mostrar a héroes y sucesos desde un ángulo menos distante. Se vuelve así, como oportunamente señaló Alberto Escobar, "más concreto y gráfico". A través del uso de diminutivos, de arcaísmos, de construcciones peculiares, de giros populares, Palma recrea el pasado colonial a su gusto. Cuando lo hace, se burla de ese pasado para mostrar virreyes desnudos, funcionarios corrompidos y mujeres atrevidas. Vale recordar la fórmula dada por él mismo para escribir tradiciones: "Algo, y aun algos, de mentira, y tal cual dosis de verdad, por infinitesimal u homeopática que ella sea, muchísimo de esmero y pulimento en el lenguaje, y cata la receta para escribir Tradiciones".

Bibliografía mínima

Bazán Montenegro, Dora. *La mujer en las* Tradiciones peruanas. Madrid: Maribel Artes Gráficas, 1967.

Compton, Merlin D. *Ricardo Palma.* Boston: Twayne, 1982.

Escobar, Alberto. "Tensión, lenguaje y estructura: las *Tradiciones peruanas". Patio de letras.* Caracas: Monte Avila, 1971. 77–165.

Núñez, Estuardo. "El género o especie "Tradición" en el ámbito hispanoamericano". *Memorias del XVII Congreso del Instituto Internacional de Literatura Iberoamericana. Crítica histórico-literaria hispanoamericana.* Vol. 3. Madrid: Ediciones Cultura Hispánica del Centro Iberoamericano de Cooperación, 1978. 3 Vols. 1469–74.

Oviedo, José Miguel. "Ricardo Palma". *Del neoclasicismo al modernismo.* Coord. Luis Iñigo Madrigal. Madrid: Cátedra, 1987. Vol. 2 de *Historia de la literatura hispanoamericana.* 2 Vols. 1982–87. 257–65.

Rodríguez-Peralta, Phyllis. "Liberal Undercurrents in Palma's *Tradiciones peruanas". Revista de Estudios Hispánicos* 15 (1981): 283–97.

Tanner, Roy L. *The Humor of Irony and Satire in the* Tradiciones peruanas. Columbia: U of Missouri P, 1986.

Amor de madre

CRONICA DE LA EPOCA DEL VIRREY "BRAZO DE PLATA"

A *Juana Manuela Gorriti*

Juzgamos conveniente alterar los nombres de los principales persona-jes de esta tradición, pecado venial que hemos cometido en *La emplazada* y alguna otra. Poco significan los nombres si se cuida de no falsear la verdad histórica; y bien barruntará[1] el lector que razón, y muy poderosa, habremos tenido para desbautizar prójimos.

I

En agosto de 1690 hizo su entrada en Lima el excelentísimo señor don Melchor Portocarrero Lazo de la Vega, conde de la Monclova, comendador de Zarza en la Orden de Alcántara y vigésimo tercio virrey del Perú por su majestad don Carlos II. Además de su hija doña Josefa, y de su familia y servi-
5 dumbre, acompañábanlo desde México, de cuyo gobierno fue trasladado a estos reinos, algunos soldados españoles. Distinguíase entre ellos, por su bizarro y marcial aspecto, don Fernando de Vergara, hijodalgo extremeño, capitán de gentileshombres lanzas[2] y contábase de él que entre las bellezas mexicanas no había dejado la reputación austera de monje benedictino.
10 Pendenciero, jugador y amante de dar guerra a las mujeres, era más que difícil hacerle sentar la cabeza; y el virrey, que le profesaba paternal afecto, se propuso en Lima casarlo de su mano, por ver si resultaba verdad aquello de *estado muda costumbres.*

Evangelina Zamora, amén de su juventud y belleza, tenía prendas que la
15 hacían el partido más codiciable de la ciudad de los Reyes. Su bisabuelo había sido, después de Jerónimo de Aliaga, del alcalde Ribera, de Martin de Alcántara y de Diego Maldonado el Rico, uno de los conquistadores más favorecidos por Pizarro con repartimientos en el valle del Rimac.[3] El emperador le acordó el uso del *Don,* y algunos años después, los valiosos presentes que en-
20 viaba a la corona le alcanzaron la merced de un hábito de Santiago.[4] Con un siglo a cuestas, rico y ennoblecido, pensó nuestro conquistador que no tenía ya misión sobre este valle de lágrimas, y en 1604 lió el petate[5] legando al ma-

---

1. Presentir, prever.
2. Cuerpo en la organización militar colonial española.
3. Río vecino al lugar donde Pizarro fundó Lima.

4. Orden religiosa y militar fundada en el reino de León en el siglo XII.
5. Murió.

yorazgo, en propiedades rústicas y urbanas, un caudal que se estimó entonces en un quinto de millón.

25   El abuelo y el padre de Evangelina acrecieron la herencia; y la joven se halló huérfana a la edad de veinte años, bajo el amparo de un tutor y envidiada por su riqueza.

Entre la modesta hija del conde de la Monclova y la opulenta limeña se estableció, en breve, la más cordial amistad. Evangelina tuvo así motivo para
30   encontrarse frecuentemente en palacio en sociedad con el capitán de gentileshombres, que a fuer de galante no desperdició coyuntura para hacer su corte a la doncella; la que al fin, sin confesar la inclinación amorosa que el hidalgo extremeño había sabido hacer brotar en su pecho, escuchó con secreta complacencia la propuesta de matrimonio con don Fernando. El intermedia-
35   rio era el virrey nada menos, y una joven bien doctrinada no podía inferir desaire a tan encumbrado padrino.

Durante los cinco primeros años de matrimonio, el capitán Vergara olvidó su antigua vida de disipación. Su esposa y sus hijos constituían toda su felicidad: era, digámoslo así, un marido ejemplar.
40   Pero un día fatal hizo el diablo que don Fernando acompañase a su mujer a una fiesta de familia, y que en ella hubiera una sala, donde no sólo se jugaba la clásica *malilla* abarrotada,[6] sino que, alrededor de una mesa con tapete verde, se hallaban congregados muchos devotos de los cubículos. La pasión del juego estaba sólo adormecida en el alma del capitán, y no es extraño
45   que a la vista de los dados se despertase con mayor fuerza. Jugó, y con tan aviesa fortuna, que perdió en esa noche veinte mil pesos.

Desde esa hora, el esposo modelo cambió por completo su manera de ser, y volvió a la febricitante existencia del jugador. Mostrándosele la suerte cada día más rebelde, tuvo que mermar la hacienda de su mujer y de sus hijos
50   para hacer frente a las pérdidas, y lanzarse en ese abismo sin fondo que se llama *el desquite.*

Entre sus compañeros de vicio había un joven marqués a quien los dados favorecían con tenacidad, y don Fernando tomó a capricho luchar contra tan loca fortuna. Muchas noches lo llevaba a cenar a la casa de Evangelina
55   y, terminada la cena, los dos amigos se encerraban en una habitación a *descamisarse,* palabra que en el tecnicismo de los jugadores tiene una repugnante exactitud.

Decididamente, el jugador y el loco son una misma entidad. Si algo empequeñece, a mi juicio, la figura histórica del emperador Augusto es que,
60   según Suetonio,[7] después de cenar jugaba a pares y nones.[8]

---

6. Juego de naipes en el cual la *malilla* es una de las cartas más valiosas. *Abarrotada,* cuando no se juega la *malilla* y se gana con cartas menores.

7. Suetonio: general romano del siglo I.
8. Cuando se sortea algo y en el puño cerrado se tiene un número cualquiera.

En vano Evangelina se esforzaba para apartar del precipicio al desenfrenado jugador. Lágrimas y ternezas, enojos y reconciliaciones fueron inútiles. La mujer honrada no tiene otras armas que emplear sobre el corazón del hombre amado.

65 Una noche la infeliz esposa se encontraba ya recogida en su lecho, cuando la despertó don Fernando pidiéndole el anillo nupcial. Era éste un brillante de crecidísimo valor. Evangelina se sobresaltó; pero su marido calló su zozobra, diciéndola que trataba sólo de satisfacer la curiosidad de unos amigos que dudaban del mérito de la preciosa alhaja.

70 ¿Qué había pasado en la habitación donde se encontraban los rivales de tapete? Don Fernando perdía una gran suma, y no teniendo ya prenda que jugar, se acordó del espléndido anillo de su esposa.

La desgracia es inexorable. La valiosa alhaja lucía pocos minutos más tarde en el dedo anular del ganancioso marqués.

75 Don Fernando se estremeció de vergüenza y remordimiento. Despidióse el marqués, y Vergara lo acompañaba a la sala; pero al llegar a ésta, volvió la cabeza hacia una mampara que comunicaba al dormitorio de Evangelina y a través de los cristales vióla sollozando de rodillas ante una imagen de María.

80 Un vértigo horrible se apoderó del espíritu de don Fernando, y rápido como el tigre, se abalanzó sobre el marqués y le dio tres puñaladas por la espalda.

El desventurado huyó hacia el dormitorio y cayó exánime delante del lecho de Evangelina.

II

El conde de la Monclova, muy joven a la sazón, mandaba una compañía en la batalla de Arras, dada en 1654. Su denuedo lo arrastró a lo más reñido de la pelea, y fue retirado del campo casi moribundo. Restablecióse al fin, pero con pérdida del brazo derecho, que hubo necesidad de amputarle. El lo
5 substituyó con otro plateado, y de aquí vino el apodo con que, en México y en Lima lo bautizaron.

El virrey *Brazo de plata,* en cuyo escudo de armas se leía este mote: *Ave María gratia plena,* sucedió en el gobierno del Perú al ilustre don Melchor de Navarra y Rocafull. "Con igual prestigio que su antecesor, aunque
10 con menos dotes administrativas—dice Lorente—, de costumbres puras, religioso, conciliador y moderado, el conde de la Monclova, edificaba al pueblo con su ejemplo, y los necesitados le hallaron siempre pronto a dar de limosna sus sueldos y las rentas de su casa."

En los quince años y cuatro meses que duró el gobierno de *Brazo de
15 plata,* período a que ni hasta entonces ni después llegó ningún virrey, disfrutó el país de completa paz; la administración fue ordenada, y se edificaron en Lima magníficas casas. Verdad que el tesoro público no anduvo muy flore-

ciente: pero por causas extrañas a la política. Las procesiones y fiestas religiosas de entonces recordaban, por su magnificencia y lujo, los tiempos del
20 conde de Lemos. Los portales, con sus ochenta y cinco arcos, cuya fábrica se
hizo con gasto de veinticinco mil pesos, el Cabildo y la galería de palacio
fueron obra de esa época.

En 1694 nació en Lima un monstruo con dos cabezas y rostros hermosos, dos corazones, cuatro brazos y dos pechos unidos por un cartílago. De
25 la cintura a los pies poco tenía de fenomenal, y el enciclopédico limeño don
Pedro de Peralta[9] escribió con el título de *Desvíos de la naturaleza* un curioso libro, en que, a la vez que hace una descripción anatómica del monstruo, se empeña en probar que estaba dotado de dos almas.

Muerto Carlos el Hechizado en 1700, Felipe V, que lo sucedió, recom-
30 pensó al conde de la Monclova haciéndolo grande de España.

Enfermo, octogenario y cansado del mando, el virrey *Brazo de plata*
instaba a la corte para que se le reemplazase. Sin ver logrado este deseo, falleció el conde de la Monclova el 22 de septiembre de 1702, siendo sepultado
en la Catedral; y su sucesor, el marqués de Casteldos Ruis, no llegó a Lima
35 sino en julio de 1707.

Doña Josefa, la hija del conde de la Monclova, siguió habitando en palacio después de la muerte del virrey; mas una noche, concertada ya con su
confesor, el padre Alonso Mesía, se descolgó por una ventana y tomó asilo en
las monjas de Santa Catalina, profesando con el hábito de Santa Rosa, cuyo
40 monasterio se hallaba en fábrica. En mayo de 1710 se trasladó doña Josefa
Portocarrero Lazo de la Vega al nuevo convento, del que fue la primera aba-
desa.

III

Cuatro meses después de su prisión, la Real Audiencia condenaba a
muerte a don Fernando de Vergara. Este desde el primer momento había declarado que mató al marqués con alevosía, en un arranque de desesperación
de jugador arruinado. Ante tan franca confesión no quedaba al tribunal más
5 que aplicar la pena.

Evangelina puso en juego todo resorte para libertar a su marido de una
muerte infamante; y en tal desconsuelo, llegó el día designado para el supli-
cio del criminal. Entonces la abnegada y valerosa Evangelina resolvió hacer,
por amor al nombre de sus hijos, un sacrificio sin ejemplo.

10 Vestida de duelo se presentó en el salón de palacio en momentos de ha-
llarse el virrey conde de la Monclova en acuerdo con los oidores, y expuso:
que don Fernando había asesinado al marqués, amparado por la ley; que ella
era adúltera, y que, sorprendida por el esposo, huyó de su iras, recibiendo su
cómplice justa muerte del ultrajado marido.

9. Pedro de Peralta Barnuevo: ver p. 83, n. 4.

15 La frecuencia de las visitas del marqués a la casa de Evangelina, el anillo de ésta como gaje de amor en la mano del cadáver, las heridas por la espalda, la circunstancia de habérsele hallado al muerto al pie del lecho de la señora, y otros pequeños detalles eran motivos bastantes para que el virrey, dando crédito a la revelación, mandase suspender la sentencia.

20 El juez de la causa se constituyó en la cárcel para que don Fernando ratificara la declaración de su esposa. Mas apenas terminó el escribano la lectura, cuando Vergara, presa de mil encontrados sentimientos, lanzó una espantosa carcajada.

¡El infeliz se había vuelto loco!

25 Pocos años después, la muerte cernía sus alas sobre el casto lecho de la noble esposa, y un austero sacerdote prodigaba a la moribunda los consuelos de la religión.

Los cuatro hijos de Evangelina esperaban arrodillados la postrera bendición maternal. Entonces la abnegada víctima, forzada por su confesor, les

30 reveló el tremendo secreto:—El mundo olvidará—les dijo—el nombre de la mujer que os dio la vida; pero habría sido implacable para con vosotros si vuestro padre hubiese subido los escalones del cadalso. Dios, que lee en el cristal de mi conciencia, sabe que ante la sociedad perdí mi honra porque no os llamasen un día los hijos del ajusticiado.

El alacrán de fray Gómez

A Casimiro Prieto Valdés

Principio, principiando;
    principiar quiero,
por ver si principiando
    principiar puedo.

5 *In diebus illis,*[10] digo, cuando yo era muchacho, oía con frecuencia a las viejas exclamar, ponderando el mérito y precio de una alhaja:—¡Esto vale tanto como el alacrán de fray Gómez!

Tengo una chica, remate de lo bueno, flor de la gracia y espumita de la sal, con unos ojos más pícaros y trapisondistas[11] que un par de escribanos:

10 chica que se parece
    al lucero del alba
    cuando amanece.

---

10. In diebus illis: del latín, en aquellos días.   11. Enredadores.

al cual pimpollo he bautizado, en mi paternal chochera, con el mote de *ala-crancito de fray Gómez.* Y explicar el dicho de las viejas, y el sentido del
15 piropo con que agasajo a mi Angélica, es lo que me propongo, amigo y cama-rada Prieto, con esta tradición.

El sastre paga deudas con puntadas, y yo no tengo otra manera de satis-facer la literaria que con usted he contraído que dedicándole estos cuatro pa-lotes.

I

Este era un lego contemporáneo de don Juan de la Pipirindica, el de la valiente pica, y de San Francisco Solano; el cual lego desempeñaba en Lima, en el convento de los padres seráficos, las funciones de refitolero[12] en la en-fermería u hospital de los devotos frailes. El pueblo lo llamaba fray Gómez, y
5 fray Gómez lo llaman las crónicas conventuales, y la tradición lo conoce por fray Gómez. Creo que hasta en el expediente que para su beatificación y canonización existe en Roma no se le da otro nombre.

Fray Gómez hizo en mi tierra milagros a mantas, sin darse cuenta de ellos y como quien no quiere la cosa. Era de suyo milagrero, como aquel que
10 hablaba en prosa sin sospecharlo.

Sucedió que un día iba el lego por el puente, cuando un caballo desbo-cado arrojó sobre las losas al jinete. El infeliz quedó patitieso, con la cabeza hecha una criba y arrojando sangre por boca y narices.

—¡Se descalabró, se descalabró!—gritaba la gente—¡Qué vayan a San
15 Lázaro por el santo óleo!

Y todo era bullicio y alharaca.

Fray Gómez acercóse pausadamente al que yacía en la tierra, púsole sobre la boca el cordón de su hábito, echóle tres bendiciones, y sin más mé-dico ni más botica el descalabrado se levantó tan fresco, como si golpe no
20 hubiera recibido.

—¡Milagro, milagro! ¡Viva fray Gómez!—exclamaron los infinitos es-pectadores.

Y en su entusiasmo intentaron llevar en triunfo al lego. Este, para subs-traerse a la popular ovación, echó a correr camino de su convento y se ence-
25 rró en su celda.

La crónica franciscana cuenta esto último de manera distinta. Dice que fray Gómez, para escapar de sus aplaudidores, se elevó en los aires y voló desde el puente hasta la torre de su convento. Yo ni lo niego ni lo afirmo. Puede que sí y puede que no. Tratándose de maravillas, no gasto tinta en de-
30 fenderlas ni en refutarlas.

Aquel día estaba fray Gómez en vena de hacer milagros, pues cuando salió de su celda se encaminó a la enfermería, donde encontró a San Fran-

---

12. Cuidador.

cisco Solano acostado sobre una tarima, víctima de una furiosa jaqueca. Pul-
sólo el lego y le dijo:

35   —Su paternidad está muy débil, y haría bien en tomar algún alimento.

—Hermano—contestó el santo—, no tengo apetito.

—Haga un esfuerzo, reverendo padre, y pase siquiera un bocado.

Y tanto insistió el refitolero, que el enfermo, por librarse de exigencias
40 que picaban ya en majadería, ideó pedirle lo que hasta para el virrey habría
sido imposible conseguir, por no ser la estación propicia para satisfacer el
antojo.

—Pues mire, hermanito, sólo comería con gusto un par de pejerreyes.

45   Fray Gómez metió la mano derecha dentro de la manga izquierda, y
sacó un par de pejerreyes tan fresquitos que parecían acabados de salir del
mar.

—Aquí los tiene su paternidad, y que en salud se le conviertan. Voy a
guisarlos.

50   Y ello es que con los benditos pejerreyes quedó San Francisco curado
como por ensalmo.

Me parece que estos dos milagritos de que incidentalmente me he ocupado no son paja picada. Dejo en mi tintero otros muchos de nuestro lego,
porque no me he propuesto relatar su vida y milagros.

55   Sin embargo, apuntaré, para satisfacer curiosidades exigentes, que
sobre la puerta de la primera celda del pequeño claustro, que hasta hoy sirve
de enfermería, hay un lienzo pintado al óleo representando estos dos milagros, con la siguiente inscripción:

"El Venerable Fray Gómez.—Nació en Extremadura en 1560. Vistió el
60 hábito en Chuquisaca en 1580. Vino a Lima en 1587.—Enfermero fue cuarenta años, ejercitando todas las virtudes, dotado de favores y dones celestiales. Fue su vida un continuado milagro. Falleció en 2 de mayo de 1631, con
fama de santidad. En el año siguiente se colocó el cadáver en la capilla de
Aranzazú, y en 13 de octubre de 1810 se pasó debajo del altar mayor, a la bó-
65 veda donde son sepultados los padres del convento. Presenció la traslación
de los restos el señor doctor don Bartolomé María de las Heras. Se restauró
este venerable retrato en 30 noviembre de 1882, por M. Zamudio".

II

Estaba una mañana fray Gómez en su celda entregado a la meditación,
cuando dieron a la puerta unos discretos golpecitos, y una voz de quejumbroso timbre dijo:

—*Deo gratias* . . . ¡Alabado sea el Señor!

5   —Por siempre jamás, amén. Entre, hermanito—contestó fray Gómez.

    Y penetró en la humildísima celda un individuo algo desarrapado, *vera effigies* del hombre a quien acongojan pobrezas, pero en cuyo rostro se dejaba adivinar la proverbial honradez del castellano viejo.

    Todo el mobiliario de la celda se componía de cuatro sillones de va-
10 queta[13], una mesa mugrienta, y una tarima sin colchón, sábanas ni abrigo, y con una piedra por cabezal o almohada.

    —Tome asiento, hermano, y dígame sin rodeos lo que por acá le trae—dijo fray Gómez.

    —Es el caso, padre, que yo soy hombre de bien a carta cabal . . .

15   —Se le conoce y que persevere deseo, que así merecerá en esta vida terrena la paz de la conciencia, y en la otra la bienaventuranza.

    —Y es el caso que soy buhonero[14], que vivo cargado de famila y que mi comercio no cunde por falta de medios, que no por holgazanería y escasez de industria en mí.

20   —Me alegro, hermano, que a quien honradamente trabaja Dios le acude.

    —Pero es el caso, padre, que hasta ahora Dios se me hace el sordo, y en acorrerme[15] tarda . . .

    —No desespere, hermano, no desespere.

25   —Pues es el caso que a muchas puertas he llegado en demanda de habilitación[16] por quinientos duros, y todas las he encontrado con cerrojo y cerrojillo. Y es el caso que anoche, en mis cavilaciones, yo mismo me dije a mí mismo:—¡Ea!, Jerónimo, buen ánimo y vete a pedirle el dinero a fray Gómez, que si él lo quiere, mendicante y pobre como es, medio encontrará para sa-
30 carte del apuro. Y es el caso que aquí estoy porque he venido, y a su paternidad le pido y ruego que me preste esa puchuela[17] por seis meses, seguro que no será por mí por quien se diga:

      En el mundo hay devotos
        de ciertos santos;
35   la gratitud les dura
       lo que el milagro;
       que un beneficio
     da siempre vida a ingratos
       desconocidos.

40   —¿Cómo ha podido imaginarse, hijo, que en esta triste celda encontraría ese caudal?

    —Es el caso, padre, que no acertaría a responderle; pero tengo fe en que no me dejará ir desconsolado.

    —La fe lo salvará, hermano. Espere un momento.

---

13. De cuero de ternera curtido.
14. Vendedor callejero de objetos como botones, agujas, cintas.
15. Socorrer, auxiliar.

16. Préstamo.
17. Cantidad pequeña.

45   Y paseando los ojos por las desnudas y blanqueadas paredes de la celda,
vio un alacrán que caminaba tranquilamente sobre el marco de la ventana.
Fray Gómez arrancó una página de un libro viejo, dirigióse a la ventana,
cogió con delicadeza a la sabandija, la envolvió en el papel, y tornándose
hacia el castellano viejo le dijo:
50   —Tome, buen hombre, y empeñe esta alhajita; no olvide, sí devolvér-
mela dentro de seis meses.
    El buhonero se deshizo en frases de agradecimiento, se despidió de fray
Gómez y más que de prisa se encaminó a la tienda de un usurero.
    La joya era espléndida, verdadera alhaja de reina morisca, por decir lo
55 menos. Era un prendedor figurando un alacrán. El cuerpo lo formaba una
magnífica esmeralda engarzada sobre oro, y la cabeza un grueso brillante
con dos rubíes por ojos.
    El usurero, que era hombre conocedor, vio la alhaja con codicia, y ofre-
ció al necesitado adelantarle dos mil duros por ella; pero nuestro español se
60 empeñó en no aceptar otro préstamo que el de quinientos duros por seis meses, y con un interés judaico, se entiende. Extendiéronse y firmáronse los documentos o papeletas de estilo, acariciando el agiotista la esperanza de que
a la postre el dueño de la prenda acudiría por más dinero, que con el recargo
de intereses lo convertiría en propietario de joya tan valiosa por su mérito
65 intrínseco y artístico.
    Y con este capitalito fuele tan prósperamente en su comercio, que a la
terminación del plazo pudo desempeñar la prenda, y, envuelta en el mismo
papel en que la recibiera, se la devolvió a fray Gómez.
    Este tomó el alacrán, lo puso sobre el alféizar[18] de la ventana, le echó
70 una bendición y dijo:
    —Animalito de Dios, sigue tu camino.
    Y el alacrán echó a andar libremente por las paredes de la celda.
    Y vieja, pelleja,
    aquí dio fin la conseja

Preguntas

1. ¿Cómo utiliza Palma los hechos históricos para ambientar "Amor de
   madre"?
2. ¿Cree Ud. que el "tradicionista" presenta a Evangelina como heroína
   o que sólo ofrece una crítica del código de honor?
3. ¿Qué rasgos del romanticismo encuentra Ud. en "Amor de madre"?
4. Lea la introducción de "El alacrán de fray Gómez". Explique qué función desempeña en el relato.
5. ¿Cuál es la originalidad de las "tradiciones"?

18. Marco de la ventana.

JOSE HERNANDEZ

(1834, Pcia. de Buenos Aires, Argentina–1886, Buenos Aires, Argentina)

El nombre de José Hernández está inseparablemente ligado al de su poema gauchesco *Martín Fierro,* y a la causa de los gauchos a quienes defendió como político y como hombre de letras. Razones de salud y circunstancias familiares hicieron que viviera su niñez en pleno campo, donde se adiestró en los trabajos de la ganadería y cultivó libremente su inteligencia, aunque no tuvo acceso a la educación formal. La tiranía de Rosas dividió a la familia: su padre y sus tíos fueron rosistas; miembros de la familia materna se contaron entre las víctimas del tirano. Hernández era federalista por sentimiento y por convicción, pero nunca justificó el despotismo de Rosas cuyo régimen fue la antítesis del federalismo que le había servido de bandera política. Luchó, por ello, con el ejército que derrotó a Rosas (1852), y militó luego contra la política centralista de Sarmiento, en defensa de los derechos del gaucho y del interior del país.

En 1868, Sarmiento es elegido presidente y Hernández inicia, en Buenos Aires, la publicación de *El Río de la Plata,* periódico de oposición donde critica la política oficial de persecución y explotación de los gauchos. Denuncia allí el reclutamiento forzoso de éstos, que son obligados a abandonar sus escasas posesiones para ir a la frontera a luchar contra los indios. Señala la arbitrariedad del poder que la ciudad ejerce sobre el habitante del campo, despojándolo de sus tierras e imponiéndole un régimen de servicio personal en beneficio de los jefes estancieros. También condena la expulsión de los indios de sus tierras y los planes para su exterminio. Titula uno de sus artículos de 1869 "¿Qué civilización es la de las matanzas?" y afirma: "La civilización sólo puede darnos derechos que se deriven de ella misma". Debe señalarse que, aunque en *Martín Fierro* los indios están presentados como criaturas de impulsos feroces, capaces de las más inhumanas atrocidades, Hernández no olvidaba que el indio se había vuelto un enemigo cruel por haber sufrido la persecución y la expoliación por parte de los blancos.

En estos artículos periodísticos se encuentra el trasfondo ideológico del poema *Martín Fierro.* Hernández comienza a escribirlo cuando, obligado a suspender la publicación de su periódico y luego de intervenir en fracasadas acciones militares contra el gobierno de Sarmiento, debe emigrar a Brasil y luego a Uruguay. En 1872 se acoge a un decreto de amnistía, vuelve a Buenos Aires y publica *El gaucho Martín Fierro,* la primera de las dos partes que componen el libro. La segunda, bajo el título *La vuelta de Martín Fierro,* aparece en 1879 y refleja un cambio de perspectiva del autor, concordante con el nuevo clima político—para él más favorable—creado por la presidencia de Nicolás Avellaneda (1874–80). El Martín Fierro de la primera parte era el gaucho anárquico, rebelde contra la injusticia, dispuesto a buscar refugio con los indios, del otro lado de la frontera. El que regresa en *La vuelta* no es un rebelde, sino el gaucho resignado a la necesidad de adaptarse a los cambios irreversibles ocurridos en el campo, y en el país entero. Paralelamente, Hernández ha dejado de ser un irreconciliable opositor político y participa activamente en la labor del gobierno.

El poema *Martín Fierro* es la culminación de la literatura gauchesca, género que a lo largo del siglo había ya producido composiciones para bailes y canciones, como los *Cielitos y diálogos patrióticos* de Bartolomé Hidalgo (1788–1822), la visión retrospectiva, por momentos nostálgica, de la vida en la pampa en *Santos Vega* de Hilario Ascasubi (1807–75) y el humorístico *Fausto* de Estanislao del Campo (1834–80). Trabajando, como sus predecesores, con los elementos de la tradición oral, compenetrado de las fuentes populares y con la maestría de un poeta culto, Hernández hace surgir, ennoblecida y bella, la voz del payador o gaucho cantor. Escribe cual si improvisara tal y como lo hacían los payadores, pero logra el efecto de improvisación mediante conscientes procedimientos artísticos. El dialecto gauchesco de la obra no es mera transcripción, sino una recreación de la lengua española tal como la hablaban los gauchos, e interiorizada por el autor. El arte de José Hernández salva para la posteridad la figura del gaucho ya en vías de desaparecer. *Martín Fierro* transforma al humilde habitante de la pampa en arquetipo, en símbolo de la nacionalidad argentina. Los refranes, las metáforas, la sabiduría y el humor populares contenidos en sus versos han entrado a formar parte viva de la lengua, culta e inculta, de los argentinos y han influido sobre las artes y sobre otras expresiones de su cultura. Este poema, vehículo de las convicciones y sentimientos del autor e indisolublemente asociado a su actuación política, ha conquistado por su originalidad y su calidad artística un lugar permanente en las letras hispanoamericanas.

Bibliografía mínima

Alazraki, Jaime. "El género literario del *Martín Fierro". Revista Iberoamericana* 40 (1974): 433–58. Volumen dedicado a *Martín Fierro.*

Ara, Guillermo. *La poesía gauchesca.* Buenos Aires: Centro Editor de la América Latina, 1967.

———. "Sarmiento y Hernández: divergencia y conciliación". *Revista Iberoamericana* 40 (1974): 245–57.

Borello, Rodolfo A. "La poesía gauchesca". *Del neoclasicismo al modernismo.* Coord. Luis Iñigo Madrigal. Madrid: Cátedra, 1987. Vol. 2 de *Historia de la literatura hispanoamericana.* 2 Vols. 1982–87. 345–58.

Carilla, Emilio. *La creación del* Martín Fierro. Madrid: Gredos, 1973.

Dellepiane, Angela B. "La literatura gauchesca 'proyecciones'". *Paesi Mediterranei e America Latina.* Coord. Gaetano Massa. Roma: Centro di Studi Americanistici America in Italia, 1982. 221–34.

Halperín Donghi, Tulio. *José Hernández y sus mundos.* Buenos Aires: Sudamericana, 1985.

Pagés Larraya, Antonio, *Prosas del* Martín Fierro, Buenos Aires: Raigal, 1952, 1972.

———. *"Martín Fierro* en la perspectiva de un siglo". *Revista Iberoamericana* 40 (1974): 231–43.

Verdugo, Iber. *Teoría aplicada del estudio literario: análisis del* Martín Fierro. México: UNAM, 1980.

Martín Fierro

PRIMERA PARTE

EL GAUCHO MARTIN FIERRO[1]

I

Martín Fierro

Aquí me pongo a cantar
al compás de la vigüela,[2]
que el hombre que lo desvela
una pena estrordinaria,
5 como la ave solitaria,
con el cantar se consuela.

Pido a los santos del cielo
que ayuden mi pensamiento;
les pido en este momento
10 que voy a cantar mi historia
me refresquen la memoria
y aclaren mi entendimiento.

Vengan santos milagrosos,
vengan todos en mi ayuda,
15 que la lengua se me añuda
y se me turba la vista;
pido a mi dios que me asista
en una ocasión tan ruda.

Yo he visto muchos cantores,
20 con famas bien otenidas,
y que después de alquiridas
no las quieren sustentar:
parece que sin largar
se cansaron en partidas.[3]

---

1. El poema está escrito en sextillas de versos octasílabos con rima *xaabba,* siendo libre el primero. El nombre de Martín Fierro, colocado antes de comenzar el poema, indica que él es quien canta. Más adelante se le unen otras voces.

2. Vihuela: instrumento de seis cuerdas, parecido a la guitarra.

3. Actividad previa a la carrera de caballos, en la que se procuraba cansar al caballo del competidor.

25 Mas ande otro criollo pasa
    Martín Fierro ha de pasar;
    nada lo hace recular
    ni las fantasmas lo espantan;
    y dende que todos cantan
30 yo también quiero cantar. [...]

    Yo no soy cantor letrao;
    Mas si me pongo a cantar
    no tengo cuándo acabar
    y me envejezco cantando;
35 las coplas me van brotando
    como agua de manantial.

    Con la guitarra en la mano
    ni las moscas se me arriman;
    naides me pone el pie encima,[4]
40 y cuando el pecho se entona,
    hago gemir a la prima[5]
    y llorar a la bordona.[6]

    Yo soy toro en mi rodeo
    y torazo en rodeo[7] ajeno;
45 siempre me tuve por güeno,[8]
    y si me quieren probar,
    salgan otros a cantar
    y veremos quién es menos.

    No me hago al lao de la güeya[9]
50 aunque vengan degollando;
    con los blandos yo soy blando
    y soy duro con los duros,
    y ninguno en un apuro
    me ha visto andar tutubiando.

55 En el peligro ¡qué Cristos!
    el corazón se me enancha,[10]
    pues toda la tierra es cancha,[11]

    y de esto naides se asombre:
    el que se tiene por hombre
60 donde quiera hace pata ancha.[12]

    Soy gaucho, y entiendanló
    como mi lengua lo esplica:
    para mí la tierra es chica
    y pudiera ser mayor.
65 Ni la víbora me pica
    ni quema mi frente el sol.

    Nací como nace el peje,
    en el fondo de la mar;
    naides me puede quitar
70 aquello que Dios me dio:
    lo que al mundo truje yo
    del mundo lo he de llevar.

    Mi gloria es vivir tan libre
    como el pájaro del cielo;
75 no hago nido en este suelo,
    ande hay tanto que sufrir;
    y naides me ha de seguir
    cuando yo remuento el vuelo.

    Yo no tengo en el amor
80 quien me venga con querellas;
    como esas aves tan bellas
    que saltan de rama en rama,
    yo hago en el trébol mi cama
    y me cubren las estrellas.

85 Y sepan cuantos escuchan
    de mis penas el relato,
    que nunca peleo ni mato
    sino por necesidá,
    y que a tanta alversidá
90 sólo me arrojó el mal trato.

---

4. Nadie me aventaja.
5. *Prima:* cuerda más delgada de la guitarra
o vihuela.
6. *Bordona:* cuerda más gruesa, que hace el
bajo.
7. Grupo de animales de ganado vacuno que
andán y descansan juntos.

8. Bueno.
9. Huella, camino.
10. Ensancha.
11. Lugar despejado, propio para competen-
cias deportivas.
12. Enfrenta el peligro con valentía.

Y atiendan la relación
que hace un gaucho perseguido,
que padre y marido ha sido
empeñoso y diligente,
95 y sin embargo la gente
lo tiene por un bandido.

II

[...] Yo he conocido esta tierra
en que el paisano vivía
y su ranchito tenía
y sus hijos y mujer...
5 Era una delicia el ver
cómo pasaba sus días.

Entonces... cuando el lucero
brillaba en el cielo santo
y los gallos con su canto
10 nos decían que el día llegaba,
a la cocina rumbiaba[13]
el gaucho... que era un encanto.

Y sentao junto al jogón[14]
a esperar que venga el día,
15 al cimarrón[15] le prendía[16]
hasta ponerse rechoncho,
mientras su china[17] dormía
tapadita con su poncho.

Y apenas la madrugada
20 empezaba a coloriar,
los pájaros a cantar
y las gallinas a apiarse,[18]
era cosa de largarse
cada cual a trabajar. [...]

25 ¡Ah tiempos!... Si era un orgullo
ver jinetiar un paisano.
Cuando era gaucho baquiano
aunque el potro se boliase,[19]
no había uno que no parase
30 con el cabresto[20] en la mano.

Y mientras domaban unos,
otros al campo salían,
y la hacienda recogían,
las manadas repuntaban,[21]
35 y ansí sin sentir pasaban
entretenidos el día.

Y verlos al cáir la noche
en la cocina riunidos,
con el juego bien prendido
40 y mil cosas que contar,
platicar muy divertidos
hasta después de cenar.

Y con el buche bien lleno,
era cosa superior
45 irse en brazos del amor
a dormir como la gente,[22]
pa empezar al día siguiente
las fáinas[23] del día anterior.

Ricuerdo ¡qué maravilla!
50 cómo andaba la gauchada,
siempre alegre y bien montada
y dispuesta pa el trabajo...
Pero hoy en el día... ¡barajo!
no se le ve de aporriada.

---

13. Tomaba rumbo hacia, se dirigía.
14. Fogón, cocina.
15. Mate amargo.
16. Bebía, tomaba.
17. Mujer, compañera.
18. Bajar de las ramas o de las perchas donde duermen.
19. Se pusiera difícil.
20. Rienda.
21. Reunían, juntaban.
22. Con comodidad.
23. Faenas, tareas.

55 El gaucho más infeliz
tenía tropilla de un pelo,[24]
no le faltaba un consuelo
y andaba la gente lista...
tendiendo al campo la vista,
60 no vía sino hacienda y cielo.

Cuando llegaban las yerras,[25]
¡cosa que daba calor!
tanto gaucho pialador[26]
y tironiador sin yel.[27]
65 ¡Ah tiempos!... pero si en él
se ha visto tanto primor.

Aquello no era trabajo,
más bien era una junción,
y después de un güen tirón
70 en que uno se daba maña,
pa darle un trago de caña
solía llamarlo el patrón.

Pues siempre la mamajuana[28]
vivía bajo la carreta,
75 y aquel que no era chancleta,[29]
en cuanto el goyete vía,
sin miedo se le prendía
como güérfano a la teta.

Y ¡qué jugadas se armaban
80 cuando estábamos riunidos!
Siempre íbamos prevenidos,
pues en tales ocasiones,
a ayudarles a los piones
caiban muchos comedidos.

85 Eran los días del apuro
y alboroto pa el hembraje,
pa preparar los potajes
y osequiar bien a la gente;
y ansí, pues, muy grandemente,
90 pasaba siempre el gauchaje.

Venía la carne con cuero,
la sabrosa carbonada,
mazamorra bien pisada,
los pasteles y el güen vino...
95 Pero ha querido el destino
que todo aquello acabara.

Estaba el gaucho en su pago
con toda siguridá;
pero aura... ¡barbaridá!,
100 la cosa anda tan fruncida,[30]
que gasta el pobre la vida
en juir de la autoridá.

Pues si usté pisa en su rancho
y si el alcalde lo sabe,
105 lo caza lo mesmo que ave,
aunque su mujer aborte...
¡No hay tiempo que no se acabe
ni tiento que no se corte!

Y al punto dese por muerto
110 si el alcalde lo bolea,
pues áhi no más se le apea[31]
con una felpa de palos.
Y después dicen que es malo
el gaucho si los pelea.

24. De un solo color, lo cual era un verdadero lujo.
25. Hierra, acto de marcar el ganado con hierros calentados al rojo.
26. Persona experta en lazar por las patas delanteras al animal en plena carrera.
27. Incansable.

28. Damajuana. Botellón grande para transportar agua o vino, habitualmente forrado de mimbre.
29. Se usa con referencia a la mujer, pero también al hombre que no bebe.
30. Tan apretada, tan mala.
31. Le descarga.

115 Y el lomo le hinchan a golpes
     y le rompen la cabeza,
     y luego, con ligereza,
     ansí lastimao y todo,
     lo amarran codo con codo
120 y pa el cepo³² lo enderiezan.³³

     Áhi comienzan sus desgracias,
     áhi principia el pericón;³⁴
     porque ya no hay salvación,
     y que usté quiera o no quiera,
125 lo mandan a la frontera
     o lo echan a un batallón.

     Ansí empezaron mis males,
     lo mesmo que los de tantos.
     Si gustan... en otros cantos
130 les diré lo que he sufrido.
     Después que uno está perdido
     no lo salvan ni los santos.

III

     Tuve en mi pago³⁵ en un tiempo
     hijos, hacienda y mujer;
     pero empecé a padecer,
     me echaron a la frontera,
5   y ¡qué iba a hallar al volver!
     Tan sólo hallé la tapera.³⁶

     Sosegao vivía en mi rancho,
     como el pájaro en su nido.
     Allí mis hijos queridos
10   iban creciendo a mi lao...
     Sólo queda al desgraciao
     lamentar el bien perdido.

     Mi gala en las pulperías
     era cuando había más gente
15   ponerme medio caliente,
     pues cuando puntiao³⁷ me encuentro
     me salen coplas de adentro
     como agua de la virtiente.

     Cantando estaba una vez
20   en una gran diversión,
     y aprovechó la ocasión
     como quiso el juez de paz:
     se presentó y áhi no más
     hizo una arriada en montón.³⁸

25   Juyeron los más matreros³⁹
     y lograron escapar.
     Yo no quise disparar:
     soy manso y no había por qué.
     Muy tranquilo me quedé
30   y ansí me dejé agarrar.

     Allí un gringo con un órgano
     y una mona que bailaba
     haciéndonos rair estaba
     cuando le tocó el arreo.
35   ¡Tan grande el gringo y tan feo!
     ¡Lo viera cómo lloraba!

     Hasta un inglés sanjiador⁴⁰
     que decía en la última guerra
     que él era de Inca-la-perra
40   y que no quería servir,
     tuvo también que juir
     a guarecerse en la sierra.

---

32. Madero con agujeros para sujetar al prisionero por las piernas y el cuello.
33. Lo enderezan, lo llevan.
34. Baile tradicional argentino y uruguayo. Aquí es sinónimo de baile, en el sentido de calamidades o problemas.
35. Lugar donde ha nacido o está arraigada una persona.
36. Vivienda abandonada y en ruinas.
37. Alegre, algo bebido.
38. Se los llevó a todos detenidos.
39. Astutos. Se llamaba así a los bandoleros y a otros individuos que vivían fuera de la ley.
40. Zanjero. Persona que tiene por oficio excavar zanjas.

Ni los mirones salvaron
de esa arriada de mi flor;
45 fue acoyarao[41] el cantor
con el gringo de la mona;
a uno solo, por favor,
logró salvar la patrona.

Formaron un contingente
50 con los que en el baile arriaron;
con otros nos mesturaron,[42]
que habían agarrao también.
Las cosas que aquí se ven
ni los diablos las pensaron.

55 A mí el juez me tomó entre
          ojos[43]
en la última votación.
Me le había hecho el remolón
y no me arrimé ese día,
60 y él dijo que yo servía
a los de la esposición.[44]

Y ansí sufrí ese castigo
tal vez por culpas ajenas.
Que sean malas o sean güenas
65 las listas, siempre me escondo.
Yo soy un gaucho redondo
y esas cosas no me enllenan.[45]

Al mandarnos nos hicieron
más promesas que a un altar.
70 El juez nos jue a ploclamar
y nos dijo muchas veces:
—"Muchachos, a los seis meses
los van a ir a revelar".

Yo llevé un moro[46] de número
75 ¡sobresaliente el matucho!
Con él gané en Ayacucho
más plata que agua bendita.
Siempre el gaucho necesita
un pingo[47] pa fiarle un pucho.

80 Y cargué sin dar más güeltas
con las prendas que tenía.
Jergas, poncho, cuanto había
en casa, tuito lo alcé.
A mi china la dejé
85 media desnuda ese día.

No me faltaba una guasca;[48]
esa ocasión eché el resto:
bozal, maniador, cabresto,
lazo, bolas y manea. . .[49]
90 ¡El que hoy tan pobre me vea
tal vez no crerá todo esto!

Ansí en mi moro escarciando[50]
enderecé a la frontera.
¡Aparcero!,[51] si usté viera
95 lo que se llama cantón. . .
Ni envidia tengo al ratón
en aquella ratonera.

De los pobres que allí había
a ninguno lo largaron;
100 los más viejos rezongaron,
pero a uno que se quejó,
en seguida lo estaquiaron[52]
y la cosa se acabó.

---

41. Acollarar: poner collar a los perros. Acollarados: Unidos como perros por sus collares.
42. Mezclaron.
43. Se puso en contra mía.
44. Oposición.
45. Satisfacen, gustan.
46. Caballo de pelo negro con una mancha blanca en la frente.
47. Caballo brioso y resistente, buen corredor.

48. Ramal de cuero o cuerda que sirve de rienda o de látigo.
49. Látigo.
50. Hacer escarceos, movimiento de inquietud que hace el caballo mordiendo el freno.
51. Compañero y amigo.
52. Estaquear: tormento que consiste en atar a alguien de manos y pies a cuatro estacas, tirando luego de las correas hasta dejar el cuerpo suspendido.

En la lista de la tarde
105 el jefe nos cantó el punto,
diciendo:—"Quinientos juntos
llevará el que se resiente;
lo haremos pitar del juerte;
más bien dese por dijunto".

110 A naides le dieron armas,
pues toditas las que había
el coronel las tenía,
sigún dijo esa ocasión,
pa repartirlas el día
115 en que hubiera una invasión.

Al principio nos dejaron
de haraganes, criando sebo;
pero después... no me atrevo
a decir lo que pasaba...
120 ¡Barajo!... si nos trataban
como se trata a malevos.

Porque todo era jugarle
por los lomos con la espada,
y aunque usté no hiciera nada,
125 lo mesmito que en Palermo,
le daban cada cepiada
que lo dejaban enfermo.

Y ¡qué indios ni qué servicio!
¡Si allí no había ni cuartel!
130 Nos mandaba el coronel
a trabajar en sus chacras,
y dejábamos las vacas
que las llevara el infiel.

Yo primero sembré trigo
135 y después hice un corral;
corté adobe pa un tapial,
hice un quincho,[53] corté paja...
¡La pucha que se trabaja
sin que le larguen ni un rial!

140 Y es lo pior de aquel enriedo
que si uno anda hinchando el lomo
ya se le apean como plomo...
¡Quién aguanta aquel infierno!
Y eso es servir al Gobierno,
145 a mí no me gusta el cómo. [...]

V

Yo andaba desesperao,
aguardando una ocasión;
que los indios un malón[54]
nos dieran y entre el estrago
5 hacérmelés cimarrón[55]
y volverme pa mi pago.

Aquello no era servicio
ni defender la frontera;
aquello era ratonera
10 en que sólo gana el juerte;
era jugar a la suerte
con una taba culera.[56]

Allí tuito va al revés:
los milicos[57] se hacen piones
15 y andan por las poblaciones
emprestaos pa trabajar;
los rejuntan pa peliar
cuando entran indios ladrones.

Yo he visto en esa milonga
20 muchos jefes con estancia,
y piones en abundancia,
y majadas y rodeos;
he visto negocios feos,
a pesar de mi inorancia.

---

53. Rancho cuyo techo y paredes están hechos de juncos, cañas o varillas. Se acostumbra recubrirlos de barro por dentro y fuera.
54. Incursiones o ataques de los indios.
55. Alzado o montaraz.

56. Pieza de juego falseada por jugadores tramposos que cae siempre del lado perdedor. Se hacían con huesos de carnero.
57. Soldados conscriptos.

25   Y colijo que no quieren
la barunda componer.
Para esto no ha de tener
el jefe aunque esté de estable
más que su poncho y su sable,
30   su caballo y su deber.

    Ansina, pues, conociendo
que aquel mal no tiene cura,
que tal vez mi sepultura
si me quedo iba a encontrar,
35   pensé en mandarme mudar
como cosa más sigura. [. . .]

VI

[. . .] Una noche que riunidos
estaban en la carpeta
empinando una limeta
el jefe y el juez de paz,
5   yo no quise aguardar más,
y me hice humo en un sotreta.[58]

    Para mí el campo son flores
dende que libre me veo;
donde me lleva el deseo
10   allí mis pasos dirijo,
y hasta en las sombras, de fijo
que a donde quiera rumbeo.

    Entro y salgo del peligro
sin que me espante el estrago;
15   no aflojo al primer amago
ni jamás fí gaucho lerdo;
soy pa rumbiar como el cerdo,
y pronto cái a mi pago.

    Volvía al cabo de tres años
20   de tanto sufrir al ñudo.
Resertor, pobre y desnudo,
a procurar suerte nueva;
y lo mesmo que el peludo
enderecé pa mi cueva.

25   No hallé ni rastro del rancho;
¡sólo estaba la tapera!
¡Por Cristo, si aquello era
pa enlutar el corazón.
Yo juré en esa ocasión
30   ser más malo que una fiera!

    ¡Quien no sentirá lo mesmo
cuando ansí padece tanto!
Puedo asigurar que el llanto
como una mujer largué.
35   ¡Ay mi Dios si me quedé
más triste que Jueves Santo!

    Sólo se oiban los aullidos
de un gato que se salvó;
el pobre se guareció
40   cerca, en una vizcachera;
venía como si supiera
que estaba de güelta yo.

    Al dirme dejé la hacienda,
que era todito mi haber;
45   pronto debíamos volver,
según el juez prometía,
y hasta entonces cuidaría
de los bienes la mujer.

    Después me contó un vecino
50   que el campo se lo pidieron,
la hacienda se la vendieron
pa pagar arrendamientos,
y qué se yo cuántos cuentos;
pero todo lo fundieron.

55   Los pobrecitos muchachos,
entre tantas afliciones
se conchabaron[59] de piones;
mas ¡qué iban a trabajar,
si eran como los pichones
60   sin acabar de emplumar!

58. Un caballo inútil por lo viejo.
59. Conchabarse: servir a sueldo en trabajos humildes.

Por áhi andarán sufriendo
de nuestra suerte el rigor.
Me han contado que el mayor
nunca dejaba a su hermano.
65 Puede ser que algún cristiano
los recoja por favor.

¡Y la pobre mi mujer
Dios sabe cuánto sufrió!
Me dicen que se voló
70 con no sé qué gavilán:
sin duda a buscar el pan
que no podía darle yo.

No es raro que a uno le falte
lo que a algún otro le sobre:
75 si no le quedó ni un cobre,
sinó de hijos un enjambre,
¿qué más iba a hacer la pobre
para no morirse de hambre?

Tal vez no te vuelva a ver,
80 prenda de mi corazón;
Dios te dé su proteción,
ya que no me la dio a mí.
Y a mis hijos dende aquí
les echo mi bendición.

85 [. . .] Mas también en este juego
voy a pedir mi bolada:[60]
a naides le debo nada,

ni pido cuartel ni doy,
y ninguno dende hoy
90 ha de llevarme en la armada.

Yo he sido manso primero
y seré gaucho matrero
en mi triste circustancia:
aunque es mi mal tan projundo,
95 nací y me he criao en estancia,
pero ya conozco el mundo.

Ya le conozco sus mañas,
le conozco sus cucañas,[61]
sé cómo hacen la partida,
100 la enriedan y la manejan.
Desaceré la madeja,
aunque me cueste la vida.

Y aguante el que no se anime
a meterse en tanto engorro
105 o si no aprétesé el gorro
o para otra tierra emigre;
pero yo ando como, el tigre
que le roban los cachorros.

Aunque muchos cren que el gaucho
110 tiene un alma de reyuno,[62]
no se encontrará ninguno
que no lo dueblen las penas;
mas no debe aflojar uno
mientras hay sangre en las venas.

Preguntas

1. ¿Qué preocupaciones de orden político-social impulsan a José Hernández a escribir su poema?
2. ¿Qué abusos cometidos contra los gauchos describe y denuncia la obra?
3. ¿Cómo recuerda el gaucho épocas más felices?
4. ¿Cuáles son los antecedentes literarios de *Martín Fierro*?
5. ¿Cómo caracterizaría Ud. el lenguaje del poema?

60. Mi parte. Participar en el juego.
61. Mañas, trucos.
62. Caballo mostrenco con las orejas cortadas o mutiladas; antiguamente pertenecía a la hacienda del rey.

EUGENIO MARIA DE HOSTOS

(1839, Mayagüez, Puerto Rico–1903, Sto. Domingo,
Rep. Dominicana)

———————

———————

———————

———————

———————

———————

La preocupación de este ilustre puertorriqueño por el destino de los países latinoamericanos ha hecho que se le llame "ciudadano de América". Infatigable luchador por la libertad de su patria, Hostos abogó por la creación de una Federación Antillana que convertiría al Caribe en una especie de *mare nostrum* americano. Esta certeza de la unidad continental, de pertenecer a un todo mayor, fue una idea central del pensamiento hostosiano y así lo expresó el mismo ensayista: "yo no tengo patria en el pedazo de tierra en que nació mi cuerpo; pero mi alma se ha hecho de todo el continente americano una patria intelectual, que amo más cuanto más la conozco y compadezco".

Hostos cursó parte de sus estudios secundarios y universitarios en España (1851–69). Allí estuvo en contacto con intelectuales liberales, fundadores de la Primera República española (1873). Durante su estancia en Madrid hace amistad con discípulos krausistas[*] de Julián Sanz del Río (1814–69), propagador del pensamiento neokantiano del alemán Karl Friedrich Krause (1781–1832), especialmente sus avanzadas ideas educativas sobre el desarrollo integral del individuo. Como el autor puertorriqueño conocía la política española pronto se dio cuenta que sus amigos liberales no cumplirían sus promesas y viajó a Nueva York para desde allí continuar la lucha. En este período formativo escribió Hostos su única novela, *La peregrinación de Bayoán* (1863), donde el tema principal—la libertad de su patria y la unidad antillana—se expresa con un acento lírico característico de la prosa romántica.

De los krausistas adquirió Hostos su fe en la educación como vía para la mejora del individuo y de la colectividad. Implacable enemigo de la ignorancia, favoreció la instrucción para todos sin distinción de medios económicos ni de sexo. Fiel a sus convicciones, ejerció la enseñanza en varios de los países en los que residió. En la República Dominicana (1878–88) y en Chile (1889–98) se consagró de una manera más constante y activa a estos esfuerzos pues allí organizó y reformó la enseñanza primaria y secundaria siguiendo postulados positivistas[*]; realizó una labor comparable a la de Bello en Chile y Sarmiento en Argentina. Expuso sus modernas ideas pedagógicas en varios trabajos entre los que sobresalen

La educación científica de la mujer (1872) y *Los frutos de la normal* (1881). En *Moral social* (1888), su obra principal, se observa la lucha entre positivismo e idealismo que marcó sus escritos. Hostos estaba convencido de la superioridad de la ética sobre el arte; para mostrar su preferencia por la acción constructiva al "arte por el arte", atacaba duramente a la literatura. Las mejores páginas de este libro son aquellas en las que Hostos escribe sobre la política, las profesiones, la industria y la docencia, temas que siempre le interesaron. Además de los títulos mencionados, en los múltiples volúmenes que recogen sus escritos es notable el estudio crítico *Hamlet* (1873), análisis esmerado de la gran tragedia de Shakespeare.

Inclaudicable en su lucha por la libertad de Puerto Rico, en 1898 Hostos se traslada a Nueva York para desde allí continuar abogando por la total emancipación de su patria. Pidió y le fue concedida una cita con el presidente McKinley (1897–1901), pero ya la suerte estaba echada: Estados Unidos continuaría la ocupación de Puerto Rico. Frustrado su más caro sueño, angustiado por la intervención de los Estados Unidos en la política cubana y por las luchas internas en la República Dominicana, el autor de *Moral social* falleció víctima de una rápida enfermedad. No se equivocó Pedro Henríquez Ureña, cuando comentó que Hostos había muerto de "asfixia moral".

Bibliografía mínima

Balseiro, José A. *Eugenio María de Hostos: Hispanic America's Public Servant.* Coral Gables: U of Miami P, 1949.

Corretjer, Juan Antonio. *Hostos y Albizu Campos, diálogo del sociólogo militante y el jurista armado.* Guaynabo, Puerto Rico: 1965.

Eugenio María de Hostos (1839–1903). Vida-Obra. New York: Hispanic Institute, 1940.

Lugo Suárez, Adelaida. *Eugenio María de Hostos. Ensayista y crítico literario.* San Juan: Instituto de Cultura Puertorriqueña, 1970.

Massuh, Víctor. "Hostos y el positivismo hispanoamericano". *Cuadernos Americanos* 9 (1950): 167–90.

Mora, Gabriela. *Hostos intimista: introducción a su Diario.* San Juan: Instituto de Cultura Puertorriqueña, 1976.

Pedreira, Antonio Salvador. *Hostos, ciudadano de América.* 2a ed. rev. San Juan: Instituto de Cultura Puertorriqueña, 1964.

Zayas Micheli, Luis O. "Eugenio María de Hostos". *Del neoclasicismo al modernismo.* Coord. Luis Iñigo Madrigal. Madrid: Cátedra, 1987. Vol. 2 de *Historia de la literatura hispanoamericana.* 2 Vols. 1982–87. 459–65.

En la tumba de Segundo Ruiz Belvis[1]

A millares de millas de la patria.

Estoy en Valparaíso, emporio comercial de esta hermosa, tranquila, libre y civilizada República de Chile.[2] Estoy solo con mi idea dominante. Ella es la que me sostiene en mis postraciones, la que me empuja hacia adelante, la que apaga en su fuego inextinguible mis lágrimas secretas, la que me hace superior a la soledad, a la tristeza, a la pobreza, a las calumnias, a las emulaciones, al desdén y al olvido de los míos, al rencor y a los insultos de nuestros enemigos. Ella es mi patria, mi familia, mi desposada, mi único amigo, mi único auxiliar, mi único amparo, mi fe, mi esperanza, mi amor, mi fortaleza. Ella es la que me señala en Puerto Rico mi deber; la que me indica en Cuba mi estímulo; la que me muestra la gran patria del porvenir en toda la América Latina; la que hace del olvido, de la abnegación y del sacrifico de mí mismo un dogma;[3] la que ha sustituido las creencias aprendidas de memoria, con esta religión de la patria americana y del deber; la que ha reemplazado las fáciles glorias de las letras, y los triunfos viciosos de la política de personalismo, con esta indiferencia por la gloria del talento, y con esta vehemente hostilidad a los triunfos de pasiones miserables; ella es la que me quiere tal cual soy, y tal cual los hombres no me quieren.

Dicen que por esta colina se sube al cementerio. Un esfuerzo más, y estaré en la cumbre. ¡Ah!, yo siempre estoy haciendo esfuerzos y jamás llego a la cumbre.

Toda eminencia es fatigosa, y la que voy trepando me fatiga. Trepo dos a la vez. ¿Cuál de las dos es la que más fatiga: la de mi idea dominante o la del cerro? La cumbre del cerro, ahí está. ¿En dónde está la cima de la idea? ¡Ah! ¡bienaventurados los que trepan y llegan hasta el fin! ¡Qué espectáculo! En las quebradas y en las faldas de todas las colinas que abarcan la ciudad, ranchos, casuchas, casas-quintas, mansiones suntuosas; allí abajo, las calles regulares de esta pintoresca ciudad irregular;[4] en el plano inferior, el movimiento del trabajo, las mil embarcaciones del tráfico local, las mil naves del comercio universal; en el fondo, la faja claroscuro del horizonte ilimitado del Pacífico; a la derecha, la armoniosa cadena de las montañas, que domina el gigante de los Andes, el Aconcagua[5] feliz, en cuya frente no toca otra luz que

---

1. Segundo Ruiz Belvis (1829–67): patriota y abolicionista puertorriqueño. Cuando en 1867 se descubrió su participación en una rebelión contra el gobierno colonial, decidió abandonar Puerto Rico antes que aceptar el destierro en España. Se refugió en New York y más tarde pasó a Chile. Murió pocos días después de llegar a Valparaíso.

2. En 1871 Hostos inició un recorrido por América del Sur para promover la causa de la independencia antillana. Estuvo en Perú, Brasil, Argentina y Chile donde residió dos años; posteriormente retornó a ese país invitado por el presidente Balmaceda.

3. Doctrina.

4. Se refiere a la geografía irregular de la ciudad chilena de Valparaíso.

5. Acongagua: cumbre argentina de la cordillera andina; es el pico más alto de América.

la primera, ni se emponzoña jamás el aire puro. Detrás de mí se levanta el baluarte de las colinas, que, levantándose más a cada paso, no deja de subir
35 hasta que se irgue en la fortaleza inexpugnable de los Andes. Allí, en la hendidura de dos cerros, aparece un recinto amurallado dentro del cual blanquea una ciudad. Es la ciudad de los muertos. Allí duerme Segundo Ruiz Belvis el primer sueño tranquilo de su vida. Voy a visitar al olvidado.

Tumbas suntuosas, panteones orgullosos dondequiera. No es el barrio
40 de los ricos el que puede habitar el hombre pobre, ni el barrio de la aristocracia el que toleraría aquel representante de la democracia. Ruiz no está aquí.

Si hubiera un barrio de negros en la ciudad, en él viviría contento el primero que pidió en Puerto Rico la libertad de los negros. Si hubiera un barrio de esclavos... No estoy en Puerto Rico, estoy en Chile y aquí todos son li-
45 bres; no estoy en el mundo de los vivos, estoy en el mundo de los muertos, y aquí empieza la emancipación de los errores, los intereses, las pasiones y los vicios que esclavizan.

¿En dónde estará Segundo Ruiz? ¡Como todos los que sigilamos[6] la vergüenza de la patria, habrá ido a esconderse en el rincón más oscuro!
50   ¿No saben los habitantes de estas tumbas en dónde vive una víctima expiatoria de la patria antillana? ¿un puertorriqueño arrogante que no quiso sufrir la esclavitud de su patria?, ¿un vagabundo de la libertad que vino a Chile buscando auxiliares para una revolución recalcitrante?, ¿un patriota, no el primero ni el último, que andaba pidiendo limosna para redimir la patria?,
55 ¿un hombre que, como otros muchos, cometió el error imperdonable de anticiparse a su tiempo y su país? Aquí me han dicho que vive y vino aquí, allá para el año de 1868...

Pero ¿qué saben del tiempo los ahogados en la eternidad, ni qué se ocupan de las revoluciones de las sociedades los ocupados en las evoluciones de
60 la vida universal de la materia, ni qué conocen de patria estos pobres ricos cuya patria fue el dinero, o esos pobres miserables cuya patria fue el dolor? Si aquí estuviera la tumba de los Carrera, de Camilo Henríquez, de Freire, de Infante, de Francisco Bilbao, seguro estoy de que entre ellos viviría Segundo Ruiz; los buenos viven juntos.
65   ¡Irreflexivo! Hubiera yo tenido la paciencia de preguntar las señas de la última casa de Ruiz a cualquier puertorriqueño... ¡A los puertorriqueños! ¡Se olvidan de los vivos y no han de olvidarse de los muertos; se olvidan de sí mismos y no han de olvidarse de los otros; se olvidan de un compromiso, y no han de olvidarse de un deber! Estamos en 1873, y ha empezado en España
70 el día de la República de los charlatanes[7] ¿cómo no ha de haberse Puerto Rico entregado al placer de bendecir ese gran día?; ¿cómo he de exigirles que se distraigan de un juego infantil que tan pronto cesará?

---

6. Callamos, ocultamos.

7. La Primera República española, proclamada el 11 de febrero de 1873. Hostos, que había luchado por un cambio político durante su estancia en España (1851–69), se sintió traicionado cuando los liberales no le concedieron a Puerto Rico la autonomía.

Yo no ando buscando un pueblo muerto: ando buscando un hombre dormido.

75   ¡Ruiz! ¡Segundo Ruiz!... No responde. Es un sueño pesado el de la muerte.

Y el de la muerte oscura, secretamente sufrida en el rincón de un hotel, casualmente presenciada por uno o dos hermanos... ¡Ah! ¡ya recuerdo! El
80 hermano médico que lo vio morir, que llegó tarde para hacer eficaces los recursos de su ciencia, que sólo pudo convencerse de que el moribundo moría por haberse obstinado en llegar al país de su esperanza a pesar de la fiebre que lo devoraba; el hermano médico, con los pormenores de aquella muerte rápida en que apenas hubo tiempo para señalar un rollo de papeles, para
85 apretar suavemente una mano y para sonreír con la última sonrisa, me dio las señas de la tumba.

¡Pero si todas las tumbas de los olvidados se parecen! No me costaría tantos esfuerzos el hallar la vivienda definitiva de mi colaborador, si Puerto Rico se acordara de él. ¿Puerto Rico?... Estará celebrando las pascuas de su nuevo engaño, firmando con rostro alegre la sentencia de ignominia...
90   ¡Ruiz, Segundo Ruiz! ¡La patria está en peligro de perpetua esclavitud! ¡La patria está pactando con España!

Hasta los muertos responden a ese grito: los únicos sordos son los colonos.[8] La tumba me ha respondido. Aquí está Ruiz.

¡Amigo de mis ideas! ¡compañero del ímprobo[9] trabajo!, hiciste bien en
95 descansar de la existencia. Descansaste a tiempo. Ni viste a Cuba martirizada, ni a Puerto Rico escarnecida, ni a los héroes clamando en vano por auxilios, ni a los esclavos bailando al son de sus cadenas. No viste a los republicanos españoles sancionando en nombre de la república el martirio de la Isla regenerada, ni a la Isla degenerada mendigando las migajas sobrantes del
100 banquete de sus amos.[10] No viste a la más grande de las repúblicas, a la más sólida de las democracias, al más fuerte de los pueblos, disputando su derecho de vida a la república naciente, negándose a reconocer la nueva democracia, pactando amistosamente con el verdugo el precio de la sangre prodigada. No viste a los pueblos hermanos olvidando en su fortuna al hermano
105 infortunado. No viste un pueblo entero levantando al cielo sus brazos descarnados, en tanto que otro pueblo, aspirante a la misma forma de gobierno y al mismo goce de la libertad y la justicia, descargaba sobre él los golpes más alevosos y más crueles, ni viste entre los dos, impasible a los gritos del hermano y disimulando las atrocidades del verdugo, al pueblo que nosotros
110 preparábamos para el amor de la justicia. No viste a las naciones más civilizadas de la tierra enmudeciendo por cálculo ante la barbarie desenfrenada con-

8. Dueño de una colonia o finca de caña de azúcar; estas cañas son procesadas en el ingenio después.
9. Duro.

10. En 1869 España le otorgó a Puerto Rico el derecho de enviar diputados a las Cortes. A Hostos le pareció una concesión humillante e inaceptable.

tra Cuba,[11] ni viste a nuestra patria escarnecida sirviendo de prueba contra Cuba ante el mundo que la mira satisfecha. No viste a las naciones de este Continente en que reposas, erguirse en un momento de entusiasmo fútil en favor de Cuba, para adormecerse después a una señal de estos gobiernos que lo pueden todo para hacerse daño, que nada saben poder para hacer un bien. No viste pisoteada la lógica. No viste repudiada la justicia. No viste escarnecido cuanto es bueno. No viste renegado cuanto es cierto. No viste fementidas[12] las promesas de la razón universal, muertas las esperanzas más concienzudas, hechas cenizas las aspiraciones más puras del alma humana, reducidas a fangosas realidades las verdades más queridas. No viste la bacanal de la injusticia, el carnaval de la indignidad, la orgía de todos los errores, el galope infernal de todas las debilidades, la edad de oro de todos los egoísmos repugnantes, la edad de hierro de todas las abnegaciones, la omnipotencia universal del oro, la impotencia absoluta del deber, la canonización de las pasiones más abyectas, el endiosamiento de todas las barbaries, el juicio final del sentido común en nuestra especie.

Hiciste bien en descansar, Segundo Ruiz. Descansa en paz.

(1873)

Preguntas

1. ¿Qué sentimientos dominan a Hostos cuando escribe sobre su patria, Puerto Rico, desde la ciudad de Valparaíso (Chile) en 1873? ¿Quién inspira sus reflexiones?
2. ¿Qué circunstancias provocan el abatimiento del escritor? ¿Contra quiénes dirige su desilusión?
3. ¿Cómo vincularía Ud. a Bello, Sarmiento y Hostos?
4. ¿Cuáles son las ideas de Hostos sobre la unidad hispanoamericana?
5. ¿Qué simboliza la figura de Segundo Ruiz Belvis y por qué se identifica el autor con ella?

11. Se refiere a la guerra de 1868, iniciada en Cuba por Carlos Manuel de Céspedes (1819–74) y a la represión colonial contra las fuerzas insurgentes.
12. Traicionadas.

3. LA REALIDAD AMERICANA Y LA RENOVACION LITERARIA

(1882–1910)

3.1 Realismo y naturalismo

Durante los años comprendidos entre 1880 y 1910, la mayoría de los países hispanoamericanos experimentan un acelerado crecimiento demográfico y urbano que causa profundos cambios sociales y culturales. El proceso inmigratorio y la expansión de las compañías y capitales extranjeros impulsan decisivamente a esas sociedades hacia la modernidad. Al mismo tiempo, sin embargo, las nuevas fuerzas sociales—el proletariado urbano, la clase media y sus intelectuales progresistas—entran en conflicto con una rígida estructura político-económica al servicio de la oligarquía terrateniente y de las empresas inversionistas. Así como a mediados de siglo, el desgarramiento de las guerras civiles encontró expresión en la obra de los escritores románticos, esta nueva realidad dinámica y conflictiva hará surgir la literatura realista* y naturalista* en Hispanoamérica. Los modelos son, también ahora, predominantemente franceses: Balzac (1779–1850), con su vigoroso y fiel retrato de la burguesía en las novelas de la serie conocida como *La Comédie humaine;* Flaubert (1821–80), en su estudio minucioso y objetivo de los caracteres y el ambiente en *Madame Bovary* (1856) y *L'Education sentimentale* (1870); Zola (1840–1902), quien se caracterizó por presentar con crudo realismo la vida de las clases bajas en obras como *L'Assommoir* (1877), *Nana* (1880) y *Germinal* (1885). Esta última describe las luchas y las penurias de los trabajadores de las minas de carbón, tema que encontraremos en la obra del chileno Baldomero Lillo (1867–1923). El naturalismo de Zola, dirigido por su visión sociológica y su preocupación moral, tuvo una fuerte y duradera influencia sobre los escritores hispanoamericanos. Además de los citados, y de otros autores franceses (Stendhal, los Goncourt, Daudet), fueron también modelos regionalistas españoles como José María de Pereda (1833–1906), Emilia Pardo Bazán (1851–1920) y Leopoldo Alas, "Clarín" (1852–1901), junto a Benito Pérez Galdós (1843–1920), el máximo representante del realismo español. Este último, en novelas como *Doña Perfecta* (1876), *La de Bringas* (1884) y *Fortunata y Jacinta* (1886–87) hizo el retrato y la crítica de la sociedad española de su tiempo. La lectura de los rusos Tolstoy, Dostoievsky y del inglés Dickens fue también parte de la formación literaria de los escritores hispanoamericanos.

214

El realismo y el naturalismo llegaron a la literatura hispanoamericana con considerable atraso, cuando ya declinaban en Europa. La mezcla de estas corrientes, con grados distintos de naturalismo según cada autor, prevaleció en la narrativa hasta bien entrado nuestro siglo. Las bases filosóficas de dichos movimientos literarios las dieron el positivismo, movimiento cientificista iniciado en Francia por Auguste Comte (1798–1857), el determinismo[*] de Hippolyte Taine (1828–93), quien señaló la influencia decisiva que tienen la raza, el medio ambiente y el momento histórico sobre la sociedad y la cultura, y las teorías evolucionistas de Spencer y Darwin. Basadas en esas teorías, las obras de los autores hispanoamericanos se presentan como descripciones veraces y objetivas de regiones y ambientes sociales. Cada escritor se siente impelido a señalar los males que aquejan a su propio pueblo y a prescribir una cura. La literatura realista busca conmover, persuadir y provocar el cambio social.

3.2 Autores representativos

La transición del romanticismo al realismo encuentra excelente expresión en la obra del chileno Alberto Blest Gana (1830–1929). Su novela *Martín Rivas* (1862) tiene, en efecto, características románticas. Esto puede verse en la conducta del protagonista y en el desenlace de la trama que revela el triunfo final del amor sobre las condiciones sociales. Al mismo tiempo, *Martín Rivas* es una novela costumbrista fuertemente influida por Balzac, donde el autor presenta la ciudad de Santiago y la sociedad chilena de 1850, recreando el lenguaje, los hábitos de pensamiento y conducta de las distintas clases sociales. En las obras de sus últimos años, como *Los transplantados* (1904), novela que trata de los hispanoamericanos que viven en París, la crítica de costumbres se expresa con decidido realismo y muestra, incluso, algunos rasgos naturalistas. A partir de la década del 80, la narrativa realista en Chile tiene, entre sus figuras representativas, a Baldomero Lillo, quien describe con despiadada objetividad las penurias de los mineros en sus cuentos de *Sub terra* (1904) y a Augusto D'Halmar (1882–1950), con su novela naturalista *Juana Lucero* (1902).

En Argentina, el naturalismo de Zola tuvo numerosos discípulos. Entre ellos destaca Eugenio Cambaceres (1843–88) con la novela *Sin rumbo* (1885), cuyo narrador observa y describe con impasibilidad científica escenas brutales y actitudes patológicas. Otros representantes del género son Lucio V. López (1848–94), con *La gran aldea* (1884), obra de costumbres y crítica de la sociedad porteña y José Miró, también conocido por el seudónimo de Julián Martel (1867–96), quien describió, en *La Bolsa* (1890), el ambiente de especulación y la crisis financiera de 1890 en el mercado de valores de Buenos Aires. La novela naturalista alcanzó su máxima expresión artística en Argentina, con la obra de Manuel Gálvez (1882–1962), autor de *Nacha Regules* (1918), cuyo tema—el de la prostitución y sus víctimas—le sirve al autor para expresar ideales de reforma social.

En el teatro realista se distingue el uruguayo Florencio Sánchez (1875–1910), quien produjo y estrenó la mayoría de sus obras en Argentina. En *M'hijo el dotor* (1903), *La gringa* (1904) y *Barranca abajo* (1905) Sánchez presentó con verismo pictórico y severidad crítica tipos humanos, ambientes y conflictos sociales de ese país a comienzos de nuestro siglo. La influencia del naturalismo en Uruguay puede observarse en Carlos Reyles (1868–1938), autor de *Beba* (1894), novela ilustrativa del determinismo biológico-social, donde critica tanto la barbarie del campo como la hipocresía y los convencionalismos burgueses del medio urbano.

En Perú, dos mujeres son las iniciadoras del realismo: Mercedes Cabello de Carbonera (1847–1909) y Clorinda Matto de Turner (1854–1909). La primera escribió *Blanca Sol* (1888), novela de crítica social que trata de las aventuras y desventuras de una dama limeña de clase alta. La segunda, discípula ideológica del indigenista Manuel González Prada (1844–1918), pinta en su novela *Aves sin nido* (1889), las condiciones de servidumbre y explotación que sufre la población indígena. Esta obra da el primer impulso al movimiento indigenista que se desarrolla en la narrativa así como en los ensayos sociológicos de González Prada y, posteriormente, de José Carlos Mariátegui.

En Colombia, el máximo representante del realismo es Tomás Carrasquilla (1858–1940), cuyo arte narrativo se afirma en el paisaje, los caracteres, las costumbres y tradiciones de su tierra antioqueña, en obras como *Frutos de mi tierra* (1896) y *La Marquesa de Yolombó* (1928). En México sobresalen varios escritores realistas cuya obra precede y, en alguna medida, es precursora de la Novela de la Revolución: Emilio Rabasa (1856–1930), autor de la serie *Novelas mexicanas* (1887–88) a la que pertenece *La bola,* donde describe el caciquismo*, la política oportunista y la burocracia corrompida del régimen de Porfirio Díaz; José López-Portillo y Rojas (1850–1923), quien denuncia los vicios del caciquismo rural en *La parcela* (1898) y Federico Gamboa (1864–1939), autor de *Santa* (1903), con su pintura de escenas y personajes típicos de la sociedad mexicana, a quienes presenta como productos y víctimas del medio. Puerto Rico, por su parte, tuvo un ilustre representante del naturalismo en Manuel Zeno Gandía (1855–1930), autor de *La charca* (1894), donde describe la degradación física y moral de un pueblo sometido a la explotación y la violencia. Estos autores sentaron las bases de la literatura regionalista de temática social que produjo, entre 1910 y 1941, novelas como *Los de abajo* (1915) de Mariano Azuela, *Raza de bronce* (1919) de Alcides Arguedas, *La vorágine* (1924) de José Eustasio Rivera, *Don Segundo Sombra* (1926) de Ricardo Güiraldes, *Doña Bárbara* (1929) de Rómulo Gallegos, *Huasipungo* (1934) de Jorge Icaza, *El indio* (1935) de Gregorio López y Fuentes y *El mundo es ancho y ajeno* (1941) de Ciro Alegría.

3.3 El modernismo

Simultáneamente al desarrollo del realismo y el naturalismo se produce, hacia fines del siglo XIX, otro movimiento estéticamente opuesto y de expresión poética más que narrativa, conocido bajo el nombre de modernismo. Las dos tendencias, que en Europa se habían dado en períodos históricos sucesivos, coexisten en Hispanoamérica. Esto se explica, en parte, por el atraso con que se había introducido la primera de ellas. Mientras el realismo y el naturalismo reflejaban en la narrativa las condiciones político-sociales de la época, la poesía se apoyaba en otros principios estéticos. La nueva sensibilidad, con su preocupación por el estilo y su mayor apertura a la imaginación y la fantasía tuvo, sin embargo, una influencia decisiva en la renovación de la prosa, primeramente en el cuento y, más adelante, en la profundización y el enriquecimiento estilístico de la novela regionalista, en autores como José Eustasio Rivera y Ricardo Güiraldes, donde confluyeron ambos movimientos.

El modernismo revitaliza y transforma los modos de expresión. Conserva, al mismo tiempo, preocupaciones y actitudes románticas, como el culto a la muerte o los sentimientos de descontento y melancolía. Los modernistas hispanoamericanos se inspiran, principalmente, en dos escuelas de la nueva poesía francesa, el parnasianismo* y el simbolismo*. Entre los parnasianos de mayor influencia se encuentra Théophile Gautier (1811–72), el autor de *Emaux et camées*, con su anhelo de perfección en la forma, el lema de "el arte por el arte" y el gusto por los objetos decorativos del Oriente. Gautier influyó a los primeros modernistas, particularmente a José Martí (1853–95), Manuel Gutiérrez Nájera (1859–95) y Julián del Casal (1863–93), así como a Rubén Darío (1867–1916). Estos aprendieron de él el uso de palabras sugerentes de colores, joyas o piedras preciosas. En el caso de Martí, la influencia parnasiana es evidente en su delaración de que "el escritor ha de pintar", y "las palabras han de ser brillantes como el oro, ligeras como el ala, sólidas como el mármol". Otro importante parnasiano fue Charles Leconte de Lisle (1818–94) quien, en sus *Poèmes antiques* y *Poèmes barbares* revivió los mitos griegos y las leyendas de los pueblos bárbaros del norte de Europa. Este material erudito ejerció una gran atracción sobre Rubén Darío, quien incorporó algunos de sus temas, como "la espada de Argantir" y su versión del mito de Leda, en el poema "El cisne". José María de Heredia (1842–1905), el autor de *Les trophées* fue también uno de los parnasianos de influencia sobre los hispanoamericanos, como puede observarse en Julián del Casal. Darío siguió, además, a Catulle Mendès (1841–1909), en la evocación de gnomos y hadas en cuentos como "El rubí" y "El velo de la reina Mab".

Los modernistas adoptaron del parnasianismo el culto a la belleza, la inclinación hacia los temas históricos y la evocación de épocas pasadas. De los simbolistas aprendieron a valorar el sonido y el ritmo, siguiendo a Paul Verlaine (1844–96), quien prescribía: "de la musique avant toute chose", a cultivar la metáfora con Stéphane Mallarmé (1842–98), a emplear las sinestesias[*] o correspondencias entre las sensaciones con Charles Baudelaire (1821–67) y Arthur Rimbaud (1854–91). La influencia de Verlaine, a través de su obra *Fêtes galantes,* es visible en el poema "El reino interior" de Rubén Darío, quien rindió un homenaje póstumo al venerado poeta en su "Responso a Verlaine". En la narrativa, el interés por tiempos y tierras lejanas llevó a novelistas hacia la historia de España. Este es el caso del argentino Enrique Larreta (1875–1961), autor de *La gloria de Don Ramiro* (1908), novela donde evoca la época de Felipe II.

Además de los autores ya citados, debe recordarse la influencia de Edgar Allan Poe (1809–49) en José Asunción Silva (1865–96) y el hecho de que Darío le consagró un poema y escribió su semblanza literaria en el libro *Los raros* (1896). La narrativa modernista tuvo también por modelo, en la última década del siglo, al italiano Gabriele D'Annunzio (1863–1938). Su prosa poética fue imitada en novelas como *Idolos rotos* (1901) del venezolano Manuel Díaz Rodríguez (1868–1927). Recordemos también que un libro de D'Annunzio, *Triunfo de la muerte,* acompañó al colombiano Silva en el momento de suicidarse.

A pesar de reflejar diversas fuentes literarias y artísticas europeas, el modernismo fue un fenómeno cultural auténticamente hispanoamericano, ya que el escritor modernista buscaba enriquecer sus propios medios expresivos y establecer pautas artísticas más elevadas dentro del ambiente cultural hispanoamericano. El americanismo[*] fue parte del espíritu modernista, desde José Martí, el luchador y mártir de la independencia cubana, hasta Rodó con *Ariel* (1900) y Darío en sus *Cantos de vida y esperanza* (1905). La etapa madura del movimiento, a la que se ha dado el nombre de mundonovismo[*], se caracterizó por obras de tema americano, en las que se exaltó la naturaleza y la historia de Hispanoamérica y se expresaron ideas y preocupaciones acerca de su futuro. Este americanismo se tradujo en la revitalización del idioma español como lengua literaria, en el progreso realizado hacia la autonomía cultural y en un sentimiento renovado de solidaridad continental e hispánica.

3.4 Los primeros modernistas

El primer grupo de escritores modernistas tuvo como máximos representantes a Martí, Gutiérrez Nájera, del Casal y Silva. La producción literaria de estos cuatro poetas y escritores, desaparecidos todos antes de 1896, se inicia con anterioridad a la publicación de *Azul* (1888), el libro de Rubén Darío que aún recientemente se identificaba con el comienzo del modernismo. Verdad es que Darío le dio nombre al movimiento y que, desde 1896, fue su figura de mayor brillo y prestigio. La crítica contemporánea ha corregido la tendencia a circunscribir el movimiento alrededor de la figura de Darío y ha señalado el aporte de los autores citados, así como su influencia sobre la obra del poeta nicaragüense.

Martí fue el gran creador de la prosa modernista. Encontramos esta nueva prosa rítmica, plástica y musical en los cuentos de *La Edad de Oro* (1889), en ensayos, artículos y discursos. Innovador también en el verso, el autor se destaca por su poesía densa en imágenes pictóricas cual puede verse en *Ismaelillo* (1882), y por poemas intimistas como los de sus *Versos sencillos* (1891). Martí asimiló las nuevas corrientes literarias francesas sin subordinarse a ellas. Su sentido del deber patriótico y sus preocupaciones de orden ético y social lo alejaron del esteticismo y lo impulsaron en sus últimos años a formas de expresión cada vez más austeras. Gutiérrez Nájera, mucho más afrancesado que Martí, con gracia natural de estilo y cierta inclinación al misticismo, inició con sus *Cuentos frágiles* (1883) una forma narrativa que anticipa, en alguna medida, los cuentos de Darío. Fue de los primeros en profesar especial devoción por los colores, mencionándolos con frecuencia en títulos como "Musa blanca", "El hada verde" y "Crónica color de rosa". Irónicamente, el poeta mexicano nunca viajó fuera de su propio país. Dice de él Max Henríquez Ureña: "¡Fue un parisiense que nunca estuvo en París!"

La obra de Julián del Casal, poeta introspectivo y melancólico, es ilustrativa de todos los aspectos característicos del modernismo: el culto a la forma, la evocación de épocas remotas y de ambientes cortesanos, el exotismo y símbolos de belleza, como el cisne y el empleo de palabras sugerentes de brillo y color. Estos rasgos se destacan en su segundo libro, *Nieve* (1892). Prevalecía en el poeta, sin embargo, una hipersensibilidad, una inquietud y angustia muy propias de su época, como se observa en poemas expresivos de desencanto y pesimismo. De temperamento afín a Casal, José Asunción Silva fue un poeta angustiado cuya obsesión con la muerte se revela en composiciones tales como "Día de difuntos" y "Nocturno", su obra consagratoria. La musicalidad, la métrica y el ritmo novedosos del "Nocturno" fueron emulados por poetas tan distinguidos como Darío y el peruano José Santos Chocano (1875–1934).

3.5 *Rubén Darío y la segunda generación modernista*

La presencia de Rubén Darío abarca, en verdad, ambos períodos del modernismo. Se dio a conocer con *Azul,* su primer libro, en 1888. A partir de 1896, con la publicación de *Prosas profanas,* y ya desaparecidos los cuatro autores representativos de la generación literaria anterior, Darío se vuelve la figura central del movimiento. En Buenos Aires, donde permaneció desde 1893 hasta 1898, el nicaragüense estuvo rodeado por talentosos poetas sobre los cuales ejerció gran influencia. Tal es el caso de Leopoldo Lugones (1874–1938), cuya obra poética, especialmente la recogida en *Lunario senti-*

mental (1909), representa una aportación innovadora. Influido por ambos, el uruguayo Julio Herrera y Reissig (1875–1910) se identificó con las nuevas tendencias desde 1900, como se puede ver en sus ocho composiciones poéticas reunidas bajo el título de *Las pascuas del tiempo*. El boliviano Ricardo Jaimes Freyre (1868–1933), quien vivió muchos años en Argentina, fue un activo y leal colaborador de Darío. Su libro *Castalia bárbara* (1897), cuyo título indica la influencia de Leconte de Lisle, lo muestra como un poeta de virtuosidad métrica y expresión exquisita. Entre los modernistas debe también incluirse al peruano José Santos Chocano, quien adoptó las innovaciones métricas del movimiento, así como algunos de sus símbolos y temas, y al mexicano Amado Nervo (1870–1919), poeta de inquietudes místicas, marcado por la angustia y el pesimismo finiseculares.

El modernismo tuvo en el uruguayo José Enrique Rodó (1871–1917) un pensador de alto nivel intelectual y moral tanto como un fino artífice de la prosa. Consonante con los ideales de este movimiento, la obra de Rodó expresó una aspiración hacia valores estéticos y morales superiores. Al mismo tiempo, con clara visión hispanoamericanista, criticó los excesos de afrancesamiento de algunos poetas modernistas, así como la exagerada admiración que los jóvenes universitarios de su época sentían por los Estados Unidos. Su ensayo *Ariel* (1900) reafirmó el valor de la herencia cultural común a los pueblos hispanoamericanos y fue, asimismo, un llamado a la solidaridad que tuvo eco en todo el mundo hispánico.

Los movimientos literarios explicados—el realismo, el naturalismo y el modernismo—no sólo se superponen cronológicamente en Hispanoamérica, sino que a veces se dan, en distintos grados, en un mismo autor a través de su obra. Darío tiene, por ejemplo, un cuento naturalista como "El fardo" y en Reyles se dan, junto al naturalismo, algunos rasgos modernistas. Estas tendencias, ya sea en sus manifestaciones más definidas como en combinaciones de distintos grados, sentaron las bases sobre las que se ha desarrollado la literatura hispanoamericana contemporánea.

JOSE MARTI

(1853, La Habana, Cuba–1895, Dos Ríos, Cuba)

　　　La constante de la vida de Martí es su batallar con las armas y la pluma por la libertad de Cuba. A los diecisiete años fue acusado de deslealtad al gobierno colonial, hecho prisionero, condenado a trabajo forzado y desterrado a España. Después de fundar el Partido Revolucionario Cubano (Key West, 1892), viajó a su patria para unirse al ejército libertador y allí murió en lucha contra los españoles. Esta tenacidad y dedicación le ganaron a Martí el título de "Apóstol de la Independencia".

　　　Como Hostos, Martí aprovechó su estancia en España (1871–74), especialmente durante la época de la Primera República (1873), para conseguir el apoyo de políticos liberales en favor de la causa cubana. Y como el puertorriqueño, pronto se desengañó. Decide entonces terminar sus estudios de derecho en Zaragoza y, después de un corto viaje a Francia, se establece en México (1874–77) donde residía su familia. Posteriormente viajará a Guatemala, España, los Estados

Unidos y Venezuela (1877–80); en cada país que visitaba, hablaba y escribía en favor de la independencia de Cuba.

La etapa española de Martí es muy importante en su formación. Adquirió entonces una sólida preparación intelectual, y, además, reflexionó sobre los problemas latinoamericanos y las relaciones de las jóvenes repúblicas con los Estados Unidos. Este conocimiento del "coloso del Norte", país que Martí admiraba y cuya lengua hablaba correctamente, se profundizó aun más durante una segunda y larga residencia en Nueva York (1881–95). Esta época es de gran actividad literaria para el cubano. Escribe artículos y crónicas para revistas y periódicos hispanoamericanos, en particular para *La Nación* de Buenos Aires; traduce para la casa Appleton; publica *Amistad funesta* (1885), novela también conocida como *Lucía Jerez;* funda la revista infantil *La Edad de Oro* (1889); y aparecen sus poemarios *Ismaelillo* (1882) y *Versos sencillos* (1891).

Por las imágenes novedosas, la fuerza emotiva, la sinceridad de la expresión y el ritmo poético, *Ismaelillo,* colección integrada por quince composiciones que Martí dedicó a su hijo José, marca el inicio de la renovación literaria modernista. En *Versos sencillos* Martí emplea un metro tradicional de la lírica española, el octosílabo, para expresar sus más hondos sentimientos. Sobresale en ellos el diestro manejo de las imágenes, el color y la musicalidad. *Versos libres* y *Flores del desierto,* colecciones publicadas póstumamente, confirman al escritor cubano como uno de los más importantes renovadores de la poesía en lengua española. Esta renovación, sin embargo, no implicaba el olvido del pasado sino su reactualización para lograr una forma expresiva más sincera e individual. En la poesía y en los artículos y crónicas que el autor escribió para diversos periódicos del continente, se perfilan los temas esenciales de su obra: la importancia de la amistad, la necesidad de libertad, el valor de la dignidad humana, la preocupación por los humildes y el espíritu americanista.

Martí fue también una figura clave en la renovación de la prosa castellana. Como el escritor ecuatoriano Montalvo, maneja una amplia cultura y enriquece su obra con referencias históricas y alusiones literarias. Familiarizado con los clásicos españoles (Santa Teresa, Quevedo, Cervantes, Gracián) y con los innovadores franceses (Gautier, Flaubert, Hugo, los Goncourt), combina el refinamiento y el colorido de los últimos con la riqueza de ideas de los primeros. La voluntad de estilo y la preocupación por la humanidad evidentes en la prosa martiana, hacen del cubano un escritor universal que considera la libertad, la dignidad y la justicia como derechos de todas las personas. Revolucionaria e innovadora en múltiples aspectos, la obra de José Martí representa uno de los puntos más altos de la renovación modernista y de la literatura escrita en castellano.

Bibliografía mínima

Fernández Retamar, Roberto. "Naturalidad y novedad en la literatura martiana". *Del neoclasicismo al modernismo.* Coord. Luis Iñigo Madrigal. Madrid: Cátedra, 1987. Vol. 2 de *Historia de la literatura hispanoamericana.* 2 Vols. 1982–87. 563–75.

González, Manuel Pedro. *José Martí: Epic Chronicler of the United States in the Eighties.* Chapel Hill: U of North Carolina, 1953.

Jiménez, José Olivio. *José Martí: poesía y existencia.* México: Oasis, 1983.

Lagmanovich, David. "Lectura de un ensayo: 'Nuestra América' de José Martí". *Nuevos asedios al modernismo*. Ed. Ivan A. Schulman. Madrid: Taurus, 1987. 235–45.

Santí, Enrico Mario. "*Ismaelillo,* Martí y el modernismo". *Revista Iberoamericana* 52 (1986): 811–40.

Schulman, Ivan A. y Manuel Pedro González. *Martí, Darío y el modernismo.* Madrid: Gredos, 1969.

———. Introducción. *Ismaelillo, Versos libres, Versos sencillos.* De José Martí. Madrid: Cátedra, 1982.

ISMAELILLO (1882)

Mi caballero

Por las mañanas
mi pequeñuelo
me despertaba
con un gran beso.
5 Puesto a horcajadas
sobre mi pecho,
bridas forjaba
con mis cabellos.
Ebrio[1] él de gozo,
de gozo yo ebrio,

me espoleaba
mi caballero:
¡qué suave espuela
sus dos pies frescos!
15 ¡Cómo reía
mi jinetuelo!
Y yo besaba
sus pies pequeños,
dos pies que caben
20 en solo un beso!

VERSOS SENCILLOS[2] (1891)

a Manual Mercado, de México a Enrique Estrázulas, del Uruguay

Mis amigos saben cómo se me salieron estos versos del corazón. Fue aquel invierno de angustia, en que por ignorancia, o por fe fanática, o por miedo, o por cortesía, se reunieron en Washington, bajo el águila temible, los pueblos hispanoamericanos[3] ¿Cuál de nosotros ha olvidado aquel escudo, el
5 escudo en que el águila de Monterrey y de Chapultepec, el águila de López[4]

---

1. Borracho.
2. Martí escribió casi todos los poemas de esta colección en versos de ocho sílabas, en cuartetas (abab) o redondillas (abba) de rima aconsonantada.
3. La Conferencia Monetaria Internacional

(1891) a la cual Martí asistió como delegado de Uruguay.
4. Narciso López (1798–1851): político y militar venezolano que luchó por la independencia de Cuba. Fue apresado y sentenciado a morir en el garrote.

y de Walker,[5] apretaba en sus garras los pabellones todos de la América? Y la
agonía en que viví, hasta que pude confirmar la cautela y el brío de nuestros
pueblos; y el horror y vergüenza en que me tuvo el temor legítimo de que pu-
diéramos los cubanos, con manos parricidas, ayudar el plan insensato de
10 apartar a Cuba, para bien único de un nuevo amo disimulado, de la patria que
la reclama y en ella se completa, de la patria hispanoamericana,—me quitaron las fuerzas mermadas por dolores injustos. Me echó el médico al monte:
corrían arroyos, y se cerraban las nubes: escribí versos. A veces ruge el mar,
y revienta la ola, en la noche negra, contra las rocas del castillo ensangren-
15 tado: a veces susurra la abeja, merodeando entre las flores.

¿Por qué se publica esta sencillez, escrita como jugando, y no mis en-
crespados VERSOS LIBRES, mis endecasílabos hirsutos, nacidos de grandes
miedos, o de grandes esperanzas, o de indómito amor de libertad, o de amor
doloroso a la hermosura, como riachuelo de oro natural, que va entre arena
20 y aguas turbias y raíces, o como hierro caldeado, que silba y chispea, o como
surtidores candentes? ¿Y mis VERSOS CUBANOS tan llenos de enojo que están mejor donde no se les ve? ¿Y tanto pecado mío escondido, y tanta prueba
ingenua y rebelde de literatura? ¿Ni a qué exhibir ahora, con ocasión de estas
flores silvestres, un curso de mi poética, y decir por qué repito un con-
25 sonante de propósito, o los gradúo y agrupo de modo que vayan por la vista
y el oído al sentimiento, o salto por ellos, cuando no pide rimas ni soporta
repujos la idea tumultuosa? Se imprimen estos versos porque el afecto con
que los acogieron, en una noche de poesía y amistad, algunas almas buenas,
los ha hecho ya públicos. Y porque amo la sencillez, y creo en la necesidad
30 de poner el sentimiento en formas llanas y sinceras.

I

Yo soy un hombre sincero
De donde crece la palma,[6]
Y antes de morirme quiero
Echar mis versos del alma.

5   Yo vengo de todas partes,
Y hacia todas partes voy:
Arte soy entre las artes,
En los montes, monte soy.

Yo sé los nombres extraños
10 De las yerbas y las flores,
Y de mortales engaños,
Y de sublimes dolores.

Yo he visto en la noche oscura
Llover sobre mi cabeza
15 Los rayos de lumbre pura
De la divina belleza.

---

5. William Walker (1824–60): aventurero y
periodista norteamericano que ayudado por
esclavistas sureños de su país se declaró presidente del estado mexicano de Sonora

(1853). Después atacó Costa Rica e invadió
Nicaragua.
6. Símbolo de la patria lejana.

Alas nacer vi en los hombros
De las mujeres hermosas:
Y salir de los escombros,
20 Volando las mariposas.

He visto vivir a un hombre
Con el puñal al costado,
Sin decir jamás el nombre
De aquella que lo ha matado.

25 Rápida, como un reflejo,
Dos veces vi el alma, dos:
Cuando murió el pobre viejo,[7]
Cuando ella me dijo adiós.

Temblé una vez,—en la reja,
30 A la entrada de la viña,—
Cuando la bárbara abeja
Picó en la frente a mi niña.

Gocé una vez, de tal suerte
Que gocé cual nunca:—cuando
35 La sentencia de mi muerte
Leyó el alcaide llorando.

Oigo un suspiro, a través
De las tierras y la mar,
Y no es un suspiro,—es
40 Que mi hijo va a despertar.

Si dicen que del joyero
Tome la joya mejor,
Tomo a un amigo sincero
Y pongo a un lado el amor.

45 Yo he visto al águila herida
Volar al azul sereno,
Y morir en su guarida
La víbora del veneno.

Yo sé bien que cuando el mundo
50 Cede, lívido, al descanso,
Sobre el silencio profundo
Murmura el arroyo manso.

Yo he puesto la mano osada,
De horror y júbilo yerta,
55 Sobre la estrella apagada
Que cayó frente a mi puerta.

Oculto en mi pecho bravo
La pena que me lo hiere:
El hijo de un pueblo esclavo
60 Vive por él, calla y muere.

Todo es hermoso y constante,
Todo es música y razón,
Y todo, como el diamante,
Antes que luz es carbón.

65 Yo sé que el necio se entierra
Con gran lujo y con gran llanto,—
Y que no hay fruta en la tierra
Como la del camposanto.

Callo, y entiendo, y me quito
70 La pompa del rimador:
Cuelgo de un árbol marchito
Mi muceta[8] de doctor.

V

Si ves un monte de espumas,
Es mi verso lo que ves:
Mi verso es un monte, y es
Un abanico de plumas.

5 Mi verso es como un puñal
Que por el puño echa flor:
Mi verso es un surtidor
Que da un agua de coral.

Mi verso es de un verde claro
10 Y de un carmín encendido:
Mi verso es un ciervo herido
Que busca en el monte amparo.

Mi verso al valiente agrada:
Mi verso, breve y sincero,
15 Es del vigor del acero
Con que se funde la espalda.

---

7. Alude a la muerte de su padre.

8. Bonete.

VII

Para Aragón, en España,[9]
Tengo yo en mi corazón
Un lugar todo Aragón,
Franco, fiero, fiel, sin saña.

5   Si quiere un tonto saber
Por qué lo tengo, le digo
Que allí tuve un buen amigo,
Que allí quise a una mujer.

Allá, en la vega florida,
10   La de la heroica defensa,[10]
Por mantener lo que piensa
Juega la gente la vida.

Y si un alcalde lo aprieta
O lo enoja un rey cazurro,[11]
15   Calza la manta el baturro[12]
Y muere con su escopeta.

Quiero a la tierra amarilla
Que baña el Ebro lodoso:
Quiero el Pilar[13] azuloso
20   De Lanuza[14] y de Padilla.[15]

Estimo a quien de un revés
Echa por tierra a un tirano:
Lo estimo, si es un cubano;
Lo estimo, si aragonés.

25   Amo los patios sombrios
Con escaleras bordadas;
Amo las naves calladas
Y los conventos vacíos.

Amo las tierra florida,
30   Musulmana o española,
Donde rompió su corola
La poca flor de mi vida.

X

El alma trémula y sola
Padece al anochecer:
Hay baile; vamos a ver
La bailarina española.

5   Han hecho bien en quitar
El banderón de la acera;
Porque si está la bandera,
No sé, yo no puedo entrar.[16]

Ya llega la bailarina:
10   Soberbia y pálida llega:
¿Cómo dicen que es gallega?
Pues dicen mal: es divina.

Lleva un sombrero torero
Y una capa carmesí:
15   ¡Lo mismo que un alelí
Que se pusiese un sombrero!

Se ve, de paso, la ceja,
Ceja de mora traidora:
Y la mirada, de mora:
20   Y como nieve la oreja.

Preludian, bajan la luz,
Y sale en bata y mantón,
La virgen de la Asunción
Bailando un baile andaluz.

9. Martí estudió en la Universidad de Zaragoza de donde se doctoró en Leyes y en Filosofía y Letras.
10. Se refiere a la guerra de la independencia
contra los invasores franceses (1808) y especialmente al sangriento sitio de Zaragoza.
11. Arrogante.
12. Aragonés.
13. Referencia al santuario de la Virgen del Pilar, en Zaragoza, a orillas del río Ebro.

14. Juan de Lanuza (1510–92): Justicia Mayor
de Aragón y defensor del médico Alonso Pérez contra las acusaciones de la Inquisición y
de Felipe II.
15. Juan de Padilla (1484–1531): líder de la
rebelión de los Comuneros de Castilla contra
Carlos V.
16. Alude a la bandera española, a la cual no
quiere saludar.

25   Alza, retando, la frente;
Crúzase al hombro la manta:
En arco el brazo levanta:
Mueve despacio el pie ardiente.

(el baile)

30   Repica con los tacones
El tablado zalamera,
Como si la tabla fuera
Tablado de corazones.

   Y va el convite creciendo
En las llamas de los ojos,
35   Y el manto de flecos rojos
Se va en el aire meciendo.

   Súbito, de un salto arranca:
Húrtase, se quiebra, gira:
Abre en dos la cachemira,
40   Ofrece la bata blanca.

   El cuerpo cede y ondea;
La boca abierta provoca;
Es una rosa la boca:
Lentamente taconea.

45   Recoge, de un débil giro,
El manto de flecos rojos:
Se va, cerrando los ojos,
Se va, como en un suspiro. . .

   Baila muy bien la española;
50   Es blanco y rojo el mantón:
¡Vuelve, fosca, a su rincón
El alma trémula y sola!

XXXIV

   ¡Penas! ¿quién osa[17] decir
Que tengo yo penas? Luego,
Después del rayo, y del fuego,
Tendré tiempo de sufrir

5   Yo sé de un pesar profundo
Entre las penas sin nombres:
¡La esclavitud de los hombres
Es la gran pena del mundo!

   Hay montes, y hay que subir
10   Los montes altos; ¡después
Veremos, alma, quién es
Quien te me ha puesto al morir!

XXXVIII

   ¿Del tirano? Del tirano
Di todo, ¡di más!: y clava
Con furia de mano esclava
Sobre su oprobio al tirano.

5   ¿Del error? Pues del error
Di el antro, di las veredas
Oscuras: di cuanto puedas
Del tirano y del error.

   ¿De mujer? Pues puede ser
10   Que mueras de su mordida;
Pero no empañes tu vida
Diciendo mal de mujer!

XLIV

   Tiene el leopardo un abrigo
En su monte seco y pardo: *brown*
Yo tengo más que el leopardo
Porque tengo un buen amigo.

5   Duerme como en un juguete,
La mushma[18] en su cojinete
De arce[19] del Japón: yo digo:
"No hay cojín como un amigo".

cushion

maple tree?.

17. Se atreve.
18. Del japonés *musume,* chica joven.

19. Cabecera hecha de la madera del arce.

Tiene el conde su abolengo:
10 Tiene la aurora el mendigo:
Tiene ala el ave: ¡yo tengo
Allá en México un amigo!²⁰

Tiene el señor presidente
Un jardín con una fuente,
15 Y un tesoro en oro y trigo:
Tengo más, tengo un amigo.

VERSOS LIBRES (1913)

Copa con alas

Una copa con alas: quién la ha visto
antes que yo? Yo ayer la vi. Subía
con lenta majestad, como quien vierte
óleo sagrado: y a sus bordes dulces
5 mis regalados labios apretaba:—
ni una gota siquiera, ni una gota
del bálsamo perdí que hubo en tu beso!

Tu cabeza de negra cabellera
—te acuerdas?—con mi mano requería,
10 porque de mí tus labios generosos
no se apartaran.—Blanda como el beso
que a ti me transfundía, era la suave
atmósfera en redor: la vida entera
sentí que a mí abrazándote, abrazaba!
15 Perdí el mundo de vista, y sus ruidos
y su envidiosa y bárbara batalla!
Una copa en los aires ascendía
y yo, en brazos no vistos reclinado
tras ella, asido de sus dulces bordes:
20 por el espacio azul me remontaba!

Oh amor, oh inmenso, oh acabado artista:
En rueda o riel funde el herrero el hierro:
una flor o mujer o águila o ángel
en oro o plata el joyador cincela:
25 tú sólo, sólo tú, sabes el modo
de reducir el Universo a un beso!

20. Referencia al mexicano Manuel Mercado,
uno de sus mejores amigos.

FLORES DEL DESTIERRO (1932)

Dos patrias

Dos patrias tengo yo: Cuba y la noche.
¿O son una las dos? No bien retira
su majestad el sol,[21] con largos velos
y un clavel en la mano, silenciosa
5   Cuba cual viuda triste me aparece.
¡Yo sé cuál es ese clavel sangriento
que en la mano le tiembla! Está vacío
mi pecho, destrozado está y vacío
en donde estaba el corazón. Ya es hora
10   de empezar a morir. La noche es buena
para decir adiós. La luz estorba
y la palabra humana. El universo
habla mejor que el hombre.

Cual bandera
15   que invita a batallar, la llama roja
de la vela flamea. Las ventanas
abro, ya estrecho en mí. Muda, rompiendo
las hojas del clavel, como una nube
que enturbía el cielo, Cuba, viuda, pasa. . .

Nuestra América

[Este ensayo fue publicado en el número correspondiente a enero de 1891 de la Revista Ilustrada de Nueva York; *apareció también en* El Partido Liberal *de México, el 30 de enero de 1891. En él Martí exhorta a los hispanoamericanos a conocerse mejor, a buscar formas de gobierno que se adecúen a las necesidades de los nuevos países. Al mismo tiempo, reitera su preocupación sobre las relaciones de los Estados Unidos con las nacientes repúblicas hispanoamericanas.]*

. . . Ni ¿en qué patria puede tener un hombre más orgullo que en nuestras repúblicas dolorosas de América, levantadas entre las masas mudas de indios, al ruido de pelea del libro con el cirial, sobre los brazos sangrientos de un centenar de apóstoles? De factores tan descompuestos, jamás, en menos
5   tiempo histórico, se han creado naciones tan adelantadas y compactas. Cree el soberbio que la tierra fue hecha para servirle de pedestal, porque tiene la

21. Anochece.

pluma fácil o la palabra de colores y acusa de incapaz e irremediable a su república nativa, porque no le dan sus selvas nuevas modo continuo de ir por
el mundo de gamonal[22] famoso, guiando jacas de Persia y derramando champaña. La incapacidad no está en el país naciente, que pide formas que se le
acomoden y grandeza útil, sino en los que quieren regir pueblos originales,
de composición singular y violenta, con leyes heredadas de cuatro siglos de
práctica libre en los Estados Unidos, de diecinueve siglos de monarquía en
Francia. Con un decreto de Hamilton no se le para la pechada al potro del
llanero.[23] Con una frase de Sieyés[24] no se desestanca la sangre cuajada de la
raza india. A lo que es, allí donde se gobierna, hay que atender para gobernar
bien: y el buen gobernante en América no es el que sabe cómo se gobierna
el alemán o el francés, sino el que sabe con qué elementos está hecho su país,
y cómo puede ir guiándolos en junto, para llegar, por métodos e instituciones nacidas del país mismo, a aquel estado apetecible, donde cada hombre
se conoce y ejerce, y disfrutan todos de la abundancia que la Naturaleza puso
para todos en el pueblo que fecundan con su trabajo y defienden con sus vidas. El gobierno ha de nacer del país. El espíritu del gobierno ha de ser el del
país. La forma del gobierno ha de avenirse a la constitución propia del país.
El gobierno no es más que el equilibrio de los elementos naturales del país.

Por eso el libro importado ha sido vencido en América por el hombre
natural. Los hombres naturales han vencido a los letrados artificiales. El mestizo autóctono ha vencido al criollo exótico. No hay batalla entre la civilización y la barbarie, sino entre la falsa erudición y la naturaleza. El hombre natural es bueno y acata y premia la inteligencia superior, mientras ésta no se
vale de su sumisión para dañarle, o le ofende prescindiendo de él, que es cosa
que no perdona el hombre natural, dispuesto a recobrar por la fuerza el
respeto de quien le hiere la susceptibilidad o le perjudica el interés. Por esta
conformidad con los elementos naturales desdeñados han subido los tiranos
de América al poder; y han caído en cuanto les hicieron traición. Las repúblicas han purgado en las tiranías su incapacidad para conocer los elementos
verdaderos del país, derivar de ellos la forma de gobierno y gobernar con
ellos. Gobernante, en un pueblo nuevo, quiere decir creador.

En pueblos compuestos de elementos cultos e incultos, los incultos go-
bernarán, por su hábito de agredir y resolver las dudas con su mano, allí
donde los cultos no aprendan el arte del gobierno. La masa inculta es perezosa, y tímida en las cosas de la inteligencia, y quiere que la gobiernen bien;
pero si el gobierno le lastima, se lo sacude y gobierna ella. ¿Cómo han de salir
de las universidades los gobernantes, si no hay universidad en América,
donde se enseñe lo rudimentario del arte del gobierno, que es el análisis de
los elementos peculiares de los pueblos de América? A adivinar salen los jó-

22. Terrateniente.
23. Habitante de los llanos de Venezuela y Colombia.
24. El Abate Emmanuel Joseph Sieyés, esta-

dista jacobino y miembro de la Asamblea Nacional Constituyente que le dio su primera
constitución a Francia en 1791.

venes al mundo, con antiparras yankees o francesas, y aspiran a dirigir un pueblo que no conocen. En la carrera de la política habría de negarse la entrada a los que desconocen los rudimentos de la política. El premio de los
50 certámenes no ha de ser para la mejor oda, sino para el mejor estudio de los factores del país en que se vive. En el periódico, en la cátedra, en la academia, debe llevarse adelante el estudio de los factores reales del país. Conocerlos basta, sin vendas ni ambages; porque el que pone de lado, por voluntad u olvido, una parte de la verdad, cae a larga por la verdad que le faltó, que crece
55 en la negligencia, y derriba lo que se levanta sin ella. Resolver el problema después de conocer sus elementos, es más fácil que resolver el problema sin conocerlos. Viene el hombre natural, indignado y fuerte, y derriba la justicia acumulada de los libros, porque no se la administra en acuerdo con las necesidades patentes del país. Conocer es resolver. Conocer el país, y gobernarlo
60 conforme al conocimiento, es el único modo de librarlo de tiranías. La universidad europea ha de ceder a la universidad americana. La historia de América, de los Incas a acá, ha de enseñarse al dedillo,[25] aunque no se enseñe la de los arcontes[26] de Grecia. Nuestra Grecia es preferible a la Grecia que no es nuestra. Nos es más necesaria. Los políticos nacionales han de reemplazar a
65 los políticos exóticos. Injértese en nuestras repúblicas el mundo; pero el tronco ha de ser el de nuestras repúblicas. Y calle el pedante vencido; que no hay patria en que pueda tener el hombre más orgullo que en nuestras dolorosas repúblicas americanas.

Con los pies en el rosario, la cabeza blanca y el cuerpo pinto de indio
70 y criollo, vinimos, denodados, al mundo de las naciones. Con el estandarte de la Virgen salimos a la conquista de la libertad. Un cura,[27] unos cuantos tenientes y una mujer alzan en México la república, en hombros de los indios. Un canónigo español,[28] a la sombra de su capa, instruye en la libertad francesa a unos cuantos bachilleres magníficos, que ponen de jefe de Centro América
75 contra España al general de España. Con los hábitos monárquicos, y el Sol por pecho, se echaron a levantar pueblos los venezolanos por el Norte y los argentinos por el Sur. Cuando los dos héroes chocaron, y el continente iba a temblar, uno, que no fue el menos grande, volvió riendas.[29] Y como el heroísmo en la paz es más escaso, porque es menos glorioso que el de la guerra;
80 como al hombre le es más fácil morir con honra que pensar con orden; como gobernar con los sentimientos exaltados y unánimes es más hacedero que dirigir, después de la pelea, los pensamientos diversos, arrogantes, exóticos o

25. Enseñar muy bien.
26. Magistrados.
27. Referencia a Miguel Hidalgo y Costilla (1753–1811), sacerdote que dio inicio a las luchas por la independencia de México con el Grito de Dolores (15 de septiembre de 1810), en la ciudad del mismo nombre.
28. Alusión al sacerdote español José María

Castilla; desempeñó un importante papel en la lucha por la independencia de Guatemala.
29. Se refiere a José de San Martín (1778–1850) que, después de la famosa entrevista de Guayaquil (1822), generosamente dejó en manos de Bolívar el mando militar de las tropas independentistas. San Martín se expatrió a Francia y allí murió.

ambiciosos; [...] como la constitución jerárquica de las colonias resistía la organización democrática de la República, o las capitales de corbatín deja-
85 ban en el zaguán al campo de bota-de-potro, o los redentores biblógenos[30] no entendieron que la revolución que triunfó con el alma de la tierra, desatada a la voz del salvador, con el alma de la tierra había de gobernar, y no contra ella ni sin ella, entró a padecer América, y padece, de la fatiga de acomodación entre los elementos discordantes y hostiles que heredó de un coloniza-
90 dor despótico y avieso, y las ideas y formas importadas que han venido retardando, por su falta de realidad local, el gobierno lógico. El continente descoyuntado durante tres siglos por un mando que negaba el derecho del hombre al ejercicio de su razón, entró, desatendiendo o desoyendo a los ignorantes que lo habían ayudado a redimirse, en un gobierno que tenía por
95 base la razón; la razón de todos en las cosas de todos, y no la razón universitaria de uno sobre la razón campestre de otros. El problema de la independencia no era el cambio de formas, sino el cambio de espíritu. Con los oprimidos había que hacer causa común, para afianzar el sistema opuesto a los intereses y hábitos de mando de los opresores. El tigre, espantado del fogonazo,[31]
100 vuelve de noche al lugar de la presa. Muere echando llamas por los ojos y con las zarpas al aire. No se le oye venir, sino que viene con zarpas de terciopelo. Cuando la presa despierta, tiene al tigre encima. La colonia continuó viviendo en la república; y nuestra América se está salvando de sus grandes yerros—de la soberbia de las ciudades capitales, del triunfo ciego de los cam-
105 pesinos desdeñados, de la importación excesiva de las ideas y fórmulas ajenas, del desdén inicuo e impolítico de la raza aborigen— por la virtud superior, abonada con sangre necesaria, de la república que lucha contra la colonia. El tigre espera, detrás de cada árbol, acurrucado en cada esquina. Morirá, con las zarpas al aire, echando llamas por los ojos.
110   [...] Éramos una visión, con el pecho de atleta, las manos de petimetre y la frente de niño. Éramos una máscara, con los calzones de Inglaterra, el chaleco parisiense, el chaquetón de Norte América y la montera de España. El indio, mudo, nos daba vueltas alrededor, y se iba al monte, a la cumbre del monte, a bautizar sus hijos. El negro, oteado,[32] cantaba en la noche la música
115 de su corazón, solo y desconocido, entre las olas y las fieras. El campesino, el creador, se revolvía, ciego de indignación, contra la ciudad desdeñosa, contra su criatura. Éramos charreteras y togas, en países que venían al mundo con la alpargata en los pies y la vincha[33] en la cabeza. El genio hubiera estado en hermanar, con la caridad del corazón y con el atrevimiento de los funda-
120 dores, la vincha y la toga; en desestancar al indio; en ir haciendo lado al

---

30. Con sabiduría adquirida mediante la lectura de libros.
31. Llama resultante de un disparo.

32. Espiado.
33. Cinta o pañuelo usado por los indios para ceñirse la frente.

negro suficiente; en ajustar la libertad al cuerpo de los que se alzaron y vencieron por ella. Nos quedó el oidor, y el general; y el letrado, y el prebendado. [...]

125 Los jóvenes de América se ponen la camisa al codo, hunden las manos en la masa, y la levantan con la levadura de su sudor. Entienden que se imita demasiado, y que la salvación está en crear. Crear es la palabra de pase de esta generación. El vino, de plátano; y si sale agrio, ¡es nuestro vino! [...] En pie, con los ojos alegres de los trabajadores, se saludan, de un pueblo a otro, los hombres nuevos americanos. Surgen los estadistas naturales del estudio 130 directo de la naturaleza. Leen para aplicar, pero no para copiar. Los economistas estudian la dificultad en sus orígenes. Los oradores empiezan a ser sobrios. Los dramaturgos traen los caracteres nativos a la escena. Las academias discuten temas viables. La poesía se corta la melena zorrillesca y cuelga del árbol glorioso el chaleco colorado.[34] La prosa, centelleante y cernida[35] va car-135 gada de idea. Los gobernadores, en las repúblicas de indios, aprenden indio. [...]

[...] Otras repúblicas acendran, con el espíritu épico de la independencia amenazada, el carácter viril. Otras crían, en la guerra rapaz contra el vecino, la soldadesca que puede devorarlas. Pero otro peligro corre, acaso, 140 nuestra América, que no le viene de sí, sino de la diferencia de orígenes, métodos e intereses entre los dos factores continentales, y es la hora próxima en que se le acerque, demandando relaciones íntimas, un pueblo emprendedor y pujante que la desconoce y la desdeña.[36] [...] El desdén del vecino formidable, que no la conoce, es el peligro mayor de nuestra América; y urge, 145 porque el día de la visita está próximo, que el vecino la conozca, la conozca pronto, para que no la desdeñe. Por ignorancia llegaría, tal vez, a poner en ella la codicia. Por el respeto, luego que la conociese, sacaría de ella las manos. Se ha de tener fe en lo mejor del hombre y desconfiar de lo peor de él. Hay que dar ocasión a lo mejor para que se revele y prevalezca sobre lo 150 peor. Si no, lo peor prevalece. Los pueblos han de tener una picota para quien les azuza a odios inútiles, y otra para quien no les dice a tiempo la verdad.

No hay odio de razas, porque no hay razas. Los pensadores canijos,[37] los pensadores de lámpara, enhebran y recalientan las razas de librería, que el viajero justo y el observador cordial buscan en vano en la justicia de la Natu-155 raleza, donde resalta, en el amor victorioso y el apetito turbulento, la identidad universal del hombre. El alma emana, igual y eterna, de los cuerpos diversos en forma y en color. Peca contra la Humanidad el que fomente y propague la oposición y el odio de las razas. Pero en el amasijo[38] de los pue-

34. Referencia a dos escritores románticos, el español Zorrila y el francés Gautier.
35. Depurada.
36. Martí siempre vio con preocupación las relaciones interamericanas.
37. Débiles.
38. Mezcla.

160 blos se condensan, en la cercanía de otros pueblos diversos, caracteres peculiares y activos, de ideas y de hábitos, de ensanche y adquisición, de vanidad y de avaricia, que del estado latente de preocupaciones nacionales pudieran, en un período de desorden interno o de precipitación del carácter acumulado del país, trocarse en amenaza grave para las tierras vecinas, aisladas y débiles, que el país fuerte declara perecederas e inferiores. Pensar es servir.

165 Ni ha de suponerse, por antipatía de aldea, una maldad ingénita[39] y fatal al pueblo rubio de continente, porque no habla nuestro idioma, ni ve la casa como nosotros la vemos, ni se nos parece en sus lacras políticas, que son diferentes de las nuestras; ni tiene en mucho a los hombres biliosos[40] y trigueños, ni mira caritativo, desde su eminencia aún mal segura, a los que, con menos

170 favor de la Historia, suben a tramos heroicos la vía de las repúblicas; ni se han de esconder los datos patentes del problema que puede resolverse, para la paz de los siglos, con el estudio oportuno y la unión tácita y urgente del alma continental. ¡Porque ya suena el himno unánime; la generación actual lleva a cuestas, por el camino abonado por los padres sublimes, la América trabaja-

175 dora; del Bravo a Magallanes,[41] sentado en el lomo del cóndor, regó el Gran Semí,[42] por las naciones románticas del continente y por las islas dolorosas del mar, la semilla de la América nueva!

Preguntas ¿ (conexión de la Europa y el mundo nuevo doloroso

1. ¿Qué simbolizan los montes y las alas en la lírica martiana?
2. ¿Cuál es la importancia de *Ismaelillo?*
3. ¿De qué modo el apartado V de *Versos sencillos* ilustra la influencia parnasiana sobre el ideario poético de Martí?
4. ¿Cuáles son los recursos modernistas más sobresalientes de "La bailarina española" (X) en *Versos sencillos?*
5. ¿Cuáles son las preocupaciones centrales de Martí en "Nuestra América"?

39. Maldad propia o connatural de una persona.
40. Temperamento desagradable, pronto al enojo.
41. Del río Bravo (río Grande) al Estrecho de Magallanes.
42. Alusión a una deidad taína.

MANUEL GUTIERREZ NAJERA

(1859, Ciudad de México–1895)

_____

_____

_____

_____

_____

_____

Aunque nunca salió de México, Gutiérrez Nájera fue uno de los modernistas más afrancesados. Interesado desde temprano en el sacerdocio, recibió una esmerada educación; de niño leyó a los místicos españoles, compuso versos y aprendió francés, latín e inglés. Finalmente decidió seguir la carrera periodística y escribió crónicas, cuentos, poemas y artículos recopilados después de su muerte en cuarenta volúmenes; mientras vivió el autor apareció solamente una obra suya, la innovadora colección *Cuentos frágiles* (1883) cuyo refinamiento muestra cómo manejaba el escritor mexicano la llamada "prosa parisiense"[*], llena de gracia, humor y elegancia.

Gutiérrez Nájera era un hombre de extrema fealdad física, pero sus escritos muestran, sin embargo, una constante búsqueda de la belleza y la perfección. La lectura de autores franceses que muchas veces contradecían su fe religiosa lo afectó profundamente, por eso el pesimismo y la tristeza son temas constantes de su obra. Estas contradicciones se manifiestan incluso en el seudónimo favorito del autor, "el Duque Job": el aristócrata que puede sufrir pacientemente. Junto con Carlos Díaz Dufoo fundó en 1894 la primera publicación modernista de México, la *Revista Azul*.

A pesar de que Gutiérrez Nájera pertenece a la primera promoción modernista, sus poemas integran el tono desesperanzado y angustioso de los románticos con el culto a la forma y la belleza característico de la nueva escuela. En este sentido en los escritos del poeta mexicano se observa tanto la influencia de los románticos franceses (Hugo, Musset, de Nerval), como de los poetas parnasianos (Laconte de Lisle, Heredia). De los últimos aprendió a crear imágenes audaces y plásticas, así como el sentido de la musicalidad y el ritmo y el empleo de los colores—su favorito era el blanco—para expresar las emociones. Los temas más frecuentes de su obra son la búsqueda de la fe, la muerte, el amor imposible, la tristeza, la preocupación por los desvalidos.

La prosa de Nájera presenta características más innovadoras que su poesía. Ayudado por el periodismo, introdujo en México las crónicas, comentario breve de un suceso, un acontecimiento social, un nuevo libro, o la semblanza de un personaje actual, donde predominan la elegancia de la forma, el tono subjetivo y el humor sutil. Los primeros cuentos de Nájera presentan las características que el género desarrollará durante el apogeo modernista: descripción de ambientes, lujo verbal, hondo lirismo, matiz melancólico, papel secundario de la anécdota. Artista hipersensible, el escritor mexicano creó una exquisita prosa poética con la cual pudo captar diferentes ambientes y emociones. Sus cuentos ofrecen un delicado equilibrio donde la elegancia y el refinamiento muestran la angustia del artista así como sus esfuerzos por lograr la belleza a través de la palabra. Más tarde, la nueva estética cultivada por Gutiérrez Nájera se manifestará en toda su perfección en la prosa y en la poesía de Rubén Darío, el maestro modernista por excelencia.

Bibliografía mínima

Bondy, Liselotte. *El dolor en la poesía de Manuel Gutiérrez Nájera.* México: UNAM, 1962.

Carter, Boyd G. *En torno a Gutiérrez Nájera y las letras mexicanas del siglo XIX.* México: Botas, 1960.

———. "Gutiérrez Nájera y Martí como iniciadores del Modernismo". *Revista Iberoamericana* 28 (1962): 295–310.

Gálvez, Marina. "Manuel Gutiérrez Nájera". *Del neoclasicismo al modernismo.* Coord. Luis Iñigo Madrigal. Madrid: Cátedra, 1987. Vol. 2 de *Historia de la literatura hispanoamericana.* 2 Vols. 1982–87. 583–90.

Kosloff, Alexander. "Técnica de los cuentos de Manuel Gutiérrez Nájera". *Revista Iberoamericana* 19 (1954): 333–57; 20 (1955): 65–94.

Pupo-Walker, Enrique. "El cuento modernista: su evolución y características". *Del neoclasicismo al modernismo.* Coord. Luis Iñigo Madrigal. Madrid: Cátedra, 1987. Vol. 2 de *Historia de la literatura hispanoamericana.* 2 Vols. 1982–87. 515–22.

Schulman, Ivan A. *Génesis del modernismo: Martí, Nájera, Silva, Casal.* México: El Colegio de México y Washington UP, 1968.

POESIAS (1896)

Para entonces[1]

Quiero morir cuando decline el día
en alta mar y con la cara al cielo;
donde parezca un sueño la agonía,
y el alma, un ave que remonta el vuelo.

---

1. Aparece al inicio del poemario.

5   No escuchar en los últimos instantes,
ya con el cielo y con la mar a solas,
más voces ni plegarias sollozantes
que el majestuoso tumbo de las olas. *suave*

Morir cuando la luz triste retira
10 sus áureas redes de la onda verde,
y ser como ese sol que lento expira;
algo muy luminoso que se pierde.

Morir, y joven; antes que destruya
el tiempo aleve la gentil corona,
15 cuando la vida dice aún: "soy tuya",
¡aunque sepamos bien que nos traiciona!
                     traitor

La duquesa Job[2]   *la coqueta duquesa*

En dulce charla de sobremesa,
mientras devoro fresa tras fresa
y abajo ronca tu perro Bob,
te haré el retrato de la duquesa,
5 que adora a veces el duque Job.[3]

No es la condesa que Villasana[4]
caricatura, ni la poblana
de enagua roja, que Prieto[5] amó;
no es la criadita de pies nudosos,
10 ni la que sueña con los gomosos *bien vestidos*
y con los gallos de Micoló.[6]

---

2. Composición en quintetos de versos decasílabos (10 sílabas) de rima consonante (AABAB).
3. Seudónimo del poeta.
4. José María Villasana (1848–1904): periodista y caricaturista mexicano. Escribió numerosos "cuadros de costumbres".
5. Guillermo Prieto (1818–97): político y poeta mexicano que gustaba de la poesía popular.
6. Micoló: probablemente fue un café al cual asistían jóvenes bien vestidos (gomosos).

Mi duquesita, la que me adora,
no tiene humos de gran señora;
es la griseta de Paul de Kock.[7]
15 No baila *Boston*,[8] y desconoce
de las carreras el alto goce,
y los placeres del *five o'clock*.[9]

Pero ni el sueño de algún poeta,
ni los querubes que vio Jacob,[10]
20 fueron tan bellos cual la coqueta
de ojitos verdes, rubia griseta
que adora a veces el duque Job.

Si pisa alfombras, no es en su casa,
si por Plateros[11] alegre pasa
25 y la saluda Madame Marnat,[12]
no es, sin disputa, porque la vista;
sí porque a casa de otra modista
desde temprano rápida va.

No tiene alhajas mi duquesita,
30 pero es tan guapa, y es tan bonita,
y tiene un cuerpo tan *v'lan,* tan *pschutt*;[13]
de tal manera trasciende a Francia,
que no la igualan en elegancia
ni las clientes de Hélène Kossut.[14]

35 Desde las puertas de la Sorpresa[15]
hasta la esquina del Jockey Club,
no hay española, *yankee* o francesa,
ni más bonita, ni más traviesa
que la duquesa del duque Job.

40 ¡Cómo resuena su taconeo
en las baldosas! ¡Con qué meneo
luce su talle de tentación!
¡Con qué airecito de aristocracia
mira a los hombres, y con qué gracia
45 frunce los labios!—¡Mimí Pinson![16]

7. Obrera coqueta en las obras del escritor francés Paul de Kock (1794–1871).
8. Baile muy parecido al vals.
9. Reunión donde se toma el té a las 5 de la tarde.
10. Alusión al personaje bíblico que en sueños vio a los ángeles bajar y subir del cielo a la tierra.
11. Calle de la ciudad de México.
12. Aclamada modista francesa.
13. Interjecciones onomatopéyicas francesas usadas aquí para manifestar admiración por la duquesita.
14. Modista francesa que trabajaba en México.
15. Almacén mexicano.
16. Modista, heroína de un cuento del romántico francés Alfred de Musset.

Si alguien la alcanza, si la requiebra,
ella, ligera como una cebra,
sigue camino del almacén;
pero ¡ay del tuno[17] si alarga el brazo!
50   ¡nadie le salva del sombrillazo
que le descarga sobre la sien!

¡No hay en el mundo mujer más linda!
Pie de andaluza, boca de guinda,
esprit rociado de Veuve Clicquot;[18]
55   talle de avispa, cutis de ala,
ojos traviesos de colegiala
como los ojos de Louise Théo![19]

Agil, nerviosa, blanca, delgada,
media de seda bien estirada,
60   gola de encaje, corsé de ¡crac!,
nariz pequeña, garbosa, cuca,
y palpitantes sobre la nuca
rizos tan rubios como el coñac.

Sus ojos verdes bailan el tango;
65   ¡nada hay más bello que el arremango
provocativo de su nariz!
Por ser tan joven y tan bonita,
cual mi sedosa, blanca gatita,
diera sus pajes la emperatriz.

70   ¡Ah! tú no has visto cuando se peina,
sobre sus hombros de rosa reina
caer los rizos en profusión!
Tú no has oído qué alegre canta,
mientras sus brazos y su garganta
75   de fresca espuma cubre el jabón!

¡Y los domingos!… ¡Con qué alegría
oye en su lecho bullir el día
y hasta las nueve quieta se está!
¡Cuál se acurruca la perezosa,
80   bajo la colcha color de rosa,
mientras a misa la criada va!

17. Pícaro.   19. Cantante francesa de opereta.
18. Champaña.

La breve cofia de blanco encaje
cubre sus rizos, el limpio traje
aguarda encima del canapé;
85 altas, lustrosas y pequeñitas,
sus puntas muestran las dos botitas,
abandonadas del catre al pie.

Después, ligera, del lecho brinca.
¡Oh, quién la viera cuando se hinca
90 blanca y esbelta sobre el colchón!
¿Qué valen junto de tanta gracia
las niñas ricas, la aristocracia,
ni mis amigas de cotillón?

Toco; se viste; me abre; almorzamos;
95 con apetito los dos tomamos
un par de huevos y un buen *beefsteak,*
media botella de rico vino,
y en coche juntos, vamos camino
del pintoresco Chapultepec.[20]

100 Desde las puertas de la Sorpresa
hasta la esquina del Jockey Club,
no hay española, *yankee* o francesa,
ni más bonita ni más traviesa
que la duquesa del duque Job!

De blanco

¿Qué cosa más blanca que cándido lirio?
¿Qué cosa más pura que místico cirio?
¿Qué cosa más casta que tierno azahar?
¿Qué cosa más virgen que leve neblina?
5 ¿Qué cosa más santa que el ara divina de gótico altar?

De blancas palomas el aire se puebla;
con túnica blanca, tejida de niebla,
se envuelve a lo lejos feudal torreón;
erguida en el huerto la trémula acacia
10 al soplo del viento sacude con gracia su níveo pompón.[21]

---

20. Parque de la ciudad de México.   21. Alusión a una flor de acacia blanca.

¿No ves en el monte la nieve que albea[22]
La torre muy blanca domina la aldea,
las tiernas ovejas triscando se van;
de cisnes intactos el lago se llena;
15 columpia su copa la enhiesta azucena,
y su ánfora inmensa levanta el volcán.

Entremos al templo: la hostia fulgura;
de nieve parecen las canas del cura,
vestido con alba de lino sutil;
20 cien niñas hermosas ocupan las bancas,
y todas vestidas con túnicas blancas
en ramos ofrecen las flores de abril.

Subamos al coro: la virgen propicia
escucha los rezos de casta novicia,
25 y el cristo de mármol expira en la cruz:
sin mancha se yerguen las velas de cera:
de encaje es la tenue cortina ligera
que ya transparenta del alba la luz.

Bajemos al campo: tumulto de plumas
30 parece el arroyo de blancas espumas
que quieren, cantando, correr y saltar;
su airosa mantilla de fresca neblina
terció la montaña; la vela latina
de barca ligera se pierde en el mar.

35 Ya salta del lecho la joven hermosa,
y el agua refresca sus hombros de diosa,
sus brazos ebúrneos,[23] su cuello gentil.
Cantando y risueña se ciñe la enagua,
y trémulas brillan las gotas de agua
40 en su árabe peine de blanco marfil.

¡Oh mármol! ¡Oh nieves! ¡Oh inmensa blancura
que esparces doquiera tu casta hermosura!
¡Oh tímida virgen! ¡O casta vestal!
Tú estás en la estatua de eterna belleza;
45 de tu hábito blando nació la pureza,
¡al ángel das alas, sudario al mortal!

---

22. Nieve que blanquea.   23. Blancos como el marfil.

Tú cubres al niño que llega a la vida,
coronas las sienes de fiel prometida,
al paje revistes de rico tisú.
50 ¡Qué blancas son, reinas, los mantos de armiño!
¡Qué blanca es, ¡oh madres! la cuna del niño!
¡Qué blanca, mi amada, qué blanca eres tú!

En sueños ufanos de amores contemplo
alzarse muy blancas las torres de un templo
55 y oculto entre lirios las torres de un templo
y oculto entre lirios abrirse un hogar;
y el velo de novia prenderse a tu frente,
cual nube de gasa que cae lentamente,
y viene en tus hombros su encaje a posar.

Mis enlutadas[24]

Descienden taciturnas las tristezas
      al fondo de mi alma,
y entumecidas, haraposas brujas,
      con uñas negras
5   mi vida escarban.[25]

De sangre es el color de sus pupilas,
      de nieve son sus lágrimas;
hondo pavor infunden. . . Yo las amo
      por ser las solas
10   que me acompañan.

Aguárdolas ansioso, si el trabajo
      de ellas me separa,
y búscolas en medio del bullicio,
      y son constantes,
15   y nunca tardan.

En las fiestas, a ratos se me pierden
      o se ponen la máscara,
pero luego las hallo, y así dicen:
      —¡Ven con nosotras!
20   —¡Vamos a casa!

24. Referencia a las tristezas del poeta.   25. Arañan.

Suelen dejarme cuando sonriendo
    mis pobres esperanzas,
como enfermitas, ya convalecientes,
    salen alegres
25   a la ventana.

Corridas huyen, pero vuelven luego
    y por la puerta falsa
entran trayendo como nuevo huésped
    alguna triste,
30   lívida hermana.

Ábrese a recibirlas la infinita
    tiniebla de mi alma,
y van prendiendo en ella mis recuerdos
    cual tristes cirios
35   de cera pálida.

Entre esas luces, rígido, tendido,
    mi espíritu descansa;
y las tristezas, revolando en torno,
    lentas salmodias[26]
40   rezan y cantan.

Escudriñan del húmedo aposento
    rincones y covachas,[27]
el escondrijo do guardé cuitado
    todas mis culpas,
45   todas mis faltas.

Y urgando mudas, como hambrientas lobas,
    las encuentran, las sacan,
y volviendo a mi lecho mortuorio
    me las enseñan
50   y dicen: habla.

En lo profundo de mi ser bucean,
    pescadoras de lágrimas,
y vuelven mudas con las negras conchas
    en donde brillan
55   gotas heladas.

26. Cantos basados en los salmos.   27. Cuartos pequeños y pobres.

A veces me revuelvo contra ellas
    y las muerdo con rabia,
como la niña desvalida y mártir
    muerde a la harpía[28]
60   que la maltrata.

Pero en seguida, viéndose impotente,
    mi cólera se aplaca. *appease*
¿Qué culpa tienen, pobres hijas mías,
    si yo las hice
65   con sangre y alma?

Venid, tristezas de pupila turbia,
    venid, mis enlutadas,
las que viajáis por la infinita sombra,
    donde está todo
70   lo que se ama.

Vosotras no engañáis: venid, tristezas
    ¡oh mis criaturas blancas,
abandonadas por la madre impía,
    tan embustera,
75   por la esperanza!

Venid y habladme de las cosas idas,
    de las tumbas que callan,
de muertos buenos y de ingratos vivos. . .
    Voy con vosotras,
80   vamos a casa.

---

28. O arpía, mujer de muy mala condición.

CUENTOS FRAGILES (1883)

La mañana de San Juan

A Gonzalo Esteva y Cuevas

Pocas mañanas hay tan alegres, tan frescas, tan azules como esta mañana de San Juan. El cielo está muy limpio, "como si los ángeles lo hubieran lavado por la mañana"; llovió anoche y todavía cuelgan de las ramas brazaletes
de rocío que se evaporan luego que el sol brilla, como los sueños luego que
5   amanece; los insectos se ahogan en las gotas de agua que resbalan por las hojas, y se aspira con regocijo ese olor delicioso de tierra húmeda, que sólo
puede compararse con el olor de los cabellos negros, con el olor de la epider-
mis blanca y el olor de las páginas recién impresas. También la naturaleza
sale de la alberca con el cabello suelto y la garganta descubierta; los pájaros,
10   que se emborrachan con agua, cantan mucho, y los niños del pueblo hunden
su cara en la gran palangana de metal. ¡Oh mañanita de San Juan, la de camisa
limpia y jabones perfumados, yo quisiera mirarte lejos de estos calderos en
que hierve grasa humana; quisiera contemplarte al aire libre, allí donde apa-
reces virgen todavía, con los brazos muy blancos y los rizos húmedos! Allí
15   eres virgen: cuando llegas a la ciudad, tus labios rojos han besado mucho;
muchas guedejas rubias de tu undívago[29] cabello se han quedado en las
manos de tus mil amantes, como queda el vellón de los corderos en los zarza-
les del camino; muchos brazos han rodeado tu cintura; traes en el cuello la
marca roja de una mordida, y vienes tambaleando, con traje de raso blanco
20   todavía, pero ya prostituido, profanado, semejante al de Giroflé después de la
comida, cuando la novia muerde sus inmaculados azahares y empapa sus cabellos en el vino! ¡No, mañanita de San Juan, así yo no te quiero! Me gustas
en el campo; allí donde se miran tus azules ojitos y tus trenzas de oro. Bajas
por la escarpada colina poco a poco; llamas a la puerta o entornas sigilosa-
25   mente la ventana, para que tu mirada alumbre el interior, y todos te
recibimos como reciben los enfermos la salud, los pobres la riqueza y los corazones el amor. ¿No eres amorosa? ¿No eres muy rica? ¿No eres sana? Cuando
vienes, los novios hacen sus eternos juramentos; los que padecen, se levantan
vueltos a la vida; y la dorada luz de tus cabellos siembra de lentejuelas y
30   monedas de oro el verde oscuro de los campos, el fondo de los ríos, y la pequeña mesa de madera pobre en que se desayunan los humildes, bebiendo un
tarro de espumosa leche, mientras la vaca muge en el establo. ¡Ah! Yo quisiera mirarte así cuando eres virgen, y besar las mejillas de Ninon. . . ¡sus mejillas de sonrosado terciopelo y sus hombros de raso blanco!
35   Cuando llegas, ¡oh mañanita de San Juan!, recuerdo una vieja historia
que tú sabes y que ni tú ni yo podemos olvidar. ¿Te acuerdas? La hacienda en

---

29. Cabello ondulante como las olas.

que yo estaba por aquellos días, era muy grande; con muchas fanegas de tierra sembrada e incontables cabezas de ganado. Allí está el caserón, precedido de un patio, con su fuente en medio. Allá está la capilla. Lejos, bajo las
40 ramas colgantes de los grandes sauces, está la presa en que van a abrevarse[30] los rebaños. Vista desde una altura y a distancia, se diría que la presa es la enorme pupila azul de algún gigante, tendido a la bartola[31] sobre el césped. ¡Y qué honda es la presa! ¡Tú lo sabes. . .!

Gabriel y Carlos jugaban comunmente en el jardín. Gabriel tenía seis
45 años; Carlos siete. Pero un día, la madre de Gabriel y Carlos cayó en cama, y no hubo quien vigilara sus alegres correrías. Era el día de San Juan. Cuando empezaba a declinar la tarde, Gabriel dijo a Carlos:

—Mira, mamá duerme y ya hemos roto nuestros fusiles. Vamos a la presa. Si mamá nos riñe, le diremos que estábamos jugando en el jardín.

50 Carlos, que era el mayor, tuvo algunos escrúpulos ligeros. Pero el delito no era tan enorme, y además, los dos sabían que la presa estaba adornada con grandes cañaverales y ramos de zempazúchil.[32] ¡Era día de San Juan!

—¡Vamos!—le dijo—llevaremos un *Monitor* para hacer barcos de papel y les cortaremos las alas a las moscas para que sirvan de marineros.

55 Y Carlos y Gabriel salieron muy quedito[33] para no despertar a su mamá, que estaba enferma. Como era día de fiesta, el campo estaba solo. Los peones y trabajadores dormían la siesta en sus cabañas. Gabriel y Carlos no pasaron por la tienda, para no ser vistos, y corrieron a todo escape por el campo. Muy en breve llegaron a la presa. No había nadie: ni un peón, ni una oveja. Carlos
60 cortó en pedazos el *Monitor* e hizo dos barcos, tan grandes como los navíos de Guatemala. Las pobres moscas que iban sin alas y cautivas en una caja de obleas,[34] tripularon humildemente las embarcaciones. Por desgracia, la víspera habían limpiado la presa, y estaba el agua un poco baja. Gabriel no la alcanzaba con sus manos. Carlos que era el mayor, le dijo:

65 —Déjame a mí que soy más grande. Pero Carlos tampoco la alcanzaba. Trepó entonces sobre el pretil de piedra, levantando las plantas de la tierra, alargó el brazo e iba a tocar el agua y a dejar en ella el barco, cuando, perdiendo el equilibrio, cayó al tranquilo seno de las ondas. Gabriel lanzó un agudo grito. Rompiéndose las uñas con las piedras, rasgándose la ropa, a viva
70 fuerza logró también encaramarse sobre la cornisa, teniendo casi todo el busto sobre el agua. Las ondas se agitaban todavía. Adentro estaba Carlos. De súbito, aparece en la superficie, con la cara amoratada, arrojando agua por la nariz y por la boca.

—¡Hermano! ¡hermano!

75 —¡Ven acá!, ¡ven acá! no quiero que te mueras.

---

30. Beber.
31. Sin cuidado.
32. Flores amarillas, generalmente utilizadas en México para honrar a los muertos.

33. Calladamente.
34. Sellos donde se coloca una medicina para tragarla sin percibir su gusto.

Nadie oía. Los niños pedían socorro, estremeciendo el aire con sus gritos; no acudía ninguno. Gabriel se inclinaba cada vez más sobre las aguas y tendía las manos.

—Acércate, hermanito, yo te estiro.

80 Carlos quería nadar y aproximarse al muro de la presa, pero ya le faltaban fuerzas, ya se hundía. De pronto, se movieron las ondas y asió Carlos una rama, y apoyado en ella logró ponerse junto del pretil[35] y alzó una mano; Gabriel la apretó con las manitas suyas, y quiso el pobre niño levantar por los aires a su hermano que había sacado medio cuerpo de las aguas y se agarraba
85 a las salientes piedras de la presa. Gabriel estaba rojo y sus manos sudaban, aprentando la blanca manecita del hermano.

—¡Si no puedo sacarte! ¡Si no puedo!

Y Carlos volvía a hundirse, y con sus ojos negros muy abiertos le pedía socorro.

90 —¡No seas malo! ¿Qué te he hecho? Te daré mis cajitas de soldados y el molino de marmaja[36] que te gustan tanto. ¡Sácame de aquí!

Gabriel lloraba nerviosamente, y estirando más el cuerpo de su hermanito moribundo, le decía:

—¡No quiero que te mueras! ¡Mamá! ¡Mamá! ¡No quiero que se muera!

95 Y ambos gritaban, exclamando luego:

—¡No nos oyen! ¡No nos oyen!

—¡Santo ángel de mi guarda! ¿Por qué no me oyes?

Y entretanto, fue cayendo la noche. Las ventanas se iluminaban en el caserío. Allí había padres que besaban a sus hijos. Fueron saliendo las estre-
100 llas en el cielo. ¡Diríase que miraban la tragedia de aquellas tres manitas enlazadas que no querían soltarse, y se soltaban! ¡Y las estrellas no podían ayudarles, porque las estrellas son muy frías y están muy altas!

Las lágrimas amargas de Gabriel caían sobre la cabeza de su hermano. ¡Se veían juntos, cara a cara, apretándose las manos, y uno iba a morirse!

105 —Suelta, hermanito, ya no puedes más; voy a morirme.

—¡Todavía no! ¡Todavía no! ¡Soccoro! ¡Auxilio!

—¡Toma! voy a dejarte mi reloj. ¡Toma, hermanito!

Y con la mano que tenía libre sacó de su bolsillo el diminuto reloj de oro que le habían regalado el Año Nuevo. ¡Cuántos meses había pensado sin
110 descanso en ese pequeño reloj de oro! El día en que al fin lo tuvo, no quería acostarse. Para dormir, lo puso bajo su almohada. Gabriel miraba con asombro sus dos tapas, la carátula blanca en que giraban poco a poco las manecitas negras y el instantero que, nerviosamente, corría, corría, sin dar jamás con la salida del estrecho círculo. Y decía:—¡Cuando tenga siete años, como
115 Carlos, también me comprarán un reloj de oro!—No, pobre niño, no cumples aún siete años y ya tienes el reloj. Tu hermanito se muere y te lo deja.

35. Muro.　　　　　36. Arenilla.

¿Para qué lo quiere? La tumba es muy oscura, y no se puede ver la hora que es.

—¡Toma, hermanito, voy a darte mi reloj; toma, hermanito!

120   Y las manitas ya moradas, se aflojaron, y las bocas se dieron un beso desde lejos. Ya no tenían los niños fuerza en sus pulmones para pedir socorro. Ya se abren las aguas, como se abre la muchedumbre en una procesión cuando la Hostia pasa. ¡Ya se cierran y sólo queda por un segundo, sobre la onda azul, un bucle lacio de cabellos rubios!

125   Gabriel soltó a correr en dirección del caserío, tropezando, cayendo sobre las piedras que lo herían. No digamos ya más; cuando el cuerpo de Carlos se encontró, ya estaba frío, tan frío, que la madre, al besarlo, quedó muerta.

    ¡Oh mañanita de San Juan! ¡Tu blanco traje de novia tiene también man-
130 chas de sangre!

Preguntas

1. En "Para entonces", ¿qué tipo de muerte desea el poeta y cómo encaja en los postulados modernistas?
2. ¿Qué características presenta la mujer de "La duquesa Job"?
3. ¿De qué recursos literarios modernistas se vale el poeta para describir a la duquesa Job?
4. ¿Qué entiende Ud. por cromatismo y cómo lo aprovecha el autor en "De blanco" y "Mis enlutadas"?
5. Indique las características generales del cuento modernista y explique cuáles son más sobresalientes en "La mañana de San Juan".

JOSE ASUNCION SILVA

(1865, Bogotá, Colombia–1896)

_____

_____

_____

_____

_____

end of century

José Asunción Silva, poeta de fina sensibilidad y espíritu angustiado, es quien mejor representa, entre los primeros modernistas, las ideas e inquietudes finiseculares. De familia distinguida y culta, su padre era comerciante a la vez que escritor de relatos costumbristas. El joven Silva se educó en un ambiente propicio al desarrollo de una temprana vocación literaria. Apenas cumplidos los diez años, escribe sus primeros versos. En ellos se advierte la huella del romántico español Gustavo Adolfo Bécquer, cuya influencia prevalecerá en su primera etapa de producción poética. El conocimiento de Bécquer lo prepara, además, para asimilar luego el simbolismo francés. Aunque interrumpió sus estudios secundarios para ayudar al padre, Silva dedicó todo su tiempo libre a la lectura. Conocía la obra de José Eusebio Caro (1817–53), Jorge Isaacs y otros ilustres autores colombianos. Leyó y tradujo a los románticos franceses, entre ellos a Victor Hugo.

En 1883 Silva hace su primer viaje a Europa, donde permanece dos años, residiendo en París, en Londres y en varias ciudades de Suiza. Se familiariza con las corrientes más importantes de la literatura francesa y con escritores de lengua inglesa como Alfred Tennyson (1809–92), a quien traduce, y Edgar Allan Poe, con el cual tiene especial afinidad. Vuelve a Colombia donde escribe versos, artículos y hace traducciones. Los jóvenes se reúnen en torno suyo para leer y comentar a los autores más prestigiosos de la época. Esta actividad literaria coincide, sin embargo, con un trágico período en la vida de Silva, durante el cual muere en plena juventud su hermana Elvira, quien había sido su confidente y amiga.

La composición poética publicada por Silva con el título de "Nocturno" (1894) comunica, según se cree, sus sentimientos frente a la muerte de Elvira. Por su forma novedosa, su musicalidad y elevado lirismo, este poema fue acogido con gran entusiasmo por los modernistas. El nombre del autor, hasta entonces poco conocido en Colombia, conquistó con su "Nocturno" un lugar permanente en la poesía hispanoamericana. Silva no llegó a conocer la fama. Víctima del pesimismo y obsesionado por la muerte, se suicidó en 1896, dos años después de la publicación del poema. Con anterioridad, había vivido alrededor de seis meses en Caracas, trabajando en la Legación de Colombia. Publicó articulos en *El cojo ilustrado* y se vinculó al grupo vanguardista de la revista *Cosmópolis;* escribió novelas cortas, sonetos y la novela *De sobremesa.* Sólo esta última nos queda, y en forma distinta a la original, ya que la obra producida por Silva en Caracas se perdió en el naufragio del barco que lo llevaba de regreso a su patria. En *De sobremesa* se refleja el nihilismo y el desencanto caracterizados como "el mal del siglo", que ya había descrito el argentino Eugenio Cambaceres en su novela *Sin rumbo.* A estas actitudes contribuyeron, sin duda, las lecturas filosóficas del autor, quien aceptaba las ideas de Arthur Schopenhauer (1788–1860) y Friedrich Nietzsche (1844–1900) y creía definitivamente caduco el humanismo optimista representado por Víctor Hugo.

En poesía, Silva rechazó el modernismo preciosista de primera hora, el de las fiestas galantes y objetos decorativos, y se burló de los imitadores de Rubén Darío. Sus poemas comunican, a veces, sentimientos de tristeza y melancolía, y otras, una visión sarcástica, realista y despiadada del mundo. El "Nocturno" es considerado una de las más altas expresiones líricas en lengua castellana.

Bibliografía mínima

Camacho Guizado, Eduardo. *La poesía de José Asunción Silva.* Bogotá: U de los Andes, 1968.

———. "José Asunción Silva". *Del neoclasicismo al modernismo.* Coord. Luis Iñigo Madrigal. Madrid: Cátedra, 1987. Vol. 2 de *Historia de la literatura hispanoamericana.* 2 Vols. 1982–87. 597–601.

Ghiano, Juan Carlos. *José Asunción Silva.* Buenos Aires: Centro Editor de América Latina, 1967.

Gicovate, Bernardo. "J.A.S. y la decadencia europea". *Conceptos fundamentales de literatura comparada. Iniciación a la poesía modernista.* San Juan, Puerto Rico: Asomante, 1962. 117–38.

Henríquez Ureña, Max. *Breve historia del modernismo.* México: Fondo de Cultura Económica, 1978. 135–57.

Picón Garfield, Evelyn. "*De sobremesa:* José Asunción Silva: el diario íntimo y la mujer prerrafaelita". *Nuevos asedios al modernismo.* Ed. Ivan A. Schulman. Madrid: Taurus, 1987. 262–81.

Schulman, Iván A. *Génesis del modernismo: Martí, Nájera, Silva, Casal.* México: El Colegio de México: y Washington UP 1968. 188–215.

POESIAS (1908)

Nocturno (III)[1]

Una noche,
una noche toda llena de murmullos, de perfumes y de músicas de alas;
                    una noche
en que ardían en la sombra nupcial y húmeda las luciérnagas fantásticas,
5   a mi lado, lentamente, contra mí ceñida toda, muda y pálida,
como si un presentimiento de amarguras infinitas
hasta el fondo más secreto de las fibras te agitara,
por la senda que atraviesa la llanura florecida
                    caminabas;
10   y la luna llena
por los cielos azulosos, infinitos y profundos esparcía su luz blanca;
                    y tu sombra
                    fina y lánguida,
                    y mi sombra,
15   por los rayos de la luna proyectadas,
                    sobre las arenas tristes
                    de la senda se juntaban;
                        y eran una,
                        y eran una,
20   y eran una sola sombra larga,
                    y eran una sola sombra larga,
                        y eran una sola sombra larga,...

                    Esta noche
                    solo; el alma
25   llena de las infinitas amarguras y agonías de tu muerte,
separado de ti misma por el tiempo, por la sombra y la distancia,
                    por el infinito negro
                    donde nuestra voz no alcanza,
                    mudo y solo
30   por la senda caminaba...
Y se oían los ladridos de los perros a la luna,
                    a la luna pálida,
                    y el chirrido
                    de las ranas...

---

1. Los versos de "Nocturno" se basan en uni-
dades métricas de cuatro sílabas. Son versos
asonantados, de medida elástica, pues tienen
4, 8, 12, 16 y 20 sílabas (siempre múltiples
de cuatro).

35 Sentí frío. Era el frío que tenían en tu alcoba
    tus mejillas y tus sienes y tus manos adoradas,
                    entre las blancuras níveas
                    de las mortuorias sábanas.
    Era el frío del sepulcro, era el frío de la muerte,
40   era el frío de la nada.
                    Y mi sombra,
            por los rayos de la luna proyectada,
                    iba sola,
                    iba sola,
45 iba sola por la estepa solitaria;
                    y tu sombra esbelta y ágil,
                    fina y lánguida,
    como en esa noche tibia de la muerta primavera,
    como en esa noche llena de murmullos, de perfumes y de músicas de alas,
50   se acercó y marchó con ella,
                    se acercó y marchó con ella,
    se acercó y marchó con ella... ¡Oh las sombras enlazadas!
    ¡Oh las sombras de los cuerpos que se juntan con las sombras de las almas!
    ¡Oh las sombras que se buscan y se juntan en las noches de negruras y de
55   lágrimas!

Vejeces

    Las cosas viejas, tristes, desteñidas,
    sin voz y sin color, saben secretos
    de las épocas muertas, de las vidas
    que ya nadie conserva en la memoria,
5   y a veces a los hombres, cuando inquietos
    las miran y las palpan, con extrañas
    voces de agonizante, dicen, paso,
    casi al oído, alguna rara historia
    que tiene oscuridad de telarañas,
10 son de laúd y suavidad de raso.

    ¡Colores de anticuada miniatura,
    hoy de algún mueble en el cajón dormida;
    cincelado puñal; carta borrosa;
    tabla en que se deshace la pintura,
15 por el polvo y el tiempo ennegrecida;

histórico blasón,[2] donde se pierde
la divisa[3] latina, presuntuosa,
medio borrada por el líquen verde;
misales de las viejas sacristías;
20 de otros siglos fantásticos espejos
que en el azogue de las lunas frías
guardáis de lo pasado los reflejos;
arca, en un tiempo de ducados[4] llena;
crucifijo que tanto moribundo
25 humedeció con lágrimas de pena
y besó con amor grave y profundo;
negro sillón de Córdoba; alacena[5]
que guardaba un tesoro peregrino
y donde anida la polilla sola;
30 sortija que adornaste el dedo fino
de algún hidalgo de espadín y gola;[6]
mayúsculas del viejo pergamino;
batista tenue que a vainilla hueles;
seda que te deshaces en la trama
35 confusa de los ricos brocateles;
arpa olvidada, que al sonar te quejas;
barrotes que formáis un monograma
incomprensible en las antiguas rejas:
el vulgo os huye, el soñador os ama
40 y en vuestra muda sociedad reclama
las confidencias de las cosas viejas!

El pasado perfuma los ensueños
con escencias fantásticas y añejas,
y nos lleva a lugares halagüeños
45 en épocas distantes y mejores;
¡por eso a los poetas soñadores
les son dulces, gratísimas y caras,
las crónicas, historias y consejas,[7]
las formas, los estilos, los colores,
50 las sugestiones místicas y raras
y los perfumes de las cosas viejas!

---

2. Escudo de armas, símbolo de gloria y
honor.
3. Insignia.
4. Antiguas monedas españolas de oro.

5. Armario.
6. Pieza de la armadura que servía para proteger la garganta.
7. Fábulas.

Paisaje tropical

Magia adormecedora vierte el río
en la calma monótona del viaje,
cuando borra los lejos del paisaje
la sombra que se extiende en el vacío.

5   Oculta en sus negruras al bohío
la maraña tupida, y el follaje
semeja los calados de un encaje,
al caer del crepúsculo sombrío.

Venus se enciende en el espacio puro.
10 La corriente dormida, una piragua[8]
rompe en su viaje rápido y seguro,

y con sus nubes el Poniente fragua
otro cielo rosado y verdeoscuro
en los espejos húmedos del agua.

... ¿? ...

Estrellas[9] que entre lo sombrío
de lo ignorado y de lo inmenso,
asemejáis en el vacío
jirones pálidos de incienso;

5   Nebulosas que ardéis tan lejos
en el infinito que aterra,
que sólo alcanzan los reflejos
de vuestra luz hasta la tierra;

Astros que en abismos ignotos
10 derramáis resplandores vagos,
constelaciones que en remotos
tiempos adoraron los magos;

Millones de mundos lejanos,
flores de fantástico broche,
15 islas claras de los océanos
sin fin ni fondo de la noche;

---

8. Embarcación primitiva hecha con un tronco de árbol, más grande que una canoa.

9. Este poema se ha publicado con el título "Estrellas".

¡Estrellas, luces pensativas!
¡Estrellas, pupilas inciertas!
¿Por qué os calláis si estáis vivas
20 y por qué alumbráis si estáis muertas?

Preguntas

1. ¿De qué modo la estructura rítmica del *Nocturno* es particularmente adecuada para comunicar los sentimientos del poeta?
2. ¿Qué imágenes visuales prevalecen? ¿Qué otras imágenes son importantes?
3. ¿Qué visión de la vida comunican los poemas de Silva?
4. ¿Qué es lo que le atrae de las cosas viejas, qué piensa o siente frente a un cielo estrellado?
5. ¿Puede Ud. asociar la poesía de Silva con la obra de otros poetas anteriores o contemporáneos suyos? Señale aspectos temáticos y estilísticos comunes.

RUBEN DARIO

(1867, Metapa, Nicaragua–1916, León, Nicaragua)

   Rubén Darío es la figura más representativa del modernismo cuando éste se encuentra en todo su apogeo. Nació en Metapa, una pequeña poblacion de Nicaragua. Criado por su tía abuela materna en ciudad León, a los trece años ya escribía versos y había establecido fama de "poeta-niño". Se traslada a Managua, capital del país, en busca de un mejor futuro, y entra a trabajar en la Biblioteca Nacional. Allí lee las obras principales de casi todos los clásicos españoles. A los catorce años se ve envuelto en comprometedoras relaciones amorosas, de las cuales es rescatado por amigos que lo embarcan para El Salvador.

   A su amistad con el poeta salvadoreño Francisco Gavidia (1864–1955) se ha atribuido—aunque en esto hay desacuerdo—el que se iniciara en la lectura de los autores franceses contemporáneos, particularmente de Víctor Hugo. En Santiago de Chile, adonde llega en 1886, Darío se encuentra con un ambiente intelectual estimulante. Amplía y actualiza sus conocimientos de literatura y se dedica al periodismo. Las influencias francesas son decisivas durante ese período. El anhelo de perfección en la forma, el exotismo y la revitalización de los mitos hecha por los parnasianos son asimilados por Darío a través de la obra de Théophile Gautier y Leconte de Lisle, entre otros. Con Paul Verlaine y Stéphane Mallarmé aprende a buscar, como los simbolistas, nuevos ritmos y musicalidad en el verso; frecuentemente emplea la sinestesia y descubre, con la mezcla estilística de las sensaciones, nuevos horizontes de expresividad poética.

En la primera edición de Azul (1888), libro en prosa y verso publicado en Chile, se destaca la influencia de Hugo y Mallarmé, cuyos poemas invocadores del "azul" pueden haberle sugerido a Darío el título de su obra. El autor recurre, como sus modelos franceses, al uso de referencias mitológicas, evoca los siglos galantes con sus palacios y escenas cortesanas y privilegia lo exótico y lo sobrenatural. Debe señalarse, sin embargo, que Darío también admiró y emuló a los maestros hispanoamericanos de la primera generación modernista, principalmente a José Martí, cuyos Versos sencillos (1891) encontraron eco en algunas de sus composiciones poéticas posteriores.

Luego de publicar Azul, Darío viajó por Centroamérica, Cuba, España, Colombia, Nueva York y París. Realizó, al fin, su sueño de visitar la capital francesa, conoció a Verlaine e hizo amistad con otros poetas simbolistas. Nombrado consul de Colombia en Argentina, llega a Buenos Aires, donde es acogido por un grupo de escritores y poetas que se identifican con sus ideales de renovación literaria. Figuran entre ellos el argentino Leopoldo Lugones, el boliviano Ricardo Jaimes Freyre y el uruguayo Julio Herrera y Reissig. Permanece en la ciudad porteña durante cinco años (1893–98), época en que desarrolla una gran actividad literaria y en la que se inicia el apogeo del modernismo. En Buenos Aires publica Prosas profanas (1896), escribe para el periódico La Nación y colabora en empresas periodísticas y editoriales.

Con Prosas profanas culmina, en Rubén Darío, el modernismo preciosista caracterizado por la fantasía, la exquisitez, el exotismo y el cosmopolitismo. Estos aspectos, trivializados luego por la imitación de poetas menores, son solamente episódicos en su obra. Años más tarde, en el poema "Yo soy aquel", Darío respondió a la crítica de quienes, como José Enrique Rodó, no habían encontrado en él al "poeta de América". Evoca allí los ideales estéticos de su juventud y recapitula esa etapa ya superada de su obra. El desenlace de la guerra entre España y los Estados Unidos sacudió a todo el mundo hispánico. Sin duda, la derrota española de 1898 y los actos de agresión militar y política de los Estados Unidos en el continente hispanoamericano contribuyeron a que Darío retornara a su raíz hispánica.

Enviado como corresponsal de La Nación a Madrid, Darío transmitió desde allí sus impresiones en varias crónicas las cuales recogió luego en el libro España contemporánea (1901). Cantos de vida y esperanza (1905), obra donde culmina su creación poética, consolida el prestigio de Darío en la vieja metrópoli. El poeta había depurado su poesía de frivolidades galantes y erudición prestada, y había superado el afán escapista. En Cantos manifiesta un renovado interés por la tradición hispánica y comunica su preocupación por el futuro de los pueblos hispanoamericanos. También es palpable su angustia frente a la vejez y la muerte;

en estos versos la intimidad del poeta es dramático reflejo de la condición humana universal. Dicha poesía intimista caracteriza la producción de sus últimos años.

Rubén Darío dio impulso a la transformación de la poesía y la prosa en lengua castellana y promovió una nueva conciencia de la responsabilidad artística entre los poetas y escritores del mundo hispánico.

Bibliografía mínima

Anderson Imbert, Enrique. *La originalidad de Rubén Darío*. Buenos Aires: Centro Editor de América Latina, 1967.

Henríquez Ureña, Max. *Breve historia del Modernismo*. México: Fondo de Cultura Económica, 1978: 90–114.

"Homenaje a Rubén Darío". *Revista Iberoamericana* 33 (1967).

Jrade, Cathy Logan. *Rubén Darío and the Romantic Search for Unity: The Modernist Recourse to Esoteric Tradition*. Austin: U of Texas P, 1983.

Marasso, Arturo. *Rubén Darío y su creación poética*. Buenos Aires: Kapelusz, 1954.

Rama, Angel. *Rubén Darío y el modernismo: circunstancias socio-económicas de un arte americano*. Caracas: U Central de Venezuela, 1970.

Roggiano, Alfredo A. "Modernismo: origen de la palabra y evolución de un conrepto". *Nuevos asedios al modernismo*. Ed. Ivan A. Schulman. Madrid: Taurus, 1987: 39–50.

Salinas, Pedro. *La poesía de Rubén Darío*. 2a. ed. Buenos Aires: Losada, 1957.

PROSAS PROFANAS (1896)

Era un aire suave. . .[1]

Era un aire suave, de pausados giros:
el hada Harmonía ritmaba sus vuelos;
e iban frases vagas y tenues suspiros
entre los sollozos de los violoncelos.

5   Sobre la terraza, junto a los ramajes,
diríase un trémolo[2] de liras eolias[3]
cuando acariciaban los sedosos trajes,
sobre el tallo erguidas, las blancas magnolias.

---

1. El poema está escrito en versos dodecasílabos, divididos en dos hemistiquios de seis sílabas.

2. Repetición rápida de un mismo sonido, especialmente en los instrumentos de cuerda.

3. Lira: instrumento musical antiguo; Eolia: de la Eólida, región del Asia Menor antigua; relativo a Eolo, el dios de los vientos, hijo de Zeus y de la ninfa Menalipa.

duquesita Job

La marquesa Eulalia risas y desvíos
10   daba a un tiempo mismo para dos rivales:
el vizconde rubio de los desafíos
y el abate joven de los madrigales.

Cerca, coronado con hojas de viña,
reía en su máscara Término[4] barbudo,
15   y, como un efebo[5] que fuese una niña,
mostraba una Diana[6] su mármol desnudo.

mitos

Y bajo un boscaje del amor palestra,[7]
sobre rico zócalo al modo de Jonia,[8]
con un candelabro prendido en la diestra
20   volaba el Mercurio de Juan de Bolonia.[9]

La orquesta perlaba sus mágicas notas;
un coro de sones alados se oía;
galantes pavanas, fugaces gavotas   (bailes)
cantaban los dulces violines de Hungría.

25   Al oír las quejas de sus caballeros,
ríe, ríe, ríe la divina Eulalia,
pues son su tesoro las flechas de Eros,
el cinto de Cipria,[10] la rueca de Onfalia.[11]

¡Ay de quien sus mieles y frases recoja!
30   ¡Ay de quien del canto de su amor se fíe!
Con sus ojos lindos y su boca roja,
la divina Eulalia, ríe, ríe, ríe.

Tiene azules ojos, es maligna y bella;
cuando mira, vierte viva luz extraña;
35   se asoma a sus húmedas pupilas de estrella
el alma del rubio cristal de Champaña.

---

4. Dios romano con figura humana que se coloca en jardines y campos para proteger los límites.

5. Adolescente.

6. Diosa latina de la caza y los bosques.

7. Sentido figurado: sitio adecuado para combates amorosos.

8. Estilo jónico, uno de los tres órdenes de la arquitectura clásica. Jonia: región del Asia Menor.

9. Juan de Bolonia, o Giambologna (1524–1608): escultor flamenco, radicado en Florencia. Su obra más famosa es una estatua del dios Mercurio volando.

10. Cipris, Ciprina: uno de los nombres de Venus, se le rendía culto bajo esa advocación en la isla de Chipre.

11. Onfalia: reina de Lidia. Se casó con Hércules después de obligarlo a que hilara a sus pies como una mujer.

Es noche de fiesta, y el baile de trajes
ostenta su gloria de triunfos mundanos.
La divina Eulalia, vestida de encajes,
40 una flor destroza con sus tersas manos.

El teclado harmónico de su risa fina
a la alegre música de un pájaro iguala,
con los *staccati*[12] de una bailarina
y las locas fugas de una colegiala.

45 ¡Amoroso pájaro que trinos exhala
bajo el ala a veces ocultando el pico;
que desdenes rudos lanza bajo el ala,
bajo el ala aleve del leve abanico!

Cuando a medianoche sus notas arranque
50 y en arpegios áureos gima Filomela,[13]
y el ebúrneo[14] cisne, sobre el quieto estanque,
como blanca góndola imprima su estela,

la marquesa alegre llegará al boscaje,
boscaje que cubre la amable glorieta
55 donde han de estrecharla los brazos de un paje
que, siendo su paje, será su poeta.

Al compás de un canto de artista de Italia
que en la brisa errante la orquesta deslíe,
junto a los rivales, la divina Eulalia,
60 la divina Eulalia, ríe, ríe, ríe.

¿Fue acaso en el tiempo del rey Luis de Francia,[15]
sol con corte de astros, en campos de azur,
cuando los alcázares llenó de fragancia
la regia y pomposa rosa Pompadour?[16]

65 ¿Fue cuando la bella su falda cogía
con dedos de ninfa, bailando el minué,
y de los compases el ritmo seguía,
sobre el tacón rojo, lindo y leve el pie?

---

12. Del italiano. Sonidos o pasos cortos, diferentes y rápidos producidos por la música o los pies de una bailarina.
13. Hija de Pandión, rey de Atenas, fue convertida en ruiseñor.
14. Muy blanco (como el marfil).

15. Luis XIV (1638–1715), llamado el Rey Sol.
16. Marquesa de Pompadour (1721–64): favorita de Luis XV (1710–74). Su nombre quedó asociado a la frivolidad y el lujo de la vida cortesana.

¿O cuando pastoras de floridos valles
70 ornaban con cintas sus albos corderos
y oían, divinas Tirsis[17] de Versalles, *Francia*
las declaraciones de sus caballeros?

¿Fue en ese buen tiempo de duques pastores,
de amantes princesas y tiernos galanes, *tiempo romantico*
75 cuando entre sonrisas y perlas y flores
iban las casacas de los chambelanes?

¿Fue acaso en el Norte o en el Mediodía?
Yo el tiempo y el día y el país ignoro;
pero sé que Eulalia ríe todavía,
80 ¡y es cruel y eterna su risa de oro!

arte clasico
nada de latinoamerica
renacimiento (Italia, nuevo-clasico) la Grecia

Sonatina[18]   *Más importante, parodía*

La princesa está triste... ¿Qué tendrá la princesa?
Los suspiros se escapan de su boca de fresa
que ha perdido la risa, que ha perdido el color.
La princesa está pálida en su silla de oro,
5 está mudo el teclado de su clave[19] sonoro,
y en un vaso olvidada se desmaya una flor.

El jardín puebla el triunfo de los pavos reales;
chattering
parlanchina, la dueña dice cosas banales,
y vestido de rojo piruetea el bufón. *clown*
10 La princesa no ríe, la princesa no siente;
la princesa persigue por el cielo de Oriente
la libélula vaga de una vaga ilusión.
dragonfly
¿Piensa acaso en el príncipe de Golconda[20] o de China,
o en el que ha detenido su carroza argentina[21]
15 para ver de sus ojos la dulzura de luz?
¿O en el rey de las islas de las rosas fragantes,
o en el que es soberano de los claros diamantes,
o en el dueño orgulloso de las perlas de Ormuz?[22]

---

17. Pastora de la "Egloga VII" de Virgilio. Se alude con ella a la literatura bucólica o pastoril.
18. Este es un poema escrito en sextinas de alejandrinos (siete y siete) con rima *AABCCB* en las que los versos tercero y sexto son siempre agudos.
19. Clavicordio, instrumento musical.
20. Capital del reino antiguo de Golconda en la India, famosa por sus riquezas.
21. Con brillo o color de plata.
22. Isla situada en el Golfo Pérsico, productora de perlas valiosas.

¡Ay! la pobre princesa de la boca de rosa
20 quiere ser golondrina, quiere ser mariposa,
tener alas ligeras, bajo el cielo volar,
ir al sol por la escala luminosa de un rayo,
saludar a los lirios con los versos de mayo,
o perderse en el viento sobre el trueno del mar.

25   Ya no quiere el palacio, ni la rueca de plata,
ni el halcón encantado, ni el bufón escarlata,
ni los cisnes unánimes en el lago de azur.
Y están tristes las flores por la flor de la corte;
los jazmines de Oriente, los nelumbos[23] del Norte,
30 de Occidente las dalias y las rosas del Sur.

¡Pobrecita princesa de los ojos azules!
Está presa en sus oros, está presa en sus tules,
en la jaula de mármol del palacio real;
el palacio soberbio que vigilan los guardas,
35 que custodian cien negros con sus cien alabardas,
un lebrel que no duerme y un dragón colosal.

¡Oh, quién fuera hipsipila[24] que dejó la crisálida!
(La princesa está triste. La princesa está pálida)
¡Oh visión adorada de oro, rosa y marfil!
40 ¡Quién volara a la tierra donde un principe existe
(La princesa está pálida. La princesa está triste)
más brillante que el alba, más hermoso que abril!

Calla, calla, princesa—dice el hada madrina—
en caballo con alas hacia acá se encamina,
45 en el cinto la espada y en la mano el azor,[25]
el feliz caballero que te adora sin verte,
y que llega de lejos, vencedor de la Muerte,
a encenderte los labios con su beso de amor.

---

23. Nelumbio, especie de loto, de flores blancas o amarillas.
24. Mariposa.

25. Ave de rapiña, usada antiguamente en las cacerías.

El cisne[26]

A Ch[arles] Del Gouffre

Fue en una hora divina para el género humano. *¿soberbio?*
El cisne antes cantaba sólo para morir.
Cuando se oyó el acento del Cisne wagneriano[27]
fue en medio de una aurora, fue para revivir.

5   Sobre las tempestades del humano oceano
se oye el canto del Cisne; no se cesa de oír,
dominando el martillo del viejo Thor[28] germano
o las trompas que cantan la espada de Argantir.[29]

¡Oh Cisne! ¡Oh sacro pájaro! Si antes la blanca Helena
10   del huevo azul de Leda[30] brotó de gracia llena,
siendo de la Hermosura la princesa inmortal,

bajo tus blancas alas la nueva Poesía
concibe en una gloria de luz y de harmonía
la Helena eterna y pura que encarna el ideal.

CANTOS DE VIDA Y ESPERANZA (1905)

A José Enrique Rodó

Yo soy aquel . . .

Yo soy aquel que ayer no más decía
el verso azul y la canción profana,
en cuya noche un ruiseñor había
que era alondra de luz por la mañana.

---

26. Este poema está escrito en forma de soneto alejandrino.
27. Referencia al simbolismo del cisne en *Lohengrin,* famosa ópera del compositor alemán Richard Wagner (1813–83).
28. En la mitología germánica, dios del trueno y de la guerra.
29. Referencia a Argantyr, guerrero mítico en la saga islandesa *Hyndluljoth,* cuya espada pasa de padres a hijos. Véase nuestra referencia a este tema en la introducción del presente capítulo.
30. En la mitología griega, Leda, esposa de Tíndaro, fue querida por Zeus, quien tomó la forma de un cisne. De esos amores nació Helena, famosa por su belleza.

5   El dueño fui de mi jardín de sueño,
lleno de rosas y de cisnes vagos;
el dueño de las tórtolas, el dueño
de góndolas y liras en los lagos;

y muy siglo diez y ocho, y muy antiguo
10 y muy moderno; audaz, cosmopolita;
con Hugo fuerte y con Verlaine ambiguo,
y una sed de ilusiones infinita.

Yo supe de dolor desde mi infancia;
mi juventud..., ¿fue juventud la mía?,
15 sus rosas aún me dejan su fragancia,
una fragancia de melancolía...

Potro sin freno se lanzó mi instinto,
mi juventud montó potro sin freno;
iba embriagada y con puñal al cinto;
20 si no cayó, fue porque Dios es bueno.

En mi jardín se vio una estatua bella;
se juzgó mármol y era carne viva;
una alma joven habitaba en ella,
sentimental, sensible, sensitiva.

25 Y tímida ante el mundo, de manera
que, encerrada, en silencio, no salía
sino cuando en la dulce primavera
era la hora de la melodía...

Hora de ocaso y de discreto beso;
30 hora crepuscular y de retiro;
hora de madrigal y de embeleso,
de "te adoro", de "¡ay!", y de suspiro.

Y entonces era en la dulzaina[31] un juego
de misteriosas gamas cristalinas,
35 un renovar de notas del Pan[32] griego
y un desgranar de músicas latinas,

31. Instrumento musical de viento, semejante al clarinete.
32. Dios griego de los pastores, tocaba la flauta mientras acompañaba a Baco, dios del vino.

con aire tal y con ardor tan vivo,
que a la estatua nacían de repente
en el muslo viril patas de chivo
40 y dos cuernos de sátiro[33] en la frente.

Como la Galatea gongorina[34]
me encantó la marquesa verleniana (?)
y así juntaba a la pasión divina
una sensual hiperestesia humana;

45 todo ansia, todo ardor, sensación pura
y vigor natural; y sin falsía,
y sin comedia y sin literatura. . .:
si hay un alma sincera, ésa es la mía.

La torre de marfil tentó mi anhelo;
50 quise encerrarme dentro de mí mismo,
y tuve hambre de espacio y sed de cielo
desde las sombras de mi propio abismo.

Como la esponja que la sal satura
en el jugo del mar, fue el dulce y tierno,
55 corazón mío, henchido de amargura
por el mundo, la carne y el infierno.

Mas, por gracia de Dios, en mi conciencia
el Bien supo elegir la mejor parte;
y si hubo áspera hiel en mi existencia,
60 melificó toda acritud el Arte.

Mi intelecto libré de pensar bajo,
bañó el agua castalia[35] el alma mía,
peregrinó mi corazón y trajo
de la sagrada selva la armonía.

65 ¡Oh, la selva sagrada! ¡Oh, la profunda
emanación del corazón divino
de la sagrada selva! ¡Oh, la fecunda
fuente cuya virtud vence al destino!

---

33. Semidiós y compañero de Baco en la mitología griega. Tenía busto de hombre, pero dos orejas puntiagudas, dos cuernos pequeños y patas de cabra.
34. Alusión a la "Fábula de Polifemo y Galatea" de Luis de Góngora (1561–1627).
35. Alusión a la fuente así llamada en honor a la ninfa Castalia que se encontraba al pie del monte Parnaso, cerca de Delfos, adonde se dice que iban a beber las Musas.

Bosque ideal que lo real complica,
70 allí el cuerpo arde y vive y Psiquis vuela;
mientras abajo el sátiro fornica,
ebria de azul deslíe Filomela.

Perla de ensueño y música amorosa
en la cúpula en flor de laurel verde,
75 Hipsipila sutil liba en la rosa,
y la boca del fauno el pezón muerde.

Allí va el dios en celo tras la hembra
y la caña de Pan se alza del lodo;
la eterna vida sus semillas siembra,
80 y brota la armonía del gran Todo.

El alma que entra allí debe ir desnuda,
temblando de deseo y fiebre santa,
sobre cardo heridor y espina aguda:
así sueña, así vibra y así canta.

85 Vida, luz y verdad, tal triple llama
produce la interior llama infinita;
el Arte puro como Cristo exclama:
Ego sum lux et veritas et vita![36]

Y la vida es misterio; la luz ciega
90 y la verdad inaccesible asombra;
la adusta perfección jamás se entrega,
y el secreto ideal duerme en la sombra.

Por eso ser sincero es ser potente:
de desnuda que está, brilla la estrella;
95 el agua dice el alma de la fuente
en la voz de cristal que fluye de ella.

Tal fue mi intento, hacer del alma pura
mía, una estrella, una fuente sonora,
con el horror de la literatura
100 y loco de crepúsculo y de aurora.

Del crepúsculo azul que da la pauta
que los celestes éxtasis inspira;
bruma y tono menor—¡toda la flauta!
y Aurora, hija del Sol—¡toda la lira!

36. "Yo soy la luz, la verdad y la vida" (San Juan, XIV, 6).

105   Pasó una piedra que lanzó una honda;
    pasó una flecha que aguzó un violento.
    La piedra de la honda fue a la onda,
    y la flecha del odio fuese al viento.

    La virtud está en ser tranquilo y fuerte;
110 con el fuego interior todo se abrasa;
    se triunfa del rencor y de la muerte,
    y hacia Belén. . ., ¡la caravana pasa! ?

A Roosevelt[37]   *TR*

negativo → a América

    Es con voz de la Biblia, o verso de Walt Whitman,
    que habría de llegar hasta ti, Cazador, *hunter*
    primitivo y moderno, sencillo y complicado,   *contraste*
    con un algo de Washington y cuatro de Nemrod.[38]

5   Eres los Estados Unidos,
    eres el futuro invasor
    de la América ingenua que tiene sangre indígena,
    que aún reza a Jesucristo y aún habla español.

    Eres soberbio y fuerte ejemplar de tu raza;
10 eres culto, eres hábil; te opones a Tolstoy.[39]
    Y domando caballos, o asesinando tigres,
    eres un Alejandro[40]-Nabucodonosor.[41]
    (Eres un profesor de Energía
    como dicen los locos de hoy.)

15   Crees que la vida es incendio,
    que el progreso es erupción,
    que en donde pones la bala
    el porvenir pones.
                No.

¿revolución?

---

37. El título de este poema se refiere a Theodore Roosevelt (1858–1919), presidente de los Estados Unidos de 1901 a 1909.
38. Rey legendario de Caldea, a quien la Biblia llama "robusto cazador ante Yavé" (Génesis X, 8–9).
39. León Tolstoi (1829–1910): gran novelista ruso. Profesaba una forma de cristianismo primitivo. Era pacifista.
40. Rey de Macedonia (356–323 a. de C.), Alejandro fue uno de los grandes guerreros y conquistadores de la historia.
41. Rey de Babilonia (605–562 a. de C.), otro gran guerrero.

20   Los Estados Unidos son potentes y grandes.
Cuando ellos se estremecen hay un hondo temblor
que pasa por las vértebras enormes de los Andes.
Si clamáis, se oye como el rugir del león.
Ya Hugo a Grant[42] lo djo: Las estrellas son vuestras.
25   (Apenas brilla, alzándose, el argentino sol
y la estrella chilena se levanta...) Sois ricos.
Juntáis al culto de Hércules el culto de Mammón,[43]
y alumbrando el camino de la fácil conquista,
la Libertad levanta su antorcha en Nueva York.

30   Mas la América nuestra, que tenía poetas
desde los viejos tiempos de Netzahualcoyotl,[44] *(Mex)*
que ha guardado las huellas de los pies del gran Baco,[45]
que el alfabeto pánico en un tiempo aprendió;
que consultó los astros, que conoció la Atlántida[46]
35   cuyo nombre nos llega resonando en Platón,
que desde los remotos momentos de su vida
vive de luz, de fuego, de perfume, de amor,
la América del grande Moctezuma, del Inca,
la América fragante de Cristóbal Colón,
40   la América católica, la América española,
la América en que dijo el noble Guatemoc:[47]
"Yo no estoy en un lecho de rosas"; esa América
que tiembla de huracanes y que vive de amor,
hombres de ojos sajones y alma bárbara, vive.
45   Y sueña. Y ama, y vibra, y es la hija del Sol.
Tened cuidado. ¡Vive la América española!
Hay mil cachorros sueltos del León Español.
Se necesitaría, Roosevelt, ser, por Dios mismo,
el Riflero terrible y el fuerte Cazador,
50   para poder tenernos en vuestras férreas garras.

Y, pues contáis con todo, falta una cosa: ¡Dios!

42. Ulysses S. Grant (1822–85): General
norteamericano y presidente de la Unión
(1868–76). Cuando visitó París en 1877,
Víctor Hugo escribió varios artículos en su
contra. La mención de las estrellas es posiblemente una alusión a la bandera de los Estados Unidos.
43. Dios de la riqueza en la mitología fenicia.
44. Rey chichimeca de Texcoco, México
(1402–71), poeta y filósofo.
45. El dios del vino, a quien las musas enseñaron el alfabeto de Pan.
46. Isla que, según la leyenda griega, había
existido en el Atlántico, al oeste de Gibraltar.
Platón se refiere a ella en dos de sus diálogos.
47. Cuauhtémoc, sobrino de Moctezuma y último emperador de los aztecas (1500–25).
Cayó prisionero de los españoles, quienes lo
torturaron, aplicándole fuego a los pies. Fue
entonces que dijo la frase citada por Darío.

Lo fatal[48]

A René Pérez

Dichoso el árbol que es apenas sensitivo,
y más la piedra dura, porque ésta ya no siente,
pues no hay dolor más grande que el dolor de ser vivo,
ni mayor pesadumbre que la vida consciente.

5   Ser, y no saber nada, y ser sin rumbo cierto,
y el temor de haber sido y un futuro terror...
Y el espanto seguro de estar mañana muerto,
y sufrir por la vida y por la sombra y por

lo que no conocemos y apenas sospechamos,
10 y la carne que tienta con sus frescos racimos
y la tumba que aguarda con sus fúnebres ramos,
¡y no saber adónde vamos,
ni de dónde venimos...!

Los cisnes

A Juan Ramón Jiménez

I

¿Qué signo haces, oh Cisne, con tu encorvado cuello
al paso de los tristes y errantes soñadores?
¿Por qué tan silencioso de ser blanco y ser bello,
tiránico a las aguas e impasible a las flores?

5   Yo te saludo ahora como en versos latinos
te saludara antaño Publio Ovidio Nasón.[49]
Los mismos ruiseñores cantan los mismos trinos,
y en diferentes lenguas es la misma canción.

A vosotros mi lengua no debe ser extraña.
10 A Garcilaso visteis, acaso, alguna vez...
Soy un hijo de América, soy un nieto de España...
Quevedo pudo hablaros en verso en Aranjuez...

---

48. Este poema consta de versos alejandrinos, eneasílabos y heptasílabos.

49. Publio Ovidio Nasón (43 a. de C.–16 d. de C.): Poeta latino, autor de *Metamorfosis*.

Cisnes, los abánicos de vuestras alas frescas
den a las frentes pálidas sus caricias más puras
15 y alejen vuestras blancas figuras pintorescas
de nuestras mentes tristes las ideas oscuras.

Brumas septentrionales nos llenan de tristezas,
se mueren nuestras rosas, se agostan nuestras palmas;
casi no hay ilusiones para nuestras cabezas,
20 y somos los mendigos de nuestras pobres almas.

Nos predican la guerra con águilas feroces,
gerifaltes[50] de antaño revienen a los puños.
mas no brillan las glorias de las antiguas hoces,
ni hay Rodrigos ni Jaimes, ni hay Alfonsos ni Nuños.[51]

25 Faltos de los alientos que dan las grandes cosas,
¿qué haremos los poetas sino buscar tus lagos?
A falta de laureles son muy dulces las rosas
y a falta de victorias busquemos los halagos.

La América Española como la España entera
30 fija está en el Oriente de su fatal destino;
yo interrogo a la Esfinge que el porvenir espera
con la interrogación de tu cuello divino.

¿Seremos entregados a los bárbaros fieros?
¿Tantos millones de hombres hablaremos inglés?
35 ¿Ya no hay nobles hidalgos ni bravos caballeros?
¿Callaremos ahora para llorar después?

He lanzado mi grito, Cisnes, entre vosotros,
que habéis sido los fieles en la desilusión,
mientras siento una fuga de americanos potros
40 y el estertor postrero de un caduco león. .

Y un cisne negro dijo: "La noche anuncia el día".
Y uno blanco: "¡La aurora es inmortal, la aurora
es inmortal!" ¡Oh tierras de sol y de armonía,
aún guarda la Esperanza la caja de Pandora![52]

---

50. Ave rapaz, especie de halcón grande.
51. Referencia a reyes y nobles de los reinos
cristianos medievales de Castilla y Aragón
que se distinguieron por su heroísmo en las
guerras de la Reconquista española.
52. Zeus dio a Pandora, la primera mujer, una

caja en la que estaban encerrados todos los
males del mundo. Al abrirla su esposo Epime-
teo, el primer hombre, se esparcieron por el
mundo y sólo quedó en el fondo la Esperanza.

El velo de la reina Mab[53]

La reina Mab, en su carro hecho de una sola perla, tirado por cuatro coleópteros de petos[54] dorados y alas de pedrería, caminando sobre un rayo de sol, se coló por la ventana de una buhardilla donde estaban cuatro hombres flacos, barbudos e impertinentes, lamentándose como unos desdichados.

5 Por aquel tiempo, las hadas habían repartido sus dones a los mortales. A unos habían dado las varitas misteriosas que llenan de oro las pesadas cajas de comercio; a otros unas espigas maravillosas que al desgranarlas colmaban las trojes[55] de riqueza; a otros unos cristales que hacían ver en el riñón de la madre tierra oro y piedras preciosas; a quiénes, cabelleras espesas y músculos 10 de Goliat, y mazas enormes para machacar el hierro encendido; y a quiénes, talones fuertes y piernas ágiles para montar en las rápidas caballerías que se beben el viento y que tienden las crines en la carretera.

Los cuatro hombres se quejaban. Al uno le había tocado en suerte una cantera, al otro el iris, al otro el ritmo, al otro el cielo azul.

15 La reina Mab oyó sus palabras. Decía el primero:

—¡Y bien! ¡Heme aqui en la gran lucha de mis sueños de mármol! Yo he arrancado el bloque y tengo el cincel. Todos tenéis, unos el oro, otros la armonía, otros la luz; yo pienso en la blanca y divina Venus, que muestra su desnudez bajo el plafón[56] color del cielo. Yo quiero dar a la masa la línea y la her- 20 mosura plástica; y que circule por las venas de la estatua una sangre incolora como la de los dioses. Yo tengo el espíritu de Grecia en el cerebro, y amo los desnudos en que la ninfa huye y el fauno tiende los brazos. ¡Oh, Fidias![57] Tú eres para mí soberbio y augusto como un semidiós, en el recinto de la eterna belleza, rey ante un ejército de hermosuras que a tus ojos arrojan el magní- 25 fico Kiton[58] mostrando la esplendidez de la forma en sus cuerpos de rosa y de nieve.

Tú golpeas, hieres y domas el mármol, y suena el golpe armónico como en verso, y te adula la cigarra, amante del sol oculta entre los pámpanos[59] de la viña virgen. Para ti son los Apolos rubios y luminosos, las Minervas severas 30 y soberanas. Tú, como un mago, conviertes la roca en simulacro y el colmillo del elefante en copa de festín. Y al ver tu grandeza siento el martirio de mi pequeñez. Porque pasaron los tiempos gloriosos. Porque tiemblo ante las mi-

---

53. En la tradición céltica la reina Mab es el "hada madrina". Darío se inspiró para su cuento en la descripción que de ella hace Shakespeare en *Romeo y Julieta* (I acto, IV escena). Se habla allí del hada, su carroza y sus modos de darles sueños a los hombres. No se menciona, sin embargo, ningún velo.
54. Darío llama "petos" a los élitros, piezas córneas que cubren las alas de ciertos insec-

tos.
55. Graneros.
56. Cielo raso.
57. Fidias (c. 500—c. 431): escultor griego, a quien Pericles encargó el embellecimiento de Atenas.
58. Quitón: túnica.
59. Ramas jóvenes de la vid.

radas de hoy. Porque contemplo el ideal inmenso y las fuerzas exhaustas. Porque a medida que cincelo el bloque me ataraza[60] el desaliento.

Y decía el otro:

35 —Lo que es hoy romperé mis pinceles. ¿Para qué quiero el iris y esta gran paleta de campo florido, si a la postre mi cuadro no será admitido en el salón? ¿Qué abordaré? He recorrido todas las escuelas, todas las inspiraciones artísticas. He pintado el torso de Diana y el rostro de la Madona. He pedido a las campiñas sus colores, sus matices; he adulado a la luz como a una amada, y
40 la he abrazado como a una querida. He sido adorador del desnudo, con sus magnificencias, con los tonos de sus carnaciones y con sus fugaces medias tintas. He trazado en mis lienzos los nimbos de los santos y las alas de los querubines. ¡Ah, pero siempre el terrible desencanto!, ¡el porvenir! ¡Vender una Cleopatra en dos pesetas para poder almorzar!

45   ¡Y yo que podría, en el estremecimiento de mi inspiración, trazar el gran cuadro que tengo aquí adentro!

Y decía el otro:

—Perdida mi alma en la gran ilusión de mis sinfonías, temo todas las decepciones. Yo escucho todas las armonías, desde la lira de Terpandro[61] hasta las
50 fantasías orquestales de Wagner. Mis ideales brillan en medio de mis audacias de inspirado. Yo tengo la percepción del filósofo que oyó la música de los astros. Todos los ruidos pueden aprisionarse, todos los ecos son susceptibles de combinaciones. Todo cabe en la línea de mis escalas cromáticas.

La luz vibrante es himno, y la melodía de la selva halla un eco en mi co-
55 razón. Desde el ruido de la tempestad hasta el canto del pájaro, todo se confunde y enlaza en la infinita cadencia.

Entretanto, no diviso sino la muchedumbre que befa, y la celda del manicomio.

Y el último:

60 —Todos bebemos del agua clara de la fuente de Jonia. Pero el ideal flota en el azul; y para que los espíritus gocen de la luz suprema es preciso que asciendan. Yo tengo el verso que es de miel y el que es oro, y el que es de hierro candente. Yo soy el ánfora del celeste perfume: tengo el amor. Paloma, estrella, nido, lirio, vosotros conocéis mi morada. Para los vuelos inconmensura-
65 bles tengo alas de águila que parten a golpes mágicos el huracán. Y para hallar consonantes, los busco en dos bocas que se juntan; y estalla el beso, y escribo la estrofa, y entonces, si veis mi alma, conoceréis a mi musa. Amo a las epopeyas porque de ellas brota el soplo heroico que agita las banderas que ondean sobre las lanzas y los penachos[62] que tiemblan sobre los cascos;[63]
70 los cantos líricos, porque hablan de las diosas y de los amores; y las églogas,[64]

---

60. Muerde.
61. Músico griego (Siglo VII a. de C.) a quien se le atribuye haber agregado tres cuerdas a la lira de cuatro cuerdas.

62. Plumas de adorno.
63. Pezuña o parte inferior de la pata de los caballos.
64. Composición poética del género bucólico.

porque son olorosas a verbena y a tomillo, y al santo aliento del buey coronado de rosas. Yo escribiría algo inmortal; mas me abruma un porvenir de miseria y de hambre.

Entonces la reina Mab, del fondo de su carro hecho de una sola perla,
75 tomó un velo azul, casi impalpable, como formado de suspiros, o de miradas de ángeles rubios y pensativos. Y aquel velo era el velo de los sueños, de los dulces sueños, que hacen ver la vida del color de rosa. Y con él envolvió a los cuatro hombres flacos, barbudos e impertinentes. Los cuales cesaron de estar tristes, porque penetró en su pecho la esperanza, y en su cabeza el sol
80 alegre, con el diablillo de la vanidad, que consuela en sus profundas decepciones a los pobres artistas.

Y desde entonces, en las buhardillas de los brillantes infelices, donde flota el sueño azul, se piensa en el porvenir como en la aurora, y se oyen risas que quitan la tristeza, y se bailan extrañas farándulas⁶⁵ alrededor de un
85 blanco Apolo, de un lindo paisaje, de un violín viejo, de un amarillento manuscrito.

Preguntas

1. ¿Qué corrientes literarias influyeron en la formación poética de Rubén Darío?
2. ¿Qué aspectos caracterizan las composiciones de *Prosas profanas?* Señale temas, imágenes, vocabulario, etc.
3. ¿Qué aspectos modernistas puede señalar en "El velo de la reina Mab"?
4. ¿Qué cambios se observan en *Cantos de vida y esperanza?* ¿En cuáles poemas se expresa preocupación por los pueblos hispanoamericanos?
5. ¿Qué poemas son más reflexivos e intimistas? Explique por qué.

---

65. Baile de cómicos o farsantes.

BALDOMERO LILLO

(1867, Lota, Chile–1923, Santiago de Chile)

—————————

—————————

—————————

—————————

—————————

—————————

Los cuentos de Lillo ocupan un espacio muy particular en el desarrollo narrativo hispanoamericano por presentar la trágica situación de los trabajadores chilenos antes de que existieran leyes de protección obrera. De familia modesta, Lillo escuchó en su niñez el relato de las experiencias mineras de su padre; éste había viajado a California (1848) tocado por la "fiebre del oro", pero regresó dos años después con las manos vacías. Por problemas de salud, el joven Lillo no terminó los estudios secundarios y comenzó a trabajar en Lota, un importante centro minero. Por encargo de sus patrones viajaba con frecuencia a Concepción, donde comenzó a adquirir libros de escritores españoles (Pérez Galdós y Pereda), rusos (Dostoievski, Tolstoi) y franceses (Maupassant y Zola). De todos ellos fue Emile Zola, el portaestandarte del naturalismo, quien más decisiva influencia ejerció sobre Lillo. En 1897 el escritor chileno leyó *Germinal* (1885), novela donde Zola detalla en dramáticos cuadros la vida miserable de los mineros de carbón franceses. Seguramente esta lectura contribuyó a la creación de los cuentos recopilados posteriormente en *Sub terra* (1904). En efecto, la vocación literaria de Lillo está estrechamente ligada a los trabajadores de las minas de carbón en el sur de Chile cuyos problemas pudo observar directamente en su niñez y juventud.

Por razones económicas, Lillo se muda a Santiago donde su hermano Samuel, ya un poeta de prestigio, lo lleva a las tertulias literarias de la capital. Allí comienza a trabajar en la editorial universitaria y conoce a los miembros más distinguidos de la "generación de 1900", grupo deseoso de reformas sociales y literarias. Animado por estos intelectuales, comienza a escribir. Lillo adquirió fama literaria gracias a su colección de cuentos *Sub terra,* cuya primera edición se agotó en tres meses. *Sub sole* (1907), relatos de temas obreros, campesinos y costumbristas, no despertó igual entusiasmo. Intentó escribir una novela, *La huelga,* sobre una masacre obrera ocurrida en el norte de Chile, pero no la terminó.

Una de las aportaciones literarias de Baldomero Lillo es la adaptación de recursos técnicos y postulados teóricos del realismo y del naturalismo que, combinados con descripciones de tipos y costumbres regionales, produce relatos que se pueden clasificar como "criollistas"[*] por su descripción verista de personajes y acontecimientos locales. Como Zola, el autor chileno se interesó en destacar los efectos de la miseria en la salud y la mente del obrero. Con el propósito de dar a conocer los problemas sociales, y nuevamente siguiendo a los naturalistas franceses, Lillo describe en detalle el arduo y peligroso trabajo minero.

En su deseo de criticar las injusticias sociales, el autor agrupa a los personajes en dos categorías, explotadores y explotados, ofreciendo una visión un tanto rígida de los hechos narrados. Con todo, el escritor chileno capta el dolor y estado indefenso de sus protagonistas a los que describe en forma sencilla y directa. Su sensibilidad para recrear de manera realista el drama colectivo de estos seres atrapados por la mina y el injusto sistema laboral, le ha ganado a Baldomero Lillo un sitio permanente dentro de la narrativa hispanoamericana.

Bibliografía mínima

Alegría, Fernando. "Introducción a los cuentos de Baldomero Lillo". *Revista Ibero-americana* 24 (1959): 247–63.

Brown, Donald F. "A Chilean *Germinal*: Zola and Baldomero Lillo". *Modern Language Notes* 65 (1950): 47–51.

Chávarri, Jorge M. "El significado social en la obra literaria de Baldomero Lillo". *Kentucky Foreign Language Quarterly* 13 (1966): 5–13.

Guzmán, Nicomedes. Prólogo. *Antología de Baldomero Lillo*. Santiago de Chile: Zig-Zag, 1955. 9–31.

Sedgwick, Ruth. *Baldomero Lillo*. New Haven: Yale UP, 1956.

Valenzuela, Víctor. *Cuatro escritores chilenos*. New York: Las Américas, 1961. 69–92, 111–33.

SUB TERRA (1904)

La compuerta número 12

Pablo se aferró instintivamente a las piernas de su padre. Zumbábanle los oídos y el piso que huía debajo de sus pies le producía una extraña sensación de angustia. Creíase precipitado en aquel agujero cuya negra abertura había entrevisto al penetrar en la jaula, y sus grandes ojos miraban con espanto las lóbregas paredes del pozo en el que se hundían con vertiginosa rapidez. En aquel silencioso descenso sin trepidación ni más ruido que el del agua goteando sobre la techumbre de hierro, las luces de las lámparas parecían prontas a extinguirse y a sus débiles destellos se delineaban vagamente en

10 la penumbra las hendiduras y partes salientes de la roca: una serie interminable de negras sombras que volaban como saetas[1] hacia lo alto.

Pasado un minuto, la velocidad disminuyó bruscamente, los pies asentáronse con más solidez en el piso fugitivo y el pesado armazón de hierro, con un áspero rechinar de goznes y cadenas, quedó inmóvil a la entrada de la galería.

15 El viejo tomó de la mano al pequeño y juntos se internaron en el negro túnel. Eran de los primeros en llegar y el movimiento de la mina no empezaba aún. De la galería bastante alta para permitir al minero erguir su elevada talla, sólo se distinguía parte de la techumbre cruzada por gruesos maderos. Las paredes laterales permanecían invisibles en la oscuridad profunda que 20 llenaba la vasta y lóbrega excavación.

A cuarenta metros del pique se detuvieron ante una especie de gruta excavada en la roca. Del techo agrietado, de color de hollín[2] colgaba un candil de hoja de lata cuyo macilento resplandor daba a la estancia la apariencia de una cripta enlutada y llena de sombras. En el fondo, sentado delante de 25 una mesa, un hombre pequeño, ya entrado en años, hacía anotaciones en un enorme registro. Su negro traje hacía resaltar la palidez del rostro surcado por profundas arrugas. Al ruido de pasos levantó la cabeza y fijó una mirada interrogadora en el viejo minero, quien avanzó con timidez, diciendo con voz llena de sumisión y de respeto:

30 —Señor, aquí traigo el chico.

Los ojos penetrantes del capataz abarcaron de una ojeada el cuerpecillo endeble del muchacho. Sus delgados miembros y la infantil inconsciencia del moreno rostro en el que brillaban dos ojos muy abiertos como de medrosa[3] bestezuela, lo impresionaron desfavorablemente, y su corazón endure-35 cido por el espectáculo diario de tantas miserias, experimentó una piadosa sacudida a la vista de aquel pequeñuelo arrancado a sus juegos infantiles y condenado, como tantas infelices criaturas, a languidecer miserablemente en las húmedas galerías, junto a las puertas de ventilación. Las duras líneas de su rostro se suavizaron y con fingida aspereza le dijo al viejo que muy inquieto 40 por aquel examen fijaba en él una ansiosa mirada:

—¡Hombre! este muchacho es todavía muy débil para el trabajo. ¿Es hijo tuyo?

—Sí, señor.

—Pues debías tener lástima de sus pocos años y antes de enterrarlo 45 aquí enviarlo a la escuela por algún tiempo.

—Señor—balbuceó la voz ruda del minero en la que vibraba un acento de dolorosa súplica—, somos seis en casa y uno solo el que trabaja, Pablo cumplió ya los ocho años y debe ganar el pan que come y, como hijo de

1. Flechas.
2. De color negro, como el carbón.
3. Miedosa.

mineros, su oficio será el de sus mayores, que no tuvieron nunca otra escuela
50 que la mina.

Su voz opaca y temblorosa se extinguió repentinamente en un acceso
de tos, pero sus ojos húmedos imploraban con tal insistencia, que el capataz
vencido por aquel mudo ruego llevó a sus labios un silbato y arrancó de él un
sonido agudo que repercutió a lo lejos en la desierta galería. Oyóse un rumor
55 de pasos precipitados y una oscura silueta se dibujó en el hueco de la puerta.

—Juan—exclamó el hombrecillo, dirigiéndose al recién llegado—,
lleva este chico a la compuerta número doce, reemplazará al hijo de José, el
carretillero, aplastado ayer por la corrida.

Y volviéndose bruscamente hacia el viejo, que empezaba a murmurar
60 una frase de agradecimiento, díjole con tono duro y severo:

—He visto que en la última semana no has alcanzado a los cinco ca-
jones que es el mínimum diario que se exige de cada barretero[4]. No olvides
que si esto sucede otra vez, será preciso darte de baja para que ocupe tu sitio
otro más activo.

65 Y haciendo con la diestra un ademán enérgico, lo despidió.

Los tres se marcharon silenciosos y el rumor de sus pisadas fue alejándose poco a poco en la oscura galería. Caminaban entre las hileras de rieles
cuyas traviesas hundidas en suelo fangoso trataban de evitar alargando o
acortando el paso, guiándose por los gruesos clavos que sujetaban las barras
70 de acero. El guía, un hombre joven aún, iba delante y más atrás con el pequeño Pablo de la mano seguía el viejo con la barba sumida en el pecho, hondamente preocupado. Las palabras del capataz y la amenaza en ellas contenida habían llenado de angustia su corazón. Desde algún tiempo su
decadencia era visible para todos; cada día se acercaba más el fatal lindero[5]
75 que una vez traspasado convierte al obrero viejo en un trasto inútil dentro de
la mina. En balde desde el amanecer hasta la noche durante catorce horas
mortales, revolviéndose como un reptil en la estrecha labor, atacaba la hulla[6]
furiosamente, encarnizándose contra el filón inagotable que tantas generaciones de forzados como él arañaban sin cesar en las entrañas de la tierra.
80 Pero aquella lucha tenaz y sin tregua convertía muy pronto en viejos
decrépitos a los más jóvenes y vigorosos. Allí en la lóbrega madriguera húmeda y estrecha, encorvábanse las espaldas y aflojábanse los músculos y,
como el potro resabiado que se estremece tembloroso a la vista de la vara, los
viejos mineros cada mañana sentían tiritar sus carnes al contacto de la vena.
85 Pero el hambre es aguijón más eficaz que el látigo y la espuela, y reanudaban
taciturnos la tarea agobiadora, y la veta entera acribillada por mil partes por
aquellas carcoma humana, vibraba sutilmente, desmoronándose pedazo a pedazo, mordida por el diente cuadrangular del pico, como la arenisca de la ribera a los embates[7] del mar.

4. Minero.
5. El límite.
6. Carbón fósil.
7. Golpes, ataques.

90   La súbita detención del guía arrancó al viejo de sus tristes cavilaciones. Una puerta les cerraba el camino en aquella dirección, y en el suelo arrimado a la pared había un bulto pequeño cuyos contornos se destacaron confusamente heridos por las luces vacilantes de las lámparas: era un niño de diez años acurrucado en un hueco de la muralla.

95   Con los codos en las rodillas y el pálido rostro entre las manos enflaquecidas, mudo e inmóvil, pareció no percibir a los obreros que transpusieron el umbral y lo dejaron de nuevo sumido en la oscuridad. Sus ojos abiertos, sin expresión, estaban fijos obstinadamente hacia arriba, absortos tal vez en la contemplación de un panorama imaginario que, como el miraje del

100   desierto, atraía sus pupilas sedientas de luz, húmedas por la nostalgia del lejano resplandor del día.

        Encargado del manejo de esa puerta, pasaba las horas interminables de su encierro sumergido en un ensimismamiento doloroso, abrumado por aquella lápida enorme que ahogó para siempre en él la inquieta y grácil movi-

105   lidad de la infancia, cuyos sufrimientos dejan en el alma que los comprende una amargura infinita y un sentimiento de execración acerbo[8] por el egoísmo y la cobardía humanos.

        Los dos hombres y el niño después de caminar algún tiempo por un estrecho corredor, desembocaron en una alta galería de arrastre de cuya te-

110   chumbre caía una lluvia continua de gruesas gotas de agua. Un ruido sordo y lejano, como si un martillo gigantesco golpease sobre sus cabezas la armadura del planeta, escuchábase a intervalos. Aquel rumor, cuyo origen Pablo no acertaba a explicarse, era el choque de las olas en las rompientes de la costa. Anduvieron aún un corto trecho y se encontraron por fin delante de

115   la compuerta número doce.

        —Aquí es—dijo el guía, deteniéndose junto a la hoja de tablas que giraba sujeta a un marco de madera incrustado en la roca.

        Las tinieblas eran tan espesas que las rojizas luces de las lámparas, sujetas a las viseras de las gorras de cuero, apenas dejaban entrever aquel obs-

120   táculo.

        Pablo, que no se explicaba ese alto repentino, contemplaba silencioso a sus acompañantes, quienes, después de cambiar entre sí algunas palabras breves y rápidas, se pusieron a enseñarle con jovialidad y empeño el manejo de la compuerta. El rapaz, siguiendo sus indicaciones, la abrió y cerró repeti-

125   das veces, desvaneciendo la incertidumbre del padre que temía que las fuerzas de su hijo no bastasen para aquel trabajo.

        El viejo manifestó su contento, pasando la callosa mano por la inculta cabellera de su primogénito, quien hasta allí no había demostrado cansancio ni inquietud. Su juvenil imaginación impresionada por aquel espectáculo

130   nuevo y desconocido se hallaba aturdida, desorientada. Parecíale a veces que

8. Aborrecimiento cruel.

estaba en un cuarto a oscuras y creía ver a cada instante abrirse una ventana y entrar por ella los brillantes rayos del sol, y aunque su inexperto corazoncillo no experimentaba ya la angustia que le asaltó en el pozo de bajada, aquellos mimos y caricias a que no estaba acostumbrado despertaron su descon-
135 fianza.

Una luz brilló a lo lejos en la galería y luego se oyó el chirrido de las ruedas sobre la vía, mientras un trote pesado y rápido hacía retumbar el suelo.

—¡Es la corrida!—exclamaron a un tiempo los dos hombres.
140   —Pronto, Pablo—dijo el viejo—, a ver cómo cumples tu obligación.

El pequeño con los puños apretados apoyó su diminuto cuerpo contra la hoja que cedió lentamente hasta tocar la pared. Apenas efectuada esta operación, un caballo oscuro, sudoroso y jadeante, cruzó rápido delante de ellos, arrastrando un pesado tren cargado de mineral.
145 Los obreros miraron satisfechos. El novato era ya un portero experimentado, y el viejo, inclinando su alta estatura, empezó a hablarle zalameramente: él no era ya un chicuelo, como los que quedaban allá arriba que lloran por nada y están siempre cogidos de las faldas de las mujeres, sino un hombre, un valiente, nada menos que un obrero, es decir, un camarada a quien
150 había que tratar como tal. Y en breves frases le dio a entender que les era forzoso dejarlo solo; pero que no tuviese miedo, pues había en la mina muchísimos otros de su edad, desempeñando el mismo trabajo; que él estaba cerca y vendría a verlo de cuando en cuando, y una vez terminada la faena regresarían juntos a casa.
155 Pablo oía aquello con espanto creciente y por toda respuesta se cogió con ambas manos de la blusa del minero. Hasta entonces no se había dado cuenta exacta de lo que se exigía de él. El giro inesperado que tomaba lo que creyó un simple paseo, le produjo un miedo cerval[9], y dominado por un deseo vehementísimo de abandonar aquel sitio, de ver a su madre y a sus hermanos
160 y de encontrarse otra vez a la claridad del día, sólo contestaba a las afectuosas razones de su padre con un *¡vamos!* quejumbroso y lleno de miedo. Ni promesas ni amenazas lo convencían, y el *¡vamos, padre!,* brotaba de sus labios cada vez más dolorido y apremiante.

Una violenta contrariedad se pintó en el rosto del viejo minero; pero al
165 ver aquellos ojos llenos de lágrimas, desolados y suplicantes, levantados hacia él, su naciente cólera se trocó en una piedad infinita; ¡era todavía tan débil y pequeño! Y el amor paternal adormecido en lo íntimo de su ser recobró de súbito su fuerza avasalladora.

El recuerdo de su vida, de esos cuarenta años de trabajo y sufrimientos
170 se presentó de repente a su imaginación, y con honda congoja comprobó que de aquella labor inmensa sólo le restaba un cuerpo exhausto que tal vez muy

9. Gran miedo.

pronto arrojarían de la mina como un estorbo, y al pensar que idéntico destino aguardaba a la triste criatura, le acometió de improviso un deseo imperioso de disputar su presa a ese monstruo insaciable, que arrancaba del
175 regazo de las madres los hijos apenas crecidos para convertirlos en esos parias, cuyas espaldas reciben con el mismo estoicismo el golpe brutal del amo y las caricias de la roca en las inclinadas galerías.

Pero aquel sentimiento de rebelión que empezaba a germinar en él se extinguió repentinamente ante el recuerdo de su pobre hogar y de los seres
180 hambrientos y desnudos de los que era el único sostén, y su vieja experiencia le demostró lo insensato de su quimera. La mina no soltaba nunca al que había cogido, y como eslabones nuevos que se sustituyen a los viejos y gastados de una cadena sin fin, allí abajo los hijos sucedían a los padres, y en el hondo pozo el subir y bajar de aquella marea viviente no se interrumpiría ja-
185 más. Los pequeñuelos respirando el aire emponzoñado de la mina crecían raquíticos, débiles, paliduchos, pero había que resignarse, pues para eso habían nacido.

Y con resuelto ademán el viejo desenrolló de su cintura una cuerda delgada y fuerte y a pesar de la resistencia y súplicas del niño lo ató con ella por
190 mitad de cuerpo y aseguró, en seguida, la otra extremidad en un grueso perno incrustado en la roca. Trozos de cordel adheridos a aquel hierro indicaban que no era la primera vez que prestaba un servicio semejante.

La criatura medio muerta de terror lanzaba gritos penetrantes de pavorosa angustia, y hubo que emplear la violencia para arrancarla de entre las
195 piernas del padre, a las que se había asido con todas sus fuerzas. Sus ruegos y clamores llenaban la galería, sin que la tierna víctima, más desdichada que el bíblico Isaac, oyese una voz amiga que detuviera el brazo paternal armado contra su propia carne, por el crimen y la iniquidad de los hombres.

Sus voces llamando al viejo que se alejaba tenían acentos tan desgarra-
200 dores, tan hondos y vibrantes, que el infeliz padre sintió de nuevo flaquear su resolución. Mas, aquel desfallecimiento sólo duró un instante, y tapándose los oídos para no escuchar aquellos gritos que le atenaceaban las entrañas, apresuró la marcha apartándose de aquel sitio. Antes de abandonar la galería, se detuvo un instante, y escuchó: una vocecilla tenue como un soplo cla-
205 maba allá muy lejos, debilitada por la distancia:

—¡Madre! ¡Madre!

Entonces echó a correr como un loco, acosado por el doliente vagido, y no se detuvo sino cuando se halló delante de la vena, a la vista de la cual su dolor se convirtió de pronto en furiosa ira y, empuñando el mango del
210 pico, la atacó rabiosamente. En el duro bloque caían los golpes como espesa granizada sobre sonoros cristales, y el diente de acero se hundía en aquella masa negra y brillante, arrancando trozos enormes que se amontonaban entre las piernas del obrero, mientras un polvo espeso cubría como un velo la vacilante luz de la lámpara.

215   Las cortantes aristas del carbón volaban con fuerza, hiriéndole el rostro, el cuello y el pecho desnudo. Hilos de sangre mezclábanse al copioso sudor que inundaba su cuerpo, que penetraba como una cuña en la brecha abierta, ensanchándola con el afán del presidiario que horada el muro que lo oprime; pero sin la esperanza que alienta y fortalece al prisionero: hallar al fin de la jornada una vida nueva, llena de sol, de aire y de libertad.

Preguntas

1. ¿Cómo describe el narrador al niño?
2. ¿Cuál es la actitud del capataz hacia el minero?
3. ¿Cómo representa el autor la mina?
4. ¿Dónde se observa el determinismo?
5. ¿Qué sentimientos encontrados se notan en el padre? ¿Es realista la caracterización que de él hace Lillo? Explique su respuesta.

JOSE ENRIQUE RODO

(1871, Montevideo, Uruguay–1917, Palermo, Italia)

———————————

———————————

———————————

———————————

———————————

———————————

Rodó fue hombre de ideas y prosista de esmerado estilo. Representó, dentro del modernismo, una reafirmación de los valores espirituales y del humanismo greco-latino inherente a la tradición literaria hispánica, en contra de las corrientes cientificistas y el materialismo que influían a las juventudes hispanoamericanas. Rodó nació en Montevideo donde se educó en colegios privados y oficiales, sin llegar a completar el bachillerato. La biblioteca de su padre, hombre de cultura y vinculaciones literarias, le proporcionó las primeras lecturas formativas. Leyó a los clásicos, como Dante, Cervantes y Quevedo, a los argentinos Echeverría, Alberdi y, en particular, a Juan María Gutiérrez, sobre quien escribiría más tarde uno de sus mejores ensayos. Como muchos de sus contemporáneos Rodó adquirió, sin realizar estudios universitarios, una sólida preparación humanística que abarcaba desde los clásicos griegos hasta los autores de su propia época. Esto le permitió, más adelante, desempeñarse como catedrático de literatura (1898–1901).

Desde su temprana adolescencia Rodó se destacó en la prosa de ideas y la crítica literaria, demostrando en cambio escaso talento para la poesía. En 1895 funda, con otros escritores, la *Revista Nacional de Literatura y Ciencias Sociales,* donde publica numerosos artículos y ensayos críticos sobre literatura española y americana, con especial atención a la producida en el Río de la Plata. No se plegó a los seguidores de la moda francesa, porque su causa era la de promover la conciencia cultural hispanoamericana. Algunos de sus ensayos son luego recogidos por él en libros. De particular interés es el estudio sobre *Prosas profanas* de Rubén Darío, publicado como segundo volumen de su serie *La vida nueva* (1899). Rodó reconocía el indiscutible genio poético del autor nicaragüense, pero criticaba en su poesía la falta de raíces americanas.

La intervención de los Estados Unidos en Cuba y la consecuente derrota de España en 1898 produjeron en Rodó y sus amigos sentimientos en contra del imperialismo norteamericano. Animado por estos sentimientos, escribió *Ariel* (1900), libro de resonancia continental que dio a su autor prestigio e influyó en la educación de la juventud hispanoamericana. Interpretaciones simplistas de este ensayo llevaron a algunos lectores a suponer que Rodó, mediante su contraposición de Ariel y Calibán, identificaba a los Estados Unidos con el materialismo y señalaba en la América hispana una superioridad espiritual. Esto es erróneo, pues Rodó estaba lejos de semejante esquematismo. Su propósito era reivindicar la común raíz cultural e idiomática de los pueblos hispanoamericanos y advertir contra la excesiva admiración e imitación de los Estados Unidos. Si bien critica el agresivo utilitarismo del país del norte en una de las seis partes que componen el libro, el resto de su exposición está dedicado a subrayar la importancia de los valores estéticos y morales en la cultura de los pueblos.

Rodó era, por vocación, un pensador idealista y un educador. Ambas vocaciones encuentran expresión acabada en *Motivos de Proteo* (1909), libro de fragmentos, algunos en forma de parábola, que ilustran sus ideas sobre la vida y la conducta humanas. El tema central de *Motivos* es el de la personalidad y su formación. Bajo la invocación al mito de Proteo, Rodó comunica sus reflexiones sobre la necesidad y las formas de renovación personal. No sólo expone doctrina, sino que enseña y aconseja. Por ello presenta, como prueba de sus afirmaciones, citas y referencias, ejemplos biográficos y anécdotas significativas.

Además de escritor y catedrático, Rodó fue diputado por Montevideo y líder parlamentario. No abandonó, tampoco, su activa colaboración en periódicos y revistas iniciada en la adolescencia. Como corresponsal de una revista bonaerense, viajó a Europa en 1916 donde murió, meses más tarde, en la ciudad italiana de Palermo.

El pensamiento de Rodó tuvo influencia decisiva en la formación de la conciencia cultural hispanoamericana. Aunque *Ariel* no era obra que analizara la realidad político-social del continente, el libro contenía advertencias certeras y fue un elocuente llamado de solidaridad a los pueblos hispánicos.

Bibliografía mínima

Benedetti, Mario. *Genio y figura de José Enrique Rodó*. Buenos Aires: EUDEBA, 1966.
Martínez Durán, Carlos. *José Enrique Rodó*. Caracas: Imprenta Universitaria, 1974.
Moraña, Mabel. "José Enrique Rodó". *Del neoclasicismo al modernismo*. Coord. Luis Iñigo Madrigal. Madrid: Cátedra, 1987. Vol. 2 de *Historia de la literatura hispanoamericana*. 2 Vols. 1982–87. 655–65.
Real de Azúa, Carlos. Prólogos. *Ariel. Motivos de Proteo*. De José Enrique Rodó. Caracas: Biblioteca Ayacucho, 1976. ix–cvi.
Rodríguez Monegal, Emir. *José E. Rodó en el Novecientos*. Montevideo: Ed. Número, 1950.
———. "Introducción". *Obras completas de Rodó*. Madrid: Aguilar, 1957. 19–136.

Ariel

[. . .]Hablemos pues de cómo consideraréis la vida que os espera.

La divergencia de las vocaciones personales imprimirá diversos sentidos a vuestra actividad y hará predominar una disposición, una aptitud determinada, en el espíritu de cada uno de vosotros. Los unos seréis hombres de
5 ciencia; los otros seréis hombres de arte; los otros seréis hombres de acción. Pero por encima de los afectos que hayan de vincularos individualmente a distintas aplicaciones y distintos modos de la vida, debe velar en lo íntimo de vuestra alma la conciencia de la unidad fundamental de nuestra naturaleza, que exige que cada individuo humano sea, ante todo y sobre toda otra cosa,
10 un ejemplar no mutilado de la humanidad en el que ninguna noble facultad del espíritu quede obliterada y ningún alto interés de todos pierda su virtud comunicativa. Antes que las modificaciones de profesión y de cultura está el cumplimiento del destino común de los seres racionales. "Hay una profesión universal, que es la de *hombre"*, ha dicho admirablemente Guyau.[1] Y Renán,[2]
15 recordando, a propósito de las civilizaciones desequilibradas y parciales, que el fin de la criatura humana no puede ser exclusivamente saber, ni sentir, ni imaginar, sino ser real y enteramente *humana,* define el ideal de perfección a que ella debe encaminar sus energías como la posibilidad de ofrecer en un tipo individual un cuadro abreviado de la especie.

20 Aspirad, pues, a desarrollar en lo posible no un solo aspecto, sino la plenitud de vuestro ser. No os encojáis de hombros delante de ninguna noble y fecunda manifestación de la naturaleza humana a pretexto de que vuestra organización individual os liga con preferencia a manifestaciones diferentes. Sed espectadores atentos allí donde no podáis ser actores. Cuando cierto
25 falsísimo y vulgarizado concepto de la educación que la imagina subordinada exclusivamente al fin utilitario, se empeña en mutilar, por medio de ese utilitarismo y de una especialización prematura, la integridad natural de los espíritus y anhela proscribir de la enseñanza todo elemento desinteresado e ideal, no repara suficientemente en el peligro de preparar para el porvenir
30 espíritus estrechos que, incapaces de considerar más que el único aspecto de la realidad con que estén inmediatamente en contacto, vivirán separados por helados desiertos de los espíritus que, dentro de la misma sociedad, se hayan adherido a otras manifestaciones de la vida.

Lo necesario de la consagración particular de cada uno de nosotros a
35 una actividad determinada, a un solo modo de cultura, no excluye ciertamente la tendencia a realizar, por la íntima armonía del espíritu, el destino común de los seres racionales. Esa actividad, esa cultura, serán sólo la nota fundamental de la armonía. El verso célebre en que el esclavo de la escena

1. Jean Marie Guyau (1854—88): filósofo y pensador francés.
2. Ernest Renan (1823—92): escritor francés.

Se consagró a la historia de las lenguas y las religiones.

antigua afirmó que, pues era hombre, no le era ajeno nada de lo humano,
40 forma parte de los gritos que, por su sentido inagotable, resonarán eternamente en la conciencia de la humanidad. Nuestra capacidad de comprender
sólo debe tener por límite la imposibilidad de comprender a los espíritus estrechos. Ser incapaz de ver de la Naturaleza más que una faz, de las ideas e intereses humanos más que uno solo, equivale a vivir envuelto en una sombra
45 de sueño horadada por un solo rayo de luz. La intolerancia, el exclusivismo,
que cuando nacen de la tiránica absorción de un alto entusiasmo, del
desborde de un desinteresado propósito ideal, pueden merecer justificación
y aun simpatía, se convierten en las más abominables de las inferioridades
cuando en el círculo de la vida vulgar manifiestan la limitación de un cere-
50 bro incapacitado para reflejar más que una parcial apariencia de las cosas.
[. . .]
    La concepción utilitaria, como idea del destino humano, y la igualdad
en lo mediocre, como norma de la proporción social, componen, íntima-
mente relacionadas, la fórmula de lo que ha solido llamarse en Europa el espí-
55 ritu de *americanismo*. Es imposible meditar sobre ambas inspiraciones de la
conducta y la sociabilidad, y compararlas con las que les son opuestas, sin
que la asociación traiga con insistencia a la mente la imagen de esa democracia formidable y fecunda que, allá en el Norte, ostenta las manifestaciones de
su prosperidad y su poder como una deslumbradora prueba que abona en
60 favor de la eficacia de sus instituciones y de la dirección de sus ideas. Si ha
podido decirse del utilitarismo que es el verbo del espíritu inglés, los Estados Unidos pueden ser considerados la encarnación del verbo utilitario. Y el
Evangelio de este verbo se difunde por todas partes a favor de los milagros
materiales del triunfo. Hispanoamérica ya no es enteramente calificable, con
65 relación a él, de tierra de gentiles. La poderosa federación va realizando entre
nosotros una suerte de conquista moral. La admiración por su grandeza y por
su fuerza es un sentimiento que avanza a grandes pasos en el espíritu de
nuestros hombres dirigentes, y aun más quizá en el de las muchedumbres,
fascinables por la impresión de la victoria. Y de admirarla se pasa, por una
70 transición facilísima, a imitarla. La admiración y la creencia son ya modos pa-
sivos de imitación para el psicólogo. "La tendencia imitativa de nuestra naturaleza moral—decía Bagehot[3]—tiene su asiento en aquella parte del alma en
que reside la credibilidad." El sentido y la experiencia vulgares serían suficientes para establecer por sí solos esa sencilla relación. Se imita a aquél en
75 cuya superioridad o cuyo prestigio se cree. Es así como la visión de una
América *deslatinizada* por propia voluntad, sin la extorsión de la conquista
y regenerada luego a imagen y semejanza del arquetipo del Norte, flota ya
sobre los sueños de muchos sinceros interesados por nuestro porvenir, ins-

3. Walter Bagehot (1826–77): economista   entre ciencias naturales y sociales.
inglés. En sus libros analiza las relaciones

80 pira la fruición con que ellos formulan a cada paso los más sugestivos paralelos y se manifiesta por constantes propósitos de innovación y de reforma.
Tenemos nuestra *nordomanía*. Es necesario oponerle los límites que la razón
y el sentimiento señalan de consuno.

No doy yo a tales límites el sentido de una absoluta negación. Comprendo bien que se adquieran inspiraciones, luces, enseñanzas, en el ejemplo
85 de los fuertes, y no desconozco que una inteligente atención fijada en lo exterior para reflejar de todas partes la imagen de lo beneficioso y de lo útil es
singularmente fecunda cuando se trata de pueblos que aún forman y modelan
su entidad nacional.

Comprendo bien que se aspire a rectificar, por la educación perseve-
90 rante, aquellos trazos del carácter de una sociedad humana que necesiten
concordar con nuevas exigencias de la civilización y nuevas oportunidades
de la vida, equilibrando así, por medio de una influencia innovadora, las fuerzas de la herencia y la costumbre. Pero no veo la gloria ni en el propósito de
desnaturalizar el carácter de los pueblos—su genio *personal*—para im-
95 ponerles la identificación con un modelo extraño al que ellos sacrifiquen la
originalidad irreemplazable de su espíritu, ni en la creencia ingenua de que
eso pueda obtenerse alguna vez por procedimientos artificiales e improvisa-
dos de imitación. Ese irreflexivo traslado de lo que es natural y espontáneo
en una sociedad al seno de otra, donde no tenga raíces ni en la naturaleza ni
100 en la historia, equivalía para Michelet[4] a la tentativa de incorporar, por
simple agregación, una cosa muerta a un organismo vivo. En sociabilidad,
como en literatura, como en arte, la imitación inconsulta no hará nunca sino
deformar las líneas del modelo. El engaño de los que piensan haber reprodu-
cido en lo esencial el carácter de una colectividad humana, las fuerzas vivas
105 de su espíritu y, con ellos, el secreto de sus triunfos y su prosperidad, repro-
duciendo exactamente el mecanismo de sus instituciones y las formas exteriores de sus costumbres, hace pensar en la ilusión de los principiantes
candorosos que se imaginan haberse apoderado del genio del maestro
cuando han copiado las formas de su estilo o sus procedimientos de compo-
110 sición.

En ese esfuerzo vano hay, además, no sé qué cosa de innoble. Género
de *snobismo* político podría llamarse al afanoso remedo de cuanto hacen los
preponderantes y los fuertes, los vencedores y los afortunados; género de ab-
dicación servil, como en la que en algunos de los *snobs* encandenados para
115 siempre a la tortura de la sátira por el libro de Thackeray,[5] hace consumirse
tristemente las energías de los ánimos no ayudados por la naturaleza o la fortuna, en la imitación impotente de los caprichos y las volubilidades de los en-

---

4. Jules Michelet (1798–1874): historiador
liberal francés, autor de una *Historia de
Francia* y una *Historia de la Revolución
Francesa*.

5. William M. Thackeray (1811–83): novelista inglés nacido en Calcuta. El libro al que
alude Rodó es *La feria de las vanidades*.

cumbrados de la sociedad. El cuidado de la independencia *interior*—la de la personalidad, la del criterio—es una principalísima forma del respeto
120 propio. Suele, en los tratados de ética, comentarse un precepto moral de Cicerón[6] según el cual forma parte de los deberes humanos el que cada uno de nosotros cuide y mantenga celosamente la originalidad de su carácter personal, lo que haya en él que lo diferencie y determine, respetando, en todo cuanto no sea inadecuado para el bien, el impulso primario de la Naturaleza,
125 que ha fundado en la varia distribución de sus dones el orden y el concierto del mundo. Y aun me parecería mayor el imperio del precepto si se le aplicase colectivamente al carácter de las sociedades humanas. Acaso oiréis decir que no hay un sello propio y definido por cuya permanencia, por cuya integridad, deba pugnarse en la organización actual de nuestros pueblos.
130 Falta tal vez en nuestro carácter colectivo el contorno seguro de la "personalidad". Pero en ausencia de esa índole perfectamente diferenciada y autonómica tenemos—los americanos latinos—una herencia de raza, una gran tradición étnica que mantener, un vínculo sagrado que nos une a inmortales páginas de la historia, confiando a nuestro honor su continuación en lo fu-
135 turo. El cosmopolitismo, que hemos de acatar como una irresistible necesidad de nuestra formación, no excluye ni ese sentimiento de fidelidad a lo pasado ni la fuerza directriz plasmante con que debe el genio de la raza imponerse en la refundición de los elementos que constituirán al americano definitivo del futuro.
140   Se ha observado más de una vez que las grandes evoluciones de la historia, las grandes épocas, los períodos más luminosos y fecundos en el desenvolvimiento de la humanidad, son casi siempre la resultante de dos fuerzas distintas y coactuales que mantienen, por los concertados impulsos de su oposición, el interés y el estímulo de la vida, los cuales desaparecerían, agota-
145 dos, en la quietud de una unidad absoluta. Así, sobre los dos polos de Atenas y Lacedemonia se apoya el eje alrededor del cual gira el carácter de la más genial y civilizadora de las razas. América necesita mantener en el presente la dualidad original de su constitución, que convierte en realidad de su historia el mito clásico de las dos águilas soltadas simultáneamente de uno y de
150 otro polo del mundo para que llegasen a un tiempo al límite de sus dominios. Esta diferencia genial y emuladora no excluye, sino que tolera y aun favorece en muchísimos aspectos, la concordia de la solidaridad. Y si una concordia superior pudiera vislumbrarse desde nuestros días como la fórmula de un porvenir lejano, ella no sería debida a la *imitación unilateral*—que diría
155 Tarde[7]—de una raza por otra, sino la reciprocidad de sus influencias y al atinado concierto de los atributos en que se funda la gloria de las dos.

---

6. Marcus Tulius Cicero (106–43 a. de C.): orador y estadista romano. Sus discursos sobre la política y las leyes han sido un modelo para el desarrollo de la prosa latina.

7. Gabriel de Tarde (1843–1904): sociólogo francés. Sus estudios sobre la criminalidad tuvieron mucha influencia en Hispanoamérica.

Por otra parte, en el estudio desapasionado de esa civilización que algunos nos ofrecen como único y absoluto modelo, hay razones no menos poderosas que las que se fundan en la indignidad y la inconveniencia de una
160 renuncia a todo propósito de originalidad para templar los entusiasmos de los que nos exigen su consagración idolátrica. Y llego ahora a la relación que directamente tiene, con el sentido general de esta plática mía, el comentario de semejante espíritu de imitación.

Todo juicio severo que se formule de los americanos del Norte debe
165 empezar por rendirles, como se haría con altos adversarios, la formalidad caballeresca de un saludo. Siento fácil mi espíritu para cumplirla. Desconocer sus defectos no me parecería tan insensato como negar sus cualidades. Nacidos—para emplear la paradoja usada por Baudelaire[8] a otro respecto— con la *experiencia innata* de la libertad, ellos se han mantenido fieles a la
170 ley de su origen y han desenvuelto, con la precisión y la seguridad de una progresión matemática, los principios fundamentales de su organización, dando a su historia una consecuente unidad que, si bien ha excluido las adquisiciones de aptitudes y méritos distintos, tiene la belleza intelectual de la lógica. La huella de sus pasos no se borrará jamás en los anales del derecho
175 humano, porque ellos han sido los primeros en hacer surgir nuestro moderno concepto de la libertad, de las inseguridades del ensayo y de las imaginaciones de la utopía para convertirla en bronce imperecedero y realidad viviente; porque han demostrado con su ejemplo la posibilidad de extender a un inmenso organismo nacional la inconmovible autoridad de una república;
180 porque con su organización federativa han revelado—según la feliz expresión de Tocqueville—la manera como se pueden conciliar con el brillo y el poder de los estados grandes la felicidad y la paz de los pequeños. Suyos son algunos de los rasgos más audaces con que ha de destacarse en la perspectiva del tiempo la obra de este siglo. Suya es la gloria de haber revelado
185 plenamente—acentuando la más firme nota de belleza moral de nuestra civilización—la grandeza y el poder del trabajo, esa fuerza bendita que la antigüedad abandonaba a la abyección de la esclavitud y que hoy identificamos con la más alta experiencia de la dignidad humana, fundada en la conciencia y la actividad del propio mérito. Fuertes, tenaces, teniendo la inacción por
190 oprobio, ellos han puesto en manos del *mechanic* de sus talleres y el *farmer* de sus campos, la clava hercúlea del mito, y han dado al genio humano una nueva e inesperada belleza ciñéndole el mandil de cuero del forjador. Cada uno de ellos avanza a conquistar la vida como el desierto los primitivos puritanos. Perseverantes devotos de ese culto de la energía individual que hace
195 de cada hombre el artífice de su destino, ellos han modelado su sociabilidad

8. Charles Baudelaire (1821–67): escritor francés. Autor del libro de poemas *Las flores del mal.*

en un conjunto imaginario de ejemplares de Robinson que después de haber
fortificado rudamente su personalidad en la práctica de la ayuda propia, en-
trarán a componer los filamentos de una urdimbre firmísima. Sin sacrificarle
esa soberana concepción del individuo, han sabido hacer al mismo tiempo,
200 del espíritu de asociación, el más admirable instrumento de su grandeza y de
su imperio, y han obtenido de la suma de las fuerzas humanas, subordinada
a los propósitos de la investigación, de la filantropía, de la industria, resultados tanto más maravillosos por lo mismo que se consiguen con la más
absoluta integridad de la autonomía personal. Hay en ellos un instinto de cu-
205 riosidad despierta e insaciable, una impaciente avidez de toda luz, y profesando el amor por la instrucción del pueblo con la obsesión de una mono-
manía gloriosa y fecunda, han hecho de la escuela el quicio más seguro de su
prosperidad y del alma del niño la más cuidada entre las cosas leves y
preciosas. Su cultura, que está lejos de ser refinada ni espiritual, tiene una efi-
210 cacia admirable siempre que se dirige prácticamente a realizar una finalidad
inmediata. No han incorporado a las adquisiciones de la ciencia una sola ley
general, un solo principio, pero la han hecho maga por las maravillas de sus
aplicaciones, la han agigantado en los dominios de la utilidad y han dado al
mundo, en la caldera de vapor y en la dínamo eléctrica, billones de esclavos
215 invisibles que centuplican, para servir al Aladino humano, el poder de la lámpara maravillosa. El crecimiento de su grandeza y de su fuerza será objeto de
perdurables asombros para el porvenir. Han inventado, con su prodigiosa aptitud de improvisación, un acicate para el tiempo, y al conjuro de su voluntad
poderosa surge en un día, del seno de la absoluta soledad, la suma de cultura
220 acumulable por la obra de los siglos. La libertad puritana, que les envía su luz
desde el pasado, unió a esta luz el calor de una piedad que aún dura. Junto a
la fábrica y la escuela, sus fuertes manos han alzado también los templos de
donde evaporan sus plegarias muchos millones de conciencias libres. Ellos
han sabido salvar, en el naufragio de todas la idealidades, la idealidad más
225 alta, guardando viva la tradición de un sentimiento religioso que, si no levanta sus velos en alas de un espiritualismo delicado y profundo, sostiene en
parte, entre las asperezas del tumulto utilitario, la rienda firme del sentido
moral. Han sabido también guardar, en medio de los refinamientos de la vida
civilizada, el sello de cierta primitividad robusta. Tienen el culto pagano de
230 la salud, de la destreza, de la fuerza; templan y afinan en el músculo el instrumento precioso de la voluntad, y obligados por su aspiración insaciable de
domino a cultivar la energía de todas las actividades humanas, modelan el
torso del atleta para el corazón del hombre libre. Y del concierto de su civilización, del acordado movimiento de su cultura, surge una dominante nota de
235 optimismo, de confianza, de fe, que dilata los corazones impulsándolos al
porvenir bajo la sugestión de una esperanza terca y arrogante; la nota del *Ex-
celsior* y el *Salmo de la vida* con que sus poetas han señalado el infalible bálsamo contra toda amargura en la filosofía del esfuerzo y de la acción.

240 Su grandeza titánica se impone así aun a los más prevenidos por las enormes desproporciones de su carácter o por las violencias recientes de su historia. Y por mi parte ya véis que aunque no les amo, les admiro. [...]

Una sociedad definitivamente organizada que limite su idea de la civilización a acumular abundantes elementos de prosperidad y su idea de la justicia a distribuirlos equitativamente entre los asociados, no hará de las ciuda-245 des donde habite nada que sea distinto, por esencia, del hormiguero o la colmena. No son bastantes ciudades populosas, opulentas, magníficas, para probar la constancia y la intensidad de una civilización. La gran ciudad es, sin duda, un organismo necesario de la alta cultura. Es el ambiente natural de las más altas manifestaciones del espíritu. No sin razón ha dicho Quinet[9] que "el 250 alma que acude a beber fuerzas y energías en la íntima comunicación con el linaje humano, esa alma que constituye al grande hombre, no puede formarse y dilatarse en medio de los pequeños partidos de una ciudad pequeña". Pero así la grandeza cuantitativa de la población como la grandeza material de sus instrumentos, de sus armas, de sus habitaciones, son sólo *medios* del genio 255 civilizador y en ningún caso resultados en los que él pueda detenerse. De las piedras que compusieron a Cartago no dura una partícula transfigurada en espíritu y en luz. La inmensidad de Babilonia y de Nínive no representan en la memoria de la humanidad el hueco de una mano si se la compara con el espacio que va desde la Acrópolis[10] al Pireo.[11] Hay una perspectiva ideal en la 260 que la ciudad no aparece grande sólo porque prometa ocupar el área inmensa que había edificada en torno a la torre de Nemrod; ni aparece fuerte sólo porque sea capaz de levantar de nuevo ante sí los muros babilónicos sobre los que era posible hacer pasar seis carros de frente; ni aparece hermosa sólo porque, como Babilonia, luzca en los paramentos de sus palacios losas de ala-265 bastro y se enguirnalde con los jardines de Semíramis.[12]

Grande es en esa perspectiva la ciudad cuando los arrabales de su espíritu alcanzan más allá de las cumbres y los mares y cuando, pronunciando su nombre, ha de iluminarse para la posteridad toda una jornada de la historia humana, todo un horizonte del tiempo. La ciudad es fuerte y hermosa cuando 270 sus días son algo más que la invariable repetición de un mismo eco reflejándose indefinidamente de uno en otro círculo de una eterna espiral; cuando hay algo en ella que flota por encima de la muchedumbre; cuando entre las luces que se encienden durante sus noches está la lámpara que acompaña la soledad de la vigilia inquietada por el pensamiento y en la que se incuba la 275 idea que ha de surgir al sol del otro día convertida en el grito que congrega y la fuerza que conduce las almas.

---

9. Edgar Quinet (1803–75): escritor francés. Filósofo idealista e historiador liberal.
10. Ciudadela de la antigua Atenas. En el siglo V a. de C., se erigieron en ella el Partenón y otros importantes templos y monumentos consagrados a la diosa Atenea.

11. El puerto y centro industrial más importante de Grecia, cercano a Atenas.
12. Legendaria reina asiria, tradicionalmente considerada la fundadora de Babilonia y Nínive. Se le rendía culto.

Entonces sólo la extensión y la grandeza material de la ciudad pueden dar la medida para calcular la intensidad de su civilización. Ciudades regias, soberbias aglomeraciones de casas, son para el pensamiento un cauce más
280 inadecuado que la absoluta soledad del desierto cuando el pensamiento no es el señor que las domina. Leyendo el *Maud* de Tennyson[13] hallé una página que podría ser el símbolo de este tormento del espíritu allí donde la sociedad humana es para él un género de soledad. Presa de angustioso delirio, el héroe del poema se sueña muerto y sepultado, a pocos pies dentro de tierra, bajo
285 el pavimento de una calle de Londres. A pesar de la muerte, su conciencia permanece adherida a los fríos despojos de su cuerpo. El clamor confuso de la calle, propagándose en sorda vibración hasta la estrecha cavidad de la tumba, impide en ella todo sueño de paz. El peso de la multitud indiferente gravita a toda hora sobre la triste prisión de aquel espíritu, y los cascos de los
290 caballos que pasan parecen empeñarse en estampar sobre él un sello de oprobio. Los días se suceden con lentitud inexorable. La aspiración de Maud consistiría en hundirse más adentro, mucho más adentro, de la tierra. El ruido ininteligente del tumulto sólo sirve para mantener en su conciencia develada el pensamiento de su cautividad.
295   Existen ya, en nuestra América latina, ciudades cuya grandeza material y cuya suma de civilización aparente las acercan con acelerado paso a participar del primer rango en el mundo. Es necesario temer que el pensamiento sereno que se aproxime a golpear sobre las exterioridades fastuosas como sobre un cerrado vaso de bronce, sienta el ruido desconsolador del vacío.
300 Necesario es temer, por ejemplo, que ciudades cuyo nombre fue un glorioso símbolo en América, que tuvieron a Moreno,[14] a Rivadavia,[15] a Sarmiento, que llevaron la iniciativa de una inmortal Revolución: ciudades que hicieron dilatarse por toda la extensión de un continente, como en el armonioso desenvolvimiento de las ondas concéntricas que levanta el golpe de la piedra sobre
305 el agua dormida, la gloria de sus héroes y la palabra de sus tribunos, puedan terminar en Sidón, en Tiro, en Cartago.
   A vuestra generación toca impedirlo; a la juventud que se levanta, sangre y músculo y nervio del porvenir.

Preguntas

   1. ¿Qué circunstancias históricas precedieron la publicación de *Ariel?*
   2. ¿Por qué cree Rodó que los países hispanoamericanos no deben imitar indiscriminadamente a los Estados Unidos?

---

13. Alfred Tennyson (1809–92): poeta inglés. Autor de *Idilios del Rey* y *Enoch Arden.*
14. Mariano Moreno (1778–1811): patriota argentino. Uno de los principales dirigentes de la revolución de 1810.
15. Bernardino Rivadavia (1780–1845): político argentino, Presidente de la República en 1826.

3. ¿Qué valores defiende en contra del utilitarismo, los excesos de la especialización técnica y la ausencia de vocación en la vida?
4. ¿De qué modo puede relacionarse a Rodó con los ideales y las actitudes modernistas?
5. ¿Qué impacto tuvo esta obra de Rodó en los países hispanoamericanos?

4. CONTINUIDAD Y RUPTURA: HACIA UNA NUEVA EXPRESION

(1910–1960)

4.1 La Revolución Mexicana

El siglo XX se abrió en Hispanoamérica con un acontecimiento que estremecería la estructura social, política y económica de uno de sus países más importantes y tendría una influencia sin precedentes en el mundo hispanohablante: la Revolución Mexicana. Después de treinta y cinco años como presidente, el dictador Porfirio Díaz (1830–1915) fue desalojado del poder (1911) por un terrateniente idealista, Francisco I. Madero (1873–1913), que el 20 de noviembre de 1910 había proclamado el inicio de la Revolución. La lucha armada se intensificó cuando Madero fue asesinado por generales traidores y terminó en los primeros años de la década de los veinte, después que la Constitución de 1917 hiciera ley muchas de las reivindicaciones por las cuales los mexicanos habían peleado. Entre los caudillos de la etapa bélica de la Revolución sobresalieron Pancho Villa y Emiliano Zapata; el primero, jefe de la División del Norte, se dio a conocer por los audaces ataques de los "Dorados", su valiente caballería; el segundo, jefe del Ejército Libertador del Sur, se destacó por ser el líder del movimiento que con el lema "Tierra y libertad" exigía la reforma agraria.

Como es frecuente en Hispanoamérica, los intelectuales mexicanos desempeñaron un papel clave en este proceso. Gracias a sus esfuerzos, comenzó la revisión del pensamiento positivista cuyos postulados habían sido utilizados por los partidarios de Porfirio Díaz para ofrecer una justificación "científica" al largo régimen dictatorial. En 1909, José Vasconcelos (1882–1959), Antonio Caso (1883–1946), Alfonso Reyes (1889–1959), Pedro Henríquez Ureña (1884–1946) y otros fundaron el Ateneo de la Juventud (1909–14), importante centro de renovación artística dedicado al estudio de las humanidades. Gracias a la labor de este grupo llegaron a México nuevas ideas filosóficas que contribuirían a darle otro giro político y cultural al país. Interesado en que todos los mexicanos participaran en este desarrollo humanístico, el Ateneo de la Juventud fue un temprano promotor del concepto de la cultura como bien público.

Entre los ateneístas más distinguidos se encuentran José Vasconcelos, futuro Secretario de Educación Pública y autor de una importante obra ensayística donde sobresale *La raza cósmica* (1925); Alfonso Reyes, poeta, ensayista, crítico literario y traductor, cuya vasta erudición se hace evidente en libros tales como *El deslinde* (1944) donde se esfuerza por definir la literatura, en ensayos interpretativos de lo americano como *Ultima Tule* (1942) y en evocaciones líricas cercanas al poema en prosa* como *Visión de Anáhuac* (1917); y Pedro Henríquez Ureña, "el dominicano universal", autor de *Seis ensayos en busca de nuestra expresión* (1928), obra donde manifiesta su vocación americanista. Los miembros del Ateneo no sólo dieron a conocer nuevas figuras literarias o ideas filosóficas; conscientes de la importancia de la educación en el proceso de cambio social, querían educar al pueblo para que éste pudiera participar de lleno en la vida del país. Estas inquietudes condujeron a los escritores al examen detenido de la historia del continente para poder comprender y expresar mejor sus problemas; así surgió una de las importantes direcciones del ensayo contemporáneo. Dentro de ella se destaca la obra del argentino Ezequiel Martínez Estrada (1895–1964) quien en *Radiografía de la Pampa* (1933) ofrece una interpretación crítica de la historia de su patria, del cubano Jorge Mañach (1899–1961) autor de *Indagación del choteo* (1928), y del peruano José Carlos Mariátegui (1894–1930) cuyos *Siete ensayos de interpretación de la realidad peruana* (1928) constituyen una novedosa adaptación de las doctrinas filosóficas y políticas que estudió en Europa.

A raíz de los sucesos mexicanos y también bajo la influencia de la Revolución Rusa (1917), los marginados y especialmente los indios pasan a formar parte integral de la literatura hispanoamericana; ya no son descritos como las figuras decorativas que dan el toque local, sino como víctimas de la injusta estructura económica y social dispuestas a luchar para ver realizadas sus aspiraciones. Dentro de esta corriente, sobresale *Los de abajo* (1915), novela de Mariano Azuela (1873–1952) con la cual se abre el ciclo de la narrativa de la Revolución Mexicana. Pertenecen a la primera etapa de este ciclo creadores que han participado directamente en la contienda como Martín Luis Guzmán (1887–1976), quien en *El águila y la serpiente* (1928) nos deja un retrato vívido de Pancho Villa a la vez que caracteriza la violencia de la guerra fratricida, y José Rubén Romero (1890–1952) autor de *Apuntes de un lugareño* (1932), novela que describe los trágicos efectos de la Revolución en una zona remota de México. Vale notar que Romero es más conocido por *La vida inútil de Pito Pérez* (1938), narración que reelabora, como antes había hecho *El Periquillo Sarniento* de Fernández Lizardi (ver pp. 88–101), el modelo de la novela picaresca tan popular en España durante el siglo XVII.

La segunda etapa de este ciclo revolucionario está integrada por escritores que, sin haber participado en el conflicto bélico y desde una perspectiva histórica distante, examinan los acontecimientos más objetivamente. Entre ellos se encuentran Gregorio López y Fuentes (1895–1967) quien protesta en *El indio* (1935) contra los abusos cometidos en perjuicio de este sector de la población, Agustín Yáñez (1904–80) cuya novela más conocida, *Al filo del agua* (1947), cuenta la vida de los habitantes de un pueblecito de Jalisco antes de la Revolución, Nellie Campobello (n. 1909) autora de la colección de cuentos *Cartucho* (1931), donde narra el acontecer revolucionario tal y como lo vio cuando era niña, y uno de los escritores más admirados de Hispanoamérica, Juan Rulfo (1918–86). En los relatos recogidos en *El llano en llamas* (1953), Rulfo configura con un estilo lírico y preciso un mundo de miseria donde la situación de "los de abajo" no ha cambiado; en la novela *Pedro Páramo* (1955) el autor, influido por nuevas corrientes literarias, presenta una visión mítica de los hechos y abandona la secuencia temporal del relato. En la breve obra de Juan Rulfo—una colección de cuentos y una novela—las letras hispanoamericanas llegan a uno de sus puntos más altos.

La narrativa de la Revolución Mexicana rompe los esquemas tradicionales de varios modos. El protagonista individual es sustituido por un protagonista colectivo—la masa, el pueblo—o por la Revolución misma. El narrador pasa a un plano secundario y los hechos aparecen como vistos por el lente cinematográfico; la descripción de personajes y lugares está totalmente integrada a la función narrativa. Las obras de ambas etapas del ciclo de la Revolución Mexicana están marcadas por el pesimismo, por el presentimiento de la tragedia y la muerte. Los personajes aparecen condenados a la destrucción en el conflicto bélico, al hastío y la asfixia de la vida provinciana, o al desencanto y la humillación al observar cómo se ha frustrado el proceso de cambio social.

4.2 Más allá del modernismo

Tradicionalmente, el conocido poema "Tuércele el cuello al cisne" (1910) del mexicano Enrique González Martínez (1871–1952) ha servido para marcar la frontera entre el modernismo y manifestaciones literarias posteriores de variados matices. En verdad, el modernista mexicano criticó en estos versos a los imitadores serviles de Martí, Darío y Lugones que utilizaron hasta el desgaste los símbolos más evidentes de ese movimiento. Además, como se ha señalado en el capítulo anterior, el modernismo va más allá de los cisnes y los lagos, las princesas y los palacios, las joyas y los colores. Fue un movimiento de renovación y búsqueda que marcó en la cultura y letras hispanoamericanas el profundo cambio hacia las tendencias literarias actuales.

Es posible explicar la perdurabilidad del modernismo en función de este deseo de renovación que lo lleva a combinar las tradiciones más disímiles con absoluta libertad. Así, sustentadas por lo que éste tiene de carácter innovador, surgen dos importantes direcciones en la poesía hispanoamericana. Conocida como posmodernismo, la primera busca la sencillez y la expresión de las emociones; influida por el vanguardismo europeo, la segunda llevará hasta sus últimas consecuencias la búsqueda de la originalidad y la universalidad impulsada por los modernistas. Por su complejidad e importancia esta última dirección denominada "vanguardismo" amerita un apartado diferente. Es importante recordar que, como ocurrió en épocas anteriores, éstas y otras tendencias más evidentes en el desarrollo de la narrativa, coexisten y se entrecruzan dándole un carácter muy variado a la literatura hispanoamericana de las primeras décadas del siglo XX.

4.2.1 *La poesía.* La característica más importante de la poesía posmodernista es su deseo de expresar los sentimientos en la forma más sencilla. Con frecuencia tal deseo hace que los poemas caigan en el prosaísmo o que tengan un tono irónico y sentimental. En contraste con la época modernista, se pone ahora más énfasis en dar a conocer la profundidad de las emociones que en la manera de expresarlas.

Entre los posmodernistas más destacados se encuentran el peruano José M. Eguren (1874–1942) con versos de extraño encanto, el puertorriqueño Luis Llórens Torres (1874–1944), renovador de la poesía en su país, Carlos Pezoa Véliz (1879–1908), iniciador del posmodernismo en Chile, el colombiano Porfirio Barba Jacob (1880–1942), con poemas en los que se refleja una actitud de desesperanza, la uruguaya María Eugenia Vaz Ferreira (1880–1925), cuyos versos muestran un fuerte conflicto con el ambiente, el argentino Baldomero Fernández Moreno (1886–1950), iniciador del sencillismo poético en su patria, Ramón López Velarde (1888–1921), quien integró la provincia a la poesía de México, el venezolano Andrés Eloy Blanco (1897–1955), que en sus poemas se aprovechó de los mitos y las leyendas populares, y la cubana Dulce María Loynaz (n. 1903), con versos de un delicado acento.

Uno de los momentos más importantes del posmodernismo está representado por la lírica de Delmira Agustini (1886–1914), Gabriela Mistral (1889–1957), Alfonsina Storni (1892–1938) y Juana de Ibarbourou (1895–1979). La expresión sincera de los sentimientos es la nota más característica de esta poesía. El empleo de atrevidas imágenes eróticas por Juana de Ibarbourou y Delmira Agustini bien podría interpretarse como una forma de mostrar la rebeldía ante la sociedad patriarcal que por tanto tiempo mantuvo a la mujer fuera del quehacer intelectual. De modo muy explícito Alfonsina Storni dio expresión en sus versos a esta frustración femenina y reclamó para la mujer un lugar justo en la sociedad contemporánea. Sobre todos los poetas del posmodernismo descolló Gabriela Mistral, ganadora del Premio Nobel en 1945; la escritora chilena dio expresión universal al sentimiento amoroso, el cual, en las diferentes etapas de su obra, se extiende del ser amado a la humanidad toda.

4.2.2 *La narrativa.* En la narrativa de las tres primeras décadas del siglo XX, además de lo ya notado al comentar algunas novelas de la Revolución Mexicana, se encuentran las siguientes direcciones: 1) el cultivo de una prosa poética muy cuidada, 2) la obsesión por los problemas psicológicos y filosóficos, 3) el estudio del individuo en las grandes ciudades, 4) el deseo de describir el paisaje, la tierra y los tipos humanos de una región particular, y 5) la preocupación por los explotados. En líneas generales, el predominio del realismo tradicional caracteriza a las novelas de esta época.

La primera de estas direcciones continúa la preocupación modernista por la forma y da por resultado obras de estilo trabajado y lenguaje pulido. Ejemplifica esta tendencia el chileno Pedro Prado (1875–1961) quien en su novela *Alsino* (1920) revive el mito de Icaro en la figura del protagonista, un joven a quien le han salido alas y ha aprendido a volar. El interés por los problemas psicológicos se hace evidente en la obra de uno de los cuentistas más destacados de Hispanoamérica, el uruguayo Horacio Quiroga (1872–1937) que comenzó a escribir bajo la influencia modernista y después evolucionó hacia el realismo y el relato psicológico como evidencia su cuento "El hijo". Dentro de esta tendencia también están situados el poeta, novelista y cuentista guatemalteco Rafael Arévalo Martínez (1884–1975), cuyo relato "El hombre que parecía un caballo" (1915) muestra la técnica del cuento psicozoológico, el chileno Eduardo Barrios (1884–1963) con su novela *El niño que enloqueció de amor* (1925), penetrante estudio de la psicología infantil, y la venezolana Teresa de la Parra (1891–1936) quien ofrece en la novela *Ifigenia. Diario de una señorita que escribió porque se fastidiaba* (1924) un magistral análisis de la protagonista y de la vida de la mujer venezolana en las primeras décadas de nuestro siglo. La "novela de la ciudad" ha tenido su más alto representante en la obra del argentino Manuel Gálvez, mencionado antes como exponente del naturalismo en Hispanoamérica (ver pp. 215–16).

La narrativa de estas décadas ha dado sus obras más notables dentro de la llamada novela regionalista. Sobresalen el chileno Mariano Latorre (1886–1955) y los argentinos Benito Lynch (1885–1951) y Ricardo Güiraldes (1886–1927), autor este último de *Don Segundo Sombra* (1926), idealizada visión del gaucho y de la pampa argentina. Junto con ella, han alcanzado reconocimiento internacional *La Vorágine* (1924) del autor colombiano José Eustasio Rivera (1889–1928), y *Doña Bárbara* (1929) del venezolano Rómulo Gallegos (1884–1969). La primera describe en detalle la selva, zona de amenazante belleza donde se desenvuelve la desesperada existencia de los trabajadores del caucho; la segunda se desarrolla en los llanos de Venezuela y encarna en los dos protagonistas la clásica lucha entre civilización y barbarie tratada en el siglo anterior por Sarmiento en su ensayo y biografía sobre Facundo Quiroga (ver pp. 155–71).

La vertiente narrativa de protesta social ha logrado sus mejores obras en México, Guatemala, Ecuador, Perú y Bolivia en las novelas y cuentos indigenistas que exponen crudamente la desesperada situación del indio y exigen inmediata solución a sus problemas. Ya se ha indicado que la obra de Bartolomé de las Casas es antecedente de esta literatura de reivindicación en la época colonial (ver pp. 15–23); más adelante, Clorinda Matto de Turner denunció la situación de opresión y pobreza del indígena peruano. Impulsados por el triunfo de la Revolución Mexicana y la Revolución Rusa, los escritores indigenistas utilizan la literatura como arma de combate. En Bolivia sobresale la novela *Raza de bronce* (1919) de Alcides Arguedas (1879–1946), autor también de *Pueblo enfermo* (1909), ensayo influido por discutibles teorías sobre el determinismo geográfico y las características raciales. En Ecuador y Perú los más distinguidos exponentes del indigenismo son: Jorge Icaza (1906–73) quien en *Huasipungo* (1934) nos deja una sombría descripción del drama del indio ecuatoriano, y Ciro Alegría (1909–67) autor de *El mundo es ancho y ajeno* (1941), enérgica defensa del derecho a existir de las comunidades indígenas.

4.3 Los movimientos de vanguardia en Europa

Para comprender el cambio de orientación que comenzó a afirmarse en la literatura hispanoamericana a fines de la segunda década de nuestro siglo, conviene recordar el aporte de los movimientos de vanguardia surgidos en Europa alrededor de la primera guerra mundial (1914–18) a las nuevas concepciones estéticas. En efecto, el fauvismo, el cubismo, el futurismo, el expresionismo, el imaginismo, el dadaísmo y el surrealismo postularon para las artes plásticas y la literatura una manera totalmente diferente de ver el mundo fundamentada en el irracionalismo.

4.3.1 El fauvismo (1905–08) fue esencialmente un movimiento pictórico francés que postuló la distorsión de las formas y el excesivo uso de colores; su exponente más destacado fue Matisse quien, mucho después de 1908, continuó explorando en sus cuadros las posibilidades inicialmente sugeridas por los fauvistas.

4.3.2 El cubismo (1907–30) comenzó como una rebelión contra la pintura tradicional. En una primera etapa analítica (1907–12) los cubistas querían mostrar el objeto desde todas las perspectivas, tal y como la mente lo percibía. Para lograrlo fragmentaron y recompusieron el objeto, lo cual dio por resultado cuadros donde predominaba una visión geométrica. En la segunda etapa cubista o fase sintética (1913–30), las formas se simplificaron, se usaron colores más vivos y el objeto recreado se volvió más abstracto. El principal exponente del cubismo fue Pablo Picasso, quien antes había pertenecido al grupo fauvista.

4.3.3 El futurismo (1909–18) fue un movimiento de las artes plásticas y la literatura italianas relacionado al cubismo y avanzado por Filippo Tomasso Marinetti (1876–1944) en un manifiesto de 1909. Los futuristas querían retratar el carácter dinámico del siglo XX glorificando la guerra, el peligro, las máquinas; en su entusiasmo por celebrar la tecnología, Marinetti se atrevió a decir que un automóvil era más hermoso que la Victoria de Samotracia. En literatura el futurismo abogaba por la imaginación libre, la ruptura de la sintaxis, la abolición o sustitución de los signos ortográficos, la arbitraria combinación de mayúsculas y minúsculas, el empleo de tintas de diversos colores para imprimir el texto, la colocación de letras, palabras y versos en diferentes direcciones. El futurismo perdió muchos de sus adeptos cuando Marinetti se volvió fascista.

4.3.4 El expresionismo (1905–24) es un término empleado para describir obras de arte en las cuales la realidad se distorsiona para dar una visión interior de ella; el expresionista transforma la realidad de acuerdo con su particular visión evitando imitarla. En literatura el expresionismo está asociado con la obra de Franz Kafka y James Joyce. A comienzos del siglo, en Alemania, el término se utilizó para caracterizar a un grupo de dramaturgos que dejaron obras donde esta distorsión de la realidad fue la nota más preponderante.

4.3.5 El imaginismo (1907–09) atrajo a poetas ingleses y norteamericanos que, influidos por el simbolismo francés y la poesía china y japonesa, se rebelaron contra las imágenes exuberantes y el excesivo sentimentalismo del siglo anterior. Ezra Pound (1885–1972) fue por un tiempo líder del imaginismo.

4.3.6 El dadaísmo (1916–22) fue un movimiento artístico y literario de carácter nihilista originado en Zurich con la poesía del rumano Tristan Tzara (1896–1963). Los dadaístas atacaron la estética tradicional, subrayaron la importancia del absurdo y la espontaneidad en la creación literaria y popularizaron el uso de palabras incoherentes en el lenguaje poético. Más tarde, basándose en un poema del cubano Mariano Brull (1891–1956), Alfonso Reyes llamó a estos juegos verbales *jitanjáforas*[*].

4.3.7 El surrealismo, (1924–66) fundado por el francés André Breton (1896–1966) en París (1924), fue el más influyente de todos los "ismos". Debe su nombre a una obra del poeta Guillaume Apollinaire (1880–1918), *Les mamelles de Tiresias* (1917), subtitulada por él "drama surrealista". Interesados en la libre asociación y las implicaciones de las palabras más que en su significado, los surrealistas le otorgaron valor supremo al subconsciente en la obra artística y de ahí su énfasis en los sueños y en la escritura automática. Sostenían que la literatura realista falseaba la realidad al concentrarse en lo exterior. Muchos dadaístas se sumaron al surrealismo. Los antecedentes del surrealismo se encuentran en la obra de escritores franceses tales como Baudelaire, Rimbaud, Apollinaire y del pintor italiano Giorgio de Chirico. Entre sus cultores más notables están, en la plástica, Salvador Dalí y Joan Miró, en la cinematografía, Jean Cocteau y Luis Buñuel, y en literatura, Louis Aragon (1897–1982) y Paul Eluard (1896–1952).

Cuando se habla de estos movimientos conviene relacionarlos con el contexto histórico y filosófico que facilitó su génesis ya que ni la literatura ni las artes plásticas podían permanecer indiferentes a los profundos cambios por los cuales atravesó Europa en los años que precedieron y siguieron a la primera guerra mundial. Recordemos que, como Marx, los surrealistas despreciaban los valores del capitalismo y de la sociedad burguesa. De Freud aprendieron la importancia de la expresión simbólica que el padre del psicoanálisis descubrió en los sueños y en los aspectos eróticos de la existencia. En 1905 y 1915, Einstein dio a conocer sus teorías de la relatividad con las que integraba el tiempo a las tres dimensiones del espacio. Los dadaístas y los surrealistas se sintieron atraídos por estas ideas científicas que proponían una armonía universal. Por otro lado, *La decadencia de Occidente* (1918–22), obra del filósofo alemán Oswald Spengler (1880–1936), postulaba el ocaso de Europa. Todo ello contribuyó al radical examen de la cultura y letras occidentales propuesto en mayor o menor grado por los movimientos de vanguardia.

4.4 El vanguardismo en Hispanoamérica

La nueva estética se dio a conocer en Hispanoamérica directamente a través de quienes viajaban a Francia, Inglaterra y España. Conviene recordar que en este último país, con el gobierno de la Segunda República (1931–39), ocurrió un renacimiento cultural al que contribuyeron importantes vanguardistas hispanoamericanos. Para difundir estas ideas se crearon una serie de revistas, la mayoría de ellas de corta duración; y para defenderlas, se escribieron y divulgaron múltiples manifiestos. La crítica ha señalado las siguientes características del vanguardismo en su manifestación hispanoamericana: 1) culto a la imagen, 2) búsqueda de lo original y lo sorprendente, 3) antisentimentalismo, 4) anti-anecdotismo, 5) anti-retoricismo, 6) inclusión de nuevos temas (la máquina, la ciudad, el obrero), 7) irracionalismo, 8) nota de humor y juego, 9) olvido de las normas estróficas y 10) alteración de la sintaxis, puntuación y uso de mayúsculas.

En cuanto a la exposición de las nuevas ideas, el chileno Vicente Huidobro (1893–1948), anticipándose a los franceses, leyó en 1914 en Santiago su manifiesto poético "Non serviam" donde elaboró algunos aspectos del movimiento que después llamó "creacionismo"*. Sus teorías se afinaron cuando viajó a París y colaboró con Apollinaire, Tzara y Reverdy, en la revista *Nord-Sud* (1917–18), importante tribuna vanguardista; más tarde, en Madrid, el poeta chileno contribuyó a crear el "ultraísmo"*, movimiento al cual se sumó el argentino Jorge Luis Borges (1899–1986) por entonces en la capital española. Al regresar a Argentina, Borges y otros jóvenes escritores como Oliverio Girondo (1891–1967), Norah Lange (1906–1972) y Eduardo González Lanuza (n. 1900), difundieron el "ultraísmo", iniciando así el vanguardismo en ese país. Las revistas *Prisma* (1921), *Proa* (1922–25) y *Martín Fierro* (1924–27) dieron a conocer las ideas centrales de la nueva estética. Es importante destacar que Borges renunció después al "ultraísmo", para producir una escritura marcada por la meditación filosófica y el diálogo con la cultura universal; su obra desafía cualquier encasillamiento.

Influido por el futurismo, en México surgió el "estridentismo"* (c. 1922) cuyo exponente más destacado fue el poeta Manuel Maples Arce (1898–1981). Los "estridentistas" fueron reemplazados por el grupo reunido en torno a dos importantes revistas: *Ulises* (1927–28) y *Contemporáneos* (1928–31); en el grupo de los "contemporáneos" sobresalen Carlos Pellicer (1897–1977), José Gorostiza (1901–73), Jaime Torres Bodet (1902–74) y Xavier Villaurrutia (1903–50). Muchos de estos escritores dieron lo mejor de su obra más tarde, una vez pasada la etapa más aventurera del vanguardismo. En Cuba, la *Revista de Avance* (1927–30), entre cuyos colaboradores estuvo Alejo Carpentier (1904–80), se convirtió en el vocero del vanguardismo. La revista *Amauta* (1926–30), fundada por José Carlos Mariátegui fue en Perú la tribuna más importante de la nueva estética.

En los inicios del vanguardismo poético en Hispanoamérica sobresalen Vicente Huidobro, su teórico y defensor más constante, y César Vallejo (1892–1938), poeta peruano de obra muy personal. El primero ha dejado una variada producción—poesía, teatro y novela—donde muestra su interés en cumplir lo que tempranamente (1916) expresó en una conferencia en Buenos Aires: "La primera condición del poeta es crear, la segunda crear, y la tercera crear". *Altazor, o el viaje en paracaídas*, es su obra más ambiciosa. En ella el yo poético deja constancia de una agónica búsqueda para terminar deslizándose hacia el abismo y la nada. Empleando los recursos más atrevidos de la vanguardia, el vate chileno capta en este largo y magistral poema la crisis existencial contemporánea. Como Huidobro, Vallejo dejó una variada obra que comenzó a escribir influido por el modernismo. Sin embargo, a partir de *Trilce* (1922) hace suyos los postulados de la vanguardia, especialmente los relacionados con la libre asociación de imágenes y la dislocación de la puntuación y la sintaxis. Los versos del peruano muestran una dolorosa visión de la existencia y, al mismo tiempo, su solidaridad con todos los seres sufrientes. Si bien Vallejo se aprovechó de las innovaciones surrealistas, su obra, como la de Borges, desafía cualquier encasillamiento.

4.5 Más allá de la vanguardia

Para la década de los treinta, las expresiones más extremas de la vanguardia fueron quedando atrás. Sí pasaron a formar parte integral de la visión contemporánea de la literatura, la libre asociación de imágenes, el reconocimiento de la importancia del subconsciente y de los sueños, el deseo de expresar la realidad más allá de la descripción superficial. A la época que siguió al vanguardismo, se le ha llamado posvanguardismo porque aprovechó y asimiló las conquistas de la nueva estética otorgándoles cierta mesura y sobriedad. Es difícil precisar los límites del posvanguardismo pues su influencia va más allá de la segunda guerra mundial. A este período caracterizado por la expansión del horizonte cultural y la asimilación de nuevas ideas y formas expresivas, corresponde la aparición de la revista *Sur,* fundada en Buenos Aires en 1931 por Victoria Ocampo (1890–1979), distinguida mujer de letras y promotora de empresas culturales. En *Sur* colaboraron las figuras más destacadas de Europa y las Américas. Entre los colaboradores españoles, franceses y norteamericanos de esta revista, sobresalen José Ortega y Gasset, Eugenio d'Ors, Jules Supervielle y Waldo Frank.

4.5.1 La poesía de este período, aunque fundamentada en el vanguardismo, ofrece, sin embargo, varios contrastes notables. Como sus predecesores, los posvanguardistas reconocieron el papel clave de la metáfora pero, al contrario de ellos, no la juzgaron el centro del poema. Según ellos, la metáfora debía utilizarse para configurar una particular visión del mundo o un determinado estado emotivo. Tampoco rechazaron las diversas formas de la realidad ya fuera la externa, la personal o la social, pero sí evitaron su simple copia. Asimismo, desecharon la exagerada actitud de rebeldía expresada por algunos de sus predecesores. Dentro del posvanguardismo poético la crítica ha advertido cuatro direcciones: 1) la poesía pura, 2) la metafísica, 3) la personal y 4) la social, aunque es preciso añadir en seguida que con frecuencia en un mismo poeta se hallan representadas varias de estas direcciones.

Paul Valéry (1871–1945) definió la poesía pura como aquélla que se da después de eliminar los aspectos temáticos, didácticos, filosóficos y sentimentales, que él juzgaba prosaicos. Esta modalidad llegó a Hispanoamérica por dos caminos: en la obra del poeta Paul Valéry y del crítico e historiador Henry Brémond (1865–1933), y a través de los españoles Juan Ramón Jiménez (1881–1958), Ramón Gómez de la Serna (1888–1963) y Jorge Guillén (1893–1984) y en general de la influyente generación del 27. El más conocido cultor de la poesía pura fue el cubano Mariano Brull (1891–1956) quien vivió en París como diplomático y allí estuvo en contacto con Valéry, una de cuyas obras tradujo al español.

Los poetas mexicanos vinculados a la revista *Contemporáneos,* el argentino Ricardo A. Molinari (n. 1898), el chileno Humberto Díaz Casanueva (n. 1908) y la uruguaya Sara de Ibáñez (1909–71) muestran en su obra una acusada preocupación metafísica. Dentro de esta tendencia se destaca el mexicano José Gorostiza, autor del elogiado poema largo *Muerte sin fin* (1939). En la dirección personal a través de la cual el yo poético descubre sus sentimientos y ofrece una particular visión del mundo, está la obra de la salvadoreña Claudia Lars (1899–1974), el ecuatoriano Jorge Carrera Andrade (1903–78), el chileno Pablo Neruda (1904–73) y la puertorriqueña Julia de Burgos (1917–53). El Neruda más personal se encuentra en *Residencia en la tierra, I y II* y los volúmenes que conforman *Memorial de Isla Negra* (1964). De larga trayectoria y variados matices, la poesía de Neruda recorre varias de las direcciones señaladas para convertirse en una de las expresiones más originales de nuestro siglo.

El nicaragüense Pablo Antonio Cuadra (n. 1912) y la peruana Magda Portal (1903–89) han mostrado en sus versos una intensa preocupación social. Dentro de esta tendencia merece destacarse la modalidad negrista también llamada afroantillana aunque ha sido cultivada en varios países hispanoamericanos además de Puerto Rico, Cuba y la República Dominicana. Diferentes factores contribuyen al auge del negrismo literario.

En 1905, después de viajar por Africa, el etnólogo alemán Leo Forbenius dictó varias conferencias sobre sus experiencias en ese continente y publicó *El decamerón negro* (1910). Por esa época el jazz norteamericano comenzó a ser escuchado y admirado en Europa. El crítico y periodista francés Blaise Cendrars (1887–1961), quien también había viajado por Africa y China, y Philippe Soupault (1897–1990), poeta y novelista asociado al dadaísmo y al surrealismo, dieron a conocer obras de tema negro. En París se organizaban exhibiciones de objetos africanos y orientales; los pintores cubistas y especialmente Picasso descubrieron el arte negro e intentaron imitar sus formas; además, Spengler, en *La decadencia del Occidente,* ya había notado el estado precario de la civilización europea. Era necesario volver la mirada a otras culturas para revitalizar a la envejecida Europa.

Por otro lado, en Hispanoamérica el antropólogo cubano Fernando Ortiz (1881–1969) publicó *Los negros brujos* (1905) y *Glosario de afronegrismos* (1924), libros que dieron a conocer la riqueza y complejidad de la cultura negra. Así estimulados, los escritores antillanos se interesaron por llevar a la literatura el mundo del negro. Surgió entonces una poesía que, en su primer momento, se centró en el ritmo y la imitación del habla negra para después pasar al acusado reclamo social. Entre sus principales cultivadores se encuentran el puertorriqueño Luis Palés Matos (1898–1959), iniciador del movimiento en las Antillas, el cubano Nicolás Guillén (1902–89) que en poemas donde combina lo tradicional y lo popular muestra el alma mulata de su patria, y el dominicano Manuel del Cabral (n. 1907), cuyos versos exaltan diferentes aspectos del carácter del negro. La modalidad negrista se extendió también a la narrativa, donde ha dado importantes obras como *Cuentos negros de Cuba* (1940) de Lydia Cabrera (n. 1900) y la novela *Juyungo* (1942) del ecuatoriano Adalberto Ortiz (n. 1914).

4.5.2 La narrativa, gracias a los aportes del vanguardismo, superó el realismo tradicional ofreciendo novelas y cuentos donde predominan la descripción del mundo interior y la expresión del absurdo. Influida por las vanguardias y por escritores franceses, ingleses y norteamericanos como Proust, Camus, Joyce, Steinbeck, Dos Passos y Faulkner, para mencionar sólo nombres mayores, las obras hispanoamericanas presentan diversos niveles de la realidad simultáneamente, la ruptura del tiempo cronológico, la yuxtaposición de acontecimientos reales e imaginarios, diversos núcleos narrativos y diferentes tipos de lenguaje. Con estos elementos el narrador construye un mundo con autonomía propia. Para descifrarlo, el escritor exige la participación del lector que se convierte así en un elemento activo en la configuración de la obra literaria.

Dentro de las direcciones señaladas anteriormente para la narrativa posmodernista (4.2.2), se observa, a partir de los años finales de la década de los treinta, un especial interés en los problemas existenciales en la obra del chileno Manuel Rojas (1896–1972), el uruguayo Juan Carlos Onetti (n. 1909) y los argentinos Eduardo Mallea (n. 1903), Leopoldo Marechal (1900–70) y Ernesto Sábato (n. 1912). De este último son *El túnel* (1948), novela que muestra la crisis de la sociedad moderna, y *Sobre héroes y tumbas* (1962), alucinada visión de la historia y la realidad argentinas. La novela psicológica encuentra altas representantes en las chilenas Marta Brunet (1901–67) y María Luisa Bombal (1910–80). En *La última niebla* (1934) y *La amortajada* (1938) de Bombal la acción se desarrolla entre la realidad y los sueños, entre lo conocido y lo misterioso, para mostrar la frustración de los personajes femeninos.

La naturaleza, el paisaje y los tipos regionales continúan siendo fuente de inspiración en este período, pero ahora son vistos a través del mito, la historia, la religión y la magia. A esta forma peculiar de analizar la realidad americana, que por cierto incorpora diferentes categorías del regionalismo anterior, se le ha llamado realismo mágico[*]. En esta dirección se sitúan la obra del guatemalteco Miguel Angel Asturias (1899–1974), ganador del Premio Nobel en 1967, del cubano Alejo Carpentier, quien elaboró su propio concepto de lo real maravilloso y del ecuatoriano Demetrio Aguilera Malta (1905–81), cuya novela *Don Goyo* (1933) combina acertadamente lo mágico-realista con la protesta social. En *Leyendas de Guatemala* (1930), Asturias recoge las creencias de los indígenas de su patria; la primera novela del autor, *El señor Presidente* (1946), es un fuerte ataque a la dictadura donde se vale de elementos oníricos para mostrar la crueldad del tirano. Por su parte, Carpentier ha dejado ensayos, cuentos y novelas que lo muestran como uno de los escritores más logrados de este período y como genuino innovador. Entre sus novelas sobresale *El siglo de las luces* (1962) donde describe los efectos de la Revolución Francesa en el Caribe. Escritor de amplia trayectoria, con *Siete lunas y siete serpientes* (1970), Aguilera Malta se coloca dentro de las últimas corrientes de la narrativa hispanoamericana.

Durante esta época la narrativa de tema indigenista tiene su mejor cultor en el peruano José María Arguedas (1911–69). El indigenismo ha sufrido, sin embargo, cambios importantes. El tono combativo y el énfasis en la descripción de lo exterior, han cedido a la representación del mundo interior del indígena. Este se configura a través de los mitos y de la elaboración del lenguaje, así como de una visión lírica donde la naturaleza, los animales y los seres humanos aparecen unidos por fuerzas inexplicables. Si antes se presentaba al indio en el campo, pegado a la tierra, ahora se observa su traslado a la ciudad y el consecuente choque cultural. Arguedas, blanco criado entre los indios, muestra el conflicto entre el mundo indígena y el europeizado en *Los ríos profundos* (1958), su obra más admirada.

En este período de radicales cambios políticos y estéticos los escritores hispanoamericanos mostraron su capacidad para adaptar nuevas concepciones a esquemas tradicionales. Esta renovación inserta las letras hispanoamericanas en el período contemporáneo a la vez que realiza una aspiración expresada por José Martí: "Injértese en nuestras repúblicas el mundo; pero el tronco ha de ser el de nuestras repúblicas".

MARIANO AZUELA

(1873, Lagos de Moreno, Jalisco, México–1952, Ciudad de México)

La Revolución Mexicana (1910) y la década de turbulencia política y luchas sangrientas iniciada por ella tuvieron en Mariano Azuela un intérprete de pluma ágil y certera y un crítico de excepcional lucidez. Nació en Jalisco e hizo sus estudios secundarios y universitarios en Guadalajara, la capital estatal, donde se graduó de médico en 1899. Durante sus años de estudiante leyó a los realistas españoles, a los modernistas mexicanos y a los realistas y naturalistas franceses. Estos últimos influyeron decisivamente en su formación literaria. De esa época son sus primeros cuentos, *Impresiones de un estudiante* (1896). Médico y escritor, estas dos vocaciones determinaron la vida y la obra de Azuela. La influencia naturalista y el propio contacto con las enfermedades, las degradaciones causadas por la pobreza y la criminalidad, le dictaron la selección de los temas de sus primeras obras: la prostitución, el alcoholismo, la injusticia social. Ejemplo de ellos es su novela *María Luisa* (1907), escrita durante las noches de internado en el hospital San Miguel de Belén. *Los fracasados* (1908) introduce, por otra parte, el tema de la impotencia política de los idealistas al que volverá en *Andrés Pérez, maderista* (1911) y en *Los de abajo* (1915), pertenecientes ya al ciclo de las novelas de la Revolución.

Consciente de los males que aquejaban a la sociedad mexicana bajo el régimen del general Porfirio Díaz, Azuela apoyó el movimiento revolucionario iniciado por Francisco I. Madero, y al triunfar éste (1911) fue nombrado Jefe Político de Lagos, su pueblo natal. El intento de ejercer dicho cargo lo enfrentó con las fuerzas contrarrevolucionarias que operaban dentro y fuera del maderismo y se vio obligado a renunciar. Esta experiencia provocó en él desilusión y pesimismo con respecto al futuro de la Revolución. Después de la caída y asesinato de Madero (1913), se incorporó como médico al ejército de Pancho Villa, a quien identificó Azuela con el partido político que para él representaba la legalidad. Dos terceras partes de *Los de abajo* fueron escritas mientras acompañaba a los soldados que huían en derrota hacia el norte, perseguidos por los ejércitos de Carranza y Obregón. Finalmente cruzó la frontera y llegó a El Paso, Texas, donde publicó su novela en el periódico *El Paso del Norte.* Los hechos presenciados durante la contienda habían confirmado y ahondado su anterior desengaño.

Los de abajo le ha asegurado a Azuela un lugar permanente en la historia de la literatura hispanoamericana. Su mayor mérito es la perfecta adecuación de estructura y ritmo narrativos a las situaciones e ideas presentadas. Escenas y episodios narrados en forma aparentemente caótica reflejan con eficacia la violencia incontrolada y la falta de plan o dirección que el relato atribuye a los campesinos combatientes. Significativa es también la estructura circular de la novela. Los de abajo comienza y termina en el Cañón de Juchipila, sitio de la primera victoria y de la muerte del protagonista Demetrio Macías. Esta circularidad dramatiza lo estéril de la lucha, confirmando así la idea que se desprende de los hechos relatados. Otros aciertos del texto son el predominio del diálogo sobre la descripción y la presentación de los personajes por sus actos, más que a través de tradicionales retratos físicos o psicológicos. A pesar de la visión pesimista de la novela, el párrafo final transfigura a su protagonista, convirtiéndolo en símbolo de la eterna lucha del ser humano por alcanzar la justicia.

Azuela cerró el ciclo de sus novelas de la Revolución con Las tribulaciones de una familia decente (1918), donde describe la dislocación y las penurias de una familia provinciana de clase media que se refugia en la ciudad de México huyendo de la violencia. En los años siguientes produjo novelas de tipo experimental, donde se superponen los tiempos, se incluyen visiones retrospectivas y el desarrollo de la trama no se ciñe a la lógica ni al orden cronológico. A este período pertenecen La Malhora (1923), El desquite (1925) y La luciérnaga (1932), novelas apreciadas por la crítica pero que en su momento lograron escaso reconocimiento. Después el autor abandonó estas formas experimentales y volvió a escribir sin mayores complejidades narrativas, produciendo numerosas novelas de tema histórico, político y social.

El cuento de Azuela, "De cómo al fin lloró Juan Pablo" (1918), comunica con concisión y eficacia su visión crítica de la Revolución, aludiendo al oportunismo y la corrupción de los dirigentes políticos y a su continua explotación del pueblo. Juan Pablo, con sus impulsos violentos y un primario sentido del coraje y del honor, es víctima, del mismo modo que Demetrio y sus guerrilleros en Los de abajo, de las nuevas formas de privilegio y de poder.

Bibliografía mínima

Brushwood, John S. "Innovación narrativa en la novela de la Revolución Mexicana". In Honor of Boyd G. Carter. A Collection of Essays. Eds. C. Vera y G.R. McMurray. Laramie: U of Wyoming P, 1981. 1–6.

———. Mexico in Its Novel: A Nation's Search for Identity. Austin: U of Texas P, 1966.

Englekirk, John E. "Mariano Azuela: A Summing Up (1873–1952)". Southern Atlantic Studies for Sturgis Leavitt. Washington, D.C., 1953. 127–35.

Leal, Luis. Mariano Azuela. Buenos Aires: Centro Editor de América Latina, 1967.

———. Mariano Azuela. New York: Twayne, 1971.

Menton, Seymour. "La estructura épica de Los de abajo y un prólogo especulativo". Hispania 50 (1967): 1001–11.

Sommers, Joseph. After the Storm: Landmarks of the Modern Mexican Novel. Albuquerque: U of New Mexico P, 1968.

De cómo al fin lloró Juan Pablo

Juan Pablo está encapillado; mañana al rayar el alba, será conducido de su celda, entre clangor de clarines y batir de tambores. al fondo de las cuadras del cuartel, y allí, de espaldas a un angosto muro de adobes, ante todo el regimiento, se le formará el cuadro y será pasado por las armas.

5   Así paga con su vida el feo delito de traición.

¡Traición! ¡Traición!

La palabreja pronunciada en el Consejo Extraordinario de Guerra de ayer se ha clavado en mitad del corazón de Juan Pablo como un dardo de alacrán.[1]

10   "Traición". Así dijo un oficialito, buen mozo, que guiñaba los ojos y movía las manos como esas gentes de las comedias. Así dijo un oficialito encorseletado, relamido, oloroso como las mujeres de la calle; un oficialito de tres galones muy brillantes... galones vírgenes.

Y la palabreja da vueltas en el cerebro de Juan Pablo como la idea fija
15   en la rueda sin fin del cerebro de un tifoso.

"¡Traición!, ¡traición! ¿Pero traición a quién?"

Juan Pablo ruge, sin alzar la cabeza, removiendo la silla y haciendo rechinar sus ferradas botas en las baldosas.

La guardia despierta:

20   "¡Centinela aaalerta!..."

"¡Centinela aaalerta!..."

Las voces se repiten alejándose, perdiéndose de patio en patio, hasta esfumarse pavorosas y escalofriantes en un gemido del viento. Después ladra un perro en la calle. Ladrido agudo, largo, plañidero, de una melancolía desgarradora, casi humana.

25   El día que llegó a Hostotipaquillo el periódico de México con la relación mentirosa de las hazañas del beodo Huerta y su cafrería,[2] Pascual Bailón, hábil peluquero, acertado boticario y pulsador a las veces de la séptima,[3] convocó a sus íntimos:

30   "Pos[4] será bueno acabar ya con los tiranos", respondió Juan Pablo que nunca hablaba.

Entonces Pascual Bailón, personaje de ascendiente, empapado en las lecturas de Don Juan A. Mateos, y de Don Ireneo Paz[5] y de otros afamados escritores, con gesto épico y alcanzando con su verbo las alturas del cóndor,
35   dijo así:

"Compañeros, es de cobardes hablar en lenguas, cuando ya nuestros hermanos del Norte están hablando en pólvora".

---

1. Arácnido venenoso, escorpión.
2. Caracterización despectiva de los partidarios de Huerta.
3. Hábil para manejar situaciones en provecho propio.
4. Forma popular de "pues".
5. Juan A. Mateos e Ireneo Paz: novelistas mexicanos del siglo XIX.

Juan Pablo fue el primero en salir a la calle.

40 Los conjurados, en número de siete, no hablaron en pólvora porque no tenían ni pistolas de chispa; tan bien hablaron en hierro, que dejaron mudos para siempre a los tiranos del pueblo, al alcaide y los jenízaros[6] de la cárcel municipal, amén de ponerle fuego a *La Simpatía (abarrotes y misceláneas)* de Don Telésforo, el cacique principal.

45 Pascual Bailón y los suyos remontaron a las barrancas de Tequila. Luego de su primera escaramuza con los federales,[7] verificóse un movimiento jerárquico radical; Pascual Bailón, que procuraba ponerse siempre a respetable distancia de la línea de fuego, dijo que a eso él le llamaba, con la historia, prudencia; pero los demás, que ni leer sabían, en su caló[8] un tanto rudo, mas no desprovisto de color, dijeron que eso se llamaba simplemente "argolla".[9] En-
50 tonces, por unanimidad de pareceres, tomó la jefatura de la facción Juan Pablo, que en el pueblo sólo se había distinguido por su retraimiento hosco y por su habilidad muy relativa para calzar una reja, aguzar un barretón[10] o sacarle filo a un machete. Valor temerario y serenidad fueron para Juan Pablo como para el aguilucho desplegar las alas y hender los aires.

55 Al triunfo de la Revolución podía ostentar, sin mengua de la vergüenza y del pudor, sus insignias de general.

Las parejas de enamorados que gustan de ver el follaje del jardín Santiago Tlatelolco tinto en el oro vaporoso del sol naciente tropezaron a menudo con un recio mocetón, tendido a la bartola en una banca, en mangas
60 de camisa, desnudo el velloso pecho; a veces contemplando embebecido un costado mohoso y carcomido de la iglesia; sus vetustas torrecillas desiguales que recortan claros zafirinos,[11] débilmente rosados por la hora; otras veces con un número de *El Pueblo,* a deletrea que deletrea.

Juan Pablo, de guarnición en la capital, poco sabe de periódicos, desde
65 que Pascual Bailón, nuevo Cincinato, después de salvar a la patria, se ha retirado a la vida privada a cuidar sus intereses (una hacienda en Michoacán y un ferrocarrilito muy regularmente equipado); pero cuando el título del periódico viene en letras rojas y con la enésima noticia de que "Doroteo Arango ha sido muerto" o que "el Gobierno ha rehusado el ofrecimiento de quinien-
70 tos millones de dólares que le ofrecen los banqueros norteamericanos", o bien como ahora que "ya el pueblo está sintiendo los inmensos beneficios de la Revolución", entonces compra el diario. Excusado decir que Juan Pablo prohija la opinión de *El Pueblo* de hoy: su chaleco está desabrochado porque no le cierra más; la punta de su nariz se empurpura y comienzan a culebrear

---

6. Guardias.

7. Soldados del gobierno federal bajo la presidencia de Victoriano Huerta (1913–14), quien usurpó el poder apoyado por grupos contrarrevolucionarios.

8. Argot, "slang".

9. "argolla": miedo.

10. Barreta: barra de hierro usada por albañiles, mineros y picapedreros.

11. De color de zafiro o azul.

75 por ella venillas muy erectas, y a su lado juguetea una linda adolescente vestida de tul blanco floreado, con un listón muy encendido en la nuca, otro más
grande y abierto como mariposa de fuego al extremo de la trenza que cae pesada en medio de unas caderas que comienzan apenas a ensanchar.

Juan Pablo acaba rendido la lectura de "los Inmensos Beneficios que la
80 Revolución le ha traído al Pueblo" a la sazón que sus ojos reparan en el centenar de mugrientos, piojosos y cadavéricos que están haciendo cola a lo
largo de la duodécima calle del Factor, en espera de que abra sus puertas un
molino de nixtamal.[12] Juan Pablo frunce el ala izquierda de su nariz y se inclina a rascarse un tobillo. No es que Juan Pablo, herido por la coincidencia,
85 haya reflexionado. No. Juan Pablo ordinariamente no piensa. Lo que ocurre
en las reconditeces de su subconciencia suele exteriorizarse así: un fruncir
de nariz, un sordo escozor, algo así como si se le paseara una pulga por las
pantorrillas. Eso es todo.

Y bien, es ésta la tercera vez que Juan Pablo está encapillado. Una por
90 haberle desbaratado la cara a un barbilindo de la Secretaría de Guerra; otra
por haber alojado en la cabeza de un pagador una bala de revólver. Todo por
nada, por minucias de servicio. Porque en la lógica de mezquite[13] de Juan
Pablo no cabrá jamás eso de que después del triunfo de la revolución del pueblo sigan como siempre unos esclavizados a los otros. En su regimiento, en
95 efecto, jamás se observó más línea de conducta que ésta: "No volverle jamás
la espalda al enemigo". El resto avéngaselo cada cual como mejor le cuadre.
Se comprende qué hombres llevaría consigo Juan Pablo. Se comprende cómo
lo adoraría su gente. Y se comprende también que por justos resquemores de
esa gente el Gobierno haya puesto dos veces en libertad a Juan Pablo.
100 Sólo que la segunda salió de la prisión a encontrarse con una novedad:
su regimiento disuelto, sus soldados incorporados a cuerpos remotísimos:
unos en Sonora, otros en Chihuahua, otros en Tampico y unos cuantos en Mo-
relos.

Juan Pablo, general en depósito sin más capital que su magnífica *Colt* iz-
105 quierda, sintió entonces la nostalgia del terruño lejano, de sus camaradas de
pelea, de su libertad más mermada hoy que cuando majaba[14] el hierro, sin
más tiranos en la cabeza que el pobre diablo de la *Simpatía (abarrotes y misceláneas)* y los tres o cuatro "gatos" que fungían de gendarmes municipales,
excelentes personas por lo demás, si uno no se mete con ellos. Juan Pablo así
110 lo reconoce ahora, suspirando y vueltas las narices al occidente.

Una noche, cierto individuo que de días atrás viene ocupando el sitio
frontero a Juan Pablo en el restaurante se rasca la cabeza, suspira y rumora:
"Los civilistas nos roban".

---

12. Maíz cocido con agua y ceniza, o con
agua y cal, para ser luego lavado y molido y
hacer con él la masa de las tortillas.
13. Arbol que exuda una goma ambarina de

uso industrial y cuya madera es pesada y
compacta. De uso figurativo aquí, caracteriza
al personaje como denso, poco lúcido.
14. Machucaba.

Juan Pablo, cejijunto,[15] mira a su interlocutor, come y calla.

115 Al día siguiente: "Los civilistas se han apoderado de nuestra cosecha; nosotros sembramos la tierra, nosotros la regamos con nuestra propia sangre".

Juan Pablo deja el platillo un instante, pliega el ala izquierda de la nariz, se inclina y se rasca un tobillo. Luego come y calla.

120 Otro día: "Los civilistas ya no son las moscas, ahora se han sentado a la mesa y a nosotros nos arrojan, como al perro, las sobras del paquete".

Juan Pablo, impaciente al fin, pregunta: "¿Por eso, pues, quiénes jijos[16] de un... son esos tales civilistas?"

"Los que nos han echado de nuestro campo... los catrines..."[17]

125 La luz se hace en el cerebro de Juan Pablo.

Al día siguiente es él quien habla: "Sería bueno acabar con los tiranos".

Su amigo lo lleva por la noche a una junta secreta por un arrabal siniestro. Allí están reunidos ya los conjurados. Uno, el más respetable, diserta con sombrío acento sobre el tema ya es tiempo de que al pueblo le demos patria.

130 Alelado, Juan Pablo no siente cuando las puertas y ventanas contiguas se cuajan de brillantes cañones de fusil.

Un vozarrón: "¡Arriba las manos!"

Todo el mundo las levanta. Juan Pablo también las levanta; mejor dicho alza la derecha empuñando vigorosamente la *Colt* izquierda.

135 "¡Ríndase o hago fuego!", ruge una voz tan cerca de él que le hace dar un salto de fiera hacia atrás. Y Juan Pablo responde vaciando la carga de su revólver.

En medio de la blanca humareda, entre el viejo fulgor de los fogonazos, bajo la turbia penumbra de un farol grasiento, Juan Pablo, crispada la melena,
140 blancos los dientes, sonríe en su apoteosis.

Cuando los tiros se agotan y no queda figura humana en los oscuros huecos de puertas y ventanas, caen sobre él como un rayo los mismos conjurados.

Agarrotado de pies y manos, Juan Pablo sigue sonriendo.

145 No hay jactancia alguna, pues, en que Juan Pablo diga que tantas veces se ha encontrado frente a frente con la muerte que ya aprendió a verla de cara sin que le tiemblen las corvas.

Si hoy lleva seis horas enclavado en una silla de tule, la vigorosa cabeza hundida entre sus manos nervudas y requemadas, es porque algo más cruel
150 que la muerte lo destroza. Juan Pablo oye todavía: "¡Traición... traición...!", cuando una a una caen lentas y pausadas las campanadas del alba.

"¿Pero traición a quién, Madre mía del Refugio?"

---

15. Ceñudo.
16. "Jijos": hijos.
17. Petimetres, holgazanes presuntuosos.

Apodo despectivo dado por la clase popular a los de clase más alta.

Sin abrir los ojos está mirando el altarcito en uno de los muros del cuartucho; una estampa de Nuestra Señora del Refugio, dos manojos de flores ya
155 marchitas y una lamparita de aceite que derrama su luz amarillenta y funeraria. Entonces dos lagrimones se precipitan a sus ojos.

"¡Imposible!—Juan Pablo da un salto de león herido—. . . ¡Imposible!. . . Clarividencias de moribundo le traen viva la escena de su infancia,
ruidoso covachón,[18] negro de hollín, gran fuego en el hogar, y un niño de
160 manos inseguras que no saben tener la tenaza y escapar el hierro candente. . .
Luego un grito y los ojos que se llenan de lágrimas. . . Al extremo de la fragua
se yergue un viejo semidesnudo, reseco, como corteza de roble, barbado en
grandes madejas como ixtle[19] chamuscado:

"¿Qué es eso, Juan Pablo?. . . Los hombres no lloran!"
165 En huecas frases revestidas de hipocresía reporteril, la prensa dice que
el ajusticiado murió con gran serenidad. Agregan los reporteros que las últimas palabras del reo fueron éstas: "No me tiren a la cara", y que con tal
acento las pronunció, que más parecía dictar una orden que implorar una
gracia.
170 Parece que la escolta estuvo irreprochable. Juan Pablo dio un salto adelante, resbaló y cayó tendido de cara a las estrellas, sin contraer más una sola
de sus líneas.

Eso fue todo lo que vieron los reporteros.

Yo vi más. Vi cómo en los ojos vitrificados de Juan Pablo asomaron tími-
175 damente dos gotitas de diamantes que crecían, crecían, que se dilataban, que
parecían querer desprenderse, que parecían querer subir al cielo. . . sí, dos estrellas. . .

Preguntas

1. ¿Cómo caracterizaría Ud. a Juan Pablo?
2. ¿Quiénes son, según el relato, los que se han beneficiado de la Revolución?
3. ¿De qué modo el lenguaje transmite, a través de sus formas coloquiales y cultas, la visión crítica y desengañada del autor?
4. ¿Puede Ud. relacionar este cuento con otras obras de Azuela?
5. ¿Cree Ud. que el protagonista tiene una dimensión universal?

18. Habitación estrecha, húmeda y oscura.
19. Fig. Se refiere a la cuerda hecha con plan-

tas fibrosas. La barba del hombre se asemeja
a una harpillera quemada.

HORACIO QUIROGA

(1878, Salto, Uruguay–1937, Buenos Aires, Argentina)

El cuento, género de decisiva importancia en el desarrollo de las letras hispanoamericanas, alcanza su madurez en la obra de Horacio Quiroga. Este maestro de la narrativa breve, junto con Lugones, es el eslabón hacia los grandes cuentistas rioplatenses de las generaciones siguientes: Jorge Luis Borges, Felisberto Hernández, Julio Cortázar. Desde su infancia y adolescencia transcurridas en el Salto, hasta los primeros años vividos en el territorio selvático de Misiones (1909–16), en el noreste argentino, la vida del escritor estuvo marcada por acontecimientos trágicos. Sólo contaba dos meses cuando un disparo accidental de escopeta mató a su padre, un vicecónsul argentino descendiente del caudillo Facundo. Adolescente, presenció el suicidio de su padrastro; en 1902 mató accidentalmente a un amigo y en 1915 su primera esposa se suicidó en Misiones. También Quiroga acabaría con su vida, años más tarde, al saberse enfermo de cáncer. Las circunstancias biográficas, asi como el contacto con la naturaleza indómita y los peligros de la selva, explican que la muerte accidental, violenta y las anormalidades psicológicas sean temas predominantes en su obra.

Desde 1902, Quiroga vivió en Argentina; fuera de los años pasados en Misiones, adonde regresó hacia el fin de su vida (1932–36), residió en Buenos Aires, donde publicó la mayor parte de su obra y tuvo activa participación en los círculos literarios. Quiroga se había iniciado en las letras en Montevideo, durante el apogeo del modernismo, a cuyos maestros siguió fielmente en los versos simbolistas y prosas artísticas de *Los arrecifes de coral* (1901). Con dos amigos creó, en la capital uruguaya, el "Consistorio del Gay Saber", especie de laboratorio de experimentación poética. Reconocía como maestros al argentino Lugones a quien trató personalmente y, a través de lecturas, a Poe, Maupassant, Dostoievsky, Chejov y Kipling. Estos modelos y, sobre todo, sus experiencias vitales lo llevaron hacia la prosa realista y la expresión contenidamente dramática y personal que caracteriza sus mejores relatos. Estos se encuentran, particularmente, en *Cuentos de amor, de locura y de muerte* (1917), *Cuentos de la selva* (1918), *Anaconda* (1921), *La gallina degollada y otros cuentos* (1925), *Los desterrados* (1926) y su última colección, *Más allá* (1935), a la que pertenece "El hijo".

"El hijo" es un cuento en el que se observan muchas de las características mencionadas del arte de narrar de Quiroga. El trasfondo autobiográfico se manifiesta, sobre todo, en el papel protagónico del padre, en su angustiado presentimiento, en las alucinaciones anticipatorias o negadoras de la muerte del hijo, que el texto comunica con vívida intensidad. La superposición de elementos reales e irreales anuncia ya aspectos del futuro cuento fantástico. En contraste con Borges, sin embargo, en cuya obra se yuxtaponen la realidad y la fantasía, Quiroga separa prolijamente estos dos planos. El cuento no se desarrolla en una dimensión fantástica o metafísica, sino que permanece dentro de los parámetros del realismo y la irrealidad queda allí reducida al nivel psicopatológico.

Aunque Quiroga se sintió atraído por la naturaleza, los animales y las condiciones de vida primitiva, él mismo era hombre de cultura refinada y espiritualmente complejo. Como escritor, tuvo clara conciencia de su oficio; en "Decálogo del perfecto cuentista" y "La retórica del cuento" así lo demuestra. Debe señalarse que Julio Cortázar, uno de los autores más representativos del cuento contemporáneo, escribió con entusiasmo sobre "el hermano Quiroga" y se identificó con el último precepto de su "decálogo": "Cuenta como si el relato no tuviera interés más que para el pequeño ambiente de tus personajes, de los que pudiste haber sido uno".

Bibliografía mínima

Alazraki, Jaime. "Relectura de Horacio Quiroga". *El cuento hispanoamericano ante la crítica*. Ed. Enrique Pupo-Walker. Madrid: Castalia, 1973. 64–80.

Bratosevich, Nicolás. "Quiroga y la efectividad del mito". *El realismo mágico en el cuento hispanoamericano*. Ed. Angel Flores. Tlahuapan, México: Premiá, 1985. 99–111.

Jitrik, Noé, *Horacio Quiroga*. Buenos Aires: Centro Editor de América Latina, 1967.

Martínez Estrada, Ezequiel. *El hermano Quiroga*. Montevideo: Instituto Nacional de Investigaciones y Archivos, 1957.

Morales, Leónidas. "Historia de una ruptura: el tema de la naturaleza en Quiroga". *Revista Chilena de Literatura* 22 (1983). 73–92.

Rodríguez Monegal, Emir. *Las raíces de Horacio Quiroga*. Montevideo: Alfa, 1961.

———. *Narradores de esta América*. 2a ed. Montevideo: Alfa, 1969. Vol. 1 50–66.

El hijo

Es un poderoso día de verano en Misiones[1] con todo el sol, el calor y la calma que puede deparar la estación. La naturaleza, plenamente abierta, se siente satisfecha de sí.

Como el sol, el calor y la calma ambiente, el padre abre también su co-
5 razón a la naturaleza.

—Ten cuidado, chiquito—dice a su hijo abreviando en esa frase todas las observaciones del caso y que su hijo comprende perfectamente.

—Sí, papá—responde la criatura, mientras coge la escopeta y carga de cartuchos los bolsillos de su camisa, que cierra con cuidado.

10 —Vuelve a la hora de almorzar—observa aún el padre.

—Sí, papá—repite el chico.

Equilibra la escopeta en la mano, sonríe a su padre, lo besa en la cabeza y parte.

Su padre lo sigue un rato con los ojos y vuelve a su quehacer de ese día,
15 feliz con la alegría de su pequeño.

Sabe que su hijo, educado desde su más tierna infancia en el hábito y la precaución del peligro, puede manejar un fusil y cazar no importa qué. Aunque es muy alto para su edad, no tiene sino trece años. Y parecería tener menos, a juzgar por la pureza de sus ojos azules, frescos aún de sorpresa in-
20 fantil.

No necesita el padre levantar los ojos de su quehacer para seguir con la mente la marcha de su hijo: Ha cruzado la picada[2] roja y se encamina recta- mente al monte a través del abra de espartillo.[3]

Para cazar en el monte—caza de pelo—se requiere más paciencia de la
25 que su cachorro puede rendir. Después de atravesar esa isla de monte, su hijo costeará la linde de cactus hasta el bañado, en procura de palomas, tucanes[4] o tal cual casal de garzas, como las que su amigo Juan ha descubierto días an- teriores.

Solo ahora, el padre esboza una sonrisa al recuerdo de la pasión cinegé-
30 tica[5] de las dos criaturas. Cazan sólo a veces un yacútoro,[6] un surucuá— menos aún—y regresan triunfales, Juan a su rancho con el fusil de nueve milímetros que él le ha regalado, y su hijo a la meseta, con la gran escopeta Saint-Etienne[7] calibre 16, cuádruple cierre y pólvora blanca.

1. Provincia al norte de Argentina, en la frontera con Brasil y Paraguay.
2. Camino estrecho.
3. Tipo de hierba que crece en lugares hú- medos.

4. Aves de enorme pico y cabeza pequeña adornada por plumas de vivos colores.
5. Del arte de la caza.
6. Yacú de gran tamaño, ave negra.
7. Fábrica francesa de armas de fuego.

El fue lo mismo. A los trece años hubiera dado la vida por poseer una
escopeta. Su hijo, de aquella edad, la posee ahora;—y el padre sonríe.

No es fácil, sin embargo, para un padre viudo, sin otra fe ni esperanza
que la vida de su hijo, educarlo como lo ha hecho él, libre en su corto radio
de acción, seguro de sus pequeños pies y manos desde que tenía cuatro años,
consciente de la inmensidad de ciertos peligros y de la escasez de sus propias
fuerzas.

Ese padre ha debido luchar fuertemente contra lo que él considera su
egoísmo. ¡Tan fácilmente una criatura calcula mal, sienta un pie en el vacío,
y se pierde un hijo!

El peligro subsiste siempre para el hombre en cualquier edad; pero su
amenaza amengua si desde pequeño se acostumbra a no contar sino con sus
propias fuerzas.

De este modo ha educado el padre a su hijo. Y para conseguirlo ha debido resistir no sólo a su corazón, sino a sus tormentos morales; porque ese
padre, de estómago y vista débiles, sufre desde hace un tiempo de alucinaciones.

Ha visto, concretados en dolorosísima ilusión, recuerdos de una felicidad que no debía surgir más de la nada en que se recluyó. La imagen de su
propio hijo no ha escapado a este tormento. Lo ha visto una vez rodar envuelto en sangre cuando el chico percutía en la morsa del taller una bala de
parabellum, siendo así que lo que hacía era limar la hebilla de su cinturón de
caza.

Horribles cosas. . . Pero hoy, con el ardiente y vital día de verano, cuyo
amor su hijo parece haber heredado, el padre se siente feliz, tranquilo y
seguro del porvenir.

En ese instante, no muy lejos, suena un estampido.

—La Saint-Etienne. . .—piensa el padre al reconocer la detonación.—
Dos palomas de menos en el monte. . .

Sin prestar más atención al nimio acontecimiento, el hombre se abstrae
de nuevo en su tarea.

El sol, ya muy alto, continúa ascendiendo. Adonde quiera que se mire—
piedras, tierra, árboles,—el aire, enrarecido como un horno, vibra con el calor. Un profundo zumbido que llena el ser entero e impregna el ámbito hasta
donde la vista alcanza, concentra a esa hora toda la vida tropical.

El padre echa una ojeada a su muñeca; las doce. Y levanta los ojos al
monte.

Su hijo debía estar ya de vuelta. En la mutua confianza que depositan el
uno en el otro—el padre de sienes plateadas y la criatura de trece años,—no
se engañan jamás. Cuando su hijo responde:—Sí, papá, haré lo que dice. Dijo
que volvería antes de las doce, y el padre ha sonreído al verlo partir.

Y no ha vuelto.

El hombre torna a su quehacer, esforzándose en concentrar la atención en su tarea. ¡Es tan fácil, tan fácil perder la noción de la hora dentro del monte, y sentarse un rato en el suelo mientras se descansa inmóvil...

Bruscamente, la luz meridiana, el zumbido tropical y el corazón del
80 padre se detienen a compás de lo que acaba de pensar: su hijo descansa inmóvil...

distracción

El tiempo ha pasado; son las doce y media. El padre sale de su taller, y al apoyar la mano en el banco de mecánica sube del fondo de su memoria el estallido de una bala de parabellum, e instantáneamente, por primera vez en
85 las tres horas transcurridas, piensa que tras el estampido de la Saint-Etienne no ha oído nada más. No ha oído rodar el pedregullo bajo un paso conocido. Su hijo no ha vuelto, y la naturaleza se halla detenida a la vera del bosque, esperándolo...

¡Oh! No son suficientes un carácter templado y una ciega confianza en
90 la educación de un hijo para ahuyentar el espectro de la fatalidad que un padre de vista enferma ve alzarse desde la línea del monte. Distracción, olvido, demora fortuita: ninguno de estos nimios motivos que pueden retardar la llegada de su hijo, hallan cabida en aquel corazón.

Un tiro, un solo tiro ha sonado, y hace ya mucho. Tras él el padre no ha
95 oído un ruido, no ha visto un pájaro, no ha cruzado el abra una sola persona a anunciarle que al cruzar un alambrado, una gran desgracia...

La cabeza al aire y sin machete, el padre va. Corta el abra de espartillo, entra en el monte, costea la línea de cactus sin hallar el menor rastro de su hijo.

100 Pero la naturaleza prosigue detenida. Y cuando el padre ha recorrido las sendas de caza conocidas y ha explorado el bañado en vano, adquiere la seguridad de que cada paso que da en adelante lo lleva, fatal e inexorablemente, al cadáver de su hijo.

Ni un reproche que hacerse, el lamentable. Sólo la realidad fría, terrible
105 y consumada: Ha muerto su hijo al cruzar un...

¡Pero dónde, en qué parte! ¡Hay tantos alambrados allí, y es tan tan sucio el monte!... ¡Oh, muy sucio!... Por poco que no se tenga cuidado al cruzar los hilos con la escopeta en la mano...

El padre sofoca un grito. Ha visto levantarse en el aire... ¡Oh, no es su
110 hijo, no!... Y vuelve a otro lado, y a otro y a otro...

Nada se ganaría con ver el color de su tez y la angustia de sus ojos. Ese hombre aún no ha llamado a su hijo. Aunque su corazón clama por él a gritos, su boca continúa muda. Sabe bien que el solo acto de pronunciar su nombre, de llamarlo en voz alta, será la confesión de su muerte...

grita

115 —¡Chiquito!—se le escapa de pronto. Y si la voz de un hombre de carácter es capaz de llorar, tapémonos de misericordia los oídos ante la angustia que clama en aquella voz.

Nadie ni nada ha respondido. Por las picadas rojas de sol, envejecido en diez años, va el padre buscando a su hijo que acaba de morir.

120 —¡Hijito mío!... ¡Chiquito mío!...—clama en un diminutivo que se alza del fondo de sus entrañas.

Ya antes, en plena dicha y paz, ese padre ha sufrido la alucinación de su hijo rodando con la frente abierta por una bala al cromo níquel. Ahora, en cada rincón sombrío del bosque ve centelleos de alambre; y al pie de un 125 poste, con la escopeta descargada al lado, ve a su ...

lengua

—¡Chiquito!... ¡Mi hijo!...

Las fuerzas que permiten entregar un pobre padre alucinado a la más atroz pesadilla tienen también un límite. Y el nuestro siente que las suyas se le escapan, cuando ve bruscamente desembocar de un pique lateral a su hijo.

130 A un chico de trece años bástale ver desde cincuenta metros la expresión de su padre sin machete dentro del monte, para apresurar el paso con los ojos húmedos.

—Chiquito...—murmura el hombre. Y, exhausto, se deja caer sentado en la arena albeante, rodeando con los brazos las piernas de su hijo.

135 La criatura, así ceñida, queda de pie; y como comprende el dolor de su padre, le acaricia despacio la cabeza:

—Pobre papá...

En fin, el tiempo ha pasado. Ya van a ser las tres. Juntos, ahora, padre e hijo emprenden el regreso a la casa.

nada pasó

140 —¿Cómo no te fijaste en el sol para saber la hora? ...—murmura aún el primero.

—Me fijé, papá... Pero cuando iba a volver vi las garzas de Juan y las seguí...

—¡Lo que me has hecho pasar, chiquito!...

145 —Piapiá...—murmura también el chico.

Después de un largo silencio:

—Y las garzas, ¿las mataste?—pregunta el padre.

—No...

Nimio detalle, después de todo. Bajo el cielo y el aire candentes, a la 150 descubierta por el abra de espartillo, el hombre vuelve a casa con su hijo, sobre cuyos hombros, casi del alto de los suyos, lleva pasado su feliz brazo de padre. Regresa empapado de sudor, y aunque quebrantado de cuerpo y alma, sonríe de felicidad...

Sonríe de alucinada felicidad... Pues ese padre va solo. A nadie ha en-155 contrado, y su brazo se apoya en el vacío. Porque tras él, al pie de un poste y con las piernas en alto, enredadas en el alambre de púa, su hijo bien amado yace al sol, muerto desde las diez de la mañana.

Preguntas

1. ¿De qué modo refleja este cuento circunstancias de la vida del autor?
2. ¿Qué relación se establece entre la naturaleza y el personaje? ¿Dónde observa Ud. la personificación de la naturaleza en este cuento?
3. ¿Cómo lucha el padre contra los temores y las imágenes premonitorias?
4. ¿En qué forma triunfa la irracionalidad en el cuento?
5. ¿De qué modo se acerca y al mismo tiempo se distingue este relato de los caracterizados como fantásticos?

PEDRO HENRIQUEZ UREÑA

(1884, Sto. Domingo, Rep. Dominicana—1946, Buenos Aires, Argentina)

Pedro Henríquez Ureña es una de las figuras más ilustres y veneradas de las letras hispánicas. De sólida formación humanística, con erudición, talento crítico y vocación educadora, este gran dominicano enriqueció el ambiente cultural de cada uno de los países donde transcurrió su azarosa existencia. Pasó la mayor parte de su vida fuera de su patria, a la que tuvo que abandonar en 1901, y a la cual sólo regresó temporalmente treinta años después (1931—33). Había manifestado inclinación literaria desde los nueve años; junto con su hermano Max, un año menor que él, realizó extensas lecturas y empezó a escribir versos guiado por su madre, la poeta Salomé Ureña (1850—97). La inestabilidad política del país motivó el exilio de la familia. El joven escritor vivió y estudió en Nueva York durante tres años (1901—04), etapa de fructífera experiencia personal y cultural de la que surgieron poemas y ensayos. Más tarde, durante su residencia en La Habana, escribió y publicó su primer libro, *Ensayos críticos* (1905).

Henríquez Ureña vivió en la Ciudad de México desde 1906 hasta 1914, época de efervescencia política y de nuevas ideas. Fue miembro fundador del Ateneo de la Juventud, importante centro de renovación intelectual y artística, junto con el filósofo Antonio Caso, los escritores José Vasconcelos, Alfonso Reyes y otros ilustres mexicanos. Ejerció la docencia universitaria, el periodismo, y contribuyó a la preparación de la *Antología del Centenario*. Compilada bajo la dirección de Justo Sierra (1848—1912), el fundador de la moderna Universidad Nacional de México, esta antología se propuso recoger la literatura mexicana del primer siglo de independencia. El segundo libro del autor, *Horas de estudio* (1910), abarca lo mejor de su prosa escrita en esos años.

Entre 1914 y 1920, Henríquez Ureña enseñó en la Universidad de Minnesota, donde también obtuvo el doctorado en literatura con la tesis *La versificación irregular en la poesía castellana,* publicada luego (1920). Durante el mismo período pasó temporadas extensas en Madrid dedicado a la investigación filológica en el Centro de Estudios Históricos que dirigía el gran hispanista Ramón Menéndez Pidal (1869—1968). Luego de una segunda pero más breve residencia en México (1921—24), se trasladó a Argentina, donde transcurrió la última etapa de su vida. En Buenos Aires y en La Plata (Provincia de Buenos Aires), ejerció la docencia secundaria y universitaria y formó, junto con el distinguido filólogo español Amado Alonso (1896–1952), una generación de lingüistas y críticos. En esos años publicó *Seis ensayos en busca de nuestra expresión* (1928), uno de sus libros más importantes, donde analiza la historia cultural hispanoamericana. Fue ésta una época de intensa actividad literaria, en la cual escribió y trabajó para revistas y casas editoriales, dictó conferencias y contribuyó con los capítulos sobre Santo Domingo y Puerto Rico a la *Historia de América* publicada bajo la dirección del investigador argentino Ricardo Levene.

Durante el año académico 1940–41, Henríquez Ureña fue invitado por la Universidad de Harvard a ocupar la cátedra Charles Eliot Norton. Sus conferencias, dictadas en inglés, fueron publicadas como libro por la misma universidad con el título *Literary Currents in Hispanic America* (1945). Este libro, traducido luego al español (1949) y hoy considerado uno de los estudios clásicos del tema, consolidó el prestigio internacional del autor y representó la culminación de su brillante trayectoria de investigador y hombre de letras. *Historia de la cultura en la América Hispana*, de publicación póstuma (1947), no alcanzó nivel e importancia paralelos.

En *Seis ensayos en busca de nuestra expresión,* Henríquez Ureña analiza las etapas recorridas, los problemas aún no superados y los caminos posibles en la evolución hacia una auténtica expresión de la cultura hispanoamericana. Estas páginas admirablemente concisas son fruto de un conocimiento destilado y de una gran capacidad de síntesis puestas al servicio de una visión americanista.

Bibliografía mínima

Barrenechea, Ana María. "Lo peculiar y lo universal en la América de Pedro Henríquez Ureña". *Sur* 355 (1984): 21–4.

Castro Leal, Antonio. "Pedro Henríquez Ureña, humanista". *Cuadernos Americanos* 5 (1946): 268–87.

De Beer, Gabriella. "Pedro Henríquez Ureña en la vida intelectual mexicana". *Cuadernos Americanos* 215 (1977): 124–31.

Homenaje a Pedro Henríquez Ureña. Revista Iberoamericana 21 (1956).

Lara, Juan Jacobo de. *Pedro Henríquez Ureña: su vida y su obra.* Santo Domingo: Universidad Nacional Pedro Henríquez Ureña, 1975.

Rodríguez Feo, José. Prólogo. Pedro Henríquez Ureña, *Selección de ensayos.* La Habana: Casa de las Américas, 1965. vii–xxii.

Roggiano, Alfredo A. *Pedro Henríquez Ureña y los Estados Unidos.* México: Editorial Cultura, 1961.

Torchia Estrada, Juan C. "El problema de América en Pedro Henríquez Ureña". *Sur* 355 (1984). 133–48.

El descontento y la promesa

LAS FORMULAS DEL AMERICANISMO

Examinaremos las principales soluciones propuestas y ensayadas para el problema de nuestra expresión en literatura. Y no se me tache prematuramente de optimista cándido porque vaya dándoles aprobación provisional a todas: al final se verá el por qué.

5 Ante todo, la naturaleza. La literatura descriptiva habrá de ser, pensamos durante largo tiempo, la voz del Nuevo Mundo. Ahora no goza de favor la idea: hemos abusado en la aplicación; hay en nuestra poesía romántica tantos paisajes como en nuestra pintura impresionista. La tarea de escribir, que nació del entusiasmo, degeneró en hábito mecánico. Pero ella ha educado
10 nuestros ojos: del cuadro convencional de los primeros escritores coloniales, en quienes sólo de raro en raro asomaba la faz genuina de la tierra, como en las serranías peruanas del Inca Garcilaso, pasamos poco a poco, y finalmente llegamos, con ayuda de Alexander von Humboldt y de Chateaubriand, a la directa visión de la naturaleza. De mucha olvidada literatura del siglo XIX sería
15 justicia y deleite arrancar una vivaz colección de paisajes y miniaturas de fauna y flora. Basta detenernos a recordar para comprender, tal vez con sorpresa, cómo hemos conquistado, trecho a trecho, los elementos pictóricos de nuestra pareja de continentes y hasta el aroma espiritual que se exhala de ellos: la colosal montaña; las vastas altiplanicies de aire fino y luz tranquila
20 donde todo perfil se recorta agudamente; las tierras cálidas del trópico, con sus marañas de selvas, su mar que asorda y su luz que emborracha; la pampa profunda; el desierto "inexorable y hosco". Nuestra atención al paisaje engendra preferencias que hallan palabras vehementes: tenemos partidarios de la llanura y partidarios de la montaña. Y mientras aquéllos, acostumbrados
25 a que los ojos no tropiecen con otro límite que el horizonte, se sienten oprimidos por la vecindad de las alturas, como Miguel Cané[1] en Venezuela y Colombia, los otros se quejan del paisaje "demasiado llano", como el personaje de la *Xaimaca* de Güiraldes, o bien, con voluntad de amarlo, vencen la inicial impresión de monotonía y desamparo y cuentan cómo, después de largo rato
30 de recorrer la pampa, ya no la vemos: vemos otra pampa que se nos ha hecho en el espíritu (Gabriela Mistral). O acerquémonos al espectáculo de la zona tórrida: para el nativo es rico en luz, calor y color, pero lánguido y lleno de molicie; todo se le deslíe en largas contemplaciones, en pláticas sabrosas, en danzas lentas,

---

1. Miguel Cané (1851–1905): escritor argen-   *Juvenilia* (1884).
tino conocido por su novela autobiográfica

35   y en las ardientes noches del estío
la bandola² y el canto prolongado
que une su estrofa al murmurar del río...

Pero el hombre de climas templados ve el trópico bajo deslumbra-
miento agobiador: así lo vió Mármol en el Brasil, en aquellos versos célebres,
40   mitad ripio,³ mitad hallazgo de cosa vivida; así lo vio Sarmiento en aquel
breve y total apunte de Río de Janeiro:

> Los insectos son carbuncos o rubíes, las mariposas plumillas de
> oro flotantes, pintadas las aves, que engalanan penachos y decora-
> ciones fantásticas, verde esmeralda la vegetación, embalsamadas y pur-
45   > púreas las flores, tangible la luz del cielo, azul cobalto el aire, doradas
> a fuego las nubes, roja la tierra y las arenas entremezcladas de diaman-
> tes y topacios.

A la naturaleza sumamos el primitivo habitante. ¡Ir hacia el indio! Programa que nace y renace en cada generación, bajo muchedumbre de formas,
50   en todas las artes. En literatura, nuestra interpretación del indígena ha sido
irregular y caprichosa. Poco hemos agregado a aquella fuerte visión de los
conquistadores como Hernán Cortés, Ercilla, Cieza de León, y de los misioneros como fray Bartolomé de las Casas. Ellos acertaron a definir dos tipos
ejemplares, que Europa acogió e incorporó a su repertorio de figuras hu-
55   manas: el "indio hábil y discreto", educado en complejas y exquisitas civilizaciones propias, singularmente dotado para las artes y las industrias, y el
"salvaje virtuoso", que carece de civilización mecánica, pero vive en orden,
justicia y bondad, personaje que tanto sirvió a los pensadores europeos para
crear la imagen del hipotético hombre del "estado de naturaleza" anterior al
60   contrato social.⁴ En nuestros cien años de independencia, la romántica pereza nos ha impedido dedicar mucha atención a aquellos magníficos imperios cuya interpretación literaria exigiría previos estudios arqueológicos; la
falta de simpatía humana nos ha estorbado para acercarnos al superviviente
de hoy, antes de los años últimos, excepto en casos como el memorable de
65   los *indios ranqueles;* y al fin, aparte del libro impar y delicioso de Mansilla,⁵
las mejores obras de asunto indígena se han escrito en países como Santo Domingo y el Uruguay, donde el aborigen de raza pura persiste apenas en
rincones lejanos y se ha diluido en recuerdo sentimental. "El espíritu de los
hombres flota sobre la tierra en que vivieron, y se le respira", decía Martí.
70   Tras el indio, el criollo. El movimiento criollista ha existido en toda la
América española con intermitencias, y ha aspirado a recoger las manifesta-

2. Instrumento musical pequeño, de cuatro cuerdas, parecido al laúd.
3. Palabra o frase superflua.
4. Esta es una alusión a las ideas de Jean-Jacques Rousseau (1712–78), el autor de *El contrato social* (1762).
5. Lucio Mansilla (1831–1913): escritor argentino autor de *Una excursión a los indios ranqueles* (1870).

ciones de la vida popular, urbana y campestre, con natural preferencia por el campo. Sus límites son vagos; en la pampa argentina, el criollo se oponía al indio, enemigo tradicional, mientras en México, en la América Central, en
75 toda la región de los Andes y su vertiente del Pacífico, no siempre existe frontera perceptible entre las costumbres de carácter criollo y las de carácter indígena. Así mezcladas las reflejan en la literatura mexicana los romances de Guillermo Prieto[6] y el *Periquillo* de Lizardi, despertar de la novela en nuestra América, a la vez que despedida de la picaresca española. No hay país
80 donde la existencia criolla no inspire cuadros de color peculiar. Entre todas, la literatura argentina, tanto en el idioma culto como en el campesino, ha sabido apoderarse de la vida del gaucho en visión honda como la pampa. Facundo Quiroga, Martín Fierro, Santos Vega, son figuras definitivamente plantadas dentro del horizonte ideal de nuestros pueblos. Y no creo en la rea-
85 lidad de la querella de Fierro contra Quiroga. Sarmiento, como civilizador, urgido de acción, atenaceado por la prisa, escogió para el futuro de su patria el atajo europeo y norteamericano en vez del sendero criollo, informe todavía, largo, lento, interminable tal vez, o desembocando en el callejón sin salida; pero nadie sintió mejor que él los soberbios ímpetus, la acre originali-
90 dad de la barbarie que aspiraba a destruir. En tales oposiciones y en tales decisiones está el Sarmiento aquilino[7]: la mano inflexible escoge; el espíritu amplio se abre a todos los vientos. ¿Quién comprendió mejor que él a España, la España cuyas malas herencias quiso arrojar al fuego, la que visitó "con el santo propósito de levantarle el proceso verbal", pero que a ratos le hacía
95 agitarse en ráfagas de simpatía? ¿Quién anotó mejor que él las limitaciones de los Estados Unidos, de esos Estados Unidos cuya perseverancia constructora exaltó a modelo ejemplar?

Existe otro americanismo, que evita al indígena, y evita el criollismo pintoresco, y evita el puente intermedio de la era colonial, lugar de cita para
100 muchos antes y después de Ricardo Palma: su precepto único es ceñirse siempre al Nuevo Mundo en los temas, así en la poesía como en la novela y el drama, así en la crítica como en la historia. Y para mí, dentro de esa formula sencilla como dentro de las anteriores, hemos alcanzado, en momentos felices, la expresión vívida que perseguimos. En momentos felices, recordé-
105 moslo.

EL AFAN EUROPEIZANTE

Volvamos ahora la mirada hacia los europeizantes, hacia los que, descontentos de todo americanismo con aspiraciones de sabor autóctono, descontentos hasta de nuestra naturaleza, nos prometen la salud espiritual si mantenemos recio y firme el lazo que nos ata a la cultura europea. Creen que

---

6. Guillermo Prieto (1818–97): novelista romántico mexicano.

7. Aguileño, perteneciente o relacionado al águila.

5 nuestra función no será crear, comenzando desde los principios, yendo a la raíz de las cosas, sino continuar, proseguir, desarrollar, sin romper tradiciones ni enlaces.

Y conocemos los ejemplos que invocarían, los ejemplos mismos que nos sirvieron para rastrear el origen de nuestra rebelión nacionalista: Roma, 10 la Edad Media, el Renacimiento, la hegemonía francesa del siglo XVIII... Detengámonos nuevamente ante ellos. ¿No tendrán razón los arquetipos clásicos contra la libertad romántica de que usamos y abusamos? ¿No estará el secreto único de la perfección en atenernos a la línea ideal que sigue desde sus remotos orígenes la cultura de Occidente? Al criollista que se 15 defienda—acaso la única vez en su vida—con el ejemplo de Grecia, será fácil demostrarle que el milagro griego, si más solitario, más original que las creaciones de sus sucesores, recogía vetustas herencias: ni los milagros vienen de la nada; Grecia, madre de tantas invenciones estupendas, aprovechó el trabajo ajeno, retocando y perfeccionando, pero en su opinión, tratando de 20 acercarse a los cánones, a los paradigmas que otros pueblos, antecesores suyos o contemporáneos, buscaron con intuición confusa.

Todo aislamiento es ilusorio. La historia de la organización espiritual de nuestra América, después de la emancipación política, nos dirá que nuestros propios orientadores fueron, en momento oportuno, europeizantes: An- 25 drés Bello, que desde Londres lanzó la declaración de nuestra independencia literaria, fue motejado de europeizante por los proscriptos argentinos veinte años después, cuando organizaba la cultura chilena; y los más violentos censores de Bello, de regreso a su patria, habían de emprender a su turno tareas de europeización, para que ahora se lo afeen los devotos del criollismo puro.

30 Apresurémonos a conceder a los europeizantes todo lo que les pertenece, pero nada más, y a la vez tranquilicemos al criollista. No sólo sería ilusorio el aislamiento—la red de las comunicaciones lo impide—, sino que tenemos derecho a tomar de Europa todo lo que nos plazca: tenemos derechos a todos los beneficios de la cultura occidental. Y en literatura— 35 ciñéndonos a nuestro problema—recordemos que Europa estará presente, cuando menos, en el arrastre histórico del idioma.

Aceptemos francamente, como inevitable, la situación compleja: al expresarnos habrá en nosotros, junto a la porción sola, nuestra, hija de nuestra vida, a veces con herencia indígena, otra porción substancial, aunque sólo 40 fuere el marco, que recibimos de España. Voy más lejos: no sólo escribimos el idioma de Castilla, sino que pertenecemos a la Romania, la familia románica que constituye todavía una comunidad, una unidad de cultura, descendiente de la que Roma organizó bajo su potestad; pertenecemos—según la repetida frase de Sarmiento—al Imperio Romano. Literariamente, desde que 45 adquieren plenitud de vida las lenguas romances, a la Romania nunca le ha faltado centro, sucesor de la Ciudad Eterna: del siglo XI al XIV fue Francia, con oscilaciones iniciales entre Norte y Sur; con el Renacimiento se desplaza a Italia; luego, durante breve tiempo, tiende a situarse en España; desde Luis

XIV vuelve a Francia. Muchas veces la Romania ha extendido su influjo a
50 zonas extranjeras, y sabemos cómo París gobernaba a Europa, y de paso a las
dos Américas, en el siglo XVIII; pero desde comienzos del siglo XIX se definen, en abierta y perdurable oposición, zonas rivales: la germánica, suscita-
dora de la rebeldía; la inglesa, que abarca a Inglaterra con su imperio colonial, ahora en disolución, y a los Estados Unidos; la eslava... Hasta
55 políticamente hemos nacido y crecido en la Romania. Antonio Caso señala
con eficaz precisión los tres acontecimientos de Europa cuya influencia es
decisiva sobre nuestros pueblos: el Descubrimiento, que es acontecimiento
español, el Renacimiento, italiano; la Revolución, francés. El Renacimiento
da forma—en España sólo a medias—a la cultura que iba a ser trasplantada
60 a nuestro mundo; la Revolución es el antecedente de nuestras guerras de independencia. Los tres acontecimientos son de pueblos románicos. No tenemos relación directa con la Reforma, ni con la evolución constitucional de
Inglaterra, y hasta la independencia y la Constitución de los Estados Unidos
alcanzan prestigio entre nosotros merced a la propaganda que de ellas hizo
65 Francia.

LA ENERGIA NATIVA

Concedido todo eso, que es todo lo que en buen derecho ha de recla-
mar el europeizante, tranquilicemos al criollo fiel recordándole que la existencia de la Romania como unidad, como entidad colectiva de cultura, y la
existencia del centro orientador, no son estorbos definitivos para ninguna
5 originalidad, porque aquella comunidad tradicional afecta sólo a las formas
de la cultura, mientras que el carácter original de los pueblos viene de su
fondo espiritual, de su energía nativa.

Fuera de momentos fugaces en que se ha adoptado con excesivo rigor
una fórmula estrecha, por excesiva fe en la doctrina retórica, o durante perí-
10 odos en que una decadencia nacional de todas las energías lo ha hecho enmu-
decer, cada pueblo se ha expresado con plenitud de carácter dentro de la comunidad imperial. Y en España, dentro del idioma central, sin acudir a los rivales, las regiones se definen a veces con perfiles únicos en la expresión
literaria. Así, entre los poetas, la secular oposición entre Castilla y Andalucía,
15 el contraste entre fray Luis de León y Fernando de Herrera, entre Quevedo y
Góngora, entre Espronceda y Bécquer.

El compartido idioma no nos obliga a perdernos en la masa de un coro
cuya dirección no está en nuestras manos: sólo nos obliga a acendrar nuestra
nota expresiva, a buscar el acento inconfundible. Del deseo de alcanzarlo y
20 sostenerlo nace todo el rompecabezas de cien años de independencia proclamada; de ahí las fórmulas de americanismo, las promesas que cada generación escribe, sólo para que la siguiente las olvide o las rechace, y de ahí la
reacción, hija del inconfesado desaliento, en los europeizantes.

EL ANSIA DE PERFECCION

Llegamos al término de nuestro viaje por el palacio confuso, por el fatigoso laberinto de nuestras aspiraciones literarias, en busca de nuestra expresión original y genuina. Y a la salida creo volver con el oculto hilo que me sirvió de guía.

5 Mi hilo conductor ha sido el pensar que no hay secreto de la expresión sino uno: trabajarla hondamente, esforzarse en hacerla pura, bajando hasta la raíz de las cosas que queremos decir; afinar, definir, con ansia de perfección.

El ansia de perfección es la única norma. Contentándonos con usar el 10 ajeno hallazgo, del extranjero o del compatriota, nunca comunicaremos la revelación íntima; contentándonos con la tibia y confusa enunciación de nuestras intuiciones, las desvirtuaremos ante el oyente y le parecerán cosa vulgar. Pero cuando se ha alcanzado la expresión firme de una intuición artística, va en ella, no sólo el sentido universal, sino la esencia del espíritu que 15 la poseyó y el sabor de la tierra de que se ha nutrido.

Cada fórmula de americanismo puede prestar servicios (por eso les dí a todas aprobación provisional); el conjunto de las que hemos ensayado nos da una suma de adquisiciones útiles, que hacen flexible y dúctil el material originario de América. Pero la fórmula, al repetirse, degenera en mecanismo 20 y pierde su prístina eficacia; se vuelve receta y engendra una retórica.

Cada grande obra de arte crea medios propios y peculiares de expresión; aprovecha las experiencias anteriores, pero las rehace, porque no es una suma, sino una síntesis, una invención. Nuestros enemigos, al buscar la expresión de nuestro mundo, son la falta de esfuerzo y la ausencia de disci- 25 plina, hijos de la pereza y la incultura, o la vida en perpetuo disturbio y mudanza, llena de preocupaciones ajenas a la pureza de la obra: nuestros poetas, nuestros escritores, fueron las más veces, en parte son todavía, hombres obligados a la acción, la faena política y hasta la guerra, y no faltan entre ellos los conductores e iluminadores de pueblos.

EL FUTURO

Ahora, en el Río de la Plata cuando menos, empieza a constituirse la profesión literaria. Con ella debieran venir la disciplina, el reposo que permite los graves empeños. Y hace falta la colaboración viva y clara del público: demasiado tiempo ha oscilado entre la falta de atención y la excesiva indul- 5 gencia. El público ha de ser exigente; pero ha de poner interés en la obra de América. Para que haya grandes poetas, decía Walt Whitman, ha de haber grandes auditorios.

Sólo un temor me detiene, y lamento turbar con una nota pesimista el canto de esperanzas. Ahora que parecemos navegar en dirección hacia el puerto seguro, ¿no llegaremos tarde? ¿El hombre del futuro seguirá interesándose en la creación artística y literaria, en la perfecta expresión de los anhelos superiores del espíritu? El occidental de hoy se interesa menos en ellas que el de ayer, y mucho menos que el de tiempos lejanos. Hace cien, cincuenta años, cuando se auguraba la desaparición del arte, se rechazaba el agüero con gestos fáciles: "siempre habrá poesía". Pero después—fenómeno nuevo en la historia del mundo, insospechado y sorprendente—hemos visto surgir a existencia próspera sociedades activas y al parecer felices, de cultura occidental, a quienes no preocupa la creación artística, a quienes les basta la industria, o se contentan con el arte reducido a procesos industriales: Australia, Nueva Zelandia, aun el Canadá. Los Estados Unidos ¿no habrán sido el ensayo intermedio? Y en Europa, bien que abunde la producción artística y literaria, el interés del hombre contemporáneo no es el que fue. El arte había obedecido hasta ahora a dos fines humanos: uno, la expresión de los anhelos profundos, del ansia de eternidad, del utópico y siempre renovado sueño de la vida perfecta; otro, el juego, el solaz imaginativo en que descansa el espíritu. El arte y la literatura de nuestros días apenas recuerdan ya su antigua función trascendental; sólo nos va quedando el juego. . . Y el arte reducido a diversión, por mucho que sea diversión inteligente, pirotecnia del ingenio, acaba en hastío.

30 . . .No quiero terminar en el tono pesimista. Si las artes y las letras no se apagan, tenemos derecho a considerar seguro el porvenir. Trocaremos en arca de tesoros la modesta caja donde ahora guardamos nuestras escasas joyas, y no tendremos por qué temer al sello ajeno del idioma en que escribimos, porque para entonces habrá pasado a estas orillas del Atlántico el eje es-
35 piritual del mundo español.

Preguntas

1. ¿Con qué elementos irá elaborándose una expresión genuinamente americana, según el autor?
2. ¿Qué errores e ilusiones critica?
3. ¿Qué piensa Henríquez Ureña acerca de las posibilidades de expresión propia dentro del lenguaje y la cultura heredada?
4. ¿Qué circunstancias y actitudes han obstaculizado, según este ensayo, el desarrollo cultural en Hispanoamérica?
5. ¿Cómo se evidencia la formación humanística del autor?

DELMIRA AGUSTINI

(1886–1914, Montevideo, Uruguay)

_____

_____

_____

_____

_____

_____

Perteneciente a una acomodada y prominente familia montevideana, Delmira Agustini fue educada en casa por preceptores que la instruyeron en música, lenguas extranjeras, pintura, literatura y bordado. "La Nena", sobrenombre cariñoso empleado para llamar a la joven en círculos familiares, desde temprano mostró su mente precoz y carácter sensible: a los cuatro años sabía leer; compuso sus primeros versos cuando tenía diez años. En 1913, ya gozando de fama literaria, contrajo matrimonio con Enrique Job Reyes, joven con quien tenía poca afinidad de temperamento. La pronta separación de la pareja confirmó lo desatinado de esta unión. Sin embargo, a pesar de la separación, los amantes continuaron viéndose a escondidas. En una de estas citas secretas, el celoso Reyes mató a la poeta y después se suicidó.

La fama literaria de Delmira Agustini descansa en los poemarios *El libro blanco* (1907), *Cantos de la mañana* (1910) y *Los cálices vacíos* (1913), y en los poemas inéditos reunidos después en los dos tomos de sus obras completas (1924). El primero de estos volúmenes se denomina *El rosario de Eros;* el segundo, *Los astros del abismo,* lleva el título que la autora pensó darle a la colección que juzgaba la "cumbre" de su obra.

El amor es el tema central de la poesía de la escritora uruguaya: a través de él muestra el anhelo por satisfacer apetencias carnales y espirituales. En *El libro blanco*, por ejemplo, se encuentran poemas como "Desde lejos" y "El intruso" donde estos anhelos están representados por la seguridad del amor compartido o la unión con el ser querido, todo ello expresado con gran sinceridad. En su segundo libro, *Cantos de la mañana*, predomina la desilusión. Quizá la poeta, ya más madura, intuye que la realidad—la estrechez de la vida montevideana, las limitaciones impuestas a la mujer por la sociedad patriarcal—la incapacita para continuar la búsqueda tal y como ella quisiera. Estas percepciones se evidencian en el último verso de "La barca milagrosa" donde exclama, "Yo ya muero de vivir y soñar", y en "Las alas" donde el yo lírico explica lo difícil de satisfacer sus ansias y cómo éstas quedan truncas. En *Los cálices vacíos,* libro dedicado a Eros, y en los poemas publicados póstumamente, en particular los que Agustini pensaba incorporar a *Los astros del abismo,* sus versos se vuelven más apasionados y oscuros. Junto a los placeres carnales y espirituales del amor, la escritora medita sobre la muerte, el dolor y el paso del tiempo. Por esta exaltación del sentimiento amoroso marcada por una búsqueda casi mística, así como por la riqueza emotiva, algunos críticos han vinculado los poemas de Delmira Agustini a los escritos de la mística española Santa Teresa de Avila.

La obra de la poeta uruguaya está ligada tanto al período romántico por la manera sincera y apasionada en que expone los sentimientos, como al modernista por la actitud de inconformidad y de búsqueda expuesta en sus versos. Pero más que nada la obra de Delmira Agustini es innovadora por la manera tan personal como da rienda suelta a la expresión del sentimiento amoroso. Esta modalidad crea un espacio perdurable para la lírica de Delmira Agustini dentro del ámbito hispanoamericano.

Bibliografía mínima

Alvar, Manuel. *La poesía de Delmira Agustini.* Sevilla: Escuela de Estudios Hispanoamericanos, 1958.

Medina Vidal, Jorge, et al. *Delmira Agustini: seis ensayos críticos.* Montevideo: Ciencias, 1982.

Rosenbaum, Sidonia C. *Modern Women Poets of Spanish America.* New York: Hispanic Institute, 1945. 57–167.

Silva, Clara. *Pasión y gloria de Delmira Agustini; su vida y su obra.* Buenos Aires: Losada, 1972.

Visca, Arturo Sergio. *Ensayos sobre literatura uruguaya.* Montevideo: Biblioteca Nacional, 1975. 201–15.

Zum Felde, Alberto. Prólogo. *Poesías completas.* De Delmira Agustini. 3a ed. Buenos Aires: Losada, 1962. 7–28.

EL LIBRO BLANCO (1907)

El intruso[1]

Amor, la noche estaba trágica y sollozante
cuando tu llave de oro cantó en mi cerradura;
luego, la puerta abierta sobre la sombra helante,
tu forma fue una mancha de luz y de blancura.

5   Todo aquí lo alumbraron tus ojos de diamante;
bebieron en mi copa tus labios de frescura,
y descansó en mi almohada tu cabeza fragante;
me encantó tu descaro y adoré tu locura.

---

1. Soneto alejandrino, con versos de catorce sílabas.

Y hoy río si tú ríes, y canto si tú cantas;
10 y si tú duermes, duermo como un perro a tus plantas.
Hoy llevo hasta en mi sombra tu olor de primavera;

y tiemblo si tu mano toca la cerradura,
y bendigo la noche sollozante y oscura
que floreció en mi vida tu boca tempranera!

CANTOS DE LA MAÑANA (1910)

Las alas²

Yo tenía...
dos alas!...
Dos alas
que del Azur vivían como dos siderales
5 raíces ...
Dos alas,
con todos los milagros de la vida, la muerte
y la ilusión. Dos alas,
fulmíneas
10 como el velamen³ de una estrella en fuga;
dos alas,
como dos firmamentos
con tormentas, con calmas y con astros...

¿Te acuerdas de la gloria de mis alas?...
15 El áureo campaneo
del ritmo, el inefable
matiz atesorando
el Iris todo, mas un Iris nuevo
ofuscante y divino,
20 que adorarán las plenas pupilas del Futuro
(¡las pupilas maduras a toda luz!)... el vuelo...

2. Poema con versos de diferentes medidas
(tres, cuatro, siete, diez, once y catorce sílabas).
3. Las velas de un barco.

El vuelo ardiente, devorante y único,
que largo tiempo atormentó los cielos,
despertó soles, bólidos,[4] tormentas,
25 abrillantó los rayos y los astros;
y la amplitud: tenían
calor y sombra para todo el Mundo,
y hasta incubar un *más allá* pudieron.

Un día, raramente
30 desmayada a la tierra,
yo me adormí en las felpas profundas de este bosque...
Soñé divinas cosas!...
Una sonrisa tuya me despertó, paréceme...
Y no siento mis alas!...
35 ¿Mis alas?...

—Yo las ví deshacerse entre mis brazos...
¡Era como un deshielo!

LOS CALICES VACIOS (1913)

Nocturno[5]

Engarzado[6] en la noche el lago de tu alma,
diríase una tela de cristal y de calma
tramada[7] por las grandes arañas del desvelo.

Nata de agua lustral[8] en vaso de alabastros;
5 espejo de pureza que abrillantas los astros
y reflejas la sima[9] de la Vida en un cielo...

Yo soy el cisne errante de los sangrientos rastros,
voy manchando los lagos y remontando el vuelo.

4. Meteoros.
5. Poema de dos tercetos y una estrofa de dos versos; la rima es consonante y cada verso tiene catorce sílabas.
6. Ligada, muy unida.
7. Tejida, hecha.
8. Usada para rociar a las víctimas que iban a ser sacrificadas.
9. Abismo, cavidad grande en la tierra.

EL ROSARIO DE EROS (1924)

Tu amor . . .[10]

Tu amor, esclavo, es como un sol muy fuerte:
jardinero de oro de la vida,
jardinero de fuego de la muerte,
en el carmen[11] fecundo de mi vida.

5   Pico de cuervo con olor de rosas,
aguijón enmelado[12] de delicias
tu lengua es. Tus manos misteriosas
son garras enguantadas de caricias.

Tus ojos son mis medianoches crueles,   crisálida de un vuelo del futuro
10 panales negros de malditas mieles   en tu abrazo magnífico y oscuro
que se desangran en mi acerbidad;[13]   torre embrujada de mi soledad.

Preguntas

1. ¿Qué imágenes utiliza Delmira Agustini para describir al amado en "El intruso"? ¿Cuál es la actitud del yo con respecto al intruso, positiva, negativa o ambivalente?
2. ¿Qué significan las alas en el poema de este nombre y cómo están caracterizadas? ¿Qué pierde y encuentra el yo al final de este poema?
3. ¿Cómo rompe "Nocturno" la visión tradicional de la mujer en las relaciones amorosas?
4. En "Tu amor", ¿cómo se describe este sentimiento? ¿Qué consecuencias tiene el amor para el yo? ¿Qué metáforas definen al amante y qué asociaciones eróticas encuentra Ud. en ellas?
5. ¿Cuáles son las características del posmodernismo? ¿Cómo encaja la lírica de Delmira Agustini dentro de esta tendencia?

10. Soneto de versos endecasílabos.   12. Dulce, con sabor a miel.
11. Verso o composición poética.   13. Aspereza.

ALFONSO REYES

(1889, Monterrey, México–1959, Ciudad de México)

_____

_____

_____

_____

_____

_____

   Del mismo modo que Henríquez Ureña, Alfonso Reyes fue un erudito e investigador de amplia formación humanística, pensador e historiador de la cultura. Se destacó en el ensayo, y también fue un excelente narrador y poeta. Reyes pasó los años de infancia y primera juventud en Monterrey, Nuevo León, en el norte de la república mexicana. Su padre, el general Bernardo Reyes, era gobernador de dicho Estado y murió, después de un fracasado levantamiento en contra del Presidente Madero, durante los hechos violentos en que éste fue despojado del poder (1913). El joven Reyes completó su educación universitaria en la ciudad de México (1906–13), donde se recibió de abogado. Al mismo tiempo, junto con otros escritores e intelectuales contribuía, en el ya mencionado Ateneo de la Juventud, al movimiento reformista que daría una nueva orientación a la cultura mexicana. Años más tarde evocaba esa época en su ensayo-memoria *Pasado inmediato* (1941). Ya en su primer libro, *Cuestiones estéticas* (1911), se encuentran en germen los temas y el pensamiento modulado por la poesía y la visión artística que caracterizarán su monumental obra madura. La cultura clásica, las letras españolas, francesas, inglesas y mexicanas, la obra de Goethe, dan tema desde el comienzo a la mayor parte de su producción ensayística.
   Reyes pasó diez años muy fructíferos en Madrid (1914–24), y trabajó en la sección de Filología del Centro de Estudios Históricos, donde también hizo investigaciones su amigo Henríquez Ureña. De esa época es *Visión de Anáhuac* (1917), prosa evocadora de "la región más transparente del aire", como Reyes mismo llamó al alto valle de Anáhuac o de México. Mediante la poetización de geografía e historia, el autor busca en esta obra la revelación de una esencia mexicana. Al mismo período corresponden otros de sus libros representativos: *El cazador* (1921), colección de ensayos basados en experiencias parisinas (1913–14), *Simpatías y diferencias* (1921–26), una compilación de reseñas, comentarios periodísticos y reflexiones sobre temas literarios y culturales, y *El plano oblicuo* (1924) donde se encuentran algunos de sus mejores cuentos.

Junto a su producción literaria, Reyes tuvo una larga carrera diplomática, representando a su país en España, Francia, Argentina, Brasil, Chile y Uruguay. De esos años datan numerosos ensayos de tema americano recogidos luego en *Ultima Tule* (1942). A esta colección pertenece "Capricho de América", breve ensayo representativo de la fusión de pensamiento, imaginación y poesía con la que Reyes comunica su visión de América. En 1939 dejó la carrera diplomática y regresó a México para dedicarse exclusivamente a las letras. En las dos décadas finales de su vida consolidó su obra literaria y publicó importantes libros como *El deslinde: prolegómenos a la teoría literaria* (1944) y *La experiencia literaria* (1942). Reyes fundó El Colegio de México (1940), prestigioso centro de estudios humanísticos, y contribuyó de múltiples maneras al progreso educacional y cultural de su país.

Bibliografía mínima

Aponte, Barbara B. *Alfonso Reyes and Spain.* Austin: U of Texas P, 1972.

Iduarte, Andrés, Eugenio Florit y Olga Blondet. *Alfonso Reyes: vida y obra-bibliografía-antología.* New York: Hispanic Institute in the United States, 1956–7.

Olguín, Manuel. *Alfonso Reyes, ensayista: vida y pensamiento.* México: Ediciones de Andrea, 1956.

Presencia de Alfonso Reyes. Homenaje en el X aniversario de su muerte (1959–69). Introducción de Alicia Reyes. México: FCE, 1969.

Rangel Guerra, Alfonso y José Angel Rendón. *Páginas sobre Alfonso Reyes.* Monterrey: U de Nuevo León, 1955 y 1957. 2 Vols.

Reyes, Alicia. *Genio y figura de Alfonso Reyes.* Buenos Aires: EUDEBA, 1976.

Robb, James Willis. *El estilo de Alfonso Reyes.* 2a ed. México: FCE, 1978.

———. *Estudios sobre Alfonso Reyes.* Bogotá: El Dorado, 1976.

———. *Por los caminos de Alfonso Reyes.* México: INBA/EDUVEM, 1981.

Capricho de América

LA IMAGINACION, la loca de la casa, vale tanto como la historia para la interpretación de los hechos humanos. Todo está en saberla interrogar y en tratarla con delicadeza. El mito es un testimonio fehaciente sobre alguna operación divina. La *Odisea* puede servir de carta náutica al que, entendién-
5 dola, frecuente los pasos del Mediterráneo. Dante, enamorado de~~las~~ estrellas,

> . . .*Le divine fiammelle*
> *dànno per gli occhi una dolcezza al core*
> *che intender non la pu chi non la prova,*[1]

10 acaba por adelantarse al descubrimiento de la Cruz del Sur.[2] Y asimismo, entre la más antigua literatura, los relatos novelescos de los egipcios (y quién sabe si también entre las memorias de la desaparecida y misteriosa era de Aknatón[3]), encontramos ya que la fantasía se imanta hacia el Occidente, presintiendo la existencia de una tierra ignota americana. A través de los griegos,
15 Europa hereda esta inclinación de la mente, y ya en el Renacimiento podemos decir que América, antes de ser encontrada por los navegantes, ha sido inventada por los humanistas y los poetas. La imaginación, la loca de la casa, había andado haciendo de las suyas.

Préstenos la imaginación su caballo con alas y recorramos la historia
20 del mundo en tres minutos. La masa solar, plástica y blanda—más aun: vaporosa—, solicitada un día por la vecindad de algún otro cuerpo celeste que la atrae, levanta una inmensa cresta de marea. Aquella cresta se rompe en los espacios. Los fragmentos son los planetas y nuestra Tierra es uno de ellos. Desde ese remoto día, los planetas giran en torno a su primitivo centro como
25 verdaderas ánimas en pena. Porque aquel arrancamiento con que ha comenzado su aventura es el pecado original de los planetas, y si ellos pudieran se refundirían otra vez en la unidad solar de que sólo son como destrozos.

La Tierra, entregada pues a sí misma, va equilibrando como puede sus partes de mar y suelo firme. Pero aquella corteza de suelo firme se desgarra

---

1. Esas pequeñas llamas
   dan por los ojos miel al corazón,
   quién lo puede entender si no lo prueba.
De los tres versos, probablemente citados de memoria por Reyes, sólo hemos podido identificar la fuente del segundo y el tercero. Estos proceden, aunque aquí modificados, de *La vita nuova*, XXVI, Soneto XV. El texto original de los mismos (y del verso que les

precede) dice:

> Mostrasi sí piacente a chi la mira,
> che dá per li occhi una dolcezza al core,
> che 'ntender no puó chi no la prova.

2. Constelación que se ve en el hemisferio sur.
3. Aknatón: faraón egipcio en el siglo 4 a. de C.

30 un día por las líneas de menor resistencia, ante las contracciones y encogimientos de su propia condensación. Y aquí—nueva ruptura y destrozo, segundo pecado—comienzan a alejarse unos de otros los continentes flotantes, según cierta fatalidad geométrica. Uno de los resultados de este destrozo es nuestra América.

35 Imaginemos todavía. Soñemos, para mejor entender la realidad. Soñemos que un día nuestra América constituyó, a su vez, una grande comunidad humana, cuyas vinculaciones salvaran mágicamente la inmensidad de los territorios, las murallas de las montañas, la cerrazón de los bosques impracticables. A la hora en que los primeros europeos se asoman a nuestro Continente,

40 esta unidad se ha roto ya. Quetzalcóatl,[4] el civilizador de México, ha huido hacia el Sur, precisamente empujado por las tribus sanguinarias que venían del Norte, y ha dejado allá por Guatemala la impronta de sus plantas, haciéndose llamar Cuculcán. Semejante fenómeno de disgregación se ha repetido en todos los focos del Nuevo Mundo. Acaso hay ya pueblos des-civilizados,

45 recaídos en la barbarie a consecuencia de la incomunicación, del nuevo destrozo o tercer pecado. Los grandes imperios americanos no son ya centros de cohesión, sino residencias de un poder militar que sólo mantiene la unión por la fuerza.

Todavía la historia hace un nuevo intento de reunificación, atando, ya

50 que no a una sola, a dos fuertes razas europeas toda esta pedacería de naciones americanas. Sajones e iberos se dividen el Continente. Pero como todo aspira a bastarse a sí mismo, las dos grandes familias americanas que de aquí resultan se emancipan un día. El proceso de fecundación europea sólo ha servido, como un recurso lateral, para nutrirlas artificialmente, para de-

55 volverles la conciencia de su ser continental, para restaurar entre ellas otra vez el sueño de una organización coherente y armónica.

Y, en efecto, cuando los padres de las independencias americanas se alzan contra las metrópolis europeas, bien puede decirse que se sienten animados de un espíritu continental. En sus proclamas de guerra se dirigen

60 siempre a "los americanos", de un modo general y sin distinción de pueblos, y cada uno de ellos se imagina que lucha por todo el Continente. Naturalmente, este fenómeno sólo es apreciable en los países hispanoamericanos, únicos para los cuales tiene sentido. Luminosa imagen del planeta que ronda en torno a su sol, Bolívar sueña entonces en la aparición de la Grande Amé-

65 rica. Pero el tiempo no está maduro, y la independencia procede por vías de fraccionamientos nacionales.

---

4. Quetzalcóatl o Serpiente emplumada: es un dios antiquísimo. Se le rindió culto, con distintos nombres, en toda Mesoamérica. Aunque se le atribuyen diversas funciones, Quetzalcóatl es siempre representado como el padre y benefactor de la humanidad. Creó a los hombres con su propia sangre y fue el descubridor del maíz, su principal alimento. Enseñó a los hombres la agricultura, las artes y el calendario. Como rey de los toltecas, en su forma humana, Quetzalcóatl fue también el protector y civilizador de su pueblo.

En las distintas etapas recorridas, asistimos, pues, a un juego cósmico de rompecabezas. Los tijeretazos de algún demiurgo caprichoso han venido tajando en fragmentos la primitiva unidad, y uno de los fragmentos en partes, 70 y una de las partes en pedazos, y uno de los pedazos en trozos. Y la imaginación—cuyo consejo hemos convenido en seguir para ver a dónde nos lleva—nos está diciendo en voz baja que, aunque esa unidad primitiva nunca haya existido, el hombre ha soñado siempre con ella, y la ha situado unas veces como fuerza impulsora y otras como fuerza tractora de la historia: 75 si como fuerza impulsora, en el pasado, y entonces se llama la Edad de Oro; si como fuerza tractora, en el porvenir, y entonces se llama la Tierra Prometida. De tiempo en tiempo, los filósofos se divierten en esbozar los contornos de la apetecida ciudad perfecta, y estos esbozos se llaman Utopías, de que los Códigos Constitucionales (si me permitís una observación de actualidad) no 80 son más que la última manifestación.

Así pues—y aquí volvemos a la realidad profunda de los mitos con que he comenzado estas palabras—, hay que concebir la esperanza humana en figura de la antigua fábula de Osiris:[5] nuestra esperanza está destrozada, y anda poco a poco juntando sus *disjecti membra*[6] para reconstruirse algún 85 día. Soñamos, como si nos acordáramos de ella (Edad de Oro a la vez que la Tierra Prometida), en una América coherente, armoniosa, donde cada uno de los fragmentos, triángulos y trapecios encaje, sin frotamiento ni violencia, en el hueco de los demás. Como en el juego de dados de los niños, cuando cada dado esté en su sitio tendremos la verdadera imagen de América.

90 Pero—¡Platón nos asista!—¿existe en algún repliegue de la realidad esta verdadera imagen de América? ¡Oh, sí: existe en nuestros corazones, y para ella estamos viviendo! Y he aquí cómo llegamos a la Idea[7] de América, idea que tiene de paradójico el que casi se la puede ver con los ojos, como aquella *Ur-Pflanze* o planta de las plantas (verdadero paradigma del reino 95 vegetal) en la célebre conversación de Goethe y Schiller.

Preguntas

1. ¿Por qué dice Reyes que "América, antes de ser encontrada por los navegantes", fue "inventada por los humanistas y poetas"?
2. ¿De qué modo sitúa el nacimiento y la historia de América dentro de una visión cósmica?

---

5. Osiris: rey y divinidad egipcia. Fue asesinado por su hermano Set (Tifón), quien cortó el cadáver en 14 pedazos y los esparció por distintos sitios. Su hermana y esposa Isis recogió los pedazos con la ayuda del dios Anubis y lo resucitó.

6. Miembros dispersos.

7. El autor alude aquí a las Ideas de Platón; según el filósofo griego, las Ideas son modelos perfectos y eternos de los cuales nuestra realidad sólo es una copia imperfecta.

3. ¿Cree Ud. que la alusión a los progresivos fraccionamientos sufridos por el continente americano tiene alguna intención crítica por parte del autor?

4. ¿De qué modo ilustra este ensayo la síntesis de elementos europeos e indígenas en el concepto de América propuesto por Reyes?

5. ¿Cuál es el simbolismo de Osiris aplicable, según el autor, al destino de Hispanoamérica?

GABRIELA MISTRAL

(1889, Vicuña, Chile–1957, Roslyn, Nueva York, EE. UU.)

    Oriunda de un pueblecito del norte de Chile, Lucila Godoy Alcayaga fue maestra en diferentes regiones de su país (1904–22), y, tras ganar el primer premio en los Juegos Florales de la Sociedad de Artistas de Santiago por "Los sonetos de la muerte" (1914), adoptó definitivamente el seudónimo de Gabriela Mistral. Los poemas premiados remiten a un acontecimiento clave en la biografía de la escritora chilena. En 1907, cuando ejercía la docencia en La Cantera, trabó amistad con un empleado de la oficina del ferrocarril que después se suicidó (1909). La poeta, conmovida por la desaparición del joven, recrea sus relaciones con él en estas composiciones.

    Con la publicación de *Desolación* (1922), por el Instituto de las Españas de la Universidad de Columbia, creció la fama literaria de Gabriela Mistral. En esta época José Vasconcelos, Secretario de Educación Pública de México, la invitó a colaborar en la reforma educacional posrevolucionaria y particularmente en la creación de bibliotecas populares en todos los rincones del país. Los estudiosos de la biografía de Gabriela Mistral coinciden en que esta invitación le dio fama continental a la escritora chilena. Más tarde, la poeta representó a su país en diversas misiones diplomáticas. Viajó después por Centro y Sudamérica y por el Caribe, y también enseñó en varias instituciones norteamericanas (Barnard, Vassar, Middlebury). En 1935 el Congreso de Chile la nombró cónsul vitalicia con la autoridad para residir donde quisiera. Vivió en Brasil entre 1940 y 1945, y allí recibió la noticia de que se le había otorgado el Premio Nobel (1945). Gabriela Mistral se convirtió en el primer escritor hispanoamericano así honrado. Desde 1953 hasta su fallecimiento en 1957, representó a Chile ante la Organización de las Naciones Unidas. Muestra de la admiración que la obra de Gabriela Mistral había despertado en círculos literarios de los Estados Unidos, es la traducción al inglés de una selección de sus poemas por el afamado escritor norteamericano Langston Hughes (1902–67).

Reconocida y admirada por sus contribuciones a la poesía hispanoamericana, la autora chilena también escribió excelentes artículos publicados en periódicos del continente. Su trayectoria poética puede estudiarse en *Desolación* (1922), *Ternura* (1924), *Tala* (1938) y *Lagar* (1954). Los primeros dos libros afirman su concepción de la vida como "valle de lágrimas", y del amor como un todo donde el gozo y el dolor son inseparables. En los poemas de ambas colecciones se revelan los temas claves de la autora: el amor, la maternidad, la naturaleza y la religiosidad. El sentimiento amoroso evolucionará para abandonar la instancia personal evidente en "Los sonetos de la muerte" y volcarse sobre los niños y los pobres, en una expresión universal. Este tratamiento de la temática amorosa está muy alejado del erotismo de Delmira Agustini, y más cerca del doloroso sentir por la humanidad expresado en la lírica del peruano César Vallejo. De la misma forma se desarrolla la expresión del sentimiento maternal. Al principio, éste se manifiesta como un anhelo muy personal de ser madre. Los niños, sus juegos y caricias, sugieren la ternura y la pureza inalcanzables así como la maternidad frustrada. Más tarde, el sentimiento de amor maternal se extenderá a todas las personas, y en particular a los desvalidos.

Gabriela Mistral supo, al igual que su compatriota Pablo Neruda, observar y describir el paisaje americano de modo muy singular. Y no nos referimos únicamente al de su tierra natal, sino al de todo el continente. En sus versos se advierte cómo la naturaleza cobra vida y se puebla de seres sencillos, sobre los cuales la poeta vuelca su amor.

En cuanto a la religiosidad, la poeta se identifica con el Cristo sufriente a quien acude en busca de consuelo. Dentro de este núcleo temático a veces se hallan instancias de duda, acentuadas por el paso de los años así como por circunstancias personales y generales—la trágica muerte de un sobrino, la guerra civil de España, las dos guerras mundiales. En *Tala* y *Lagar* la escritora chilena utilizará recursos vanguardistas—en particular sueños y alucinaciones—para dejarnos una poesía más hermética y pesimista. Al mismo tiempo, continúa indagando sobre los secretos de la existencia para entenderse a sí misma y a los otros. En esta búsqueda tenaz, en ese volcarse hacia los otros, la voz lírica de Gabriela Mistral logra sus más genuinos acentos.

Bibliografía mínima

Arce de Vázquez, Margot. *Gabriela Mistral: The Poet and Her Work*. Trad. Helene Anderson. New York: New York UP, 1964.

Chase, Cida S. "Perfil ético de Gabriela Mistral". *Discurso Literario* 1 (1984): 159–67.

Gazarin-Gautier, Marie Lise. *Gabriela Mistral, the Teacher from the Valley of Elqui.* Chicago: Franciscan Herald P, 1975.

Silva Castro, Raúl. "Notas sobre 'Los sonetos de la muerte' de Gabriela Mistral". *Hispanic Review* 33 (1965): 57–62.

Taylor, Martin C. *Sensibilidad religiosa de Gabriela Mistral*. Trad. Pilar García Noreña. Madrid: Gredos, 1975.

Urzúa, María. *Gabriela Mistral, genio y figura*. Santiago: Ed. del Pacífico, 1981.

DESOLACION (1922)

Los sonetos de la muerte[1]   los niños y pobres

I   cuarteto

Del nicho[2] helado en que los hombres te pusieron,
te bajaré a la tierra humilde y soleada.
Que he de dormirme en ella los hombres no supieron,
y que hemos de soñar sobre la misma almohada. pillow

5   Te acostaré en la tierra soleada con una
dulcedumbre de madre para el hijo dormido,
y la tierra ha de hacerse suavidades de cuna
al recibir tu cuerpo de niño dolorido.

Luego iré espolvoreando tierra y polvo de rosas,
10 y en la azulada y leve polvareda de luna,
los despojos livianos irán quedando presos. remains / light

Me alejaré cantando mis venganzas hermosas,
¡porque a ese honor recóndito la mano de ninguna
bajará a disputarme tu puñado de huesos!

2

Este largo cansancio se hará mayor un día,
y el alma dirá al cuerpo que no quiere seguir
arrastrando su masa por la rosada vía,
por donde van los hombres, contentos de vivir. . .

---

1. Los tres son sonetos alejandrinos con versos de catorce sílabas.   2. Aquí, tumba.

5   Sentirás que a tu lado cavan[3] briosamente,
que otra dormida llega a la quieta ciudad.
Esperaré que me hayan cubierto totalmente...
¡y después hablaremos por una eternidad!

Sólo entonces sabrás el porqué, no madura
10 para las hondas huesas tu carne todavía,
tuviste que bajar, sin fatiga, a dormir.

Se hará luz en la zona de los sinos,[4] oscura;
sabrás que en nuestra alianza signo de astros había
y, roto el pacto enorme, tenías que morir...

3

Malas manos tomaron tu vida desde el día
en que, a una señal de astros, dejara su plantel
nevado de azucenas. En gozo florecía.
Malas manos entraron trágicamente en él...

5   Y yo dije al Señor: "Por las sendas mortales
le llevan. ¡Sombra amada que no saben guiar!
¡Arráncalo, Señor, a esas manos fatales
o le hundes en el largo sueño que sabes dar!

¡No le puedo gritar, no le puedo seguir!
10 Su barca empuja un negro viento de tempestad.
Retórnalo a mis brazos o le siegas en flor."

Se detuvo la barca rosa de su vivir...
¿Qué no sé del amor, que no tuve piedad?
¡Tú, que vas a juzgarme, lo comprendes, Señor!

TERNURA (1924)

Sueño grande

A niño tan dormido
no me lo recordéis.
Dormía así en mi entraña
con mucha dejadez.

5   Yo lo saqué del sueño
de todo su querer,
y ahora se me ha vuelto
a dormir otra vez.

3. Escarban, remueven la tierra.   4. De los destinos.

La frente está parada
10 y las sienes también.
Los pies son dos almejas
y los costados un pez.

Rocío tendrá el sueño,
que es húmeda su sien.
15 Música tendrá el sueño
que le da su vaivén.

Resuello se le oye
en agua de correr;
pestañas se le mueven
20 en hojas de maitén.[5]

Les digo que lo dejen
con tánto y tánto bien,
hasta que se despierte
de sólo su querer. . .

25 El sueño se lo ayudan
el techo y el dintel,
la Tierra que es Cibeles,[6]
la madre que es mujer.

A ver si yo le aprendo
30 dormir que ya olvidé
y se lo aprende tánta
despierta cosa infiel.

Y nos vamos durmiendo
como de su merced,
35 de sobras de ese sueño,
hasta el amanecer. . .

TALA (1938)

Pan[7]

Dejaron un pan en la mesa,
mitad quemado, mitad blanco,
pellizcado encima y abierto
en unos migajones de ampo.[8]

5 Me parece nuevo o como no visto,
y otra cosa que él no me ha alimentado,
pero volteando su miga, sonámbula,
tacto y olor se me olvidaron.

---

5. Arbol chileno cuyas hojas son muy gustadas por el ganado vacuno.
6. Cibeles: hija del Cielo y de la Tierra, esposa de Saturno. Fue adorada como Diosa de la Tierra y representada como una mujer en etapa avanzada de embarazo.

7. Poema compuesto por ocho cuartetos con rima asonante en a-o en los versos pares, y tres sextinas con rima asonante en a-o en los versos pares. Todos los versos son eneasílabos (de nueve sílabas).
8. Muy blancos, resplandecientes.

Huele a mi madre cuando dio su leche,
10 huele a tres valles por donde he pasado:
a Aconcagua, a Pátzcuaro, a Elqui,[9]
y a mis entrañas cuando yo canto.

Otros olores no hay en la estancia
y por eso él así me ha llamado;
15 y no hay nadie tampoco en la casa
sino este pan abierto en un plato,
que con su cuerpo me reconoce
y con el mío yo reconozco.

Se ha comido en todos los climas
20 el mismo pan en cien hermanos:
pan de Coquimbo,[10] pan de Oaxaca,[11]
pan de Santa Ana[12] y de Santiago.[13]

En mis infancias yo le sabía
forma de sol, de pez o de halo,
25 y sabía mi mano su miga
y el calor de pichón[14] emplumado...

Después le olvidé hasta este día
en que los dos nos encontramos,
yo con mi cuerpo de Sara[15] vieja
30 y él con el suyo de cinco años.

Amigos muertos con que comíalo
en otros valles sientan el vaho
de un pan en septiembre molido
y en agosto en Castilla segado.

35 Es otro y es el que comimos
en tierras donde se acostaron.
Abro la miga y les doy su calor;
lo volteo y les pongo su hálito.[16]

---

9. Los tres valles por donde ha pasado la escritora; Gabriela Mistral nació en la zona del
Valle de Elqui.
10. Puerto situado en la parte septentrional
de Chile.
11. Ciudad de México situada en el estado del
mismo nombre.

12. Ciudad peruana situada en las cercanías
del Cuzco.
13. Capital de Chile.
14. El ave al poco tiempo de nacida.
15. En el Antiguo Testamento, es la esposa de
Abraham y madre de Isaac.
16. Aliento.

La mano tengo de él rebosada[17]
40 y la mirada puesta en mi mano;
entrego un llanto arrepentido
por el olvido de tantos años,
y la cara se me envejece
o me renace en este hallazgo.[18]

45   Como se halla vacía la casa,
estemos juntos los reencontrados,
sobre esta mesa sin carne y fruta,
los dos en este silencio humano,
hasta que seamos otra vez uno
50 y nuestro día haya acabado. . .

LAGAR (1954)

La desvelada[19]

   —En cuanto engruesa la noche
y lo erguido se recuesta,
y se endereza lo rendido,
le oigo subir las escaleras.
5 Nada importa que no le oigan
y solamente yo lo sienta.
¡A qué había de escucharlo
el desvelo de otra sierva!

   En un aliento mío sube
10 y yo padezco hasta que llega
—cascada loca que su destino
una vez baja y otras repecha[20]
y loco espino calenturiento
castañeteando[21] contra mi puerta—.

---

17. Muy llena.
18. Descubrimiento.
19. Poema compuesto por estrofas de ocho y
seis versos con rima asonante en e-a en los
versos pares.
20. Sube.
21. Tocando, haciendo ruido.

15   No me alzo, no abro los ojos,
y sigo su forma entera.
Un instante, como precitos,[22]
bajo la noche tenemos tregua;
pero le oigo bajar de nuevo
20 como en una marea eterna.

El va y viene toda la noche
dádiva absurda, dada y devuelta,
medusa[23] en olas levantada
que ya se va, que ya se acerca.
25 Desde mi lecho yo lo ayudo
con el aliento que me queda,
por que no busque tanteando
y se haga daño en las tinieblas. *darkness*

Los peldaños de sordo leño
30 como cristales me resuenan.
Yo sé en cuáles se descansa,
y se interroga, y se contesta.
Oigo donde los leños fieles,
igual que mi alma, se le quejan,
35 y sé el paso maduro y último
que iba a llegar y nunca llega. . .

Mi casa padece su cuerpo
como llama que la retuesta.
Siento el calor que da su cara
40 —ladrillo ardiendo—sobre mi puerta.
Pruebo una dicha que no sabía:
sufro de viva, muero de alerta,
¡y en este trance de agonía
se van mis fuerzas con sus fuerzas!

45   Al otro día repaso en vano
con mis mejillas y mi lengua,
rastreando la empañadura[24]
en el espejo de la escalera.
Y unas horas sosiega mi alma
50 hasta que cae la noche ciega.

22. Condenados al infierno.
23. Celentéreo de cuerpo gelatinoso y pro-
visto de tentáculos.

24. Mancha en el espejo que es huella del
aliento.

El vagabundo que lo cruza
como fábula me lo cuenta.
Apenas él lleva su carne,
apenas es de tanto que era,
55 y la mirada de sus ojos
una vez hiela y otras quema.

No le interrogue quien lo cruce;
sólo le digan que no vuelva,
que no repeche[25] su memoria,
para que él duerma y que yo duerma.
Mate el nombre que como viento
en sus rutas turbillonea[26]
¡y no vea la puerta mía,
recta y roja como una hoguera!

Preguntas

1. En el primer soneto de "Los sonetos de la muerte", ¿cómo caracterizaría Ud. el yo y el tú? ¿Con qué se compara la tierra? ¿Cuál es el beneficio de la muerte del otro? En el segundo soneto, ¿qué posibilita la muerte? ¿Qué tipo de alianza se realiza entre el yo y el tú? En el tercer soneto, caracterice el yo, el tú y el él. ¿Qué pide el yo en sus plegarias? ¿A qué alude "la barca"?

2. Además del tema de la muerte, ¿qué comparten los tres sonetos? ¿Son idénticas las necesidades del yo en los tres poemas?

3. ¿Qué imágenes utiliza la poeta para describir al niño? ¿Cuál es la estructura rítmica de esta composición y qué intenta imitar?

4. ¿Qué simboliza el pan en la composición de este nombre? ¿Qué imágenes emplea la autora para llevarlo a una dimensión espiritual?

5. ¿Cómo se proyecta el misterio de la muerte en "La desvelada"? ¿Con qué asocia Ud. la presencia extraña en "La desvelada"? ¿Qué características vanguardistas encuentra Ud. en esta composición?

---

25. Ver nota #20.

26. Oscurece, enturbia.

ALFONSINA STORNI

(1892, Cantón Tesino, Suiza–1938, Mar del Plata, Argentina)

_____

_____

_____

_____

_____

_____

La poeta nació en la Suiza de habla italiana durante una residencia temporal de sus padres, emigrados a la Argentina, en la tierra de donde eran oriundos. De regreso al país adoptivo, la familia se estableció en Rosario (1902) donde más tarde la joven ejerció la docencia después de recibirse de maestra normalista. Acompañada de su pequeño hijo natural, Alfonsina Storni se trasladó a Buenos Aires (1912) y allí comenzó a asistir a las tertulias literarias, a ganar fama por sus versos, y a causar escándalo por su postura en defensa de la mujer. Después de obtener diversos honores en la Argentina, entre 1930 y 1934 la escritora viajó por las capitales europeas más importantes. En 1938, cuando supo que tenía una enfermedad incurable y después de enviar el poema "Voy a dormir" al periódico bonaerense *La Nación,* Alfonsina Storni se suicidó arrojándose al mar.

La obra poética de Alfonsina Storni puede dividirse en dos etapas bien marcadas. La primera tiene como tema predominante un resentimiento hacia el hombre, criatura inferior según ella, pero al cual la mujer necesita. Esta actitud contradictoria de desdén y amor, así como la defensa y reafirmación de los derechos de la mujer, marcan los versos de esta primera época, muy especialmente los contenidos en sus colecciones más admiradas, *El dulce daño* (1918) y *Ocre* (1925). Otro aspecto importante dentro de este período es la rebelión de Storni contra el materialismo imperante, como lo muestra el poema "Cuadrados y ángulos".

La segunda etapa lírica de la escritora contiene poemas que reflejan la influencia de la estética vanguardista. Entonces experimentó con el trabajo de la imagen para lograr una poesía más intelectualizada, y con diversas formas métricas para dejar composiciones novedosas como los llamados "antisonetos" de la colección *Mascarilla y trébol, círculos imantados* (1938). Esta época se caracteriza también por el hermetismo y por una actitud de desilusión donde están ausentes las preocupaciones por el más allá.

Alfonsina Storni se valió de la poesía para exponer la trágica situación de la mujer en la sociedad argentina e hispanoamericana, y exigir para ella y sus congéneres un sitio justo y digno en el mundo contemporáneo. La valentía y sinceridad de sus reclamos expuestos en una lírica de variados acentos le han ganado a ella y a su obra un lugar muy especial dentro de la literatura hispanoamericana.

Bibliografía mínima

Fernández Moreno, César. "Dos épocas en la poesía de A. Storni". *Revista Hispánica Moderna* 24 (1958): 27–35.

Gatell, Angelina. "Delmira Agustini y Alfonsina Storni". *Cuadernos Hispanoamericanos* 58 (1964): 583–94.

Gómez Paz, Julieta. "Los anti-sonetos de A. Storni". *Cuadernos Americanos* 9 (1950): 224–32.

Jones, Sonia. *Afonsina Storni*. Boston: Twayne, 1979.

Percas, Helena. *La poesía femenina argentina (1810–1950)*. Madrid: Cultura Hispánica, 1958. 75–237; 699–706.

Phillips, Rachel. *Alfonsina Storni. From Poetess to Poet*. London: Tamesis, 1975.

Titiev, Janice Geasler. "The Poetry of Dying in Alfonsina Storni's Last Book". *Hispania* 68 (1985): 467–73.

EL DULCE DAÑO (1918)

Tú me quieres blanca[1]

Tú = libre, libertad

Tú me quieres alba;
me quieres de espumas;
me quieres de nácar,[2]
Que sea azucena,
5 sobre todas, casta.
De perfume tenue.
Corola cerrada.
corollary

    Ni un rayo de luna
filtrado me haya,
10 ni una margarita
se diga mi hermana.
Tú me quieres blanca;
tú me quieres nívea;[3]
tú me quieres casta.

15 Tú, que hubiste todas
las copas a mano,
de frutos y mieles
los labios morados.
Tú, que en el banquete
20 cubierto de pámpanos,[4]
dejaste las carnes
festejando a Baco,[5]
Tú, que en los jardines
negros del Engaño,
25 vestido de rojo
corriste al Estrago.[6]

---

1. Versos de seis sílabas o exasílabos.
2. Madre-perla.
3. Tan blanca como la nieve.

4. Rama de la vid.
5. Dios del vino.
6. Destrucción, ruina.

Tú, que el esqueleto
conservas intacto,
no sé todavía
30 por cuáles milagros
(Dios te lo perdone),
me pretendes casta
(Dios te lo perdone),
me pretendes alba.
35 Huye hacia los bosques;
vete a la montaña;
límpiate la boca;
vive en las cabañas;
toca con las manos
40 la tierra mojada;
alimenta el cuerpo
con raíz amarga;

bebe de las rocas;
duerme sobre la escarcha;
45 renueva tejidos
con salitre y agua;
habla con los pájaros
y lévate[7] al alba.
Y cuando las carnes
50 te sean tornadas,[8]
y cuando hayas puesto
en ellas el alma,
que por las alcobas
se quedó enredada,
55 entonces, buen hombre,
preténdeme blanca,
preténdeme nívea,
preténdeme casta.

Cuadrados y ángulos

Casas enfiladas, casas enfiladas,
casas enfiladas.
Cuadrados, cuadrados, cuadrados.
Casas enfiladas.
5 Las gentes ya tienen el alma cuadrada,
ideas en fila
y ángulo en la espalda.
Yo misma he vertido ayer una lágrima,
Dios mío, cuadrada.

---

7. Levántate.   8. Devueltas.

IRREMEDIABLEMENTE (1919)

Peso ancestral

Tú me dijiste: no lloró mi padre;
tú me dijiste: no lloró mi abuelo;
no han llorado los hombres de mi
    raza,
5 eran de acero.

Así diciendo te brotó una lágrima
y me cayó en la boca...; más veneno
yo no he bebido nunca en otro vaso
así pequeño.

10   Débil mujer, pobre que entiende,
dolor de siglos conocí al beberlo.
Oh, el alma mía soportar no puede
todo su peso.

Hombre pequeñito[9]

Hombre pequeñito, hombre pequeñito,
suelta a tu canario que quiere volar...
yo soy el canario, hombre pequeñito,
déjame saltar.

5   Estuve en tu jaula, hombre pequeñito,
hombre pequeñito que jaula me das.
Digo pequeñito porque no me entiendes,
ni me entenderás.

Tampoco te entiendo, pero mientras tanto
10 ábreme la jaula, que quiero escapar;
hombre pequeñito, te amé media hora,
no me pidas más.

9. Versos de doce (dodecasílabos) y seis sílabas. La rima es asonante en los versos pares.

MASCARILLA Y TREBOL (1938)

El hijo[10]

Se inicia y abre en ti, pero estás ciega
para ampararlo y si camina ignoras
por flores de mujer o espadas de hombre,
ni qué de alma prende en él, ni cómo mira.

5   Lo acunas balanceando, rama de aire,
y se deshace en pétalos tu boca
porque tu carne ya no es carne, es tibio
plumón de llanto que sonríe y alza.

Sombra en tu vientre apenas te estremece
5   y sientes ya que morirás un día
por aquel sin piedad que te deforma.

Una frase brutal te corta el paso
y aún rezas y no sabes si el que empuja
te arrolla sierpe o ángel se despliega.

Preguntas

1. ¿A quién se dirige el yo en "Tú me quieres blanca" y cómo caracteriza a ese interlocutor? ¿Dónde encontramos efectos cromáticos? ¿Qué relación se puede establecer entre este poema y "Hombres necios..." de sor Juana Inés de la Cruz (ver pp. 69–79)?
2. ¿Cuál es la preocupación del yo en "Cuadrados y ángulos"? ¿Qué representan los cuadrados y los ángulos?
3. ¿Cómo está caracterizado el tú en "Peso ancestral"? ¿Cómo desmiente el yo está caracterización? ¿A qué alude el "dolor de siglos"?
4. En "Hombre pequeñito", ¿cuál es la función del diminutivo? Según el yo, ¿en qué consiste la pequeñez del hombre? ¿Qué representa el canario y por qué desea salir de la jaula?
5. Haga una comparación entre "El hijo" de Alfonsina Storni y "Sueño grande" de Gabriela Mistral (ver pp. 344–45) y explique las diferencias entre ambas composiciones en cuanto a tono y recursos expresivos.

10. Corresponde a las composiciones que la autora llamó anti-sonetos. Los versos ende-casílabos están distribuidos en la forma del soneto tradicional, pero no tienen rima.

CESAR VALLEJO

(1892, Santiago de Chuco, Perú —1938, París, Francia)

La obra de este escritor peruano representa una de las más altas expresiones del lenguaje poético escrito en el idioma español. Su compromiso con la humanidad está matizado por la emoción expresiva de una honda angustia. Esta convoca las raíces indígenas y españolas del poeta, a la vez que sus trágicas experiencias personales, para desembocar en versos donde la soledad del individuo es la nota más profundamente arraigada.

Nació Vallejo en un hogar modesto de un pueblecito de la serranía del norte peruano. Después de estudiar letras y derecho en la Universidad de Trujillo, pasó a Lima (1918) donde conoció a José Carlos Mariátegui y otros futuros colaboradores de *Amauta.* En 1918 apareció *Los heraldos negros,* su primer poemario. Por esa época dos acontecimientos trágicos signaron la vida y escritos del bardo: el fallecimiento de su madre y la injusta prisión en una cárcel de Trujillo. Cuando estaba en prisión escribió varios poemas de *Trilce* (1922), su segunda colección.

En 1923 Vallejo viajó a París en busca de horizontes culturales más amplios y allí vivió con muchas estrecheces económicas hasta su muerte en 1938. En la capital francesa hizo amistad con escritores de vanguardia entre los cuales sobresalen el español Juan Larrea (1895–1980) y el francés Louis Aragon, quien despidió el duelo en el entierro de Vallejo. Entre 1928 y 1929 el peruano visitó Rusia dos veces y se adhirió a los postulados marxistas. Cuando posteriormente fue expulsado de Francia por sus convicciones políticas, Vallejo viajó a España donde vivió por varios años (1930–33) e hizo amistad con jóvenes intelectuales socialistas entre los cuales se encontraba Federico García Lorca (1898–1936). Admirador de la Segunda República española (1931–39) y profundamente conmovido por la lucha fratricida de la guerra civil (1936–39), el autor escribió emocionados poemas en defensa de la causa republicana. Recogidos en *España, aparta de mí este cáliz,* fueron publicados junto con *Poemas en prosa*, en la colección titulada *Poemas humanos* (1939). Vallejo también dejó interesantes escritos en prosa entre los cuales sobresalen *Escalas melografiadas* (1923), una colección de cuentos, *Rusia 1931* (1931), crónicas sobre sus visitas a ese país, y *Tungsteno*

(1931), novela de tesis donde defiende a los explotados.

Los heraldos negros, el primer poemario de Vallejo, muestra la influencia de los modernistas especialmente de Darío y de Herrera y Reissig tanto en el vocabulario como en el ritmo de los versos. En esta temprana colección el indígena aparece como símbolo de todo ser doliente, tema alrededor del cual girará mucha de la posterior lírica vallejiana. Por ello, aun en poemas donde es fácilmente reconocible la huella modernista, se encuentra esa carga emocional donde la tristeza y la angustia son las notas predominantes. En efecto, en el poema liminar de la colección, "Los heraldos negros", aparecen los temas fundamentales de la lírica vallejiana: el sufrimiento, la muerte, el destino—esos "golpes" que no sabemos si atribuir a la muerte o a Dios pero que son legado de todos. Inquietud metafísica y preocupación social van de la mano en esta obra primeriza donde Vallejo se solidariza, mucho antes de su afiliación al marxismo, con "los pobres de la tierra", como antes llamara el cubano José Martí a los desamparados del mundo.

Influido por la estética vanguardista, en *Trilce* el poeta desea lograr una escritura poética de acuerdo con su peculiar visión del mundo. Esta visión está marcada por la ruptura y el absurdo, y se manifiesta en la dislocada sintaxis y en la nueva carga afectiva que adquiere cada palabra según su lugar en la oración. La orfandad del ser humano se afirma de modo rotundo en *Trilce* cuando el poeta describe un mundo donde Dios está ausente o, si aparece, es incapaz de proteger a las personas de las desgracias y la soledad.

Escritos entre 1923 y 1937, los poemas en prosa retoman muchos de los temas de *Trilce:* la experiencia de la prisión, el recuerdo de la madre, la muerte y, sobre todo, ese sufrimiento que podría definirse como la esencia misma de *Poemas humanos* en versos donde la muerte y la vida caminan indisolublemente unidas. La pregunta más dolorosa y constante que se desprende de esta colección se relaciona, como ocurre siempre en la lírica vallejiana, con la persona: ¿por qué sufre ese ser que desea vivir felizmente?

En *Poemas humanos* la preocupación social de Vallejo se muestra en su esperanza en un porvenir mejor, cuando, a través de la lucha colectiva, se haya construido la sociedad socialista donde los egoísmos y el culto al individuo habrían quedado atrás. Esta esperanza, como bien ha señalado Américo Ferrari, es "ante todo la esperanza en el hombre, y en la fuerza irreductible, que Vallejo sintió siempre en sí mismo, de decir no al mal, no a la destrucción, no a los límites". En esta fuerza radica la universalidad de la lírica de César Vallejo que, sin duda, más allá de cualquier escuela o influencia literaria o doctrinaria, se revela de modo constante con una insuperada originalidad.

Bibliografía mínima

Ballón Aguirre, Enrique. *Vallejo como paradigma. Un caso especial de escritura.* Lima: Instituto Nacional de Cultura, 1974.
Ferrari, Américo. *El universo poético de César Vallejo.* Caracas: Monte Avila, 1972.
Franco, Jean. *César Vallejo. The Dialectics of Poetry and Silence.* Cambridge, Mass: Cambridge UP, 1976.

Homenaje a César Vallejo. Revista Iberoamericana 36 (1970).
Larrea, Juan. *César Vallejo y el surrealismo.* Madrid: Alberto Corazón Ed., 1978.
Neale-Silva, Eduardo. *César Vallejo en su fase trílcica.* Madison: The U of Wisconsin
    P, 1975.
Paoli, Roberto. *Mapas anatómicos de César Vallejo.* Messina-Firenze: Casa Editrice
    D'Anna, 1981.

LOS HERALDOS NEGROS (1918)

Los heraldos[1] negros

Hay golpes en la vida, tan fuertes... ¡Yo no sé!
Golpes como del odio de Dios; como si ante ellos,
la resaca de todo lo sufrido
se empozara en el alma... ¡Yo no sé!

5 Son pocos; pero son... Abren zanjas oscuras
en el rostro más fiero y en el lomo más fuerte.
Serán talvez los potros de bárbaros atilas;[2]
o los heraldos negros que nos manda la Muerte.

Son las caídas hondas de los Cristos del alma,
10 de alguna fe adorable que el Destino blasfema.
Esos golpes sangrientos son las crepitaciones[3]
de algún pan que en la puerta del horno se nos quema.

Y el hombre... Pobre... ¡pobre! Vuelve los ojos, como
cuando por sobre el hombro nos llama una palmada;
15 vuelve los ojos locos, y todo lo vivido
se empoza, como charco de culpa, en la mirada.

Hay golpes en la vida, tan fuertes... ¡Yo no sé!

1. Mensajeros.
2. Se refiere a Atila, rey de los hunos (432–453) cuyo ejército, famoso por su crueldad, venció a los emperadores de Oriente y Occidente.
3. Ruido de algo que chisporrotea al fuego.

TRILCE (1922) (madre)

XXVIII 28

He almorzado solo ahora, y no he tenido
madre, ni súplica, ni sírvete, ni agua,
ni padre que, en el fecundo ofertorio   Solo
de los choclos,[4] pregunte para su tardanza
5 de imagen, por los broches mayores del sonido.

cosa
cotidiana
Cómo iba yo a almorzar. Cómo me iba a servir
de tales platos distantes esas cosas,
afectada   cuando habrase quebrado el propio hogar,
por la   cuando no asoma ni madre a los labios.
muerte 10 Cómo iba yo a almorzar nonada.[5]

A la mesa de un buen amigo he almorzado
con su padre recién llegado del mundo,
con sus canas tías que hablan
en tordillo[6] retinte de porcelana,
15 bisbiseando[7] por todos sus viudos alvéolos;   (la memoria)
y con cubiertos francos de alegres tiroriros,[8]   cosa que
porque estanse en su casa. Así, ¡qué gracia!   se toca-
Y me han dolido los cuchillos   la comida
de esta mesa en todo el paladar.   acción   de su madre

20 El yantar[9] de estas mesas así, en que se prueba
amor ajeno en vez del propio amor,
torna tierra el bocado que no brinda la

MADRE

hace golpe la dura deglución;[10] el dulce,
25 hiel; aceite funéreo, el café.
Cuando ya se ha quebrado el propio hogar,
y el sírvete materno no sale de la
tumba,
la cocina a oscuras, la miseria del amor.

4. Mazorca de maíz tierno.
5. Algo de valor insignificante.
6. Tipo de caballo de color grisáceo.
7. Hablar entre dientes.

8. Sonido de los instrumentos musicales de
boca.
9. Comer.
10. Tragar.

Voy a hablar de la esperanza _dolor_

Yo no sufro este dolor como César Vallejo. Yo no me duelo ahora como artista, como hombre ni como simple ser vivo siquiera. Yo no sufro este dolor como católico, como mahometano ni como ateo. Hoy sufro solamente. Si no me llamase César Vallejo, también sufriría este mismo dolor. Si no fuese
5 artista, también lo sufriría. Si no fuese hombre ni ser vivo siquiera, también lo sufriría. Si no fuese católico, ateo ni mahometano, también lo sufriría. Hoy _repitir_ sufro desde más abajo. Hoy sufro solamente.

Me duelo ahora sin explicaciones. Mi dolor es tan hondo, que no tuvo ya causa ni carece de causa. ¿Qué sería su causa? ¿Dónde está aquello tan im-
10 portante, que dejase de ser su causa? Nada es su causa; nada ha podido dejar _todo_ de ser su causa. ¿A qué ha nacido este dolor, por sí mismo? Mi dolor es del viento del norte y del viento del sur, como esos huesos neutros que algunas aves raras ponen del viento. Si hubiera muerto mi novia, mi dolor sería igual. Si me hubieran cortado el cuello de raíz, mi dolor sería igual. Si la vida fuese,
15 en fin, de otro modo, mi dolor sería igual. Hoy sufro desde más arriba. Hoy sufro solamente.

Miro el dolor del hambriento y veo que su hambre anda tan lejos de mi sufrimiento, que de quedarme ayuno[11] hasta morir, saldría siempre de mi tumba una brizna[12] de yerba al menos. Lo mismo el enamorado. ¡Qué sangre
20 la suya más engendrada, para la mía sin fuente ni consumo!

Yo creía hasta ahora que todas las cosas del universo eran, inevitablemente, padres e hijos. Pero he aquí que mi dolor de hoy no es padre ni es hijo. Le falta espalda para anochecer, tanto como le sobra pecho para amanecer y si lo pusiesen en la estancia oscura, no daría luz y si lo pusiesen en una
25 estancia luminosa, no echaría sombra. Hoy sufro suceda lo que suceda. Hoy sufro solamente.

---

11. Sin comer.   12. Hebra.

POEMAS HUMANOS

Piedra negra sobre una piedra blanca[13]

Me moriré en París con aguacero,
un día del cual tengo ya el recuerdo.
Me moriré en París—y no me corro—[14]
talvez un jueves, como es hoy, de otoño.

5 Jueves será, porque hoy, jueves, que proso[15]
estos versos, los húmeros[16] me he puesto
a la mala y, jamás como hoy, me he vuelto,
con todo mi camino, a verme solo.

César Vallejo ha muerto, le pegaban
10 todos sin que él les haga nada;
le daban duro con un palo y duro

también con una soga; son testigos
los días jueves y los huesos húmeros,
la soledad, la lluvia, los caminos.

ESPAÑA, APARTA DE MI ESTE CALIZ EN POEMAS HUMANOS

Masa

Al fin de la batalla,
y muerto el combatiente, vino hacia él un hombre
y le dijo: "¡No mueras, te amo tanto!
Pero el cadáver ¡ay! siguió muriendo.

5 Se le acercaron dos y repitiéronle:
"¡No nos dejes! ¡Valor! ¡Vuelve a la vida!"
Pero el cadáver ¡ay! siguió muriendo.

Acudieron a él veinte, cien, mil, quinientos mil,
clamando: "¡Tanto amor y no poder nada contra la muerte!"
10 Pero el cadáver ¡ay! siguió muriendo.

---

13. Versos endecasílabos dispuestos en dos cuartetos y dos tercetos; la rima asonante está distribuida con total libertad. El título alude a una costumbre de la antigüedad de indicar los sucesos felices con una piedra blanca y los desafortunados con una negra.
14. No me escapo.
15. Escribo.
16. Hueso entre el hombro y el codo.

Le rodearon millones de individuos,
con un ruego común: "¡Quédate hermano!"
Pero el cadáver ¡ay! siguió muriendo.

Entonces, todos los hombres de la tierra
15 le rodearon; les vio el cadáver triste, emocionado;
incorporóse lentamente,
abrazó al primer hombre; echóse a andar...

— continua

idealista

*un cadáver que
vivé en la batalla
a los hombres
símbolo*

Preguntas

1. ¿Cómo caracteriza el autor los "golpes" en "Los heraldos negros"?
   ¿Cómo concluye el poema y a qué actitud remite esta conclusión?
2. En el poema XXVIII, estudie la tercera estrofa y explique por qué
   son novedosas las imágenes empleadas para describir a las personas
   sentadas a la mesa. ¿En qué se transforma este almuerzo y qué recursos expresivos utiliza Vallejo para lograr esta transformación?
3. En "Voy a hablar de la esperanza", ¿qué función tienen los vocablos
   de negación en el primer párrafo? ¿Cómo se explica el sufrimiento
   del poeta?
4. En "Piedra negra sobre una piedra blanca", explique cómo se configura la soledad del poeta. ¿Cuál es el significado de "los húmeros
   me he puesto a la mala"?
5. ¿Cuál ha sido el impacto de la Guerra Civil española en la obra de Vallejo? ¿Qué aspecto importante de la cosmovisión vallejiana se observa en "Masa"?

VICENTE HUIDOBRO

(1893, Santiago, Chile–1948, Cartagena, Chile)

_____

_____

_____

_____

_____

_____

Vicente Huidobro, uno de los fundadores de la poesía moderna en España e Hispanoamérica, fue el iniciador del creacionismo. De distinguida familia chilena, Huidobro escribió versos desde niño bajo la tutela materna. Candidato a la presidencia de Chile (1925), partidario de la independencia de Irlanda, defensor de la República española, y siempre un espíritu independiente, su desahogada posición económica le permitió dedicarse por completo a la literatura.

Admirador de Rubén Darío a quien veía como renovador de la poesía, el futuro vanguardista escribió artículos elogiando su obra con motivo de una visita del poeta nicaragüense a Chile. Fundó después la revista *Azul* (1913), también en homenaje al gran poeta modernista; en dos colecciones suyas de 1913, *Canciones en la noche* y *La gruta del silencio,* también se percibe la influencia del modernismo mediante la creación de ambientes exóticos en los que predominan las piedras preciosas y los perfumes extraños. A este primer período pertenece el poema "Nipona", donde Huidobro utiliza un tema modernista, pero abandona los metros y la disposición tradicionales del verso para dejarnos una composición vanguardista, parecida a los caligramas* del poeta francés Apollinaire.

En su primer libro en prosa, *Pasando y pasando* (1914), Huidobro confirma su gusto por lo nuevo y lo diferente: "En literatura me gusta todo lo que es innovación. Todo lo que es original. Odio la rutina, el cliché y lo retórico". El deseo de crear una poesía independiente de la realidad se expresa con mayor claridad y efusión en "Non serviam", manifiesto poético leído por Huidobro en el Ateneo de Santiago en 1914 que lo confirma como el primer exponente de las ideas animadoras del creacionismo. En "Arte poética", de la colección *El espejo de agua,* publicada originalmente en Buenos Aires en 1916, Huidobro expone un postulado clave del movimiento: "Por qué cantáis la rosa, ¡oh Poetas! / hacedla florecer en el poema; . . . El poeta es un pequeño Dios". Más tarde, para defenderse de quienes le disputaban la paternidad de la nueva estética, y especialmente de su amigo el vanguardista francés Pierre Reverdy, Huidobro recopiló sus escritos teóricos en un libro titulado *Manifestes* (1925).

Cuando Vicente Huidobro viajó a París en 1916, en seguida se puso en contacto con notables vanguardistas como Tristán Tzara, Paul Dermée, Pierre Reverdy y Guillaume Apollinaire. Pronto el escritor chileno fue invitado a colaborar en la revista *Nord-Sud* (1917–18) donde aparecieron poemas suyos en francés después recogidos en *Horizon carré* (1917). En el prólogo de este poemario Huidobro delineó las pautas del creacionismo. Según ellas, el poeta debe inventar nuevas realidades empleando audaces procedimientos que van desde las más novedosas metáforas hasta la nueva disposición del texto en la página. En 1918 Huidobro visitó España. En Madrid trabó amistad con poetas jóvenes como Juan Larrea, Gerardo Diego (1896–1987) y Guillermo de Torre (1900–71), después proponentes del movimiento ultraísta también fundamentado en los tres pilares de la estética vanguardista: antirrealismo, irracionalismo y afán absoluto de novedad. *Poemas árticos* y *Ecuatorial,* libros suyos publicados en España en 1918, continúan las innovaciones creacionistas en las originales y a veces incomprensibles metáforas, la curiosa disposición de los versos y el uso arbitrario de mayúsculas.

También aparecieron en Madrid *Temblor de cielo,* un poema en prosa, y *Altazor, o el viaje en paracaídas* (1931), caracterizado por la crítica como uno de los poemas claves de nuestro siglo. En este último el poeta alude a sus limitaciones existenciales y a instancias sociales y políticas de la época. A partir del canto III, Huidobro hace una crítica radical de la poesía, del lenguaje y de sus propios objetivos. En este ambicioso poema marcado por numerosos procedimientos innovadores, el poeta deja constancia de la crisis contemporánea; víctima de ella, descentrado y materializado, termina deslizándose en paracaídas hacia el abismo, la nada y la muerte.

Innovador e iconoclasta en el sentido más genuino de estas palabras, Huidobro escribió obras de teatro y novelas. En esta última categoría sobresale *Cagliostro,* su experimental "novela-film" publicada primero en inglés (1931) y después en castellano (1934) donde narra la historia de un nigromante del siglo XVIII. Los escritos del poeta chileno, abiertos siempre a las tendencias más audaces, marcan el rumbo de la poesía moderna en lengua castellana. Y por eso justamente ha comentado José Olivio Jiménez, "[a Vicente Huidobro] hay que considerarlo el representante más sostenido y cabal del vanguardismo, entendido en su alcance definitivo y permanente".

Bibliografía mínima

Bary, David. *Huidobro o la vocación poética.* Granada: U de Granada, 1963.

Camurati, Mireya. *Poesía y poética de Vicente Huidobro.* Buenos Aires: García Cambeiro, 1980.

Concha, Jaime. *Vicente Huidobro / Vicente Huidobro.* Madrid. Jucar, 1980.

Costa, René de. *Vicente Huidobro. The Careers of a Poet.* New York: Oxford UP, 1984.

Goic, Cedomil. *La poesía de Vicente Huidobro.* Santiago de Chile: U Católica de Chile, 1956, 1974.

Wood, Cecil. *The "creacionismo" of Vicente Huidobro.* Frederickton: York, 1978.

Yurkievich, Saúl. *Fundadores de la nueva poesía latinoamericana. Vallejo, Huidobro, Borges, Neruda, Paz.* 3a ed. Barcelona: Seix Barral, 1978.

CANCIONES EN LA NOCHE (1913)

Nipona[1]

Ven
Flor rara
De aquel edén
Que llaman Yoshiwara[2]
5   Ven muñequita japonesa
Cabe el maravilloso estanque de turquesa
Bajo un cielo que extienda el palio[3] de ónix de su vuelo
Deja que bese
Tu rostro oblicuo
10   Que se estremece
Por un inicuo
Brutal deseo.
Oh, déjame así
Mientras te veo
15   Como un biscuit.[4]
Son tus ojos dos gotas ovaladas y enervantes
En tu rostro amarillo y algo marfileño
Y tienes los encantos fascinantes
De un ficticio y raro ensueño.
20   Mira albas y olorosas
Las rosas
Té.

EL ESPEJO DE AGUA (1916)

Arte poética

   Que el verso sea como una llave
Que abra mil puertas.
Una hoja cae; algo pasa volando;
Cuanto miren los ojos creado sea,
5 Y el alma del oyente quede temblando.

   Inventa mundos nuevos y cuida tu palabra;
El adjetivo, cuando no da vida, mata.

---

1. Chica japonesa.
2. Barrio de las geishas.
3. Manto, dosel.
4. Porcelana blanca.

Estamos en el ciclo de los nervios.
El músculo cuelga,
10 Como recuerdo, en los museos;
Mas no por eso tenemos menos fuerza:
El vigor verdadero
Reside en la cabeza.

Por qué cantáis la rosa, ¡oh Poetas!
15 Hacedla florecer en el poema;

Sólo para nosotros
Viven todas las cosas bajo el Sol.

El poeta es un pequeño Dios.

POEMAS ARTICOS (1918)

Luna o Reloj

Las tardes prisioneras
    en los rincones fríos
Y las canciones cónicas de los jardines
Golondrinas sin alas
5   entre la niebla sólida
Angustia en mi garganta
Sobre la frente la corona seca
Y en tus manos una estrella fresca
Después en el valle sin sol
10   un mismo ruido
La luna y el reloj

ALTAZOR, O EL VIAJE EN PARACAIDAS (1931)

CANTO I

Altazor, ¿por qué perdiste tu primera serenidad?
¿Qué ángel malo se paró en la puerta de tu sonrisa
Con la espada en la mano?
¿Quién sembró la angustia en las llanuras de tus ojos
5 [como el adorno de un dios?
¿Por qué un día de repente sentiste el terror de ser?

Y esa voz que te gritó vives y no te ves vivir
¿Quién hizo converger tus pensamientos al cruce
[de todos los vientos del dolor?

10 Se rompió el diamante de tus sueños en un mar de estupor
Estás perdido Altazor
Solo en medio del universo
Solo como una nota que florece en las alturas del vacío
No hay bien no hay mal ni verdad ni orden ni belleza

15 ¿En dónde estás Altazor?

La nebulosa de la angustia pasa como un río
Y me arrastra según la ley de las atracciones
La nebulosa en olores solidificada huye su propia soledad
Siento un telescopio que me apunta como un revólver
20 La cola de un cometa me azota el rostro y pasa relleno de eternidad
Buscando infatigable un lago quieto en donde refrescar su tarea ineludible

Altazor morirás Se secará tu voz y serás invisible
La Tierra seguirá girando sobre su órbita precisa
Temerosa de un traspié como el equilibrista sobre el alambre que ata las
25 miradas del pavor

En vano buscas ojo enloquecido
(No hay puerta de salida y el viento desplaza los planetas)
Piensas que no importa caer eternamente si se logra escapar
¿No ves que vas cayendo ya?
30 Limpia tu cabeza de prejuicio y moral
Y si queriendo alzarte nada has alcanzado
Déjate caer sin parar tu caída sin miedo al fondo de la sombra
Sin miedo al enigma de ti mismo
Acaso encuentres una luz sin noche
35 Perdida en las grietas de los precipicios

Cae
  Cae eternamente
  Cae al fondo del infinito
  Cae al fondo del tiempo
40 Cae al fondo de ti mismo
  Cae lo más bajo que se pueda caer
  Cae sin vértigo
  A través de todos los espacios y todas las edades
  A través de todas las almas de todos los anhelos y todos los naufragios
45 Cae y quema al pasar los astros y los mares
  Quema los ojos que te miran y los corazones que te aguardan
  Quema el viento con tu voz
  El viento que se enreda en tu voz
  Y la noche que tiene frío en su gruta de huesos

50 Cae en infancia
  Cae en vejez
  Cae en lágrimas
  Cae en risas
  Cae en música sobre el universo
55 Cae de tu cabeza a tus pies
  Cae de tus pies a tu cabeza
  Cae del mar a la fuente
  Cae al último abismo de silencio
  Como el barco que se hunde apagando sus luces

60 Todo se acabó
  El mar antropófago golpea la puerta de las rocas despiadadas
  Los perros ladran a las horas que se mueren
  Y el cielo escucha el paso de las estrellas que se alejan
  Estás solo
65 Y vas a la muerte derecho como un iceberg que se desprende del polo[. . .]

CANTO IV

[. . .]No hay tiempo que perder
Ya viene la golondrina monotémpora
Trae un acento antípoda[5] de lejanías que se acercan
Viene gondoleando[6] la golondrina

---

5. Contrario, opuesto.   por el poeta.
6. Siguen a éste otros vocablos inventados

palabras irreales

5 Al horitaña de la montazonte
La violondrina y el goloncelo
Descolgada esta mañana de la lunala
Se acerca a todo galope
Ya viene la golondrina
10 Ya viene viene la golonfina
Ya viene la golontrina
Ya viene la goloncima
Viene la golonchina
Viene la golonclima
15 Ya viene la golonrima
Ya viene la golonrisa
La golonniña
La golongira
La golonlira
20 La golonbrisa
La golonchilla
Ya viene la golondía
Y la noche encoge sus uñas como el leopardo
Ya viene la golontrina
25 Que tiene un nido en cada uno de los dos calores
Como yo lo tengo en los cuatro horizontes
Viene la golonrisa
Y las olas se levantan en la punta de los pies
Viene la golonniña
30 Y siente un vahído la cabeza de la montaña
Viene la golongira
Y el viento se hace parábola de sílfides en orgía
Se llenan de notas los hilos telefónicos
Se duerme el ocaso con la cabeza escondida
35 Y el árbol con el pulso afiebrado

Pero el cielo prefiere el rodoñol
Su niño querido el rorreñol
Su flor de alegría el romiñol
Su piel de lágrima el rofañol
40 Su garganta nocturna el rosolñol
El rolañol
El rosiñol[...]

No hay tiempo que perder
Los icebergs que flotan en los ojos de los muertos
45 Conocen su camino
Ciego sería el que llorara
Las tinieblas del féretro sin límites
Las esperanzas abolidas
Los tormentos cambiados en inscripción de cementerio

50 Aquí yace Carlota ojos marítimos
Se le rompió un satélite
Aquí yace Matías en su corazón dos escualos[7] se batían
Aquí yace Marcelo mar y cielo en el mismo violoncelo
Aquí yace Susana cansada de pelear contra el olvido
55 Aquí yace Teresa ésa es la tierra que araron sus
　　　[ojos hoy ocupada por su cuerpo
Aquí yace Angélica anclada en el puerto de sus brazos
Aquí yace Rosario río de rosas hasta el infinito

Aquí yace Raimundo raíces del mundo son sus venas
60 Aquí yace Clarisa clara risa enclaustrada en la luz
Aquí yace Alejandro antro alejado ala adentro
Aquí yace Gabriela rotos los diques sube en las savias
　　　[hasta el sueño esperando la resurrección
Aquí yace Altazor azor[8] fulminado por la altura
65 Aquí yace Vicente antipoeta y mago[...]

Preguntas

1. Señale los elementos modernistas y vanguardistas de "Nipona".
2. Según "Arte poética", ¿cuál es el papel del poeta y por qué esta definición aporta una nueva dimensión al proceso poético? ¿Cómo está caracterizado el verso?
3. En "Luna o reloj", ¿qué representan y cómo se unen la luna y el reloj?
4. Indique y dé ejemplos de los recursos expresivos de vanguardia más evidentes en *Altazor*.
5. ¿Qué trayectoria sigue el yo poético en *Altazor*? ¿Qué simboliza este viaje en paracaídas?

---

7. Tiburones.　　　　　　　8. Ave rapaz diurna.

JOSE CARLOS MARIATEGUI

(1894, Moquegua, Perú–1930, Lima, Perú)

La ejemplar trayectoria de este escritor, quien tanto contribuyó a modernizar el pensamiento político hispanoamericano, ha hecho que generaciones posteriores lo llamen "Amauta", pues su infatigable labor y profundo saber recuerdan a los maestros y filósofos del imperio incaico. En la niñez enfermiza de Mariátegui, la religiosidad materna fue una influencia decisiva; ella marcó su vida y, más tarde, con la ayuda del pensamiento del francés Georges Sorel (1847–1922), vio el proceso revolucionario como doctrina redentora cuyo triunfo aseguraría el bien de todos. Como los escasos recursos de la familia apenas le permitieron terminar la escuela primaria, Mariátegui tuvo que trabajar para ayudar a los suyos mientras continuaba leyendo y estudiando por cuenta propia. A los diecinueve años el joven autodidacta ya era un periodista respetado en el diario limeño *La Prensa.*

En 1918 comenzó a trabajar de redactor en *El Tiempo* y fundó con otros colegas la revista *Nuestra Epoca* que contó entre sus colaboradores al poeta César Vallejo. En este período, Mariátegui comenzó a tomar conciencia de los problemas nacionales. Por entonces conoció a Víctor Raúl Haya de la Torre (1895–1979), joven dirigente universitario llamado después a fundar la organización política conocida con el nombre de Alianza Popular Revolucionaria Americana (APRA) en 1924. Ya politizado, Mariátegui y otros colegas establecieron el diario *La Razón* y lo pusieron al servicio de la causa obrera. En 1919, el dictador Augusto B. Leguía (1908–12 y 1919–30) clausuró este diario y le ofreció a Mariátegui el cargo de "agente de propaganda periodística" en Europa. A pesar de las críticas, el joven aceptó el puesto porque le ofrecía la oportunidad de prepararse para servir mejor a la causa obrera. Mariátegui llamó a esta etapa de su vida anterior al viaje a Europa, la "Edad de Piedra".

Mariátegui permaneció en Europa de 1919 a 1923. Allá visitó varias capitales, se vinculó con importantes líderes de izquierda y contrajo matrimonio con una joven italiana. Parece que en Italia conoció al filósofo Benedetto Croce, uno de sus autores favoritos, y a Antonio Gramsci (1891–1937), fundador del Partido Comunista de ese país. Descorazonado ante el avance del fascismo en Italia, pasó a Berlín donde vivió por seis meses. Durante este período europeo Mariátegui abraza el marxismo y, junto con otros amigos, hace planes para concertar una acción socialista en Perú.

Cuando retorna a Lima (1923), el "Amauta" se vincula con los elementos progresistas del mundo obrero e intelectual, y se convierte en una de las primeras figuras de la izquierda peruana. Difundió las ideas socialistas y explicó la situación internacional a la vez que colaboró en dos revistas conservadoras, *Variedades* (1908–32) y *Mundial* (1920–31). El primer libro suyo, *La escena contemporánea* (1925), es una recopilación de los artículos aparecidos en *Variedades*. Una segunda recopilación de otros trabajos publicados por Mariátegui en esta misma revista apareció póstumamente con el título de *El alma matinal y otras estaciones del hombre de hoy* (1950). La excesiva actividad hace que el joven enferme gravemente en 1924; se le recrudece una antigua dolencia en la rodilla y no hay otro remedio que amputarle la pierna. Mariátegui, sin embargo, reanuda sus labores de activista político a la vez que continúa escribiendo para publicaciones peruanas y extranjeras. Con su hermano Julio César funda la editorial Minerva donde publica su obra más renombrada, *Siete ensayos de interpretación de la realidad peruana* (1928).

En esta época fundó la revista *Amauta* (1925–30), donde se difundieron el pensamiento marxista e ideas vanguardistas en el arte y la literatura. Infatigable, Mariátegui estableció el quincenario *Labor* (1928–29), vocero de los intereses del proletariado rápidamente clausurado por el gobierno. En octubre de 1928, ya separado de Haya de la Torre y del APRA, funda el Partido Socialista del Perú. Quebrantada su salud y decepcionado por la falta de éxito de sus propuestas políticas, José Carlos Mariátegui falleció en Lima, el 16 de abril de 1930.

Los escritos de Mariátegui son producto de dos períodos bien marcados: el juvenil (1914–19) y el maduro (1920–30). En la primera etapa publicó crónicas, poemas, cuentos y dramas influidos por la estética modernista. Entre los seguidores del modernismo en el Perú, Manuel González Prada ejerció la influencia más poderosa en el joven; de los modernistas extranjeros, Amado Nervo (1870–1919), cuyos versos Mariátegui recitaba de memoria, fue el que más lo atrajo. Abraham Valdelomar (1888–1919), quien en su revista *Colónida* (1916) intentó crear una estética que superara a la modernista, fue otra fuerte influencia de esta época. Aunque vista en conjunto su producción literaria juvenil es menor, en ella asoman ciertas constantes de los escritos posteriores del autor: religiosidad, exaltación del heroísmo, antipositivismo romántico.

En la etapa madura, Mariátegui no escribió ningún libro. Como era frecuente entonces, sus artículos periodísticos fueron recopilados siguiendo ciertos temas y pautas para conformar libros. Entre ellos sobresale *Siete ensayos de interpretación de la realidad peruana*, que, desde una perspectiva marxista, ofrece un penetrante análisis de los problemas sociales, económicos y culturales de su patria. Adaptando los postulados marxistas a la realidad americana y sin caer en el dogmatismo, Mariátegui muestra cómo el desarrollo económico del país está condicionado por estructuras coloniales y hasta semi-feudales. Sobre todo, se detiene a analizar la condición de los indígenas, sector que todavía vive en estado de servidumbre. En esta obra también sienta las bases de la nueva crítica literaria en Perú. La exposición directa, el hábil manejo de diversas fuentes y la visión analítica del autor hacen de *Siete ensayos* lectura obligada para quienes deseen comprender la realidad peruana e hispanoamericana. La vida y obra de José Carlos Mariátegui lo confirman como intelectual comprometido: para él la literatura y la política son las armas de combate necesarias para transformar la sociedad.

Bibliografía mínima

Basadre, Jorge. Introduction. *Seven Interpretative Essays on Peruvian Reality*. De José Carlos Mariátegui. Trad. Marjori Urquidi. Austin: U of Texas P, 1971. ix–xxxiv.

Chang-Rodríguez, Eugenio. *Poética e ideología en José Carlos Mariátegui*. Madrid: José Porrúa Turanzas, 1983.

Chavarría, Jesús. *José Carlos Mariátegui and the Rise of Modern Peru, 1890–1930*. Albuquerque: U of New Mexico P, 1979.

Garrels, Elizabeth J. *Mariátegui y la Argentina: un caso de lentes ajenos*. Gaithersburg: Hispamérica, 1982.

Melis, Antonio. "El debate sobre Mariátegui: resultados y problemas". *Revista de Crítica Literaria Latinoamericana* 2 (1976): 123–37.

Núñez, Estuardo. *La experiencia europea de Mariátegui*. Lima: Amauta, 1978.

Quijano, Aníbal. *Reencuentro y debate: una introducción a Mariátegui*. Lima: Mosca Azul, 1981.

Vanden, Harry E. "Socialism, Land and Indians in the 7 *ensayos*". *Inti* 4 (1976): 71–5.

Siete ensayos de interpretación de la realidad peruana (1928)

EL PROBLEMA DEL INDIO

Todas las tesis sobre el problema indígena, que ignoran o eluden a éste como problema económico-social, son otros tantos estériles ejercicios teoréticos—y a veces sólo verbales—, condenados a un absoluto descrédito. No las salva a algunas su buena fe. Prácticamente, todas no han servido sino para
5 ocultar o desfigurar la realidad del problema. La crítica socialista lo descubre y esclarece, porque busca sus causas en la economía del país y no en su mecanismo administrativo, jurídico o eclesiástico, ni en su dualidad o pluralidad de razas, ni en sus condiciones culturales o morales. La cuestión indígena arranca de nuestra economía. Tiene sus raíces en el régimen de propie-
10 dad de la tierra. Cualquier intento de resolverla con medidas de administración o policía, con métodos de enseñanza o con obras de vialidad, constituye un trabajo superficial o adjetivo, mientras subsista la feudalidad de los "gamonales".[1]

---

1. En Perú, terrateniente explotador de indios.

El "gamonalismo" invalida inevitablemente toda ley u ordenanza de
15 protección indígena. El hacendado, el latifundista, es un señor feudal. Contra
su autoridad, sufragiada por el ambiente y el hábito, es impotente la ley escrita. El trabajo gratuito está prohibido por la ley y, sin embargo, el trabajo
gratuito, y aun el trabajo forzado, sobreviven en el latifundio. El juez, el sub-
prefecto, el comisario, el maestro, el recaudador, están enfeudados a la gran
20 propiedad. La ley no puede prevalecer contra los gamonales. El funcionario
que se obstinase en imponerla, sería abandonado y sacrificado por el poder
central, cerca del cual son siempre omnipotentes las influencias del gamonalismo, que actúan directamente o a través del parlamento, por una y otra vía
con la misma eficacia.[...]
25 La derrota más antigua y evidente es, sin duda, la de los que reducen la
protección de los indígenas a un asunto de ordinaria administración. Desde
los tiempos de la legislación colonial española, las ordenanzas sabias y prolijas,[2] elaboradas después de concienzudas encuestas, se revelan totalmente in-
fructuosas. La fecundidad de la República, desde las jornadas de la Indepen-
30 dencia, en decretos, leyes y providencias encaminadas a amparar a los indios
contra la exacción[3] y el abuso, no es de las menos considerables. El gamonal
de hoy, como el "encomendero"[4] de ayer, tiene sin embargo muy poco que
temer de la teoría administrativa. Sabe que la práctica es distinta.
El carácter individualista de la legislación de la República ha favore-
35 cido, incuestionablemente, la absorción de la propiedad indígena por el lati-
fundismo. La situación del indio, a este respecto, estaba contemplada con
mayor realismo por la legislación española. Pero la reforma jurídica no tiene
más valor práctico que la reforma administrativa, frente a un feudalismo intacto en su estructura económica.[...]
40 La suposición de que el problema indígena es un problema étnico, se
nutre del más envejecido repertorio de ideas imperialistas. El concepto de
razas inferiores sirvió al Occidente blanco para su obra de expansión y conquista. Esperar la emancipación indígena de un cruzamiento de la raza aborigen con inmigrantes blancos, es una ingenuidad antisociológica... Los pue-
45 blos asiáticos, a los cuales no es inferior en un ápice el pueblo indio, han
asimilado admirablemente la cultura occidental, en lo que tiene de más dinámica y creador, sin transfusiones de sangre europea.[...]
La tendencia a considerar el problema indígena como un problema moral, encarna una concepción liberal, humanitaria, ochocentista, iluminista,
50 que en el orden político de Occidente anima y motiva las "ligas de los Derechos del Hombre". Las conferencias y sociedades antiesclavistas, que en Europa han denunciado más o menos infructuosamente los crímenes de los co-

---

2. Abundantes.
3. Cobro injusto y violento.
4. La persona que, durante la época colonial,
recibía a un grupo de indios y a cambio de
su trabajo o tributo tenía la obligación de
mantenerlos e instruirlos en la fe católica. En
la práctica, los encomenderos abusaron de
sus privilegios y colocaron a los indígenas en
un estado de semi-esclavitud.

lonizadores, nacen de esta tendencia, que ha confiado siempre con exceso en
sus llamamientos al sentido moral de la civilización... La prédica
55 humanitaria ni ha detenido ni embarazado en Europa el imperialismo ni ha
modificado sus métodos. La lucha contra el imperialismo no confía ya sino
en la solidaridad y en la fuerza de los movimientos de emancipación de las
masas coloniales[...]

En el terreno de la razón y la moral, se situaba hace siglos, con mayor
60 energía, o al menos mayor autoridad, la acción religiosa. Esta cruzada no obtuvo, sin embargo, sino leyes y providencias muy sabiamente inspiradas. La
suerte de los indios no varió sustancialmente[...] Más evidentes posibilidades de éxito que la prédica liberal tenía, con todo, la prédica religiosa. Esta
apelaba al exaltado y operante catolicismo español mientras aquélla inten-
65 taba hacerse escuchar del exiguo[5] y formal liberalismo criollo.

Pero hoy la esperanza en una solución eclesiástica es indiscutiblemente
la más rezagada y antihistórica de todas. Quienes la representan no se preocupan siquiera, como sus distantes—¡tan distantes!—maestros, de obtener
una nueva declaración de los derechos del indio, con adecuadas autoridades
70 y ordenanzas, sino de encargar al misionero la función de mediar entre el
indio y el gamonal. La obra que la Iglesia no pudo realizar en un orden me-
dioeval, cuando su capacidad espiritual e intelectual podía medirse por frailes como el padre de las Casas, ¿con qué elementos contaría para prosperar
ahora? Las misiones adventistas, bajo este aspecto, han ganado la delantera al
75 clero católico[...]

El concepto de que el problema del indio es un problema de educación,
no aparece sufragado ni aun por un criterio estricta y autóctonamente pedagógico. La pedagogía tiene hoy más en cuenta que nunca los factores sociales y económicos. El pedagogo moderno sabe perfectamente que la educa-
80 ción no es una mera cuestión de escuela y métodos didácticos. El medio
económico social condiciona inexorablemente la labor del maestro. El gamonalismo es fundamentalmente adverso a la educación del indio; su subsistencia tiene en el mantenimiento de la ignorancia del indio el mismo interés
que en el cultivo de su alcoholismo. La escuela moderna[...] es incompatible
85 con el latifundio feudal. La mecánica de la servidumbre anularía totalmente
la acción de la escuela, si esta misma, por un milagro inconcebible dentro de
la realidad social, consiguiera conservar, en la atmósfera del feudo, su pura
misión pedagógica. La más eficiente y grandiosa enseñanza moral no podría
operar estos milagros[...]
90 La solución pedagógica, propugnada por muchos con perfecta buena
fe, está ya hasta oficialmente descartada. Los educacionistas son, repito, los
que menos pueden pensar en independizarla de la realidad económico-
social. No existe, pues, en la actualidad, sino como una sugestión vaga e informe, de la que ningún cuerpo y ninguna doctrina se hace responsable.

5. Insuficiente, escaso.

95   El nuevo planteamiento consiste en buscar el problema indígena en el problema de la tierra.

EL PROBLEMA DE LA TIERRA

Quienes desde puntos de vista socialistas estudiamos y definimos el problema del indio, empezamos por declarar absolutamente superados los puntos de vista humanitarios o filantrópicos en que, como una prolongación de la apostólica batalla del padre de las Casas, se apoyaba la antigua campaña
5 pro-indígena. Nuestro primer esfuerzo tiende a establecer su carácter de problema fundamentalmente económico. Insurgimos, primeramente, contra la tendencia instintiva—y defensiva—del criollo [...] a reducirlo a un problema exclusivamente administrativo, pedagógico, étnico o moral, para escapar a toda costa del plano de la economía. Por esto, el más absoluto de los re-
10 proches que se nos pueden dirigir es el de lirismo o literaturismo. Colocando en primer plano el problema económico-social, asumimos la actitud menos lírica y menos literaria posible. No nos contentamos con reivindicar el derecho del indio a la educación, a la cultura, al progreso, al amor y al cielo. Comenzamos por reivindicar, categóricamente, su derecho a la tierra. Esta
15 reivindicación perfectamente materialista, debería bastar para que no se nos confundiese con los herederos o repetidores del verbo evangélico del gran fraile español, a quien, de otra parte, tanto materialismo no nos impide admirar y estimar fervorosamente.

Y este problema de la tierra—cuya solidaridad con el problema del
20 indio es demasiado evidente—tampoco nos avenimos a atenuarlo o adelgazarlo oportunistamente. Todo lo contrario. Por mi parte, yo trato de plantearlo en términos absolutamente inequívocos y netos.

El problema agrario se presenta, ante todo, como el problema de la liquidación de la feudalidad en el Perú. Esta liquidación debía haber sido reali-
25 zada ya por el régimen demo-burgués formalmente establecido por la revolución de la independencia. Pero en el Perú no hemos tenido en cien años de república una verdadera clase burguesa, una verdadera clase capitalista. La antigua clase feudal—camuflada o disfrazada de burguesía republicana—ha conservado sus posiciones [...] Y el hecho es que durante un siglo de repú-
30 blica, la gran propiedad agraria se ha reforzado y engrandecido a despecho[6] del liberalismo teórico de nuestra Constitución y de las necesidades prácticas del desarrollo de nuestra economía capitalista.

Las expresiones de la feudalidad sobreviviente son dos: latifundio y servidumbre [...] No se puede liquidar la servidumbre que pesa sobre la raza
35 indígena, sin liquidar el latifundio.

---

6. A pesar de.

Planteado así el problema agrario del Perú, no se presta a deformaciones equívocas. Aparece en toda su magnitud de problema económico-social—y por tanto político—del dominio de los hombres que actúan en este plano de hechos e ideas. Y resulta vano todo empeño de convertirlo, por

40 ejemplo, en un problema técnico-agrícola del dominio de los agrónomos.

Nadie ignora que la solución liberal de este problema sería, conforme a la ideología individualista, el fraccionamiento de los latifundios para crear la pequeña propiedad [. . .] Esta fórmula—fraccionamiento de los latifundios en favor de la pequeña propiedad—no es utopista, ni herética, ni revolu-

45 cionaria, ni bolchevique, ni vanguardista, sino ortodoxa, constitucional, democrática, capitalista y burguesa [. . .] Tiene su origen en el ideario liberal en que se inspiran los Estatutos constitucionales de todos los Estados demo-burgueses. . .

Congruentemente con mi posición ideológica, yo pienso que la hora de

50 ensayar en el Perú el método liberal, la fórmula individualista, ha pasado ya. Dejando aparte las razones doctrinales, considero fundamentalmente este factor incontestable y concreto que da un carácter peculiar a nuestro problema agrario; la supervivencia de la comunidad y de elementos de socialismo práctico en la agricultura y la vida indígenas [. . .]

Preguntas

1. ¿Por qué es novedoso el análisis de Mariátegui sobre el problema del indio? ¿En qué se fundamenta?
2. ¿Qué se entiende por "gamonalismo" en Perú y cómo ha afectado al desarrollo del país según el autor?
3. ¿Por qué rechaza Mariátegui la "aproximación pedagógica" para resolver el problema de la población indígena?
4. Según explica él, ¿qué relación hay entre el problema indígena y la tenencia de la tierra?
5. ¿Cómo caracterizaría Ud. la prosa de Mariátegui?

JORGE LUIS BORGES

(1899, Buenos Aires, Argentina–1986, Ginebra, Suiza)

Jorge Luis Borges ha tenido un impacto extraordinario en las letras hispanoamericanas de nuestro siglo. Poeta, ensayista y narrador, revolucionó los géneros literarios, fue innovador en la técnica narrativa, maestro en el estilo, y trazó el camino que tomarían, décadas más tarde, la teoría y la crítica de la literatura. De ahí el gran interés despertado por su obra y el prestigio conquistado por el autor a nivel internacional. Borges vivió y escribió inmerso en el mundo de los libros, dialogando con las ideas y los temas claves de la cultura universal. De este diálogo surge su propia escritura, que él concibe como re-escritura, ya que rechaza el concepto de la originalidad literaria.

El escritor argentino recibió su educación primaria y secundaria en Buenos Aires. Desde 1914 hasta 1918 permaneció en Ginebra, donde continuó sus estudios, leyó vorazmente y descubrió a muchos de los autores—Schopenhauer, Chesterton y Kafka—que luego ocuparían un lugar central en su pensamiento. A este período le siguen tres años de residencia en distintas ciudades de España y su vinculación con el grupo de ultraístas, entre los que se contaban Guillermo de Torre y Rafael Cansinos Assens. Al regresar a Buenos Aires (1921), Borges inicia con otros jóvenes poetas el vanguardismo en la Argentina, movimiento que culminará con la publicación de la revista *Martín Fierro* (1924–27).

Al período de 1923–29 corresponden sus libros poéticos más importantes: *Fervor de Buenos Aires* (1923), *Luna de enfrente* (1925), *Cuaderno San Martín* (1929). A éstos se sumaría luego *Muertes de Buenos Aires* (1943). Las calles, las casas y los patios de su ciudad, así como los hechos de la historia argentina, motivan la evocación poética de Borges. El criollismo de su poesía siempre se fundamenta, sin embargo, en esquemas del pensamiento universal. Los poemas de Borges son meditaciones, indagaciones permeadas de la misma inquietud metafísica que lleva a su libro de prosa y verso *El hacedor* (1960) y a los ensayos y cuentos que durante tres décadas desplazan la poesía del centro de su producción literaria.

Borges conquistó renombre con los cuentos imbuidos de ideas filosóficas, de escritura paródica y auto-reflexiva recogidos en *Historia universal de la infamia* (1935), *Ficciones* (1944) y *El aleph* (1949). También como ensayista se destacó en *Inquisiciones* (1925), *Historia de la eternidad* (1936), *Nueva refutación del tiempo* (1948) y *Otras inquisiciones* (1952). En los últimos veinte años de su vida volvió a la poesía con libros como *Elogio de la sombra* (1969), *El oro de los tigres* (1972) y *La rosa profunda* (1975), y publicó, entre sus colecciones de cuentos, *El informe de Brodie* (1970) y *El libro de arena* (1975). Debe recordarse, asimismo, su extensa obra escrita en colaboración con autores como Adolfo Bioy Casares (n. 1914), excelente cuentista y novelista argentino.

Borges ha transformado en materia narrativa las ideas filosóficas y teológicas que motivan sus disquisiciones ensayísticas. Aunque radicalmente escéptico con respecto a dogmas religiosos y a sistemas de pensamiento, considera admirable el milenario esfuerzo de la inteligencia y la imaginación humanas que han buscado, mediante la teología o la metafísica, una solución a los enigmas del universo. En su mundo fantástico incorpora estos productos de la fe y el pensamiento, a los que considera ficciones. "Tlön, Uqbar, Orbis Tertius" y "La biblioteca de Babel" son especialmente ilustrativos de su posición escéptica, así como de sus intereses filosóficos. En los cuentos de Borges sueños y realidad se yuxtaponen ("Las ruinas circulares"), el tiempo cronológico es abolido ("El milagro secreto") o se expande laberínticamente en simultáneas e infinitas direcciones ("El jardín de senderos que se bifurcan") y un individuo puede ser todos los hombres ("El inmortal"). El relativismo histórico y moral ("Tema del traidor y del héroe"), las hipótesis heterodoxas ("Tres versiones de Judas"), y las formas extremas del idealismo filosófico para el cual la realidad existe sólo como proceso mental ("Tlön"), provocan su imaginación y su impulso narrativo.

En el poema "Fundación mítica de Buenos Aires", Borges evoca e inventa los orígenes de su ciudad natal. La historia, vista por él como "un pasado ilusorio", es suplantada por el tiempo y la visión transfiguradora del mito. "Borges y yo" con unica el sentimiento de una identidad fragmentada, el enfrentamiento del yo íntimo, vivencial y el yo-autor configurado por su obra. En "El sur" convergen el mito del coraje, el simbolismo del gaucho Martín Fierro, personaje del famoso poema de José Hernández, y el deseo del protagonista de morir heroicamente, como su antepasado materno. Todo ello se da en un tiempo y un espacio fantásticos regidos por la lógica de los sueños. Temas y técnica narrativa están desarrollados con un lenguaje preciso, contenido, que sugiere más que define el desenlace del relato.

Bibliografía mínima

Alazraki, Jaime. "Jorge Luis Borges". *Narrativa y crítica de nuestra América*. Ed. Joaquín Roy. Madrid: Castalia, 1978. 34–76.

———. *La prosa narrativa de Jorge Luis Borges*. 2a ed. Madrid: Gredos, 1974.

———. "Lectura estructuralista de 'El sur' de Borges". *Escritura* 3 (1977): 109–19.

Barrenechea, Ana María. *La expresión de la irrealidad en la obra de Jorge Luis Borges*. 2a ed. Buenos Aires: Paidós, 1967.

Christ, Ronald. *The Narrow Act: Borges' Art of Allusion*. New York: NYU Press, 1969.

Gertel, Zunilda. *Borges y su retorno a la poesía*. New York: Las Américas, 1969.

———. "'El sur', de Borges; búsqueda de identidad en el laberinto". *Nueva Narrativa Hispanoamericana* 1, 2 (1971): 35–55.

Phillips, Allen W. "'El sur' de Borges". *Revista Hispánica Moderna* 29 (1963): 140–7.

Rodríguez Monegal, Emir. *Jorge Luis Borges: A Literary Biography*. New York: Dutton, 1978.

Stabb, Martin S. *Jorge Luis Borges*. New York: Twayne, 1970.

Wheelock, Carter. *The Mythmaker: A Study of Motif and Symbol in the Short Stories of Jorge Luis Borges*. Austin: U of Texas P, 1969.

CUADERNO SAN MARTIN (1929)

Fundación mítica de Buenos Aires

¿Y fue por este río de sueñera[1] y de barro
que las proas vinieron a fundarme la patria?
Irían a los tumbos los barquitos pintados
entre los camalotes de la corriente zaina.[2]

5 Pensando bien la cosa, supondremos que el río
era azulejo entonces como oriundo del cielo
con su estrellita roja para marcar el sitio
en que ayunó Juan Díaz[3] y los indios comieron.

Lo cierto es que mil hombres y otros mil arribaron
10 por un mar que tenía cinco lunas de anchura
y aun estaba poblado de sirenas y endriagos[4]
y de piedras imanes que enloquecen la brújula.

---

1. Sueño, modorra.
2. Color castaño rojizo.
3. Juan Díaz de Solís: descubridor del Río de la Plata donde murió a manos de los indios en 1516.
4. Dragones.

Prendieron unos ranchos trémulos en la costa,
durmieron extrañados. Dicen que en el Riachuelo,[5]
15 pero son embelecos fraguados en la Boca.[6]
Fue una manzana entera y en mi barrio: en Palermo.[7]

Una manzana entera pero en mitá del campo
expuesta a las auroras y lluvias y suestadas.[8]
La manzana pareja que persiste en mi barrio:
20 Guatemala, Serrano, Paraguay, Gurruchaga.[9]

Un almacén rosado como revés de naipe
brilló y en la trastienda conversaron un truco;[10]
el almacén rosado floreció en un compadre,[11]
ya patrón de la esquina, ya resentido y duro.

25 El primer organito salvaba el horizonte
con su achacoso porte, su habanera[12] y su gringo.[13]
El corralón seguro ya opinaba YRIGOYEN,[14]
algún piano mandaba tangos de Saborido.[15]

Una cigarrería sahumó como una rosa
30 el desierto. La tarde se había ahondado en ayeres,
los hombres compartieron un pasado ilusorio.
Sólo faltó una cosa: la vereda de enfrente.

A mí se me hace cuento que empezó Buenos Aires:
La juzgo tan eterna como el agua y el aire.

---

5. Río de poco caudal que desemboca en el Río de la Plata. El poema aquí alude a la primera fundación de Buenos Aires por Pedro de Mendoza en 1534.
6. Humilde barrio porteño situado junto a la costa.
7. Barrio residencial en la zona norte de Buenos Aires.
8. Pronunciación popular de "sudestada", viento del sudeste, fuerte y con frecuencia tormentoso.
9. Estos nombres corresponden a calles del barrio de Palermo.
10. Juego de naipes muy popular en Argentina. Los jugadores se intercambian ingeniosas frases improvisadas a manera de aviso. De ahí la expresión "conversar un truco".
11. Fanfarrón, bravucón.
12. Música y danza procedentes de La Habana.
13. Extranjero, aquí aplicado al inmigrante italiano.
14. Hipólito Irigoyen (1850–1933): político liberal, fue dos veces presidente de Argentina.
15. Saborido: autor popular de tangos.

EL HACEDOR (1960)

Borges y yo

1　　Al otro, a Borges, es a quien le ocurren las cosas. Yo camino por Buenos Aires y me demoro, acaso ya mecánicamente, para mirar el arco de un zaguán[16] y la puerta cancel;[17] de Borges tengo noticias por el correo y veo su nombre en una terna de profesores o en un diccionario biográfico. Me gus-
5　tan los relojes de arena, los mapas, la tipografía del siglo XVIII, las etimologías, el sabor del café y la prosa de Stevenson; el otro comparte esas preferencias, pero de un modo vanidoso que las convierte en atributos de un actor. Sería exagerado afirmar que nuestra relación es hostil; yo vivo, yo me dejo vivir, para que Borges pueda tramar su literatura y esa literatura me justifica.
10　Nada me cuesta confesar que ha logrado ciertas páginas válidas, pero esas páginas no me pueden salvar, quizá porque lo bueno ya no es de nadie, ni siquiera del otro, sino del lenguaje o la tradición. Por lo demás, yo estoy destinado a perderme, definitivamente, y sólo algún instante de mí podría sobrevivir en el otro. Poco a poco voy cediéndole todo, aunque me consta su
15　perversa costumbre de falsear y magnificar. Spinoza[18] entendió que todas las cosas quieren perseverar en su ser; la piedra eternamente quiere ser piedra y el tigre un tigre. Yo he de quedar en Borges, no en mí (si es que alguien soy), pero me reconozco menos en sus libros que en muchos otros o que en el laborioso rasgueo de una guitarra. Hace años yo traté de librarme de él y
20　pasé de las mitologías del arrabal a los juegos con el tiempo y con lo infinito, pero esos juegos son de Borges ahora y tendré que idear otras cosas. Así mi vida es una fuga y todo lo pierdo y todo es del olvido, o del otro.
　　No sé cuál de los dos escribe esta página.

FICCIONES (1944)

El sur

　　El hombre que desembarcó en Buenos Aires en 1871 se llamaba Johannes Dahlmann y era pastor de la iglesia evangélica; en 1939, uno de sus nietos, Juan Dahlmann, era secretario de una biblioteca municipal en la calle Córdoba y se sentía hondamente argentino. Su abuelo materno había sido
5　aquel Francisco Flores, del 2 de infantería de línea, que murió en la frontera

16. Pieza cubierta a modo de vestíbulo en la entrada de una casa.
17. Contrapuerta que se adosa, por fuera o por dentro, a la puerta de entrada, para mayor protección.
18. Baruj Spinoza (1632–77): filósofo holandés.

de Buenos Aires, lanceado por indios de Catriel; en la discordia de sus dos linajes, Juan Dahlmann (tal vez a impulso de la sangre germánica) eligió el de ese antepasado romántico, o de muerte romántica. Un estuche con el daguerrotipo[19] de un hombre inexpresivo y barbado, una vieja espada, la

10 dicha y el coraje de ciertas músicas, el hábito de estrofas del *Martín Fierro*, los años, el desgano y la soledad, fomentaron ese criollismo algo voluntario, pero nunca ostentoso. A costa de algunas privaciones, Dahlmann había logrado salvar el casco[20] de una estancia en el Sur, que fue de los Flores; una de las costumbres de su memoria era la imagen de los eucaliptos balsámicos y

15 de la larga casa rosada que alguna vez fue carmesí. Las tareas y acaso la indolencia lo retenían en la ciudad. Verano tras verano se contentaba con la idea abstracta de posesión y con la certidumbre de que su casa estaba esperándolo, en un sitio preciso de la llanura. En los últimos días de febrero de 1939, algo le aconteció.

20 Ciego a las culpas, el destino puede ser despiadado con las mínimas distracciones. Dahlmann había conseguido, esa tarde, un ejemplar descabalado de las Mil y una Noches de Weil; ávido de examinar ese hallazgo, no esperó que bajara el ascensor y subió con apuro las escaleras; algo en la oscuridad le rozó la frente ¿un murciélago, un pájaro? En la cara de la mujer que le abrió

25 la puerta vio grabado el horror, y la mano que se pasó por la frente salió roja de sangre. La arista de un batiente[21] recién pintado que alguien se olvidó de cerrar le habría hecho esa herida. Dahlmann logró dormir, pero a la madrugada estaba despierto y desde aquella hora el sabor de todas las cosas fue atroz. La fiebre lo gastó y las ilustraciones de las Mil y Una Noches sirvieron

30 para decorar pesadillas. Amigos y parientes lo visitaban y con exagerada sonrisa le repetían que lo hallaban muy bien. Dahlmann los oía con una especie de débil estupor y le maravillaba que no supieran que estaba en el infierno. Ocho días pasaron, como ocho siglos. Una tarde, el médico habitual se presentó con un médico nuevo y lo condujeron a un sanatorio de la calle

35 Ecuador, porque era indispensable sacarle una radiografía. Dahlmann, en el coche de plaza que los llevó, pensó que en una habitación que no fuera la suya podría, al fin, dormir. Se sintió feliz y conversador; en cuanto llegó, lo desvistieron; le raparon la cabeza, lo sujetaron con metales a una camilla, lo iluminaron hasta la ceguera y el vértigo, lo auscultaron y un hombre enmas-

40 carado le clavó una aguja en el brazo. Se despertó con náuseas, vendado, en una celda que tenía algo de pozo y, en los días y noches que siguieron a la operación pudo entender que apenas había estado, hasta entonces, en un arrabal del infierno. El hielo no dejaba en su boca el menor rastro de frescura. En esos días, Dahlmann minuciosamente se odió; odió su identidad, sus

45 necesidades corporales, su humillación, la barba que le erizaba la cara. Sufrió

---

19. Imagen fotográfica fijada en una plancha metálica.
20. El edificio principal de una estancia. Habitualmente incluye la residencia de los due-

ños, las habitaciones de servicio, una capilla, y los establos de uso personal.
21. La hoja de una ventana o puerta.

con estoicismo las curaciones, que eran muy dolorosas, pero cuando el cirujano le dijo que había estado a punto de morir de una septicemia,[22] Dahlmann
se echó a llorar, condolido de su destino. Las miserias físicas y la incesante
previsión de las malas noches no le habían dejado pensar en algo tan abs-
50 tracto como la muerte. Otro día, el cirujano le dijo que estaba reponiéndose
y que, muy pronto, podría ir a convalecer a la estancia. Increíblemente, el día
prometido llegó.

A la realidad le gustan las simetrías y los leves anacronismos; Dahlmann
había llegado al sanatorio en un coche de plaza y ahora un coche de plaza lo
55 llevaba a Constitución.[23] La primera frescura del otoño, después de la opresión del verano, era como un símbolo natural de su destino rescatado de la
muerte y la fiebre. La ciudad, a las siete de la mañana, no había perdido ese
aire de casa vieja que le infunde la noche; las calles eran como largos
zaguanes, las plazas como patios. Dahlmann la reconocía con felicidad y con
60 un principio de vértigo; unos segundos antes de que las registraran sus ojos,
recordaba las esquinas, las carteleras, las modestas diferencias de Buenos Aires. En la luz amarilla del nuevo día, todas las cosas regresaban a él.

Nadie ignora que el Sur empieza del otro lado de Rivadavia.[24] Dahlmann
solía repetir que ello no es una convención y que quien atraviesa esa calle
65 entra en un mundo más antiguo y más firme. Desde el coche buscaba entre
la nueva edificación, la ventana de rejas, el llamador, el arco de la puerta, el
zaguán, el íntimo patio.

En el *hall* de la estación advirtió que faltaban treinta minutos. Recordó
bruscamente que en un café de la calle Brasil (a pocos metros de la casa de
70 Yrigoyen) había un enorme gato que se dejaba acariciar por la gente, como
una divinidad desdeñosa. Entró. Ahí estaba el gato, dormido. Pidió una taza
de café, la endulzó lentamente, la probó (ese placer le había sido vedado en
la clínica) y pensó, mientras alisaba el negro pelaje, que aquel contacto era
ilusorio y que estaban como separados por un cristal, porque el hombre vive
75 en el tiempo, en la sucesión, y el mágico animal, en la eternidad del instante.

A lo largo del penúltimo andén el tren esperaba. Dahlmann recorrió los
vagones y dió con uno casi vacío. Acomodó en la red la valija; cuando los coches arrancaron, la abrió y sacó, tras alguna vacilación, el primer tomo de las
Mil y Una Noches. Viajar con este libro, vinculado a la historia de su desdi-
80 cha, era una afirmación de que esa desdicha había sido anulada y un desafío
alegre y secreto a las frustradas fuerzas del mal.

A los lados del tren, la ciudad se desgarraba en suburbios; esta visión y
luego la de jardines y quintas demoraron el principio de la lectura. La verdad
es que Dahlmann leyó poco; la montaña de piedra imán y el genio[25] que ha
85 jurado matar a su bienhechor eran, quién lo niega, maravillosos, pero no

---

22. Infección de la sangre.
23. Estación de ferrocarril.
24. Calle principal que divide a la ciudad de
Buenos Aires entre norte y sur.

25. Ser sobrenatural que compartía y regía,
según la mitología, el destino de una persona
o de un lugar.

mucho más que la mañana y que el hecho de ser. La felicidad lo distraía de Shahrazad y de sus milagros superfluos; Dahlmann cerraba el libro y se dejaba simplemente vivir.

El almuerzo (con el caldo servido en boles de metal reluciente, como
90   en los ya remotos veraneos de la niñez) fue otro goce tranquilo y agradecido.

Mañana me despertaré en la estancia, pensaba, y era como si a un tiempo fuera dos hombres: el que avanzaba por el día otoñal y por la geografía de la patria, y el otro, encarcelado en un sanatorio y sujeto a metódicas
95   servidumbres. Vio casas de ladrillo sin revocar, esquinadas y largas, infinitamente mirando pasar los trenes; vio jinetes en los terrosos caminos; vio zanjas y lagunas y hacienda; vio largas nubes luminosas que parecían de mármol, y todas estas cosas eran casuales, como sueños de la llanura. También creyó reconocer árboles y sembrados que no hubiera podido nombrar, porque su
100 directo conocimiento de la campaña era harto inferior a su conocimiento nostálgico y literario.

Alguna vez durmió y en sus sueños estaba el ímpetu del tren. Ya el blanco sol intolerable de las doce del día era el sol amarillo que precede al anochecer y no tardaría en ser rojo. También el coche era distinto; no era el
105 que fue en Constitución, al dejar el andén: la llanura y las horas lo habían atravesado y transfigurado. Afuera la móvil sombra del vagón se alargaba hacia el horizonte. No turbaban la tierra elemental ni poblaciones ni otros signos humanos. Todo era vasto, pero al mismo tiempo era íntimo y, de alguna manera, secreto. En el campo desaforado, a veces no había otra cosa
110 que un toro. La soledad era perfecta y tal vez hostil, y Dahlmann pudo sospechar que viajaba al pasado y no sólo al Sur. De esa conjetura fantástica lo distrajo el inspector, que al ver su boleto, le advirtió que el tren no lo dejaría en la estación de siempre sino en otra, un poco anterior y apenas conocida por Dahlmann. (El hombre añadió una explicación que Dahlmann no trató de en-
115 tender ni siquiera de oir, porque el mecanismo de los hechos no le importaba.)

El tren laboriosamente se detuvo, casi en medio del campo. Del otro lado de las vías quedaba la estación, que era poco más que un andén con un cobertizo. Ningún vehículo tenían, pero el jefe opinó que tal vez pudiera con-
120 seguir uno en un comercio que le indicó a unas diez, doce, cuadras.

Dahlmann aceptó la caminata como una pequeña aventura. Ya se había hundido el sol, pero un esplendor final exaltaba la viva y silenciosa llanura, antes de que la borrara la noche. Menos para no fatigarse que para hacer durar esas cosas, Dahlmann caminaba despacio, aspirando con grave felici-
125 dad el olor del trébol.

El almacén, alguna vez, había sido punzó,[26] pero los años habían mitigado para su bien ese color violento. Algo en su pobre arquitectura le re-

----

26. De color rojo brillante.

cordó un grabado en acero, acaso de una vieja edición de *Pablo y Virginia*.[27]
Atados al palenque[28] había unos caballos. Dahlmann, adentro, creyó recono-
130 cer al patrón; luego comprendió que lo había engañado su parecido con uno
de los empleados del sanatorio. El hombre, oído el caso, dijo que le haría atar
la jardinera;[29] para agregar otro hecho a aquel día y para llenar ese tiempo,
Dahlmann resolvió comer en el almacén.

En una mesa comían y bebían ruidosamente unos muchachones, en los
135 que Dahlmann, al principio, no se fijó. En el suelo, apoyado en el mostrador,
se acurrucaba, inmóvil como una cosa, un hombre muy viejo. Los muchos
años lo habían reducido y pulido como las aguas a una piedra o las generaciones de los hombres a una sentencia. Era oscuro, chico y reseco, y estaba
como fuera del tiempo, en una eternidad. Dahlmann registró con satisfacción
140 la vincha,[30] poncho de bayeta,[31] el largo chiripá[32] y la bota de potro[33] y se dijo,
rememorando inútiles discusiones con gente de los partidos del Norte o con
entrerrianos,[34] que gauchos de esos ya no quedan más que en el Sur.

Dahlmann se acomodó junto a la ventana. La oscuridad fue quedándose
con el campo, pero su olor y sus rumores aun le llegaban entre los ba-
145 rrotes de hierro. El patrón le trajo sardinas y después carne asada; Dahlmann
las empujó con unos vasos de vino tinto. Ocioso, paladeaba el áspero sabor
y dejaba errar la mirada por el local, ya un poco soñolienta. La lámpara de ke-
rosén pendía de uno de los tirantes; los parroquianos de la otra mesa eran
tres: dos parecían peones de chacra,[35] otro, de rasgos achinados y torpes,
150 bebía con el chambergo puesto. Dahlmann, de pronto, sintió un leve roce en
la cara. Junto al vaso ordinario de vidrio turbio, sobre una de las rayas del
mantel, había una bolita de miga. Eso era todo, pero alguien se la había tirado.

Los de la otra mesa parecían ajenos a él. Dahlmann, perplejo, decidió
155 que nada había ocurrido y abrió el volumen de las *Mil y Una Noches*, como
para tapar la realidad. Otra bolita lo alcanzó a los pocos minutos, y esta vez
los peones se rieron. Dahlmann se dijo que no estaba asustado, pero que
sería un disparate que él, un convaleciente, se dejara arrastrar por desconocidos a una pelea confusa. Resolvió salir; ya estaba de pie cuando el patrón se
160 le acercó y lo exhortó con voz alarmada:

—Señor Dahlmann, no les haga caso a esos mozos, que están medio
alegres.

---

27. Novela de Bernardin de Saint-Pierre, autor
francés del siglo XVIII.
28. Poste para sujetar animales.
29. Carruaje ligero y descubierto.
30. Faja angosta o cinta de tela para sujetar el
cabello.
31. Tela de lana, floja y poco tupida.
32. Prenda de vestir del gaucho. Manta con la

punta de atrás pasada entre las piernas y sujeta por delante en el cinturón.
33. Nombre que se le da al caballo desde que
nace hasta que muda los dientes de leche.
34. De la provincia de Entre Ríos.
35. Finca rural cerca de un pueblo, destinada
al cultivo de cereales, a la cría de aves de corral y de ganado porcino.

Dahlmann no se extrañó de que el otro, ahora, lo conociera, pero sintió que estas palabras conciliadoras agravaban, de hecho, la situación. Antes, la
165 provocación de los peones era a una cara accidental, casi a nadie; ahora iba contra él y contra su nombre y lo sabrían los vecinos. Dahlmann hizo a un lado al patrón, se enfrentó con los peones y les preguntó qué andaban buscando.

El compadrito de la cara achinada se paró, tambaleándose. A un paso de
170 Juan Dahlmann, lo injurió a gritos, como si estuviera muy lejos. Jugaba a exagerar su borrachera y esa exageración era una ferocidad y una burla. Entre malas palabras y obscenidades, tiró al aire un largo cuchillo, lo siguió con los ojos, lo barajó, e invitó a Dahlmann a pelear. El patrón objetó con trémula voz que Dahlmann estaba desarmado. En ese punto, algo imprevisible
175 ocurrió.

Desde un rincón, el viejo gaucho extático, en el que Dahlmann vio una cifra del Sur (del Sur que era suyo), le tiró una daga desnuda que vino a caer a sus pies. Era como si el Sur hubiera resuelto que Dahlmann aceptara el duelo. Dahlmann se inclinó a recoger la daga y sintió dos cosas. La primera,
180 que ese acto casi instintivo lo comprometía a pelear. La segunda, que el arma, en su mano torpe, no serviría para defenderlo, sino para justificar que lo mataran. Alguna vez había jugado con un puñal, como todos los hombres, pero su esgrima no pasaba de una noción de que los golpes deben ir hacia arriba y con el filo para adentro. *No hubieran permitido en el sanatorio que me*
185 *pasaran estas cosas,* pensó. —Vamos saliendo—dijo el otro.

Salieron, y si en Dahlmann no había esperanza, tampoco había temor. Sintió, al atravesar el umbral, que morir en una pelea a cuchillo, a cielo abierto y acometiendo, hubiera sido una liberación para él, una felicidad y una fiesta, en la primera noche del sanatorio, cuando le clavaron la aguja. Sin-
190 tió que si él, entonces, hubiera podido elegir o soñar su muerte, ésta es la muerte que hubiera elegido o soñado.

Dahlmann empuña con firmeza el cuchillo, que acaso no sabrá manejar, y sale a la llanura.

Preguntas

1. ¿Cuál es la actitud de Borges frente al pasado histórico en su poema "Fundación mítica de Buenos Aires"?
2. ¿Cuáles son los dos aspectos de la persona que se enfrentan en "Borges y yo"?
3. ¿Qué significa el Sur para el protagonista del cuento que lleva este título?
4. ¿Cómo introduce Borges al lector en la realidad y la lógica de los sueños?
5. ¿De qué modo el desenlace es revelado indirectamente mediante formas lingüísticas? ¿Cree Ud. que el texto permite dos interpretaciones distintas?

MIGUEL ANGEL ASTURIAS

(1899, Ciudad de Guatemala–1974, Madrid, España)

Estudioso e intérprete de los mitos y las leyendas de su tierra, a la vez que novelista comprometido en las luchas político-sociales del mundo hispánico, Miguel Angel Asturias (Premio Nobel, 1967) es el escritor centroamericano que más reconocimiento internacional ha recibido. Nacido en la ciudad de Guatemala, las dificultades de su padre con el dictador Estrada Cabrera hicieron que pasara cuatro años de su infancia (1904–8) en Salamá, una ciudad de provincia. Desde allí visitó a menudo la estancia de su abuelo materno, donde tuvo el primer contacto con los ritos y creencias indígenas que luego evocaría en obras como *Leyendas de Guatemala* (1930), *Hombres de maíz* (1949) y *El espejo de Lida Sal* (1967). De regreso a la capital, completó los estudios primarios y secundarios, cursó Leyes y obtuvo el título de Licenciado en Derecho con una tesis, "El problema social del indio", luego premiada y publicada (1922). Nunca ejerció, sin embargo, la profesión de abogado.

Durante sus años de estudiante, Asturias escribió poemas vanguardistas, inspirados principalmente en el futurismo de Marinetti, colaboró en periódicos y revistas, militó en el movimiento estudiantil reformista y estuvo entre los fundadores y maestros de la Universidad Popular de Guatemala, institución dedicada a la educación de los obreros. De visita en México en 1921, conoció al escritor español Ramón del Valle Inclán, quien publicó más tarde *Tirano Banderas* (1926), novela que tuvo mucha influencia sobre Asturias. Esta obra fue el antecedente inmediato de *El señor Presidente* (1946), libro con el que el escritor guatemalteco inició el ciclo de la "novela de los dictadores" en la literatura hispanoamericana.

Desde 1925, el escritor guatemalteco se dedicó a estudiar seriamente la cultura maya en la Escuela de Altos Estudios de París, bajo la dirección del especialista francés Georges Raynaud. En colaboración con el historiógrafo mexicano José María González de Mendoza, y sobre la base de las versiones francesas de Raynaud, tradujo al español el *Popol Vuh* (1927) y *Anales de los Xahil* (1928). Los textos mayas estudiados por él en esos años fueron asimilados en la composición de las *Leyendas de Guatemala* y entraron a formar parte de su caudal expresivo en obras posteriores. Sin descuidar sus estudios de las culturas precolombinas, Asturias continuó escribiendo poesía y ensayó las nuevas técnicas de la escritura automática y onírica con las que experimentaban los grupos vanguardistas. Fue amigo de André Breton, el ideólogo del surrealismo, y de otros escritores y artistas del mismo grupo. De ellos adoptó los postulados irracionalistas y la transmutación de la realidad tangible en otra, creada por la fantasía. El surrealismo de sus libros corresponde, según él dijo, a la mentalidad mágica y primitiva del indígena, quien vive entre lo real y lo soñado, imaginado o inventado. El elemento onírico en *El Alhajadito,* obra comenzada en 1928, y la experimentación con el lenguaje en su novela consagratoria, *El señor Presidente,* trabajada a lo largo de dos décadas, son algunas de las formas asumidas por las técnicas surrealistas en su obra.

Asturias vivió en Guatemala desde 1933 hasta 1945. En los años siguientes tuvo que exilarse debido a las circunstancias políticas de su patria y pasó largas temporadas en México, Buenos Aires y París. La temática social, presente en toda su obra, lo absorbió por completo al escribir sus novelas de protesta contra los abusos de las compañías bananeras en Guatemala: *Viento fuerte* (1949), *El papa verde* (1954) y *Los ojos de los enterrados* (1960). Del mismo carácter es *Weekend en Guatemala* (1956), una colección de cuentos acerca de la caída del Presidente Arbenz provocada mediante la intervención de los Estados Unidos en 1954. Las novelas de la trilogía bananera, cuyo mayor mérito se encuentra en su sentido de solidaridad humana y en la denuncia de la explotación y la injusticia, no corresponden sin embargo al nivel artístico más alto de la producción del autor representado por *El señor Presidente* y *Hombres de maíz.* Posteriormente Asturias volvió a los temas mitológicos y a la fantasía con obras como *Mulata de tal* (1963) y *El espejo de Lida Sal. Maladrón* (1969) es una novela que evoca el espíritu y los modos de expresión del *Popol Vuh,* al mismo tiempo que describe el nacimiento de la raza mestiza luego de la Conquista, tema que sólo había presentado parcialmente en *Leyendas de Guatemala.*

En "Leyenda de la Tatuana" se entrelazan las tradiciones mayas y europeas en un mundo que oscila entre la realidad y el sueño. El relato se sitúa en una Guatemala dominada por las instituciones coloniales. Al mismo tiempo tiene, sin embargo, características de un cuento de hadas, pues hay encantamientos, maldiciones, fantasías y un objeto maravilloso, el barquito tatuado en el brazo de la esclava.

Bibliografía mínima

Arrigoitia, Luis de. "Leyendas de Guatemala". *Homenaje a Miguel Angel Asturias.* Ed. Helmy F. Giacomán. New York: Las Américas, 1971. 31–49.
Bellini, Giuseppe. *La narrativa de Miguel Angel Asturias.* Buenos Aires: Losada, 1969.
Callan, Richard. *Miguel Angel Asturias.* New York: Twayne, 1970.
Homenaje a Miguel Angel Asturias. Revista Iberoamericana 35 (1969).
Leal, Luis. "Mito y realismo social en Miguel Angel Asturias". *Homenaje a Miguel Angel Asturias* (1971). 311–24.
Menton, Seymour. "Miguel Angel Asturias". *Narrativa y crítica de nuestra América.* Ed. Joaquín Roy. Madrid: Castalia, 1978. 77–126

LEYENDAS DE GUATEMALA (1930)

Leyenda de la Tatuana*[1]

Ronda por Casa-Mata la Tatuana. . .

El MAESTRO Almendro tiene la barba rosada, fue uno de los sacerdotes que los hombres blancos tocaron creyéndoles de oro, tanta riqueza vestían, y sabe el secreto de las plantas que lo curan todo, el vocabulario de la obsidiana—piedra que habla—y leer los jeroglíficos de las constelaciones.

5   Es el árbol que amaneció un día en el bosque donde está plantado, sin que ninguno lo sembrara, como si lo hubieran llevado los fantasmas. El árbol que anda. . .[2] El árbol que cuenta los años de cuatrocientos días por las lunas que ha visto, que ha visto muchas lunas, como todos los árboles, y que vino ya viejo del Lugar de la Abundancia.

10   Al llenar la luna del Búho-Pescador (nombre de uno de los veinte meses del año de cuatrocientos días), el Maestro Almendro repartió el alma entre los caminos. Cuando eran los caminos y se marcharon por opuestas direcciones hacia las cuatro extremidades del cielo. La negra extremidad: Noche

---

* Las notas 1-3 reproducen parcialmente las proporcionadas por el autor.

1. O, como debe haber sido primitivamente, de la Tatuada, por tratarse de un tatuaje que tiene la virtud mágica de hacer invisible a la persona.

2. En el *Popol-Vuh,* libro sagrado de los mayas, se habla de árboles que andan ("y crecen de tal modo que no se puede descender de ellos, algunos hasta transportan así al cielo a quienes llegan a su cima"). El maestro Almendro es un "árbol que anda".

sortílega. La verde extremidad: Tormenta primaveral. La roja extremidad:
15 Guacamayo o éxtasis de trópico. La blanca extremidad: Promesa de tierras
nuevas. Cuatro eran los caminos.

—¡Caminín! ¡Caminito! . . .—dijo al Camino Blanco una paloma blanca,
pero el Caminito Blanco no la oyó. Quería que le diera el alma del Maestro,
que cura de sueños. Las palomas y los niños padecen de ese mal.

20 —¡Caminín! ¡Caminito!—dijo al Camino Rojo un corazón rojo; pero el
Camino Rojo no lo oyó. Quería distraerlo para que olvidara el alma del Maestro. Los corazones, como los ladrones, no devuelven las cosas olvidadas.

—Caminín! ¡Caminito! . . .dijo al Camino Verde un emparrado verde,
pero el Camino Verde no lo oyó. Quería que con el alma del Maestro le des-
25 quitase algo de su deuda de hojas y de sombra.

¿Cuántas lunas pasaron andando los caminos?

El más veloz, el Camino Negro,[3] el camino al que ninguno habló en el
camino, se detuvo en la ciudad, atravesó la plaza y en el barrio de los mercaderes, por un ratito de descanso, dio el alma del Maestro al Mercader de Joyas
30 sin precio.

Era la hora de los gatos blancos. Iban de un lado a otro. ¡Admiración de
los rosales! Las nubes parecían ropas en los tendederos del cielo.

Al saber el Maestro lo que el Camino Negro había hecho, tomó naturaleza humana nuevamente, desnudándose de la forma vegetal en un riachuelo
35 que nacía bajo la luna ruboroso como una flor de almendro, y encaminóse a
la ciudad.

Llegó al valle después de una jornada, en el primer dibujo de la tarde,
a la hora en que volvían los rebaños, conversando a los pastores, que contes-
taban monosilábicamente a sus preguntas, extrañados, como ante una apari-
40 ción, de su túnica verde y su barba rosada.

En la ciudad se dirigió a Poniente. Hombres y mujeres rodeaban las
pilas públicas. El agua sonaba a besos al ir llenando los cántaros. Y guiado
por las sombras, en el barrio de los mercaderes encontró la parte de su alma
vendida por el Camino Negro al Mercader de Joyas sin precio. La guardaba en
45 el fondo de una caja de cristal con cerradores de oro.

Sin perder tiempo se acercó al Mercader, que en un rincón fumaba, a
ofrecerle por ella cien arrobas de perlas.

El Mercader sonrió de la locura del Maestro. ¿Cien arrobas de perlas?
¡No, sus joyas no tenían precio!

50 El Maestro aumentó la oferta. Los mercaderes se niegan hasta llenar su
tanto. Le daría esmeraldas, grandes como maíces, de cien en cien almudes,[4]
hasta formar un lago de esmeraldas.

---

3. Antes de llegar a Xibalbá, lugar de la muerte, se cruzaban cuatro caminos: el camino rojo, el camino verde, el camino blanco y el camino negro; este último era, en efecto, Xibalbá, el cual halagaba el orgullo de los viajeros para atraérselos, diciéndoles que era el camino del rey, el camino del jefe.

4. Medida antigua de capacidad para áridos, aún en uso en muchas regiones de España e Hispanoamérica, con variadísimas equivalencias. La equivalencia más general es la de 5 litros.

El Mercader sonrió de la locura del Maestro. ¿Un lago de esmeraldas? ¡No, sus joyas no tenían precio!

Le daría amuletos, ojos de namik[5] para llamar el agua, plumas contra la tempestad, mariguana para su tabaco . . .

El Mercader se negó.

¡Le daría piedras preciosas para construir, a medio lago de esmeraldas, un palacio de cuento!

El Mercader se negó. Sus joyas no tenían precio, y, además ¿a qué seguir hablando?—ese pedacito de alma lo quería para cambiarlo, en un mercado de esclavas, por la esclava más bella.

Y todo fue inútil, inútil que el Maestro ofreciera y dijera, tanto como lo dijo, su deseo de recobrar el alma. Los mercaderes no tienen corazón.

Una hebra de humo de tabaco separaba la realidad del sueño, los gatos negros de los gatos blancos y al Mercader del extraño comprador, que al salir sacudió sus sandalias en el quicio de la puerta. El polvo tiene maldición.

Después de un año de cuatrocientos días—sigue la leyenda—cruzaba los caminos de la cordillera el Mercader. Volvía de países lejanos, acompañado de la esclava comprada con el alma del Maestro, del pájaro en flor, cuyo pico trocaba en jacintos las gotitas de miel, y de un séquito de treinta servidores montados.

—¡No sabes—decía el Mercader a la esclava, arrendando su caballería—cómo vas a vivir en la ciudad! ¡Tu casa será un palacio y a tus órdenes estarán todos mis criados, yo el último, si así lo mandas tú!

—Allá—continuaba con la cara a mitad bañada por el sol—todo será tuyo. ¡Eres una joya, y yo soy el Mercader de Joyas sin precio! ¡Vales un pedacito de alma que no cambié por un lago de esmeraldas! . . . En una hamaca juntos veremos caer el sol y levantarse el día, sin hacer nada, oyendo los cuentos de una vieja mañosa que sabe mi destino. Mi destino, dice, está en los dedos de una mano gigante, y sabrá el tuyo, si así lo pides tú.

La esclava se volvía al paisaje de colores diluidos en azules que la distancia iba diluyendo a la vez. Los árboles tejían a los lados del camino una caprichosa decoración de güipil.[6] Las aves daban la impresión de volar dormidas, sin alas, en la tranquilidad del cielo, y en el silencio de granito, el jadeo de las bestias, cuesta arriba, cobraba acento humano.

La esclava iba desnuda. Sobre sus senos, hasta sus piernas, rodaba su cabellera negra envuelta en un solo manojo, como una serpiente. El Mercader iba vestido de oro, abrigadas las espaldas con una manta de lana de chivo. Palúdico y enamorado, al frío de su enfermedad se unía el temblor de su corazón. Y los treinta servidores montados llegaban a la retina como las figuras de un sueño.

---

5. Venado.
6. Huipil o Güipil: camisa sin mangas usada por las indias, hecha de tela tosca con bordados en vivos colores.

Repentinamente, aislados goterones rociaron el camino, percibiéndose muy lejos, en los abajaderos,[7] el grito de los pastores que recogían los gana-
95 dos, temerosos de la tempestad. Las cabalgaduras apuraron el paso para ganar un refugio, pero no tuvieron tiempo: tras los goterones, el viento azotó las nubes, violentando selvas hasta llegar al valle, que a la carrera se echaba encima las mantas mojadas de la bruma, y los primeros relámpagos ilumina- ron el paisaje, como los fogonazos de un fotógrafo loco que tomase instantá-
100 neas de tormenta.

Entre las caballerías que huían como asombros, rotas las riendas, ágiles las piernas, grifa[8] la crin al viento y las orejas vueltas hacia atrás, un tropezón del caballo hizo rodar al Mercader al pie de un árbol, que, fulminado por el rayo en ese instante, le tomó con las raíces como una mano que recoge una
105 piedra, y le arrojó al abismo.

En tanto, el Maestro Almendro, que se había quedado en la ciudad per- dido, deambulaba como loco por las calles, asustando a los niños, recogiendo basuras y dirigiéndose de palabra a los asnos, a los bueyes y a los perros sin dueño, que para él formaban con el hombre la colección de bestias de mirada
110 triste.

—¿Cuántas lunas pasaron andando los caminos?...—preguntaba de puerta en puerta a las gentes, que cerraban sin responderle, extrañadas, como ante una aparición, de su túnica verde y su barba rosada.

Y pasado mucho tiempo, interrogando a todos, se detuvo en la puerta
115 del Mercader de Joyas sin precio a preguntar a la esclava, única sobreviviente de aquella tempestad:

—¿Cuántas lunas pasaron andando los caminos?...

El sol, que iba sacando la cabeza de la camisa blanca del día, borraba en la puerta, claveteada de oro y plata, la espalda del Maestro, y la cara morena
120 de la que era un pedacito de su alma, joya que no compró con un lago de es- meraldas.

—¿Cuántas lunas pasaron andando los caminos?...

Entre los labios de la esclava se acurrucó la respuesta y endureció como sus dientes. El Maestro callaba con insistencia de piedra misteriosa.
125 Llenaba la luna del Búho-Pescador. En silencio se lavaron la cara con los ojos, al mismo tiempo, como dos amantes que han estado ausentes y se encuen- tran de pronto.

La escena fue turbada por ruidos insolentes. Venían a prenderles en nombre de Dios y el Rey, por brujo a él, y por endemoniada a ella. Entre cru-
130 ces y espadas bajaron a la cárcel, el Maestro con la barba rosada y la túnica verde, y la esclava luciendo las carnes que de tan firmes parecían de oro.

Siete meses después, se les condenó a morir quemados en la Plaza Ma- yor. La víspera de la ejecución, el Maestro acercóse a la esclava y con la uña le tatuó un barquito en el brazo, diciéndola:

---

7. Cuestas, terrenos en declive.   8. En estado de desorden, revuelta.

135 —Por virtud de este tatuaje. Tatuana, vas a huir siempre que te halles en peligro, como vas a huir hoy. Mi voluntad es que seas libre como mi pensamiento; traza este barquito en el muro, en el suelo, en el aire, donde quieras, cierra los ojos, entra en él y vete...

¡Vete, pues mi pensamiento es más fuerte que ídolo de barro amasado 140 con cebollín!

¡Pues mi pensamiento es más dulce que la miel de las abejas que liban la flor del suquinay![9]

¡Pues mi pensamiento es el que se torna invisible!

Sin perder un segundo la Tatuana hizo lo que el Maestro dijo: trazó el 145 barquito, cerró los ojos entrando en él—el barquito se puso en movimiento—, escapó de la prisión y de la muerte.

Y a la mañana siguiente, la mañana de la ejecución, los alguaciles encontraron en la cárcel un árbol seco que tenía entre las ramas dos o tres florecitas de almendro, rosadas todavía.

Preguntas

1. ¿De qué modo se sirve Asturias de elementos mitológicos e históricos para componer su leyenda?
2. ¿Cómo caracterizaría Ud. el lenguaje de "Leyenda de la Tatuana"?
3. ¿Ve Ud. en los personajes una dimensión universal?
4. ¿Podría Ud. analizar el uso de imágenes visuales y su posible simbolismo en la narración?
5. ¿A qué tradición pertenece esta leyenda como forma narrativa?

9. Arbusto tropical de flores muy aromáticas. En *La Recordación Florida,* libro sobre la historia de Guatemala terminado en 1695 y publicado en Madrid en 1882, Francisco Antonio de Fuentes y Guzmán (1643–c. 1700) comenta que las abejas que liban las flores del suquinay dan una miel dulcísima.

NICOLAS GUILLEN

(1902, Camagüey, Cuba–1989, La Habana, Cuba)

El poeta cubano de mayor renombre internacional nació en Camagüey, ciudad en la cual terminó sus estudios secundarios para después pasar a La Habana donde concluyó el primer año de derecho en la Universidad. Dificultades económicas lo obligaron a abandonar los estudios y pasó a ejercer el periodismo. En La Habana (1930), Guillén conoció a Federico García Lorca, quien ejerció una decisiva influencia en su obra. En 1937, el joven poeta viajó primeramente a México y después a España donde asistió con Pablo Neruda, César Vallejo y Octavio Paz al Segundo Congreso Internacional de Escritores para la Defensa de la Cultura, con sesiones en Valencia, Madrid, Barcelona y París. Como Vallejo y Neruda, el cubano hizo suya la causa de la República y, también como ellos, escribió una hermosa colección *España (Poema en cuatro angustias y una esperanza)* (1937), donde recuerda a García Lorca, lamenta la lucha fratricida y expresa su fe en el triunfo de la causa republicana. Por esta misma época el poeta se afilió al partido comunista. Más tarde Guillén recorrió otras ciudades de Europa y de Asia y visitó varias capitales hispanoamericanas. En 1953 fue expulsado de Cuba por razones políticas y se estableció en París, ciudad donde residió hasta 1959, cuando volvió a su patria después del triunfo de la Revolución Cubana.

En la poesía de Nicolás Guillén se entrecruzan y nutren diversas vertientes. Entre las mayores se encuentran: 1) la negrista, influida por patrones de la lírica española y cubana así como por postulados vanguardistas; y 2) la social, ligada a su deseo de reivindicación de la raza negra y a su preocupación constante por los explotados del mundo. En *Motivos de son* (1930), el primer poemario de Guillén, ya aparecen ambas direcciones poéticas. Aquí el autor configura literariamente a negros y mulatos habaneros, muchos de ellos pobres habitantes de los "solares" o casas de vecindad de la capital cubana. Guillén, como habían hecho antes escritores del Siglo de Oro español, y también la poeta mexicana sor Juana Inés de la Cruz, emplea elementos rítmicos, onomatopeyas y juegos verbales para imitar la manera de hablar de negros y mulatos e imprimirle a su poesía gran musicalidad. En efecto, la estructura de estos poemas está basada en el son cubano, mezcla de baile y canto con compás africano y letra del romance castellano. El son se originó en la provincia de Oriente y su toque, según ha explicado el antropólogo cubano Fernando Ortiz, estuvo prohibido en La Habana por identificarse como música de la "gente de color". A pesar de tales restricciones, el son se impuso en la década de los treinta en toda la isla, y de La Habana pasó a ser aclamado en Nueva York y otras cuidades. Desde un punto de vista técnico, Guillén es el creador de una nueva modalidad, el poema-son. Pero su aporte va más allá de este tipo de innovación.

Cuando Guillén recurre a la estructura del son para inscribir temas y personajes, deja atrás estereotipos literarios para buscar la auténtica presencia del negro y el significado de su contribución a la cultura cubana y latinoamericana. Así, en el estribillo de muchos de sus poemas, emplea vocablos de las lenguas africanas a veces alterados y que hasta hace muy poco eran considerados solamente como juegos verbales sin sentido. Esta vuelta lingüística al origen africano nos lleva a la raíz misma de la identidad negra y al hondo proceso de transculturación forjador de la nacionalidad cubana. El diálogo, la musicalidad, el humor, los exóticos vocablos y el continuo movimiento que marcan la obra de Guillén, contribuyen a subvertir la tradicional imagen literaria del negro para conformar otra más auténtica.

Guillén profundiza la vertiente social en *Sóngoro cosongo* (1931) en cuyo prólogo exalta el aporte negro a la cultura cubana y caracteriza a sus poemas de versos "mulatos". En *West Indies, Ltd.* (1934), escrito años después de la crisis económica de 1930, esta preocupación social se expresa en una vigorosa protesta contra las injusticias imperantes en su patria y en todas las Antillas. El poema "Balada de los dos abuelos" reafirma el carácter mulato de la cultura cubana y antillana. En *Cantos para soldados y sones para turistas* (1937) Guillén critica el militarismo y ridiculiza al turista que se divierte, indiferente a la miseria del pueblo. En "Un largo lagarto verde", un poema de esta colección, el cubano expresa su deseo de cambio social.

El son entero (1947) y *La paloma de vuelo popular* (1958) muestran solidaridad con los oprimidos del mundo, más allá de las Antillas. Poemas del segundo libro como "Little Rock", en el que Guillén recuerda un episodio de las luchas por las libertades cívicas de los negros norteamericanos en 1957, así lo confirman. *Tengo* (1964) canta el triunfo de la Revolución Cubana. Poemarios más recientes como *El gran zoo* (1967), *La rueda dentada* (1972) y *El diario que a diario* (1972), continúan la línea de preocupación social y muestran además otras direcciones—la humorística, por ejemplo—en la obra del poeta nacional de Cuba. Nicolás Guillén ha sabido aprovechar y recombinar como ningún otro poeta hispanoamericano elementos populares y tradicionales, africanos y españoles, para lograr una obra cuya esencia remite al proceso de transculturación, fundador de la cultura hispanoamericana.

Bibliografía mínima

Augier, Angel. *Nicolás Guillén; notas para un estudio biográfico-crítico.* 2a ed. rev. La Habana: U Central de Las Villas, 1964–65. 2 Vols.

Ellis, Keith. *Cuba's Nicolás Guillén: Poetry and Ideology.* Toronto; Buffalo: U of Toronto P, 1983.

Kutzinski, Vera M. *Against the American Grain: Myth and History in William Carlos Williams, Jay Wright and Nicolás Guillén.* Baltimore: Johns Hopkins UP, 1987.

Márquez, Robert. "Introducción a Guillén". *Casa de las Américas* 65–66 (1971): 136–42.

Nicolás Guillén: A Special Issue. Callaloo 31 (1987).

Williams, Lorna V. *Self and Society in the Poetry of Nicolás Guillén.* Baltimore: Johns Hopkins UP, 1982.

MOTIVOS DE SON (1930)

Búcate plata[1]

Búcate plata,
búcate plata,
porque no doy un paso má:
etoy a arró con galleta[2]
5 na má.

Yo bien sé cómo etá to,
pero viejo, hay que comer:
búcate plata,
búcate plata,
10 porque me voy a correr.

Depué dirán que soy mala,
y no me querrán tratar,
pero amor con hambre, viejo,
¡qué va!
15 Con tanto zapato nuevo,
¡qué va!
Con tanto reló, compadre,
¡qué va!
Con tanto lujo, mi negro,
20 ¡qué va!

---

1. El poeta intenta reproducir la manera de hablar afrocubana omitiendo ciertas letras (s, z) y sílabas finales (nada = na; todo = to).

2. La situación económica del yo poético es tan precaria que come únicamente arroz y galletas.

SONGORO COSONGO (1931)

Velorio de Papá Montero[3]

Quemaste la madrugada
con fuego de tu guitarra:
zumo de caña en la jícara[4]
de tu carne prieta y viva.
5 bajo luna muerta y blanca.

El son te salió redondo[5]
y mulato, como un níspero.[6]

Bebedor de trago largo,
garguero de hoja de lata,[7]
10 en mar de ron barco suelto,
jinete de la cumbancha:[8]
¿Qué vas a hacer con la noche,
si ya no podrás tomártela,
ni qué vena te dará
15 la sangre que te hace falta,
si se te fue por el caño[9]
negro de la puñalada?

¡Ahora sí que te rompieron,
Papá Montero!

20 En el solar[10] te esperaban,
pero te trajeron muerto:
fue bronca de jaladera,[11]
pero te trajeron muerto;
dicen que él era tu ecobio,[12]
25 pero te trajeron muerto;
el hierro no apareció,
pero te trajeron muerto.

Ya se acabó Baldomero:
¡zumba,[13] canalla y rumbero!
30 Sólo dos velas están
quemando un poco de sombra;
para tu pequeña muerte
con esas dos velas sobra.
Y aun te alumbran, más que velas,
35 la camisa colorada
que iluminó tus canciones,
la prieta sal de tus sones
y tu melena planchada.[14]

¡Ahora sí que te rompieron,
40 Papá Montero!

Hoy amaneció la luna
en el patio de mi casa;
de filo cayó en la tierra
y allí se quedó clavada.
45 Los muchachos la cogieron
para lavarle la cara,
y yo la traje esta noche
y te la puse de almohada.

---

3. Como especifica Angel Augier, este poema está basado en un son, "Papá Montero", del compositor cubano Eliseo Grenet. El son y el poema resaltan la vida alegre del personaje a quien al morir se le despide de la misma forma en que vivió. Los versos son octosílabos con rima asonante en a-a, e-o, o-a, y a-a.
4. Vaso, generalmente hecho de la corteza del fruto de la güira.
5. Perfecto.
6. Fruta tropical.
7. Tenía resistencia para tomar los licores más fuertes.
8. Fiesta.
9. Herida.
10. Casa de vecindad.
11. Borrachera.
12. Buen amigo.
13. Interjección que significa "arriba", dale.
14. Alisada.

WEST INDIES, LTD. (1934)

Sensemayá[15]

Canto para matar a una culebra.

¡Mayombe—bombe—mayombé![16]
¡Mayombe—bombe—mayombé!
¡Mayombe—bombe—mayombé!

La culebra tiene los ojos de vidrio;
5   la culebra viene y se enreda en un palo;
con sus ojos de vidrio, en un palo,
con sus ojos de vidrio.

La culebra camina sin patas;
la culebra se esconde en la yerba;
10   caminando se esconde en la yerba,
caminando sin patas.

¡Mayombe—bombe—mayombé!
¡Mayombe—bombe—mayombé!
¡Mayombe—bombe—mayombé!

15   Tú le das con el hacha y se muere:
¡dale ya!
¡No le des con el pie, que te muerde,
no le des con el pie, que se va!

Sensemayá, la culebra,
20   sensemayá.
Sensemayá, con sus ojos,
sensemayá.
Sensemayá, con su lengua,
sensemayá.
25   Sensemayá, con su boca,
sensemayá.

La culebra muerta no puede comer,
la culebra muerta no puede silbar,
no puede caminar,
30   no puede correr.

15. o Sensamaya, diosa representada por una serpiente en una de las religiones afrocubanas.
16. De la secta mayombé del sistema yomba, culto yoruba o lucumí que adoraba a varios dioses africanos y al espíritu de los muertos. En Cuba evolucionó hacia la santería.

La culebra muerta no puede mirar,
la culebra muerta no puede beber,
no puede respirar,
no puede morder.

35 ¡Mayombe—bombe—mayombé!
Sensemayá, la culebra...
¡Mayombe—bombe—mayombé!
Sensemayá, no se mueve...

¡Mayombe—bombe—mayombé!
40 *Sensemayá, la culebra...*
¡Mayombe—bombe—mayombé!
Sensemayá, se murió.

Balada de los dos abuelos[17]

Sombras que sólo yo veo,
me escoltan mis dos abuelos.

Lanza con punta de hueso,
tambor de cuero y madera:
5 mi abuelo negro.
Gorguera[18] en el cuello ancho,
gris armadura guerrera:
mi abuelo blanco.

Pie desnudo, torso pétreo[19]
10 los de mi negro;
pupilas de vidrio antártico
las de mi blanco.

17. Versos con rima asonante.
18. Pieza de la armadura antigua que se ajus-
taba en el cuello para protegerlo.
19. Como de piedra.

Africa de selvas húmedas
y de gordos gongos sordos. . .
15 —¡Me muero!
(Dice mi abuelo negro.)
Aguaprieta de caimanes, *alligator*
verdes mañanas de cocos. . .
—¡Me canso!
20 (Dice mi abuelo blanco.)
Oh velas de amargo viento, *bitter*
galeón ardiendo en oro. . . *Ship: burning*
—¡Me muero!
(Dice mi abuelo negro.)
25 ¡Oh costas de cuello virgen
engañadas de abalorios. . . ![20]
—¡Me canso!
(Dice mi abuelo blanco.)
¡Oh puro sol repujado,
30 preso en el aro del trópico;
oh luna redonda y limpia
sobre el sueño de los monos!

¡Qué de barcos, qué de barcos!
¡Qué de negros, qué de negros!
35 ¡Qué largo fulgor de cañas! *brilliance; cane*
¡Qué látigo el del negrero!
Piedra de llanto y de sangre,
venas y ojos entreabiertos,
y madrugadas vacías,
40 y atardeceres de ingenio,
y una gran voz, fuerte voz,
despedazando el silencio.
¡Qué de barcos, qué de barcos,
qué de negros!

45 Sombras que sólo yo veo,
me escoltan mis dos abuelos.

Don Federico me grita
y Taita Facundo calla;
los dos en la noche sueñan
50 y andan, andan.
Yo los junto.

20. Bolitas de vidrio agujereadas para hacer
adornos y labores.

—¡Federico!
¡Facundo! Los dos se abrazan.
Los dos suspiran. Los dos
55 las fuertes cabezas alzan:
los dos del mismo tamaño,
bajo las estrellas altas;
los dos del mismo tamaño,
ansia negra y ansia blanca,
60 los dos del mismo tamaño,
gritan, sueñan, lloran, cantan.
Sueñan, lloran, cantan,
Lloran, cantan.
¡Cantan!

LA PALOMA DE VUELO POPULAR (1958)

Un largo lagarto verde[21]

Por el Mar de las Antillas
(que también Caribe llaman)
batida por olas duras
y ornada de espumas blandas,
5 bajo el sol que la persigue
y el viento que la rechaza,
cantando a lágrima viva
navega Cuba en su mapa:
un largo lagarto verde,
10 con ojos de piedra y agua.

Alta corona de azúcar
le tejen agudas cañas;
no por coronada libre,
sí de su corona esclava:
15 reina del manto hacia afuera,
del manto adentro, vasalla,
triste como la más triste
navega Cuba en su mapa:
un largo lagarto verde,
20 con ojos de piedra y agua.

21. Romance octosílabo de rima asonante en los versos pares. El lagarto representa a Cuba cuya forma en el mapa se asemeja a la de este animal.

Junto a la orilla del mar, *? gold*
tú que estás en fija guardia,
fíjate, guardián marino,
en la punta de las lanzas
25 y en el trueno de las olas *thunder*
y en el grito de las llamas
y en el lagarto despierto *lost release*
sacar las uñas del mapa:
un largo lagarto verde,
30 con ojos de piedra y agua.

Preguntas

1. ¿Cómo vemos en "Búcate plata" el pintoresquismo negro?
2. ¿Quién es Papá Montero? Identifique las metáforas y explique cómo ayudan a caracterizar a Papá Montero. ¿Por qué es "pequeña" su muerte?
3. ¿Cuáles son la función y el significado de vocablos como "sensema-yá", "mayombé"? ¿Cómo profundiza Guillén el tema negro en "Sense-mayá"?
4. ¿Qué tesis de Guillén sobre la nacionalidad cubana y antillana ejem-plifica "Balada de los dos abuelos"? ¿Qué metáforas se emplean para caracterizar a los dos abuelos? Analice los tiempos verbales de esta composición y explique cómo contribuyen a equilibrar las acciones de cada abuelo.
5. ¿Qué metáforas se emplean para caracterizar a Cuba en "Un largo lagarto verde"? ¿Por qué es Cuba "reina del manto hacia fuera, / del manto adentro, vasalla"? ¿Consideraría Ud. esta composición poesía social? Explique su respuesta.

ALEJO CARPENTIER

(1904, La Habana, Cuba–1980, París, Francia)

—————————

—————————

—————————

—————————

—————————

—————————

Con vasta cultura y gran habilidad para la evocación de ambientes y de é-
pocas, Carpentier ha manejado conocimientos de historia, literatura, música y
artes plásticas en la producción de sus obras. Nacido en La Habana, de padre francés y madre de ascendencia rusa, dominó el idioma paterno junto con el español
y pasó largos períodos de residencia en la capital francesa. Su íntimo conocimiento de Europa le permitió ser un mediador entre la cultura europea y la hispanoamericana, al mismo tiempo que le hizo analizar los complejos vínculos que
unen a ambos mundos. La búsqueda de la identidad americana, preocupación
central de los vanguardistas, es una de las constantes en la obra de Carpentier.

El futuro escritor comenzó estudios de arquitectura que debió abandonar
para ganarse la vida en el periodismo. En los años veinte se inicia en las letras,
participando en el movimiento afrocubano con otros jóvenes escritores y artistas
opuestos al europeísmo de la generación anterior. Colabora en la producción de
ballets de tema negro y escribe poemas inspirados por los ritos afrocubanos.
Luego de ser encarcelado en 1927 por su manifiesta oposición a la dictadura de
Gerardo Machado, Carpentier se trasladó a París, donde permaneció once años
(1928–39). Allí se vinculó con las figuras más sobresalientes del surrealismo, colaboró en revistas y periódicos y dirigió programas radiofónicos. Su primera novela comenzada en la cárcel, *¡Ecue-Yamba-O!,* fue publicada en Madrid (1933).
En ella intentaba—sin lograrlo, como él mismo admitiera—representar desde
adentro la cultura afrocubana. Durante esos años, Carpentier se consagra a leer
todo lo que encuentra sobre Hispanoamérica, posesionado por el deseo de dar
expresión al mundo americano.

Regresa a La Habana en 1939, pero sólo permanece allí hasta 1945, fecha
en que se traslada a Caracas. Entre tanto había realizado un viaje a Haití (1943)
y otro a México (1944), el primero de los cuales lo familiarizó con la historia de
Haití y le proporcionó el material para su novela *El reino de este mundo* (1949).
En el Prólogo de ésta, el autor explica su idea de lo "real maravilloso", esto es, su
percepción del continente americano como un mundo donde los hechos extraor-
dinarios, lo maravilloso y lo mágico son parte integrante de la realidad. De este

período datan también *La música en Cuba* (1946) y los relatos (con la excepción de *El acoso*) que luego incluirá en *Guerra del tiempo* (1958): "Viaje a la semilla", "El camino de Santiago" y "Semejante a la noche". En este último la narración superpone distintos tiempos y sucesos históricos. El texto critica las relaciones de poder y explotación que, encubiertas por la retórica del honor, la religiosidad o el patriotismo, originan las guerras a través de los siglos. Los relatos de *Guerra del tiempo* representan, dentro de la obra del autor, una breve etapa de experimentación en la técnica narrativa durante la cual incursionó en el ámbito del cuento fantástico.

Residente en Caracas, Carpentier viajó al interior de Venezuela (1947 y 1948); de esa experiencia surge *Los pasos perdidos* (1953), novela de base autobiográfica y acción contemporánea al momento de su escritura donde se manifiesta una inquietud existencialista. En esta obra culmina, y fracasa, la búsqueda de un reencuentro del artista con una América primordial. Más adelante, en *El acoso* (1956), Carpentier se concentra en la historia política de Cuba; amplía este horizonte en *El siglo de las luces* (1962), novela histórica donde muestra las repercusiones de la Revolución Francesa en los países del Caribe y en el resto del mundo hispánico. Luego del triunfo de la Revolución Cubana (1959), el novelista regresó a La Habana y ocupó puestos directivos en las nuevas instituciones culturales y educacionales. Desde 1967 vivió en París, donde desempeñó funciones diplomáticas representando a su país en Francia. Sus novelas *El recurso del método* y *Concierto barroco* aparecen en 1974, luego de una larga interrupción en su producción narrativa. La primera, cuyo título es una alusión paródica al *Discurso del método* de Descartes, presenta al dictador hispanoamericano como forma degradada del déspota ilustrado. *Concierto barroco* refleja, por otra parte, la idea central del autor de que la cultura hispanoamericana es necesariamente barroca. La novela muestra humorísticamente la mezcla indiscriminada de elementos culturales que América devuelve a Europa, subvirtiendo la cultura heredada de ella para crear nuevas formas expresivas.

Carpentier publicó hacia el final de su vida novelas representativas de sus mejores cualidades. *La consagración de la primavera* (1978) evoca medio siglo de contiendas y revoluciones, abarcando desde la guerra civil española y la segunda guerra mundial hasta la Revolución Cubana y la batalla de Playa Girón. *El arpa y la sombra* (1979), su última novela, es una biografía de Cristóbal Colón que presenta una imagen desmitificada del Gran Almirante. Como novelista, Carpentier se distingue por su capacidad para recrear vastos escenarios históricos y hacer la crónica de los movimientos colectivos que han sacudido a la humanidad, todo ello desde la perspectiva histórica, cultural y política del continente americano. Los ensayos de *Tientos y diferencias* (1964) y *La novela latinoamericana en vísperas de un nuevo siglo* (1981), de publicación póstuma, confirman a Carpentier como uno de los estudiosos y pensadores más lúcidos que ha tenido la cultura hispanoamericana.

Bibliografía mínima

Asedios a Carpentier. Once ensayos críticos sobre el novelista cubano. Ed. Klaus Müller-Bergh. Santiago de Chile: Editorial Universitaria, 1972.

Dorfman, Ariel. "El sentido de la historia en la obra de Alejo Carpentier". *Imaginación y violencia en América*. Santiago de Chile: Editorial Universitaria, 1970. 93–137.

González Echeverría, Roberto. *Alejo Carpentier: The Pilgrim at Home*. Ithaca-Londres: Cornell UP, 1977.

———. "Alejo Carpentier". *Narrativa y crítica de nuestra América*. Ed. Joaquín Roy. Madrid: Castalia, 1978. 127–60.

———. "'Semejante a la noche', de Alejo Carpentier: historia-ficción". *Modern Language Notes* 87 (1972). 272–85. Recogido en *Asedios*.

Márquez Rodríguez, Alexis. "Alejo Carpentier, punto de partida de la nueva narrativa latinoamericana". *Revista de Estudios Hispánicos* (Puerto Rico) 10 (1983): 9–15.

Mocega-González, Esther P. *Alejo Carpentier: estudios sobre su narrativa*. Madrid: Playor, 1980.

Müller-Bergh, Klaus. *Alejo Carpentier. Estudio biográfico-crítico*. New York: Las Américas, 1972.

GUERRA DEL TIEMPO (1958)

Semejante a la noche

Y caminaba, semejante a la noche.
ILIADA. —Canto I.

I

El mar empezaba a verdecer entre los promontorios todavía en sombras, cuando la caracola[1] del vigía anunció las cincuenta naves negras que nos enviaba el Rey Agamemnón. Al oír la señal, los que esperaban desde hacía tantos días sobre las boñigas[2] de las eras, empezaron a bajar el trigo hacia la
5 playa donde ya preparábamos los rodillos[3] que servirían para subir las embarcaciones hasta las murallas de la fortaleza. Cuando las quillas[4] tocaron la arena, hubo algunas riñas con los timoneles, pues tanto se había dicho a los micenianos que carecíamos de toda inteligencia para las faenas marítimas, que trataron de alejarnos con sus pértigas.[5] Además, la playa se había llenado
10 de niños que se metían entre las piernas de los soldados, entorpecían las maniobras, y se trepaban a las bordas[6] para robar nueces de bajo los banquillos de los remeros. Las olas claras del alba se rompían entre gritos, insultos y agarradas a puñetazos, sin que los notables pudieran pronunciar sus palabras de bienvenida, en medio de la baraúnda.[7] Como yo había esperado algo

---

1. Caracol de forma cónica con el que se hace un instrumento musical que suena como una trompa.
2. Lugares donde se limpian las mieses y las cosechas.
3. Cilindros.

4. Bases de los barcos que sostienen toda su estructura.
5. Varas largas.
6. Parte superior del costado de un barco.
7. Alboroto, ruido y confusión grandes.

15 más solemne, más festivo, de nuestro encuentro con los que venían a buscar-
nos para la guerra, me retiré, algo decepcionado, hacia la higuera en cuya
rama gruesa gustaba de montarme, apretando un poco las rodillas sobre la
madera, porque tenía un no sé qué de flancos de mujer.

    A medida que las naves eran sacadas del agua, al pie de las montañas
20 que ya veían el sol, se iba atenuando en mí la mala impresión primera debida
sin duda al desvelo de la noche de espera, y también al haber bebido demasiado, el día anterior, con los jóvenes de tierras adentro, recién llegados a
esta costa, que habrían de embarcar con nosotros, un poco después del próximo amanecer. Al observar las filas de cargadores de jarras, de odres[8] ne-
25 gros, de cestas, que ya se movían hacia las naves, crecía en mí, con un calor
de orgullo, la conciencia de la superioridad del guerrero. Aquel aceite, aquel
vino resinado, aquel trigo sobre todo, con el cual se cocerían, bajo ceniza, las
galletas de las noches en que dormiríamos al amparo de las proas mojadas,
en el misterio de alguna ensenada desconocida, camino de la Magna Cita de
30 Naves, aquellos granos que habían sido echados con ayuda de mi pala, eran
cargados ahora para mí, sin que yo tuviese que fatigar estos largos músculos
que tengo, estos brazos hechos al manejo de la pica[9] de fresno,[10] en tareas
buenas para los que sólo sabían de oler la tierra; hombres, porque la miraban
por sobre el sudor de sus bestias, aunque vivieran encorvados encima de ella,
35 en el hábito de deshierbar y arrancar y rascar, como los que sobre la tierra
pacían. Ellos nunca pasarían bajo aquellas nubes que siempre ensombrecían,
en esta hora, los verdes de las lejanas islas de donde traían el silfión[11] de acre
perfume. Ellos nunca conocerían la ciudad de anchas calles de los troyanos,
que ahora íbamos a cercar, atacar y asolar. Durante días y días nos habían ha-
40 blado, los mensajeros del Rey de Micenas, de la insolencia de Príamo,[12] de la
miseria que amenazaba a nuestro pueblo por la arrogancia de los súbditos,
que hacían mofa de nuestras viriles costumbres; trémulos de ira, supimos de
los retos lanzados por los Ilios[13] a nosotros, acaienos[14] de largas cabelleras,
cuya valentía no es igualada por la de pueblo alguno. Y fueron clamores de
45 furia, puños alzados, juramentos hechos con las palmas en alto, escudos arro-
jados a las paredes, cuando supimos del rapto de Elena de Esparta. A gritos
nos contaban los emisarios de su maravillosa belleza, de su porte y de su adorable andar, detallando las crueldades a que era sometida en su abyecto cautiverio, mientras los odres derramaban el vino en los cascos.[15] Aquella misma
50 tarde, cuando la indignación bullía en el pueblo, se nos anunció el despacho
de las cincuenta naves. El fuego se encendió entonces en las fundiciones de

8. Vasijas de cuero para guardar vino o
aceite.
9. Lanza.
10. Arbol oleáceo de tronco grueso, cuya madera sirvió por siglos para hacer armas y he-
rramientas.
11. Hierba alta y vivaz.

12. Ultimo rey de Troya; reinó durante el ase-
dio a la ciudad y murió al ser ésta capturada.
13. Ciudadanos de Troya, conocida también
por Ilión.
14. Héroes míticos del Atica.
15. Toneles, barriles.

los bronceros, mientras las viejas traían leña del monte. Y ahora, transcurri-
dos los días, yo contemplaba las embarcaciones alineadas a mis pies, con sus
quillas potentes, sus mástiles al descanso entre las bordas como la virilidad
55 entre los muslos del varón, y me sentía un poco dueño de esas maderas que
un portentoso ensamblaje, cuyas artes ignoraban los de acá, transformaba en
corceles de corrientes, capaces de llevarnos a donde desplegábase en acta de
grandezas el máximo acontecimiento de todos los tiempos. Y me tocaría a
mí, hijo de talabartero,[16] nieto de un castrador de toros, la suerte de ir al lugar
60 en que nacían las gestas cuyo relumbre nos alcanzaba por los relatos de los
marinos; me tocaría a mí, la honra de contemplar las murallas de Troya, de
obedecer a los jefes insignes, y de dar mi ímpetu y mi fuerza a la obra del rescate de Elena de Esparta, másculo[17] empeño, suprema victoria de una guerra
que nos daría, por siempre, prosperidad, dicha y orgullo. Aspiré hondamente
65 la brisa que bajaba por la ladera de los olivares, y pensé que sería hermoso
morir en tan justiciera lucha, por la causa misma de la Razón. La idea de ser
traspasado por una lanza enemiga me hizo pensar, sin embargo, en el dolor
de mi madre, y en el dolor, más hondo tal vez, de quien tuviera que recibir
la noticia con los ojos secos, por ser el jefe de la casa. Bajé lentamente hacia
70 el pueblo, siguiendo la senda de los pastores. Tres cabritos retozaban en el
olor del tomillo.[18] En la playa, seguía embarcándose el trigo.

II

Con bordoneos de vihuela[19] y repiques de tejoletas,[20] festejábase, en
todas partes, la próxima partida de las naves. Los marinos de *La Gallarda* andaban ya en zarambeques[21] de negras horras,[22] alternando el baile con coplas
de sobado, como aquélla de la Moza del Retoño, en que las manos tentaban
5 el objeto de la rima dejado en puntos por las voces. Seguía el trasiego[23] del
vino, el aceite y el trigo, con ayuda de los criados indios del Veedor,[24] impa-
cientes por regresar a sus lejanas tierras. Camino del puerto, el que iba a ser
nuestro capellán arreaba dos bestias que cargaban con los fuelles y flautas de
un órgano de palo. Cuando me tropezaba con gente de la armada, eran abra-
10 zos ruidosos, de muchos aspavientos, con risas y alardes para sacar las
mujeres a sus ventanas. Eramos como hombres de distinta raza, forjados para
culminar empresas que nunca conocerían el panadero ni el cardador[25] de
ovejas, y tampoco el mercader que andaba pregonando camisas de Holanda,
ornadas de caireles[26] de monjas, en patios de comadres. En medio de la plaza,

16. Trabajador del cuero.
17. Grande, importante.
18. Planta muy olorosa, común en España, que
se usa para sazonar la comida.
19. Sonidos graves de la vihuela: instrumento
de cuerda parecido a la guitarra.
20. Castañuelas.

21. Danzas alegres y bulliciosas.
22. Esclavas que han obtenido su libertad
legalmente.
23. Traslado.
24. Inspector.
25. El que carda (saca) la lana a las ovejas.
26. Adornos a modo de flecos.

15 con los cobres al sol, los seis trompetas del Adelantado se habían concertado
en folías,[27] en tanto que los atambores borgoñones atronaban los parches, y
bramaba, como queriendo morder, un sacabuche[28] con fauces de tarasca.[29]
     Mi padre estaba, en su tienda oliente a pellejos y cordobanes,[30] hin-
cando la lezna en un ación[31] con el desgano de quien tiene puesta la mente
20 en espera. Al verme, me tomó en brazos con serena tristeza, recordando tal
vez la horrible muerte de Cristobalillo, compañero de mis travesuras juveni-
les, que había sido traspasado por las flechas de los indios de la Boca del
Drago. Pero él sabía que era locura de todos, en aquellos días, embarcar para
las Indias, aunque ya dijeran muchos hombres cuerdos que aquello era
25 engaño común de muchos y remedio particular de pocos. Algo alabó de los
bienes de la artesanía, del honor—tan honor como el que se logra en riesgo-
sas empresas—de llevar el estandarte de los talabarteros en la procesión del
Corpus; ponderó la olla segura, el arca repleta, la vejez apacible. Pero, habiendo advertido tal vez que la fiesta crecía en la ciudad y que mi ánimo no
30 estaba para cuerdas[32] razones, me llevó suavemente hacia la puerta de la habitación de mi madre. Aquel era el momento que más temía, y tuve que
contener mis lágrimas ante el llanto de la que sólo habíamos advertido de mi
partida cuando todos me sabían ya asentado en los libros de la Casa de la Con-
tratación. Agradecí las promesas hechas a la Virgen de los Mareantes por mi
35 pronto regreso, prometiendo cuanto quiso que prometiera, en cuanto a no
tener comercio deshonesto con las mujeres de aquellas tierras, que el Diablo
tenía en desnudez mentidamente edénica para mayor confusión y extravío de
cristianos incautos, cuando no maleados por la vista de tanta carne al des-
gaire.[33] Luego, sabiendo que era inútil rogar a quien sueña ya con lo que hay
40 detrás de los horizontes, mi madre empezó a preguntarme, con voz dolorida,
por la seguridad de las naves y la pericia de los pilotos. Yo exageré la solidez
y marinería de *La Gallarda,* afirmando que su práctico era veterano de Indias, compañero de Nuño García. Y, para distraerla de sus dudas, le hablé de
los portentos de aquel mundo nuevo, donde la Uña de la Gran Bestia y la Pie-
45 dra Bezar curaban todos los males, y existía, en tierra de Omeguas, una ciudad toda hecha de oro, que un buen caminador tardaba una noche y dos días
en atravesar, a la que llegaríamos, sin duda, a menos de que halláramos
nuestra fortuna en comarcas aún ignoradas, cunas de ricos pueblos por sojuz-
gar. Moviendo suavemente la cabeza, mi madre habló entonces de las menti-
50 ras y jactancias de los indianos, de amazonas y antropófagos, de las tormentas
de las Bermudas, y de las lanzas enherboladas[34] que dejaban como estatua al

27. Bailes y cantos populares en las Islas
Canarias.
28. Instrumento de viento parecido al trom-
bón.
29. Figura de dragón monstruoso llevada en
algunas procesiones.
30. Pieles.

31. Correa que sostiene el estribo de la silla
de montar.
32. Sensatas.
33. Con descuido.
34. Untadas con el zumo de hierbas venenosas.

que hincaban. Viendo que a discursos de buen augurio ella oponía verdades
de mala sombra, le hablé de altos propósitos, haciéndole ver la miseria de
tantos pobres idólatras, desconocedores del signo de la cruz. Eran millones
55 de almas, las que ganaríamos a nuestra santa religión, cumpliendo con el
mandato de Cristo a los Apóstoles. Eramos soldados de Dios, a la vez que soldados del Rey, y por aquellos indios bautizados y encomendados,[35] librados
de sus bárbaras supersticiones por nuestra obra, conocería nuestra nación el
premio de una grandeza inquebrantable, que nos daría felicidad, riquezas, y
60 poderío sobre todos los reinos de la Europa. Aplacada por mis palabras, mi
madre me colgó un escapulario del cuello y me dio varios ungüentos contra
las mordeduras de alimañas ponzoñosas, haciéndome prometer, además, que
siempre me pondría, para dormir, unos escarpines de lana que ella misma hubiera tejido. Y como entonces repicaron las campanas de la catedral, fue a
65 buscar el chal bordado que sólo usaba en las grandes oportunidades. Camino
del templo, observé que, a pesar de todo, mis padres estaban como acrecidos
de orgullo por tener un hijo alistado en la armada del Adelantado. Saludaban
mucho y con más demostraciones que de costumbre. Y es que siempre es
grato tener un mozo de pelo en pecho,[36] que sale a combatir por una causa
70 grande y justa. Miré hacia el puerto. El trigo seguía entrando en las naves.

III

Yo la llamaba mi prometida, aunque nadie supiera aún de nuestros amores. Cuando vi a su padre cerca de las naves, pensé que estaría sola, y seguí
aquel muelle triste, batido por el viento, salpicado de agua verde, abarandado
de cadenas y argollas verdecidas por el salitre, que conducía a la última casa
5 de ventanas verdes, siempre cerradas. Apenas hice sonar la aldaba[37] vestida
de verdín,[38] se abrió la puerta, y, con una ráfaga de viento que traía garúa[39] de
olas, entré en la estancia donde ya ardían las lámparas, a causa de la bruma.
Mi prometida se sentó a mi lado, en un hondo butacón de brocado antiguo,
y recostó la cabeza sobre mi hombro con tan resignada tristeza que no me
10 atreví a interrogar sus ojos que yo amaba, porque siempre parecían contemplar cosas invisibles con aire asombrado. Ahora, los extraños objetos que
llenaban la sala cobraban un significado nuevo para mí. Algo parecía ligarme
al astrolabio,[40] la brújula, y la Rosa de los Vientos,[41] algo, también, al pez-sierra
que colgaba de las vigas del techo, y a las cartas de Mercator y Ortellius que
15 se abrían a los lados de la chimenea, revueltos con mapas celestiales habitados por Osas, Canes y Sagitarios. La voz de mi prometida se alzó sobre el sil-

35. Dados en encomienda.
36. Bravo, valiente.
37. Picaporte, llamador de la puerta.
38. Moho o sustancia verde que se forma
sobre la superficie de los metales.
39. Llovizna, lluvia muy ligera.

40. Antiguo instrumento de navegación con el
que se observaban los movimientos de los astros.
41. Círculo que tiene marcados alrededor los
cuatro puntos cardinales. Instrumento de navegación.

bido del viento que se colaba por debajo de las puertas, preguntando por el
estado de los preparativos. Aliviado por la posibilidad de hablar de algo ajeno
a nosotros mismos, le conté de los sulpicianos[42] y recoletos[43] que embarcarí-
20 an con nosotros, alabando la piedad de los gentileshombres y cultivadores es-
cogidos por quien hubiera tomado posesión de las tierras lejanas en nombre
del Rey de Francia. Le dije cuanto sabía del gigantesco río Colbert, todo or-
lado de árboles centenarios de los que colgaban como musgos plateados,
cuyas aguas rojas corrían majestuosamente bajo un cielo blanco de garzas.
25 Llevábamos víveres para seis meses. El trigo llenaba los sollados[44] de *La Bella*
y La Amable. Ibamos a cumplir una gran tarea civilizadora en aquellos inmensos territorios selváticos, que se extendían desde el ardiente Golfo de
México hasta las regiones de Chicagúa, enseñando nuevas artes a las naciones que en ellos residían. Cuando yo creía a mi prometida más atenta a lo
30 que le narraba, la vi erguirse ante mí con sorprendente energía, afirmando
que nada glorioso había en la empresa que estaba haciendo repicar, desde el
alba, todas las campanas de la ciudad. La noche anterior, con los ojos ardidos
por el llanto, había querido saber algo de ese mundo de allende el mar, hacia
el cual marcharía yo ahora, y, tomando los ensayos de Montaigne,[45] en el capí-
35 tulo que trata de los carruajes, había leído cuanto a América se refería. Así se
había enterado de la perfidia de los españoles, de cómo, con el caballo y las
lombardas,[46] se habían hecho pasar por dioses. Encendida de virginal indignación, mi prometida me señalaba el párrafo en que el bordelés escéptico
afirmaba que "nos habíamos valido de la ignorancia e inexperiencia de los in-
40 dios, para atraerlos a la traición, lujuria, avaricia y crueldades, propias de
nuestras costumbres". Cegada por tan pérfida lectura, la joven que piadosa-
mente lucía una cruz de oro en el escote, aprobaba a quien impíamente afir-
mara que los salvajes del Nuevo Mundo no tenían por qué trocar su religión
por la nuestra, puesto que se habían servido muy útilmente de la suya du-
45 rante largo tiempo. Yo comprendía que, en esos errores, no debía ver más que
el despecho de la doncella enamorada, dotada de muy ciertos encantos, ante
el hombre que le impone una larga espera, sin otro motivo que la azarosa
pretensión de hacer rápida fortuna en una empresa muy pregonada. Pero,
aun comprendiendo esa verdad, me sentía profundamente herido por el des-
50 dén a mi valentía, la falta de consideración por una aventura que daría relumbre a mi apellido, lográndose, tal vez, que la noticia de alguna hazaña mía, la
pacificación de alguna comarca, me valiera algún título otorgado por el Rey
aunque para ello hubieran de perecer, por mi mano, algunos indios más o
menos. Nada grande se hacía sin lucha, y en cuanto a nuestra santa fe, la letra
55 con sangre entraba. Pero ahora eran celos los que se traslucían en el feo cua-

42. Miembros de la congregación de San Sul-
picio.
43. Frailes que viven retirados y muy modes-
tamente.

44. Cubiertas o pisos interiores de un barco.
45. Michel Montaigne (1533–92): ensayista y
pensador francés.
46. Cañones que disparaban piedras grandes.

dro que ella me trazaba de la isla de Santo Domingo, en la que haríamos escala, y que mi prometida, con expresiones adorablemente impropias, califi-
caba de "paraíso de mujeres malditas". Era evidente que, a pesar de su pureza, sabía de qué clase eran las mujeres que solían embarcar para el Cabo
60 Francés, en muelle cercano, bajo la vigilancia de los corchetes,[47] entre risota-
das y palabrotas de los marineros; alguien—una criada tal vez—podía haberle dicho que la salud del hombre no se aviene con ciertas abstinencias y
vislumbraba, en un misterioso mundo de desnudeces edénicas, de calores
enervantes, peligros mayores que los ofrecidos por inundaciones, tormentas,
65 y mordeduras de los dragones de agua que pululan en los ríos de América. Al
fin empecé a irritarme ante una terca discusión que venía a sustituirse, en
tales momentos, a la tierna despedida que yo hubiera apetecido. Comencé a
renegar de la pusilanimidad de las mujeres, de su incapacidad de heroísmo,
de sus filosofías de pañales y costureros, cuando sonaron fuertes aldabona-
70 zos, anunciando el intempestivo regreso del padre. Salté por una ventana tra-
sera sin que nadie, en el mercado, se percatara de mi escapada, pues los tran-
seúntes, los pescaderos, los borrachos—ya numerosos en esta hora de la
tarde—se habían aglomerado en torno a una mesa sobre la que a gritos hablaba alguien que en el instante tomé por un pregonero del Elixir de Orvieto,
75 pero que resultó ser un ermitaño que clamaba por la liberación de los Santos
Lugares. Me encogí de hombros y seguí mi camino. Tiempo atrás había estado a punto de alistarme en la cruzada predicada por Fulco de Neuilly. En
buena hora una fiebre maligna—curada, gracias a Dios y a los ungüentos de
mi santa madre—me tuvo en cama, tiritando, el día de la partida: aquella em-
80 presa había terminado, como todos saben, en guerra de cristianos contra
cristianos. Las cruzadas estaban desacreditadas. Además, yo tenía otras cosas
en qué pensar.

El viento se había aplacado. Todavía enojado por la tonta disputa con
mi prometida, me fui hacia el puerto, para ver los navíos. Estaban todos arri-
85 mados a los muelles, lado a lado, con las escotillas[48] abiertas, recibiendo millares de sacos de harina de trigo entre sus bordas pintadas de arlequín. Los
regimientos de infantería subían lentamente por las pasarelas, en medio de
los gritos de los estibadores, los silbatos de los contramaestres, las señales
que rasgaban la bruma, promoviendo rotaciones de grúas. Sobre las cubiertas
90 se amontonaban trastos informes, mecánicas amenazadoras, envueltas en
telas impermeables. Un ala de aluminio giraba lentamente, a veces, por encima de una borda, antes de hundirse en la obscuridad de un sollado. Los caballos de los generales, colgados de cinchas, viajaban por sobre los techos de
los almacenes, como corceles wagnerianos. Yo contemplaba los últimos pre-
95 parativos desde lo alto de una pasarela de hierro, cuando, de pronto, tuve la
angustiosa sensación de que faltaban pocas horas—apenas trece—para que

47. Funcionarios de justicia, de rango inferior.   para subir y bajar.
48. Aberturas en la cubierta de los barcos

yo también tuviese que acercarme a aquellos buques, cargando con mis armas. Entonces pensé en la mujer; en los días de abstinencia que me esperaban; en la tristeza de morir sin haber dado mi placer, una vez más, al calor de
100 otro cuerpo. Impaciente por llegar, enojado aún por no haber recibido un beso, siquiera, de mi prometida, me encaminé a grandes pasos hacia el hotel de las bailarinas. Christopher, muy borracho, se había encerrado ya con la suya. Mi amiga se me abrazó, riendo y llorando, afirmando que estaba orgullosa de mí, que lucía más guapo con el uniforme, y que una cartomántica[49]
105 le había asegurado que nada me ocurriría en el Gran Desembarco. Varias veces me llamó *héroe,* como si tuviese una conciencia del duro contraste que este halago establecía con las frases injustas de mi prometida. Salí a la azotea. Las luces se encendían ya en la ciudad, precisando en puntos luminosos la gigantesca geometría de los edificios. Abajo, en las calles, era un confuso
110 hormigueo de cabezas y sombreros.

No era posible, desde este alto piso, distinguir a las mujeres de los hombres en la neblina del atardecer. Y era sin embargo por la permanencia de ese pulular de seres desconocidos, que me encaminaría hacia las naves, poco después del alba. Yo surcaría el Océano tempestuoso de estos meses, arri-
115 baría a una orilla lejana bajo el acero y el fuego, para defender los Principios de los de mi raza. Por última vez, una espada había sido arrojada sobre los mapas de Occidente. Pero ahora acabaríamos para siempre con la nueva Orden Teutónica, y entraríamos, victoriosos, en el tan esperado futuro del hombre reconciliado con el hombre. Mi amiga puso una mano trémula en mi
120 cabeza, adivinando, tal vez, la magnanimidad de mi pensamiento. Estaba desnuda bajo los vuelos de su peinador entreabierto.

IV

Cuando regresé a mi casa, con los pasos inseguros de quien ha pretendido burlar con el vino la fatiga del cuerpo ahito de holgarse sobre otro cuerpo, faltaban pocas horas para el alba. Tenía hambre y sueño, y estaba desasosegado, al propio tiempo, por las angustias de la partida próxima. Dis-
5 puse mis armas y correajes sobre un escabel[50] y me dejé caer en el lecho. Noté entonces, con sobresalto, que alguien estaba acostado bajo la gruesa manta de lana, y ya iba a echar mano al cuchillo cuando me vi preso entre brazos encendidos en fiebre, que buscaban mi cuello como brazos de naúfrago, mientras unas piernas indeciblemente suaves se trepaban a las mías.
10 Mudo de asombro quedé al ver que la que de tal manera se había deslizado en el lecho era mi prometida. Entre sollozos me contó su fuga nocturna, la carrera temerosa de ladridos, el paso furtivo por la huerta de mi padre, hasta alcanzar la ventana, y las impaciencias y los miedos de la espera. Después de

---

49. Persona que adivina la suerte por medio de los naipes o cartas.

50. Asiento de madera sin respaldo; taburete.

la tonta disputa de la tarde, había pensado en los peligros y sufrimientos que
15 me aguardaban, sintiendo esa impotencia de enderezar el destino azaroso del
guerrero que se traduce, en tantas mujeres, por la entrega de sí mismas,
como si ese sacrificio de la virginidad, tan guardada y custodiada, en el momento mismo de la partida, sin esperanzas de placer, dando el desgarre propio para el goce ajeno, tuviese un propiciatorio poder de ablación ritual. El
20 contacto de un cuerpo puro, jamás palpado por manos de amante, tiene un
frescor único y peculiar dentro de sus crispaciones, una torpeza que sin embargo acierta, un candor que intuye, se amolda y encuentra, por obscuro
mandato, las actitudes que más estrechamente machihembran los miembros.
Bajo el abrazo de mi prometida, cuyo tímido vellón parecía endurecerse
25 sobre uno de mis muslos, crecía mi enojo por haber extenuado mi carne en
trabazones de harto tiempo conocidas, con la absurda pretensión de hallar la
quietud de días futuros en los excesos presentes. Y ahora que se me ofrecía
el más codiciable consentimiento, me hallaba casi insensible bajo el cuerpo
estremecido que se impacientaba. No diré que mi juventud no fuera capaz de
30 enardecerse una vez más aquella noche, ante la incitación de tan deleitosa
novedad. Pero la idea de que era una virgen la que así se me entregaba, y que
la carne intacta y cerrada exigiría un lento y sostenido empeño por mi parte,
se me impuso con el temor al acto fallido. Eché a mi prometida a un lado, be-
sándola dulcemente en los hombros, y empecé a hablarle, con sinceridad en
35 falsete, de lo inhábil que sería malograr júbilos nupciales en la premura de
una partida; de su vergüenza al resultar empreñada; de la tristeza de los niños
que crecen sin un padre que les enseñe a sacar la miel verde de los troncos
huecos, y a buscar pulpos debajo de las piedras. Ella me escuchaba, con sus
grandes ojos claros encendidos en la noche, y yo advertía que, irritada por un
40 despecho sacado de los trasmundos del instinto, despreciaba al varón que, en
semejante oportunidad, invocara la razón y la cordura, en vez de roturarla,[51]
y dejarla sobre el lecho, sangrante como un trofeo de caza, de pechos mordi-
dos, sucia de zumos, pero hecha mujer en la derrota. En aquel momento bra-
maron las reses que iban a ser sacrificadas en la playa y sonaron las caracolas
45 de los vigías. Mi prometida, con el desprecio pintado en el rostro, se levantó
bruscamente, sin dejarse tocar, ocultando ahora, menos con gesto de pudor
que con ademán de quien recupera algo que estuviera a punto de malbaratar,
lo que de súbito estaba encendiendo mi codicia. Antes de que pudiera alcan-
zarla, saltó por la ventana. La vi alejarse a todo correr por entre los olivos, y
50 comprendí en aquel instante que más fácil me sería entrar sin un rasguño en
la ciudad de Troya, que recuperar a la Persona perdida.

Cuando bajé hacia las naves, acompañado de mis padres, mi orgullo de
guerrero había sido desplazado en mi ánimo por una intolerable sensación
de hastío, de vacío interior, de descontento de mí mismo. Y cuando los ti-
55 moneles hubieron alejado las naves de la playa con sus fuertes pértigas, y se

51. Arar una tierra por primera vez.

enderezaron los mástiles entre las filas de remeros, supe que habían terminado las horas de alardes, de excesos, de regalos, que preceden las partidas de soldados hacia los campos de batalla. Había pasado el tiempo de las guirnaldas, las coronas de laurel, el vino en cada casa, la envidia de los cani-
60 jos,[52] y el favor de las mujeres. Ahora, serían las dianas, el lodo, el pan llovido, la arrogancia de los jefes, la sangre derramada por error, la gangrena que huele a almíbares infectos. No estaba tan seguro ya de que mi valor acrecería la grandeza y la dicha de los acaienos de largas cabelleras. Un soldado viejo que iba a la guerra por oficio, sin más entusiasmo que el trasquilador de ove-
65 jas que camina hacia el establo, andaba contando ya, a quien quisiera escucharlo, que Elena de Esparta vivía muy gustosa en Troya, y que cuando se refocilaba en el lecho de Paris sus estertores de gozo encendían las mejillas de las vírgenes que moraban en el palacio de Príamo. Se decía que toda la historia del doloroso cautiverio de la hija de Leda,[53] ofendida y humillada por
70 los troyanos, era mera propaganda de guerra alentada por Agamemnón con el asentimiento de Menelao. En realidad, detrás de la empresa que se escudaba con tan elevados propósitos, había muchos negocios que en nada beneficiarían a los combatientes de poco más o menos.[54] Se trataba sobre todo —afirmaba el viejo soldado— de vender más alfarería, más telas, más vasos con
75 escenas de carreras de carros, y de abrirse nuevos caminos hacia las gentes asiáticas, amantes de trueques, acabándose de una vez con la competencia troyana. La nave, demasiado cargada de harina y de hombres, bogaba despacio. Contemplé largamente las casas de mi pueblo, a las que el sol daba de frente. Tenía ganas de llorar. Me quité el casco y oculté mis ojos tras de las
80 crines enhiestas de la cimera[55] que tanto trabajo me hubiera costado redondear —a semejanza de las cimeras magníficas de quienes podían encargar sus equipos de guerra a los artesanos de gran estilo, y que, por cierto, viajaban en la nave más velera y de mayor eslora.[56]

Preguntas

1. ¿De qué modo la despedida del soldado que va a pelear en la guerra de Troya le sirve a Carpentier como eje para el desarrollo de su relato?
2. ¿En qué lapso ocurren los hechos aludidos?
3. ¿Qué vocabulario y referencias históricas identifican los distintos períodos abarcados por la narración?
4. ¿Cómo ilustra el autor las actitudes sociales típicas a través de sus personajes?
5. ¿De qué modo emerge una visión crítica de la historia por parte del autor?

52. Débiles, enclenques.
53. Figura mitológica. Esposa de un rey de Esparta, fue seducida por Zeus transformado en cisne. De esa unión nació Elena.
54. Pobres.

55. Parte superior del casco o morrión con el que los soldados protegían la cabeza, y que solían adornar con plumas u otras cosas.
56. Longitud del barco.

PABLO NERUDA

(1904, Parral, Chile–1973, Santiago, Chile)

Por su hondura y originalidad Pablo Neruda (Premio Nobel, 1971) es considerado como uno de los poetas más importantes de nuestro siglo. Su influencia en la literatura escrita en lengua castellana en ambas orillas del Atlántico es comparable únicamente a la que ejerciera Rubén Darío, portaestandarte del modernismo. En Temuco, pueblo del sur de Chile donde pasó la niñez, aprendió a apreciar la lluvia, el mar, la tierra, el viento, las plantas, los animales y las piedras que ocuparían un lugar tan importante en su obra madura. También en Temuco conoció a Gabriela Mistral, cuya obra admiraba y con quien compartió después una cordial amistad. Muy temprano (1920) el joven Ricardo Neftalí Reyes Basoalto adoptó el seudónimo de Pablo Neruda.

La crítica ha dividido la amplia producción poética de Neruda en cinco ciclos. El primero está caracterizado por la influencia modernista matizada por una actitud neo-romántica, como es evidente en los poemas de *La canción de la fiesta* (1921) y *Crepusculario* (1923) donde se combinan la musicalidad y la sencillez en la expresión de los sentimientos. A esta etapa pertenece *Veinte poemas de amor y una canción desesperada* (1924), el libro más popular de Neruda. Sirven de inspiración a los poemas de esta colección dos mujeres, una de Santiago (Marisombra) y otra de Temuco (Marisol), a las cuales Neruda nunca identificó. Los poemas amorosos están marcados por el abandono y la soledad, temas recurrentes en la obra del vate chileno; pero más que nada este poemario muestra la percepción del amor como fuerza vital en imágenes sensuales las cuales el poeta reelaborará en una etapa posterior.

La publicación de *Tentativa del hombre infinito* (1926) y de *Residencia en la tierra* [I, 1925–31], (1933) y *Residencia en la tierra* [II, 1931–35], (1935), muestra a Neruda en su segunda etapa de evolución. Muchas de las composiciones incluidas en estas dos primeras *Residencias* corresponden a los años en que fue funcionario diplomático en diversas capitales de Asia (1927–32), donde se sintió muy aislado. Neruda es ahora el poeta surrealista que, desde una profunda soledad, observa los males del mundo; esta angustia existencial, así como su indignación ante la injusticia, se expresan en imágenes disyuntivas donde hay frecuentes alusiones a lo feo y lo sucio, para lograr un estilo sumamente original, caracterizado por el hermetismo. La angustia, la soledad y el abandono de su primera etapa, se intensifican aquí mostrando una crisis espiritual evidente en poemas como "Walking Around".

En 1934 Neruda viajó a España donde se desempeñó como cónsul de Chile, primero en Barcelona, y después en Madrid. Durante estos años (1934–37) tuvo oportunidad de estrechar lazos de amistad con Federico García Lorca, Rafael Alberti, Miguel Hernández, Vicente Aleixandre y otros destacados vanguardistas. La publicación de *España en el corazón* (1937), un año después de iniciarse la guerra civil en ese país, marca la tercera etapa en la evolución poética del escritor chileno: Neruda es ahora el poeta comprometido que condena el fascismo, defiende la causa republicana y se hermana con los seres olvidados y sufrientes. En *Tercera residencia* (1947) y *Las uvas y el viento* (1954), abandona, aunque no del todo, la angustia existencial de la segunda etapa para cantar con lenguaje sencillo la causa del proletariado. Escrito cinco años después que el poeta ha ingresado oficialmente al partido comunista, el poemario más importante de esta época es *Canto general* (1950). En esta obra, calificada por algunos de mural poético hispanoamericano, el chileno recorre la historia y la geografía del continente para ofrecer una interpretación de su desarrollo y hacer suya la causa del proletariado.

Con la publicación de la primera serie de *Odas elementales* (1954) se inicia el cuarto período evolutivo en la poesía de Neruda. Ahora el poeta se vuelve hacia lo cotidiano para recrearlo con singular intensidad. Cosas tales como los calcetines, la alcachofa, el diccionario, la cebolla, son descritas afectuosamente para captar de este modo las preocupaciones del hombre sencillo.

Caracterizada por el regreso al intimismo, la quinta etapa de desarrollo en la poesía nerudiana la abre *Estravagario* (1958), colección donde predominan los ambientes irreales, la vuelta al pasado y el tono meditativo. En *Cien sonetos de amor* (1959), el poeta canta al amor hallado tras una intensa búsqueda marcada por el fracaso y la desesperación; la amada se convierte aquí en un amuleto contra la soledad y la muerte. La pasión exaltada ha quedado atrás para dar paso a una ternura melancólica. Esta vuelta al intimismo amoroso se había visto antes en *Los versos del capitán* (1952). Los cinco volúmenes de *Memorial de Isla Negra* (1964) constituyen un recorrido biográfico donde el poeta recrea sus experiencias infantiles, su época de juventud, sus viajes, su compromiso político, todo ello tocado ahora por la melancolía. En su producción lírica publicada póstumamente, Neruda retoma viejos temas y los renueva empleando singulares metáforas y un acento dramático. Entre estos últimos poemarios sobresale *Jardín de invierno* (1974) donde el poeta se debate entre la angustia y la esperanza. También dejó Neruda unas fascinantes memorias en prosa tituladas *Confieso que he vivido* (1974).

Cada una de las épocas que atraviesa la poesía de Pablo Neruda muestra la riqueza de una obra que ha asimilado y reconformado disímiles tradiciones para producir una lírica a la vez universal y singularmente americana.

Bibliografía mínima

Aguirre, Margarita. *Genio y figura de Pablo Neruda.* 2a ed. Buenos Aires: EUDEBA, 1967.
Alonso, Amado. *Poesía y estilo de Pablo Neruda.* 3a ed. Buenos Aires: Sudamericana, 1966.
Concha, Jaime. *Tres ensayos sobre Pablo Neruda.* Columbia: U of South Carolina P, 1974.
Costa, René de. *The Poetry of Pablo Neruda.* Cambridge: Harvard UP, 1979.
Homenaje a Pablo Neruda. Revista Iberoamericana 39 (1973).
Rodríguez Monegal, Emir. *El viajero inmóvil. Introducción a Pablo Neruda.* Buenos Aires: Losada, 1966.
Santí, Enrico Mario. *Pablo Neruda. The Poetics of Prophecy.* Ithaca: Cornell UP, 1982.

VEINTE POEMAS DE AMOR Y UNA CANCION DESESPERADA (1924)

Poema 20

Puedo escribir los versos más tristes esta noche.

Escribir, por ejemplo: "La noche está estrellada,
y tiritan, azules, los astros, a lo lejos".

El viento de la noche gira en el cielo y canta.

5　Puedo escribir los versos más tristes esta noche.
Yo la quise, y a veces ella también me quiso.

En las noches como ésta la tuve entre mis brazos.
La besé tantas veces bajo el cielo infinito.

Ella me quiso, a veces yo también la quería.
10　Cómo no haber amado sus grandes ojos fijos.

Puedo escribir los versos más tristes esta noche.
Pensar que no la tengo. Sentir que la he perdido.

Oír la noche inmensa, más inmensa sin ella.
Y el verso cae al alma como al pasto el rocío.

15 Qué importa que mi amor no pudiera guardarla.
La noche está estrellada y ella no está conmigo.

Eso es todo. A lo lejos alguien canta. A lo lejos.
Mi alma no se contenta con haberla perdido.

Como para acercarla mi mirada la busca.
20 Mi corazón la busca, y ella no está conmigo.

La misma noche que hace blanquear los mismos árboles.
Nosotros, los de entonces, ya no somos los mismos.

Ya no la quiero, es cierto, pero cuánto la quise.
Mi voz buscaba el viento para tocar su oído.

25 De otro. Será de otro. Como antes de mis besos.
Su voz, su cuerpo claro. Sus ojos infinitos.

Ya no la quiero, es cierto, pero tal vez la quiero.
Es tan corto el amor, y es tan largo el olvido.

Porque en noches como ésta la tuve entre mis brazos,
30 mi alma no se contenta con haberla perdido.

Aunque éste sea el último dolor que ella me causa,
y éstos sean los últimos versos que yo le escribo.

RESIDENCIA EN LA TIERRA [II, 1931-35], (1935)

Walking around

Sucede que me canso de ser hombre.
Sucede que entro en las sastrerías y en los cines
marchito, impenetrable, como un cisne de fieltro
navegando en un agua de origen y ceniza.

5 El olor de las peluquerías me hace llorar a gritos.
Sólo quiero un descanso de piedras o de lana,
sólo quiero no ver establecimientos ni jardines,
ni mercaderías, ni anteojos, ni ascensores.

Sucede que me canso de mis pies y de mis uñas
10 y mi pelo y mi sombra.
Sucede que me canso de ser hombre.

Sin embargo sería delicioso
asustar a un notario con un lirio cortado
o dar muerte a una monja con un golpe de oreja.
15 Sería bello
ir por las calles con un cuchillo verde
y dando gritos hasta morir de frío.

No quiero seguir siendo raíz en las tinieblas,
vacilante, extendido, tiritando de sueño,
20 hacia abajo, en las tripas mojadas de la tierra,
absorbiendo y pensando, comiendo cada día.

No quiero para mí tantas desgracias.
No quiero continuar de raíz y de tumba,
de subterráneo solo, de bodega con muertos
25 ateridos, muriéndome de pena.

Por eso el día lunes arde como el petróleo
cuando me ve llegar con mi cara de cárcel,
y aúlla en su transcurso como una rueda herida,
y da pasos de sangre caliente hacia la noche.

30 Y me empuja a ciertos rincones, a ciertas casas húmedas,
a hospitales donde los huesos salen por la ventana,
a ciertas zapaterías con olor a vinagre,
a calles espantosas como grietas.

Hay pájaros de color de azufre y horribles intestinos
35 colgando de las puertas de las casas que odio,
hay dentaduras olvidadas en una cafetera,
hay espejos
que debieran haber llorado de vergüenza y espanto,
hay paraguas en todas partes, y venenos, y ombligos.

40 Yo paseo con calma, con ojos, con zapatos,
con furia, con olvido,
paso, cruzo oficinas y tiendas de ortopedia,
y patios donde hay ropas colgadas de un alambre:
calzoncillos, toallas y camisas que lloran
45 lentas lágrimas sucias.

CANTO GENERAL (1950)

Alturas de Macchu Picchu   3ª etapa

[En las secciones anteriores, el poeta expresa su angustiosa búsqueda del signi-
ficado de la vida y de la muerte. A medida que progresa el poema, las descrip-
ciones se vuelven más concretas hasta llegar a la evocación de Macchu Picchu,
los indígenas que construyeron esa ciudad y el destino de Hispanoamérica. El
yo encuentra respuesta a sus preguntas en la solidaridad con los indígenas y
con todos los desposeídos cuyos trabajos y luchas hace suyos.]

VI

Entonces en la escala de la tierra he subido
entre la atroz maraña de las selvas perdidas
hasta ti, Macchu Picchu.[1]
Alta ciudad de piedras escalares,
5   por fin morada del que lo terrestre
no escondió en las dormidas vestiduras.
En ti, como dos líneas paralelas,
la cuna del relámpago y del hombre
se mecían en un viento de espinas.

10 Madre de piedra, espuma de los cóndores.

Alto arrecife de la aurora humana.

Pala perdida en la primera arena.

Esta fue la morada, éste es el sitio:
aquí los anchos granos del maíz ascendieron
15 y bajaron de nuevo como granizo rojo.

Aquí la hebra dorada salió de la vicuña[2]
a vestir los amores, los túmulos,[3] las madres,
el rey, las oraciones, los guerreros.

---

1. Ciudad incaica situada a treinta y cinco millas al noroeste del Cuzco, antigua capital del imperio de los Incas. El arqueólogo norteamericano Hiram Bingham (1875–1956), dio a conocer las ruinas de Macchu Picchu en 1911.

2. Mamífero rumiante de los Andes de Perú y Bolivia. Se cazaba para utilizar su vellón que da una lana finísima.

3. Tumbas.

Aquí los pies del hombre descansaron de noche
20 junto a los pies del águila, en las altas guaridas[4]
carniceras, y en la aurora
pisaron con los pies del trueno la niebla enrarecida,
y tocaron las tierras y las piedras
hasta reconocerlas en la noche o la muerte.

25 Miro las vestiduras y las manos,
el vestigio del agua en la oquedad[5] sonora,
la pared suavizada por el tacto de un rostro
que miró con mis ojos las lámparas terrestres,
que aceitó con mis manos las desaparecidas
30 maderas: porque todo, ropaje, piel, vasijas,
palabras, vino, panes,
se fue, cayó a la tierra.

Y el aire entró con dedos
de azahar[6] sobre todos los dormidos:
35 mil años de aire, meses, semanas de aire,
de viento azul, de cordillera férrea,
que fueron como suaves huracanes de pasos
lustrando el solitario recinto de la piedra.

thunder *scarce*

el tiempo fuerza de naturaleza

cosas humanas destruidas

XII

Sube a nacer conmigo, hermano.

Dame la mano desde la profunda
zona de tu dolor diseminado.
No volverás del fondo de las rocas.
5 No volverás del tiempo subterráneo.
No volverá tu voz endurecida.
No volverán tus ojos taladrados.
Mírame desde el fondo de la tierra,
labrador, tejedor, pastor callado:
10 domador de guanacos[7] tutelares:
albañil del andamio[8] desafiado:
aguador de las lágrimas andinas:
joyero de los dedos machacados:[9]
agricultor temblando en la semilla:

pierced

personas de Macchu Picchu

4. Amparo, refugio.
5. Vacío.
6. Blancos, como las flores de ese nombre.
7. Mamíferos rumiantes de los Andes meridionales.
8. Armazón de madera o metal que sirve para trabajar en la construcción o reparación de edificios.
9. Rotos, destrozados.

15 alfarero en tu greda[10] derramado:
    traed a la copa de esta nueva vida
    vuestros viejos dolores enterrados.
    Mostradme vuestra sangre y vuestro surco,
    decidme: aquí fui castigado,
20 porque la joya no brilló o la tierra
    no entregó a tiempo la piedra o el grano:
    señaladme la piedra en que caísteis
    y la madera en que os crucificaron,
    encendedme los viejos pedernales,
25 las viejas lámparas, los látigos pegados
    a través de los siglos en las llagas
    y las hachas de brillo ensangrentado.
    Yo vengo a hablar por vuestra boca muerta.

    A través de la tierra juntad todos
30 los silenciosos labios derramados
    y desde el fondo habladme toda esta larga noche
    como si yo estuviera con vosotros anclado,
    contadme todo, cadena a cadena,
    eslabón a eslabón, y paso a paso,
35 afilad los cuchillos que guardasteis
    ponedlos en mi pecho y en mi mano,
    como un río de rayos amarillos,
    como un río de tigres enterrados,
    y dejadme llorar, horas, días, años,
40 edades ciegas, siglos estelares.

    Dadme el silencio, el agua, la esperanza.

    Dadme la lucha, el hierro, los volcanes.

    Apegadme los cuerpos como imanes.

    Acudid a mis venas y a mi boca.

45 Hablad por mis palabras y mi sangre.

10. Arcilla arenosa.

ODAS ELEMENTALES (1954) (4) lo cotidiano

Oda al tiempo

Dentro de ti tu edad
creciendo,
dentro de mí mi edad
andando.
5 El tiempo es decidido,
no suena su campana,
se acrecienta, camina,
por dentro de nosotros,
aparece
10 como un agua profunda
en la mirada
y junto a las castañas *chestnuts*
quemadas de tus ojos
una brizna,[11] la huella
15 de un minúsculo río,
una estrellita seca
ascendiendo a tu boca.
Sube el tiempo
sus hilos *thread*
20 a tu pelo.
pero en mi corazón
como una madreselva
es tu fragancia,
viviente como el fuego.
25 Es bello
como lo que vivimos
envejecer viviendo.
Cada día
fue piedra transparente,
30 cada noche
para nosotros fue una rosa negra,
y este surco en tu rostro o en el mío
son piedra o flor,
recuerdo de un relámpago.
35 Mis ojos se han gastado en tu hermosura,
pero tú eres mis ojos.
Yo fatigué tal vez bajo mis besos
tu pecho duplicado,

11. Filamento, hebra.

pero todos han visto en mi alegría
40 tu resplandor secreto.
Amor, qué importa
que el tiempo,
el mismo que elevó como dos llamas
o espigas paralelas
45 mi cuerpo y tu dulzura,
mañana los mantenga
o los desgrane
y con sus mismos dedos invisibles
borre la identidad que nos separa
50 dándonos la victoria
de un solo ser final bajo la tierra.

ESTRAVAGARIO (1958)

Estación inmóvil

Quiero no saber ni soñar.
Quién puede enseñarme a no ser,
a vivir sin seguir viviendo?

Cómo continúa el agua?
5 Cuál es el cielo de las piedras?

Inmóvil, hasta que detengan
las migraciones su apogeo
y luego vuelen con sus flechas
hacia el archipiélago frío.

10 Inmóvil, con secreta vida
como una ciudad subterránea
para que resbalen los días
como gotas inabarcables:
nada se gasta ni se muere
15 hasta nuestra resurrección,
hasta regresar con los pasos
de la primavera enterrada,
de lo que yacía perdido,
inacabablemente inmóvil
20 y que ahora sube desde no ser
a ser una rama florida.

Preguntas

1. ¿De qué se lamenta el yo en el poema XX? ¿Qué elementos modernistas y posmodernistas se encuentran en esta composición?
2. ¿Qué le sugiere a Ud. el título "Walking Around"? ¿Por qué dice el poeta que se "cansa de ser hombre"? ¿Qué significado tienen la raíz, la tumba, las tripas?
3. ¿Qué representa el ascenso del yo en la sección VI de "Alturas de Macchu Picchu"? ¿Qué relación hay entre su angustia y la invitación al interlocutor en la sección XII? ¿Cómo se cruzan las líneas sociales y líricas en esta selección?
4. ¿Qué momento del desarrollo poético de Neruda representan las *Odas*? ¿Qué caracteriza a la visión del paso del tiempo en la oda del mismo nombre?
5. ¿Qué deseo expresa el yo en "Estación inmóvil"? ¿Qué representan el agua y las piedras?

JUAN RULFO

(1918, Sayula, Jalisco, México–1986, Ciudad de México)

_____

_____

_____

_____

_____

_____

La obra de Juan Rulfo, surgida de una profunda identificación con la tierra y el habla del campesino mexicano es, al mismo tiempo, expresión de un escritor innovador y consciente de su oficio, quien lleva a sus temas y ambientes locales una amplia visión universal. Los elementos mágico-realistas que componen el mundo por él creado y la subjetividad e intensidad dramática de su prosa lo colocan entre los maestros de las nuevas formas en la narrativa.

Rulfo pasó su infancia en el pueblo de San Gabriel, estado de Jalisco, cerca de los hombres de campo, oyendo historias de guerras y de crímenes. La violencia afectó su vida desde temprano. Su padre fue asesinado cuando él era niño y del mismo modo murieron otros miembros de la familia. En esa región de México la Guerra de los Cristeros (1926–28) que enfrentó a los defensores de la Iglesia con el régimen del Presidente Elías Calles, tuvo efectos devastadores. Rulfo asistió a la escuela primaria y secundaria en Guadalajara. Huérfano también de madre, quedó a cargo de una abuela materna y vivió algún tiempo en un orfelinato. Estas experiencias trágicas al comienzo de su vida marcaron, sin duda, su personalidad y sus obras futuras.

Llegó a la ciudad de México en 1935, donde trabajó en la Oficina de Migración hasta 1945, al mismo tiempo que escribía cuentos y perfeccionaba su técnica narrativa. Más adelante, mientras se ganaba la vida en el Departamento de Ventas y Publicidad de la compañía Goodrich (1947–54), publicó su primer libro, la colección de cuentos *El llano en llamas* (1953). Desde entonces tuvo varios puestos oficiales y privados en Guadalajara y en la ciudad de México hasta que, en 1962, se hizo cargo del Departamento Editorial del Instituto Nacional Indigenista. Entre tanto publicó su novela *Pedro Páramo* (1955), preparó guiones cinematográficos y programas para televisión y colaboró en un proyecto de recopilación de textos históricos patrocinado por el Banco Industrial de Jalisco, para el cual hizo la selección y el prólogo de *Noticias históricas de la vida y hechos de Nuño de Guzmán* (1962). Rulfo tuvo la formación literaria de un autodidacta. Leyó a los grandes novelistas mexicanos (Azuela, Martín Luis Guzmán, Agustín Yáñez), y a los autores ingleses y estadounidenses más influyentes en nuestro siglo (Joyce, Faulkner, Woolf, Dos Passos, Hemingway). Sin embargo, siempre subrayó la influencia que tuvieron sobre él los autores nórdicos, entre ellos Selma Lagerlov y Halldor Laxness, con los cuales sintió especial afinidad.

Rulfo no publicó más obra narrativa que *El llano en llamas*, colección donde agregó o quitó cuentos en sucesivas ediciones, y *Pedro Páramo*. Una segunda novela, *La cordillera*, cuya aparición se esperó por muchos años, quedó sin publicar. Aunque escasa, la alta calidad estilística y el vigor imaginativo de su obra aseguran a este autor un lugar permanente en la historia de la literatura hispanoamericana. Los cuentos de *El llano en llamas* se sitúan en escenarios rurales primitivos, o en aldeas a veces fantasmales ("Luvina"). Los conflictos sociales y la lucha con un medio árido, hostil ("Nos han dado la tierra"), la violencia individual o colectiva ("El hombre", "Diles que no me maten", "El llano en llamas") y la pobreza ("Es que somos muy pobres") determinan trágicamente el destino de sus personajes. Ya sean éstos almas simples, o anormales ("Macario"), o espíritus angustiados por el remordimiento ("Talpa"), el autor los concibe con gran penetración psicológica. La narración en primera persona, desde la limitada perspectiva de los personajes, y el lenguaje escueto con el que Rulfo reproduce el habla campesina, colocan inmediatamente al lector dentro del mundo de sus criaturas. Este es un mundo en el que predominan la ambigüedad y la dislocación temporal, la muerte y sus fantasmas. Todos estos elementos también están presentes en *Pedro Páramo*, en el relato de las pasiones, la violencia y el sufrimiento de los habitantes de Comala coagulados en sus murmullos de almas en pena. Esta visión sombría de la sociedad mexicana, estilizada en imágenes arquetípicas, se comunica en una prosa de intenso y contenido lirismo.

Bibliografía mínima

Durán, Manuel. "Los cuentos de Juan Rulfo o la realidad trascendida". *El cuento hispanoamericano*. Ed. Enrique Pupo-Walker. Madrid: Castalia, 1973. 195–214.
———. *Tríptico mexicano. Juan Rulfo. Carlos Fuentes. Salvador Elizondo*. México: Sep/Setentas, 1973. 9–50.
Giacoman, Helmy, ed. *Homenaje a Juan Rulfo*. New York: Las Américas, 1974.
Harss, Luis y Barbara Dohmann. *Into the Mainstream. Conversations with Latin-American Writers*. New York: Harper, 1967. 246–275.
Inframundo. El México de Juan Rulfo. 2a ed. Hanover, New Hampshere: Ediciones del Norte, 1983.
Leal, Luis. "Juan Rulfo". *Narrativa y crítica de nuestra América*. Ed. Joaquín Roy. Madrid: Castalia, 1978. 258–86.
Minc, Rose S. "La contra-dicción como ley: notas sobre 'Es que somos muy pobres'". *Inti* 13–4 (1981). 83–91.
Rodríguez Alcalá, Hugo. *El arte de Juan Rulfo*. México: INBA, 1965.
Sommers, Joseph, ed. *La narrativa de Juan Rulfo. Interpretaciones críticas*. México: Sep/Setentas, 1974.

Es que somos muy pobres

Aquí todo va de mal en peor. La semana pasada se murió mi tía Jacinta, y el sábado, cuando ya la habíamos enterrado y comenzaba a bajársenos la tristeza, comenzó a llover como nunca. A mi papá eso le dio coraje, porque toda la cosecha de cebada estaba asoleándose en el solar. Y el aguacero llegó
5 de repente, en grandes olas de agua, sin darnos tiempo ni siquiera a esconder aunque fuera un manojo; lo único que pudimos hacer, todos los de mi casa, fue estarnos arrimados debajo del tejabán,[1] viendo cómo el agua fría que caía del cielo quemaba aquella cebada amarilla tan recién cortada.

Y apenas ayer, cuando mi hermana Tacha acababa de cumplir doce a-
10 ños, supimos que la vaca que mi papá le regaló para el día de su santo se la había llevado el río.

El río comenzó a crecer hace tres noches, a eso de la madrugada. Yo es- taba muy dormido y, sin embargo, el estruendo que traía el río al arrastrarse me hizo despertar en seguida y pegar el brinco de la cama con mi cobija en
15 la mano, como si hubiera creído que se estaba derrumbando el techo de mi casa. Pero después me volví a dormir, porque reconocí el sonido del río y porque ese sonido se fue haciendo igual hasta traerme otra vez al sueño.

Cuando me levanté, la mañana estaba llena de nublazones y parecía que había seguido lloviendo sin parar. Se notaba en que el ruido del río era más
20 fuerte y se oía más cerca. Se olía, como se huele una quemazón, el olor a po- drido del agua revuelta.

A la hora en que me fui a asomar, el río ya había perdido sus orillas. Iba subiendo poco a poco por la calle real, y estaba metiéndose a toda prisa en la casa de esa mujer que le dicen *La Tambora*. El chapaleo del agua se oía al
25 entrar por el corral y al salir en grandes chorros por la puerta. *La Tambora* iba y venía caminando por lo que era ya un pedazo de río, echando a la calle sus gallinas para que se fueran a esconder a algún lugar donde no les llegara la corriente.

Y por el otro lado, por donde está el recodo, el río se debía de haber lle-
30 vado, quién sabe desde cuándo, el tamarindo que estaba en el solar de mi tía Jacinta, porque ahora ya no se ve ningún tamarindo. Era el único que había en el pueblo, y por eso nomás la gente se da cuenta de que la creciente esta que vemos es la más grande de todas las que ha bajado el río en muchos años.

Mi hermana y yo volvimos a ir por la tarde a mirar aquel amontonadero
35 de agua que cada vez se hace más espesa y oscura y que pasa ya muy por en- cima de donde debe estar el puente. Allí nos estuvimos horas y horas sin can- sarnos viendo la cosa aquella. Después nos subimos por la barranca, porque

---

1. Tejaván: cobertizo, corredor, alero de casa
rústica.

queríamos oír bien lo que decía la gente, pues abajo, junto al río, hay un gran
ruidazal y sólo se ven las bocas de muchos que se abren y se cierran y como
40 que quieren decir algo; pero no se oye nada. Por eso subimos por la barranca,
donde también hay gente mirando el río y contando los perjuicios que ha hecho. Allí fue donde supimos que el río se había llevado a *la Serpentina,* la
vaca esa que era de mi hermana Tacha porque mi papá se la regaló para el día
de su cumpleaños y que tenía una oreja blanca y otra colorada y muy bonitos
45 ojos.

   No acabo de saber por qué se le ocurriría a *la Serpentina* pasar el río
este, cuando sabía que no era el mismo río que ella conocía de a diario. *La
Serpentina* nunca fue tan atarantada.[2] Lo más seguro es que ha de haber
venido dormida para dejarse matar así nomás por nomás. A mí muchas veces
50 me tocó despertarla cuando le abría la puerta del corral, porque si no, de su
cuenta, allí se hubiera estado el día entero con los ojos cerrados, bien quieta
y suspirando, como se oye suspirar a las vacas cuando duermen.

   Y aquí ha de haber sucedido eso de que durmió. Tal vez se le ocurrió
despertar al sentir que el agua le golpeaba las costillas. Tal vez entonces se
55 asustó y trató de regresar; pero al volverse se encontró entreverada y acalam-
brada entre aquella agua negra y dura como tierra corredíza. Tal vez bramó
pidiendo que le ayudaran. Bramó como sólo Dios sabe cómo.

   Yo le pregunté a un señor que vio cuando la arrastraba el río si no había
visto también al becerrito que andaba con ella. Pero el hombre dijo que no
60 sabía si lo había visto. Sólo dijo que la vaca manchada pasó patas arriba muy
cerquita de donde él estaba y que allí dio una voltereta y luego no volvió a
ver ni los cuernos ni las patas ni ninguna señal de vaca. Por el río rodaban
muchos troncos de árboles con todo y raíces y él estaba muy ocupado en
sacar leña, de modo que no podía fijarse si eran animales o troncos los que
65 arrastraba.

   Nomás por eso, no sabemos si el becerro está vivo, o si se fue detrás de
su madre río abajo. Si así fue, que Dios los ampare a los dos.

   La apuración[3] que tienen en mi casa es lo que pueda suceder el día de
mañana, ahora que mi hermana Tacha se quedó sin nada. Porque mi papá con
70 muchos trabajos había conseguido a *la Serpentina,* desde que era una vaqui-
lla para dársela a mi hermana, con el fin de que ella tuviera un capitalito y no
se fuera a ir de piruja[4] como lo hicieron mis otras dos hermanas las más grandes.

   Según mi papá, ellas se habían echado a perder porque éramos muy po-
75 bres en mi casa y ellas eran muy retobadas.[5] Desde chiquillas ya eran re-
zongonas. Y tan luego que crecieron les dio por andar con hombres de lo
peor, que les enseñaron cosas malas. Ellas aprendieron pronto y entendían
muy bien los chiflidos, cuando las llamaban a altas horas de la noche. Des-

2. Aturdida.   4. Prostituta.
3. Aflicción.   5. Rebeldes.

pués salían hasta de día. Iban cada rato por agua al río y a veces, cuando uno
80 menos se lo esperaba, allí estaban en el corral, revolcándose en el suelo,
todas encueradas y cada una con un hombre trepado encima.

Entonces mi papá las corrió a las dos. Primero les aguantó todo lo que
pudo; pero más tarde ya no pudo aguantarlas más y les dio carrera para la calle. Ellas se fueron para Ayutla[6] o no sé para donde; pero andan de pirujas.

85 Por eso le entra la mortificación a mi papá, ahora por la Tacha, que no
quiere vaya a resultar como sus otras dos hermanas, al sentir que se quedó
muy pobre viendo la falta de su vaca, viendo que ya no va a tener con qué en-
tretenerse mientras le da por crecer y pueda casarse con un hombre bueno,
que la pueda querer para siempre. Y eso ahora va a estar difícil. Con la vaca
90 era distinto, pues no hubiera faltado quién se hiciera el ánimo de casarse con
ella, sólo por llevarse también aquella vaca tan bonita.

La única esperanza que nos queda es que el becerro esté todavía vivo.
Ojalá no se le haya ocurrido pasar el río detrás de su madre. Porque si así fue,
mi hermana Tacha está tantito así de retirado de hacerse piruja. Y mamá no
95 quiere.

Mi mamá no sabe por qué Dios la ha castigado tanto al darle unas hijas
de ese modo, cuando en su familia, desde su abuela para acá, nunca ha habido
gente mala. Todos fueron criados en el temor de Dios y eran muy obedientes
y no le cometían irreverencias a nadie. Todos fueron por el estilo. Quién sabe
100 de dónde les vendría a ese par de hijas suyas aquel mal ejemplo. Ella no se
acuerda. Le da vuelta a todos sus recuerdos y no ve claro dónde estuvo su
mal o el pecado de nacerle una hija tras otra con la misma mala costumbre.
No se acuerda. Y cada vez que piensa en ellas, llora y dice: "Que Dios las ampare a las dos".

105 Pero mi papá alega que aquello ya no tiene remedio. La peligrosa es la
que queda aquí, la Tacha, que va como palo de ocote[7] crece que crece y que
ya tiene unos comienzos de senos que prometen ser como los de sus hermanas: puntiagudos y altos y medio alborotados para llamar la atención.

—Sí —dice—, le llenará los ojos a cualquiera donde quiera que la vean.
110 Y acabará mal; como que estoy viendo que acabará mal.

Esa es la mortificación de mi papá.

(Y Tacha llora al sentir que su vaca no volverá porque se la ha matado el
río. Está aquí, a mi lado, con su vestido color de rosa, mirando el río desde
la barranca y sin dejar de llorar. Por su cara corren chorretes de agua sucia
115 como si el río se hubiera metido dentro de ella.

Yo la abrazo tratando de consolarla, pero ella no entiende. Llora con
más ganas. De su boca sale un ruido semejante al que se arrastra por las orillas del río, que la hace temblar y sacudirse todita, y, mientras, la creciente

---

6. Ayutla de los Libres: pequeña ciudad en el
Estado de Guerrero, cerca de la costa del
Pacífico.

7. Especie de pino muy resinoso.

sigue subiendo. El sabor a podrido que viene de allá salpica _{splash} la cara mojada de
120 Tacha y los dos pechitos de ella se mueven de arriba abajo, sin parar, como
si de repente comenzaran a hincharse para empezar a trabajar por su perdición.

Preguntas

1. ¿Qué efecto tiene el uso de la primera persona en este cuento?
2. ¿De qué modo el lenguaje corresponde a la mente del narrador?
3. ¿Qué papel tiene la naturaleza en el destino de los personajes?
   ¿Cómo interpreta Ud. la comparación entre el cuerpo de Tacha y el
   río que aparece en la conclusión del relato?
4. ¿Qué actitud frente a la vida refleja el cuento?
5. ¿Puede relacionar este cuento con una temática importante en la literatura hispanoamericana?

5. CONSOLIDACION Y EXPANSION

_____
_____
_____
_____
_____
_____
_____
_____
_____
_____
_____

(1960–   )

5.1 Contexto histórico y literario

Entre 1960 y 1970 la literatura hispanoamericana, encauzada por los escritores presentados en el capítulo anterior, entra en un período de extraordinario dinamismo, particularmente en la narrativa. Este fenómeno es la culminación de un proceso de crecimiento y maduración que, a lo largo de las dos décadas precedentes, había transformado el concepto y la práctica de la literatura entre los escritores de los distintos países del continente. Borges había reivindicado para el escritor hispanoamericano el derecho a utilizar como propio el vasto repertorio de la cultura universal. El libre juego de la imaginación, la ironía y el humor, y el escepticismo radical frente a los sistemas del pensamiento y a las doctrinas religiosas, así como la escritura irreverente y paródica del autor de *Ficciones,* señalaron el camino de la nueva narrativa. Rulfo demostró, por su parte, que los temas de la tradicional novela de la tierra—el cacique, la explotación y la violencia—podían cobrar nueva vida a través del complejo diseño narrativo que configura el mundo mítico de *Pedro Páramo.* La recuperación de los mitos y leyendas indígenas llevada a cabo por Asturias y Arguedas, y de la herencia africana por Guillén y Carpentier, así como la visión recreadora y crítica de la historia de este último, fueron también asimiladas por la mente y la imaginación de los narradores y poetas de los años sesenta.

Los escritores representativos de este período, como Cortázar, Fuentes, García Márquez y Vargas Llosa tuvieron, pues, maestros y modelos hispanoamericanos. Al mismo tiempo se reconoce en ellos la influencia formativa de la obra de James Joyce (1882–1941), Virginia Woolf (1882–1941), John Dos Passos (1896–1970), William Faulkner (1897–1962), Ernest Hemingway (1898–1961), Jean Paul Sartre (1905–80) y Albert Camus (1913–60), entre los autores europeos y norteamericanos de nuestro siglo. La transformación de la literatura hispanoamericana está vinculada también con fenómenos literarios y culturales que tienen lugar en Europa, particularmente en París, y en los Estados Unidos. Entre ellos es de especial influencia la "nueva novela" francesa, representada por las obras y las teorías de Nathalie Sarraute (n. 1902), Alain Robbe-Grillet (n. 1922) y Michel Butor (n. 1926). Los autores de la "nueva novela" hispanoamericana se mantuvieron más cerca de la realidad y de la historia que los de la "nueva novela" francesa, y no incurrieron por lo general en sus excesos de abstracción y esquematismo teórico. Sin embargo, el movimiento de ideas que impulsó esta renovación del género novelístico en Francia estimuló entre ellos la búsqueda y la experimentación para lograr objetivos similares. El escritor argentino Julio Cortázar quien se propuso, como Robbe-Grillet, romper con los modelos de la novela realista y psicológica, es representativo de esta búsqueda. Cortázar rechaza la idea de que el personaje literario sea la máxima creación del novelista y que éste deba analizar y explicar su carácter. Concuerda con Robbe-Grillet en concebir un tipo de novela que no se ofrezca completa y acabada a la lectura pasiva, sino que presente un esquema modificable, no exento de ambigüedades y contradicciones. El lector ha de trabajar con estos elementos y participar, con el autor, en la creación de la obra.

Mientras el florecimiento de la "nueva novela" francesa ocurre durante los años cincuenta, la década siguiente está dominada, también desde París, por nuevas tendencias en la teoría y crítica de la literatura a las que se ha agrupado bajo el nombre de estructuralismo.[*] Este propone, como método crítico, el análisis de los mecanismos de significación que operan dentro del propio texto—los elementos formales o estructurales de la obra, la parodia del lenguaje o el diálogo que el texto implícitamente establece con otros textos, por ejemplo. La obra de los autores vinculados a este movimiento se caracteriza por una escritura consciente de sí misma y de sus mecanismos de producción. En algunos escritores hispanoamericanos, como el cubano Severo Sarduy, estas teorías tuvieron un impacto decisivo; en otros, como Octavio Paz, ellas influyeron de modo más limitado o indirecto. Las circunstancias históricas impidieron, por otra parte, que el escritor hispanoamericano se alejara demasiado de su tradicional función de intérprete y crítico de la realidad social. Los narradores y poetas han cultivado también el ensayo, género que desde el siglo pasado sirve al análisis e interpretación de los problemas colectivos hispanoamericanos. Ejemplos de ello son *El laberinto de la soledad* (1950, 1959) de Octavio Paz, *La expresión americana* (1957) de José Lezama Lima y *Tiempo mexicano* (1971) de Carlos Fuentes.

La década de los sesenta fue un período de gran agitación y de rebeldía, no sólo contra el orden político y social sino también contra todos los valores y las formas tradicionales de la cultura. Los escritores hispanoamericanos participaron, algunos en París o Nueva York, otros desde sus respectivos países, del clima creado por las rebeliones estudiantiles y la actitud iconoclasta de los intelectuales y artistas, tanto en Europa como en los Estados Unidos, contra las instituciones y los valores consagrados. El lenguaje de la cultura heredada, visto por ellos como medio y mensaje de contenido ideológico, fue también blanco de su crítica agresiva y desacralizadora. Las preocupaciones político-sociales, nunca ausentes en la literatura de Hispanoamérica, cobraron aun mayor impulso a partir de la Revolución Cubana de 1959, la cual despertó, en los años sesenta, un fuerte movimiento de solidaridad entre los escritores y artistas del continente. Los congresos y concursos literarios que se realizaron en

La Habana (1966–68), con la participación de las figuras más distinguidas de las letras hispanoamericanas contribuyeron, sin duda, a formar una conciencia de grupo. Acontecimientos políticos posteriores hicieron mella en este sentimiento de unidad pero esto no disminuye, sin embargo, la importancia del impacto inicial.

En el curso de la década de los setenta, los conflictos político–sociales endémicos en las sociedades hispanoamericanas condujeron—sobre todo en Argentina, Chile y Uruguay—a regímenes violentamente represivos. Esto produjo el exilio de numerosos escritores, entre ellos David Viñas, Griselda Gambaro, Isabel Allende y Antonio Skármeta. Otros fueron encarcelados, como Antonio Di Benedetto (1922–86) o desaparecieron, presuntamente asesinados, como Haroldo Conti (1925–76). Muchas de las obras escritas entre 1975 y 1985 recrean el ambiente de terror y de implacable persecución política, o las experiencias y conflictos del exilio. Los escritores incorporan, en distintos grados, los recursos narrativos y el lenguaje autocrítico introducidos durante la década anterior. La literatura hispanoamericana de los años ochenta ofrece un panorama muy rico y variado. Mientras los escritores consagrados en los sesenta, a excepción de Cortázar ya desaparecido, mantienen un intenso ritmo de producción, los autores más jóvenes, dentro y fuera de sus países, comunican sus propias visiones y experiencias latinoamericanas del mundo contemporáneo.

5.2 La nueva narrativa

Nombres como "la nueva narrativa" o "la nueva novela" son insatisfactorios, porque exageran el mérito literario de la novedad y porque desvinculan erróneamente la producción de este período de sus antecedentes inmediatos. Esta caracterización responde, por otra parte, a una necesidad legítima, la de enmarcar una época de experimentación, intensidad creadora y repercusión internacional sin precedentes en la historia de las letras hispanoamericanas. Los autores más representativos de la nueva narrativa pertenecen a distintas generaciones. Julio Cortázar (1914–84), conocido desde los años cincuenta como autor de cuentos predominantemente fantásticos, se convierte con su novela *Rayuela* (1963) en promotor y guía de las nuevas tendencias. Carlos Fuentes (n. 1928), Gabriel García Márquez (n. 1928) y Mario Vargas Llosa (n. 1936) forman, junto con Cortázar, un grupo unido por ideas y propósitos literarios, aunque éstos se manifiestan en obras que reflejan sus respectivas y distintas personalidades individuales. Entre las técnicas que exploran estos autores se encuentran formas diversas de relato fragmentado, múltiples y cambiantes puntos de vista narrativos, yuxtaposición de planos temporales y espaciales, y diálogos entrecruzados. Las técnicas no son nuevas en la literatura, pero sí lo es, en aquel momento, su utilización en lengua española para presentar temas y situaciones latinoamericanos. Entre 1962 y 1967 se publican, además de *Rayuela, La muerte de Artemio Cruz* (1962) y *Cambio de piel* (1967) de Carlos Fuentes, *La ciudad y los perros* (1962) y *La casa verde* (1966) de Vargas Llosa y *Cien años de soledad* (1967) de García Márquez. Estas obras encarnan las nuevas pautas novelísticas y marcan el rumbo a la narrativa hispanoamericana. Pronto se uniría a este grupo José Donoso (n. 1924), con *El obsceno pájaro de la noche* (1970) y su ensayo *Historia personal del boom* (1972).

Al período 1960–70 pertenecen, también, *Recuerdos del porvenir* (1963) de Elena Garro (n. 1920), *Tres tristes tigres* (1965) de Guillermo Cabrera Infante (n. 1929), *José Trigo* (1966) de Fernando del Paso (n. 1935), *Paradiso* (1968) de José Lezama Lima (1910–76) y *El mundo alucinante* (1969) de Reinaldo Arenas (n. 1943). Las novelas mencionadas se caracterizan por la complejidad de su técnica narrativa, los experimentos con el lenguaje y, particularmente en *Rayuela* y *Cambio de piel,* por el afán de comunicar una visión totalizadora del mundo contemporáneo desde la perspectiva personal y latinoamericana del autor. En los años siguientes, la experimentación con el lenguaje y las formas narrativas produjo obras como *Cobra* (1972) y *Maitreya* (1978) de Severo Sarduy (n. 1937) y *La guaracha del macho Camacho* (1976) de Luis Rafael Sánchez (n. 1936). Al mismo tiempo, durante esas dos décadas, hubo otros autores menos preocupados por la experimentación formal que por interpretar creativamente la historia y las realidades político-sociales de los países hispanoamericanos. Este es el caso de Rosario Castellanos (1925–74) con *Oficio de tinieblas* (1962), Carlos Martínez Moreno (1917–86) con *El paredón* (1962), Mario Benedetti (n. 1920) con *Gracias por el fuego* (1965), Miguel Barnet (n. 1940) con *Biografía de un cimarrón* (1968), Elena Poniatowska (n. 1933) con *Hasta no verte Jesús mío* (1969), Augusto Roa Bastos (n. 1917) con *Yo el Supremo* (1974), Manuel Scorza (1928–83) con *El cantar de Agapito Robles* (1976), Jorge Edwards (n. 1931) con *Convidados de piedra* (1978), y David Viñas (n. 1929) con *Los hombres de a caballo* (1968) y *Cuerpo a cuerpo* (1979). Algunos, como Gustavo Sáinz (n. 1940) desde *Gazapo* (1965) y Manuel Puig (1932–90) desde *La traición de Rita Hayworth* (1969), escriben obras arraigadas en la realidad cotidiana y en la cultura popular, aspectos que caracterizan a gran parte de la narrativa hispanoamericana más reciente.

5.3 Tendencias en la narrativa más reciente

La obra de los escritores hispanoamericanos que llegan a su madurez a mediados de la década de los setenta tiene rasgos distintivos con respecto a la de los autores anteriores. Estos escritores parten de la experiencia cotidiana y encuentran en el lenguaje coloquial el modo más efectivo de comunicarla. Sus obras no pretenden ofrecer visiones totalizantes u ordenadoras del mundo ni comunicar experiencias excepcionales; buscan, más humildemente, dar forma a su experiencia de una realidad limitada, aceptando lo que ésta tenga de caótico, atroz o banal.

Entre los autores representativos de este grupo se cuentan Luisa Valenzuela (n. 1938) con *Cambio de armas* (1982) y *Cola de lagartija* (1984), Antonio Skármeta (n. 1940) con *Soñé que la nieve ardía* (1975) y *La insurrección* (1982), Eduardo Galeano (n. 1940) con *La canción de nosotros* (1975) y *Días y noches de amor y de guerra* (1978), Ricardo Piglia (n. 1941) con *Respiración artificial* (1980), Isabel Allende (n. 1942) con *La casa de los espíritus* (1982) y *De amor y de sombra* (1984) y Rosario Ferré (n. 1942) con *Papeles de Pandora* (1976) y *Amor maldito* (1986). A estos nombres deben agregarse los de Arturo Azuela (n. 1938), José Antonio Bravo (n. 1938), Alfredo Bryce Echenique (n. 1939), René Avilés Favila (n. 1940), Cristina Peri Rossi (n. 1941) y Gustavo Alvarez Gardeazábal (n. 1945), entre los numerosos escritores de obra reconocida que integran el vasto panorama de la actual narrativa hispanoamericana.

5.4 La poesía: berencia y ramificación del posvanguardismo

A los poetas posvanguardistas, ya presentados en el capítulo anterior, le suceden los autores que, nacidos a partir de 1910, definen su orientación poética durante la década de los cuarenta. Representativos de este grupo son José Lezama Lima (1912–76), Octavio Paz (n. 1914) y Nicanor Parra (n. 1914), cuya obra incorpora el legado vanguardista al mismo tiempo que imprime nuevas direcciones a la poesía. En Lezama Lima y en Paz, el poema surge como intento de captar el sentido último o trascendente de la realidad a través de la imagen poética. El poeta aspira a lo inefable o recóndito diseñando con su palabra el trazado de una realidad esencial y colocándose por encima de la contingencia histórica o personal. Este impulso trascendentalista, presente en Lezama Lima desde el poemario *La fijeza* (1944), se encuentra también, equilibrado por preocupaciones existenciales, en *La estación violenta* (1957) de Octavio Paz. En Nicanor Parra, desde *Poemas y antipoemas* (1954), por otra parte, se manifiesta un repudio de las abstracciones poéticas y la expresión más directa de la experiencia vivida. Su poesía comunica, con una actitud radicalmente crítica y desesperanzada, la visión de un mundo fragmentado y caótico.

Entre los poetas contemporáneos de la generación de Paz, están incluidos Juan Liscano (n. 1915), con *Humano destino* (1949) y *Tierra muerta de sed* (1954), y Gonzalo Rojas (n. 1917), autor de *La miseria del hombre* (1948) y *Contra la muerte* (1964), quien representa, según algunos críticos, una transición hacia la poesía de la generación siguiente.

Los estudiosos de la poesía hispanoamericana coinciden en agrupar a los poetas posteriores en dos promociones. El primer grupo, integrado por los nacidos entre 1920 y 1934, incluye a autores como Olga Orozco (n. 1920),

Cintio Vitier (n. 1921), Alvaro Mutis (n. 1923), Fina García Marruz (n. 1923), Claribel Alegría (n. 1924), Ernesto Cardenal (n. 1925), Rosario Castellanos (1925–74), Blanca Varela (n. 1926), Carlos Germán Belli (n. 1927), Enrique Lihn (1929–88), Roberto Fernández Retamar (n. 1930), Juan Gelman (n. 1930) y Cecilia Bustamante (n. 1932). El segundo grupo comprende a los nacidos desde 1935 e incluye a poetas como Roque Dalton (1935–75), Alejandra Pizarnik (1936–72), Oscar Hahn (n. 1938), José Emilio Pacheco (n. 1939), Pedro Shimose (n. 1940), Antonio Cisneros (n. 1942), Nancy Morejón (n. 1944), Juan Gustavo Cobo Borda (n. 1948) y Gioconda Belli (n. 1948).

Aunque no es posible proponer una caracterización que haga justicia a la diversidad de cualidades representadas por la obra de estos poetas, pueden señalarse, sin embargo, ciertas tendencias compartidas por algunos de los integrantes de estas dos promociones. Se destacan en el primer grupo, el regreso a la naturalidad expresiva y el intento de incorporar la totalidad de la experiencia en el hecho poético. Este afán totalizador corresponde, en la poesía, a la orientación similar que da impulso a la narrativa durante ese mismo período. El compromiso social impulsa también a muchos de estos poetas, particularmente a Ernesto Cardenal y Roberto Fernández Retamar.

Los poetas del segundo grupo comparten por lo general la actitud frente al lenguaje de los autores anteriores. Su poesía se expresa con un lenguaje directo, escueto, que a veces linda con el de la prosa. Del mismo modo que en la narrativa de este período, el tema del exilio es frecuente en la obra de estos autores. Lo es también la percepción interiorizada del tiempo y la búsqueda de raíces históricas, como se observa en la poesía de José Emilio Pacheco y de Antonio Cisneros. En este último, el compromiso social suele expresarse en poemas que conjuran imágenes del pasado.

Los poetas hispanoamericanos escriben a menudo su obra lejos de su país de origen, y en contacto con otras culturas y otros idiomas. En las últimas décadas algunos de ellos, exiliados o voluntariamente expatriados en los Estados Unidos, realizan su actividad creadora dentro de un ambiente cultural que los integra a una más amplia y diversificada comunidad hispánica. La contribución de los grupos chicanos, cubanos y puertorriqueños a la poesía que se produce desde dentro del ambiente hispánico, ya sea en Nueva York, en California, o en otras regiones del país, es un fenómeno cultural que requerirá mayor atención por parte de la crítica en el futuro.

5.5 La renovación del teatro

La dramaturgia está ocupando en Hispanoamérica un lugar cada vez más importante dentro de la producción literaria de las últimas décadas. El nuevo teatro surge, en casi todos los países, hacia mediados de siglo y su destino, vinculado al del espectáculo público, será particularmente afectado por los vaivenes de la política y las limitaciones económicas. Escribir para el teatro no ha sido por lo común una actividad exclusiva. Los dramaturgos fueron, con frecuencia, también narradores, y algunos novelistas, como Carlos Fuentes y Mario Vargas Llosa, han incursionado con diversos niveles de éxito en el género dramático. México ha tenido, sin embargo, muchos y excelentes dramaturgos, como Rodolfo Usigli (1905–80), quien exploró en *El gesticulador* (1937), *Corona de sombra* (1947) y *Corona de luz* (1963), como lo hicieron Paz y Fuentes en el ensayo y la narrativa, los temas de la historia y la identidad mexicanas. Otros autores representativos del género en México son Salvador Novo (1904–74), quien produjo obras de crítica y sátira social, Elena Garro con dramas breves cercanos al teatro del absurdo, Emilio Carballido (n. 1925), autor de vena humorística y variada temática social, y Maruxa Vilalta (n. 1932), quien denuncia en sus obras la incomunicación y la guerra.

En Argentina, el máximo exponente de la dramaturgia a mediados de siglo fue Conrado Nalé Roxlo (1898–1971), autor de *La cola de la sirena* (1941), *Una viuda difícil* (1944) y *El pacto de Cristina* (1945), obras dinámicas, modernas, en las que campean el humor y la ironía. Sin embargo, el teatro argentino contemporáneo se define unos años más tarde, con el estreno de *El puente* (1949) de Carlos Gorostiza (n. 1920), quien en esta obra y en las siguientes trata temas comunes al teatro existencialista. Otros dramaturgos representativos son Osvaldo Dragún (n. 1929), autor de *Historias para ser contadas* (1959), breves piezas en las que critica la deshumanización de una sociedad mecanizada, y también de *Tupac Amaru* (1957), basada en la tragedia del inca rebelde de 1780. En los últimos años se ha destacado Griselda Gambaro (n. 1928), quien ha escrito obras de fuerte denuncia social, entre ellas *El campo* (1968), donde la vida es vista como un campo de concentración. Sus visiones de pesadilla se adelantaron proféticamente a la propia realidad, que pronto iba a superar el horror de lo imaginado.

Entre los dramaturgos contemporáneos más importantes deben mencionarse: el cubano Virgilio Piñera (1912–79), con su obra *Dos viejos pánicos* (1968), el puertorriqueño René Marqués (1919–79), autor de *Los soles truncos* (1958), el guatemalteco Carlos Solórzano (n. 1922), con *Los fantoches* (1958), el chileno Jorge Díaz (n. 1930), con *El cepillo de dientes* (1966), el cubano José Triana (n. 1932), con *La noche de los asesinos* (1965) y el puertorriqueño Luis Rafael Sánchez, con *La pasión según Antígona Pérez* (1968). A estos nombres deben agregarse los del uruguayo Carlos Maggi (n. 1922), la mexicana Luisa Josefina Hernández (n. 1928), el cubano Matías Montes Huidobro (n. 1931) y los de muchos otros que deberían incluirse en una presentación más extensa.

Las tres décadas más recientes han cambiado radicalmente la posición de la literatura hispanoamericana en el mundo de las letras. Esta etapa brillante ha producido una narrativa de éxito internacional, obras poéticas y ensayísticas de altísima calidad y un teatro que emerge como género de vigoroso impulso e impacto social. El escritor hispanoamericano ha superado la marginación que afectó a la obra de sus predecesores, y ha conquistado un papel protagónico en el escenario cultural de nuestra época.

JULIO CORTAZAR

(1914, Bruselas, Bélgica–1984, París, Francia)

     Escritor alerta a todas las manifestaciones de la cultura contemporánea, Cortázar fue uno de los grandes innovadores de la narrativa en idioma español. Artista de audaz imaginación y espíritu solidario, buscó desde su compleja e intensa subjetividad los puentes de la comunicación y la participación social. Cortázar nació en Bruselas, de padres argentinos, y vivió en esa ciudad sus primeros cuatro años, antes de que la familia regresara a Argentina en 1918. El futuro escritor hizo la carrera de educación con especialidad en literatura. Enseñó desde los veinte años, primero en escuelas secundarias (1937–44), en las ciudades de Bolívar y Chivilcoy (Provincia de Buenos Aires), y luego en la Universidad de Cuyo (Mendoza), donde dictó un curso de literatura francesa (1944–45). Renunció a este puesto (1945) en protesta contra los abusos del régimen de Juan Domingo Perón (1946–55) y se trasladó a Buenos Aires. Durante esos mismos años publica, bajo el seudónimo de Julio Denís, una colección de poemas titulada *Pre-*

sencia (1938) y comienza a escribir cuentos. "Casa tomada" apareció en 1946 en *Los anales de Buenos Aires,* una revista literaria dirigida por Borges. En los dos años siguientes salieron "Bestiario" y "Lejana". Estos tres cuentos, y otros cinco de la misma época, no fueron reunidos en libro, sin embargo, hasta años más tarde. Para entonces el autor ya había dado a conocer su poema dramático *Los reyes* (1949), una reinterpretación del mito del Minotauro.[1] En vísperas de viajar a Francia, aparece *Bestiario* (1951), su primera colección de cuentos. Con ella se inicia la fase más productiva de la vida literaria de Cortázar que culmina con la publicación de la novela *Rayuela* (1963). Durante este período se gana el reconocimiento de la crítica literaria y un público de lectores, admiradores de su obra tanto en el idioma original como en sus múltiples traducciones. Desde 1951 hasta su muerte, Cortázar residió en París, donde trabajó como traductor de la UNESCO. Sus libros, siempre escritos en español, se publicaron en Buenos Aires, México y España.

Cortázar comienza a producir su obra en la década de los cuarenta, en el ambiente literario y artístico creado por las corrientes vanguardistas europeas de la generación anterior, el surrealismo francés en particular, y la innovación de las letras argentinas iniciada por Roberto Arlt, Macedonio Fernández y Jorge Luis Borges. Sus primeros cuentos lo muestran cercano a la narrativa fantástica de Borges pero, a diferencia de éste, Cortázar concibe lo fantástico como fuerza operante dentro de la misma realidad cotidiana que comparte el lector con los personajes. Arlt y Macedonio Fernández son, por otra parte, sus predecesores en el uso de una escritura urbana, de humor desenfadado y crítico, demoledora del lenguaje literario oficial y de los valores tradicionales que éste representa.

En *Los premios* (1960), su primera novela, Cortázar utiliza magistralmente el lenguaje para definir la condición social y el nivel cultural de sus personajes. A partir de esta obra su escritura autocrítica se orienta hacia un cuestionamiento general de la palabra como instrumento expresivo. Esta actitud frente al lenguaje es, sin embargo, sólo una fase de su búsqueda vital e intelectual de autenticidad. La conjunción de preocupaciones estéticas y existenciales, que ya se anunciaba en "El perseguidor" (*Las armas secretas,* 1959), logra su máxima expresión en *Rayuela.* Allí Cortázar ataca la novela realista, la novela de análisis psicológico, y propone las bases de una nueva novela, liberada de los cánones tradicionales. *62. Modelo para armar,* publicada cinco años más tarde, es la puesta en práctica de las ideas sobre el género novelístico formuladas por él en *Rayuela.* En su producción posterior, y más específicamente desde el *Libro de Manuel* (1973), irrumpen en la escritura inquietudes de tipo político-social y expresiones de solidaridad con los pueblos oprimidos de Latinoamérica.

La vasta obra de Cortázar incluye, además, de los títulos ya mencionados, colecciones de cuentos tales como *Final del juego* (1956, 2a. ed. revisada, 1964), *Historias de cronopios y de famas* (1962), *Todos los fuegos el fuego* (1966), *Un*

---

1. Según la mitología griega, un monstruo con cuerpo de toro y cabeza humana, preso en un laberinto construido por Dédalos. Los atenienses debían pagar como tributo a Minos, rey de Creta, el sacrificio anual de siete jóvenes y siete doncellas que eran devorados por el monstruo. En la interpretación de Cortázar, el Minotauro simboliza el espíritu poético libre. Minos y Teseo, el héroe que mata al monstruo, son representantes, en cambio, del poder opresor.

tal Lucas (1979), *Queremos tanto a Glenda* (1980) y *Deshoras* (1983). Publicó también "libros collage", donde reúne cuentos, poemas, ensayos, diseños gráficos, cartas y fotografías: *La vuelta al día en ochenta mundos* (1967), *Ultimo Round* (1969) y *Los autonautas de la cosmopista* (1983), escrito en colaboración con Carol Dunlop.

En los cuentos de Cortázar, los fantasmas creados por la imaginación cobran vida propia, invadiendo y trastornando el orden y la rutina meticulosamente establecidos por los personajes. Entre sus recursos más frecuentes encontramos: 1) la introducción de un hecho insólito e inexplicable dentro de circunstancias aparentemente normales; 2) la materialización de ideas obsesivas, sueños y pesadillas; 3) misteriosas transformaciones, desdoblamientos e intercambios de personalidad; 4) la sustitución del tiempo cronológico por una coincidencia del pasado, presente y futuro; y 5) la superposición de planos temporales y espaciales que permite al personaje vivir, simultáneamente, en épocas y lugares distintos. Mediante un lenguaje conciso y sobrio, Cortázar impone al lector lo inverosímil con la mayor naturalidad. Al mismo tiempo el autor, quien concibe la lectura como una participación activa en el proceso creador propuesto por la obra, deja al lector con la libertad y la responsabilidad de completar e interpretar el sentido del texto. "La isla a mediodía" es ilustrativa de su modo de narrar, así como de la apelación al lector-cómplice contenida en toda su obra.

Bibliografía mínima

Alazraki, Jaime. *En busca del unicornio: los cuentos de Julio Cortázar*. Madrid: Gredos, 1983.
———e Ivar Ivask, eds. *The Final Island. The Fiction of Julio Cortázar*. Norman: U of Oklahoma P, 1978.
Boldy, Steven. *The Novels of Julio Cortázar*. London: Cambridge UP, 1980.
Dellepiane, Angela B. "Julio Cortázar". *Narrativa y crítica de nuestra América*. Ed. Joaquín Roy. Madrid: Castalia, 1978. 223–57.
Filer, Malva E. *Los mundos de Julio Cortázar*. New York: Las Américas, 1970.
Lagmanovich, David, ed. *Estudios sobre los cuentos de Julio Cortázar*. Barcelona: Ediciones Hispam, 1975.
Morello-Frosch, Martha. "El personaje y su doble en las ficciones de Cortázar". *Revista Iberoamericana* 34 (1968): 323–30.
Picón Garfield, Evelyn. *¿Es Julio Cortázar un surrealista?* Madrid: Gredos, 1975.

TODOS LOS FUEGOS EL FUEGO (1966)

La isla a mediodía

La primera vez que vio la isla, Marini estaba cortésmente inclinado sobre los asientos de la izquierda, ajustando la mesa de plástico antes de instalar la bandeja del almuerzo. La pasajera lo había mirado varias veces mientras él iba y venía con revistas o vasos de whisky; Marini se demoraba ajus-

5 tando la mesa, preguntándose aburridamente si valdría la pena responder a la mirada insistente de la pasajera, una americana de las muchas, cuando en el óvalo azul de la ventanilla entró el litoral de la isla, la franja dorada de la playa, las colinas que subían hacia la meseta desolada. Corrigiendo la posición defectuosa del vaso de cerveza, Marini sonrió a la pasajera. "Las islas
10 griegas", dijo. "Oh, yes, Greece", repuso la americana con un falso interés. Sonaba brevemente un timbre y el steward se enderezó, sin que la sonrisa profesional se borrara de su boca de labios finos. Empezó a ocuparse de un matrimonio sirio que quería jugo de tomate, pero en la cola del avión se concedió unos segundos para mirar otra vez hacia abajo; la isla era pequeña y so-
15 litaria, y el Egeo la rodeaba con un intenso azul que exaltaba la orla[2] de un blanco deslumbrante y como petrificado, que allá abajo sería espuma rompiendo en los arrecifes y en las caletas.[3] Marini vio que las playas desiertas corrían hacia el norte y el oeste, lo demás era la montaña entrando a pique en el mar. Una isla rocosa y desierta, aunque la mancha plomiza cerca de la
20 playa del norte podía ser una casa, quizá un grupo de casas primitivas. Empezó a abrir la lata de jugo, y al enderezarse la isla se borró de la ventanilla; no quedó más que el mar, un verde horizonte interminable. Miró su reloj pulsera sin saber por qué; era exactamente mediodía.

A Marini le gustó que lo hubieran destinado a la línea Roma-Teherán,
25 porque el pasaje era menos lúgubre que en las líneas del norte y las muchachas parecían siempre felices de ir al Oriente o de conocer Italia. Cuatro días después, mientras ayudaba a un niño que había perdido la cuchara y mostraba desconsolado el plato del postre, descubrió otra vez el borde de la isla. Había una diferencia de ocho minutos pero cuando se inclinó sobre una ven-
30 tanilla de la cola no le quedaron dudas; la isla tenía una forma inconfundible, como una tortuga que sacara apenas las patas del agua. La miró hasta que lo llamaron, esta vez con la seguridad de que la mancha plomiza era un grupo de casas; alcanzó a distinguir el dibujo de unos pocos campos cultivados que llegaban hasta la playa. Durante la escala de Beirut miró el atlas de la
35 stewardess, y se preguntó si la isla no sería Horos. El radiotelegrafista, un francés indiferente, se sorprendió de su interés. "Todas estas islas se parecen, hace dos años que hago la línea y me importan muy poco. Sí, muéstremela la próxima vez." No era Horos sino Xiros, una de las muchas islas al margen de los circuitos turísticos. "No durará ni cinco años", le dijo la stewardess mien-
40 tras bebían una copa en Roma. "Apúrate si piensas ir, las hordas estarán allí en cualquier momento, Gengis Cook vela". Pero Marini siguió pensando en la isla, mirándola cuando se acordaba o había una ventanilla cerca, casi siempre encogiéndose de hombros al final. Nada de esto tenía sentido, volar tres veces por semana a mediodía sobre Xiros era tan irreal como soñar tres
45 veces por semana que volaba a mediodía sobre Xiros. Todo estaba falseado en

2. Adorno puesto en torno de una figura o retrato.

3. Pequeñas bahías, ángulos entrantes que forma la costa.

la visión inútil y recurrente; salvo, quizá, el deseo de repetirla, la consulta al reloj pulsera antes de mediodía, el breve, punzante contacto con la deslumbradora franja blanca al borde de un azul casi negro, y las casas donde los pescadores alzarían apenas los ojos para seguir el paso de esa otra irrealidad.

50 Ocho o nueve semanas después, cuando le propusieron la línea de Nueva York con todas sus ventajas, Marini se dijo que era la oportunidad de acabar con esa manía inocente y fastidiosa. Tenía en el bolsillo el libro donde un vago geógrafo de nombre levantino daba sobre Xiros más detalles que los

55 habituales en las guías. Contestó negativamente, oyéndose como desde lejos, y después de sortear la sorpresa escandalizada de un jefe y dos secretarias se fue a comer a la cantina de la compañía donde lo esperaba Carla. La desconcertada decepción de Carla no lo inquietó; la costa sur de Xiros era inhabitable pero hacia el oeste quedaban huellas de una colonia lidia[4] o quizá creto-

60 micénica,[5] y el profesor Goldmann había encontrado dos piedras talladas con jeroglíficos que los pescadores empleaban como pilotes del pequeño muelle. A Carla le dolía la cabeza y se marchó casi en seguida; los pulpos eran el recurso principal del puñado de habitantes, cada cinco días llegaba un barco para cargar la pesca y dejar algunas provisiones y géneros. En la agencia de

65 viajes le dijeron que habría que fletar un barco especial desde Rynos, o quizá se pudiera viajar en la falúa[6] que recogía los pulpos, pero esto último sólo lo sabría Marini en Rynos donde la agencia no tenía corresponsal. De todas maneras la idea de pasar unos días en la isla no era más que un plan para las vacaciones de junio; en las semanas que siguieron hubo que reemplazar a

70 White en la línea de Túnez, y después empezó una huelga y Carla se volvió a casa de sus hermanas en Palermo. Marini fue a vivir a un hotel cerca de Piazza Navona, donde había librerías de viejo; se entretenía sin muchas ganas en buscar libros sobre Grecia, hojeaba a ratos un manual de conversación. Le hizo gracia la palabra *kalimera*[7] y la ensayó en un cabaret con una chica peli-

75 rroja, se acostó con ella, supo de su abuelo en Odos y de unos dolores de garganta inexplicables. En Roma empezó a llover, en Beirut lo esperaba siempre Tania, había otras historias, siempre parientes o dolores; un día fue otra vez la línea de Teherán, la isla a mediodía. Marini se quedó tanto tiempo pegado a la ventanilla que la nueva stewardess lo trató de mal compañero y le hizo

80 la cuenta de las bandejas que llevaba servidas. Esa noche Marini invitó a la stewardess a comer en el Firouz y no le costó que le perdonaran la distrac-

---

4. Perteneciente a Lidia, antiguo reino del centro del Asia Menor (siglos VII–VI a. de C.) que prosperó notablemente durante el reinado de Creso (560–46 a. de C.).

5. Correspondiente al período histórico que precedió a la antigua Grecia (siglos XV–XIII a. de C.) en el cual la civilización se extendió desde la isla de Creta hasta la ciudad de Mi-

cenas. Esta es la época heroica descrita por Homero.

6. Embarcación menor destinada al uso de los jefes de marina y algunas autoridades de los puertos.

7. Saludo que en griego significa "Buenos días".

ción de la mañana. Lucía le aconsejó que se hiciera cortar el pelo a la americana; él le habló un rato de Xiros, pero después comprendió que ella prefería
el vodka-lime del Hilton. El tiempo se iba en cosas así, en infinitas bandejas
85 de comida, cada una con la sonrisa a la que tenía derecho el pasajero. En los
viajes de vuelta el avión sobrevolaba Xiros a las ocho de la mañana; el sol
daba contra las ventanillas de babor y dejaba apenas entrever la tortuga dorada; Marini prefería esperar los mediodías del vuelo de ida, sabiendo que entonces podía quedarse un largo minuto contra la ventanilla mientras Lucía (y
90 después Felisa) se ocupaba un poco irónicamente del trabajo. Una vez sacó
una foto de Xiros pero le salió borrosa; ya sabía algunas cosas de la isla, había
subrayado las raras menciones en un par de libros. Felisa le contó que los pilotos lo llamaban el loco de la isla, y no le molestó. Carla acababa de
escribirle que había decidido no tener el niño, y Marini le envió dos sueldos
95 y pensó que el resto no le alcanzaría para las vacaciones. Carla aceptó el
dinero y le hizo saber por una amiga que probablemente se casaría con el
dentista de Treviso. Todo tenía tan poca importancia a mediodía, los lunes y
los jueves y los sábados (dos veces por mes, el domingo).
    Con el tiempo fue dándose cuenta de que Felisa era la única que lo com-
100 prendía un poco; había un acuerdo tácito para que ella se ocupara del pasaje
a mediodía, apenas él se instalaba junto a la ventanilla de la cola. La isla era
visible unos pocos minutos, pero el aire estaba siempre tan limpio y el mar
la recortaba con una crueldad tan minuciosa que los más pequeños detalles
se iban ajustando implacables al recuerdo del pasaje anterior: la mancha
105 verde del promontorio del norte, las casas plomizas, las redes secándose en
la arena. Cuando faltaban las redes Marini lo sentía como un empobreci-
miento, casi un insulto. Pensó en filmar el paso de la isla, para repetir la
imagen en el hotel, pero prefirió ahorrar el dinero de la cámara ya que
apenas le faltaba un mes para las vacaciones. No llevaba demasiado la cuenta
110 de los días; a veces era Tania en Beirut, a veces Felisa en Teherán, casi siempre
su hermano menor en Roma, todo un poco borroso, amablemente fácil y cordial y como reemplazando otra cosa, llenando las horas antes o después del
vuelo, y en el vuelo todo era también borroso y fácil y estúpido hasta la hora
de ir a inclinarse sobre la ventanilla de la cola, sentir el frío cristal como un
115 límite del acuario donde lentamente se movía la tortuga dorada en el espeso
azul.
    Ese día las redes se dibujaban precisas en la arena, y Marini hubiera ju-
rado que el punto negro a la izquierda, al borde del mar, era un pescador que
debía estar mirando el avión. "Kalimera", pensó absurdamente. Ya no tenía
120 sentido esperar más, Mario Merolis le prestaría el dinero que le faltaba para
el viaje, en menos de tres días estaría en Xiros. Con los labios pegados al vidrio, sonrió pensando que treparía hasta la mancha verde, que entraría desnudo en el mar de las caletas del norte, que pescaría pulpos con los hombres,
entendiéndose por señas y por risas. Nada era difícil una vez decidido, un
125 tren nocturno, un primer barco, otro barco viejo y sucio, la escala en Rynos,

a la isla

la negociación interminable con el capitán de la falúa, la noche en el puente, pegado a las estrellas, el sabor del anís y del carnero, el amanecer entre las islas. Desembarcó con las primeras luces, y el capitán lo presentó a un viejo que debía de ser el patriarca. Klaios le tomó la mano izquierda y le habló len-
130 tamente, mirándolo en los ojos. Vinieron dos muchachos y Marini entendió que eran los hijos de Klaios. El capitán de la falúa agotaba su inglés: veinte habitantes, pulpos, pesca, cinco casas, italiano visitante pagaría alojamiento Klaios. Los muchachos rieron cuando Klaios discutió dracmas;[8] también Marini, ya amigo de los más jóvenes, mirando salir el sol sobre un mar menos os-
135 curo que desde el aire, una habitación pobre y limpia, un jarro de agua, olor a salvia[9] y a piel curtida.

Lo dejaron solo para irse a cargar la falúa, y después de quitarse a manotazos la ropa de viaje y ponerse un pantalón de baño y unas sandalias, echó a andar por la isla. Aún no se veía a nadie, el sol cobraba lentamente impulso
140 y de los matorrales crecía un olor sutil, un poco ácido, mezclado con el yodo del viento. Debían ser las diez cuando llegó al promontorio del norte y reconoció la mayor de las caletas. Prefería estar solo, aunque le hubiera gustado más bañarse en la playa de arena; la isla lo invadía y lo gozaba con una tal intimidad que no era capaz de pensar o de elegir. La piel le quemaba de sol y de
145 viento cuando se desnudó para tirarse al mar desde una roca; el agua estaba fría y le hizo bien, se dejó llevar por corrientes insidiosas hasta la entrada de una gruta, volvió más afuera, se abandonó de espaldas, lo aceptó todo en un solo acto de conciliación que era también un nombre para el futuro. Supo sin la menor duda que no se iría de la isla, que de alguna manera iba a quedarse
150 para siempre en la isla. Alcanzó a imaginar a su hermano, a Felisa, sus caras cuando supieran que se había quedado a vivir de la pesca en un peñón solitario. Ya los había olvidado cuando giró sobre sí mismo para nadar hacia la orilla.

El sol lo secó en seguida, bajó hacia las casas donde dos mujeres lo mi-
155 raron asombradas antes de correr a encerrarse. Hizo un saludo en el vacío y bajó hacia las redes. Uno de los hijos de Klaios lo esperaba en la playa, y Marini le señaló el mar, invitándolo. El muchacho vaciló, mostrando sus pantalones de tela y su camisa roja. Después fue corriendo hacia una de las casas, y volvió casi desnudo; se tiraron juntos a un mar ya tibio, deslumbrante bajo
160 el sol de las once.

Secándose en la arena, Ionas empezó a nombrar las cosas. "Kalimera", dijo Marini, y el muchacho rió hasta doblarse en dos. Después Marini repitió las frases nuevas, enseñó palabras italianas a Ionas. Casi en el horizonte, la falúa se iba empequeñeciendo; Marini sintió que ahora estaba realmente solo
165 en la isla con Klaios y los suyos. Dejaría pasar unos días, pagaría su habitación

---

8. Nombre dado a la moneda griega.
9. Planta de hojas lanceoladas y flores gran-   des, violáceas. Con sus hojas se prepara una infusión que tiene propiedades medicinales.

ser parte de la isla

y aprendería a pescar; alguna tarde, cuando ya lo conocieran bien, les hablaría de quedarse y de trabajar con ellos. Levantándose, tendió la mano a Ionas y echó a andar lentamente hacia la colina. La cuesta era escarpada y trepó saboreando cada alto, volviéndose una y otra vez para mirar las redes
170 en la playa, las siluetas de las mujeres que hablaban animadamente con Ionas y con Klaios y lo miraban de reojo, riendo. Cuando llegó a la mancha verde entró en un mundo donde el olor del tomillo[10] y de la salvia era una misma materia con el fuego del sol y la brisa del mar. Marini miró su reloj pulsera y después, con un gesto de impaciencia, lo arrancó de la muñeca y lo guardó
175 en el bolsillo del pantalón de baño. No sería fácil matar al hombre viejo, pero allí en lo alto, tenso de sol y de espacio, sintió que la empresa era posible. Estaba en Xiros, estaba allí donde tantas veces había dudado que pudiera llegar alguna vez. Se dejó caer de espaldas entre las piedras calientes, resistió sus aristas y sus lomos encendidos, y miró verticalmente el cielo; lejanamente le
180 llegó el zumbido de un motor.

Cerrando los ojos se dijo que no miraría el avión, que no se dejaría contaminar por lo peor de sí mismo que una vez más iba a pasar sobre la isla. Pero en la penumbra de los párpados imaginó a Felisa con las bandejas, en ese mismo instante distribuyendo las bandejas, y su reemplazante, tal vez Gior-
185 gio o alguno nuevo de otra línea, alguien que también estaría sonriendo mientras alcanzaba las botellas de vino o el café. Incapaz de luchar contra tanto pasado abrió los ojos y se enderezó, y en el mismo momento vio el ala derecha del avión, casi sobre su cabeza, inclinándose inexplicablemente, el cambio de sonido de las turbinas, la caída casi vertical sobre el mar. Bajó a
190 toda carrera por la colina, golpeándose en las rocas y desgarrándose un brazo entre las espinas. La isla le ocultaba el lugar de la caída, pero torció antes de llegar a la playa y por un atajo previsible franqueó la primera estribación de la colina y salió a la playa más pequeña. La cola del avión se hundía a unos cien metros, en un silencio total. Marini tomó impulso y se lanzó al
195 agua, esperando todavía que el avión volviera a flotar; pero no se veía más que la blanda línea de las olas, una caja de cartón oscilando absurdamente cerca del lugar de la caída, y casi al final, cuando ya no tenía sentido seguir nadando, una mano fuera del agua, apenas un instante, el tiempo para que Marini cambiara de rumbo y se zambullera hasta atrapar por el pelo al hom-
200 bre que luchó por aferrarse a él y tragó roncamente el aire que Marini le dejaba respirar sin acercarse demasiado. Remolcándolo poco a poco lo trajo hasta la orilla, tomó en brazos el cuerpo vestido de blanco, y tendiéndolo en la arena miró la cara llena de espuma donde la muerte estaba ya instalada, sangrando por una enorme herida en la garganta. De qué podía servir la res-
205 piración artificial si con cada convulsión la herida parecía abrirse un poco más y era como una boca repugnante que llamaba a Marini, lo arrancaba a su pequeña felicidad de tan pocas horas en la isla, le gritaba entre borbotones

---

10. Planta muy olorosa, de flores pequeñas,
blancas o rosadas, agrupadas en cima.

algo que él ya no era capaz de oír. A toda carrera venían los hijos de Klaios y más atrás las mujeres. Cuando llegó Klaios, los muchachos rodeaban el
210 cuerpo tendido en la arena, sin comprender cómo había tenido fuerzas para nadar a la orilla y arrastrarse desangrándose hasta ahí. "Ciérrale los ojos", pidió llorando una de las mujeres. Klaios miró hacia el mar, buscando algún otro sobreviviente. Pero como siempre estaban solos en la isla, y el cadáver de ojos abiertos era lo único nuevo entre ellos y el mar.

Preguntas

1. ¿Qué sentimientos experimenta Marini como consecuencia de su trabajo? ¿De qué modo cambia su sentido de la realidad?
2. ¿De qué modo están presentados los personajes femeninos?
3. ¿Cómo cree Ud. que llegó Marini a la isla?
4. ¿Cómo prepara el texto al lector para que acepte el desenlace? ¿Qué aspectos de la "nueva narrativa" ejemplifica el cuento?

OCTAVIO PAZ

(1914, Ciudad de México)

_____

_____

_____

_____

_____

_____

Poeta y ensayista, Octavio Paz es una figura cimera de las letras hispánicas. Dedicado a la poesía desde los 14 años, sus lecturas independientes lo introdujeron al estudio de las lenguas clásicas y modernas y de la literatura universal. Aunque asistió a clases en las escuelas de Artes y Letras y de Leyes de la Universidad Nacional Autónoma de México, no obtuvo título académico. Su excepcional cultura es el resultado de un riguroso y disciplinado esfuerzo propio de investigación, tanto en los campos de la literatura y el arte, como en los de la antropología y la filosofía occidental y oriental. Paz publicó su primer poemario, *Luna silvestre* en 1933. En 1937 viajó a España para asistir al Segundo Congreso Internacional de Escritores para la Defensa de la Cultura que tuvo lugar en plena guerra civil. Allí conoció a importantes escritores españoles (Cernuda, Alberti, Altolaguirre, Antonio Machado) e hispanoamericanos (Neruda, Huidobro, Vallejo, Carpentier). Carpentier le proporcionó meses más tarde, en París, sus primeros contactos con el ambiente surrealista. De regreso en México, Paz participó en la fundación y dirección de las revistas *Taller* (1938) y *El hijo pródigo* (1943), en las que colaboraron muchos escritores refugiados de la guerra civil española y donde aparecieron por primera vez en español *Une saison en enfer* de Rimbaud y *Poésies* de Lautréamont.

En 1946 Paz entró en el servicio de relaciones exteriores de su país y, con excepción de los años 1953–59 que pasó en México, ocupó distintos cargos diplomáticos en los Estados Unidos, Francia, Japón, Suiza e India. En este último país fue embajador desde 1962 hasta 1968, año en que renunció al puesto y abandonó la carrera diplomática como acto de protesta contra su gobierno por la masacre de estudiantes en la Plaza de Tlatelolco. A esta decisión siguieron dos años en París (1968–70), el regreso a México en 1971 y breves períodos de enseñanza en las universidades de Cambridge, Pittsburgh y Texas. Paz, como ya lo había hecho Henríquez Ureña, ocupó la prestigiosa cátedra Charles Eliot Norton de Harvard University (1971–72) y fue profesor de literatura comparada en la misma universidad, donde enseñó un semestre por año hasta 1980. Durante este período fue también director del suplemento literario *Plural*, publicación que abandonó por razones políticas, y luego fundó otra revista, *Vuelta*, altamente considerada en el ámbito hispánico.

Paz ha escrito una vasta obra poética y ensayística. Sus ensayos reflejan lucidez e insobornable independencia intelectual en el tratamiento de una rica y variada temática: análisis del carácter mexicano en *El laberinto de la soledad* (1950, 2a ed. revisada y ampliada, 1959); teoría literaria en *El arco y la lira* (1956, 2a ed. revisada y ampliada, 1967) y *Corriente alterna* (1967); estudios de crítica literaria en *Las peras del olmo* (1957), *Cuadrivio* (1965), *Puertas al campo* (1966) y *Los hijos del limo* (1974); puntos de vista antropológicos y filosóficos en *Claude Lévi-Strauss o El nuevo festín de Esopo* (1967) y en *Conjunciones y disyunciones* (1969); el arte surrealista en *Marcel Duchamp o El castillo de la pureza* (1968), corregido y ampliado luego en *Apariencia desnuda. La obra de Marcel Duchamp* (1978); reflexiones sobre el signo y la escritura en *El signo y el garabato* (1973) y *El mono gramático* (1974); nuevos aportes al estudio de sor Juana en *Sor Juana Inés de la Cruz o Las trampas de la fe* (1982) y temas político-sociales en *El ogro filantrópico* (1979) y *Tiempo nublado* (1983).

De su producción poética, las colecciones más importantes son: *Libertad bajo palabra: obra poética, 1935–1957* (1960), la cual incluye los poemas de *La estación violenta* (1958), entre ellos "Himno entre ruinas" y "Piedra de sol", donde el tiempo y los mitos aztecas se fusionan con los mitos de Occidente en una búsqueda personal del sentido de la vida y de la propia identidad; *Salamandra, 1958–1961* (1962), *Ladera este, 1962-1968* (1969), donde se encuentra "Blanco", complejo e innovador poema cuyas imágenes mentales convocadas por la palabra se visualizan sobre el espacio de la página; *La centena. Poemas: 1935–1968* (1969), *Pasado en claro* (1975) y *Vuelta* (1976). Según Paz, el significado de la poesía es cambiante y momentáneo; "brota del encuentro entre el poema y el lector". Del mismo modo que los autores de la nueva narrativa, el poeta concibe al lector como un partícipe de la creación literaria cuya interpretación hace surgir significados inherentes al poema.

En "Himno entre ruinas" el título, las referencias a la estatua y a las columnas, el epígrafe de Góngora, así como el lugar y la fecha de escritura (Nápoles, 1948), indican una relación entre las "ruinas" y la historia romana. Este poema no invoca, sin embargo, las glorias del pasado a la manera de Neruda en "Alturas de Macchu Picchu", sino que presenta, alternativamente, la percepción extática de dos momentos en los que se condensan visiones y sentimientos opuestos. Tres de las siete estrofas que componen el poema (1, 3, 5) evocan el gozo de la belleza, la luz radiante y la vitalidad de las imágenes paradisíacas del mundo clásico, en oposición a tres estrofas (2, 4, 6) que presentan como degradado y caduco el mundo contemporáneo. En la séptima estrofa se alcanza la reconciliación de "las dos mitades enemigas" con la afirmación de la voluntad creadora del ser humano. Esta se encarna en las palabras "que son flores que son frutos que son actos", los que a su vez serán nuevas palabras y nuevos himnos en incesante y expansiva circularidad.

Bibliografía mínima

Chiles, Frances. *Octavio Paz. The Mythic Dimension.* New York: Peter Lang, 1987.
Fein, John M. *Toward Octavio Paz. A Reading of His Major Poems. 1957–1976.* Lexington, Ky.: UP of Kentucky, 1986.
Flores, Angel, ed. *Aproximaciones a Octavio Paz.* México: Joaquín Mortiz, 1974.
Homenaje a Octavio Paz. Revista Iberoamericana 37 (1971).
Ivask, Ivar, ed. *The Perpetual Present. The Poetry and Prose of Octavio Paz.* Norman: U of Oklahoma P, 1973.
Roggiano, Alfredo A., ed. *Octavio Paz.* Madrid: Fundamentos, 1979.
Sucre, Guillermo. *La máscara, la transparencia.* Caracas: Monte Avila, 1975.
Xirau, Ramón. *Octavio Paz: el sentido de la palabra.* México: Joaquín Mortiz, 1970.

EL LABERINTO DE LA SOLEDAD (1959)

II

Máscaras mexicanas

Corazón apasionado
disimula tu tristeza.
  Canción popular

Viejo o adolescente, criollo o mestizo, general, obrero o licenciado, el mexicano se me aparece como un ser que se encierra y se preserva: máscara el rostro y máscara la sonrisa. Plantado en su arisca soledad, espinoso y cortés a un tiempo, todo le sirve para defenderse: el silencio y la palabra, la cor-
5 tesía y el desprecio, la ironía y la resignación. Tan celoso de su intimidad como de la ajena, ni siquiera se atreve a rozar con los ojos al vecino: una mirada puede desencadenar la cólera de esas almas cargadas de electricidad. Atraviesa la vida como desollado; todo puede herirle, palabras y sospecha de palabras. Su lenguaje está lleno de reticencias, de figuras y alusiones, de pun-
10 tos suspensivos; en su silencio hay repliegues, matices, nubarrones, arcoíris súbitos, amenazas indescifrables. Aun en la disputa prefiere la expresión velada a la injuria: "al buen entendedor pocas palabras". En suma, entre la realidad y su persona establece una muralla, no por invisible menos infranqueable, de impasibilidad y lejanía. El mexicano siempre está lejos,
15 lejos del mundo y de los demás. Lejos, también de sí mismo.
El lenguaje popular refleja hasta qué punto nos defendemos del exterior: el ideal de la "hombría" consiste en no "rajarse" nunca. Los que se "abren" son cobardes. Para nosotros, contrariamente a lo que ocurre con otros pueblos, abrirse es una debilidad o una traición. El mexicano puede do-

20 blarse, humillarse, "agacharse", pero no "rajarse", esto es, permitir que el mundo exterior penetre en su intimidad. El "rajado" es de poco fiar, un traidor o un hombre de dudosa fidelidad, que cuenta los secretos y es incapaz de afrontar los peligros como se debe. Las mujeres son seres inferiores porque, al entregarse, se abren. Su inferioridad es constitucional y radica en su sexo,

25 en su "rajada", herida que jamás cicatriza.

El hermetismo es un recurso de nuestro recelo y desconfianza. Muestra que instintivamente consideramos peligroso al medio que nos rodea. Esta reacción se justifica si se piensa en lo que ha sido nuestra historia y en el carácter de la sociedad que hemos creado. La dureza y hostilidad del ambien-

30 te—y esa amenaza, escondida e indefinible, que siempre flota en el aire— nos obligan a cerrarnos al exterior, como esas plantas de la meseta que acumulan sus jugos tras una cáscara espinosa. Pero esta conducta, legítima en su origen, se ha convertido en un mecanismo que funciona solo, automáticamente. Ante la simpatía y la dulzura nuestra respuesta es la reserva, pues no

35 sabemos si esos sentimientos son verdaderos o simulados. Y además, nuestra integridad masculina corre tanto peligro ante la benevolencia como ante la hostilidad. Toda abertura de nuestro ser entraña una dimisión de nuestra hombría.

Nuestras relaciones con los otros hombres también están teñidas de re-

40 celo. Cada vez que el mexicano se confía a un amigo o a un conocido, cada vez que se "abre", abdica. Y teme que el desprecio del confidente siga a su entrega. Por eso la confidencia deshonra y es tan peligrosa para el que la hace como para el que la escucha; no nos ahogamos en la fuente que nos refleja, como Narciso, sino que la cegamos. Nuestra cólera no se nutre nada más del

45 temor de ser utilizados por nuestros confidentes—temor general a todos los hombres— sino de la vergüenza de haber renunciado a nuestra soledad. El que se confía, se enajena; "me he vendido con Fulano", decimos cuando nos confiamos a alguien que no lo merece. Esto es, nos hemos "rajado", alguien ha penetrado en el castillo fuerte. La distancia entre hombre y hombre, crea-

50 dora del mutuo respeto y la mutua seguridad, ha desaparecido. No solamente estamos a merced del intruso, sino que hemos abdicado.

Todas estas expresiones revelan que el mexicano considera la vida como lucha, concepción que no lo distingue del resto de los hombres modernos. El ideal de hombría para otros pueblos consiste en una abierta y agresiva

55 disposición al combate; nosotros acentuamos el carácter defensivo, listos a repeler el ataque. El "macho" es un ser hermético, encerrado en sí mismo, capaz de guardarse y guardar lo que se le confía. La hombría se mide por la invulnerabilidad ante las armas enemigas o ante los impactos del mundo exterior. El estoicismo es la más alta de nuestras virtudes guerreras y políticas.

60 Nuestra historia está llena de frases y episodios que revelan la indiferencia de nuestros héroes ante el dolor o el peligro. Desde niños nos enseñan a sufrir con dignidad las derrotas, concepción que no carece de grandeza. Y si no

todos somos estoicos e impasibles—como Juárez[1] y Cuauhtémoc[2]—al menos
procuramos ser resignados, pacientes y sufridos. La resignación es una de
65 nuestras virtudes populares. Más que el brillo de la victoria nos conmueve la
entereza ante la adversidad.

La preeminencia de lo cerrado frente a lo abierto no se manifiesta sólo
como impasibilidad y desconfianza, ironía y recelo, sino como amor a la
Forma. Esta contiene y encierra a la intimidad, impide sus excesos, reprime
70 sus explosiones, la separa y aísla, la preserva. La doble influencia indígena y
española se conjugan en nuestra predilección por la ceremonia, las fórmulas
y el orden. El mexicano, contra lo que supone una superficial interpretación
de nuestra historia, aspira a crear un mundo ordenado conforme a principios
claros. La agitación y encono de nuestras luchas políticas prueba hasta qué
75 punto las nociones jurídicas juegan un papel importante en nuestra vida pública. Y en la de todos los días el mexicano es un hombre que se esfuerza por
ser formal y que muy fácilmente se convierte en un formulista. Y es explica-
ble. El orden—jurídico, social, religioso o artístico—constituye una esfera
segura y estable. En su ámbito basta con ajustarse a los modelos y principios
80 que regulan la vida; nadie, para manifestarse, necesita recurrir a la continua
invención que exige una sociedad libre. Quizá nuestro tradicionalismo—que
es una de las constantes de nuestro ser y lo que da coherencia y antigüedad
a nuestro pueblo—parte del amor que profesamos a la Forma.

Las complicaciones rituales de la cortesía, la persistencia del hu-
85 manismo clásico, el gusto por las formas cerradas en la poesía (el soneto y la
décima, por ejemplo), nuestro amor por la geometría en las artes decorativas, por el dibujo y la composición en la pintura, la pobreza de nuestro Romanticismo frente a la excelencia de nuestro arte barroco, el formalismo de
nuestras instituciones políticas y, en fin, la peligrosa inclinación que
90 mostramos por las fórmulas—sociales, morales y burocráticas—, son otras
tantas expresiones de esta tendencia de nuestro carácter. El mexicano no
sólo no se abre; tampoco se derrama.

A veces las formas nos ahogan. Durante el siglo pasado los liberales
vanamente intentaron someter la realidad del país a la camisa de fuerza de la
95 Constitución de 1857. Los resultados fueron la Dictadura de Porfirio Díaz y
la Revolución de 1910. En cierto sentido la historia de México, como la de
cada mexicano, consiste en una lucha contra las formas y fórmulas en que se
pretende encerrar a nuestro ser y las explosiones con que nuestra espon-

1. Benito Juárez (1806–72): abogado, legis-
lador y gobernador de Oaxaca, de origen za-
poteca, fue elegido presidente de México en
1861. Promulgó las llamadas Leyes de Reforma, las cuales limitaban el poder y los privilegios de la Iglesia. En 1867, Juárez derrotó
e hizo ejecutar al emperador Maximiliano de
Habsburgo, impuesto en México por Francia.

Ejerció la presidencia desde esa fecha hasta
su muerte.

2. Cuauhtémoc (1495–1525): último emperador azteca, luchó contra el conquistador
Hernán Cortés y fue derrotado por éste. Por
su valentía y por su estoicismo frente a la
muerte se lo honra como héroe de la nación
mexicana.

taneidad se venga. Pocas veces la Forma ha sido una creación original, un
100 equilibrio alcanzado no a expensas sino gracias a la expresión de nuestros
instintos y quereres. Nuestras formas jurídicas y morales, por el contrario,
mutilan con frecuencia a nuestro ser, nos impiden expresarnos y niegan satisfacción a nuestros apetitos vitales.

La preferencia por la Forma, inclusive vacía de contenido, se manifiesta
105 a lo largo de la historia de nuestro arte, desde la época precortesiana hasta
nuestros días. Antonio Castro Leal,[3] en su excelente estudio sobre Juan Ruiz
de Alarcón,[4] muestra cómo la reserva frente al romanticismo—que es, por
definición, expansivo y abierto—se expresa ya en el siglo XVII, esto es, antes
de que siquiera tuviésemos conciencia de nacionalidad. Tenían razón los con-
110 temporáneos de Juan Ruiz de Alarcón al acusarlo de entrometido, aunque
más bien hablasen de la deformidad de su cuerpo que de la singularidad de
su obra. En efecto, la porción más característica de su teatro niega al de sus
contemporáneos españoles. Y su negación contiene, en cifra, la que México
ha opuesto siempre a España. El teatro de Alarcón es una respuesta a la vitali-
115 dad española, afirmativa y deslumbrante en esa época, y que se expresa a través de un gran Sí a la historia y a las pasiones. Lope[5] exalta el amor, lo heroico, lo sobrehumano, lo increíble; Alarcón opone a estas virtudes
desmesuradas otras más sutiles y burguesas: la dignidad, la cortesía, un estoicismo melancólico; un pudor sonriente. Los problemas morales interesan
120 poco a Lope, que ama la acción, como todos sus contemporáneos. Más tarde
Calderón[6] mostrará el mismo desdén por la psicología; los conflictos morales
y las oscilaciones, caídas y cambios del alma humana sólo son metáforas que
transparentan un drama teológico cuyos dos personajes son el pecado
original y la Gracia divina. En las comedias más representativas de Alarcón,
125 en cambio, el cielo cuenta poco, tan poco como el viento pasional que arre-
bata a los personajes lopescos. El hombre, nos dice el mexicano, es un compuesto, y el mal y el bien se mezclan sutilmente en su alma. En lugar de proceder por síntesis, utiliza el análisis: el héroe se vuelve problema. En varias
comedias se plantea la cuestión de la mentira: ¿hasta qué punto el mentiroso
130 de veras miente, de veras se propone engañar?; ¿no es él la primera víctima de
sus engaños y no es a sí mismo a quien engaña? El mentiroso se miente a sí
mismo: tiene miedo de sí. Al plantearse el problema de la autenticidad,

3. Antonio Castro Leal (1896–1981): ensayista, narrador y diplomático mexicano.
Autor de *Juan Ruiz de Alarcón, su vida y su
obra* (1943).

4. Juan Ruiz de Alarcón (1580–1639): dramaturgo mexicano que realizó toda su obra
en España. Entre sus piezas más importantes
están *Las paredes oyen* (1628), *La verdad
sospechosa* (1630) y *No hay mal que por
bien no venga* (1653).

5. Lope de Vega (1562–1635): máximo dramaturgo del Siglo de Oro español. Creó el género de la "Comedia". Entre su vasta producción para el teatro sobresalen tres obras: *Pe-
ribáñez* (¿1605–08?), *Fuenteovejuna*
(¿1612–14?) y *El caballero de Olmedo*
(¿1620–22?).

6. Calderón de la Barca (1600–81): el último de los grandes clásicos del teatro español. Autor de obras imperecederas como *La
vida es sueño* (1635), *El médico de su
honra* (1637), *El alcalde de Zalamea*
(1638).

Alarcón anticipa uno de los temas constantes de reflexión del mexicano, que más tarde recogerá Rodolfo Usigli[7] en *El gesticulador*.

135   En el mundo de Alarcón no triunfan la pasión ni la Gracia; todo se subordina a lo razonable; sus arquetipos son los de la moral que sonríe y perdona. Al sustituir los valores vitales y románticos de Lope por los abstractos de una moral universal y razonable, ¿no se evade, no nos escamotea su propio ser? Su negación, como la de México, no afirma nuestra singularidad frente

140 a la de los españoles. Los valores que postula Alarcón pertenecen a todos los hombres y son una herencia grecorromana tanto como una profecía de la moral que impondrá el mundo burgués. No expresan nuestra espontaneidad, ni resuelven nuestros conflictos; son Formas que no hemos creado ni sufrido, máscaras. Sólo hasta nuestros días hemos sido capaces de enfrentar al

145 Sí español un Sí mexicano y no una afirmación intelectual, vacía de nuestras particularidades. La Revolución mexicana, al descubrir las artes populares, dio origen a la pintura moderna; al descubrir el lenguaje de los mexicanos, creó la nueva poesía.

    Si en la política y el arte el mexicano aspira a crear mundos cerrados,

150 en la esfera de las relaciones cotidianas procura que imperen el pudor, el recato y la reserva ceremoniosa. El pudor, que nace de la vergüenza ante la desnudez propia o ajena, es un reflejo casi físico entre nosotros. Nada más alejado de esta actitud que el miedo al cuerpo, característico de la vida norteamericana. No nos da miedo ni vergüenza nuestro cuerpo; lo afronta-

155 mos con naturalidad y lo vivimos con cierta plenitud—a la inversa de lo que ocurre con los puritanos. Para nosotros el cuerpo existe; da gravedad y límites a nuestro ser. Lo sufrimos y gozamos; no es un traje que estamos acostumbrados a habitar, ni algo ajeno a nosotros: somos nuestro cuerpo. Pero las miradas extrañas nos sobresaltan, porque el cuerpo no ve la intimidad, sino

160 la descubre. El pudor, así, tiene un carácter defensivo, como la muralla china de la cortesía o las cercas de órganos y cactos que separan en el campo a los jacales de los campesinos. Y por eso la virtud que más estimamos en las mujeres es el recato, como en los hombres la reserva. Ellas también deben defender su intimidad.

---

7. Rodolfo Usigli (1905–80): escritor mexicano, se destacó como dramaturgo y ensayista. Sus principales obras de teatro son: *El gesticulador* (1947), *Corona de sombra* (1947), *Corona de fuego* (1960) y *Corona de luz* (1965).

El pájaro

Un silencio de aire, luz y cielo.
En el silencio transparente
el día reposaba:
la transparencia del espacio
5 era la transparencia del silencio.
La inmóvil luz del cielo sosegaba
el crecimiento de las yerbas.
Los bichos de la tierra, entre las piedras,
bajo una luz idéntica, eran piedras.
10 El tiempo en el minuto se saciaba.
En la quietud absorta
se consumaba el mediodía.

Y un pájaro cantó, delgada flecha.
Pecho de plata herido vibró el cielo,
15 se movieron las hojas,
las yerbas despertaron. . .
Y sentí que la muerte era una flecha
que no se sabe quién dispara
y en un abrir los ojos nos morimos.

Dos cuerpos

Dos cuerpos frente a frente
son a veces dos olas
y la noche es oceáno.

Dos cuerpos frente a frente
5 son a veces dos piedras
y la noche desierto.

Dos cuerpos frente a frente
son a veces raíces
en la noche enlazadas.

10 Dos cuerpos frente a frente
son a veces navajas
y la noche relámpago.

Dos cuerpos frente a frente
son dos astros que caen
15 en un cielo vacío.

Himno entre ruinas

donde espumoso el mar siciliano...   color/tiempo
   Góngora

Coronado de sí el día extiende sus plumas.
   ¡Alto grito amarillo,
caliente surtidor en el centro de un cielo
imparcial y benéfico!
5 Las apariencias son hermosas en ésta su verdad momentánea.
El mar trepa la costa,
se afianza entre las peñas, araña deslumbrante;
la herida cárdena[8] del monte resplandece;
un puñado de cabras es un rebaño de piedras;
10 el sol pone su huevo de oro y se derrama sobre el mar.
Todo es dios.
¡Estatua rota,
columnas comidas por la luz,
ruinas vivas en un mundo de muertos en vida!

15 *Cae la noche sobre Teotihuacán.[9]*
En lo alto de la pirámide los muchachos fuman marihuana,
suenan guitarras roncas. roar?
¿Qué yerba, qué agua de vida ha de darnos la vida,
dónde desenterrar la palabra,
20 *la proporción que rige al himno y al discurso,*
al baile, a la ciudad y a la balanza?
El canto mexicano estalla en un carajo,[10]
estrella de colores que se apaga,
piedra que nos cierra las puertas del contacto.
25 *Sabe la tierra a tierra envejecida.*

Los ojos ven, las manos tocan.
Bastan aquí unas cuantas cosas:
tuna,[11] espinoso planeta coral,
higos encapuchados,
30 uvas con gusto a resurrección,
almejas, virginidades ariscas,
sal, queso, vino, pan solar.
Desde lo alto de su morenía una isleña me mira,
esbelta catedral vestida de luz.

8. Morada, violácea.
9. "Teotihuacán" significa "morada de los dioses". Antiguo centro religioso de la civilización tolteca situado al noreste de la ciudad de México, del cual se han preservado las pirámides al sol y a la luna y templos en ruinas.
10. Expresión de enojo, sorpresa o alegría.
11. Nopal, planta de hojas carnosas con espinas.

35 Torres de sal, contra los pinos verdes de la orilla
surgen las velas blancas de las barcas.
La luz crea templos en el mar.

Nueva York, Londres, Moscú.
La sombra cubre al llano con su yedra fantasma,
40 *con su vacilante vegetación de escalofrío,*
su vello ralo,[12] *su tropel de ratas.*
A trechos[13] *tirita un sol anémico.*
Acodado en montes que ayer fueron ciudades, Polifemo[14] *bosteza.*
Abajo, entre los hoyos, se arrastra un rebaño de hombres.
45 *(Bípedos domésticos, su carne*
—a pesar de recientes interdicciones religiosas—
es muy gustada por las clases ricas.
Hasta hace poco el vulgo los consideraba animales impuros.)

Ver, tocar formas hermosas, diarias.
50 Zumba la luz, dardos y alas.
Huele a sangre la mancha de vino en el mantel.
Como el coral sus ramas en el agua
extiendo mis sentidos en la hora viva:
el instante se cumple en una concordancia amarilla,

55 ¡oh mediodía, espiga henchida de minutos,
copa de eternidad!

Mis pensamientos se bifurcan, serpean,[15] *se enredan,*
recomienzan,
y al fin se inmovilizan, ríos que no desembocan,
60 *delta de sangre bajo un sol sin crepúsculo.*
¿Y todo ha de parar en este chapoteo[16] *de aguas muertas?*

¡Día, redondo día,
luminosa naranja de veinticuatro gajos,[17]
todos atravesados por una misma y amarilla dulzura!
65 La inteligencia al fin encarna,
se reconcilian las dos mitades enemigas
y la conciencia-espejo se licúa,
vuelve a ser fuente, manantial de fábulas:
Hombre, árbol de imágenes,
70 palabras que son flores que son frutos que son actos.

---

12. Espaciado, disperso.
13. A ratos.
14. Uno de los Cíclopes, hijo de Neptuno. Aprisionó a Ulises y a sus compañeros en una caverna donde diariamente devoraba a dos hombres. Ulises le abrasó su único ojo y consiguió liberarse.
15. Serpentean, andan como serpientes.
16. Acción y efecto de chapotear. Batir o agitar el agua.
17. Las divisiones interiores de la naranja.

Preguntas

1. ¿Qué aspectos del carácter mexicano analiza Paz en esta selección de *El laberinto de la soledad?*
2. ¿De qué modo estos rasgos psico-sociales han influido, según el autor, en la historia y en las expresiones de la cultura mexicana?
3. Señale imágenes de movimiento y de inmovilidad en el poema "Los pájaros".
4. ¿Qué experiencia humana describe "Dos cuerpos" y cómo se vale de metáforas para hacerlo?
5. ¿A qué corresponden las dos visiones que se alternan en las estrofas de "Himno entre ruinas"? ¿Cómo difiere el lenguaje de las voces alternantes? ¿Qué pensamientos acerca del tiempo presenta el poema?

JOSE DONOSO

(1924 Santiago, Chile)

_____

_____

_____

_____

_____

_____

Entre los autores representativos de la nueva narrativa José Donoso se distingue como autor de novelas y cuentos de profundidad psicológica, crítica social y gran riqueza imaginativa. De familia perteneciente a la alta burguesía chilena, el futuro escritor estudió en Grange School, un prestigioso colegio inglés de Santiago (1932–42), en la Universidad de Chile (1947–49) y en Princeton University, de donde se graduó en 1951 con una sólida preparación literaria y conocimientos especializados en literatura inglesa. Sin embargo, Donoso buscó desde joven diferentes experiencias, lo cual le hizo interrumpir sus estudios, trabajar como pastor de ovejas en Magallanes, al sur de Chile (1945–46) y, luego de recorrer la Patagonia argentina, ser estibador en el puerto de Buenos Aires (1947).

Donoso publicó en una revista literaria de Princeton University sus primeros cuentos, escritos en inglés: "The Blue Woman" y "The Poisoned Pastries" (1951). En 1952 volvió a Chile, donde enseñó inglés y comenzó a producir su obra narrativa. "China" (1954) fue el primer cuento que escribió en español. Entre sus novelas destacan *Coronación* (1957), *Este domingo* (1966), *El lugar sin límites* (1966), *El obsceno pájaro de la noche* (1970), *Casa de campo* (1978), *El jardín de al lado* (1981) y *La desesperanza* (1986). La recopilación de sus mejores relatos en *Cuentos* (1971), donde se encuentran "El charleston", "Paseo" y "Santelices", corresponde a más de una década de producción en este género. Donoso también ha cultivado la forma de la novela corta, género al que pertenecen las obras incluidas en *Tres novelitas burguesas* (1973) y *Cuatro para Delfina* (1982). En su ensayo *Historia personal del boom* (1972), el autor ha dejado un sincero e interesante testimonio de su evolución como escritor, recreando al mismo tiempo la época de transición literaria de los años 50 y 60 que condujo al florecimiento y expansión de nuevas formas expresivas en todo el continente.

El escritor chileno ha vivido por épocas prolongadas fuera de su país, particularmente en España donde residió desde 1969, primero en Barcelona y luego en Calaceite, Teruel, hasta su reciente regreso a Chile. Ha sido frecuentemente invitado a dar conferencias en universidades de los Estados Unidos. Su obra, traducida al inglés y a otros idiomas, le ha conquistado prestigio internacional.

Donoso describe en sus novelas la decadencia de la familia chilena de clase alta (*Coronación*), la complejidad emocional de las relaciones entre dicha clase y las clases pobres (*Este domingo*) y las pasiones y la violencia que subyacen bajo el orden aparente de la estratificada sociedad burguesa (*El lugar sin límites*). La crítica social surge, no como propósito de la escritura, sino como única lectura posible del mundo presentado. No se trata de novelas que permitan una fácil clasificación o simples interpretaciones. Esto se hace aun más obvio en *El obsceno pájaro de la noche*. Allí el mundo de sus novelas anteriores reaparece transformado en una visión pesadillesca y monstruosa caracterizada por la multiplicidad de las identidades y los puntos de vista de sus personajes, las manifestaciones del inconsciente y la fuerza transformadora del mito y de la magia. *Casa de campo* presenta de un modo alegórico la problemática del poder dictatorial, aludiendo con ella al régimen implantado en Chile desde el golpe militar de 1973. Paradójicamente, el tema aparece más abiertamente en *La desesperanza,* a pesar de ser ésta una novela escrita dentro de las propias circunstancias represivas que el texto describe.

"China" evoca nostálgicamente un momento de la infancia en el que la realidad, vista con los ojos inocentes del niño, es mágicamente transformada. El narrador adulto siente, junto a la pérdida de la imaginación infantil, la incapacidad de rescatar, en forma prístina, una vivencia cubierta por la pátina de los años y las experiencias sucesivas. Aunque el relato es sencillo, comparado con la complejidad psicológica presentada en "Santelices", por ejemplo, "China" es un cuento que despierta la imaginación del lector y que crece con cada nueva lectura.

Bibliografía mínima

Achugar, Hugo. *Ideología y estructuras narrativas en José Donoso.* Caracas: Centro de Estudios Latinoamericanos Rómulo Gallegos, 1979.

Cornejo Polar, Antonio, ed. *José Donoso: la destrucción de un mundo.* Buenos Aires: García Cambeiro, 1975.

Gutiérrez Mouat, Ricardo. *José Donoso: impostura e impostación. La modelización lúdica y carnavalesca de una producción literaria.* Gaithersburg, Maryland: Hispamérica, 1983.

McMurray, George R. *José Donoso.* Boston: Twayne, 1979.

Quinteros, Isis. *José Donoso: una insurrección contra la realidad.* Madrid: Hispanova, 1978.

Rodríguez Monegal, Emir. *Narradores de esta América,* Vol. 2. Buenos Aires: Alfa, 1974. 2 vols. 226–46.

Solotorevsky, Myrna. *José Donoso. Incursiones en su producción novelesca.* Valparaíso: Ediciones Universitarias, 1983.

Vidal, Hernán. *José Donoso: surrealismo y rebelión de los instintos.* Barcelona: Aubí, 1972.

China

Por un lado el muro gris de la Universidad. Enfrente, la agitación malo-
liente de las cocinerías¹ alterna con la tranquilidad de las tiendas de libros de
segunda mano y con el bullicio de los establecimientos donde hombres sudo-
rosos horman² y planchan, entre estallidos de vapor. Más allá, hacia el fin de
5 la primera cuadra, las casas retroceden y la acera se ensancha. Al caer la noche, es la parte más agitada de la calle. Todo un mundo se arremolina³ en
torno a los puestos de fruta. Las naranjas de tez áspera y las verdes manzanas
pulidas y duras como el esmalte, cambian de color bajo los letreros de neón,
rojos y azules. Abismos de oscuridad o de luz caen entre los rostros que se
10 aglomeran alrededor del charlatán vociferante, engalanado con una serpiente viva. En invierno, raídas,⁴ bufandas escarlatas embozan⁵ los rostros, re-
velando sólo el brillo torvo⁶ o confiado, perspicaz o bovino, que en los ojos
señala a cada ser distinto. Uno que otro tranvía avanza por la angosta calzada,
agitando todo con su estruendosa senectud⁷ mecánica. En un balcón de
15 segundo piso aparece una mujer gruesa envuelta en un batón listado. Sopla
sobre un brasero, y las chispas vuelan como la cola de un cometa. Por unos
instantes, el rostro de la mujer es claro y caliente y absorto.

Como todas las calles, ésta también es pública. Para mí, sin embargo,
no siempre lo fue. Por largos años mantuve el convencimiento de que yo era
20 el único ser extraño que tenía derecho a aventurarse entre las luces y sus
sombras.

Cuando pequeño, vivía yo en una calle cercana, pero de muy distinto
sello. Allí los tilos,⁸ los faroles dobles, de forma caprichosa, la calzada poco
concurrida y las fachadas⁹ serias hablaban de un mundo enteramente dis-
25 tinto. Una tarde, sin embargo, acompañé a mi madre a la otra calle. Se trataba
de encontrar unos cubiertos. Sospechábamos que una empleada los había
sustraído, para llevarlos luego a cierta casa de empeños allí situada. Era
invierno y había llovido. Al fondo de las bocacalles se divisaban restos de luz
acuosa, y sobre unos techos cerníanse aún las nubes en vagos manchones
30 parduscos. La calzada estaba húmeda, y las cabelleras de las mujeres se
apegaban, lacias,¹⁰ a sus mejillas. Oscurecía.

Al entrar por la calle, un tranvía vino sobre nosotros con estrépito. Bus-
qué refugio cerca de mi madre, junto a una vitrina llena de hojas de música.

---

1. Sitios donde se sirve comida barata.
2. Ahorman, ajustan a un molde.
3. Se amontona desordenadamente.
4. Gastadas.
5. Ocultan.
6. Fiero, airado.

7. Vejez.
8. Arboles de flores blanquecinas, olorosas y medicinales.
9. El frente de los edificios.
10. Dícese del cabello que cae sin formar ondas ni rizos.

En una de ellas, dentro de un óvalo, una muchachita rubia sonreía. Le pedí a
35 mi madre que me comprara esa hoja, pero no prestó atención y seguimos camino. Yo llevaba los ojos muy abiertos. Hubiera querido no solamente mirar
todos los rostros que pasaban junto a mí, sino tocarlos, olerlos, tan maravillo-
samente distintos me parecían. Muchas personas llevaban paquetes, bolsas,
canastos y toda suerte de objetos seductores y misteriosos. En la aglomera-
40 ción, un obrero cargado de un colchón desarregló el sombrero de mi madre.
Ella rió, diciendo:
    —¡Por Dios, esto es como en la China!
    Seguimos calle abajo. Era difícil eludir los charcos[11] en la acera resque-
brajada. Al pasar frente a una cocinería, descubrí que su olor mezclado al
45 olor del impermeable de mi madre era grato. Se me antojaba poseer cuanto
mostraban las vitrinas. Ella se horrorizaba, pues decía que todo era ordinario
o de segunda mano. Cientos de floreros de vidrio empavonado,[12] con meda-
llones de banderas y flores. Alcancías de yeso en forma de gato, pintadas de
magenta[13] y plata. Frascos llenos de bolitas multicolores. Sartas[14] de tarjetas
50 postales y trompos. Pero sobre todo me sedujo una tienda tranquila y limpia,
sobre cuya puerta se leía en un cartel "Zurcidor[15] Japonés".
    No recuerdo lo que sucedió con el asunto de los cubiertos. Pero el
hecho es que esta calle quedó marcada en mi memoria como algo fascinante,
distinto. Era la libertad, la aventura. Lejos de ella, mi vida se desarrollaba sim-
55 ple en el orden de sus horas. El "Zurcidor Japonés", por mucho que yo deseara, jamás remendaría mis ropas. Lo harían pequeñas monjitas almidonadas
de ágiles dedos. En casa, por las tardes, me desesperaba pensando en
"China", nombre con que bauticé esta calle. Existía, claro está, otra China. La
de las ilustraciones de los cuentos de Calleja, la de las aventuras de Pinocho.
60 Pero ahora esa China no era importante.
    Un domingo por la mañana tuve un disgusto con mi madre. A manera
de venganza fui al escritorio y estudié largamente un plano de la ciudad que
colgaba de la muralla.[16] Después del almuerzo mis padres habían salido, y las
empleadas tomaban el sol primaveral en el último patio. Propuse a Fernando,
65 mi hermano menor:
    —¿Vamos a "China"?
    Sus ojos brillaron. Creyó que íbamos a jugar, como tantas veces, a hacer
viajes en la escalera de tijera tendida bajo el naranjo, o quizás a disfrazarnos
de orientales.
70   —Como salieron—dijo—, podemos robarnos cosas del cajón de mamá.

---

11. Depósitos de agua que se forman en
alguna depresión de terreno o pavimento.
12. Empañados con materia colorante.
13. De color rojo purpúreo.

14. Series, grupos.
15. Que cose la rotura de una tela, supliendo
lo que falta con puntadas.
16. Pared.

—No, tonto—susurré—, esta vez vamos a *ir* a "China".

Fernando vestía mameluco[17] azulino y sandalias blancas. Lo tomé cuidadosamente de la mano y nos dirigimos a la calle con que yo soñaba. Camina-
75 mos al sol. Ibamos a "China", había que mostrarle el mundo, pero sobre todo era necesario cuidar de los niños pequeños. A medida que nos acercamos, mi corazón latió más aprisa. Reflexionaba que afortunadamente era domingo por la tarde. Había poco tránsito, y no se corría peligro al cruzar de una acera a otra.

80 Por fin alcanzamos la primera cuadra de mi calle.

—Aquí es—dije, y sentí que mi hermano se apretaba a mi cuerpo.

Lo primero que me extrañó fue no ver letreros luminosos, ni azules, ni rojos, ni verdes. Había imaginado que en esta calle mágica era siempre de noche. Al continuar, observé que todas las tiendas habían cerrado. Ni tranvías
85 amarillos corrían. Una terrible desolación me fue invadiendo. El sol era tibio, tiñendo casas y calles de un suave color de miel. Todo era claro. Circulaba muy poca gente, ésta a paso lento y con las manos vacías, igual que nosotros.

Fernando preguntó:

—¿Y por qué es "China" aquí?

90 Me sentí perdido. De pronto, no supe cómo contentarlo. Vi decaer mi prestigio ante él, y sin una inmediata ocurrencia genial, mi hermano jamás volvería a creer en mí.

—Vamos al "Zurcidor Japonés"—dije—. Ahí sí que es "China".

Tenía pocas esperanzas de que esto lo convenciera. Pero Fernando,
95 quien comenzaba a leer, sin duda lograría deletrear el gran cartel desteñido que colgaba sobre la tienda. Quizás esto aumentara su fe. Desde la acera de enfrente, deletreó con perfección. Dije entonces:

—Ves tonto, tú no creías.

—Pero es feo—respondió con un mohín.[18]

100 Las lágrimas estaban a punto de llenar mis ojos, si no sucedía algo importante, rápida, inmediatamente. ¿Pero qué podía suceder? En la calle casi desierta, hasta las tiendas habían tendido párpados[19] sobre sus vitrinas. Hacía un calor lento y agradable.

—No seas tonto. Atravesemos para que veas—lo animé, más por ganar
105 tiempo que por otra razón. En esos instantes odiaba a mi hermano, pues el fracaso total era cosa de segundos.

Permanecimos detenidos ante la cortina metálica del "Zurcidor Japonés". Como la melena[20] de Lucrecia, la nueva empleada del comedor, la

---

17. Prenda de vestir de una sola pieza, compuesta de pantalones y camisa con mangas.
18. Mueca o gesto de desagrado.
19. Usado figurativamente aquí, se refiere a las cortinas metálicas con las que se pro-

tegen los escaparates de las tiendas cuando están cerradas.
20. Cabello que desciende a los lados del rostro.

cortina era una dura perfección de ondas. Había una portezuela en ella, y
110 pensé que quizás ésta interesara a mi hermano. Sólo atiné[21] a decirle:
—Mira...—y hacer que la tocara.
Se sintió un ruido en el interior. Atemorizados, nos quitamos de enfrente, observando cómo la portezuela se abría. Salió un hombre pequeño y
enjuto, amarillo, de ojos tirantes, que luego echó cerrojo a la puerta. Nos
115 quedamos apretujados junto a un farol, mirándole fijamente el rostro. Pasó a
lo largo y nos sonrió. Lo seguimos con la vista hasta que dobló por la calle
próxima.
Enmudecimos. Sólo cuando pasó un vendedor de algodón de dulce salimos de nuestro ensueño. Yo, que tenía un peso, y además estaba sintiendo
120 gran afecto hacia mi hermano por haber logrado lucirme ante él, compré dos
porciones y le ofrecí la maravillosa sustancia rosada. Ensimismado,[22] me agra-
deció con la cabeza y volvimos a casa lentamente. Nadie había notado nuestra ausencia. Al llegar Fernando tomó el volumen de "Pinocho en la China"
y se puso a deletrear cuidadosamente.
125 Los años pasaron. "China" fue durante largo tiempo como el forro de
color brillante en un abrigo oscuro. Solía volver con la imaginación. Pero
poco a poco comencé a olvidar, a sentir temor sin razones, temor de fracasar
allí en alguna forma. Más tarde, cuando el Pinocho dejó de interesarme, nuestro profesor de boxeo nos llevaba a un teatro en el interior de la calle: debía-
130 mos aprender a golpearnos no sólo con dureza, sino con técnica. Era la edad
de los pantalones largos recién estrenados y de los primeros cigarrillos. Pero
esta parte de la calle no era "China". Además, "China" estaba casi olvidada.
Ahora era mucho más importante consultar en el "Diccionario Enciclopédico" de papá las palabras que en el colegio los grandes murmuraban entre
135 risas.
Más tarde ingresé a la Universidad. Compré gafas de marco oscuro.
En esa época, cuando comprendí que no cuidarse mayormente del
largo del cabello era signo de categoría, solía volver a esa calle. Pero ya no
era mi calle. Ya no era "China", aunque nada en ella había cambiado. Iba a las
140 tiendas de libros viejos, en busca de volúmenes que prestigiaran mi biblioteca y mi intelecto. No veía caer la tarde sobre los montones de fruta en los
kioscos,[23] y las vitrinas, con sus emperifollados[24] maniquíes de cera, bien
podían no haber existido. Me interesaban sólo los polvorientos estantes
llenos de libros. O la silueta famosa de algún hombre de letras que hurgaba[25]
145 entre ellos, silencioso y privado. "China" había desaparecido. No recuerdo
haber mirado ni una sola vez en toda esta época el letrero del "Zurcidor Japonés".

21. Acerté.
22. Abstraído.
23. Puestos de venta.

24. Adornados.
25. Rebuscaba.

Más tarde salí del país por varios años. Un día, a mi vuelta, pregunté a mi hermano, quien era a la sazón²⁶ estudiante en la Universidad, dónde se
150 podía adquirir un libro que me interesaba muy particularmente, y que no hallaba en parte alguna. Sonriendo, Fernando me respondió:

—En "China"...

Y yo no comprendí.

Preguntas

1. ¿Qué representa "China" para el narrador?
2. ¿A qué tiempos distintos alude el relato?
3. ¿Qué elementos descriptivos dan carácter a la imagen evocada?
4. ¿De qué modo la experiencia del niño supone una apertura hacia niveles sociales distintos del suyo?
5. ¿Por qué es nostálgico este cuento? ¿Puede Ud. identificarse con los sentimientos del narrador?

26. Entonces.

EMILIO CARBALLIDO

(1925, Córdoba, México)

_____

_____

_____

_____

_____

_____

     Entre los más sobresalientes dramaturgos contemporáneos de Hispanoamérica se encuentra Emilio Carballido. Su influencia ha sido decisiva en la creación del teatro mexicano moderno. Para apreciar la contribución de Carballido a la dramaturgia mexicana e hispanoamericana, es oportuno recordar que en 1923 los actores mexicanos, influidos favorablemente por el grupo de renovación llamado Unión de los Siete Autores, abandonaron la pronunciación castellana para emplear la mexicana. Cinco años más tarde, en 1928, Xavier Villaurrutia y Salvador Novo crearon el grupo teatral Ulises en reacción contra el excesivo nacionalismo fomentado por la Revolución Mexicana. El grupo Ulises se inspiró en la tradición dramática europea y norteamericana e intentó crear y dar a conocer obras que integraban técnicas modernas y temas universales. Gracias a la influencia de éste y otros grupos experimentales, en 1948 el Instituto Nacional de Bellas Artes estableció un Departamento de Teatro y una Escuela de Arte Dramático y también inició un festival anual de teatro. La influencia del grupo teatral de la Universidad Nacional Autónoma de México fue también muy importante durante la década de los cuarenta.

     Autor de más de treinta piezas de un acto, múltiples obras más largas, y también de cuentos y novelas, Carballido se inició como dramaturgo en esa época tan propicia para el teatro mexicano. En 1948 aparecieron tres piezas breves suyas: *La zona intermedia, El triángulo sutil,* y *La triple porfía.* Dos años después les siguió su primera obra extensa, *Rosalba y los llaveros* (1950), penetrante análisis de la vida provinciana donde predominan la ironía y el humor dentro de un marco de crítica social. Pertenecen a la misma corriente realista *La danza que sueña la tortuga* (1955) y *Felicidad* (1957). La primera muestra cómo la rígida estructura familiar afecta y limita la vida de dos solteronas; la segunda revela la frustración de un maestro al darse cuenta de cómo va envejeciendo. Si bien la nota predominante en las tres obras es la crítica social, Carballido ha logrado que ella se desprenda lógicamente de situaciones y personajes representados en escena. *Medusa* (1958), obra que tuvo poco éxito, es una notable recreación de la clásica leyenda griega.

La hebra de oro (1956) y la trilogía *El lugar y la hora* retoman una faceta ya anunciada en *La zona intermedia,* "auto sacramental" dedicado a sor Juana Inés de la Cruz donde los personajes están desrealizados para presentar diversos puntos de vista. En estas obras Carballido incorpora definitivamente la fantasía para convertirla en la característica más definitiva de su producción posterior. En *La hebra de oro* el dramaturgo se vale de elementos surrealistas cuando utiliza los sueños y el subconsciente para darles mayor libertad a los protagonistas. Obras como *El día que se soltaron los leones* (1963) ofrecen un certero examen de las necesidades espirituales del individuo; otras piezas, por ejemplo, *¡Silencio, pollos pelones, ya les van a echar su maíz!* (1963), critican severamente la burocracia gubernamental y sus efectos nocivos en el ciudadano. *Yo también hablo de la rosa* (1966), una de las mejores obras de Carballido, es un ataque a la deshumanización de la sociedad contemporánea donde el autor examina diferentes versiones de la realidad veliéndose de un estilo muy cómico. En *La rosa de dos aromas* (1986), pieza de gran éxito teatral, el dramaturgo examina otra vez diferentes aspectos de la realidad a través de la visión que tienen dos mujeres de un mismo hombre.

En cuanto al estilo teatral de Carballido, bien puede decirse que una de sus notas más sobresalientes es la economía de las palabras también evidente en novelas como *La veleta oxidada* (1956). Su deseo de representar en las tablas el mundo imaginario de sus personajes, ha llevado al dramaturgo mexicano a una constante experimentación y al uso de la música para comunicar esa realidad más allá de lo tangible, de lo aparente. En su teatro, Carballido evoca con frecuencia la vida provinciana y el efecto de ésta en diversos personajes. Sin embargo, uno de los aportes más notables del autor es su empleo del humor en matices variadísimos que abarcan desde la burla y el sarcasmo directos hasta las insinuaciones más sutiles. *El Censo* (1957), obra de un acto donde Carballido detalla la visita de un burócrata menor encargado de hacer un censo a un taller de costura ilegal de la capital mexicana, muestra la capacidad artística del autor así como su compasión por estos personajes del pueblo, siempre sospechosos de la intervención del gobierno.

Bibliografía mínima

Bixler, Jacqueline Eyring. "A Theatre of Contradictions: The Recent Works of Emilio Carballido". *Latin American Theatre Review* 18, 2 (1985): 57–65.

Cypess, Sandra Messinger. "I, Too, Speak: 'Female' Discourse in Carballido's Plays". *Latin American Theatre Review* 18, 1 (1984): 45–52.

Dauster, Frank. *Ensayos sobre teatro hispanoamericano.* México: SepSetentas, 1975.

Peden, Margaret Sayers. *Emilio Carballido.* Boston: Twayne, 1980.

Skinner, Eugene R. "The Theater of Emilio Carballido: Spinning a Web". *Dramatists in Revolt: The New Latin American Theater.* Ed. Leon F. Lyday and George W. Woodyard. Austin: U of Texas P, 1976. 19–36.

Vázquez Amaral, Mary. *El teatro de Emilio Carballido (1950–1965).* México: B. Costa-Amic, 1974.

EL CENSO

(1957)

Personajes

Remedios
Dora
Herlinda
Concha
El Empadronador
Paco

Lugar: Una vivienda en el rumbo de La Lagunilla, 1945[1]

Dora es gorda y Herlinda flaca. Concha está rapada[2] y trae un pañuelo cubriéndole el cuero cabelludo.[3] El Empadronador[4] es flaco y usa lentes; tiene cara y maneras de estudiante genial.

Habitación de una vivienda pobre, convertida en taller de costura. Es también recámara. Tiene una cama de latón al fondo, muy dorada y muy desvencijada,[5] con colcha[6] tejida y cojines bordados. Un altarcito sobre ella, con veladoras y Virgen de Guadalupe.[7] Cuatro máquinas de coser. Ropero con lunas[8] baratas, que deforman al que se mire en ellas. El reloj (grande, de doble alarma) está en el buró.

Remedios está probándose un vestido. Es una señora generosamente desproporcionada por delante y por detrás. Dora la ayuda; Herlinda corta telas sobre la cama; Concha cose en una de las máquinas. La ropa anteriormente usada por doña Remedios cuelga de una silla.

> *Remedios:* Pues...Me veo un poco buchona,[9] ¿no?
>
> *Dora: (Angustiada.)* No, doña Remedios. Le queda muy bien, muy elegante.
>
> *Herlinda:* Ese espejo deforma mucho. Tenemos que comprar
5 otro.
>
> *Remedios:* ¿No se me respinga[10] de atrás?
>
> *Concha:* Sí.
>
> *Remedios:* ¿Verdad?

---

1. A quienes juzguen inverosímil esta comedia, recomendamos leer en los periódicos el resultado del censo de 1960, en Guadalajara, según el cual sólo alguna plaga fulminante podría explicar el decrecimiento de los habitantes en una ciudad que obviamente parece mucho más poblada que diez años atrás [nota del autor]. La Lagunilla es un distrito pobre de la ciudad de México.
2. Con el pelo cortado al rape.
3. Piel del cráneo.
4. Persona encargada de llevar a cabo el censo.
5. Aflojada, en malas condiciones.
6. Cobertura exterior de la cama.
7. Santa patrona de México.
8. Espejos.
9. Gorda.
10. Levanta.

Herlinda: No se le respinga nada. Esta Concha no sabe de modas.

Remedios: Pues yo me veo un respingo. . .

> *Herlinda va y da a la falda un feroz tirón hacia abajo.*

Herlinda: Ahora sí. Muy bonito. Realmente nos quedó muy bonito.

Dora: Es un modelo francés.

> *Tocan el timbre. Dora va a abrir.*

Remedios: Pues creo que sí está bien. ¿Cuánto falta darles?

Herlinda: Doce pesos.

Remedios: Me lo voy a llevar puesto.

> *Vuelve Dora, aterrada.*

Dora: ¡Ahí está un hombre del gobierno!

Herlinda: ¿Qué quiere?

Dora: No sé.

Herlinda: Pues pregúntale.

Dora: ¿Le pregunto?

Herlinda: Claro.

> *Sale Dora.*

Herlinda: ¿Cuándo se manda a hacer otro?

Remedios: Pues anda pobre la patria.[11] A ver.

Herlinda: Doña Remedios, nos llegaron unas telas preciosas. No tiene usted idea.

Remedios: ¿Sí?

Herlinda: Preciosas. Hay un brocado amarillo. . . *(Abre el ropero.)* Mire, palpe. Pura seda.

Remedios: Ay, qué chula[12] está. ¿Y esa guinda?

Herlinda: Es charmés de seda. Me las trajeron de Estados Unidos. A nadie se las he enseñado todavía.

> *Concha dice por señas que no es cierto. "Qué va, son de aquí".*
>
> *Remedios la ve, sorprendidísima.*

Remedios: ¿De Estados Unidos?

> *Concha insiste: "no, no, de aquí".*

Herlinda: Sí. Me las trae un sobrino, de contrabando.

> *Entra Dora, enloquecida.*

Dora: ¡Que lo manda la Secretaría de Economía, y ya averiguó que cosemos! ¡Esconde esas telas!

Herlinda: ¡Cómo!

Dora: Trae muchos papeles.

Remedios: ¡Papeles! Ay, Dios, lo que se les viene encima. ¿Ustedes no están registradas?[13]

---

11. Mi situación económica no es tan buena.   13. No tienen licencia.
12. Bonita.

50   *Dora:* ¿En dónde? Ah, no, doña Remedios, figúrese.

         Herlinda: (Codazo.) Claro que sí, sólo que Dora no sabe nada,
               siempre está en la luna.

         Dora: Ah, sí, sí estamos.

         Remedios: Leí que ahora se han vuelto muy estrictos. Pobres de us-
55   tedes. Ya me voy, no me vayan a comprometer en algo.
               Adiós, ¿eh? ¡Qué multota se les espera! *(Sale. Se lleva su otro
               vestido al brazo.)*

         Herlinda: Qué tienes que informarle a esta mujer. . .

         Dora: Virgen, ¿qué hacemos?

60   *Herlinda:* ¿Lo dejaste allá afuera?

         Dora: Sí, pero le cerré la puerta.

         Herlinda: Tú eres nuestra sobrina. ¿lo oyes?

         Concha: Yo no, qué.

         Herlinda: Las groserías para después. Tú eres nuestra sobrina, y
65   aquí no hacemos más ropa que la nuestra. . .

         Dora: ¿Y el letrero de la calle?

         Herlinda: . . . Y la de nuestras amistades. Y ya.

         Dora: Ay, yo no creo que . . .

         Herlinda: ¡Esconde ese vestido! *(El de la cama.)*

70   *Toquidos en la puerta.*

     El Empadronador: (Fuera.) ¿Se puede?

         Dora: (Grita casi.) ¡Ya se metió! *(Y se deja caer en una silla.)*
               Herlinda duda un instante. Abre.

         Herlinda: (Enérgica.) ¿Qué se le ofrece, señor?

75 *El Empadronador: (Avanza un paso.)* Buenas tardes. Vengo de la . . .

         Herlinda: ¿Puede saberse quién lo invitó a pasar?

     El Empadronador: La señora que salía me dijo que . . .

         Herlinda: Porque ésta es una casa privada y entrar así es un . . . ama
               —a—llamamiento[14] de morada.

80 *El Empadronador:* La señora que salía me dijo que pasara y . . .

         Herlinda: ¡Salga usted de aquí!

     El Empadronador: Oiga usted . . .

         Dora: ¡Ay, Dios mío!

         Herlinda: (Gran ademán.) ¡Salga!

85 *El Empadronador: (Cobra ánimos.)* Un momento, ¿echa usted de su casa a
               un empadronador de la Secretaría de Economía? ¿Y en frente
               de testigos?

         Herlinda: No, tanto como echarlo, no. Pero . . . ¡yo no lo autoricé a
               entrar!

---

14. La palabra correcta es allanamiento, entrar por fuerza en casa ajena.

90 *El Empadronador:* Mire: estoy harto. El sastre me amenazó con las tijeras, en la tortillería me insultaron. ¿Ve usted estas hojas? Son actas de consignación. Si usted se niega a recibirme, doy parte.[15]

Herlinda: ¿Pero qué es lo que quiere?

95 *El Empadronador:* Empadronarlas. ¿Qué horas son? *(Busca el reloj.)* ¡Es tardísimo! *(De memoria, muy aprisa.)* En estos momentos se está levantando en toda la República el censo industrial, comercial y de transportes. Yo soy uno de los encargados de empadronar esta zona. Aquí en la boleta dice *(se apodera de*
100 *una mesa, saca sus papeles)* que todos los datos son confidenciales y no podrán usarse como prueba fiscal o . . .

Herlinda: Entonces esto es el fisco.

El Empadronador: ¡No, señora! ¡Todo lo contrario! *(Aprisa.)* La Dirección General de Estadística y el Fisco no tienen nada que ver. Un
105 censo sirve para hacer . . .

Herlinda: Pero usted habló del Fisco.

El Empadronador: Para explicarle que nada tienen que ver . . .

Herlinda: (Amable, femenina.) Pues esto no es un taller, ni . . . Mire, la jovencita es mi sobrina . . . *(Por lo bajo, a Dora.)*
110 Dame cinco pesos. *(Alto.)* Es mi sobrina, y la señora es mi cuñada, y yo . . .

Dora: ¿Que te dé qué?

Herlinda: (Con los dedos hace "cinco".) Somos una familia, nada más.

115 *Concha niega con la cabeza. El Empadronador no la ve.*

El Empadronador: (Preparando papeles y pluma.) Un tallercito familiar . . .[16]

Herlinda: (Menos, por lo bajo.) ¡Cinco pesos!

Dora: Ah. *(Va al ropero.)*
120 *Herlinda:* No, taller no . . . ¡Dora! *(Se interpone entre Dora y el ropero.)* Si ni vale la pena que pierda el tiempo . . .

Dora: (Horrorizada de lo que iba a hacer.) Ay, de veras. Pero . . . *(Azorada,[17] ve a todos.)* Concha, ¿no tienes . . . ? ¿Para qué quieres cinco pesos?

125 *Herlinda: (Furiosa.)* ¡Para nada!

Dora: A ver si Paco . . . *(Sale.)*

---

15. Informar a las autoridades.
16. En el barrio de la Lagunilla, abundaban en esa época los talleres clandestinos de costura, que explotaban un personal oscilante entre las 4 o 6 y las 40 o 50 trabajadoras. En la actualidad es casi seguro que no se encuentre en el rumbo uno solo de estos talleres. (Habrán cambiado de dirección) [nota del autor].
17. Sobresaltada, turbada.

Herlinda: Es muy tonta, pobrecita. Perdóneme un instante. *(Sale tras la otra.)*

Concha corre con El Empadronador.

130　*Concha:* Sí es un taller, cosemos mucho. Y aquí, mire, esto está lleno de telas, y las venden. Dicen que son telas gringas, pero las compran en La Lagunilla. Me pagan re mal,[18] y no me dejan entrar al Sindicato. ¿Usted me puede inscribir en el Sindicato?

135　*El Empadronador:* No, yo no puedo, y ... No sé. ¿Qué sindicato?

Concha: Pues ... no sé. Si supiera me inscribiría yo sola. ¿Hay muchos sindicatos?

El Empadronador: Sí, muchos. De músicos, de barrenderos, de ... choferes, de ... Hay muchos.

140　*Concha:* Pues no. En esos no ...

El Empadronador: (Confidencial.) A usted le ha de tocar el de costureras.

Concha: Ah, ¿sí? Déjeme apuntarlo. Nomás entro y me pongo en huelga. Esa flaca es mala. Ayer corrió a Petrita, porque su

145　novio la ... *(Ademán en el vientre.)* Y ya no podía coser. Le quedaba muy lejos la máquina. Y a mí, me obligó a raparme. Figúrese, dizque tenía yo piojos. Mentiras, ni uno. Pero me echó D.D.T., ¡y arde!

El Empadronador: Ah, ¿y no tenía? *(Retrocede, se rasca nerviosamente.)*

150　*Concha:* Ni uno.

Entra Herlinda.

Herlinda: ¿Qué estás haciendo ahí?

Concha: Yo, nada. Le decía que aquí no es taller.

Herlinda: Bueno, joven *(le da la mano),* pues ya ve que ésta es una

155　casa decente y que ... *(Le sonríe como cómplice, le guiña[19] un ojo.)* Que todo está bien.

El Empadronador: ¿Y esto? *(Herlinda le puso en la mano un billete.)* ¿Diez pesos?

Herlinda: Por la molestia. Adiós. Lo acompaño.

160　*El Empadronador:* Oiga, señora ...

Herlinda: Señorita, aunque sea más largo.

El Empadronador: Señorita, esto se llama soborno. ¿Qué se ha creído? Tenga. Con esto bastaba para que levantara un acta y la encerraran en la cárcel. Voy a hacer como que no pasó nada, pero

165　usted me va a dar sus datos, ya. Y aprisa, por favor. *(Ve el reloj, se sienta, saca pluma.)*

---

18. Muy mal.
19. Cierra un ojo mientras el otro queda abierto.

> *A Herlinda le tiemblan las piernas; se sienta en una silla.*
> *Ahora sí está aterrada.*

El Empadronador: ¿Razón social?
170   Herlinda: ¿Cómo?
El Empadronador: ¿A nombre de quién está esto?
      Herlinda: No está a nombre de nadie.
El Empadronador: ¿Quién es el dueño de todo esto?
      Herlinda: El jefe de la casa es Francisco Ríos.
175 El Empadronador: *(Escribe.)* ¿Cuánta materia prima consumen al año?
      Herlinda: *(Horrorizada.)* ¡Materia prima!
El Empadronador: Sí. Telas, hilos, botones. Al año, ¿cuántos carretes de hilo
      usarán?
      Herlinda: Dos, o tres.
180 El Empadronador: ¡Cómo es posible!
      Entra Dora, ve los diez pesos sobre la mesa. Desfallece.
      Dora: ¡Jesús!
El Empadronador: *(Mueve la cabeza.)* Habrá que calcular . . . ¿Hacen traba-
      jos de maquila?[20]
185   Herlinda: No, señor. Cosemos.
El Empadronador: Eso es. Pero ¿con telas ajenas? ¿O venden telas?
      Dora: *(Ofendida, calumniada.)* Ay, no. ¿Cómo vamos a vender
      telas?
      Herlinda: No vendemos.
190 El Empadronador: ¿Podría ver lo que hay en ese ropero?
      Herlinda: ¿Ahí?
El Empadronador: *(Feroz.)* Sí, ahí.
      Herlinda: Nuestras cosas: ropa, vestidos . . .
      Dora: *(Pudorosa.)* Ropa interior.
195   Herlinda: Comida.
El Empadronador: ¿Comida?
      Herlinda: Cosas privadas.
El Empadronador: Bueno, pues déjeme verlas. *(Truculento.)* Eso está lleno
      de telas, ¿verdad?
200   *Dora grita. Pausa.*
      Herlinda: *(Ve a Concha.)* ¡Judas!
      Concha se sonríe, baja la vista. Dora empieza a llorar en
      silencio. Herlinda se pasa la mano por la frente.
      Herlinda: Está bien. *(Va y abre.)* Aquí hay unas telas, pero son
205   nuestras, de nuestro uso. Y no las vendemos. Son puros vesti-
      dos nuestros.
      Concha hace señas de "mentiras".

---

20. Sistema por el cual un trabajador emplea materiales de otro a cambio de un porcentaje de ganancia en la venta del producto terminado.

El Empadronador: ¿Cuántos cortes? *(Va y cuenta.)* ¿Treinta y siete vestidos van a hacerse?

210   *Herlinda:* ¡Nos encanta la ropa!

Dora empieza a sollozar, cada vez más alto.

Dora: Ay, Herlinda, este señor parece un ser humano. ¡Dile, explícale! Señor, somos solas, mi marido está enfermo, no puede trabajar . . .

215   *Concha:* Se emborracha.

Dora: Mi cuñada y yo trabajamos. Empezamos cosiendo a mano, y ve usted que tenemos buen gusto, a las vecinas les parecieron bien nuestros trabajitos. Ay, señor, nos sangraban los dedos, ni dedal teníamos. Mire estas máquinas, estas te-

220   las, así las ganamos, con sangre. ¿Cómo puede usted? *(Se arrodilla.)* Yo le suplico, por su madre, por lo que más quiera . . . *(Aúlla.)* ¡No nos hunda usted! ¡No podemos pagar contribuciones! ¡Si así no ganamos nada! ¡No podemos! ¡A-cepte los diez pesos!

225   *Herlinda:* ¡Dora! ¡Cállate ya!

Dora: ¡Acéptelos! ¡No tenemos más! ¡Se los damos de buena vo-luntad! ¡Pero váyase, váyase! *(Va de rodillas a la cama y ahí sigue sollozando.)*

El Empadronador: (Gritando.) ¡Pero señora, no entiende! Esto es para Es-

230   tadística, de Economía. Los impuestos son de Hacienda. Esto es confidencial, es secreto. Nadie lo sabrá. ¿Qué horas son? ¿Dónde pusieron el reloj? ¡Van a dar las dos y no hemos hecho nada! ¡A ver! ¡Contésteme!

Más aullidos de Dora, Herlinda se seca dignamente dos lá-

235   *grimas.*

Herlinda: Pregunte lo que quiera.

El Empadronador: Por favor, entienda. ¿Cómo cree que les iba a hacer un daño? ¡Pero debo entregar veinte boletas cada día y llevo seis! ¡Seis boletas! ¡Y ayer entregué nada más quince! Yo es-

240   tudio, necesito libros, necesito ropa. Mire mis pantalones. ¿Ve qué valencianas?[21] Mire mi suéter, los codos. Y no quiero que me corran antes de cobrar mi primera quincena.

Concha: (Coqueta.) ¿No tiene un cigarro?

El Empadronador: ¡No tengo nada!

245   *Una pausa. Sollozos de Dora.*

El Empadronador saca un cigarro y lo enciende, incons-cientemente.

El Empadronador: El censo es . . . Ya le expliqué, es un . . . ¡No tiene nada que ver con los impuestos! ¡No les va a pasar nada!

---

21. Doblez del pantalón.

250   *Entra Paco, adormilado, con leves huellas alcohólicas en*
           su apariencia y voz.
           Paco: ¿Qué sucede? ¿Por qué lloran?
           El Empadronador: Señor. ¿Usted es el jefe de la casa?
           Paco: (Solemne.) A sus órdenes.
255 *El Empadronador:* Mire usted, sus esposas no han entendido.
           Herlinda: No es harén señor. Yo soy su hermana.
           El Empadronador: Eso. Perdón. Mire . . . ¿Usted sabe lo que es un censo?
           Paco: Claro. el periódico lo ha dicho. Un recuento de pobla-
           ción. Todos los grandes países lo hacen.
260 *El Empadronador: (Ve el cielo abierto.)* Eso es. Y un censo de industria, co-
           mercio y transporte, es un recuento de . . . Eso mismo.
           Paco: Sí claro. Muy bien. ¿Y por eso lloran? No se fije. Son ton-
           tas. Concha, tráeme una cerveza.
           Concha: No soy su gata.
265   *Paco: (Ruge.)* ¡Cómo que no! *(La arrastra por el brazo.)* Toma,
           y no te tardes. *(Le aprieta una nalga. Intenso.)* Una Dos
           Equis, fría. *(De mala gana.)* Usted toma una, ¿verdad?
           El Empadronador: No puedo, trabajando . . .
           Paco: Me imaginé. *(Ruge.)* ¡Anda!
270   *Concha sale muerta de risa.*
           El Empadronador: Los datos del censo son confidenciales. La Dirección
           General de Estadística es una tumba, y yo otra. Nadie sabrá
           lo que aquí se escriba.
           Paco: ¿Y para qué lo escriben, entonces?
275 *El Empadronador:* Quiero decir. . . Lo saben en Estadística.
           Paco: Como pura información.
           El Empadronador: Sí.
           Paco: Nada personal.
           El Empadronador: Nada. Todo se convierte en números.
280   *Paco:* Archivan los datos.
           El Empadronador: Sí.
           Paco: Y se los mandan al fisco.
           El Empadronador: Sí. ¡No! Pero . . . usted entendía. *(Azota los papeles.)*
           Usted sabe lo que es un censo. Es . . . es ser patriota, engran-
285   decer a México, es . . . ¿No lo leyó en el periódico?
           Paco: (Malicioso, bien informado.) Los periódicos dicen
           puras mentiras. Vamos a ver, si no es para ganar más con los
           impuestos, ¿para qué van a gastar en sueldo de usted, papel
           muy fino, imprenta . . . ?
290 *El Empadronador: (Desesperado.)* Es como . . . Mire, la Nación se pregunta:
           ¿Cuáles son mis riquezas? Y hace la cuenta. Como usted, ¿no
           le importa saber cuánto dinero hay en su casa?
           Paco: No.

El Empadronador: Pero . . . tiene que contar cuánto gastan, cuánto ganan . . .
295   *Paco:* Nunca.

El Empadronador: ¡Pero cómo no! Bueno, ustedes no, pero un país debe saber. . . cuánta riqueza tiene, debe publicarlo. . .

Paco: ¿Para que cuando lo sepan los demás países le caigan encima? ¡Yo no voy a ayudar a la ruina de mi Patria!

300   *El Empadronador:* Es que. . . ¡Es que ya son casi las dos! ¡A las dos y media debo entregar mi trabajo!

Paco: Ah, pues vaya usted. Ya no le quito el tiempo.

El Empadronador: *(Grita.)* ¿Y qué voy a entregar? Nadie me da datos, todo el mundo llora. Me van a correr,[22] hoy no llevo más que seis
305   boletas. Usted, déme los datos. De lo contrario, es delito, ocultación de datos. Puedo levantar un acta y consignarla. *Nuevos aullidos de Dora.*

Herlinda: Consígneme. Se verá muy bien arrastrándome a la cárcel. Muy varonil.

310   *Paco:* No se exalte, no se exalte. Nadie le oculta nada. ¿Pero usted cree que vale la pena hacer llorar a estas mujeres por esos datos?

El Empadronador: ¡Pero si no les va a pasar nada!

Paco: Les pasa, mire. *(Patético.)* ¡Sufren! *(Tierno.)* Ya no llores
315   mujer, ya no llores, hermana. *(Las muestra.)* Aquí tiene, siguen llorando.

El Empadronador: *(A punto de llorar.)* Tengo que llenar veinte boletas, y llevo seis.

Paco: Pues llene aprisa las que le faltan, yo le ayudo. ¿Qué hay
320   que poner?

El Empadronador: *(Escandalizado.)* ¿Pero quiere que inventemos los datos?

Paco: Yo no. Usted. *(Le da un codazo.)* Ande. Primero es uno, después los papeles.

325   *Entra Concha.*

Concha: Tenga. *(Le da la cerveza.)*

Paco: ¿Una poca? ¿Un vasito? ¿O algo más fuerte? ¿Un tequilita?

El Empadronador: ¿Qué horas son? *(Duda.)* ¿Usted me ayuda?

330   *Paco:* ¡Claro, hombre!

El Empadronador: Pues aprisa. Despejen la mesa. Sólo así. Señora, señorita . . . Ya no voy a llenar la boleta de ustedes, pero . . . ¿Pueden ayudarme con unos datos?

Paco: A ver, viejas, ayúdennos. Hay que ayudar a mi señor cen-
335   sor. ¿Un tequilita, mi censor?

El Empadronador: Muy chico.

22. Despedir.

Las mujeres ven el cielo abierto, corren a servirlo.

Paco: Y una botanita.[23] A ver. ¿Se puede con lápiz?

El Empadronador: Con lápiz tinta, nada más.

340   *Dora: (Tímida.)* ¿Los ayudamos?

El Empadronador: Pues . . . A ver si pueden. Si no, yo las corrijo.

Herlinda: (Cauta, sonríe.) ¿Rompemos ésta?

El Empadronador: ¿La de ustedes? Póngale una cruz grande y "Nulificada". Ahora imagínese que tiene un taller con. . . quince máquinas.

345   Y vaya escribiendo: cuántos vestidos haría al año, cuánto material gastaría. . . Haga la cuenta por separado. Y usted. . . imagínese un taller más chico, con ocho máquinas. Las preguntas que no entiendan, sáltenlas. Yo las lleno después.

350   *Se sientan con él. Trabajan velozmente.*

Herlinda: Mi taller va a ser precioso. Se va a llamar: "Alta Costura", S. en C. de R. H.[24]

Dora: ¿Qué dirección le pongo a mi taller?

El Empadronador: Cualquiera de esta manzana. Salud.

355   *(Bebe.)*

Dora: (Se ríe.) Le voy a poner la dirección de doña Remedios.

Paco: Yo preferiría un taller mecánico. Eso voy a hacer. "La 25 Autógena", S. A.[25] *(Pellizca a Concha.)*

360   *Concha:* ¡Ay!

Herlinda: Cállate, Judas.

El Empadronador: Con esos diez pesos . . . Podrían mandar a Judas a comprar unas tortas. Para todos, ¿no?

Preguntas

1. El humor es uno de los elementos principales en el teatro de Carballido. Dé tres ejemplos de situaciones humorísticas en *El censo* y explique por qué son importantes.

2. ¿Qué representa el empadronador para Concha, Herlinda y Dora? ¿Por qué le temen ellas al censo?

3. ¿Cómo caracteriza el autor a Paco? ¿Por qué cree Ud. que él se entiende más fácilmente con el empadronador?

4. En la obra impera una atmósfera de caos y desorganización. Dé ejemplos de estas situaciones caóticas y explique qué recursos emplea el autor para producirlas.

5. ¿Cuál es la situación económica del empadronador? Explique cómo integra el autor la crítica social al desarrollo de *El censo.*

23. Un bocadillo.
24. Sociedad en Comandita de Responsabilidad Hipotecaria Limitada. Es una clase de incorporación en que el individuo no tiene responsabilidades en caso de bancarrota.
25. Sociedad Anónima; es otra clase de incorporación.

ROSARIO CASTELLANOS

(1925, Ciudad de México–1974, Tel-Aviv, Israel)

Poeta, novelista, dramaturga y ensayista, Rosario Castellanos es una de las escritoras hispanoamericanas más polifacéticas tanto por los diversos géneros que practicó como por los múltiples intereses que su obra refleja. El temprano fallecimiento de la autora cuando era embajadora de México en Israel, truncó una brillante carrera literaria.

Aunque nació en la Ciudad de México cuando su familia se encontraba allí de paso, su infancia y adolescencia transcurrieron en Comitán, ciudad del estado de Chiapas donde tuvo oportunidad de conocer las leyendas, tradiciones y sufrimientos de los indios tzotziles. Posteriormente, cuando trabajó en el Centro Coordinador Tzetzal-Tzotzil (San Cristóbal de las Casas, Chiapas) del Instituto Nacional Indigenista, profundizó el conocimiento de la población nativa de esa zona. Su preocupación por el mundo indígena se manifiesta en los cuentos recogidos en *Ciudad Real* (1960) y en dos novelas, *Balún-Canán* (1957) y *Oficio de tinieblas* (1962). Como el peruano José María Arguedas, la escritora mexicana se vale de elementos folklóricos y míticos para otorgarles una voz auténtica a sus protagonistas. En *Balún-Canán,* por ejemplo, emplea un lenguaje simbólico para mostrar las diferencias entre el mundo indígena y el ladino o blanco. Algunos de los relatos de *Ciudad Real* hablan de la opresión a la que está sujeta la población nativa. *Oficio de tinieblas* se basa en un hecho histórico: un levantamiento de los chamulas ocurrido en 1867 en el cual el líder fue crucificado. *Los convidados de agosto* (1964), con cuentos que se desarrollan en un ambiente de clase media, cierra el llamado "ciclo de Chiapas". En las cuatro obras aparecen personajes femeninos de gran fuerza y valentía que muestran otra de las preocupaciones centrales de los escritos de Rosario Castellanos: la situación de la mujer en la sociedad mexicana.

En efecto, *Sobre cultura femenina* (1950), tesis que presentó Castellanos para optar por la maestría en filosofía y letras en la Universidad Nacional Autónoma de México, intenta explicar por qué la mujer ha sido discriminada a través de la historia. Para otros críticos, más importante que ese temprano estudio, es la colección de ensayos *Mujer que sabe latín* (1973), obra que por aparecer poco antes del Año Internacional de la Mujer (1975), alcanzó gran difusión. El título del libro remite a un viejo refrán mexicano: "Mujer que sabe latín, no tiene marido ni tiene buen fin". Anteriormente Castellanos había publicado *Juicios sumarios* (1966), recopilación de ensayos sobre diferentes autores y temas literarios que denotan una maduración de su feminismo y una preocupación con el destino de las escritoras. *Mujer que sabe latín* continúa esta trayectoria cuando trata sobre Virginia Woolf (1882–1941), Lillian Hellman (1905–84), ·Eudora Welty (n. 1909), María Luisa Bombal y Clarice Lispector (1917–77), entre otras autoras. Al mismo tiempo, piezas como "La participación de la mujer mexicana en la educación formal" y "La mujer y su imagen", revelan el desarrollo ideológico de Castellanos. En "Notas al margen: el lenguaje como instrumento de dominio", la autora explica la relación entre lengua y cultura. *El uso de la palabra* (1974) y *El mar y sus pescaditos* (1975), colecciones de artículos periodísticos publicadas póstumamente, muestran la curiosidad intelectual y el ágil humor de su prosa.

El género que Castellanos cultivó con mayor asiduidad, sin embargo, fue la poesía. Los poemas de doce colecciones de la autora mexicana han sido recopilados en *Poesía no eres tú* (1972), título que contradice un famoso verso del poeta romántico español Gustavo Adolfo Bécquer. La poesía de Castellanos, influida por escritores tan diversos como sor Juana Inés de la Cruz, Celestino Gorostiza, Gabriela Mistral y Octavio Paz, se inicia con un tono altisonante para llegar más tarde a una expresión intimista matizada por la ironía; en esta última etapa Castellanos, ya en completo dominio del instrumento expresivo, transforma incidentes triviales en materia poética. Los estudiosos de su poesía señalan como temas recurrentes el amor, la soledad, la muerte, el consuelo. Su feminismo se afirma en poemas como "Válium 10" y "Poesía no eres tú". A partir de su interés en el destino de la mujer, llega a preocuparse por la humanidad y a reflexionar cómo puede mejorarse la vida de todos. Este compromiso se evidencia especialmente en *Lívida luz* (1960) y *Materia memorable* (1969) y en los poemas de las tres últimas secciones de *Poesía no eres tú* donde el yo poético dialoga con un tú en una conversación a veces trunca, pero que en ocasiones se desarrolla armónicamente.

El eterno femenino (1975), una obra teatral de Castellanos ambientada en un salón de belleza, participa de la ironía evidente en los últimos poemas de la autora; al mismo tiempo, muestra cómo el diálogo entre los personajes no es más que un largo monólogo que remite a la incomunicación y la vida frustrada de las clientas del salón de belleza. En la misma corriente se ubica la colección de cuentos *Album de familia* (1971). Sobresalen "Lección de cocina" donde una recién casada se da cuenta de las obligaciones de su nuevo estado civil—cocinar, callarse, obedecer al esposo—tan diferente a lo imaginado antes de la ceremonia matrimonial, y "Cabecita blanca", trágica exposición del destino de una madre abnegada y olvidada.

La rica obra de Rosario Castellanos testimonia su denuncia de la opresión que padecen los indígenas y de la precaria situación de la mujer en la sociedad. La autora mexicana comunicó magistralmente éstas y otras preocupaciones en escritos que la muestran como una de las voces más sobresalientes de la literatura hispanoamericana contemporánea.

Bibliografía mínima

Baptiste, Víctor. *La obra poética de Rosario Castellanos.* Santiago de Chile: Exégesis, 1972.

Carballo, Emmanuel. *Protagonistas de la literatura mexicana.* México: Secretaría de Educación Pública, 1986. 519–33.

Homenaje a Rosario Castellanos. Ed. Maureen Ahern y Mary Seale Vázquez. Valencia: Albatros-Hispanófila, 1980.

Miller, Beth. "Women and Feminism in the Works of Rosario Castellanos". *Feminist Criticism: Essays on Theory, Poetry and Prose.* Ed. Cheryl L. Brown and Karen Olson. Metuchen, N. J.: Scarecrow P, 1978. 198–210.

Poniatowska, Elena. *¡Ay vida, no me mereces!* México: Joaquín Mortiz, 1985. 45–132.

Rodríguez-Peralta, Phyllis. "Images of Women in Rosario Castellanos' Prose". *Latin American Literary Review* 6 (1977): 68–80.

Schwartz, Perla. *Rosario Castellanos. Mujer que supo latín. . . .* México: Katún, 1984.

Sommers, Joseph. "Forma e ideología en *Oficio de tinieblas* de Rosario Castellanos". *Revista de Crítica Literaria Latinoamericana* 7–8 (1978): 73–91.

POESIA NO ERES TU (1972)

Válium 10

A veces (y no trates
de restarle importancia
diciendo que no ocurre con frecuencia)
se te quiebra la vara con que mides,
5 se te extravía la brújula
y ya no entiendes nada.
El día se convierte en una sucesión
de hechos incoherentes, de funciones
que vas desempeñando por inercia y por hábito.

10 Y lo vives. Y dictas el oficio
a quienes corresponde. Y das la clase
lo mismo a los alumnos inscritos que al oyente.
Y en la noche redactas el texto que la imprenta
devorará mañana.
15 Y vigilas (oh, sólo por encima)
la marcha de la casa, la perfecta
coordinación de múltiples programas

—porque el hijo mayor ya viste de etiqueta
para ir de chambelán[1] a un baile de quince años

20 y el menor quiere ser futbolista y el de en medio
tiene un póster del Che[2] junto a su tocadiscos.

Y repasas las cuentas del gasto y reflexionas,
junto a la cocinera, sobre el costo
de la vida y el ars magna combinatoria
25 del que surge el menú posible y cotidiano.

Y aún tienes voluntad para desmaquillarte
y ponerte la crema nutritiva y aún leer
algunas líneas antes de consumir la lámpara.

Y ya en la oscuridad, en el umbral del sueño,
30 echas de menos lo que se ha perdido:
el diamante de más precio, la carta
de marear, el libro
con cien preguntas básicas (y sus correspondientes
respuestas) para un diálogo
35 elemental siquiera con la Esfinge.[3]

Y tienes la penosa sensación
de que en el crucigrama se deslizó una errata
que lo hace irresoluble.

Y deletreas el nombre del Caos. Y no puedes
40 dormir si no destapas
el frasco de pastillas y si no tragas una
en la que se condensa,
químicamente pura, la ordenación del mundo.

1. Pareja o acompañante de una quinceañera.
2. Ernesto Che Guevara (1928–67): político y médico argentino colaborador de Fidel Castro durante la Revolución Cubana. El Che Guevara cayó preso y fue asesinado en Bolivia donde dirigía la lucha guerrillera.
3. Animal con cuerpo de león y cabeza humana que entre los egipcios personificaba al sol. Los griegos lo introdujeron en su mitología con cuerpo de perro, garras de león, cola terminada en punta de lanza, alas de águila y senos de mujer. La esfinge habitaba en una cueva y bajaba al camino para proponerles enigmas a los viajeros. Como no podían descrifrarlos, eran devorados por ella.

Poesía no eres tú

Porque si tú existieras
tendría que existir yo también. Y eso es mentira.

Nada hay más que nosotros: la pareja,
los sexos conciliados en un hijo,
5 las dos cabezas juntas, pero no contemplándose
(para no convertir a nadie en un espejo)
sino mirando frente a sí, hacia el otro.

El otro: mediador, juez, equilibrio
entre opuestos, testigo,
10 nudo en el que se anuda lo que se había roto.
El otro, la mudez que pide voz
al que tiene la voz
y reclama el oído del que escucha.

El otro. Con el otro
15 la humanidad, el diálogo, la poesía, comienzan.

MUJER QUE SABE LATIN. . .(1973)

Notas al margen: el lenguaje como instrumento de dominio

Cuando el hispanismo trata de justificar la conquista de América,
(como si a un hecho histórico no le bastara con haber sido necesario o simplemente con *haber sido)* nos recuerda, entre sus aspectos positivos, que la
llegada de los descubridores a nuestro continente redujo la diversidad de los
5 dialectos de las tribus precolombinas a la unidad del idioma castellano.

Pero el hispanismo no se detiene a especificar cuándo y quiénes fueron
los beneficiarios del don que nos vino "de la mar salobre" y qué uso hicieron
de él, cómo lo aplicaron, a qué objetos, con qué intenciones, con cuáles resultados.

10 Y después de esto aún habría que discernir entre el valor del castellano
en zonas densamente pobladas de indígenas, con una tradición cultural propia y aún vigente y el sentido del castellano en lugares a los que la naturaleza
aún no había cedido su turno a la historia.

En el primer caso podríamos decir que el lenguaje—como la religión,
15 como la raza—constituye un privilegio que, paradójicamente (o al menos en

apariencia) tiende a dejar de serlo al divulgarse, al comunicarse, al extenderse.

Los esfuerzos de los frailes misioneros para incorporar a las grandes masas de la población autóctona a la cultura europea son memorables, entre
20 otras cosas, por su ineficacia. Pasado el primer ímpetu apostólico, las cosas, que habían ido colocándose en la jerarquía debida, tendieron a hacerla perseverar: el indio en la sumisión, el mestizo en la tierra de nadie del conflicto, el criollo[4] en el ocio, el peninsular en el poder.

Lo importante entonces era ostentar signos de distinción que eviden-
25 ciaran, a primera vista y a los ojos de cualquier extraño, el rango que se ocupaba en la sociedad. El color de la piel decía mucho pero no todo; había que añadir la pureza y la antigüedad de la fe y algo más: la propiedad de los medios orales de expresión.

La propiedad quizá se entendió, en un principio, como corrección
30 lingüística, pero muy pronto este concepto fue cambiado por el de la posesión; este corsé cayó en desuso para dejar paso libre a la abundancia. Hablar era una ocasión para exhibir los tesoros de los que se era propietario, para hacer ostentación del lujo, para suscitar envidia, aplauso, deseo de competir y de emular.[5]

35 Pero se hablaba ¿a quién? ¿O con quién? Se hablaba al siervo para dictarle una orden que al ser mal comprendida era peor ejecutada con lo que se daba pábulo[6] al desprecio; al neófito[7] para predicar un dogma que no solicitaba su comprensión sino su total aquiescencia; al vasallo para que obedeciera una ley que no por ser impenetrable dejara de ser obligatoria; al
40 público que asistía a los espectáculos en los que se dirimían[8] asuntos de honor, tiquis miquis[9] amorosos, problemas doctrinales y que agradecía ese momento de éxtasis, aunque salir de sí mismo no implicara, de ninguna manera, entrar en otro nivel de realidad de ningún tipo. Extasiarse era simplemente ausentarse. No estar acosado en la pista de la fuerza, perseguido en
45 el coto del terror,[10] sujeto en el feudo del castigo.

A esos largos, floridos, enfáticos monólogos correspondía (no respondía nunca, no podía responder) esa larga costumbre de callar que, según Larra,[11] entorpece la lengua. Y el indio la tenía torpe, ya de por sí, por su ignorancia. Y el mestizo por su timidez.

50 Los que hablaban, hablaban *con* sus iguales. El ocio regalaba al criollo la oportunidad de refinarse, de pulirse, de embellecerse con todas las galas que proporciona la riqueza y las que procura el ingenio.

La gala del idioma. Agiles torneos de vocablos, esgrima verbal. Se practica el virtuosismo y para mostrar la multiplicidad de los recursos se multipli-

---

4. Persona nacida en América de padres españoles.
5. Imitar.
6. Fomentaba.
7. Novicio, recién iniciado.

8. Ajustaban.
9. Pequeñeces, nimiedades.
10. Terreno o zona delimitada por el terror.
11. Ver p. 119.

55 can las dificultades a vencer. La frase se alambica,[12] se quiebra de sutil. Es el apogeo del barroco.

La palabra aquí no es ni el instrumento de la inteligencia ni el depósito de la memoria sino la "fermosa cobertura" con que se apacigua el horror al vacío, el talismán con el que se conjura la angustia. Por eso la palabra va a 60 traspasar las puertas de los estrados de las damas para ir a los calabozos en los que *El señor presidente*[13] encierra a sus enemigos.

"¡Hablen, sigan hablando, no se callen, por lo que más quieran en el mundo, que el silencio me da miedo, tengo miedo, se me figura que una mano alargada en la sombra va a cogernos del cuello para estrangularnos!" 65 La mano que se alarga con el propósito de estrangular no precisa de la complicidad de la tiniebla. Opera a plena luz y se llama de muchos modos: Opresión, Miseria, Injusticia, Dependencia.

Se llama, no la llaman. Los parlanchines[14] están demasiado absortos en el juego de palabras que, para que no se las lleve el viento, se clavan, como 70 a las mariposas, con el alfiler de la escritura. Helos aquí, amanuenses[15] atareados en el menester de construir un soneto que sea legible de arriba para abajo y viceversa, de izquierda a derecha y al revés; un acróstico acrobático; una silva en la que la selva se petrifique en mármoles helénicos. No importa que la selva estalle y la piedra se pudra. La palabra no ha sido vulnerada por- 75 que estaba aparte, y más allá de la piedra y de la selva. Se desgranaba eternamente en el reino de los sonidos puros.

EL LENGUAJE, POSIBILIDAD DE LIBERACION

Y mientras tanto este mundo, que no acaba nunca de ser descubierto, aguarda su bautismo. A las cosas, como cuenta García Márquez[16] que acontecía en Macondo, se les señala con el dedo, no con el nombre que las define, las ilumina, las sitúa.

5 Los usufructuarios del lenguaje lo malversaron durante tres, cuatro siglos, lo despilfarraron. No vale apelar al juicio de residencia[17] porque el caudal, ese caudal, es irrecuperable.

Hay que crear otro lenguaje, hay que partir desde otro punto, buscar la perla dentro de cada concha, la almendra en el interior de la corteza. Porque 10 la concha guarda otro tesoro, porque la corteza alberga otra sustancia. Porque la palabra es la encarnación de la verdad, porque el lenguaje tiene significado.

---

12. Se vuelve excesivamente sutil.
13. Ver pp. 387–93.
14. Habladores.
15. Escribanos.

16. Ver pp. 500–07.
17. Proceso por el cual la labor de los altos funcionarios coloniales era juzgada por la Corona española.

Ante este hecho ¿qué importa que las princesas estén tristes? El hada
Armonía ha cesado en sus funciones de engañar bobos, de "arrullar penas y
15 mecer congojas".[18]

Ahora la palabra anda de boca en boca, de mano en mano como una
moneda que sirve para cambiar ideas, para trocar opiniones, para comprar
voluntades.

Pero lo mismo que pasa con las monedas, que a fuerza de uso se desgas-
20 tan y pierden la nitidez del perfil que les da valor, las palabras van tornándose
equívocas, multívocas. Manoseadas, escupidas tienen que someterse a un
baño de pureza para recuperar su pristinidad.[19]

Y esa pristinidad consiste en la exactitud. La palabra es la flecha que da
en "su" blanco. Sustituirla por otra es traicionar a la cosa que aspiraba a ser
25 representada plena y fielmente, con nitidez, con precisión y no a que se le es-
bozara a grandes rasgos confusos, con la brocha gorda del pintor de burlas.

La palabra, que es única, es, al mismo tiempo y por eso mismo, grega-
ria. Al surgir convoca la presencia de todas las otras que le son afines, con las
que la atan lazos de sangre, asociaciones lícitas y constituye familias, conste-
30 laciones, estructuras.

Pueden ser complejas, pueden regirse por un orden que produzca placer en el contemplador. Lo que ya no les está permitido volver a ser nunca
es gratuitas. Las palabras han sido dotadas de sentido y el que las maneja pro-
fesionalmente no está facultado para despojarlas de ese sentido sino al con-
35 trario, comprometido a evidenciarlo, a hacerlo patente en cada instante, en
cada instancia.

El sentido de la palabra es su destinatario: el otro que escucha, que entiende y que, cuando responde, convierte a su interlocutor en el que escucha
y el que entiende, estableciendo así la relación del diálogo que sólo es posi-
40 ble entre quienes se consideran y se tratan como iguales y que sólo es fructífero entre quienes se quieren libres.

Preguntas

1. ¿Con quién dialoga el yo en "Válium 10"? ¿Qué recursos utiliza la
   poeta para describir la vida de la mujer? ¿Qué caracteriza su rutina
   diaria?
2. La famosa rima XXI de Bécquer se pregunta: "¿Qué es poesía?—
   dices mientras clavas/ en mi pupila tu pupila azul—/ ¿Qué es poesía?
   ¿y tú me lo preguntas?/ Poesía. . .eres tú". ¿Por qué cree Ud. que Castellanos decidió darle el nombre de *Poesía no eres tú* a su colección
   de poemas?
3. ¿Cómo se reconcilian el yo y el tú en "Poesía no eres tú"? ¿Quién es
   el otro y por qué puede ser mediador? ¿Qué diferencia hay entre la

18. Referencia a "Sonatina", famoso poema de   19. Originalidad.
Ruben Darío (ver pp. 261–62).

idea de contemplación y el mirar "frente a sí, hacia el otro" y por qué es importante esta distinción?

4. Explique por qué en "Notas al margen. . ." la autora ve el lenguaje cómo instrumento de dominio. ¿Qué entiende la autora por la "fermosa cobertura" del lenguaje? ¿Qué trampa encierra ella?

5. ¿Por qué, según Castellanos, es urgente crear otro lenguaje? ¿Qué entiende la autora por "pristinidad" de la palabra y cuál es el deber de quien maneja las palabras? Según ella, ¿cuándo es posible el verdadero diálogo?

CARLOS FUENTES

(1928, Ciudad de México)

     Intelectual brillante, escritor de vasta cultura, y narrador de rica temática y variada técnica, Carlos Fuentes es una de las figuras más prestigiosas del mundo de las letras, no sólo en el ámbito hispánico sino a nivel internacional. Hijo de un diplomático, vivió durante su infancia y adolescencia en distintos países, con prolongadas residencias en Washington (1932–38) y en Santiago de Chile y Buenos Aires (1939–44). En Chile asistió al mismo colegio inglés (Grange School) donde era alumno José Donoso y publicó sus primeros artículos y cuentos. En 1944 regresó a México, donde concluyó sus estudios secundarios y cursó la carrera de leyes, graduándose en 1949. En los años siguientes continuó su formación profesional en el Instituto de Altos Estudios Internacionales de Ginebra (1950–51) y se desempeñó como agregado cultural de su país en Suiza (1950–52).

El primer libro publicado por Fuentes fue una colección de cuentos, *Los días enmascarados* (1954) y su primera novela *La región más transparente* (1958). Desde 1959, y a excepción de los tres años que pasó en París como Embajador de México (1974–77), se ha dedicado por entero a las letras. Del mismo modo que su compatriota Octavio Paz, de quien recibió ideas y estímulo durante sus años formativos, Fuentes ha sido profesor y conferencista en las universidades más importantes de los Estados Unidos. Con una continuidad que revela su gran capacidad creadora, ha producido una docena de novelas, colecciones de cuentos, ensayos, artículos de crítica literaria y obras de teatro. Entre sus novelas se destacan *La muerte de Artemio Cruz* (1962), *Cambio de piel* (1967), *Terra Nostra* (1975), *Una familia lejana* (1980), *Gringo viejo* (1985) y *Cristóbal Nonato* (1987). En ellas el autor ofrece su visión de la historia mexicana, que él interpreta como una superposición y coexistencia de culturas distintas y aun contradictorias: el mundo mítico del indígena regido por el concepto cíclico del tiempo, la versión española del cristianismo, y la modernidad sustentada en los valores individualistas de la burguesía europea, cuya fe en la razón, la ciencia y el progreso produjo el gran desarrollo de los países industrializados.

La vigencia de los mitos indígenas como elemento subyacente del México moderno es una idea que recorre toda la obra de Fuentes, quien se ha referido a este tema en sus ensayos de *Tiempo mexicano* (1971). La revaloración del pasado inmediato representado por la Revolución Mexicana, hecha desde la perspectiva crítica del presente, en obras como *La muerte de Artemio Cruz,* la inserción de la realidad mexicana dentro de una perspectiva universal en *Cambio de piel* y la visión totalizadora, a la vez que americana, de *Terra Nostra* son los otros aspectos que distinguen la obra de Fuentes. En sus cuentos de *Los días enmascarados,* el autor evoca los mitos indígenas ("Chac Mool" y "Por boca de los dioses") y la historia mexicana ("Tlactocatzine, del Jardín de Flandes"). Allí y en su novela corta *Aura* (1962) Fuentes incursiona en el género fantástico, con el que también se vinculan, en menor grado, algunas de sus novelas posteriores como *Cumpleaños* (1969), *Una familia lejana* y *Cristóbal Nonato.* En contraste, su segunda colección de cuentos, *Cantar de ciegos* (1964), no incluye elementos irreales y presenta, en cambio, distintas facetas de la sociedad mexicana contemporánea.

Como crítico literario, Fuentes fue uno de los primeros en analizar el movimiento de la nueva narrativa en su libro *La nueva novela hispanoamericana* (1969). Ha publicado *Casa con dos puertas* (1970), una colección que incluye ensayos sobre William Faulkner, Ernest Hemingway, Jean Paul Sartre y William Styron (n. 1925), y *Cervantes o la crítica de la lectura* (1976), obra interpretativa del gran escritor que ahonda en las raíces de la cultura española.

"Chac Mool" toma su título del nombre dado al dios maya de la lluvia, cuyo culto fue especialmente importante en la región árida de Yucatán. El tema le fue sugerido al autor por una noticia periodística aparecida en 1952. Con motivo de una exposición de arte mexicano en París, se había embarcado con rumbo a Europa una imagen del dios; ésta desencadenó, según comentaron los periódicos, tormentas en alta mar y lluvias por todo el continente.

Bibliografía mínima

Brody, Robert y Charles Rossman, eds. *Carlos Fuentes: A Critical View*. Austin: U of Texas P, 1982.

Durán, Gloria. *La magia y las brujas en la obra de Carlos Fuentes*. México: UNAM, 1976.

Faris, Wendy B. *Carlos Fuentes*. New York: Ungar, 1983.

Filer, Malva E. "Los mitos indígenas en la obra de Carlos Fuentes". *Revista Iberoamericana* 50 (1984): 475–89.

Giacoman, Helmy F., ed. *Homenaje a Carlos Fuentes*. New York: Las Américas, 1972.

Reeve, Richard. "Los cuentos de Carlos Fuentes: de la fantasía al neorrealismo". *El cuento hispanoamericano ante la crítica*. Ed. Enrique Pupo-Walker. Madrid: Castalia, 1973. 249–63.

———. "Carlos Fuentes". *Narrativa y crítica de nuestra América*. Ed. Joaquín Roy. Madrid: Castalia, 1978. 287–316.

World Literature Today. Carlos Fuentes Issue 57, 4 (1983).

LOS DIAS ENMASCARADOS (1954)

Chac Mool

Hace poco tiempo, Filiberto murió ahogado en Acapulco. Sucedió en Semana Santa. Aunque despedido de su empleo en la Secretaría, Filiberto no pudo resistir la tentación burocrática de ir, como todos los años, a la pensión alemana, comer el *choucrout*[1] endulzado por el sudor de la cocina tropical,
5 bailar el sábado de gloria en La Quebrada, y sentirse "gente conocida" en el oscuro anonimato vespertino de la playa de Hornos. Claro, sabíamos que en su juventud había nadado bien, pero ahora, a los cuarenta, y tan desmejorado como se le veía, ¡intentar salvar, y a medianoche, un trecho tan largo! Frau Müller no permitió que se velara—cliente tan antiguo—en la pensión; por el
10 contrario, esa noche organizó un baile en la terracita sofocada, mientras Filiberto esperaba, muy pálido en su caja, a que saliera el camión matutino de la terminal, y pasó acompañado de huacales[2] y fardos la primera noche de su nueva vida. Cuando llegué, temprano, a vigilar el embarque del féretro, Filiberto estaba bajo un túmulo[3] de cocos; el chófer dijo que lo acomodáramos
15 rápidamente en el toldo y lo cubriéramos de lonas, para que no se espantaran los pasajeros, y a ver si no le habíamos echado la sal al viaje.

---

1. Repollo salado y fermentado, sauerkraut.
2. Guacales, cestas o jaulas hechas con varillas de madera; se llevan sobre las espaldas para transportar mercancías.
3. Montón.

Salimos de Acapulco, todavía en la brisa. Hasta[4] Tierra Colorada nacieron el calor y la luz. Con el desayuno de huevos y chorizo, abrí el cartapacio[5] de Filiberto, recogido el día anterior, junto con sus otras pertenencias, en la pensión de los Müller. Doscientos pesos. Un periódico viejo; cachos[6] de la lotería; el pasaje de ida—¿sólo de ida?—, y el cuaderno barato, de hojas cuadriculadas y tapas de papel mármol.

Me aventuré a leerlo, a pesar de las curvas, el hedor a vómito, y cierto sentimiento natural de respeto a la vida privada de mi difunto amigo. Recordaría—sí, empezaba con eso—nuestra cotidiana labor en la oficina; quizá, sabría por qué fue declinando, olvidando sus deberes, por qué dictaba oficios sin sentido, ni número, ni "sufragio efectivo".[7] Por qué, en fin, fue corrido, olvidada la pensión, sin respetar los escalafones.

"Hoy fui a arreglar lo de mi pensión. El licenciado, amabilísimo. Salí tan contento que decidí gastar cinco pesos en un café. Es el mismo al que íbamos de jóvenes y al que ahora nunca concurro, porque me recuerda que a los veinte años podía darme más lujos que a los cuarenta. Entonces todos estábamos en un mismo plano, hubiéramos rechazado con energía cualquier opinión peyorativa hacia los compañeros; de hecho librábamos la batalla por aquellos a quienes en la casa discutían la baja extracción o falta de elegancia. Yo sabía que muchos (quizás los más humildes) llegarían muy alto, y aquí, en la escuela, se iban a forjar las amistades duraderas en cuya compañía cursaríamos el mar bravío. No, no fue así. No hubo reglas. Muchos de los humildes quedaron allí, muchos llegaron más arriba de lo que pudimos pronosticar en aquellas fogosas, amables tertulias. Otros, que parecíamos prometerlo todo, quedamos a la mitad del camino, destripados en un examen extracurricular, aislados por una zanja invisible de los que triunfaron y de los que nada alcanzaron. En fin, hoy volví a sentarme en las sillas, modernizadas—también, como barricada de una invasión, la fuente de sodas—, y pretendí leer expedientes. Vi a muchos, cambiados, amnésicos, retocados de luz neón, prósperos. Con el café que casi no reconocía, con la ciudad misma, habían ido cincelándose[8] a ritmo distinto del mío. No, ya no me reconocían, o no me querían reconocer. A lo sumo—uno o dos—una mano gorda y rápida en el hombro. *Adiós, viejo, qué tal.* Entre ellos y yo, mediaban los dieciocho agujeros del Country Club. Me disfracé en los expedientes. Desfilaron los años de las grandes ilusiones, de los pronósticos felices, y, también, todas las omisiones que impidieron su realización. Sentí la angustia de no poder meter los dedos en el pasado y pegar los trozos de algún rompecabezas abandonado;

---

4. Aquí significa recién (en), según el uso generalizado en México.

5. Carpeta para meter papeles.

6. Boletos.

7. "¡Sufragio efectivo; no reelección!" fue el lema con el que Francisco Madero y los revolucionarios mexicanos se opusieron a la ree-

lección del general Porfirio Díaz. La alusión es irónica, ya que el lema revolucionario se ha transformado, según el texto, en una frase vacía de significado que se agrega ritualmente a los documentos oficiales.

8. Tomando forma, como grabados con cincel.

pero el arcón[9] de los juguetes se va olvidando, y al cabo, quién sabrá a dónde
55 fueron a dar los soldados de plomo, los cascos, las espadas de madera. Los dis-
fraces tan queridos, no fueron más que eso. Y, sin embargo, había habido
constancia, disciplina, apego al deber. ¿No era suficiente, o sobraba? No dejaba, en ocasiones, de asaltarme el recuerdo de Rilke. La gran recompensa de
la aventura de juventud debe ser la muerte; jóvenes, debemos partir con
60 todos nuestros secretos. Hoy, no tendría que volver la vista a las ciudades de
sal. ¿Cinco pesos? Dos de propina".

"Pepe, aparte de su pasión por el derecho mercantil, gusta de teorizar.
Me vio salir de Catedral, y juntos nos encaminamos a Palacio. El es descreído, *la religión*
pero no le basta: en media cuadra tuvo que fabricar una teoría. Que si no *y México*
65 fuera mexicano, no adoraría a Cristo, y —No, mira, parece evidente. Llegan
los españoles y te proponen adores a un Dios, muerto hecho un coágulo, con
el costado herido, clavado en una cruz. Sacrificado. Ofrendado. ¿Qué cosa
más natural que aceptar un sentimiento tan cercano a todo tu ceremonial, a
toda tu vida. . .? Figúrate, en cambio, que México hubiera sido conquistado
70 por budistas o mahometanos. No es concebible que nuestros indios venera-
ran a un individuo que murió de indigestión. Pero un Dios al que no le basta
que se sacrifiquen por él, sino que incluso va a que le *pulled up* arranquen el corazón,
¡caramba, jaque mate a Huitzilopochtli![10] El cristianismo, en su sentido cá-
lido, sangriento, de sacrificio y liturgia, se vuelve una prolongación natural
75 y novedosa de la religión indígena. Los aspectos de caridad, amor, y la otra
mejilla, en cambio, son rechazados. Y todo en México es eso: hay que matar
a los hombres para poder creer en ellos.

"Pepe conocía mi afición, desde joven, por ciertas formas del arte indígena mexicano. Yo colecciono estatuillas, ídolos, cacharros. Mis fines de se-
80 mana los paso en Tlaxcala,[11] o en Teotihuacán.[12] Acaso por esto le guste relacionar todas las teorías que elabora para mi consumo con estos temas. Por
cierto que busco una réplica razonable del Chac Mool desde hace tiempo, y
hoy Pepe me informa de un lugar en la Lagunilla donde venden uno de piedra,
y parece que barato. Voy a ir el domingo.

85 "Un guasón[13] pintó de rojo el agua del garrafón[14] en la oficina, con la
consiguiente perturbación de las labores. He debido consignarlo al director,

---

9. Arca grande, caja de madera con tapa sujeta con goznes.
10. Dios de la guerra, el principal del panteón
azteca.
11. Capital del estado del mismo nombre, el
más pequeño de los estados que componen la
república mexicana. Ocupa aproximadamente
el área del antiguo principado de Tlaxcala, el
cual se negó a aceptar el dominio de la con-
federación azteca y fue el más importante

aliado indígena de Cortés en la conquista de
México.
12. "Teotihuacán" significa "morada de los
dioses". Antiguo centro religioso de la civilización tolteca situado al noreste de la ciudad
de México, del que se han preservado las pirámides al sol y a la luna y templos en ruinas.
13. Burlón, que gasta bromas.
14. Aumentativo de garrafa.

a quien sólo le dio mucha risa. El culpable se ha valido de esta circunstancia para hacer sarcasmos a mis costillas el día entero, todo en torno al agua. ¡Ch. . .!"

90   "Hoy, domingo, aproveché para ir a la Lagunilla. Encontré el Chac Mool en la tienducha[15] que me señaló Pepe. Es una pieza preciosa, de tamaño natural, y aunque el marchante asegura su originalidad, lo dudo. La piedra es corriente, pero ello no aminora la elegancia de la postura o lo macizo del bloque. El desleal vendedor le ha embarrado salsa de tomate en la barriga para
95   convencer a los turistas de la autenticidad sangrienta de la escultura.

"El traslado a la casa me costó más que la adquisición. Pero ya está aquí, por el momento en el sótano mientras reorganizo mi cuarto de trofeos a fin de darle cabida. Estas figuras necesitan sol, vertical y fogoso; ése fue su elemento y condición. Pierde mucho en la oscuridad del sótano, como simple
100   bulto agónico,[16] y su mueca parece reprocharme que le niegue la luz. El comerciante tenía un foco exactamente vertical a la escultura, que recortaba todas las aristas, y le daba una expresión más amable a mi Chac Mool. Habrá que seguir su ejemplo".

"Amanecí con la tubería descompuesta. Incauto, dejé correr el agua de
105   la cocina, y se desbordó, corrió por el suelo y llegó hasta el sótano, sin que me percatara. El Chac Mool resiste la humedad, pero mis maletas sufrieron; y todo esto, en día de labores, me ha obligado a llegar tarde a la oficina".

"Vinieron, por fin, a arreglar la tubería. Las maletas, torcidas. Y el Chac Mool, con lama[17] en la base".

110   "Desperté a la una: había escuchado un quejido terrible. Pensé en ladrones. Pura imaginación".

"Los lamentos nocturnos han seguido. No sé a qué atribuirlo, pero estoy nervioso. Para colmo de males, la tubería volvió a descomponerse, y las lluvias se han colado, inundando el sótano".

115   "El plomero no viene, estoy desesperado. Del Departamento del Distrito Federal, más vale no hablar. Es la primera vez que el agua de las lluvias no obedece a las coladeras y viene a dar a mi sótano. Los quejidos han cesado: vaya una cosa por otra".

"Secaron el sótano, y el Chac Mool está cubierto de lama. Le da un as-
120   pecto grotesco, porque toda la masa de la escultura parece padecer de una

15. Forma despectiva; tienda pequeña que vende artículos de poca calidad y bajo precio.

16. Que se halla en la agonía, al borde de la muerte.
17. Musgo.

erisipela[18] verde, salvo los ojos, que han permanecido de piedra. Voy a aprovechar el domingo para raspar el musgo. Pepe me ha recomendado cambiarme
a un apartamiento, y en el último piso, para evitar estas tragedias acuáticas.
Pero no puedo dejar este caserón, ciertamente muy grande para mí solo, un
125 poco lúgubre en su arquitectura porfiriana,[19] pero que es la única herencia
y recuerdo de mis padres. No sé qué me daría ver una fuente de sodas con
sinfonola en el sótano y una casa de decoración en la planta baja".

"Fui a raspar la lama del Chac Mool con una espátula.[20] El musgo parecía
ya parte de la piedra; fue labor de más de una hora, y sólo a las seis de la tarde
130 pude terminar. No era posible distinguir en la penumbra, y al dar fin al trabajo, con la mano seguí los contornos de la piedra. Cada vez que raspaba el
bloque parecía reblandecerse. No quise creerlo: era ya casi una pasta. Este
mercader de la Lagunilla me ha timado.[21] Su escultura precolombina es puro
yeso, y la humedad acabará por arruinarla. Le he puesto encima unos trapos,
135 y mañana la pasaré a la pieza de arriba, antes de que sufra un deterioro total".

"Los trapos están en el suelo. Increíble. Volví a palpar el Chac Mool. Se
ha endurecido, pero no vuelve a la piedra. No quiero escribirlo: hay en el
torso algo de la textura de la carne, lo aprieto como goma, siento que algo
corre por esa figura recostada. . . Volví a bajar en la noche. No cabe duda: el
140 Chac Mool tiene vello en los brazos".

"Esto nunca me había sucedido. Tergiversé los asuntos en la oficina:
giré una orden de pago que no estaba autorizada, y el director tuvo que llamarme la atención. Quizá me mostré hasta descortés con los compañeros.
Tendré que ver a un médico, saber si es imaginación, o delirio, o qué, y desha-
145 cerme de ese maldito Chac Mool".

Hasta aquí, la escritura de Filiberto era la vieja, la que tantas veces vi en
memoranda[22] y formas, ancha y ovalada. La entrada del 25 de agosto, parecía
escrita por otra persona. A veces como niño, separando trabajosamente cada
letra; otras, nerviosa, hasta diluirse en lo ininteligible. Hay tres días vacíos, y
150 el relato continúa:

"Todo es tan natural; y luego, se cree en lo real. . ., pero esto lo es, más
que lo creído por mí. Si es real un garrafón, y más, porque nos damos mejor
cuenta de su existencia, o estar, si un bromista pinta de rojo el agua. . . Real
bocanada de cigarro efímera, real imagen monstruosa es un espejo de circo,
155 reales, ¿no lo son todos los muertos, presentes y olvidados. . .? Si un hombre

---

18. Inflamación superficial de la piel, acompañada de fiebre.
19. De la época de Porfirio Díaz.
20. Paleta pequeña con bordes afilados y

mango largo que usan los pintores.
21. Estafado, engañado.
22. Plural de memorandum; comunicaciones
breves, por lo común no firmadas.

atravesara el Paraíso en un sueño, y le dieran una flor como prueba de que había estado allí, y si al despertar encontrara esa flor en su mano..., ¿entonces qué...? Realidad: cierto día la quebraron en mil pedazos, la cabeza fue a dar allá, la cola aquí, y nosotros no conocemos más que uno de los trozos des-
160 prendidos de su gran cuerpo. Oceáno libre y ficticio, sólo real cuando se le aprisiona en un caracol. Hasta hace tres días, mi realidad lo era al grado de haberse borrado hoy: era movimiento reflejo, rutina, memoria, cartapacio. Y luego, como la tierra que un día tiembla para que recordemos su poder, o la muerte que llegará, recriminando mi olvido de toda la vida, se presenta otra
165 realidad que sabíamos estaba allí, mostrenca,[23] y que debe sacudirnos para hacerse viva y presente. Creía, nuevamente, que era imaginación: el Chac Mool, blando y elegante, había cambiado de color en una noche; amarillo, casi dorado, parecía indicarme que era un Dios, por ahora laxo, con las rodillas menos tensas que antes, con la sonrisa más benévola. Y ayer, por fin, un
170 despertar sobresaltado, con esa seguridad espantosa de que hay dos respiraciones en la noche, de que en la oscuridad laten más pulsos que el propio. Sí, se escuchaban pasos en la escalera. Pesadilla. Vuelta a dormir... No sé cuánto tiempo pretendí dormir. Cuando volví a abrir los ojos, aún no amanecía. El cuarto olía a horror, a incienso y sangre. Con la mirada negra, recorrí la recá-
175 mara,[24] hasta detenerme en dos orificios de luz parpadeante, en dos flámulas[25] crueles y amarillas.

"Casi sin aliento encendí la luz.

"Allí estaba Chac Mool, erguido, sonriente, ocre, con su barriga encarnada. Me paralizaban los dos ojillos, casi bizcos,[26] muy pegados a la nariz
180 triangular. Los dientes inferiores, mordiendo el labio superior, inmóviles; sólo el brillo del casquetón[27] cuadrado sobre la cabeza anormalmente voluminosa, delataba vida. Chac Mool avanzó hacia la cama; entonces empezó a llover".

Recuerdo que a fines de agosto, Filiberto fue despedido de la Secre-
185 taría, con una recriminación pública del director, y rumores de locura y aun robo. Esto no lo creía. Sí vi unos oficios[28] descabellados, preguntando al Oficial Mayor si el agua podía olerse, ofreciendo sus servicios al Secretario de Recursos Hidráulicos para hacer llover en el desierto. No supe qué explicación darme; pensé que las lluvias excepcionalmente fuertes, de ese verano,
190 lo habían enervado. O que alguna depresión moral debía producir la vida en aquel caserón antiguo, con la mitad de los cuartos bajo llave y empolvados, sin criados ni vida de familia. Los apuntes siguientes son de fines de septiembre:

---

23. Que no tiene hogar o amo conocido; de esta palabra proviene el término "mustang".
24. Alcoba, dormitorio.
25. Llamitas.

26. Torcidos, encontrados.
27. Tocado o gorro del Chac Mool.
28. Comunicaciones escritas, referentes a los asuntos del servicio público.

"Chac Mool puede ser simpático cuando quiere. . ., un gluglu de agua
195 embelesada. . . Sabe historias fantásticas sobre los monzones,[29] las lluvias
ecuatoriales, el castigo de los desiertos; cada planta arranca de su paternidad
mítica: el sauce, su hija descarriada; los lotos, sus mimados; su suegra: el
cacto. Lo que no puedo tolerar es el olor, extrahumano, que emana de esa
carne que no lo es, de las chanclas[30] flameantes de ancianidad. Con risa estri-
200 dente, el Chac Mool revela cómo fue descubierto por Le Plongeon,[31] y
puesto, físicamente, en contacto con hombres de otros símbolos. Su espíritu
ha vivido en el cántaro y la tempestad, natural; otra cosa es su piedra, y haberla arrancado al escondite es artificial y cruel. Creo que nunca lo perdona-
rá el Chac Mool. El sabe de la inminencia del hecho estético.

205   "He debido proporcionarle sapolio[32] para que se lave el estómago que
el mercader le untó de *ketchup* al creerlo azteca. No pareció gustarle mi
pregunta sobre su parentesco con Tláloc,[33] y, cuando se enoja, sus dientes, de
por sí repulsivos, se afilan y brillan. Los primeros días, bajó a dormir al sótano; desde ayer, en mi cama".

210   "Ha empezado la temporada seca. Ayer, desde la sala en la que duermo
ahora, comencé a oír los mismos lamentos roncos del principio, seguidos de
ruidos terribles. Subí y entreabrí la puerta de la recámara: el Chac Mool estaba rompiendo las lámparas, los muebles; saltó hacia la puerta con las manos
arañadas, y apenas pude cerrar e irme a esconder al baño. . . Luego, bajó ja-
215 deante y pidió agua; todo el día tiene corriendo las llaves, no queda un centí-
metro seco en la casa. Tengo que dormir muy abrigado, y le he pedido no
empapar la sala más".[34]

"El Chac Mool inundó hoy la sala. Exasperado, dije que lo iba a devolver
a la Lagunilla. Tan terrible como su risilla—horrorosamente distinta a cual-
220 quier risa de hombre o animal—fue la bofetada que me dio, con ese brazo
cargado de brazaletes pesados. Debo reconocerlo: soy su prisionero. Mi idea
original era distinta: yo dominaría al Chac Mool, como se domina a un
juguete; era, acaso, una prolongación de mi seguridad infantil; pero la
niñez—¿quién lo dijo?—es fruto comido por los años, y yo no me he dado
225 cuenta. . . Ha tomado mi ropa, y se pone las batas cuando empieza a brotarle

29. Vientos periódicos en el Océano Indico.
30. Zapatos viejos cuyos talones están ya caí-
dos y aplastados por el mucho uso.
31. Le Plongeon, Augustus (1826–1908): médico, estudioso de las culturas precolombinas
y explorador de las ruinas mayas. Autor de
*Sacred Mysteries Among the Mayas and the
Quichés* (1886) y *Queen Móo and The Egyp-
tian Sphinx* (1896). El texto de Fuentes parece aludir al hecho de que Le Plongeon descubrió sorprendentes analogías entre el

lenguaje, la cosmogonía y los conceptos religiosos de los mayas y los de las antiguas civilizaciones del Asia, Africa y Europa.
32. Del nombre de la marca de fábrica. Jabón
duro que lleva polvo de piedra pómez. Sirve
para fregar y pulir objetos no metálicos.
33. Dios azteca de la lluvia; distribuye la lluvia, el huracán y la sequía.
34. Filiberto no explica en qué lengua se entendía con el Chac Mool [nota del autor].

musgo verde. El Chac Mool está acostumbrado a que se le obedezca, por siempre; yo, que nunca he debido mandar, sólo puedo doblegarme. Mientras no llueva—¿y su poder mágico?—vivirá colérico o irritable".

"Hoy descubrí que en las noches el Chac Mool sale de la casa. Siempre,
230 al obscurecer, canta una canción chirriona[35] y anciana, más vieja que el canto mismo. Luego, cesa. Toqué varias veces a su puerta, y cuando no me contestó, me atreví a entrar. La recámara, que no había vuelto a ver desde el día en que intentó atacarme la estatua, está en ruinas, y allí se concentra ese olor a incienso y sangre que ha permeado la casa. Pero, detrás de la puerta, hay hue-
235 sos: huesos de perros, de ratones y gatos. Esto es lo que roba en la noche el Chac Mool para sustentarse. Esto explica los ladridos espantosos de todas las madrugadas".

"Febrero, seco. Chac Mool vigila cada paso mío; ha hecho que telefonee a una fonda para que me traigan diariamente arroz con pollo. Pero lo
240 sustraído de la oficina ya se va a acabar. Sucedió lo inevitable: desde el día primero, cortaron el agua y la luz por falta de pago. Pero Chac ha descubierto una fuente pública a dos cuadras de aquí; todos los días hago diez o doce viajes por agua, y él me observa desde la azotea. Dice que si intento huir me fulminará; también es Dios del Rayo. Lo que él no sabe es que estoy al tanto de
245 sus correrías nocturnas. . . Como no hay luz, debo acostarme a las ocho. Ya debería estar acostumbrado al Chac Mool, pero hace poco, en la obscuridad, me topé con él en la escalera, sentí sus brazos helados, las escamas de su piel renovada, y quise gritar.
"Si no llueve pronto, el Chac Mool va a convertirse en piedra otra vez.
250 He notado su dificultad reciente para moverse; a veces se reclina durante horas, paralizado, y parece ser, de nuevo un ídolo. Pero estos reposos sólo le dan nuevas fuerzas para vejarme, arañarme, como si pudiera arrancar algún líquido de mi carne. Ya no tienen lugar aquellos intermedios amables en que relataba viejos cuentos; creo notar un resentimiento concentrado. Ha habido
255 otros indicios que me han puesto a pensar: se está acabando mi bodega; acaricia la seda de las batas; quiere que traiga una criada a la casa; me ha hecho enseñarle a usar jabón y lociones. Creo que el Chac Mool está cayendo en tentaciones humanas; incluso hay algo viejo en su cara que antes parecía eterna. Aquí puede estar mi salvación: si el Chac se humaniza, posiblemente
260 todos sus siglos de vida se acumulen en un instante y caiga fulminado. Pero también, aquí, puede germinar mi muerte: el Chac no querrá que asista a su derrumbe, es posible que desee matarme.
"Hoy aprovecharé la excursión nocturna de Chac para huir. Me iré a Acapulco; veremos qué puede hacerse para adquirir trabajo, y esperar la

---

35. Desentonada.

265 muerte del Chac Mool: sí, se avecina; está canoso, abotagado.[36] Necesito aso-
learme,[37] nadar, recuperar fuerza. Me quedan cuatrocientos pesos. Iré a la
Pensión Müller, que es barata y cómoda: Que se adueñe de todo el Chac
Mool: a ver cuánto dura sin mis baldes de agua''.

Aquí termina el diario de Filiberto. No quise volver a pensar en su re-
270 lato; dormí hasta Cuernavaca. De ahí a México pretendí dar coherencia al escrito, relacionarlo con exceso de trabajo, con algún motivo sicológico.
Cuando a las nueve de la noche llegamos a la terminal, aún no podía concebir
la locura de mi amigo. Contraté una camioneta para llevar el féretro a casa de
Filiberto y desde allí ordenar su entierro.
275 Antes de que pudiera introducir la llave en la cerradura, la puerta se
abrió. Apareció un indio amarillo, en bata de casa, con bufanda. Su aspecto
no podía ser más repulsivo; despedía un olor a loción barata; su cara, pol-
veada, quería cubrir las arrugas; tenía la boca embarrada de lápiz labial mal
aplicado, y el pelo daba la impresión de estar teñido.
280 —Perdone. . ., no sabía que Filiberto hubiera. . .
—No importa; lo sé todo. Dígales a los hombres que lleven el cadáver
al sótano.

Preguntas

1. ¿Cómo caracterizaría Ud. la situación psicológica y social de Filiberto?
2. ¿Qué función cumple la afición del personaje a "ciertas formas del
   arte indígena mexicano"?
3. ¿Qué ideas acerca del pasado y presente de México comunica el relato?
4. ¿Observa Ud. analogías entre este cuento y otros de autores contemporáneos, como "La isla a mediodía" de Cortázar?
5. ¿Cómo preserva el autor la ambigüedad del desenlace, permitiendo
   tanto la interpretación fantástica como la racional?

---

36. Hinchado.   37. Tomar sol.

GABRIEL GARCIA MARQUEZ

(1928, Aracataca, Colombia)

Photo Credit: Layle Silbert

     Figura estelar de la narrativa hispanoamericana contemporánea, Gabriel García Márquez ha conquistado el interés y la admiración de un extraordinario número de lectores, tanto dentro como fuera del mundo hispánico. La celebridad del autor de *Cien años de soledad* (1967) y ganador del Premio Nobel de Literatura (1982) ha llegado como culminación de un largo y sostenido esfuerzo. Nació en Aracataca, pequeño pueblo colombiano de la costa del Caribe, y vivió allí, en casa de sus abuelos maternos, hasta la edad de ocho años. Esta zona del país había pasado por una época de gran prosperidad durante la "fiebre del banano", cuando asentó su dominio la United Fruit Company y llegaron a trabajar allí millares de forasteros. Fue ésta, sin embargo, una prosperidad ilusoria y efímera, pagada con la explotación económica y la represión política de los trabajadores colombianos.

Para 1928, Aracataca era un pueblo que vivía de recuerdos y de leyendas embellecedoras del pasado esplendor. El futuro escritor recogió en su infancia recuerdos y anécdotas pintorescas, así como las memorias de las guerras civiles narradas por su abuelo, quien había peleado en el bando liberal. Con este material de base histórica, transformado por la memoria y la ficción, construye García Márquez la historia del pueblo de Macondo, desde su primera, y más realista novela *La hojarasca* (1955), hasta el mundo mítico de *Cien años de soledad.* Antes de dedicarse por entero a las letras, cursó estudios de Leyes en las universidades de Bogotá y Cartagena, pero los abandonó para dedicarse al periodismo. La vida de García Márquez, como la de todos los jóvenes colombianos de su generación, fue afectada por la violencia que estalló en el país a raíz del asesinato del candidato liberal a la presidencia de la república, Jorge Eliecer Gaitán (1948). Esta atmósfera de violencia y las causas que la provocaron, dieron luego materia a su segunda novela *La mala hora* (1962) y están presentes en casi toda su obra posterior.

García Márquez escribió para periódicos de Cartagena, Barranquilla y Bogotá. Como corrresponsal del diario *El espectador,* donde publicó sus primeros cuentos, fue enviado a Ginebra, Roma y París. Estudió en Roma (1954) dirección cinematográfica. En 1955, durante su residencia en París, se quedó sin empleo al ser clausurado *El espectador* bajo la dictadura del general Gustavo Rojas Pinilla (1953–57), pero pudo dedicarse a su obra narrativa. De esa época datan *La hojarasca, La mala hora* (terminada en 1957) y las varias versiones de *El coronel no tiene quien le escriba,* novela corta que no publicó hasta 1961. Los años siguientes lo obligaron a frecuentes cambios. Trabajó para *Prensa Latina* primero en Bogotá y luego en Cuba y Nueva York (1959–60) y se ganó la vida como periodista y escritor de guiones cinematográficos en México (1961–67). Allí publicó *La mala hora* y *Los funerales de la Mamá Grande* (1962); el cuento que da título a esta colección anuncia ya la libertad imaginativa, los elementos satíricos y humorísticos y la exageración grotesca que caracterizan a *Cien años de soledad,* publicada en Buenos Aires durante la permanencia del autor en México.

Desde 1967 hasta 1982, el escritor colombiano vivió en Barcelona, donde pudo dedicarse totalmente a la creación literaria. En los últimos años alterna residencia entre México y Colombia. Además de las obras ya citadas, deben mencionarse *El otoño del patriarca* (1975), visión pesadillesca y penetrante de la psicología del dictador, *Crónica de una muerte anunciada* (1981), novela que parodia las formas tradicionales del género policíaco y de la cual se ha hecho una versión cinematográfica y *El amor en los tiempos del cólera* (1985), historia que ahonda en el sentimiento del amor a través de las distintas estaciones de la vida.

"La siesta del martes" es el primer cuento de la colección *Los funerales de la Mamá Grande.* Con estilo sobrio y contenido, el relato comunica el drama de la pobreza y la injusticia social en un mundo indiferente al sufrimiento ajeno. La madre de Carlos Centeno, con su actitud digna y estoica frente a la pérdida del hijo, proyecta un imagen de fortaleza moral y valentía frente a los mezquinos representantes de la moral oficial.

Bibliografía mínima

Arnau, Carmen. *El mundo mítico de García Márquez.* Barcelona: Península, 1971.
Benedetti, Mario, et al. *Nueve asedios a García Márquez.* Santiago de Chile: Editorial Universitaria, 1972.
Campra, Rosalba. "Las técnicas del sentido en los cuentos de Gabriel García Márquez". *Revista Iberoamericana* 50 (1984): 937–55.
Earle, Peter G., ed. *Gabriel García Márquez: el escritor y la crítica.* Madrid: Taurus, 1981.
Maturo, Graciela. *Claves simbólicas de García Márquez.* Buenos Aires: García Cambeiro, 1972.
McMurray, George R. *Gabriel García Márquez.* New York: Ungar, 1977.
Peel, Roger M. "Los cuentos de García Márquez". *El cuento hispanoamericano ante la crítica.* Ed. Enrique Pupo-Walker. Madrid: Castalia, 1973. 235–48.
Vargas Llosa, Mario. *García Márquez: historia de un deicidio.* Barcelona: Barral, 1971.

LOS FUNERALES DE LA MAMA GRANDE (1962)

La siesta del martes

El tren salió del trepidante corredor de rocas bermejas,[1] penetró en las plantaciones de banano, simétricas e interminables, y el aire se hizo húmedo y no se volvió a sentir la brisa del mar. Una humareda sofocante entró por la ventanilla del vagón. En el estrecho camino paralelo a la vía férrea había ca-
5 rretas de bueyes cargadas de racimos verdes. Al otro lado del camino, en intempestivos espacios sin sembrar, había oficinas con ventiladores eléctricos, campamentos de ladrillos rojos y residencias con sillas y mesitas blancas en las terrazas, entre palmeras y rosales polvorientos. Eran las once de la mañana y aún no había empezado el calor.
10 —Es mejor que subas el vidrio—dijo la mujer—. El pelo se te va a llenar de carbón.
La niña trató de hacerlo pero la persiana[2] estaba bloqueada por óxido. Eran los únicos pasajeros en el escueto vagón de tercera clase. Como el humo de la locomotora siguió entrando por la ventanilla, la niña abandonó el
15 puesto y puso en su lugar los únicos objetos que llevaban: una bolsa de material plástico con cosas de comer y un ramo de flores envuelto en papel de periódicos. Se sentó en el asiento opuesto, alejada de la ventanilla, de frente a su madre. Ambas guardaban un luto riguroso y pobre.
La niña tenía doce años y era la primera vez que viajaba. La mujer parecía
20 demasiado vieja para ser su madre, a causa de las venas azules en los párpados y del cuerpo pequeño, blando y sin formas, en un traje cortado como una sotana. Viajaba con la columna vertebral firmemente apoyada con-

---

1. Rojizas.   2. Cortina metálica.

tra el espaldar del asiento, sosteniendo en el regazo con ambas manos una
cartera de charol³ desconchado.⁴ Tenía la serenidad escrupulosa de la gente
25 acostumbrada a la pobreza.

A las doce había empezado el calor. El tren se detuvo diez minutos en
una estación sin pueblo para abastecerse de agua. Afuera, en el misterioso silencio de las plantaciones, la sombra tenía un aspecto limpio. Pero el aire es-
tancado dentro del vagón olía a cuero sin curtir.⁵ El tren no volvió a acelerar.
30 Se detuvo en dos pueblos iguales, con casas de madera pintadas de colores vivos. La mujer inclinó la cabeza y se hundió en el sopor. La niña se quitó los
zapatos. Después fue a los servicios sanitarios a poner en agua el ramo de
flores muertas.

Cuando volvió al asiento la madre la esperaba para comer. Le dio un pe-
35 dazo de queso, medio bollo de maíz y una galleta dulce, y sacó para ella de
la bolsa de material plástico una ración igual. Mientras comían, el tren atravesó muy despacio un puente de hierro y pasó de largo por un pueblo igual a
los anteriores, sólo que en éste había una multitud en la plaza. Una banda de
músicos tocaban una pieza alegre bajo el sol aplastante. Al otro lado del pue-
40 blo, en una llanura cuarteada⁶ por la aridez, terminaban las plantaciones.

La mujer dejó de comer.

—Ponte los zapatos—dijo.

La niña miró hacia el exterior. No vio nada más que la llanura desierta
por donde el tren empezaba a correr de nuevo, pero metió en la bolsa el úl-
45 timo pedazo de galleta y se puso rápidamente los zapatos. La mujer le dio la
peineta.

—Péinate—dijo.

El tren empezó a pitar mientras la niña se peinaba. La mujer se secó el
sudor del cuello y se limpió la grasa de la cara con los dedos. Cuando la niña
50 acabó de peinarse el tren pasó frente a las primeras casas de un pueblo más
grande pero más triste que los anteriores.

—Si tienes ganas de hacer algo, hazlo ahora—dijo la mujer—. Después, aunque te estés muriendo de sed no tomes agua en ninguna parte.
Sobre todo, no vayas a llorar.

55 La niña aprobó con la cabeza. Por la ventanilla entraba un viento ardiente y seco, mezclado con el pito de la locomotora y el estrépito de los viejos vagones. La mujer enrolló la bolsa con el resto de los alimentos y la metió
en la cartera. Por un instante, la imagen total del pueblo, en el luminoso martes de agosto, resplandeció en la ventanilla. La niña envolvió las flores en los
60 periódicos empapados, se apartó un poco más de la ventanilla y miró
fijamente a su madre. Ella le devolvió una expresión apacible. El tren acabó
de pitar y disminuyó la marcha. Un momento después se detuvo.

3. Cuero revestido de un barniz muy brillante y flexible.
4. Material gastado: se refiere al charol, que

ha perdido su brillo.
5. Preparar las pieles.
6. Resquebrajada.

No había nadie en la estación. Del otro lado de la calle, en la acera som-
breada por los almendros, sólo estaba abierto el salón del billar. El pueblo flo-
65 taba en el calor. La mujer y la niña descendieron del tren, atravesaron la estación abandonada cuyas baldosas[7] empezaban a cuartearse por la presión de
la hierba, y cruzaron la calle hasta la acera de sombra.

Eran casi las dos. A esa hora, agobiado por el sopor, el pueblo hacía la
siesta. Los almacenes, las oficinas públicas, la escuela municipal, se cerraban
70 desde las once y no volvían a abrirse hasta un poco antes de las cuatro,
cuando pasaba el tren de regreso. Sólo permanecían abiertos el hotel frente
a la estación, su cantina y su salón de billar, y la oficina del telégrafo a un lado
de la plaza. Las casas, en su mayoría construidas sobre el modelo de la compañía bananera, tenían las puertas cerradas por dentro y las persianas bajas.
75 En algunas hacía tanto calor que sus habitantes almorzaban en el patio. Otros
recostaban un asiento a la sombra de los almendros y hacían la siesta senta-
dos en plena calle.

Buscando siempre la protección de los almendros la mujer y la niña
penetraron en el pueblo sin perturbar la siesta. Fueron directamente a la casa
80 cural. La mujer raspó con la uña la red metálica de la puerta, esperó un instante y volvió a llamar. En el interior zumbaba un ventilador eléctrico. No se
oyeron los pasos. Se oyó apenas el leve crujido de una puerta y en seguida
una voz cautelosa muy cerca de la red metálica: "¿Quién es?" La mujer trató
de ver a través de la red metálica.

85   —Necesito al padre—dijo.
—Ahora está durmiendo.
—Es urgente—insistió la mujer.
Su voz tenía una tenacidad reposada.
La puerta se entreabrió sin ruido y apareció una mujer madura y regor-
90 deta, de cutis muy pálido y cabellos color de hierro. Los ojos parecían dema-
siado pequeños detrás de los gruesos cristales de los lentes.
—Sigan—dijo, y acabó de abrir la puerta.
Entraron en una sala impregnada de un viejo olor de flores. La mujer de
la casa los condujo hasta un escaño[8] de madera y les hizo señas de que se sen-
95 taran. La niña lo hizo, pero su madre permaneció de pie, absorta, con la cartera apretada en las dos manos. No se percibía ningún ruido detrás del ventilador eléctrico.
La mujer de la casa apareció en la puerta del fondo.
—Dice que vuelvan después de las tres—dijo en voz muy baja—. Se
100 acostó hace cinco minutos.
—El tren se va a las tres y media—dijo la mujer.
Fue una réplica breve y segura, pero la voz seguía siendo apacible, con
muchos matices. La mujer de la casa sonrió por primera vez.

7. Piezas de ladrillo generalmente fino que   8. Banco con respaldo donde pueden sen-
se usan para cubrir pisos.   tarse tres o más personas.

—Bueno—dijo.

Cuando la puerta del fondo volvió a cerrarse la mujer se sentó junto a su hija. La angosta sala de espera era pobre, ordenada y limpia. Al otro lado de una baranda de madera que dividía la habitación, había una mesa de trabajo, sencilla, con un tapete de hule,[9] encima de la mesa una máquina de escribir primitiva junto a un vaso con flores. Detrás estaban los archivos parroquiales. Se notaba que era un despacho arreglado por una mujer soltera.

La puerta del fondo se abrió y esta vez apareció el sacerdote limpiando los lentes con un pañuelo. Sólo cuando se los puso pareció evidente que era hermano de la mujer que había abierto la puerta.

—¿Qué se le ofrece?—preguntó.

—Las llaves del cementerio—dijo la mujer.

La niña estaba sentada con las flores en el regazo y los pies cruzados bajo el escaño. El sacerdote la miró, después miró a la mujer y después, a través de la red metálica de la ventana, el cielo brillante y sin nubes.

—Con este calor—dijo—. Han podido esperar a que bajara el sol.

La mujer movió la cabeza en silencio. El sacerdote pasó del otro lado de la baranda, extrajo del armario un cuaderno forrado de hule, un plumero de palo y un tintero, y se sentó a la mesa. El pelo que le faltaba en la cabeza le sobraba en las manos.

—¿Qué tumba van a visitar?—preguntó.

—La de Carlos Centeno—dijo la mujer.

—¿Quién?

—Carlos Centeno—repitió la mujer.

El padre siguió sin entender.

—Es el ladrón que mataron aquí la semana pasada—dijo la mujer en el mismo tono—. Yo soy su madre.

El sacerdote la escrutó. Ella lo miró fijamente, con un dominio reposado, y el padre se ruborizó.[10] Bajó la cabeza para escribir. A medida que llenaba la hoja pedía a la mujer los datos de su identidad, y ella respondía sin vacilación, con detalles precisos, como si estuviera leyendo. El padre empezó a sudar. La niña se desabotonó la trabilla[11] del zapato izquierdo, se descalzó el talón y lo apoyó en el contrafuerte.[12] Hizo lo mismo con el derecho.

Todo había empezado el lunes de la semana anterior, a las tres de la madrugada y a pocas cuadras de allí. La señora Rebeca, una viuda solitaria que vivía en una casa llena de cachivaches,[13] sintió a través del rumor de la llovizna que alguien trataba de forzar desde afuera la puerta de la calle. Se levantó, buscó a tientas en el ropero un revólver arcaico que nadie había disparado desde los tiempos del coronel Aureliano Buendía, y fue a la sala sin encender

---

9. Tela pintada al óleo y barnizada, para hacerla impermeable.
10. Enrojeció, se avergonzó.
11. Correa, tira.

12. Pieza con que se refuerza el calzado por la parte del talón.
13. Palabra despectiva. Trastos, cosas inútiles.

las luces. Orientándose no tanto por el ruido de la cerradura como por un terror desarrollado en ella por 28 años de soledad, localizó en la imaginación
145 no sólo el sitio donde estaba la puerta sino la altura exacta de la cerradura.
Agarró el arma con las dos manos, cerró los ojos y apretó el gatillo. Era la primera vez en su vida que disparaba un revólver. Inmediatamente después de
la detonación no sintió nada más que el murmullo de la llovizna en el techo
de cinc. Después percibió un golpecito metálico en el andén de cemento y
150 una voz muy baja, apacible, pero terriblemente fatigada: '¡Ay, mi madre!'. El
hombre que amaneció muerto frente a la casa, con la nariz despedazada,
vestía una franela a rayas de colores, un pantalón ordinario con una soga[14] en
lugar de cinturón, y estaba descalzo. Nadie lo conocía en el pueblo.

—De manera que se llamaba Carlos Centeno—murmuró el padre
155 cuando acabó de escribir.

—Centeno Ayala—dijo la mujer—. Era el único varón.

El sacerdote volvió al armario. Colgadas de un clavo en el interior de
la puerta había dos llaves grandes y oxidadas, como la niña imaginaba y como
imaginaba la madre cuando era niña y como debió imaginar el propio sacer-
160 dote alguna vez que eran las llaves de San Pedro. Las descolgó, las puso en el
cuaderno abierto sobre la baranda y mostró con el índice un lugar en la página escrita, mirando a la mujer.

—Firme aquí.

La mujer garabateó[15] su nombre, sosteniendo la cartera bajo la axila. La
165 niña recogió las flores, se dirigió a la baranda arrastrando los zapatos y observó atentamente a su madre.

El párroco suspiró.

—¿Nunca trató de hacerlo entrar por el buen camino?

La mujer contestó cuando acabó de firmar.

170 —Era un hombre muy bueno.

El sacerdote miró alternativamente a la mujer y a la niña y comprobó
con una especie de piadoso estupor que no estaban a punto de llorar. La
mujer continuó inalterable:

—Yo le decía que nunca robara nada que le hiciera falta a alguien para
175 comer, y él me hacía caso.[16] En cambio, antes, cuando boxeaba, pasaba hasta
tres días en la cama postrado por los golpes.

—Se tuvo que sacar todos los dientes—intervino la niña.

—Así es—confirmó la mujer—. Cada bocado que me comía en ese
tiempo me sabía a los porrazos[17] que le daban a mi hijo los sábados a la noche.

180 —La voluntad de Dios es inescrutable—dijo el padre.

Pero lo dijo sin mucha convicción, en parte porque la experiencia lo
había vuelto un poco escéptico, y en parte por el calor. Les recomendó que

---

14. Cuerda gruesa hecha con fibras duras y
resistentes.
15. Escribió con trazos irregulares.

16. Me prestaba atención.
17. Golpes.

se protegieran la cabeza para evitar la insolación. Les indicó bostezando y ya [Yawning]
casi completamente dormido, cómo debían hacer para encontrar la tumba de
185 Carlos Centeno. Al regreso no tenían que tocar. Debían meter la llave por debajo de la puerta, y poner allí mismo, si tenían, una limosna para la Iglesia. La
mujer escuchó las explicaciones con mucha atención, pero dio las gracias sin
sonreír.

Desde antes de abrir la puerta de la calle el padre se dio cuenta de que
190 había alguien mirando hacia adentro, las narices aplastadas contra la red metálica. Era un grupo de niños. Cuando la puerta se abrió por completo los niños se dispersaron. A esa hora, de ordinario, no había nadie en la calle. Había
grupos bajo los almendros. El padre examinó la calle distorsionada por la re-
verberación, y entonces comprendió. Suavemente volvió a cerrar la puerta.
195 —Esperen un minuto—dijo, sin mirar a la mujer.

Su hermana apareció en la puerta del fondo, con una chaqueta negra
sobre la camisa de dormir y el cabello suelto en los hombros. Miró al padre
en silencio.

—¿Qué fue?—preguntó él.
200 —La gente se ha dado cuenta—murmuró su hermana.

—Es mejor que salgan por la puerta del patio—dijo el padre.

—Es lo mismo—dijo su hermana—. Todo el mundo está en las ventanas.

La mujer parecía no haber comprendido hasta entonces. Trató de ver la
205 calle a través de la red metálica. Luego le quitó el ramo de flores a la niña y
empezó a moverse hacia la puerta. La niña la siguió.

—Esperen a que baje el sol—dijo el padre.

—Se van a derretir—dijo su hermana, inmóvil en el fondo de la sala—.
Espérense y les presto una sombrilla.
210 —Gracias—replicó la mujer—. Así vamos bien. Tomó a la niña de la
mano y salió a la calle.

Preguntas

1. ¿Qué aspectos del paisaje y del ambiente físico subraya la descripción a través del cuento?
2. ¿Qué normas de conducta guían a la señora Centeno y qué le enseña
a su hija?
3. ¿En qué consiste la crítica social que se deriva del cuento?
4. ¿Qué valores se ha propuesto encarnar el autor en el personaje de la
madre?
5. ¿Podría Ud. relacionar este cuento con alguna otra obra literaria de
éste o de otro autor que haya leído?

ELENA PONIATOWSKA

(1933, París, Francia)

De padre francés de origen polaco y madre mexicana, Elena Poniatowska llegó a la ciudad de México en 1942, durante la segunda guerra mundial. Estudió primero en el Lycée Français de la capital mexicana y después pasó al convento del Sagrado Corazón en Eton Hall, Filadelfia. Se inició en el periodismo en 1954 colaborando en el diario mexicano *Excélsior,* y desde entonces continúa ejerciendo esta profesión. Dentro de esta primera etapa creativa sobresalen *Lilus Kikus* (1954), donde la protagonista del mismo nombre cuenta experiencias de su infancia y adolescencia, y *Palabras cruzadas* (1961), colección de entrevistas con destacadas personalidades nacionales y extranjeras.

Elena Poniatowska emplea en su obra las técnicas del nuevo periodismo: *collage* de noticias, titulares de periódicos, declaraciones. Asistenta del antropólogo norteamericano Oscar Lewis cuando éste trabajó en México, Poniatowska se dio cuenta entonces del valor de la grabadora para reconstruir la vida de sus protagonistas y los acontecimientos claves del México contemporáneo. Producto de esta experimentación es la aclamada novela *Hasta no verte Jesús mío* (1969). En ella Jesusa Palancares cuenta su vida llena de vicisitudes a un imaginado interlocutor. A pesar de una trayectoria de fracasos y decepciones que incluye una etapa de lucha revolucionaria y otra de espiritualismo, Jesusa no se deja vencer. Siempre generosa, ayuda a quienes tienen menos que ella. En esta obra Poniatowska muestra el estoicismo, generosidad y riqueza emocional de esta mujer humilde creando una de las protagonistas más atrevidas de la narrativa mexicana contemporánea.

La noche de Tlatelolco (1971), la obra más conocida de Poniatowska, ofrece un testimonio de la represión llevada a acabo por las fuerzas del ejército contra una manifestación estudiantil en 1968 donde también participaron trabajadores, amas de casa, artistas y gente del pueblo. *Fuerte es el silencio* (1980) continúa el examen crítico del México actual en ensayos y crónicas. En *Querido Diego, te abraza Quiela* (1978) la autora se vale de cartas para recrear el amor apasionado de la pintora rusa Angelina Beloff (Quiela) por el muralista Diego Rivera. Las doce cartas imaginarias que desde París la mujer le escribe al pintor después que éste ha regresado a México, muestran su generosidad de espíritu y la constante esperanza en la reunión con el amado. Como Jesusa Palancares, la protagonista de *Hasta no verte Jesús mío,* Quiela, a pesar de su angustia y sufrimiento, aparece como una mujer irreductible, fortalecida por el recuerdo de un amor para ella imperecedero. *De noche vienes* (1979) es una colección de cuentos donde sobresalen "Las lavanderas" y "Esperanza número equivocado", por recrear de modo muy efectivo los temores y vivencias de las mujeres humildes. Actualmente, Poniatowska trabaja en una biografía de la fotógrafa italiana Tina Modotti, también amante de Diego Rivera.

La obra de Elena Poniatowska representa un esfuerzo constante por otorgarles una voz literaria a quienes han carecido de ella. De ahí que en sus crónicas, ensayos y narrativa los protagonistas sean esos seres desposeídos que ofrecen, al relatar sus experiencias, una diversa interpretación de la historia nacional. La retórica, las posturas exageradas y los eufemismos quedan cancelados por la diaria valentía de Jesusa, Quiela, los estudiantes de Tlatelolco, los emigrados a la capital mexicana y las mujeres del pueblo.

Bibliografía mínima

Chevigny, Bell Gale. "The Transformations of Privilege in the Work of Elena Poniatowska". *Latin American Literary Review* 13 (1985): 49–62.

Flori, Mónica. "Visions of Women: Symbolic Physical Portrayal as Social Commentary in the Short Fiction of Elena Poniatowska". *Third Woman* 2 (1984): 77–83.

Fox-Lockert, Lucía. *Women Novelists in Spain and Spanish America.* Metuchen, N.J.: Scarecrow P, 1979. 261–77.

Lemaitre, Monique J. "Jesusa Palancares y la dialéctica de la emancipación femenina". *Revista Iberoamericana* 51 (1985): 751–63.

Miller, Beth y Alfonso González. *26 autoras del México actual.* México: B. Costa-Amic, 1978. 301–21.

DE NOCHE VIENES (1979)

Las lavanderas

En la humedad gris y blanca de la mañana, las lavanderas tallan su ropa. Entre sus manos el mantel se hincha como a medio cocer, y de pronto revienta con mil burbujas de agua. Arriba sólo se oye el chapoteo del aire sobre las sábanas mojadas. Y a pesar de los pequeños toldos de lámina, siento como
5 un gran ruido de manantial. El motor de los coches que pasan por la calle llega atenuado; jamás sube completamente. La ciudad ha quedado atrás; retrocede, se pierde en el fondo de la memoria.

Las manos se inflaman, van y vienen, calladas; los dedos chatos, las uñas en la piedra, duras como huesos, eternas como conchas de mar. Enrojecidas
10 de agua, las manos se inclinan como si fueran a dormirse, a caer sobre la funda de la almohada. Pero no. La terca mirada de Doña Otilia las reclama. Las recoge. Allí está el jabón, el pan de a cincuenta centavos y la jícara[1] morena que hace saltar el agua. Las lavanderas tienen el vientre humedecido de tanto recargarlo en la piedra porosa y la cintura incrustada de gotas que un
15 buen día estallarán.

A Doña Otilia le cuelgan cabellos grises de la nuca; Conchita es la más joven, la piel restirada[2] a reventar sobre mejillas redondas (su rostro es un jardín y hay tantas líneas secretas en su mano); y Doña Matilde, la rezongona,[3] a quien siempre se le amontona la ropa.
20 —Del hambre que tenían en el pueblo el año pasado, no dejaron nada para semilla.

—Entonces, ¿este año no se van a ir a la siembra, Matildita?

—Pues no, pues ¿qué sembramos? ¿No le estoy diciendo que somos un pueblo de muertos de hambre!
25 —¡Válgame Dios! Pues en mi tierra, limpian y labran la tierra como si tuviéramos maíz. ¡A ver qué cae! Luego dicen que lo trae el aire.

—¿El aire? ¡Jesús mil veces! Si el aire no trae más que calamidades. ¡Lo que trae es puro chayotillo![4]

Otilia, Conchita y Matilde se le quedan viendo a doña Lupe que acaba
30 de dejar su bulto en el borde del lavadero.

—Doña Lupe, ¿por qué no había venido?

—De veras Doña Lupe, hace muchos días que no la veíamos por aquí.

—Ya la andábamos extrañando.

---

1. Recipiente hecho originalmente de calabaza o güira.

2. Muy estirada.

3. Persona que siempre se queja de lo que se le manda hacer y lo ejecuta de mala gana.

4. Planta cucurbitácea que se da en las milpas; el interior fibroso de su fruto seco se utiliza como esponja. En este sentido la frase se emplea para decir que el aire no trae nada valioso.

Las cuatro hablan quedito.[5] El agua las acompaña, las cuatro encorvadas
35 sobre su ropa, los codos paralelos, los brazos hermanados.

—Pues ¿qué le ha pasado Lupita que nos tenía tan abandonadas?

Doña Lupe, con su voz de siempre, mientras las jícaras jalan el agua
para volverla a echar sobre la piedra, con un ruido seco, cuenta que su papá
se murió (bueno, ya estaba grande)[6] pero con todo y sus años era campanero,
40 por allá por Tequisquiapan[7] y lo querían mucho el señor cura y los fieles. En
la procesión, él era quien le seguía al señor cura, el que se quedaba en el
segundo escalón durante la santa misa, bueno, le tenían mucho respeto. Subió a dar las seis como siempre, y así, sin aviso, sin darse cuenta siquiera, la
campana lo tumbó de la torre. Y repite Doña Lupe más bajo aún, las manos
45 llenas de espuma blanca:

—Sí. La campana lo mató. Era una esquila,[8] de esas que dan vuelta.

Se quedan las tres mujeres sin movimiento bajo la huida del cielo. Doña
Lupe mira un punto fijo:

—Entonces, todos los del pueblo agarraron la campana y la metieron a
50 la cárcel.

—¡Jesús mil veces!

—Yo le voy a rezar hasta muy noche a su papacito. . .

Arriba el aire chapotea sobre las sábanas.

Esperanza número equivocado

Esperanza siempre abre el periódico en la sección de sociales y se pone
a ver a las novias. Suspira: "Ay, señorita Diana, cuándo la veré a usted así". Y
examina infatigable los rostros de cada una de las felices desposadas. "Mire,
a esta le va a ir de la patada. . ."[9] "A esta otra pue'que y se le haga. . ."[10] "Esta
5 ya se viene fijando en otro. Ya ni la amuela.[11] Creo que es el padrino. . ." Sigue
hablando de las novias obsesiva y maligna. Con sus uñas puntiagudas—"me
las corto de triangulito, para arañar, así se las había de limar la señorita"—,
rasga el papel y bruscamente desaparece la nariz del novio, o la gentil contra-
yente queda ciega: "Mire niña Diana, qué chistosos se ven ahora los palo-
10 mos". Le entra una risa larga, larga, larga, entrecortada de gritos subversivos:
"Hi ¡Hi! ¡Hi! ¡Hi! ¡Hiiii!", que sacude su pequeño cuerpo de arriba a abajo.
"No te rías tanto, Esperanza, que te va a dar hipo".[12]

---

5. En voz baja.
6. Estaba viejo, entrado en años.
7. Conocido balneario del estado de Queré-
taro.
8. Campana.

9. Irle muy mal.
10. Puede que le vaya bien.
11. ¡Qué desvergüenza!
12. Movimiento convulsivo del diafragma.

A veces Diana se pregunta por qué no se habrá casado Esperanza. Tiene un rostro agradable, los ojos negros muy hundidos, un leve bigotito y una pa-
15   tita chueca.[13] La sonrisa siempre en flor. Es bonita y se baña diario.

Ha cursado cien novios: "No le vaya a pasar lo que a mí, ¡que de tantos me quedé sin ninguno!". Ella cuenta: "Uno era decente, un señor ingeniero, fíjese usted. Nos sentábamos el uno al lado del otro en una banca del parque y a mí me daba vergüenza decirle que era criada y me quedé silencia".

20   Conoció al ingeniero por un "equivocado". Su afición al teléfono la llevaba a entablar largas conversaciones. "No señor, está usted equivocado. Esta no es la familia que usted busca, pero ojalá y fuera". "Carnicería 'La Fortuna'" "No, es una casa particular pero qué fortuna..." Todavía hoy, a los cuarenta y ocho años, sigue al acecho de los equivocados. Corre al teléfono con una
25   alegría expectante: "Caballero yo no soy Laura Martínez, soy Esperanza..." Y a la vez siguiente: "Mi nombre es otro, pero en ¿qué puedo servirle?" ¡Cuánto correo del corazón! Cuántos: "Nos vemos en la puerta del cine Encanto. Voy a llevar un vestido verde y un moño rojo en la cabeza"... ¡Cuántas citas fallidas![14] ¡Cuántas idas a la esquina a ver partir las esperanzas! Cuántos: "¡Ya me
30   colgaron!"[15] Pero Esperanza se rehace pronto y tres o cuatro días después, allí está nuevamente en servicio dándole vuelta al disco, metiendo el dedo en todos los números, componiendo cifras al azar a ver si de pronto alguien le contesta y le dice como Pedro Infante:[16] "¿Quiere usted casarse conmigo?"

Compostura, estropicio, teléfono descompuesto, 02, 04, mala manera
35   de descolgarse por la vida, como una araña que se va hasta el fondo del abismo colgada del hilo del teléfono. Y otra vez a darle a esa negra carátula de reloj donde marcamos puras horas falsas, puros: "Voy a pedir permiso", puros: "Es que la señora no me deja..." puros: "¿Qué de qué?" porque Esperanza no atina y ya le está dando el cuarto para las doce.

40   Un día el ingeniero equivocado llevó a Esperanza al cine, y le dijo en lo oscuro: "Oiga señorita, ¿le gusta la natación?" Y le puso una mano en el pecho. Tomada por sorpresa, Esperanza respondió: "Pues mire usted ingeniero, ultimadamente y viéndolo bien, a mí me gusta mi leche sin nata". Y le quitó la mano.

45   Durante treinta años, los mejores de su vida, Esperanza ha trabajado de recamarera.[17] Sólo un domingo por semana puede asomarse a la vida de la calle, a ver a aquella gente que tiene "su" casa y "su" ir y venir.

Ahora ya de grande[18] y como le dicen tanto que es de la familia, se ha endurecido. Con su abrigo de piel de nutria heredado de la señora y su collar

---

13. Pie torcido.
14. No realizadas.
15. Cuando la otra persona no acude a la cita, quien espera queda "colgado" o "plantado".

16. Pedro Infante (1917–57): cantante y actor muy popular del cine mexicano.
17. Sirvienta o criada.
18. Ver nota #6.

50 de perlas auténticas, regalo del señor, Esperanza mangonea[19] a las demás y se
ha instituido en la única detentadora de la bocina.[20] Sin embargo, su voz ya
no suena como campana en el bosque y en su último "equivocado" pareció
encogerse, sentirse a punto de desaparecer, infinitamente pequeña, malque-
rida, y, respondió modulando dulcemente sus palabras: "No señor, no, yo no
55 soy Isabel Sánchez, y por favor, se me va a ir usted mucho a la chingada".[21]

Preguntas

1. ¿Cómo describe la narradora a las mujeres en "Las lavanderas" y por
    qué es importante esta descripción? ¿Cómo les afecta este trabajo a
    las mujeres? ¿De dónde son las lavanderas y por qué lo sabemos?

2. ¿Quién es doña Lupe? ¿Por qué no ha trabajado últimamente? ¿Cómo
    resuelve el pueblo la muerte del campanero y qué demuestra esta
    conducta?

3. ¿Por qué cree Ud. que Esperanza examina la sección de sociales con
    tanta atención en "Esperanza número equivocado"? Describa física-
    mente a Esperanza.

4. ¿Qué método utiliza Esperanza para conocer a diferentes personas?
    ¿Quién es el ingeniero y cómo se comportó con Esperanza?

5. ¿Qué recursos emplea la narradora para que conozcamos más íntima-
    mente a Esperanza? ¿Cuál es el mensaje de este cuento? ¿Qué con-
    traste halla Ud. entre las lavanderas y Esperanza?

19. Manda.
20. El receptor del teléfono.
21. Expresión vulgar que puede traducirse
como "Irse al diablo".

LUISA VALENZUELA

(1938, Buenos Aires, Argentina)

Entre los escritores surgidos durante los años sesenta se destaca Luisa Valenzuela, autora de novelas y cuentos que indagan con sentido crítico y penetración psicológica en los traumas de la represión política y sexual. Valenzuela, hija de la novelista Luisa Mercedes Levinson, fue educada en un ambiente propicio a la vocación literaria y comenzó muy joven su carrera de escritora y periodista. Antes de los veinte años colaboraba ya en revistas y periódicos, entre ellos el prestigioso suplemento literario del diario *La Nación* de Buenos Aires. Su primer cuento, "Ciudad ajena", apareció en 1957. Pasó tres años en París (1958–61), donde trabajó en la Radio Télévision Française, se vinculó a grupos literarios y escribió la novela *Hay que sonreír,* publicada más tarde (1966). A través de su protagonista, una prostituta, Valenzuela critica la subordinación y la explotación económica de la mujer. Alude irónicamente, al mismo tiempo, a la separación y relación jerárquica entre alma y cuerpo (en la novela, cabeza y cuerpo), en la cual se fundan el pensamiento y la moral del Occidente cristiano.

De 1961 a 1969 la escritora vivió en Argentina, continuó su carrera periodística y publicó una colección de cuentos, *Los heréticos* (1967). Desde 1969 en adelante ha viajado por muchos países y vivido en México, Barcelona y Nueva York. En estos años Valenzuela ha producido sus obras más importantes: las novelas *El gato eficaz* (1972) y *Cola de lagartija* (1983), y las colecciones de cuentos *Aquí pasan cosas raras* (1975), *Cambio de armas* (1982) y *Donde viven las águilas* (1983), a la que pertenece el breve relato "Los censores".

El gato eficaz es una novela de tipo experimental, en la que predomina el virtuosismo del lenguaje. Esta apertura a nuevas formas expresivas concuerda con el intento, por parte de la autora, de liberar el lenguaje—especialmente el lenguaje de la mujer—de las limitaciones y distorsiones impuestas por la tradición cultural y el poder político. En *Cola de lagartija,* su más reciente novela, recrea la siniestra personalidad de José López Rega, el secretario y consejero de Juan Domingo Perón (1895–1974) apodado "el brujo". El contexto de esta novela, así como el de casi todos los cuentos de *Cambio de armas,* es el turbulento período de violencia y represión política por el que pasó Argentina entre 1973 y 1983. Valenzuela evoca con lenguaje medido, bien lograda técnica narrativa, y sin caer en la exposición o prédica de ideas, un ambiente dominado por el miedo y la angustia. Dentro de este contexto se inscribe también el relato de "Los censores", escrito con una precisión e ironía semejantes a las de algunos cuentos de Borges. Aunque refleja las circunstancias históricas mencionadas, el texto confiere, sin embargo, un sentido universal a lo narrado a través de la caracterización del protagonista y su conducta.

Bibliografía mínima

Magnarelli, Sharon, *Reflections/Retractions: Reading Luisa Valenzuela,* New York: Peter Lang, 1988.

———. "Luisa Valenzuela: From *Hay que sonreír* to *Cambio de armas*". *World Literature Today* 58 (1984): 9–13.

———. "Gatos, lenguaje y mujeres en *El gato eficaz,* de Luisa Valenzuela". *Revista Iberoamericana* 45 (1979): 603–11.

Paley Francescato, Martha. "*Cola de lagartija:* látigo de la palabra y la triple P". *Revista Iberoamericana* 51 (1985): 875–82.

Picón Garfield, Evelyn. *Women's Voices from Latin America. Interviews with Six Contemporary Authors.* Detroit: Wayne State UP, 1985. 141–65.

The Review of Contemporary Fiction. Luisa Valenzuela Number. 6, 3 (1986).

Los censores

¡Pobre Juan! Aquel día lo agarraron con la guardia baja[1] y no pudo darse cuenta de que lo que él creyó ser un guiño[2] de la suerte era en cambio un maldito llamado de la fatalidad. Esas cosas pasan en cuanto uno se descuida, y así como me oyen uno se descuida tan pero tan a menudo. Juancito dejó
5 que se le viera encima la alegría—sentimiento por demás pertubador— cuando por un conducto inconfesable le llegó la nueva dirección de Mariana, ahora en París, y pudo creer así que ella no lo había olvidado. Entonces se sentó ante la mesa sin pensarlo dos veces y escribió una carta. *La* carta. Esa misma que ahora le impide concentrarse en su trabajo durante el día y no lo
10 deja dormir cuando llega la noche (¿qué habrá puesto en esa carta, qué habrá quedado adherido a esa hoja de papel que le envió a Mariana?).

Juan sabe que no va a haber problema con el texto, que el texto es irreprochable, inocuo. Pero ¿y lo otro? Sabe también que a las cartas las auscultan, las huelen, las palpan, las leen entre líneas y en sus menores signos de
15 puntuación, hasta en las manchitas involuntarias. Sabe que las cartas pasan de mano en mano por las vastas oficinas de censura, que son sometidas a todo tipo de pruebas y pocas son por fin las que pasan los exámenes y pueden continuar camino. Es por lo general cuestión de meses, de años si la cosa se complica, largo tiempo durante el cual está en suspenso la libertad y hasta
20 quizá la vida no sólo del remitente sino también del destinatario. Y eso es lo que tiene sumido a nuestro Juan en la más profunda de las desolaciones: la idea de que a Mariana, en París, llegue a sucederle algo por culpa de él. Nada menos que a Mariana que debe de sentirse tan segura, tan tranquila allí donde siempre soñó vivir. Pero él sabe que los Comandos Secretos de Censura actú-
25 an en todas partes del mundo y gozan de un importante descuento en el transporte aéreo; por lo tanto nada les impide llegarse hasta el oscuro barrio de París, secuestrar a Mariana y volver a casita convencidos de su noble misión en esta tierra.

Entonces hay que ganarles de mano,[3] entonces hay que hacer lo que
30 hacen todos: tratar de sabotear el mecanismo, de ponerle en los engranajes unos granos de arena, es decir ir a las fuentes del problema para tratar de contenerlo.

Fue con ese sano propósito con que Juan, como tantos, se postuló[4] para censor. No por vocación como unos pocos ni por carencia de trabajo como
35 otros, no. Se postuló simplemente para tratar de interceptar su propia carta,

---

1. Descuidado.
2. Usado figurativamente aquí. Gesto o señal que se hace, a veces con disimulo, cerrando momentáneamente un ojo mientras el otro queda abierto.
3. Adelantárseles.
4. Se ofreció.

idea para nada novedosa pero consoladora. Y lo incorporaron de inmediato porque cada día hacen falta más censores y no es cuestión de andarse con melindres[5] pidiendo antecedentes.

En los altos mandos de la Censura no podían ignorar el motivo secreto que tendría más de uno para querer ingresar a la repartición, pero tampoco estaban en condiciones de ponerse demasiado estrictos y total ¿para qué? Sabían lo difícil que les iba a resultar a esos pobres incautos detectar la carta que buscaban y, en el supuesto caso de lograrlo, ¿qué importancia podían tener una o dos cartas que pasan la barrera frente a todas las otras que el nuevo censor frenaría en pleno vuelo? Fue así como no sin ciertas esperanzas nuestro Juan pudo ingresar en el Departamento de Censura del Ministerio de Comunicaciones.

El edificio, visto desde fuera, tenía un aire festivo a causa de los vidrios ahumados que reflejaban el cielo, aire en total discordancia con el ambiente austero que imperaba dentro. Y poco a poco Juan fue habituándose al clima de concentración que el nuevo trabajo requería, y el saber que estaba haciendo todo lo posible por su carta —es decir por Mariana— le evitaba ansiedades. Ni siquiera se preocupó cuando, el primer mes, lo destinaron a la sección K, donde con infinitas precauciones se abren los sobres para comprobar que no encierran explosivo alguno.

Cierto es que a un compañero, al tercer día, una carta le voló la mano derecha y le desfiguró la cara, pero el jefe de sección alegó que había sido mera imprudencia por parte del damnificado y Juan y los demás empleados pudieron seguir trabajando como antes aunque bastante más inquietos. Otro compañero intentó a la hora de salida organizar una huelga para pedir aumento de sueldo por trabajo insalubre pero Juan no se adhirió y después de pensar un rato fue a denunciarlo ante la autoridad para intentar así ganarse un ascenso.

Una vez no crea hábito, se dijo al salir del despacho del jefe, y cuando lo pasaron a la sección J donde se despliegan las cartas con infinitas precauciones para comprobar si encierran polvillos venenosos, sintió que había escalado un peldaño y que por lo tanto podía volver a su sana costumbre de no inmiscuirse[6] en asuntos ajenos.

De la J, gracias a sus méritos, escaló rápidamente posiciones hasta la sección E donde ya el trabajo se hacía más interesante pues se iniciaba la lectura y el análisis del contenido de las cartas. En dicha sección hasta podía abrigar esperanzas de echarle mano a su propia misiva dirigida a Mariana que, a juzgar por el tiempo transcurrido, debería de andar más o menos a esta altura después de una larguísima procesión por otras dependencias.

Poco a poco empezaron a llegar días cuando su trabajo se fue tornando de tal modo absorbente que por momentos se le borraba la noble misión que

---

5. Delicadezas.   6. Entrometerse en un asunto o negocio.

lo había llevado hasta las oficinas. Días de pasarle tinta roja a largos párrafos, de echar sin piedad muchas cartas al canasto de las condenadas. Días de horror ante las formas sutiles y sibilinas[7] que encontraba la gente para transmi-
80 tirse mensajes subversivos, días de una intuición tan aguzada que tras un simple "el tiempo se ha vuelto inestable" o "los precios siguen por las nubes" detectaba la mano algo vacilante de aquel cuya intención secreta era derrocar al Gobierno.

Tanto celo de su parte le valió un rápido ascenso. No sabemos si lo hizo
85 muy feliz. En la sección B la cantidad de cartas que le llegaba a diario era mínima—muy contadas franqueaban[8] las anteriores barreras—pero en compensación había que leerlas tantas veces, pasarlas bajo la lupa, buscar micropuntos con el microscopio electrónico y afinar tanto el olfato que al volver a su casa por las noches se sentía agotado. Sólo atinaba a recalentarse una so-
90 pita, comer alguna fruta y ya se echaba a dormir con la satisfacción del deber cumplido. La que se inquietaba, eso sí, era su santa madre que trataba sin éxito de reencauzarlo por el buen camino. Le decía, aunque no fuera necesariamente cierto: Te llamó Lola, dice que está con las chicas en el bar, que te extrañan, te esperan. Pero Juan no quería saber nada de excesos: todas las dis-
95 tracciones podían hacerle perder la acuidad[9] de sus sentidos y él los necesitaba alertas, agudos, atentos, afinados, para ser un perfecto censor y detectar el engaño. La suya era una verdadera labor patria. Abnegada y sublime.

Su canasto de cartas condenadas pronto pasó a ser el más nutrido pero también el más sutil de todo el Departamento de Censura. Estaba a punto ya
100 de sentirse orgulloso de sí mismo, estaba a punto de saber que por fin había encontrado su verdadera senda, cuando llegó a sus manos su propia carta dirigida a Mariana. Como es natural, la condenó sin asco. Como también es natural, no pudo impedir que lo fusilaran al alba, una víctima más de su devoción por el trabajo.

Preguntas

1. ¿Por qué cometió Juan un error serio al enviarle la carta a Mariana? ¿Cómo intentó recuperarla?
2. Una vez convertido en censor, ¿cómo se desempeñó Juan en este oficio?
3. ¿Puede Ud. señalar expresiones irónicas a través del texto? ¿Qué función cumplen?
4. ¿Cree Ud. que el protagonista estaba ya condenado desde que dio el primer paso? ¿Podría el desenlace haber sido distinto?
5. ¿Con qué otros autores y obras relacionaría Ud. este cuento de Valenzuela?

---

7. Misteriosas, ocultas, incomprensibles.   9. Agudeza.
8. Se abrían paso a través (de).

ROSARIO FERRE

(1942, Ponce, Puerto Rico)

_____

_____

_____

_____

_____

Narradora, poeta y ensayista, Rosario Ferré comunica con pluma ágil y perspectiva histórica su visión crítica de la sociedad puertorriqueña. Tiene una amplia formación literaria y ha obtenido la maestría en literatura hispanoamericana y española en la Universidad de Puerto Rico (1982) y el doctorado, en ese mismo campo de estudio, en la Universidad de Maryland (1987). Los primeros cuentos, poemas y ensayos críticos de Ferré aparecieron en la revista *Zona de carga y descarga,* publicación dedicada a la nueva literatura puertorriqueña que ella dirigió entre 1972 y 1974. Su primer libro fue *Papeles de Pandora* (1976), una colección de catorce cuentos y seis poemas narrativos. En ellos recrea, mediante la diversidad de registros del lenguaje, el humor satírico y la fantasía una realidad dominada por la explotación económica y por prejuicios raciales y sexuales. Los problemas que confronta la mujer en los distintos niveles de esta sociedad estratificada constituyen el núcleo temático de sus cuentos, particularmente en "Cuando las mujeres quieren a los hombres", "Amalia" y "La muñeca menor". La autora seguirá escribiendo sobre estos temas en libros posteriores.

La obra publicada de Ferré incluye *Los cuentos de Juan Bobo* (1981), otras dos colecciones de relatos, *El medio pollito* (1978) y *La mona que le pisaron la cola* (1981), los poemas de *Fábulas de la garza desangrada* (1982), los ensayos de *Sitio a Eros* (1980, 2a ed. corregida y aumentada, 1986) y *Maldito amor* (1986), libro que incluye la novela corta del mismo nombre y tres relatos. "Maldito amor" evoca el Puerto Rico de comienzos del siglo veinte, época en la que ocurrió la ruina económica y el desplazamiento político de la vieja clase terrateniente y el surgimiento de una nueva clase capitalista dominada por las compañías de los Estados Unidos. En ese período se sitúa también "Isolda en el espejo", incluido en el mismo volumen. "El regalo", por otra parte, presenta el conflicto de clases y la discriminación racial dentro del ambiente de un exclusivo colegio religioso para niñas. *Sitio a Eros* enfoca el tema de la mujer como escritora, sus características propias y sus posibilidades, así como las limitaciones que aún debe superar. El libro incluye ensayos sobre las grandes escritoras del pasado, entre ellas George Sand (1804–76), Virginia Woolf (1882–1941) y, más cercanas a nuestro tiempo, Anaïs Nin (1903–77) y Silvia Plath (1932–63).

En "La muñeca menor" se mezclan lo real y lo fantástico. La "chágara" pertenece a este último orden. Aunque esta palabra es una voz taína que significa "camarón de río", el animal del cuento es, según la autora, producto de su imaginación y de la de cada lector, quien puede visualizar esa chágara como se la imagine. El texto de Ferré participa su sentido mediante elementos de valor metafórico y simbólico tales como las muñecas, la miel y las chágaras. Aunque permite distintas interpretaciones, el relato hace explícita la condición de víctimas de las dos protagonistas y sugiere una forma de venganza como desenlace de la trama.

Bibliografía mínima

Fernández-Olmos, Margarita. "Desde una perspectiva femenina: la cuentística de Rosario Ferré y Ana Lydia Vega". *Homines* 8, 2 (1984–85): 303–11.
Guerra-Cunningham, Lucía. "Tensiones paradójicas de la femineidad en la narrativa de Rosario Ferré". *Chasqui* 13, 2–3 (1984): 13–25.
Lagos-Pope, María Inés. "Sumisión y rebeldía: el doble o la representación de la alienación femenina en narraciones de Marta Brunet y Rosario Ferré". *Revista Iberoamericana* 51 (1985): 731–49.
López, Yvette. "'La muñeca menor': ceremonias y transformaciones en un cuento de Rosario Ferré". *Explicación de Textos Literarios* 11, 1 (1982–83): 49–58.
Umpierre, Luz María. "Un manifiesto literario: *Papeles de Pandora* de Rosario Ferré". *The Bilingual Review/La Revista Bilingüe* 9 (1982): 120–26.

PAPELES DE PANDORA (1976)

La muñeca menor

La tía vieja había sacado desde muy temprano el sillón al balcón que daba al cañaveral como hacía siempre que se despertaba con ganas de hacer una muñeca. De joven se bañaba a menudo en el río, pero un día en que la lluvia había recrecido la corriente en cola de dragón había sentido en el tué-
5 tano[1] de los huesos una mullida sensación de nieve. La cabeza metida en el reverbero negro de las rocas, había creído escuchar, revolcados con el sonido del agua, los estallidos del salitre sobre la playa y pensó que sus cabellos habían llegado por fin a desembocar en el mar. En ese preciso momento sintió una mordida terrible en la pantorrilla. La sacaron del agua gritando y se
10 la llevaron a la casa en parihuelas[2] retorciéndose de dolor.

1. Médula, parte interior de un hueso largo.
2. Angarillas, camilla para transporte de enfermos.

El médico que la examinó aseguró que no era nada, probablemente había sido mordida por una chágara viciosa. Sin embargo pasaron los días y la llaga no cerraba. Al cabo de un mes el médico había llegado a la conclusión de que la chágara se había introducido dentro de la carne blanda de la panto-
15 rrilla, donde había evidentemente comenzado a engordar. Indicó que le aplicaran un sinapismo[3] para que el calor la obligara a salir. La tía estuvo una semana con la pierna rígida, cubierta de mostaza desde el tobillo hasta el muslo, pero al finalizar el tratamiento se descubrió que la llaga se había abultado aún más, recubriéndose de una substancia pétrea y limosa que era impo-
20 sible tratar de remover sin que peligrara toda la pierna. Entonces se resignó a vivir para siempre con la chágara enroscada dentro de la gruta de su pantorrilla.

Había sido muy hermosa, pero la chágara que escondía bajo los largos pliegues de gasa de sus faldas la había despojado de toda vanidad. Se había
25 encerrado en la casa rehusando a todos sus pretendientes. Al principio se había dedicado a la crianza de las hijas de su hermana, arrastrando por toda la casa la pierna monstruosa con bastante agilidad. Por aquella época la familia vivía rodeada de un pasado que dejaba desintegrar a su alrededor con la misma impasible musicalidad con que la lámpara de cristal del comedor se
30 desgranaba a pedazos sobre el mantel raído de la mesa. Las niñas adoraban a la tía. Ella las peinaba, las bañaba y les daba de comer. Cuando les leía cuentos se sentaban a su alrededor y levantaban con disimulo el volante almidonado de su falda para oler el perfume de guanábana madura que supuraba la pierna en estado de quietud.

35 Cuando las niñas fueron creciendo la tía se dedicó a hacerles muñecas para jugar. Al principio eran sólo muñecas comunes, con carne de guata[4] de higüera y ojos de botones perdidos. Pero con el pasar del tiempo fue refinando su arte hasta ganarse el respeto y la reverencia de toda la familia. El nacimiento de una muñeca era siempre motivo de regocijo sagrado, lo cual
40 explicaba el que jamás se les hubiese ocurrido vender una de ellas, ni siquiera cuando las niñas eran ya grandes y la familia comenzaba a pasar necesidad. La tía había ido agrandando el tamaño de las muñecas de manera que correspondieran a la estatura y a las medidas de cada una de las niñas. Como eran nueve y la tía hacía una muñeca de cada niña por año, hubo que separar
45 una pieza de la casa para que la habitasen exclusivamente las muñecas. Cuando la mayor cumplió diez y ocho años había ciento veintiséis muñecas de todas las edades en la habitación. Al abrir la puerta, daba la sensación de entrar en un palomar, o en el cuarto de muñecas del palacio de las tzarinas, o en un almacén donde alguien había puesto a madurar una larga hilera de
50 hojas de tabaco. Sin embargo, la tía no entraba en la habitación por ninguno de estos placeres, sino que echaba el pestillo a la puerta e iba levantando

---

3. Remedio hecho con polvo de mostaza.   4. La pulpa de la calabaza.

amorosamente cada una de las muñecas canturreándoles mientras las mecía:
Así eras cuando tenías un año, así cuando tenías dos, así cuando tenías tres,
reviviendo la vida de cada una de ellas por la dimensión del hueco que le de-
55 jaban entre los brazos.

El día que la mayor de las niñas cumplió diez años, la tía se sentó en el
sillón frente al cañaveral y no se volvió a levantar jamás. Se balconeaba días
enteros observando los cambios de agua de las cañas y sólo salía de su sopor
cuando la venía a visitar el doctor o cuando se despertaba con ganas de hacer
60 una muñeca. Comenzaba entonces a clamar para que todos los habitantes de
la casa viniesen a ayudarla. Podía verse ese día a los peones de la hacienda haciendo constantes relevos al pueblo como alegres mensajeros incas, a comprar cera, a comprar barro de porcelana, encajes, agujas, carretes de hilos de
todos los colores. Mientras se llevaban a cabo estas diligencias, la tía llamaba
65 a su habitación a la niña con la que había soñado esa noche y le tomaba las
medidas. Luego le hacía una mascarilla de cera que cubría de yeso por ambos
lados como una cara viva dentro de dos caras muertas; luego hacía salir un hi-
lillo rubio interminable por un hoyito en la barbilla. La porcelana de las
manos era siempre translúcida; tenía un ligero tinte marfileño que contras-
70 taba con la blancura granulada de las caras de biscuit. Para hacer el cuerpo,
la tía enviaba al jardín por veinte higüeras relucientes. Las cogía con una
mano y con un movimiento experto de la cuchilla las iba rebanando una a
una en cráneos relucientes de cuero verde. Luego las inclinaba en hilera contra la pared del balcón, para que el sol y el aire secaran los cerebros algo-
75 donosos de guano[5] gris. Al cabo de algunos días raspaba el contenido con una
cuchara y lo iba introduciendo con infinita paciencia por la boca de la muñeca.

Lo único que la tía transigía en utilizar en la creación de las muñecas
sin que estuviese hecho por ella, eran las bolas de los ojos. Se los enviaban
80 por correo desde Europa en todos los colores, pero la tía los consideraba in-
servibles hasta no haberlos dejado sumergidos durante un número de días en
el fondo de la quebrada para que aprendiesen a reconocer el más leve movimiento de las antenas de las chágaras. Sólo entonces los lavaba con agua de
amoníaco y los guardaba, relucientes como gemas, colocados sobre camas de
85 algodón, en el fondo de una lata de galletas holandesas. El vestido de las muñecas no variaba nunca, a pesar de que las niñas iban creciendo. Vestía
siempre a las más pequeñas de tira bordada y a las mayores de broderí, colocando en la cabeza de cada una el mismo lazo abullonado y trémulo de pecho
de paloma.

90 Las niñas empezaron a casarse y a abandonar la casa. El día de la boda
la tía les regalaba a cada una la última muñeca dándoles un beso en la frente
y diciéndoles con una sonrisa: "Aquí tienes tu Pascua de Resurrección". A los
novios los tranquilizaba asegurándoles que la muñeca era sólo una decora-

5. Estiércol.

ción sentimental que solía colocarse sentada, en las casas de antes, sobre la
95 cola del piano. Desde lo alto del balcón la tía observaba a las niñas bajar por
última vez las escaleras de la casa sosteniendo en una mano la modesta ma-
leta a cuadros de cartón y pasando el otro brazo alrededor de la cintura de
aquella exhuberante muñeca hecha a su imagen y semejanza, calzada con za-
patillas de ante[6], faldas de bordados nevados y pantaletas de valenciennes.
100 Las manos y la cara de estas muñecas, sin embargo, se notaban menos transparentes, tenían la consistencia de la leche cortada. Esta diferencia encubría
otra más sutil: la muñeca de boda no estaba jamás rellena de guata, sino de
miel.

Ya se habían casado todas las niñas y en la casa quedaba sólo la más
105 joven cuando el doctor hizo a la tía la visita mensual acompañado de su hijo
que acababa de regresar de sus estudios de medicina en el norte. El joven levantó el volante de la falda almidonada y se quedo mirando aquella inmensa
vejiga abotagada que manaba una esperma perfumada por la punta de sus escamas verdes. Sacó su estetoscopio y la auscultó cuidadosamente. La tía pen-
110 só que auscultaba la respiración de la chágara para verificar si todavía estaba
viva, y cogiéndole la mano con cariño se la puso sobre un lugar determinado
para que palpara el movimiento constante de las antenas. El joven dejó caer
la falda y miró fijamente al padre. Usted hubiese podido haber curado esto
en sus comienzos, le dijo. Es cierto, contestó el padre, pero yo sólo quería
115 que vinieras a ver la chágara que te había pagado los estudios durante veinte
años.

En adelante fue el joven médico quien visitó mensualmente a la tía
vieja. Era evidente su interés por la menor y la tía pudo comenzar su última
muñeca con amplia anticipación. Se presentaba siempre con el cuello almi-
120 donado, los zapatos brillantes y el ostentoso alfiler de corbata oriental del
que no tiene donde caerse muerto. Luego de examinar a la tía se sentaba en
la sala recostando su silueta de papel dentro de un marco ovalado, a la vez
que le entregaba a la menor el mismo ramo de siemprevivas moradas. Ella le
ofrecía galletitas de jengibre y cogía el ramo quisquillosamente[7] con la punta
125 de los dedos como quien coge el estómago de un erizo vuelto al revés. Decidió casarse con él porque le intrigaba su perfil dormido, y porque ya tenía
ganas de saber cómo era por dentro la carne de delfín.

El día de la boda la menor se sorprendió al coger la muñeca por la cintura y encontrarla tibia, pero lo olvidó enseguida, asombrada ante su exce-
130 lencia artística. Las manos y la cara estaban confeccionadas con delicadísima
porcelana de Mikado. Reconoció en la sonrisa entreabierta y un poco triste
la colección completa de sus dientes de leche. Había, además, otro detalle
particular: la tía había incrustado en el fondo de las pupilas de los ojos sus
dormilonas[8] de brillantes.

6. Piel de ante, rumiante parecido al ciervo.
7. Con melindres, con exceso de delicadeza.   8. Aretes.

135 El joven médico se la llevó a vivir al pueblo, a una casa encuadrada dentro de un bloque de cemento. La obligaba todos los días a sentarse en el balcón, para que los que pasaban por la calle supiesen que él se había casado en sociedad. Inmóvil dentro de su cubo de calor, la menor comenzó a sospechar que su marido no sólo tenía el perfil de silueta de papel sino también el alma.
140 Confirmó sus sospechas al poco tiempo. Un día él le sacó los ojos a la muñeca con la punta del bisturí y los empeñó por un lujoso reloj de cebolla[9] con una larga leontina.[10] Desde entonces la muñeca siguió sentada sobre la cola del piano, pero con los ojos bajos.

A los pocos meses el joven médico notó la ausencia de la muñeca y le
145 preguntó a la menor qué había hecho con ella. Una cofradía de señoras piadosas le habían ofrecido una buena suma por la cara y las manos de porcelana para hacerle un retablo a la Verónica en la próxima procesión de Cuaresma. La menor le contestó que las hormigas había descubierto por fin que la muñeca estaba rellena de miel y en una sola noche se la habían devorado.
150 "Como las manos y la cara eran de porcelana de Mikado, dijo, seguramente las hormigas las creyeron hechas de azúcar, y en este preciso momento deben de estar quebrándose los dientes, royendo con furia dedos y párpados en alguna cueva subterránea". Esa noche el médico cavó toda la tierra alrededor de la casa sin encontrar nada.

155 Pasaron los años y el médico se hizo millonario. Se había quedado con toda la clientela del pueblo, a quienes no les importaba pagar honorarios exorbitantes para poder ver de cerca a un miembro legítimo de la extinta aristocracia cañera. La menor seguía sentada en el balcón, inmóvil dentro de sus gasas y encajes, siempre con los ojos bajos. Cuando los pacientes de su
160 marido, colgados de collares, plumachos y bastones, se acomodaban cerca de ella removiendo los rollos de sus carnes satisfechas con un alboroto de monedas, percibían a su alrededor un perfume particular que les hacía recordar involuntariamente la lenta supuración de una guanábana. Entonces les entraban a todos unas ganas irresistibles de restregarse las manos como si
165 fueran patas.

Una sola cosa perturbaba la felicidad del médico. Notaba que mientras él se iba poniendo viejo, la menor guardaba la misma piel aporcelanada y dura que tenía cuando la iba a visitar a la casa del cañaveral. Una noche decidió entrar en su habitación para observarla durmiendo. Notó que su pecho
170 no se movía. Colocó delicadamente el estetoscopio sobre su corazón y oyó un lejano rumor de agua. Entonces la muñeca levantó los párpados y por las cuencas vacías de los ojos comenzaron a salir las antenas furibundas de las chágaras.

---

9. Reloj de bolsillo.   10. Cadena de reloj, ancha y colgante.

Preguntas

1. ¿Qué elementos reales, fantásticos y simbólicos se mezclan en "La muñeca menor"?
2. ¿Cuáles son los rasgos de carácter que definen, respectivamente, a los personajes femeninos y a los masculinos?
3. ¿De qué modo personifica el texto a las muñecas? ¿Cómo se indica la progresiva transformación del personaje?
4. ¿Cómo interpreta Ud. el fin de este cuento?
5. ¿Cree Ud. que el relato tiene un impacto positivo o negativo en el lector? ¿Por qué?

ANTONIO CISNEROS

(1942, Lima, Perú)

_____

_____

_____

_____

_____

_____

Una de las voces más originales entre los poetas que comienzan a sobresalir en Hispanoamérica en la década de los sesenta, es la de Antonio Cisneros. Profesor de literatura y periodista, Cisneros ha enseñado en las universidades de Huamanga (Ayacucho) y de San Marcos y también en instituciones europeas y norteamericanas; por varios años dirigió el suplemento dominical "El Caballo Rojo" de *El Diario,* periódico limeño de izquierda. Ansioso de hacer llegar al pueblo la obra de los grandes escritores, bajo su dirección "El Caballo Rojo" se convirtió en la biblioteca barata y asequible del pobre.

Cisneros publicó *Destierro,* su primer poemario, en 1961; seguidamente apareció *David* (1962). Sin embargo, el libro que lo afirma como poeta es *Comentarios Reales* (1964) donde hace una ambiciosa revisión de la historia de su patria. Con un tono irónico y mordaz evidente en el título que remite a la gran obra del Inca Garcilaso de la Vega (ver pp. 55–63), el autor rechaza tanto las glorias virreinales y republicanas del Perú como su brillante pasado precolombino para describir un ambiente en el que predominan la hipocresía, la injusticia y la opresión. Incapaz de identificarse con la historia patria, el poeta asume tempranamente el desencanto y la desilusión. *Canto ceremonial contra un oso hormiguero* (1964) continúa en esta corriente desmitificadora y aparentemente confirma la base socio-política de la alienación del poeta. Con todo, algunos de los poemas recopilados en esta colección ofrecen una explicación más personal: el poeta se asfixia en un ambiente donde cada uno debe comportarse de acuerdo con estrictas reglas sociales. La tensión entre lo que se debe hacer y lo que se desea hacer y la consecuente angustia es un tema recurrente en la obra de Cisneros. En este libro aparece en poemas como "Soy el favorito de mis cuatro abuelos", y después se repetirá, por ejemplo, en "La última costumbre del día", de *Agua que no has de beber* (1971). *Como higuera en un campo de golf* (1972) muestra otro tipo de alienación: el poeta, hombre del tercer mundo y admirador de Europa, no encuentra su lugar en esa sociedad desarrollada. Asume entonces su realidad y se da cuenta de que su patria es ese Perú que tanto desea cambiar.

Las características más resaltantes de este período lírico de Cisneros son la ironía, la reflexión y la parodia. El lenguaje poético es sencillo y hace recordar a los anti-poemas del chileno Nicanor Parra; en los versos de Cisneros esta sencillez se logra a través de un trabajo cuidadoso del instrumento lingüístico unido a un deseo de sorprender y descentrar al lector. Este aspecto lúdico de la obra del autor peruano está ligado, sin embargo, a un mensaje amargo y serio que desnuda tanto al poeta como al universo que lo conforma. Asimismo, las composiciones de Cisneros están matizadas con frecuencia por una ternura evidente, por ejemplo, en aquellos versos donde menciona a sus hijos.

El libro de Dios y de los húngaros (1978) testimonia la reconversión al cristianismo del autor y recoge experiencias de su estancia en Hungría (1974–75). Vale notar que el nuevo catolicismo de Cisneros está vinculado a la teología de la liberación propugnada por su compatriota el sacerdote Gustavo Gutiérrez; este cristianismo militante ha hecho que con frecuencia el escritor peruano sea comparado con el poeta y sacerdote nicaragüense Ernesto Cardenal. En esta dirección se coloca *Crónica del Niño Jesús de Chilca* (1981), donde Cisneros ofrece la historia de una comunidad de la costa del Perú por medio de voces populares. En *Monólogo de la casta Susana y otros poemas* (1986) el poeta retoma sus temas principales y les otorga un matiz reflexivo a través de las voces de escritores consagrados. Este poemario reafirma la continuidad y calidad de la obra poética de Antonio Cisneros a la vez que destaca su habilidad para manejar diferentes formas expresivas.

Bibliografía mínima

Cornejo Polar, Antonio. "La poesía de Antonio Cisneros: primera aproximación". *Revista Iberoamericana* 53 (1987): 615–23.

Escobar, Alberto. "Sobre Antonio Cisneros". *Inti* 18–19 (1983–84): 271–86.

Higgins, James. *The Poet in Peru. Alienation and the Quest for a Super-Reality.* Liverpool: Francis Cairns, 1982. 65–88.

Lamadrid, Enrique Russell. "La poesía de Antonio Cisneros". *Revista de Crítica Literaria Latinoamericana* 11 (1980): 85–106.

Oquendo, Abelardo. "Cisneros: el poeta cede la palabra". *Revista de Crítica Literaria Latinoamericana* 16 (1982): 155–6.

Rowe, William. "*Canto ceremonial:* poesía e historia en la obra de Antonio Cisneros". *Amaru* 8 (1968): 31–5.

COMENTARIOS REALES (1962)

Tupac Amaru[1] relegado

Hay libertadores
de grandes patillas sobre el rostro,
que vieron regresar muertos y heridos
después de los combates. Pronto su nombre
5 fue histórico, y las patillas
creciendo entre sus viejos uniformes
los anunciaban como padres de la patria.

Otros sin tanta fortuna, han ocupado
dos páginas de texto
10 con los cuatro caballos y su muerte.

Tres testimonios de Ayacucho[2]

*Amaneció al fin, el 9 de diciembre de 1824, el día más grande para la América
del Sur, y pudieron encontrarse frente a frente los soldados de la libertad y el
despotismo.*

(Mi primera historia del Perú)

1. DE UN SOLDADO

Después de la batalla, no había sitio donde amontonar
a nuestros muertos, tan sucios y ojerosos, desparramados
en el pasto como sobras de este duro combate.
Los héroes hinchados y amarillos se mezclan entre piedras

1. José Gabriel Tupac Amaru (1741–81): cacique descendiente de la realeza incaica y líder de una rebelión (1780) contra las autoridades españolas del Perú. Reclamó, entre otras cosas, un trato más justo para los indígenas. Después de varios triunfos bélicos, Tupac Amaru fue derrotado, traicionado y entregado a las tropas realistas. En Cuzco presenció la ejecución de su esposa, su hijo y sus colaboradores cercanos. Después se le cortó la lengua y cada una de sus extremidades fue atada a la montura de un caballo. Como no lograron desmembrarlo, Tupac Amaru fue decapitado. Los peruanos lo consideran un precursor de las luchas por la independencia.

2. Se refiere a la batalla que selló la independencia del continente. Tuvo lugar muy cerca de la ciudad de Huamanga, hoy llamada Ayacucho en honor de este combate. Las fuerzas españolas fueron derrotadas por las patriotas al mando del general Antonio José de Sucre (1795–1830).

5 o caballos abiertos y tendidos bajo el alba: es decir,
los camaradas muertos son iguales
al resto de otras cosas comestibles después de una batalla,
y pronto
100 pájaros marrones se reproducirán sobre sus cuerpos,
10 hasta limpiar la yerba.

2. DE UNA MADRE

Unos soldados que bebían aguardiente me han dicho que
    ahora este país es nuestro.
También dijeron que no espere a mis hijos. Debo entonces
cambiar las sillas de madera por un poco de aceite y unos
    panes.
Negra es la tierra como muertas hormigas, los soldados
    dijeron que era nuestra.
Sin embargo cuando empiecen las lluvias
he de vender el poncho[3] y los zapatos de mis muertos,
10   guardarme del halcón.
Algún día compraré un burro peludo para bajar hasta mis
    campos de tierra negra,
para cosechar
    en las anchas tierras moradas.

3. DE LA MADRE, OTRA VEZ

Mis hijos y otros muertos todavía
pertenecen al dueño de los caballos,
dueño también de tierras y combates.

Unos manzanos crecen entre sus huesos
5 o estas duras retamas.[4] Así abonan
los sembríos morados. Así sirven
al dueño de la guerra, del hambre
y los caballos.

---

3. Especie de capa que consiste en una pieza rectangular con abertura en el centro para pasar la cabeza. Es muy usada en la zona andina.

4. Planta de pequeñas flores amarillas. Se utiliza para hacer escobas.

Poema sobre Jonás[5] y los desalienados

Si los hombres viven en la barriga de una ballena
sólo pueden sentir frío y hablar
de las manadas periódicas de peces y de murallas
oscuras como una boca abierta y de manadas
5 periódicas de peces y de murallas
oscuras como una boca abierta y sentir mucho frío.
Pero si los hombres no quieren hablar siempre de lo
    mismo
tratarán de construir un periscopio para saber
10 cómo se desordenan las islas y el mar
y las demás ballenas—si es que existe todo eso.
Y el aparato ha de fabricarse con las cosas
que tenemos a la mano y entonces se producen
las molestias, por ejemplo
15 si a nuestra casa le arrancamos una costilla
perderemos para siempre su amistad
y si el hígado o las barbas es capaz de matarnos.
Y estoy por creer que vivo en la barriga de alguna
    ballena
20 con mi mujer y Diego y todos mis abuelos.

Una madre habla de su muchacho

Es mi hijo el menor. El que tenga ojos de ver no tenga duda.
Las pestañas aburridas, la boca de pejerrey,[6] la mismita pelambre
    del erizo.
No es bello, pero camina con suma dignidad y tiene catorce
5   años.
Nació en el desierto y ni puede soñar con las calandrias[7] en los
    cañaverales.

---

5. Jonás: fue uno de los doce profetas menores (s. VIII a. de C.), que según el Antiguo
Testamento, volvió a la vida después de pasar
tres días en el vientre de una ballena.

6. Variedad de pez.
7. Ave de canto melodioso de la misma familia que la alondra.

Su infancia fue una flota de fabricantes de harina de pescado
atrás del horizonte.
10 Nada conoce de la Hermandad del Niño.[8]
La memoria de los antiguos es un reino de locos y difuntos.
Sirve en un restaurant de San Bartolo[9] (80 libras[10] al mes y 2
platos calientes cada día).
Lo despido todas las mañanas después del desayuno.
15 Cuando vuelve, corta camino entre las grúas y los tractores de
la Urbanizadora.
Y teme a los mastines de medianoche.
Aprieta una piedra en cada mano y silba una guaracha. (Ladran
los perros).
20 Entonces le hago señas con el lamparín y recuerdo como puedo
las antiguas oraciones.

Hay veces que los hijos

Entonces yo flotaba entre las olas y el salitre del Atlántico
boreal.
Era un barco con hierro de Marcona,[11] bandera de Liberia y
marineros griegos.
5 Los tumbos[12] en la noche o las más ordinarias nostalgias eran
pretexto
para escribir poemas (muy sentidos) sobre Diego, hijo del
alma delgado y amarillo.
Y poco a poco me las ingenié para meterlo (contra su
10 voluntad) entre mis libros.
Luego vinieron Alejandra y Soledad. No sé por qué perezas
fueron abandonadas (o libradas) de mi canto.
No por completo, es cierto. Soledad (75) supo de festejos
el día que nació bajo la nieve. Y la comparé (tam-
15 bién) con un erizo.
Alejandra (81), apenas más alta que una mesa, tan sólo fue
nombrada en una triste prosa.

8. Fraternidad religiosa devota del Niño Jesús de Chilca.
9. Balneario exclusivo al sur de Lima.
10. El sol era la unidad monetaria del Perú hasta que en 1985 fue reemplazado por el inti. Al billete de diez soles se le llamaba libra.
11. Compañía minera encargada de la explotación del hierro en la zona del departamento de Ancash, al norte de Lima.
12. Ondulación de la ola del mar.

Siento que les debo unos versos que hablen de su gracia y
   su belleza (puros lugares comunes) y del dolor de
20   vivir separados (puro melodrama).
Aunque en verdad, ya no deseo que sean ricas o buenas o
   virtuosas.
Dados los tiempos, me contento con que en el camino del
   mar hasta la casa / no sufran ningún mal.

Preguntas

1. ¿Qué contraste se establece entre los héroes consagrados y Tupac
   Amaru en "Tupac Amaru relegado"? ¿Por qué ha sido relegado el héroe indígena?
2. En "Tres testimonios de Ayacucho", explique qué ha significado la
   independencia para la madre. ¿Qué imágenes configuran los sentimientos de esta mujer?
3. ¿Qué simboliza el periscopio en "Poema sobre Jonás y los desalienados"? ¿Cómo se realiza la desalienación y por qué es violento este
   proceso?
4. ¿Qué tipo de lenguaje emplea el poeta en "Una madre habla de su
   muchacho"? ¿Qué simbolizan los perros? Estudie los recursos expresivos y el tema de este poema y de "Tres testimonios de Ayacucho" y
   señale similaridades y diferencias.
5. En "Hay veces que los hijos", ¿qué función tienen los paréntesis?
   ¿Qué tono predomina en el poema y qué vocabulario se emplea para
   describir los sentimientos del padre?

GLOSARIO DE TERMINOS LITERARIOS Y CULTURALES*

acento fuerza de la pronunciación que recae sobre una determinada sílaba de una palabra o de un verso. El verso castellano lleva el acento en la penúltima sílaba. Si el verso termina en palabra esdrújula, se le quita una sílaba; si el verso termina en palabra aguda, se le añade una sílaba.

acto cada una de las partes de una obra teatral entre dos descansos largos. El acto está dividido en cuadros y se compone de escenas.

agudeza exagerada sutileza del ingenio propia del conceptismo y cultivada por los escritores barrocos españoles del siglo XVII.

alegoría o metáfora continuada es el procedimiento retórico empleado para expresar un pensamiento, traduciéndolo a imágenes poéticas que se repiten para lograr una correspondencia entre los elementos "reales" e imaginativos. El sentido aparente o literal se borra y da lugar a otro más profundo que es el alegórico.

alejandrino verso de catorce sílabas dividido en dos partes, o hemistiquios, de siete. El alejandrino francés tiene solamente doce sílabas.

aliteración repetición del mismo sonido o grupo de sonidos en distintas palabras. Por ej.: "Ya se oyen los *claros clarines*" (Darío).

americanismo expansión del concepto de patria que abarca a toda Hispanoamérica; la región es vista como una unidad desde el punto de vista cultural, político y económico.

amoenus, locus lugar ideal o paisaje embellecido siguiendo ciertas pautas de la literatura greco-latina y especialmente de la estilística virgiliana. Está caracterizado por tener un prado florido, un árbol frondoso, un arroyo cristalino y una fuente; era el sitio de reunión de los amantes.

anáfora repetición de la misma palabra o frase al principio de dos o más versos u oraciones. Por ej.: *bien,* el luciente topacio; / *bien,* el hermoso zafiro; / *bien,* el crisólito ardiente; . . ." (sor Juana).

antítesis contraposición de unas ideas a otras a través de términos abstractos que ofrecen un elemento en común. Por ej.: "Ayer naciste y morirás mañana" (Góngora).

aparte técnica utilizada en el teatro mediante la cual un actor o actriz se dirige al público apartándose para proporcionarle información que los otros personajes no deben saber.

argumento narración de los acontecimientos según el orden en que ocurren en la obra narrativa.

arquetipo modelo original o símbolo universal. Según el psicólogo Carl J.

*En la preparación de este glosario se han utilizado los siguientes libros: Tomás Navarro Tomás, *Arte del verso,* 3a ed. (México: Cía. General de Ediciones, 1965), E. Correa Calderón y Fernando Lázaro Carreter, *Cómo se comenta un texto literario* (Madrid: Anaya, 1969), Fernando Lázaro Carreter, *Diccionario de términos filológicos,* 3a ed. corregida (Madrid: Gredos, 1974) y Helena Beristáin, *Diccionario de retórica y poética* (México: Porrúa, 1985).

Jung los arquetipos forman parte del inconsciente colectivo.

arte mayor los versos de nueve o más sílabas.

arte menor los versos de ocho o menos sílabas.

asíndeton supresión de conjunciones. Por ej.: "otra cruza, otra vuelve, otra se enraiza" (Balbuena).

asonante, rima ocurre entre dos o más versos cuando las palabras finales tienen sonidos vocálicos iguales a partir de la última vocal tónica. Por ej.: p*ena* / d*eja*.

auto composición dramática en la cual intervienen personajes bíblicos o alegóricos. Se distinguen el *auto sacramental,* escrito en loor de la Eucaristía, y el *auto de Navidad,* de tema relacionado con esta celebración religiosa.

barroco corriente cultural que en España (1580–1700) se identifica con la Contrarreforma. Las obras literarias del barroco tienden a ser moralizantes y pesimistas. En general, tanto en arte como en literatura el barroco se caracteriza por la profusión de adornos y la complejidad. El barroco literario español tiene su expresión máxima en el culteranismo y el conceptismo.

blancos, versos están sujetos a las leyes rítmicas (acentos, pausa, número de sílabas), pero carecen de rima.

bucólica, poesía canta las bellezas y encantos de la naturaleza y de la vida campestre; el poeta generalmente pone sus sentimientos en labios de pastores.

caballería, novela de tipo de narración que cuenta las aventuras de un caballero. Surgieron en el siglo XIV como versiones anónimas de antiguos cantares de gesta. Tuvieron su auge en el Renacimiento y comenzaron a desaparecer a fines del siglo XVI y comienzos del XVII. Estas novelas tenían como tema las leyendas de la corte del rey Arturo, de Carlomagno, y las Cruzadas. Sentimentalizaban a los héroes e introducían motivos amorosos y elementos sobrenaturales en el mundo bélico proveniente de la épica y los cantares de gesta.

caciquismo proviene de la palabra indígena cacique (jefe) y es la tendencia a formar grupos dirigidos por un cacique o jefe cuya personalidad se impone por su poder político y habilidad de mando.

cabildo junta de ciudadanos notables; en el siglo XIX en Hispanoamérica algunos cabildos, reunidos en sesiones públicas, se declararon en favor de la Independencia.

caligrama versos agrupados con una disposición especial para representar ciertas formas o lograr un efecto específico. Aunque el empleo del caligrama es muy antiguo, en la poesía vanguardista está asociado con el poeta francés Apollinaire quien, influido por el cubismo, a través de la disposición, la forma y las dimensiones de letras, palabras, versos y signos de puntuación logró darle una forma singular al texto para así subrayar su significado lingüístico.

canción composición poética que se deriva de la "canzone" italiana y por lo general es de temática amorosa.

canto las diferentes partes en que se divide un poema, especialmente los épicos.

caudillismo proviene de la palabra caudillo que se usa para definir al individuo que se impone por su poder político y habilidad de mando y es la tendencia a seguir lealmente a ese líder cuya personalidad se admira.

cesura pausa que se introduce en muchos versos de arte mayor, los cuales quedan divididos en dos partes, iguales o no. "Los suspiros se escapan / de su boca de fresa" (Darío).

cientificismo actitud derivada del positivismo, movimiento filosófico de la segunda mitad del siglo XIX y las primeras décadas del XX. Se caracteriza por una exagerada fe en las ciencias experimentales para explicar todos los aspectos de la vida; también le niega validez a lo que no sea susceptible de explicación científica.

cientificista persona o tendencia filosófica que se identifica con el cientificismo (ver cientificismo).

climax punto culminante de la acción en una obra literaria.

coloquio composición literaria en prosa o verso que se desarrolla en forma de diálogo.

comedia obra dramática de ambiente divertido y desenlace feliz. También se usa este término para designar cualquier obra dramática en general.

conceptismo tendencia del barroco caracterizada por el desarrollo de ideas ingeniosas mayormente en prosa; para expresar estas ideas se emplean metáforas atrevidas, hipérbatos incomprensibles, y retruécanos extraños. El término se deriva de *concepto* o chispa de ingenio expresada de modo conciso. El iniciador del conceptismo fue el poeta Alonso de Ledesma (1552–1623), cuya obra *Conceptos espirituales* (1600 y siguientes) desarrolla la idea del término tal y como se ha definido. El conceptista más destacado fue Baltasar Gracián (1601–58) quien elaboró sus teorías en *Agudeza y arte de ingenio* (1648).

conceptista (ver conceptismo). Persona o tendencia literaria que se identifica con el conceptismo.

connotación cuando una misma palabra sugiere dos o más significados más allá del denotativo o referencial (el explicado por el diccionario).

consonante, rima entre dos palabras cuyos últimos sonidos tanto vocales como consonantes, son iguales a partir de la última vocal tónica.

copla breve composición lírica de cuatro versos de arte mayor o menor; hay muchas variedades de coplas.

cortés, amor código de comportamiento desarrollado y popularizado en Provenza entre los siglos XI y XIV que prescribía las reglas de conducta entre los enamorados. Pasó a la literatura durante la época medieval como una fórmula para describir el amor idealizado entre el trovador-amante y su señora-amada.

cosmovisión actitud del autor ante la vida tal y como se ha dado a conocer a través de su obra. Con frecuencia se emplea la palabra alemana *Weltanschauung* para referirse a cosmovisión.

costumbrismo tendencia o género literario que se caracteriza por el retrato e interpretación de las costumbres y tipos del país. La descripción que resulta es conocida como "cuadro de costumbres" si retrata una escena típica, o "artículo de costumbres" si describe con tono humorístico y satírico algún aspecto de la vida.

costumbrista Ver costumbrismo.

creacionismo movimiento literario y estético de vanguardia iniciado por el poeta chileno Vicente Huidobro (1893–1948). El principio fundamental del movimiento era que el poeta debía crear con la palabra y no limitarse a describir el mundo que lo rodeaba. Los creacionistas desecharon la anécdota y la descripción y prefirieron el subconsciente como fuente de inspiración.

criollista Ver criollismo.

criollismo tendencia regionalista de la literatura hispanoamericana que surgió a fines del siglo XIX principalmente en la novela y el cuento. El escritor criollista expone y denuncia de modo realista las condiciones sociales, políticas y económicas en los distintos países con el propósito de lograr reformas.

cromáticas, imágenes Ver cromatismo.

cromatismo uso de colores para caracterizar sentimientos e ideas.

crónicas relatos históricos que cubrían diversos períodos. Mezclaban hechos reales y ficticios y, en contraste con los cronicones escritos en latín, se escribían en castellano.

cuarteta estrofa de cuatro versos endecasílabos de rima *ABAB*.

cuarteto estrofa de cuatro versos endecasílabos de rima *ABBA*.

culterana Ver culteranismo.

culteranismo estilo afectado que se manifestó mayormente en la poesía cultivada durante el período barroco. Los escritores culteranos alteraban la sintaxis y empleaban cultismos y palabras rebuscadas para dirigirse a una minoría culta. Uno de los ejemplos más sobresalientes de esta corriente es las *Soledades* (c. 1613) del poeta cordobés Góngora.

cultismo palabras que proceden mayormente del latín y que por razones culturales se ha introducido en el idioma sin sufrir las transformaciones que han experimentado otros vocablos. Por ej.: fructífero, benévolo, colocar.

décima o espinela estrofa de diez octosílabos consonantes con rima *abbaaccddc*.

denotación cuando la palabra indica únicamente al objeto o concepto que nombra y por tanto tiene un valor inmediatamente referencial.

determinismo la doctrina que explica que todos los sucesos son consecuencia de las leyes naturales.

diéresis licencia poética empleada para separar en dos sílabas a las vocales que forman un diptongo. Por ej.: rü-ido; crü-el; sü-aves.

dodecasílabo verso de doce sílabas.

drama obra teatral en la cual los sentimientos de los personajes no tan violentos como en la tragedia.

Edad Media período de la historia europea entre la antigüedad clásica y el Renacimiento italiano; se inició con la caída del Imperio Romano de Occidente (c. 476). Entonces la cultura estaba en manos de la Iglesia y quienes escribían eran mayormente clérigos; como la mayoría era analfabeta, las obras se leían en voz alta o se representaban. La literatura tenía un propósito moralizante.

égloga poema bucólico de forma dialogada.

elegía originalmente fue una composición fúnebre; después pasó a ser un poema triste o melancólico donde frecuentemente el poeta se lamenta por algo que le causa tristeza.

elipsis omisión de elementos de una oración. Por ej.: ¿Qué tal? por ¿Qué tal estás?

encabalgamiento ocurre en poesía cuando para completar el significado, el final de un verso tiene que enlazarse al verso siguiente. Por ej.: "Y el espanto seguro de estar mañana muerto, / y sufrir por la vida y por la sombra *y por / lo que no conocemos* y apenas sospechamos" (Darío).

enciclopedistas escritores de la gran *Enciclopedia* francesa del siglo XVIII, así como los seguidores de las ideas divulgadas en ella.

encomienda institución impuesta en Hispanoamérica colonial por medio de la cual grupos de indígenas eran repartidos o "encomendados" a los conquistadores. El indio tenía que trabajar para pagar un tributo a su dueño o "encomendero"; por su parte, éste se comprometía a enseñarle la religión católica e instruirlo según las Leyes de Indias.

endecasílabo verso de once sílabas.

endecha poema constituido por estrofas de cuatro versos, tres heptasílabos y el último endecasílabo, con rima asonante del segundo y el cuarto versos.

eneasílabo verso de nueve sílabas.

ensayo composición breve y en prosa que trata un tema determinado con carácter analítico, especulativo o interpretativo.

entremés pieza breve de carácter humorístico o satírico que se representaba acompañada de cantos y bailes entre los actos de una obra más larga.

épico, poema composición generalmente asociada a la historia de un pueblo que relata un suceso importante o canta las hazañas de un héroe. En la épica popular que recoge los antiguos cantares de gesta, el autor es anónimo; en la épica culta, impulsada por los escritores italianos del Renacimiento y centrada en la octava real, las composiciones tienen autor conocido. El poema heroico narra hazañas gloriosas y relata hechos memorables, pero de menos importancia.

epigrama poema breve que expresa con agudeza un pensamiento festivo o satírico.

epístola carta en prosa o verso.

epíteto adjetivo que se añade con un propósito estético o convencional ya que su presencia no es necesaria. Por ej.: la blanca nieve.

erasmismo una corriente de pensamiento durante el Renacimiento influida por las ideas de Erasmo de Rotterdam (1466–1536) cuya obra *Enquiridión o Manual del caballero cristiano* se tradujo al español en 1521. Los erasmistas abogaban por la reforma religiosa y postulaban una relación más directa entre Dios y el creyente. Debido a la influencia de la Contrarreforma, las obras de Erasmo fueron prohibidas y se incluyeron en el *Indice*.

escena parte de un acto en que participan los mismos personajes; si se ausenta un personaje o entra otro diferente, comienza una nueva escena.

estribillo un verso que se repite a intervalos o después de cada estrofa en un poema.

estridentismo movimiento literario de vida efímera surgido en México hacia 1922 bajo la influencia del futurismo iniciado en Italia por el escritor Filippo Tommaso Marinetti (1876–1944). Su principal representante fue el poeta Manuel Maples Arce con *Andamios interiores* (1922) y *Urbe* (1924).

estrofa grupo de versos sometidos a un régimen mediante el cual se configura la unidad estructural del poema.

estructura el plan de una obra literaria.

estructuralismo movimiento de crítica literaria desarrollado a partir de los conceptos lingüísticos propuestos por Ferdinand de Saussure (1857–1913); según éste el lenguaje es un conjunto de elementos solidarios que constituyen entre sí una estructura. Para la crítica estructuralista, la obra literaria es también un sistema cuyo sentido no requiere la referencia a una realidad exterior, sino que reside enteramente en la organización de sus elementos y en las estructuras que los articulan.

exordium (latín) o exordio, prólogo o introducción que precede el comienzo de una obra para presentar el tema o hacer aclaraciones necesarias.

exposición parte de la trama de una obra narrativa en que se le informa al lector sobre los personajes y el ambiente.

fábula historia en verso o prosa que ofrece una lección moral o moraleja y en la que generalmente los personajes son animales.

federal en Argentina se le llamaba así causa de quienes defendían la autonomía de las provincias frente a las ambiciones hegemónicas de la ciudad de Buenos Aires durante el siglo XIX.

figura retórica expresión apartada de la norma o adorno de estilo resultante de la voluntad del escritor de darle una forma específica a su obra. Es posible que el adorno afecte a las palabras con que se expresa el pensamiento para constituir las figuras de palabras o tropos y las figuras de construcción, como por ejemplo la anáfora; también puede afectar al pensamiento mismo para dar lugar a las figuras de pensamiento, como por ejemplo la interrogación retórica.

fluir de la conciencia o corriente de conciencia, técnica empleada para describir la actividad mental de un personaje abarcando lo consciente y el inconsciente.

fondo el asunto, el tema, el mensaje, el contenido, los pensamientos y sentimientos expresados en una obra. El fondo complementa la forma.

forma manera de combinar los diferentes elementos de una obra literaria. El fondo corresponde a la estructura interna de la obra, mientras la forma corresponde a la estructura externa.

hemistiquio cada una de las dos mitades del verso, separada de la otra mitad por la cesura, o cada una de dos partes desiguales de un mismo verso.

heptasílabo verso de siete sílabas.

hexadecasílabo verso de diecisiete sílabas.

hexámetro verso de medida clásica que consta de seis pies.

hexasílabo verso de seis sílabas.

hiato pronunciación separada de dos vocales que deberían pronunciarse juntas, por ej.: "*tu e*scuela". Si las vocales forman un diptongo y se separan, a esto se le llama diéresis, por ej.: "armonï*osa*".

hipérbaton alteración del orden normal de las palabras en la oración. Es más frecuente en verso que en prosa. Por ej.: "que *del arte* ostentando los *primores*" (sor Juana).

hipérbole exageración; aumento o disminución de cualidades, acciones, descripciones, etc. Por ej.: "se roía los codos de hambre"; "iba más despacio que una tortuga".

historicismo tendencia a interpretar todo tipo de conocimiento o experiencia como parte de un contexto de cambio histórico. El uso de este término se generalizó después de la primera guerra mundial en Alemania, cuya derrota llevó a sus pensadores a intentar una revaloración de las tradiciones políticas y culturales.

humanismo corriente de pensamiento que durante el Renacimiento impulsó el estudio de las culturas clásicas de Grecia y Roma. El humanismo valorizaba sobre otras cosas al individuo.

idealismo corriente de pensamiento que subraya la importancia de lo imaginativo, lo espiritual y lo intelectual; es antitética al materialismo.

Ilustración movimiento filosófico del siglo XVIII surgido en Francia; se destaca por tener extrema confianza en el poder de la razón y en la bondad humanas. Los pensadores ilustrados (Voltaire, Rousseau, Locke, Hume) creían que si cada persona utilizaba su razón al máximo se podrían mejorar las condiciones de vida.

ilustrado, despotismo forma de gobierno surgida del ideario del mismo nombre por la cual el soberano imponía arbitrariamente las reformas que creía más adecuadas para el progreso del pueblo.

imagen representación de un objeto o una experiencia sensorial con detalles fieles y evocativos.

indianismo tendencia que dentro del romanticismo hispanoamericano idealizó al indígena y lo incorporó a la obra literaria como una figura decorativa haciéndole perder su identidad.

indigenismo tendencia que dentro del realismo hispanoamericano describe al indígena como una persona de carne y hueso a la vez que denuncia el estado de opresión en que se encuentra.

ironía figura que consiste en oponer, para burlarse, el significado a la forma de las palabras, para expresar una idea de tal forma que, por el tono, se entienda otra contraria.

jitanjáfora figura literaria creada por el poeta cubano Mariano Brull y así llamada por el escritor mexicano Alfonso Reyes; consiste en el empleo de vocablos que no tienen sentido por sí mismos y se apoyan en el contexto poético en que están situados; con frecuencia, le confieren musicalidad al poema.

krausista Ver krausismo.

krausismo movimiento filosófico y pedagógico iniciado en la Universidad de Madrid por Julián Sanz del Río (1814–69), quien en Alemania se adhirió a las doctrinas neokantianas propuestas por Karl Friedrich Krause (1781–1832). Esta filosofía intentaba reconciliar el teísmo y el panteísmo y proponía el desarrollo del individuo como parte de la esencia divina del universo. Los krausistas tuvieron una gran influencia en España.

Leitmotiv cuando una obra literaria repite una palabra, frase, situación o idea para caracterizarla.

letrilla poema de origen popular y versos cortos cada una de cuyas estrofas termina con uno o varios versos que forman el estribillo.

libres, versos se sujetan a las leyes métricas normales; su medida y rima quedan al arbitrio del poeta.

lira estrofa de cinco versos, tres heptasílabos y dos endecasílabos con el siguiente esquema de rima consonante *aBabB*. Fue inventada por Bernardo de Tasso (1534) e introducida en España por Garcilaso de la Vega.

loa composición en que se alaban virtudes individuales o colectivas.

Luces, Siglo de las Ver Ilustración.

madrigal poema breve generalmente amoroso.

mágico, realismo término utilizado por el crítico alemán Franz Roh para caracterizar la producción pictórica postexpresionista hacia 1925. El escritor venezolano Arturo Uslar Pietri lo aplicó a la literatura hispanoamericana en 1948 para referirse a aquellos escritos que sugieren una capa mucho más profunda de la realidad. Fundamentándose en el surrealismo, Miguel Angel Asturias y Alejo Carpentier han elaborado teorizaciones propias sobre el realismo mágico. El rótulo ha sido empleado muy libremente para calificar obras disímiles y por tanto ha perdido efectividad como término de distinción.

marxismo doctrina basada en las ideas del economista y filósofo Karl

Marx (1818–83). Según ella las masas han sido explotadas por las clases que monopolizan la riqueza y el poder político; para cambiar esta situación propone la lucha de clases y la revolución que llevará a la sociedad sin clases.

medieval Ver Edad Media.

metáfora tropo a través del cual se identifican objetos diferentes. Su fórmula más simple es *A es B:* sus dientes son perlas; y la más compleja ocurre cuando *B sustituye a A:* sus perlas (en lugar de dientes). B se conoce como el término metafórico (perlas), y A como el metaforizado (dientes).

metonimia cuando se designa una cosa con el nombre de otra que está con ella en una de las siguientes relaciones: causa a efecto: *vive de su trabajo;* continente a contenido: *tomaron unas copas;* lugar de procedencia a cosa que de allí procede: *el Jerez;* signo o cosa significada: *traicionó su bandera.*

métrica conjunto de reglas relativas al metro de los versos y a las estrofas.

metro medida de un verso. Cuando se dice que dos versos tienen distinto metro, se indica que tienen distinta medida.

modernismo movimiento literario de renovación en todos los géneros originado en Hispanoamérica a fines del siglo XIX; inició el período contemporáneo en la literatura. El modernismo se nutre del romanticismo y de varias corrientes literarias francesas como el parnasianismo y el simbolismo.

monorrimo el empleo de varios versos de una sola rima consonante o asonante.

mundonovismo nombre dado a la etapa madura del modernismo cuando los escritores incorporan en su obra temas americanos y muestran su preocupación por el futuro del continente.

muwassaha el nombre árabe para una estrofa de cinco o seis versos escrita en árabe o hebreo clásico con un esquema de rima de *AA BBBAA CCCAA*; la muwassaha terminaba con una jarcha, estrofa de tres o cuatro versos escritos en árabe o hebreo popular o en mozárabe y cuya función es similar al estribillo.

naturalista Ver naturalismo.

naturalismo corriente literaria de mediados del siglo XIX que intenta retratar a la persona científicamente. Los naturalistas creían que la herencia biológica y el medio ambiente determinaban el desarrollo de cada persona; en sus escritos destacaron lo feo y sórdido para mostrar la lucha por la existencia. El naturalismo tuvo gran auge en Francia con los escritos de Emile Zola.

neoclasicismo corriente literaria del siglo XVIII que propone la imitación del mundo clásico. Los escritores neoclásicos creían en el predominio de la razón y en el fin didáctico de la obra de arte. Sus obras eran claras y equilibradas y representaron un rechazo del barroco; aceptaban que el arte estaba sometido a reglas.

neoplátonico Ver neoplatonismo.

neoplatonismo corriente filosófica basada en las ideas de Platón tal y como fueron interpretadas por Plotino (205–270). Después éstas fueron cristianizadas por la Iglesia y aprovechadas durante la Edad Media y el Renacimiento. En lo que se refiere a la poesía española, las fuentes principales de estas ideas fueron Dante Alighieri (1265–1321) y Francesco Petrarca así como la obra de León Hebreo, *Diálogos de amor,* cuya primera traducción al español apareció en 1582. En España las ideas neoplatónicas se manifestaron principalmente en referencias al ideal de belleza y el amor espiritual, como se observa en la poesía de Boscán y Santillana y en la literatura mística.

nihilismo se deriva del latín *nihil* (nada) y alude a una forma extremada de escepticismo o pesimismo.

octava real estrofa de ocho versos endecasílabos con rima consonante *ABABABCC*. También se conoce como *octava rima*.

octosílabo verso de ocho sílabas. Es el más empleado en la poesía popular.

oda composición larga del género lírico cuya división en estrofas o partes iguales está regida por complejas reglas; generalmente la oda canta con entusiasmo un suceso grandioso o notable.

onomatopeya cuando las palabras se emplean para imitar sonidos de los objetos a que se refieren. Por ej.: "chisporrotear", "bombardear".

oxímoron unión sintáctica de conceptos que se contradicen, relacionada con la antítesis porque los significados de los términos se oponen, y con la paradoja por lo absurdo de la proximidad sintáctica de ideas irreconciliables. Por ej.: "bella ilusión por quien *alegre muero,* / dulce ficción por quien *penosa vivo*" (sor Juana).

paradoja empleo de expresiones o frases contradictorias que alteran la lógica de la expresión al aproximar dos ideas opuestas y aparentemente irreconciliables. Por ej.: "apresúrate lentamente".

paráfrasis interpretación o traducción libre de un texto literario.

paralelismos repetición en dos o más versos, o en dos estrofas, de una misma idea o de dos conceptos opuestos. Por ej.: "Aquí Marte rindió la fuerte espada, / aquí Apolo rompió la dulce lira" (sor Juana).

pareado estrofa de dos versos, de arte mayor o menor, con rima consonante o asonante.

parisiense, prosa estilo narrativo de gran elegancia cultivado por los escritores franceses a mediados del siglo XIX. Una de las características más sobresalientes de este estilo es la descripción detallada de ambientes lujosos y exóticos.

parnasianismo corriente poética del siglo XIX de origen francés que proponía el cuidado de la forma y "el arte por el arte". Los temas preferidos de los parnasianos provenían de las culturas greco-latinas y de paisajes y objetos exóticos. El cisne y las estatuas de mármol aparecían con frecuencia en la poesía parnasiana.

parodia imitación burlesca de una obra seria.

paronomasia colocación próxima en la frase de dos vocablos de forma parecida bien por parentesco etimológico ("quien reparte se lleva la mejor *parte*), o por semejanza casual ("compañía de dos, *compañía de Dios")*.

pastoril, novela también conocida como novela bucólica, es un tipo de narración en la cual los personajes aparecen como pastores que han encontrado refugio en el ambiente campestre y allí dialogan sobre sus cuitas amorosas. La novela pastoril tiene su origen en las églogas clásicas. La *Arcadia* (1504) de Sannazaro fue la novela pastoril italiana de más influencia en Europa. En España la novela pastoril tuvo su apogeo en los siglos XVI y XVII, después del auge de la novela de caballería. Jorge de Montemayor fue el iniciador del género con su *Diana* (c. 1595), considerada la mejor muestra del género en ese país.

payada una canción o poema impro-
visado por un gaucho (payador)
generalmente acompañado de una
guitarra. También se le llama *payada* a la competencia entre dos
gauchos cantores.

pentasílabo verso de cinco sílabas.

perífrasis rodeo de palabras empleado para comunicar una idea o
como alarde de ingenio.

peripecia momento decisivo en la
obra dramática, cambio repentino
de situación.

personificación atribución de cualidades o actos propios de las personas a otros seres u objetos.

petrarquismo el estilo del humanista
y poeta florentino Francesco Petrarca (1304–74) caracterizado por
la expresión de los sentimientos de
una manera culta. La influencia de
Petrarca alcanzó gran auge en España a partir del siglo XVI. En
cuanto a los temas, los petrarquistas
hicieron hincapié en la pasión amorosa violenta y desgraciada; en
cuanto a la forma, favorecieron el
verso endecasílabo al cual otorgaron musicalidad y dulzura, el
soneto, el terceto y la canción.

picaresca, novela narración episó-
dica de carácter realista donde un
pícaro cuenta su vida. Generalmente el pícaro, muchacho de du-
dosos escrúpulos, sirve a varios
amos representativos de diferentes
profesiones y estratos sociales a los
cuales critica. Se originó en España
durante el siglo XVI como una reacción contra las novelas de caballería
y las fabulosas hazañas allí contadas. Entre las novelas picarescas
tempranas se encuentra *La vida de
Lázaro de Tormes* (1554), obra anónima.

picaresco relativo a la novela picaresca, su ambiente y protagonista.

pie quebrado combinación de versos octosílabos con versos de cuatro
sílabas.

plástico descripción que logra representar al objeto o persona que describe con rasgos casi tangibles.

platonismo Ver neoplatonismo.

pleonasmo repetición de palabras o
ideas, bien por torpeza *(enterrar en
tierra)*, o para dar mayor fuerza a la
expresión *(lo vi con mis propios
ojos)*.

polimetría variedad de metros en un
poema.

polisíndeton repetición de conjunciones.

positivismo filosofía del francés
Augusto Comte (1798–1857) que
propone la renuncia a conocer la
esencia misma de las cosas y dirige
la atención al conocimiento obtenido mediante la observación y la
experiencia.

positivistas seguidores del positivismo.

prefiguración indicio de lo que su-
cederá más tarde.

prosa, poema en o prosa poética, es
la composición escrita en una prosa
que por su preocupación estética,
ritmo y valor metafórico tiene las
características del lenguaje poético.

prosopopeya Ver personificación.

quintilla combinación de cinco versos octosílabos aconsonantados; no
pueden ir tres versos consonantes
seguidos, ni terminar en uno pareado.

realismo corriente literaria europea
que llegó a Hispanoamérica en el
siglo XIX; los escritores que la
siguen se proponen lograr en su
obra un fiel retrato de los diversos
aspectos de la vida.

realista Ver realismo.

redondilla estrofa formada por cuatro versos octosílabos de rima consonante en *abba*.

relación un informe más breve que las historias y crónicas donde se contaba la participación personal en una hazaña o se describía un acontecimiento particular o una región.

Renacimiento período histórico que sigue a la Edad Media y antecede al barroco. En España el Renacimiento corresponde al siglo XVI, la primera centuria que integra el llamado Siglo de Oro (siglos XVI y XVII). En contraste con la época medieval que considera al mundo como un "valle de lágrimas" en el cual estamos de paso hacia la vida eterna, en el Renacimiento se ve a la vida como algo valioso otorgado por Dios. Durante el Renacimiento se deslinda la preocupación entre lo natural y lo sobrenatural; las ideas seculares se convierten en un importante factor cultural.

retruécano contraposición de dos frases que contienen expresiones idénticas, parecidas o antitéticas, con otro orden, régimen y significado. Por ej.: "queremos ver, y para siempre, la *cara* de la *dicha,* por *cara* que nos cueste *dicha cara"* (Roa Bastos).

rima semejanza o igualdad entre los sonidos finales de las palabras en que acaban dos o más versos, a partir de la última vocal acentuada. Puede ser consonante o asonante.

ritmo repetición de un fenómeno a intervalos regulares. En poesía, se produce por la repetición de versos de igual metro, por las pausas al final de cada verso, a veces por la cesura, por la rima o por la repetición del acento en la penúltima sílaba.

rococó orginalmente un estilo arquitectónico con excesivo decorado y amaneramiento que surgió en Francia a fines del reinado de Luis XV (1715–74).

romance composición poética de versos octosílabos con rima asonante en los versos pares; los impares quedan sueltos.

romancillo composición poética de versos de menos de ocho sílabas con rima asonante en los versos pares.

Romanticismo corriente literaria prevaleciente en Europa e Hispanoamérica en el siglo XIX. Se distinguió por el predominio de la imaginación y los sentimientos sobre la razón. El escritor romántico es sumamente individualista y por tanto la visión que predomina en sus escritos es subjetiva.

sacramentales, autos Ver auto.

sainete obra teatral generalmente de carácter cómico y que recoge las costumbres populares.

sátira composición cuyo objetivo es criticar, censurar y ridiculizar.

seguidilla estrofa irregular de cuatro versos que apareció en el siglo XV. Más tarde se fijó el esquema actual: dos heptasílabos sueltos (1o y 3o) y dos pentasílabos consonantes o asonantes (2o y 4o) para la seguidilla simple; cuando los dos primeros versos son hexasílabos y el tercero de once o diez sílabas, y el cuarto es hexasílabo, recibe el nombre de seguidilla gitana.

serventesio estrofa de cuatro versos endecasílabos de rima alterna *ABAB.*

sextina estrofa de seis versos endecasílabos. La sextina modernista combinaba seis versos de cualquier medida con rima consonante de *AABCCB.*

Siglo de Oro período de gran auge en la literatura española que abarca los siglos XVI y XVII. Generalmente se distinguen tres etapas de desarrollo comprendidas, de manera aproximada, entre los siguientes años: 1) 1500 a 1550, los comienzos del Renacimiento y la etapa italianizante; 2) 1550 a 1580, la etapa del

Renacimiento tardío; y 3) 1580 a 1700, la etapa barroca. Histórica- mente el Siglo de Oro coincide con los reinados de Fernando e Isabel (1474–1504), Carlos V (1516–56), Felipe II (1556–98), Felipe III (1598–1621) y Felipe IV (1605–65), en los cuales España surgió como primera potencia para después, a fines del reinado de Felipe II, co- menzar una etapa de decadedencia.

silogismo fórmula empleada para presentar lógicamente un argu- mento. De las tres proposiciones que integran el silogismo, la última se deduce de las dos anteriores.

silva tipo de composición poética for- mada por versos endecasílabos, o por la combinación de versos ende- casílabos y heptasílabos; los versos no están sujetos a orden de rima o de estrofas.

Simbolismo corriente poética preva- leciente en Francia a fines del siglo XIX. Entre los simbolistas sobresa- lieron Mallarmé, Rimbaud, Verlaine; su poesía se caracterizó por el verso libre, el empleo de la sineste- sia, y, sobre todo, el deseo de lo- grar efectos musicales.

símbolo relación entre dos elemen- tos uno concreto y otro abstracto, en la cual lo concreto explica lo abstracto. Por ej.: la balanza como símbolo de la justicia.

símil comparación explícita de una cosa con otra para dar una idea más viva de una de ellas. Por ej.: "a dónde se fue su gracia, / a dónde se fue su dulzura / porque se *cae su cuerpo /como la fruta madura"* (Violeta Parra).

sinalefa pronunciación en una sílaba métrica de la última vocal de una palabra y la primera de la siguiente. Cuando hay sinalefa las dos sílabas así unidas tienen el valor de una en el cómputo silábico. Por ej.: "Sobre pupil*a a*zul con sueño leve / tu pár- pado cayend*o a*mortecido . . ." (Aro- las).

sinécdoque figura que corresponde a la formula lógica de "la parte por el todo" o "el todo por la parte". Por tanto la encontramos cuando se emplea una palabra que designa el género para significar la especie, o viceversa: *los mortales* por los hom- bres; cuando la palabra que alude al todo pasa a designar la parte, o vi- ceversa: *diez cabezas* por diez re- ses.

sinéresis cuando en un verso se unen dos vocales contiguas o sepa- radas por *h* que generalmente se pronuncian separadas por no consti- tuir diptongo. Por ej.: O en el lazo fatal *cae* de la muerte" (Meléndez).

sinestesia cuando una sensación se describe en términos de otra. Por ej.: "*Resbalo* por tu *tarde* como el *cansancio* por la *piedad* de un *de- clive"* (Borges).

social, romanticismo tendencia dentro del romanticismo que influ- yó sobre las ideas acerca de la so- ciedad y la historia. Se manifestó como un movimiento hacia una so- ciedad más libre e igualitaria. Una de sus figuras representativas fue el historiador francés Jules Michelet (1798–1874).

soneto composición poética de ca- torce versos distribuidos en dos cuartetos y dos tercetos. En español suele tener rima consonante y gene- ralmente los versos son endecasíla- bos. A partir del modernismo apare- cen sonetos en los que se encuentran nuevas combinaciones métricas.

sonetillo versos de arte menor que se combinan en forma de soneto.

Sturm und Drang corriente literaria alemana que floreció entre 1770 y 1784. Toma este nombre de una obra de F. M. von Klinger, *Die Wirr- warr; oder, Sturm und Drang* (1776). Influidos por Rosseau, Her- der y Lessing entre otros, sus segui- dores recalcaron la importancia de la subjetividad así como del lugar precario del hombre en la sociedad de entonces. También mostraron gran entusiasmo por la naturaleza; el movimiento representó una rebelión contra las reglas del estilo neoclásico.

tema la idea central o el mensaje del texto.

terceto estrofa de versos endecasílabos con rima consonante. Si hay varios termina en un cuarteto. Los versos se agrupan así: *ABA, BCB, CDC, . . . XYX, YZYZ.*

tetrasílabo verso de cuatro sílabas.

tono actitud del autor ante lo narrado en el texto.

tradiciones narración breve de tipo anecdótico basada en la leyenda o la historia creada por el peruano Ricardo Palma (1833–1919).

tragedia obra dramática con fin catastrófico cuyos personajes muestran grandes pasiones.

transculturación difusión o influencia recíproca de los rasgos culturales de una sociedad cuando entra en contacto con otra en menor estado de desarrollo.

trisílabo verso de tres sílabas.

tropo empleo de las palabras en sentido diferente al que habitualmente les corresponde, o sea, en sentido figurado.

ultraísmo uno de los movimientos estéticos y literarios de vanguardia con orígenes en Francia e Italia que floreció en España e Hispanoamérica de 1920 en adelante. En España su principal teórico fue Guillermo de Torre a quien se le atribuye la creación de los términos ultraísmo y ultraísta. En Hispanoamérica el representante más conocido de esta tendencia fue Jorge Luis Borges. Los ultraístas proponían una regeneración literaria particularmente en poesía, dejando de lado lo anecdótico y lo romántico para resaltar el valor de la metáfora.

unitario así se llamó a los argentinos partidarios de una organización política que, regida por la Constitución Centralista de 1819, unificaría al país bajo el poder de Buenos Aires. Se opusieron al general Juan Manuel de Rosas y fueron perseguidos por éste y sus partidarios federales.

utópico, socialismo conjunto de doctrinas que proponen, durante el siglo XIX, formas de establecer una nueva sociedad. Sus ideólogos más importantes son Robert Owen (1771–1858) en Inglaterra, Charles Fourier (1772–1837) y Pierre-Joseph Proudhon (1809–65) en Francia. Claude- Henri de Rouvroy, conde de Saint-Simon (1760–1825), se distinguió de ellos por su orientación científica. Todo este movimiento ha sido considerado "utópico", sin embargo, por el socialismo marxista.

vanguardismo proviene de 'vanguardia' que literalmente significa el punto más avanzado de una fuerza armada. En literatura se aplica a los movimientos surgidos alrededor de la primera guerra mundial que experimentaron con nuevas técnicas y temas para renovar la expresión literaria.

verosimilitud carácter de lo que parece verdadero y creíble.

verso unidad de la versificación, o sea, cada una de las líneas que componen un poema. Palabra o conjunto de palabras sometidas a medida y cadencia, según ciertas reglas.

villancico composición poética de arte menor y de asunto religioso con un estribillo. Con frecuencia el tema del villancico era navideño. Proviene del zéjel y fue adoptado por los poetas españoles de la corte a fines de la Edad Media. Más tarde el villancico se convirtió en una obra más compleja representada en las iglesias en honor de santos y para conmemorar festividades religiosas.

Volkgeist del alemán, el espíritu de un pueblo. Herder, el teórico más importante del romanticismo alemán, explicó en sus escritos cómo el espíritu de cada pueblo marcaba peculiarmente su cultura y su literatura.

voz (narrativa o poética) persona del narrador o poeta en la instancia literaria.

zéjel estrofa antigua española derivada de la muwassaha, compuesta de un estribillo sin estructura fija que cantaba el coro, y de cuatro versos que cantaba el solista. De estos cuatro versos los tres primeros forman la mudanza y son asonantes y monorrimos; el cuarto rima con el estribillo.

INDICE

TEXT PERMISSIONS

The authors wish to thank the following for their permission to reprint the selections that appear in this book:

Agencia Literaria Latinoamericana for "Búcate•plata," "Velorio de Papá Montero," "Sensemayá," "Balada de los dos abuelos," and "Un largo lagarto verde" by Nicolás Guillén. Reprinted by permission. For "Semejante a la noche" by Alejo Carpentier. Reprinted by permission.

Carmen Balcells Agencia Literaria for "La isla a mediodía" by Julio Cortázar. Reprinted by permission of Carmen Balcells and © Julio Cortázar, 1966 y Herederos de Julio Cortázar. For "La siesta del martes" by Gabriel García Márquez. Reprinted by permission of Carmen Balcells and © Gabriel García Márquez, 1962. For "Poema 20," "Walking Around," "Alturas de Macchu Picchu," "Oda al tiempo," and "Estación inmóvil" by Pablo Neruda. Reprinted by permission of Carmen Balcells and © Pablo Neruda y Fundación Pablo Neruda.

Brandt & Brandt Literary Agents, Inc. for "Chac Mool" by Carlos Fuentes from *Los días enmascarados*. Copyright © 1954 by Carlos Fuentes. Reprinted by permission of Brandt & Brandt Literary Agents, Inc.

Emilio Carballido for his *El censo*. Reprinted by permission.

Antonio Cisneros for his "Tupac Amaru relegado," "Tres testimonios de Ayacucho," "Poema sobre Jonas y los desalienados," "Una madre habla de su muchacho," and "Hay veces que los hijos." Reprinted by permission.

Doris Dana for "Sonetos de la muerte," "Sueño grande," "Pan," and "La desvelada" by Gabriela Mistral. Reprinted by permission.

José Donoso for his "China." Reprinted by permission.

Rosario Ferré for her "La muñeca menor." Reprinted by permission.

Fondo de Cultura Económica for "De cómo lloró al fin Juan Pablo" by Mariano Azuela. Reprinted by permission. For "Notas al margen: el lenguaje como instrumento de dominio" from *Mujer que sabe latín*, "Válium 10," and "Poesía no eres tú" by Rosario Castellanos. Reprinted by permission. For "El descontento y la promesa," from *Obra crítica* by Pedro Henríquez Ureña. Reprinted by permission. For "Máscaras mexicanas," "El pájaro," "Dos cuerpos," and "Himno entre ruinas" by Octavio Paz. Reprinted by permission. For "Capricho de América" from *Obras completas* by Alfonso Reyes. Reprinted by permission. For "Es que somos muy pobres" by Juan Rulfo. Reprinted by permission.

Vicente García Huidobro Portales for "Nipona," "Arte poética," "Luna o reloj," and *Altazor, o el viaje en paracaídas* (Selection) by Vicente Huidobro. Reprinted by permission.

PHOTO CREDITS